Paris
1687

Blanchard, Guillaume

Table chronologique...

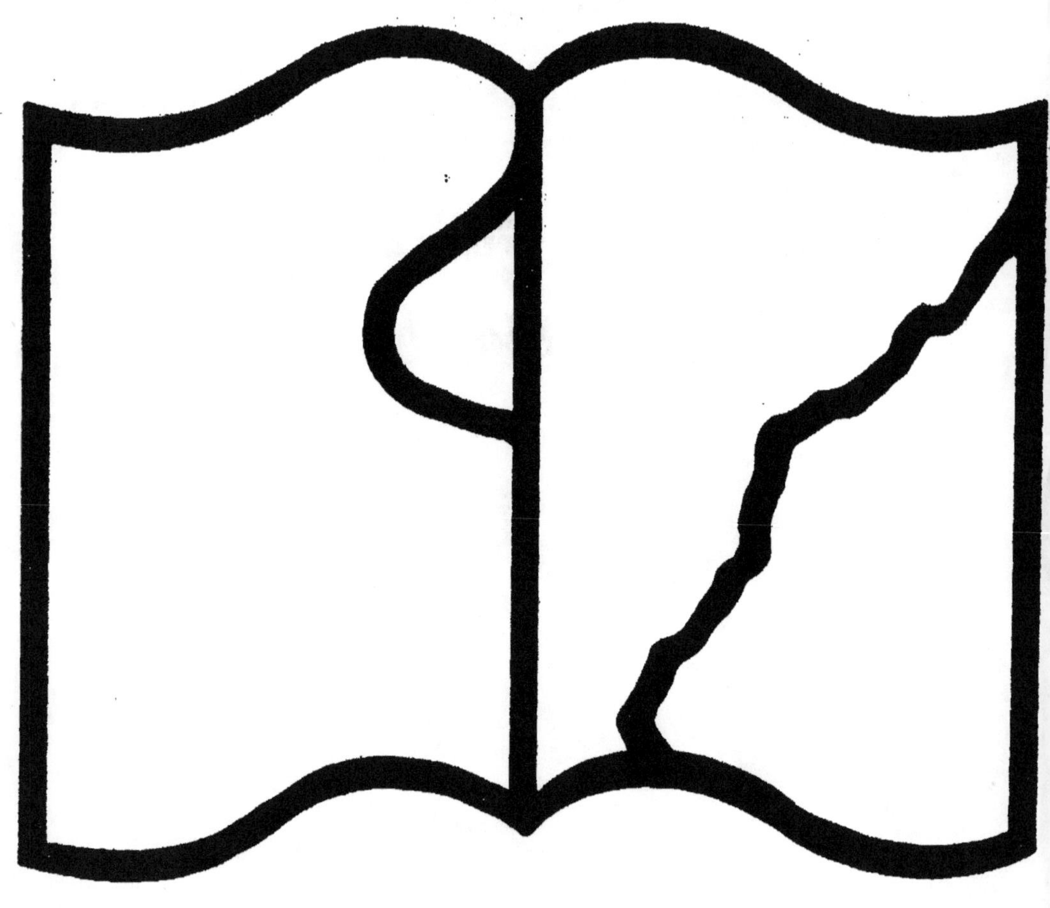

Symbole applicable
pour tout, ou partie
des documents microfilmés

Texte détérioré — reliure défectueuse

NF Z 43-120-11

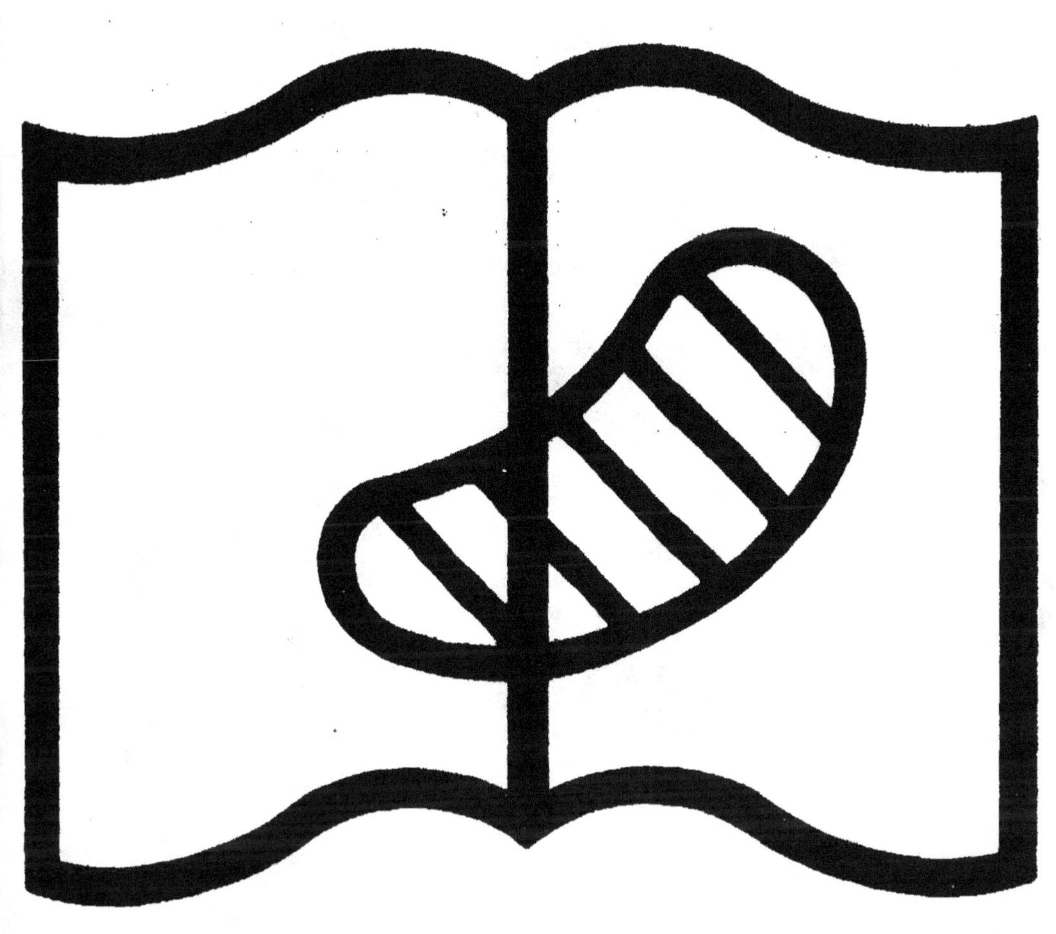

Symbole applicable
pour tout, ou partie
des documents microfilmés

Original illisible

NF Z 43-120-10

TABLE CHRONOLOGIQUE, CONTENANT UN RECUEIL EN ABREGE' DES ORDONNANCES, EDITS, DECLARATIONS, ET LETTRES PATENTES DES ROIS DE FRANCE, QUI CONCERNENT LA JUSTICE, la Police, & les Finances.

Avec la datte de leur enregistrement dans les Greffes des Compagnies Souveraines.

Depuis l'année 1115. jusqu'à present.

Par Mᵉ. GUILLAUME BLANCHARD, Avocat au Parlement.

A PARIS,
Chez CHARLES DE SERCY, au Palais, au sixiéme Pilier de la grande-Salle, vis-à-vis l'escalier de la Cour des Aydes, à la bonne Foy Couronnée.

M. DC. LXXXVII.

A MONSEIGNEUR BOUCHERAT, CHANCELIER DE FRANCE.

ONSEIGNEUR,

Le profond respect & l'extrême veneration que j'ay pour VOSTRE GRANDEUR*, m'obligent de* *vous presenter cet Ouvrage. C'est un abregé des Ordonnances de nos Rois. Celles de Loüis le Grand en font la meilleure partie. Il n'y a personne qui ne sçache qu'avant que d'estre Chancelier de France, vous avez esté appellé à tous les Conseils où elles ont esté proposées & resoluës, & que depuis que vous avez esté élevé à cette Charge, vous n'y ayez encore eu bien plus de part. Ainsi, MONSEIGNEUR, quand je ne viendrois pas, comme je le dois, demander vôtre protection pour elles, j'ose dire que vous ne la leur devriez pas moins; Vous, MONSEIGNEUR, qui aprés avoir esté nommé par nostre auguste Monarque un des Commissaires pour l'établissement de ses Loix, avez esté choisi par luy pour les faire observer. Comme ce choix est le plus beau de tous les Eloges, & la plus certaine marque d'un parfait merite, je me vois obligé de garder le silence sur tant de vertus & d'éminentes qualitez, qui ont esté en vous de fertiles semences de la gloire dont vous comble cette supréme dignité. D'autres parleront plus dignement des importans services que vous avez rendus. Pour moy qui me sens plus de zele que d'éloquence, je me contente d'admirer dans la foule l'étenduë d'esprit, la force, l'équité, & la continuelle application avec laquelle vous remplissez si aisément de si penibles devoirs. Qu'il est beau, MONSEIGNEUR, aprés estre monté à ce souverain degré d'honneur avec une approbation si universelle, qu'il sembloit que pour vous y élever Sa Majesté eust consulté les vœux de tous ses Sujets, de les entendre publier jusques aux extremitez les plus reculées du Royaume, que le bon ordre que vous mettez par tout à la distribution de la Justice, leur fait encore ressentir plus de biens de vostre promotion, qu'ils n'en avoient attendu, quoy qu'ils s'en fussent promis tout ce qu'on en peut souhaiter. Mais l'excellence d'un si noble sujet m'entraisne; j'oublie que je ne dois icy que remercier tres-humblement* VOSTRE GRANDEUR, *du favorable accueil avec lequel elle a bien voulu agréer ce petit present, & m'accorder l'honneur de sa protection; Elle me permettra bien de profiter de cette occasion, de luy donner des marques publiques de ma parfaite reconnoissance, & de la passion respectueuse avec laquelle je suis,*

MONSEIGNEUR,

de Vostre Grandeur,

Le tres-humble & tres-obeïssant
Serviteur BLANCHARD.

AVIS AU LECTEUR.

UOYQUE les Ordonnances de nos Rois, soient la premiere, & la principale partie du Droit qui s'observe dans le Royaume, il arrive neanmoins tous les jours qu'on ne peut les trouver quand on en a besoin, parce que ce sont autant de Loix détachées les unes des autres, qu'on publie suivant les differentes occurrences, qu'on revoque tres-souvent peu de temps aprés, & que chacun rassemble selon la necessité qu'il en a, ou l'étude qu'il en veut faire; & de-là vient que nous n'avons aucun Recueil entre tous ceux qui en ont esté faits, dans lequel elles se rencontrent toutes: j'ay eu la curiosité d'en faire une compilation entiere, & pour cela j'ay recherché exactement celles que j'ay pû trouver chez ceux qui se mêlent de les debiter; j'ay vû les Registres des Ordonnances Royaux qui sont au Greffe du Parlement de Paris; où j'ay trouvé celles qui y ont esté verifiées; je les ay joint à celles que Fontanon, Girard, Joly, Corbin, & les autres ont données au public, & j'en ay dressé la presente Table, où j'ay taché de mettre en substance ce que chacun Edit, Declaration, &c. contient, la date de son enregistrement dans les Greffes des Compagnies Souveraines ; & afin que mon travail ne fût pas infructueux, j'ay cité le lieu où l'on peut le trouver. Ce qui m'a engagé à preferer l'ordre Chronologique à celuy des matieres, quoyque celuy-cy parût plus naturel que l'autre, est la repetition continuelle qu'il eût fallu faire d'un même Edit, qui est fait pour le Reglement de plusieurs matieres differentes ; mais pour la satisfaction du Lecteur, & son soulagement, j'ay dressé une Table succincte des Matieres, qu'il trouvera à la fin.

Fautes survenuës en l'impression.

Page.	*Ligne.*	*Faute.*	*Correction.*
5	9	120.	1274.
7	11	1313.	1312.
8	5	Juin	Novembre
14	3	Normandie	Bourgogne
16	8	Dijon	d'Anjou
	23	1373.	en Juin 1373.
19	12	7.	3.
28	28	464	463.
29	1	1443.	1441.
49	15	1580.	1508.
60	10	1622.	1522.
138	3. en marge	1554.	1559.
139	36	1559.	1556.
198	5	2.	1.
212	5	és Bailliages	és Sieges particuliers des Bailliages
326	9	4.	1.
332	34	6.	1.
	35	423.	453.

TABLE

TABLE CHRONOLOGIQUE DES ORDONNANCES, EDITS, DECLARATIONS ET LETTRES PATENTES DES ROIS DE FRANCE.

LOUIS VI. Roy de France, dit le Gros, surnommé le Grand Deffenseur de l'Eglise. Loüis VI.

Regna depuis le 29. Juillet 1108. jusqu'au 1. Aoust 1137.

DIT concernant les Mesureurs & Arpenteurs de Terres. A Paris, en l'année 1115. *Fontanon*, *t.* 1. *p.* 869. 1115.

A

LOÜIS VII.

LOUIS VII. Roy de France, surnommé le Pieux & le Jeune.

Regna depuis le 1. Aoust 1137. *jusqu'au* 18. *Septembre* 1180.

1141. Charte touchant le Ban-vin en la Ville de Bourges. A Chasteau-Landon, l'an 1141. *La Thaumassiere sur la Coust. de Bourges, p.* 61.

1145. Charte portant abolition de certaines Coûtumes qui avoient lieu dans la Ville de Bourges. A Lorris, l'an 1145. *La Thaum. p.* 62.

1153. Confirmation des Coûtumes de Seaux, en Gâtinois. A Senlis, en l'année 1153. *La Thaum. p.* 67.

1159. Lettres patentes, portant concession des Coûtumes de Lorris aux habitans du Moulinet. A Lorris, l'an 1159. *La Thaumas. p.* 397.

1175. Lettres patentes, portant concession de certains Privileges aux habitans de la Ville de Dun-le-Roy, en l'année 1175. *La Thaumas. p.* 67.

1180. Charte, portant affranchissement des Esclaves & Serfs de corps de la Ville d'Orleans. A Paris, en 1180. *Le Maire des Antiquitez d'Orleans, p.* 326.

PHILIPPE II.

PHILIPPE II. Roy de France, surnommé Auguste Conquerant & Dieu-donné.

Regna depuis le 18. *Septembre* 1180. *jusqu'au* 14. *Iuillet* 1223.

1181. Lettres patentes, portant concession de certains Privileges aux habitans de la Ville de Dun-le-Roy, conjointement avec ceux de la Ville de Bourges. A la Charité, l'an 1181. *La Thau. p.* 68. *Chenu, p.* 1.

1184. Lettres patentes, portant confirmation des Coûtumes & Privileges accordés aux Communes de Cerny en Laonois. A Compiegne, l'an 1184. *La Thaum. p.* 238.

1187. Lettres patentes, portant concession des Coûtumes de Lorris aux habitans de Voisines. A Sens, en 1187. *La Thaum. p.* 399.

1190. Lettres patentes, portant concession des Coûtumes de Lorris aux habitans de Dimont. A Fontainebleau, l'an 1190. *La Thaumas. p.* 432.

1197. Charte qui donne pouvoir aux Bourgeois de la Ville de Bourges de nommer des tuteurs à leurs enfans. A Moret, l'an 1197. *La Thaumaſ. p. 65.* PHILIPPE II.

Lettres patentes accordées à l'Univerſité de Paris, tant en faveur des Ecoliers outragez & excedez, que contre les meſmes qui ſeront convaincus d'avoir commis quelque crime ou forfait. A Bethſy l'an 1200. *Fontanon, t. 4. p. 942.* 1200.

Lettres patentes, portant confirmation des Coûtumes & Privileges des habitans de la Parroiſſe de S. Germain des Bois en Berry. A Dun-le-Roy en 1202. *La Thaumaſ. p. 77.* 1202.

Edit portant que ſi un Fief ſe partage entre pluſieurs heritiers, chacun relevera & tiendra ſa portion du principal Seigneur, & non pas de ſon coheritier. A Villeneuve-le-Roy le 1. May 1210. *Font. t. 4. p. 838. La Thaumaſ. p. 49.* 1210.

LOUIS VIII. Roy de France, Couronné Roy d'Angleterre.

LOÜIS VIII.

Regna depuis le 14. Iuillet 1223. juſqu'au 7. Novembre 1226.

Lettres patentes, portant conceſſion de pluſieurs Privileges, en faveur des habitans de la Ville de Bourges. A Paris en 1224. *Chenu des Privileges de la Ville de Bourges, p. 1. La Thaumaſſiere, p. 64.* 1224.

Autres Lettres patentes, contenant l'abrogation de quelques autres Coûtumes fâcheuſes aux habitans de la Ville de Bourges & de la ſeptaine. A Paris, en 1224. *La Thaumaſ. p. 66.*

Autres Lettres patentes, touchant la remiſe du droit de mainmorte, ſoit pour les François naturels, ſoit pour les étrangers qui viendroient en la Ville de Bourges. A Paris, en l'année 1224. *La Thaumaſ. p. 67.*

Teſtament de Loüis VIII. Roy de France pour l'appannage de ſes enfans, portant que ſon fils aîné ſuccedera à la Couronne, que le ſecond aura le Pays d'Artois & les Villes de S. Omer, Aire & Heſdin, que le troiſiéme joüira des Comtez d'Anjou & du Maine, & le quatriéme des Comtez de Poictou & d'Auvergne à en Juin 1225. *Sainte Marthe, Hiſt. de France, liv. 12. ch. 10.* 1225.

Loüis IX.

LOUIS IX. dit S. Loüis, Roy de France.

Regna depuis le 7. Novembre 1226. jusqu'au 25. Aoust 1270.

1229. Lettres patentes, portant confirmation de certains Privileges accordez tant aux habitans de la Ville de Dun-le-Roy, que de celle de Bourges. A Paris, en Aoust 1229. *La Thaumas. p. 70.*

1233. Lettres patentes, portant confirmation des Privileges de la Ville de Bourges. A S. Satur prés Sancerre, en Mars 1233. *Chenu loco cit. p. 1. La Thaumas. loco cit.*

1265. Lettres patentes, portant confirmation des Coûtumes & Privileges accordez aux habitans de Chasteau-neuf sur Cher. A Paris en Novembre 1265. *La Thaumas. p. 155.*

1268. Lettres patentes, portant que Jean de France joüira en Appanage du Comté de Valois avec Crespy, la Ferté-Milon, Villiers-cotterets, la Forest de Rets & Pierre-Fons, à la charge de retour à la Couronne en defaut d'hoirs mâles. A , en Mars 1268. *Sainte Marthe Hist. de France, liv. 13. ch. 1.*

Lettres patentes, portant que Pierre de France joüira en Appanage des Comtés d'Alençon & du Perche. A en Mars 1268.

Pragmatique Sanction. A Paris en Mars 1268. *Ioly t. 1. p. 235. Corbin, p. 198. Fontanon.*

1269. Lettres patentes, portant que Robert de France joüira en Appanage du Comté de Clermont en Beauvoisis. A en Mars 1269. *Sainte Marthe, Hist. de France, liv. 23. ch. 1.*

Philippes III.

PHILIPPES III. dit le Hardy, Roy de France.

Regna depuis le 25. Aoust 1270. jusqu'au 6. Octobre 1285.

1270. Lettres patentes, par lesquelles le Roy établit Pierre de France son frere Regent du Royaume, pendant la minorité de ses enfans. Au Camp prés Carthage le Jeudy aprés la Feste de S. Remy 1270. *Duchesne preuves de l'Hist. de Châtillon, liv. 3. ch. 7.*

1271. Autres Lettres patentes, par lesquelles le mesme Pierre de France Comte d'Alençon & autres, sont établis Regens du Royaume, en cas que le Roy decede & laisse ses enfans en minorité. A Paris en Decembre 1271. *Duchesne, Hist. de Chastillon, liv. 3. ch. 6.* PHILIPPES III.

Ordonnance touchant les Monnoyes, à la Pentecoste 1273. *Fontanon, t. 2. p. 109.*

Ordonnance portant Reglement entre les Jurisdictions Ecclesiastique & Seculiere. A Paris le Mercredy veille de S. André 1274. *Fontanon, t. 4. p. 508.* 1274.

Lettres patentes, portant confirmation des Privileges de la Ville de Bourges. A Paris en Mars 110. *Chenu des Privileges de la Ville de Bourges, p. 1. la Thaumas. p. 64.*

Ordonnance touchant les Francs-Fiefs & nouveaux acquests. A Paris en 1275. aprés Noël. *Fontanon, t. 2. p. 430.* 1275.

Lettres patentes, portant confirmation du don fait à Pierre de France des Comtez d'Alençon & du Perche, pour en joüir en Appanage. A en Octobre 1277. *Sainte Marthe Hist. de France, liv. 13. ch. 1.* 1277.

Ordonnance concernant le Parlement, en 1277. *Registre du Parlement commençant par les mots, vacat Rex, fol. 58.*

Edit, portant que les Avocats prêteront le serment de ne plaider que les causes qu'ils estimeront justes, & de ne rien prendre pour leur honoraire au dessus de 30. livres tournois. A Paris en Octobre 1279. *Ioly addit. t. 1. p. 135.* 1279.

Declaration portant confirmation des Privileges des habitans de la Ville d'Orleans. A en Aoust 1281. 1281.

Lettres patentes, portant confirmation de l'affranchissement des habitans des Parroisses de Gornay & Bussiere d'Aillac en Berry. A Limoges en Mars 1284. *La Thaumas. p. 108.* 1284.

PHILIPPES IV. dit le Bel & le Grand, Roy de France & de Navarre.

PHILIPPE IV.

Regna depuis le 6. Octobre 1285. jusqu'au 29. Novembre 1314.

Ordonnance portant confirmation du Reglement des Bourgeoisies, fait par la Cour du Parlement. A Paris, en Mars aprés la feste de S. Pierre aux Liens 1287. *La Thaumas. p. 250.* 1287.

Charte portant concession de plusieurs Privileges aux habitans de Lorris. A Bourges en 1287. *La Thaumas. p. 394.*

Ordonnance concernant les Officiers des Justices temporelles,

PHILIPPES IV. A en 1287. *Ordin. Antiq. vol. à fol. 7.*

Edit en faveur des Ecclesiastiques pour leur Jurisdiction sur les Laïcs, & leur exemption de la Jurisdiction Seculiere. A en 1290. *Ioly, addit. t. 2. p.* 1814.

1290. Confirmation de quelques Privileges accordez aux habitans de Charot. A Paris en Mars 1290. *La Thaumas. p. 76.*

1291. *Ordinationes pro expeditione Parlamentorum Parisiis in Parlamento quod incipit in tribus hebdomadis post festum omnium Sanctorum anno* 1291. Ex veteri registro Cancellariæ Franciæ.

Lettres patentes, portant érection du Comté d'Artois en Pairie, en faveur de Robert second du nom Comte d'Artois. A Paris le 18. Fevrier 1293. *Chop. de dom. lib. 2. tit. 7. n. 6.*

Lettres patentes, portant confirmation des Privileges de la Ville de Bourges. A Paris en Fevrier 1293. *Chenu des Priv. de la V. de Bourg. p.* I. *La Thaumas. p.* 64.

1296. Lettres patentes contenant les Privileges accordez aux Generaux, Maistres & Clercs des monnoyes, & aux Ouvriers & Monnoyers du serment de France. A Paris en Juin 1296. *Constans de la Cour des Monnoyes, preuves p.* 8.

1297. Lettres patentes portant érection du Duché de Bretagne, en Pairie, en faveur de Jean II. du nom, Duc de Bretagne, Comte de Richemont & de Montfort. A Courtray en Septembre 1297.

1300. Edit portant deffences à toutes personnes de recevoir Contrats, Lettres, Testamens, Inventaires, Partages & autres Actes & Instrumens concernans l'état & Office de Notaire, s'il n'est Notaire Juré au Chastelet de Paris. A le 5. Juin 1300. *v. cy-aprés la Declaration du mois de Novembre* 1610.

1302. Edit portant reglement sur le fait de la Justice, contenant 45. articles. A Paris le Lundy d'aprés la My-Carême 1302. *Vol. des Ord. du Parl. Intit. ordin. antiq. cot. A fol.* 45. *Ioly addit. t. 2. p.* 1815. *Fontan. t. 1. p. 2. de la Chronol.*

1306. Ordonnances sur les gages de batailles & duels qui sont permis en certains cas. A Paris le Mercredy aprés la Trinité 1306. *Guy Pape q.* 617. *Font. t.* 4. *p.* 1200.

1309. Lettres patentes, contenant les Privileges de la Ville de Mascon. A en Avril 1309.

1311. Edit en faveur des Chirurgiens de la Ville de Paris, portant défences d'exercer la Chirurgie sans avoir esté examiné par les Chirurgiens Jurez. A Paris en Novembre 1311.

Edit portant deffences aux Auditeurs, leurs Clercs & Notaires au Chastelet, de s'entremettre du fait de l'examen, & que les enquestes & informations appartiennent aux Examinateurs du Châtelet seuls. A la Ville-neuve S. Denis le 18. Decembre 1311. *Joly t. 2. p.* 1467. PHILIPPES IV.

Edit qui porte reglement pour les interests des sommes qui sont prestées, & qui prononce la confiscation de corps & de biens contre les usuriers. A Montargis le Samedy devant la Purification de la Vierge 1311. *Fontanon, t. p.* 675.

Lettres patentes, contenant les Privileges accordez à l'Université d'Orleans. A l'Abbaye de sainte Marie prés Pontoise, le 12. Juillet 1313. *Le Maire des antiq. de l'Université d'Orl. p.* 22. 1312.

Autres lettres patentes, en faveur de la mesme Université. A l'Abbaye de sainte Marie prés Pontoise, le 12. Juillet 1312. *Ibid. p.* 24.

Declaration en interpretation de l'Edit de l'année 1311. contre les usuriers, portant modification de la peine de confiscation de corps & de biens, pour les usures de menuë quantité. A Poissy le 8. Decembre 1312. *Fontanon, t.* 1. *p.* 676.

Ordonnance sur le fait des Monnoyes, portant Reglement tant de celles du Roy que de celles des Prelats & Barons du Royaume. A Pontoise en Juin 1313. *Constans, preuves p.* 11. 1313.

LOUIS X. Roy de France & de Navarre, surnommé Hutin.

LOUIS X.

Regna depuis le 29. *Novembre* 1314. *jusqu'au* 5. *Iuin* 1316.

La Charte Normande. A Vincennes le 19. Mars 1314. *Ioly tome* 1 *p.* 400. 1314.

Confirmation d'une Ordonnance de Philippes IV. de l'an 1302. A Paris la veille de la Pentecoste 1315. 1315.

Edit portant affranchissement general de tous les Serfs qui se trouveront dans le Royaume. A Paris le 3. Juillet 1315. *La Thaumass. p.* 251.

Lettres patentes, portant érection du Comté de Poictou, en Pairie, en faveur de Philippes de France Comte de Poictou, depuis Roy de France. A   en Aoust 1315. *Ste Marthe, Hist. de France, liv.* 13. *chap.* 12.

Edit portant reglement pour le serment des Baillifs, Senéchaux

Loüis X & autres Officiers Royaux, & pour les Privileges des Ecclesiastiques. A Vincennes en Decembre 1315. *Ioly, tit. 2, p.* 904.

Philippes V. 1317.

PHILIPPES V. dit le Long, Roy de France & de Navarre.

Regna depuis le 5. Iuin 1316. *jusqu'au 6. Ianvier* 1322.

1316. Lettres patentes, portant érection du Comté & Pairie de la Marche. A en Mars 1316.

Edit, portant deffences à toutes personnes de faire ny recevoir aucun contrat & autres actes, sinon aux Notaires du Chastelet de Paris. Au Château de Taverny le 5. Juin 1317. *Ioly, p.* 152. *Fontanon, t.* 4 *p.* 656.

1318. Ordonnance du Parlement. A Bourges le 8. Novembre 1318.

Ordonnance sur le fait de la Justice. A Nostre-Dame des Champs-lez-Paris le 25. Fevrier 1318. *Fontanon, t.* 1. *en la Chronologie.*

1319. Ordonnance generale, tant sur le fait de la Chambre des Comptes de Paris, & du Thresor, que de la recepte & dépence des deniers Royaux. Au Vivier en Brie en 1319. *Fournival, p.* 46.

1320. Lettres patentes, portant confirmation de certains Privileges accordez aux habitans de Montargis, par Pierre de France Sire de Courtenay, fils de Loüis VI. dit le Gros, Roy de France. A Chasteau-neuf sur Loire, en Avril 1320. *Privil. de Montargis, p.* 169. *La Thaumas. p.* 401.

Lettres patentes, contenant les Privileges accordez à l'Université d'Orleans. A Paris en Avril 1320. *Le Maire des antiquitez de l'Vniversité d'Orleans, p.* 35.

Ordonnance pour servir de reglement aux Receveurs du Domaine, pour la recepte & voiture des deniers de leurs Charges. A Paris le 27. May 1320. *Fournival, p.* 50.

Ordonnance, portant reglement sur le fait du grand Sceau. A en Fevrier 1320. *Ordinat. antiq. vol. A fol.* 78. *Fontanon, t.* 1. *p.* 138. *Ioly, t. p.* 779.

1321. Edit, portant que le nombre des Sergens du Chastelet, tant à pied qu'à cheval, ne sera point augmenté. A Poictiers en Juin 1321. *Ioly, t.* 2. *p.* 1575.

CHARLES

CHARLES IV. dit le Bel, Roy de France & de Navarre.

CHARLES IV.

Regna depuis le 6. Ianvier 1322. jusques à la veille de la Chandeleur 1327.

Ordonnance sur le fait de la Chambre des Comptes de Paris & du Tresor, & sur la recepte des deniers Royaux. A Angers, en Novembre 1323. *Fournival, p.* 52. 1323.

Ordonnance, portant reglement pour les dépens. A Paris en Janvier 1324. *Ordinat. antiq. vol. A fol.* 3. *Fontanon, t.* 1. *p.* 641. 1324.

Lettres patentes, portant confirmation des Privileges de la Ville d'Orleans. A en Mars 1324.

Modus confirmandi accorda inter partes facta, A le 25. Decembre 1325. *Ord. antiq. vol. A fol.* 2. 1325.

Ordinatio super falsâ Coustumia vocata hallebec. A Paris, en Mars 1325. *Ord. antiq. vol. A fol.* 2.

Commission pour l'execution de cette Ordonnance. A Paris en Mars 1325. *Ord. Antiq. vol. A fol.* 2.

Ordonnance des Eaux & Forests. A en 1326. *Fontanon, t.* 2. *p.* 251. 1326.

Ordinatio pro utilitate defectuum in actione personali, du 5. Decembre 1327. *Ord. Antiq. vol. A fol.* 2. 1327.

Erection de la Seigneurie de Bourbon du Comté de la Marche, & des Seigneuries d'Issoudun, saint Pierre-le-Moustier, & de Montferrand, en Duché & Pairie, en faveur de Loüis de Bourbon, Comte de Clermont, Sire de Bourbon. A Paris le 27. Decembre 1327. *Sainte Marthe, Hist. de France, liv.* 23. *ch.* 2.

PHILIPPES VI. dit de Valois, Roy de France.

PHILIPPE VI.

Regna depuis le jusqu'à sa mort arrivée le 22. Aoust 1350.

Lettres patentes, portant érection du Comté de Beaumont-le-Roger en Pairie, en faveur de Robert d'Artois, en Janvier 1328. *Ordinat. Antiq. vol. à fol.* 3. 1328.

PHILIPPES VI.

1329. Lettres patentes, portant nouvelle érection de la Seigneurie de Bourbon en Duché & Pairie, en faveur de Loüis de Bourbon I. du nom, Comte de Clermont. A Paris le 27. Decembre 1329. *Sainte Marthe; Hist. de France, liv. 23. ch. 2.*

1330. Ordonnance pour l'établissement des tuteurs & curateurs, aux mineurs. A en 1330. *Ord. antiq. vol. A fol. 3.*

1331. *Ordinatio super erroribus proponendis.* A en 1331. *Ordin. Antiq. vol. A fol. 4.*

1332. Ordonnance touchant les appellations, & le temps pour les relever. A le 9. May 1332. *Ord. antiq. vol. A fol. 4. Ioly addit. tom. 1. p. 150. Fontanon, t. 1 p. 627.*

Edit touchant les Benefices vacans en Regale. A saint Germain en Laye, le 20. Decembre 1332. *Ord. antiq. vol. A fol. 21. Fontanon, t. 2. p. 415.*

1334. Edit portant reduction des Examinateurs & Commissaires du Chastelet à douze. A le 3. Octobre 1334. *Ioly t. 2. p. 1467.*

Ordonnance pour la Regale. A Vincennes en Octobre 1334. *Ord. antiq. vol. A fol. 12. Corbin, t. 2. p. 108. Fontanon. t. 2. p. 415. Le Maistre de Regales, page 295.*

1335. Lettres patentes, par lesquelles Philippes Comte d'Evreux Roy de Navarre, & Jeanne de France Reine de Navarre sa femme, quittent à Philippes VI. dit de Valois, tout le droit qu'ils avoient aux Comtez de Champagne & Brie, & en échange le Roy leur donne cinq mille livres de rente sur le Tresor à Paris, & trois mille livres qu'il promet leur asseoir, & encore sept mille de la mesme nature qu'ils tiendroient en Baronnie & en Pairie, & à une foy & hommage des Rois de France, avec les Comtez d'Angoulesme & de Mortain. A Avignon le 14. Mars 1335. *Sainte Marthe, Hist. de France, liv. 22. ch. 2.*

1336. Ordonnance sur le serment que les Apothiquaires seront tenus de prester. A Paris le 22. May 1336. *Fontanon, t. 4 p. 463.*

Ordonnance, portant que les Ecclesiastiques ne pourront connoistre du crime d'adultere. A Paris en Juillet 1336. *Fontanon, t. 4. p. 943.*

1337. Edit en faveur des Commissaires du Chastelet de Paris. A l'Abbaye de Nostre-Dame lés Pontoise, le 24. Avril 1337. *Ioly t. 2. p. 1468.*

Edit en faveur des Generaux, Maistres & Clercs des Monnoyes, aux Ouvriers & Monnoyers du serment de France. Au mois d'Avril 1337. *Constans preuves, p. 9.*

Declaration en faveur du Comte d'Alençon, pour la Jurisdiction de ses Officiers. Au Bois de Vincennes en Juin 1337. *Ord. antiq. vol. A fol.* 103. PHILIPPES VI.

Declaration, portant que l'Edit de creation des Commissaires au Chastelet de Paris, demeurera en son entier. A Vincennes le 7. May 1338. *Ioly t. 2. p.* 1468. 1338.

Declaration pour la celebration de la Sainte Messe dans la Salle du Palais. A Vincennes le 22. Avril 1340. *Extrait de deux feüilles de parchemin estans au Greffe du Parlement, intitulé* tenor litterarum pro Missa Palatij. 1340.

Commission aux Presidens du Parlement, pour l'execution de cette Ordonnance, le 26. Avril 1340.

Declaration sur les Privileges de l'Université, & qui porte que les Ecoliers sont en la protection & sauvegarde du Roy. A Vincennes le dernier Octobre 1340. *Fontanon, t. 4. p.* 942.

Lettres patentes, portant que la Messe sera dite dans la grande Salle du Palais, par les Religieux des quatre Ordres des Mendians, le 4. Janvier 1340.

Ordinatio quâ Beneficia seu Officia sub expectatione non conferantur, le 9. Juillet 1341. *Ordinat. antiq. vol. A fol.* 5. 1341.

Lettres patentes, portant permission de prendre une partie de la Salle du Palais pour la construction d'une Chapelle, pour celebrer la Messe, le 22. Aoust 1341.

Ordonnance pour la reformation & suppression de plusieurs Officiers de la Maison du Roy. A Paris le 8. Avril 1342. *Ordinat. antiq. vol. A fol.* 18. *Ioly, addit. t.* 1. *p.* 12. 1342.

Ordonnance touchant le rachat des rentes constituées sur les Maisons de la Ville de Paris & autres Villes du Royaume: A Paris en Novembre 1343. *Fontanon, t.* 1. *p.* 789. 1343.

Ordonnance concernant le Parlement. Au Val de Nostre-Dame, le 11. Mars 1344. *Ordin. antiq. vol. A fol.* 5. *Font. en la Chronologie.* 1344.

Ordonnance sur les Privileges de l'Université de Paris. A Paris le 12. May 1345. *Fontanon, t. 4. p.* 413. 1345.

Ordonnance touchant les Regales & les Collations du Roy durant icelles. A Poissy le 5. May 1346. *Ordinat. antiq. vol. A fol.* 12. 1346.

Ordonnance sur les Privileges de la Ville de Mascon. A en Fevrier 1346.

Lettres patentes, portant érection du Comté de Nevers en Pairie, en faveur de Loüis de Flandres Comte de Nevers, & de Rethel, & de Marguerite de France, fille de Philippes le Long Roy de France. A le 20. Aoust 1347. *Choppin, de doman. lib. 3. tit. 7. n. 6.* 1347.

Ordonnance contre les Blasphemateurs. A l'Hôpital de Lisy le le 22. Fevrier 1347. *Fontanon, t. 4. p. 253.*

1349. Ordonnance touchant les Foires de Champagne & de Brie. Au Bois de Vincennes le 6. Aoust 1349. *Privileges des Foires de Lyon, p. 1. Fontanon t. 1. p. 1075.*

JEAN II. Roy de France, surnommé le Bon.

Regna depuis le 22. Aoust 1350. *jusqu'au* 8. *Avril* 1364.

1350. Lettres patentes, portant confirmation d'une Ordonnance de Philippes IV, dit le Bel, Roy de France & de Navarre, du Lundy d'aprés la My-Carême 1302. portant Reglement sur le fait de la Justice. Prés S. Denis en France le 5. May 1350. *Ordin. antiq. vol. A fol.* 45.

Erection du Comté d'Anjou en Duché & Pairie. A en Octobre 1350.

Lettres patentes en faveur des Marchands & Bourgeois de Paris. A en Novembre 1350. *V. la Declar. du mois de Mars* 1669.

Lettres patentes, portant confirmation des Privileges des Officiers des Monnoyes. A en Novembre 1350. *Constans, preuves, p.* 9.

Edit, portant création de la Confrairie des Notaires & Secretaires du Roy, & concession des Maisons & lieux mentionnez audit Edit, pour bâtir une Chapelle pour faire celebrer le service divin. A en Mars 1350. *Recueil Intit. Meslanges Hist p.* 51. *Joly t.* 1. *p.* 682.

1352. Lettres patentes pour empêcher les défiances de guerre entre les sujets du Roy. A Paris le 17. Decembre 1352. *Ordin. antiq. vol. A fol.* 68.

Edit, portant deffenses à toutes personnes d'exercer l'Art de Chirurgie, s'il n'ont esté examinez par les Chirurgiens Jurez de cette Ville de Paris. A Paris en Avril 1352.

1353. Edit portant confirmation des Commissaires du Chastelet de Paris. A Paris le 1. Juin 1353. *Joly t. 2. p.* 1468.

Statuts des Apothiquaires, Medecins & Chirurgiens de cette Ville de Paris. A Paris en Aoust 1353. *Ordin. antiq. vol. A fol.* 40. *Fontanon, t. 4. p.* 458.

1355. Ordonnance sur le fait de la Justice, le 28. Decembre 1355.

Le Roy ayant esté pris prisonnier par les Anglois, à la bataille de Poitiers le 19. Septembre 1356. les cinq Ordonnances qui suivent ont esté faites par Charles son Fils aîné, Duc de Normandie, Dauphin, de Viennois, qui gouverna le Royaume pendant son absence:

Ordonnance pour le gouvernement du Royaume, devoir & fonctions des Conseillers du Grand Conseil, Parlement & autres Jurisdictions. A Paris en Mars 1356. *Ioly, addit. t. 1. p. 295.* 1356.

Erection de Bar-le-Duc en Duché, en 1357. 1357.

Declaration en faveur du Bailly du Palais. Au Louvre lés-Paris, en Janvier 1358. *Ioly, t. 2. p. 913.* 1358.

Lettres patentes, portant donation à Jean de France Comte de Poictou, du Comté de Mascon pour le tenir en Pairie, à la reserve du droit de battre Monnoye d'or & d'argent blanche & noire. A S. Denis en France, en Septembre 1359. *Guichenon en son Recueil intitulé* Bibliotheca Sebusiana *Cent. 1. ch. 72. Sainte Marthe, Hist. de France, liv. 18. ch. 1. datte ces lettres du mois de May 1359.* 1359.

Edit, portant confirmation des Privileges des Chirurgiens de cette Ville de Paris, & deffences à toutes personnes d'exercer l'Art de Chirurgie, s'il n'ont esté examinez. A Paris, en Juin 1360. 1360.

Les Ordonnances & Lettres qui suivent, ont esté faites & données par le Roy aprés qu'il fut sorty de prison & retourné en France, en vertu du traité de Bretigny, du 7. May 1360.

Lettres patentes, portant Appannage des Duchez de Berry & d'Auvergne, en faveur de Jean de France, Comte de Poitou & de Mascon, pour les tenir par luy en Pairie & revocation du don du Comte de Mascon, qui luy avoit esté fait par Charles Duc de Normandie, par ses Lettres du mois de Septembre 1359. A Boulogne, en Octobre 1360.

Lettres patentes, portant confirmation des Privileges de la Ville de la Rochelle. A Calais le 25. Octobre 1360. *Chenu des Priv. de la Ville de Bourges, p. 195.*

Privileges de la Ville de Mascon. A en Novembre 1360.

Edit, portant que le Comté de Mascon demeurera perpetuellement uni à la Couronne de France. A en Novembre 1360. *Chop. de dom. lib. 1. t. 6. n. 6.*

Lettres patentes, portant érection du Comté d'Anjou en Duché, en faveur de Loüis de France, pour le tenir en Appannage avec le Comté du Maine & la Seigneurie du Chasteau duloir. A Calais, en Decembre 1360. *Ste Marthe, Hist. de France, liv. 17. ch. 1.*

Ordonnance pour empécher les deffiances de Guerre entre les 1361.

JEAN II. Sujets du Roy. A Paris le 5. Octobre 1361. *Ord. antiq. vol. A fol. 67.*

Lettres Patentes, portant réunion à la Couronne des Duché de Normandie, & Comtez de Champagne & de Thoulouse. Au Chasteau du Louvre, en Novembre 1361. *Sainte Marthe, Hist. de France, liv. 14. ch. 3. Catel, Hist. de Thoulouse.*

1363. Ordonnance sur le mesme sujet que celle du 5. Octobre 1361. A Paris le 19. Juillet 1363. *Ord. antiq. vol. A fol. 68.*

Lettres patentes, par lesquelles le Roy donne en Appannage à Philippes de France, le Duché de Bourgogne, ensemble ce qu'il possedoit audit Comté de Bourgogne pour les tenir en Pairie. A Nogent sur Marne le 6. Septembre 1363. *Sainte Marthe, Hist. de France, liv. 19. chap. 1.*

Ordonnance touchant les Juifs & usuriers, & la reformation du Royaume. A Rheims le 21. Octobre 1363. *Ord. antiq. vol. A fol. 56.*

Ordonnance sur le fait des Gens-d'Armes, Usuriers & Juifs. A Amiens le 5. Decembre 1363. *Ord. antiq. vol. A fol. 52.*

Ordonnance pour l'abreviation des Procez. A   en Decembre 1363. *Ord. antiq. vol. A fol. 54.*

Ordinatio super dilationibus dandis partibus, & de causis in Curiâ agitandis & Officio Procuratorum. A Hesdin, en Decembre 1363. *Ioly, addit. t. 1. p. 144.*

CHARLES V.

CHARLES V. dit le Sage, Roy de France.

Regna depuis le 8. Avril 1364. jusqu'au 3. Septembre 1380.

1364. Edit, portant confirmation du Parlement. Au Château du Goulet le 17. Avril 1364. *Ord. antiq. vol A fol. 55. Ioly, addit. t. 1. p. 17.*

Autre Edit, portant confirmation du Parlement. A Paris le 28. Avril 1364. *Ord. antiq. vol. A fol. 2. Ioly addit. t. 1. p 17.*

Lettres patentes, portant confirmation du don fait le 6. Septembre 1363. à Philippes de France Comte de Bourgogne, du Duché de Bourgogne, &c. A Paris au Château du Louvre le 2. Juin 1364. *Sainte Marthe, Hist. de France, liv. 19. ch. 1.*

Edit portant reglement pour les Avocats. A Paris le 16. Septembre 1364. *Ioly, addit. t. 1. p. 17.*

Edit portant confirmation des Privileges des Chirurgiens de cette Ville de Paris, & deffences à toutes personnes d'exercer l'Art de Chirurgie s'ils n'ont esté examinez, &c. A Paris le 19. Octobre 1364. Registré au Parlement au mois de Mars de la mesme année.

Edit portant union des Bailliages de Benaon, &c. à la Ville de la Rochelle. A Vincennes le 24. Novembre 1364. *Chenu des Priv. de la Ville de Bourges, p.* 196.

Ordonnance pour les Requestes du Palais. A Paris en Novembre 1364. *Ord. antiq. vol. A fol.* 207.

Declaration sur l'abreviation des Procez. A Paris le 16. Decembre 1364. *Ord. Antiq. vol à fol.* 90.

Declaration portant cofirmation de la Confrairie des Secretaires du Roy & les reglemens qui la concernent. A Paris à l'Hôtel de S. Paul le 9. May 1365. *Mesl. Hist. p.* 66 *Ioly, t.* 1. *p.* 683. 1365.

Edit concernant ceux qui renoncent aux appellations qu'ils ont interjettées. A Paris le 18. Novembre 1365. *Ord. antiq. vol. A fol.* 40. *Fontanon, t.* 1. *p.* 628.

Declaration pour tenir les grands jours des Duchez de Berry, &c. A Melun en Septembre 1366. *Chenu des Privil. de la Ville de Bourges, p* 56. 1366.

Edit, portant confirmation des Commissaires au Châtelet. A Paris en Janvier 1366. *Ioly t.* 2. *p.* 1468.

Lettres patentes, portant don à Loüis Duc d'Anjou, des Châtel & Châtellenie de Loudun. A le 4. Fevrier 1366. *Ste Marthe, liv.* 17 *ch.* 1.

Lettres patentes pour les Privileges de l'Université de Paris. Au Louvre prés Paris le 18. Mars 1366. *Ordin. antiq. vol. A fol.* 1. *Fontanon, t.* 4. *p.* 414.

Declaration pour le Privilege du Scel du Châtelet de Paris. A Paris le 8. Fevrier 1367. *Fontanon.* 1367.

Edit pour la deffences des jeux. A l'Hôtel de S. Paul prés Paris le 3. Avril 1369. *Fontanon, t.* 1. *p.* 672 1369.

Autre Ordonnance sur le mesme sujet. A Paris le 23. May 1369. *Fontanon, Ibid.*

Edit sur le fait des amortissemens. A le 15. Novembre 1370. *Guenois.* 1370.

Lettres patentes pour empécher les defiances de guerre entre les Sujets du Roy. A Paris le 3. Juillet 1371. *Ord. antiq. vol. A fol.* 68.

Declaration, portant que les Bourgeois de Paris pourront tenir Fiefs, & joüir du Privilege de Noblesse. A l'Hôtel de S. Paul prés Paris le 9. Aoust 1371. *Receüil, des Ord. de la Ville, p.* 238.

Edit portant reglement entre les Juges des cas Royaux & ceux

CHARLES V. des exemptions dans les Duchez d'Anjou, Touraine & Maine. A Paris le 8. Octobre 1371. *Chenu, p. 63. Chop. Anj. lib. 1. cap. 65. n. 2.*

Edit, portant deffences aux Officiaux de connoistre des actions réelles. A Paris en Mars 1371. *Guenois.*

1372. Droits de Souveraineté que le Roy a dans le Royaume. A le 8. May 1372. *Ordin. antiq. vol. A fol. 71.*

Edit portant reglement entre les Juges des cas Royaux & ceux des exemptions dans les Duchez de Dijon, Touraine, &c. A Vincennes le 3. Septembre 1372. *Chenu, p. 63. Chop. Anj. lib. 1. cap. 65. n. 2.*

Lettres patentes portant concession de plusieurs Privileges à la Ville de la Rochelle. Au Chasteau du Louvre le 8. Janvier 1672. *Chenu des Privil. de la Ville de Bourges, p. 181.*

Autres lettres sur le mesme sujet. A Paris au Chasteau du Louvre le 8. Janvier 1372. *Chenu des Priv. de la Ville de Bourges, p. 199.*

Edit portant creation des quatre Notaires & Secretaires de la Cour de Parlement. A Paris le 28. Janvier 1372 *Joly, tome 1. p. 124.*

Autre Edit semblable au precedent. A Paris le 28. Janvier 1372. *Joly, t. 1. p. 125.*

Edit pour l'amortissement des biens des Ecclesiastiques. A le 14. Fevrier 1372.

1373. Declaration qui porte que les Meusniers de la Rochelle prendront le bled au poids, & le rendront de mesme. Au Bois de Vineennes 1373. *Chenu des Priv. de la V. de Bourges, p. 200.*

Lettres patentes pour l'établissement de la Bourgeoisie d'Aigues mortes. A Vincennes le 29. Juillet 1373. *La Thaumas. p. 241.*

Edit portant reglement pour la Gendarmerie. Au Bois de Vincennes le 13. Janvier 1373. *Fontanon, t. 3. p. 81.*

1374. Edit, portant deffences aux Sergens & Commis des Maréchaux de France, d'assigner devant eux; mais simplement pardevant leur Lieutenant en leur Siege de la Table de marbre au Palais à Paris. Au Chasteau de Vincennes le 2. Juin 1374. *Pinson de la Connest. p. 5.*

Ordonnance pour la majorité des Rois de France à quatorze ans. Au Bois de Vincennes en Aoust 1374. *Ordin. antiq. vol. A fol. 74. Corbin, p. 9. Fontanon, tome 2. p. 1.*

Edit portant confirmation des Privileges du Bailly du Palais. A Melun en Octobre 1374. *Joly, t. 2. p. 913.*

Declaration concernant la Jurisdiction de Jean de France Duc de Berry & d'Auvergne, dans ses Duchez & Comtez. A le 3. Mars 1374. *Ordin. antiq. vol. A fol. 88. Chenu des Priv. de la V. de Bourges, p. 56.*

Edit

Edit touchant les appellations des Juges, des terres qui avoient esté données en appannage à de France Duc d'Orleans. A Paris en Mars 1375. *Ordin. ant. vol. A fol.* 77. CHARLES V. 1375.

Declaration touchant les appellations du Comte de Montfort. Au Bois de Vincennes le 27. Juillet 1375. *Ordin. ant. vol. A fol.* 77.

Edit touchant l'imposition Foraine. A le 14. Juillet 1376. *Fontanon, t. 2. p.* 447. 1376.

Edit portant Reglement pour les Eaux & Forests. A Melun en Juillet 1376. *Fontanon, t. 2. p.* 253.

Autre Edit portant reglement pour les Eaux & Forests. A Paris en Septembre 1376.

Confirmation de la concession des Coûtumes de Lorris, faites par Thibault Comte Palatin de Troyes, aux habitans de la Châtellenie d'Heruy. A Paris en 1376. *La Thaumas. p.* 472.

Edit, portant que les Offices d'Auditeurs du Chastelet de Paris, ne se bailleront à ferme, qu'ils assisteront les Lieutenans en haut & que leurs Officiers préteront le serment devant eux. A Paris en l'Hostel de S. Paul en Septembre 1377. *Ioly, t. 2. p.* 1459. 1377.

Edit portant reglement pour les droits de l'Amirauté & Jurisdiction de l'Amiral. A Paris le penultiéme jour d'Aoust 1379. *Fontanon, t. 3. p.* 9. 1379.

Edit portant reglement pour les Aydes. A Montargis en Novembre 1379. *Fontanon, t. 4. p.* 1136.

Lettres patentes, portant union de la terre de Vuart au Comté de Rethel, en faveur du Comte de Flandres. A l'Hostel de Breauté sur Marne le 23. Avril 1380. *Ord. antiq. vol. A fol.* 103. 1380.

CHARLES VI. Roy de France. CHARLES VI.

Regna depuis le 3. Septembre 1380. jusqu'au 20. Octobre 1422.

Lettres patentes, portant confirmation des Commissaires du Chastelet. A Paris en Janvier 1380. *Ioly, t. 2. p.* 1468.

Privilegia Normannorum. Au Bois de Vincennes le 25. Janvier 1380. *Ordin. antiq. vol. A fol.* 106.

Commission au Parlement pour l'execution des Lettres precedentes, le 16. Fevrier 1380. *Ordin. antiq. vol. A fol.* 306.

Lettres patentes, portant confirmation des Privileges des habi-

CHARLES VI. tans de la Ville de la Rochelle. A Senlis en Fevrier 1380. *Chenu, des Privil. de Bourges*, p. 181.

Declaration pour la confiscation du Duché de Guyenne. A Vincennes le 14. May 1380. *Ord. antiq. vol. A fol.* 110.

Lettres patentes, portant confirmation de celles de l'an 1201. portant concession des Coûtumes de Lorris aux habitans de Clery. A Orleans en Avril 1383. *La Thaumas. p.* 710.

1383. Declaration sur les Privileges de l'Université de Paris. A Vincennes le 3. Janvier 1383. *Fontanon, t.* 4. *p.* 415.

1384. Lettres patentes, portant confirmation des Privileges des Notaires du Châtelet de Paris. A Paris le 20. Juillet 1384. *Ioly, t.* 2. *p.* 1648.

Declaration, portant qu'il sera passé outre à l'execution des lettres obligatoires, nonobstant l'appel. A Paris le 12. Novembre 1384. *Ordin. antiq. vol. A fol.* 112. *Fontanon, t.* 1. *p.* 758.

1385. Edit portant qu'on plaidera au Parlement quatre fois la semaine, le Lundy, Mardy, Jeudy & Vendredy. A le 13. May 1385.

Edit portant que les fruits & revenus des Benefices non deservis, seront saisis. A l'Hostel de S. Paul prés Paris le 6. Octobre 1385. *Ordin. ant. vol. A fol.* 114.

1386. Edit contre les Aubains & Bâtards. A Paris le 5. Septembre 1386. *Ord. antiq.* 1. *A fol.* 116. *Fontanon, t.* 2. *p.* 440.

Ordonnance concernant la Jurisdiction des Requestes du Palais. A Paris le 16. Janvier 1386. *Ord. ant. vol. A fol.* 118.

1387. Edit, portant création de quatre Generaux des Finances, & reglement pour leur pouvoir. A Paris le 9. Fevrier 1387. *Ord. ant. vol. A fol.* 118. *Fournival, p.* 55.

1388. Lettres patentes, portant don à Jean Duc de Berry, des lieux de S. Neomaye en Poitou, & de la Châtellenie de Vaten en Berry, pour le prix qu'ils avoient coûté au Roy. A Rheims le 30. Octobre 1388.

Edit sur le nombre de Messieurs des trois Chambres du Parlement. Au Château du Louvre le 5. Février 1388. *Ordin. ant. vol. A fol.* 119.

Edit portant création de six Generaux des Finances au lieu de quatre, creés par celuy du 9. Fevrier 1387. A Vernon le dernier Fevrier 1388. *Fournival, p.* 56.

Instructions baillées aux Generaux des Finances, pour la fonction de leurs Charges. A Vernon le 11. Mars 1388. *Fournival, p.* 60.

Declaration en faveur des Secretaires du Roy. A le 24. May 1389. *Ioly, t. 1. p. 726.*

1389. Edit portant exemption de tous subsides, en faveur des Officiers de la Chambre des Comptes. A le 5. Mars 1389.

1390. Edit, portant reglement pour la fonction des Tresoriers de France. A S. Germain en Laye le 11. Avril 1390. aprés Pasques. *Bacquet de la Iurisd. du Tresor, p. 50. Ioly t. 1. p. 623. Fournival, p. 64.*

Lettres patentes portant confirmation des Privileges des Bourgeois de Paris pour tenir Fiefs & arriere Fiefs. A Paris le 5. Aoust 1390. *Fontanon, t. 2. p. 1174.*

Declaration, portant confirmation des Privileges des Medecins de cette Ville de Paris. A S. Germain en Laye le 7. Aoust 1390.

1391. Edit portant deffences de surseoir le payement des droits du Roy, si ce n'est que cela fût irreparable en définitive. A Paris le 24. Fevrier 1391. *Ord. antiq. vol. A fol. 122.*

1392. Edit concernant l'imposition Foraine. A le 28. May 1392. *Fontanon, t. 2. p. 448.*

Ordonnance touchant la majorité des Rois de France. A Paris le 13. Decembre 1392.

Edit, portant création des Charges de Vendeurs de Bêtail par toutes les Villes, &c. où il y a foires & marchez. A Paris le dernier Janvier 1392. *Fontanon, t. 1. p. 1157.*

Edit qui abroge la Coustume de confisquer les biens des Juifs, quand ils embrassent la Religion Catholique. A Abbeville le 4. Avril 1392. *Ord. ant. vol. A fol.* 130.

1394. Edit portant deffences aux Juifs d'habiter dans le Royaume. A Paris le 17. Septembre 1394. *La Thaumas. p. 734.*

Edit, portant que tous les Officiers seront tenus de resider. A Paris le 28. Octobre 1394. *Ord. antiq. vol. A fol. 133. Ioly, t. 2. p. 1825.*

Edit, portant que le témoignage des femmes sera receu en Jugement. A Paris le 15. Novembre 1394. *Ordinat. antiq. vol. A fol. 133. Ioly, addit. t. 1. p. 20. Fontanon t. 1. p. 618.*

1395. Edit portant création de trois Generaux, tant des Finances que de la Justice & leur pouvoir. A Paris le 28. Aoust 1395. *Fournival, p. 65.*

Edit portant création de deux Generaux des Finances extraordinaires. A Paris le 28. Mars 1395. *Fournival, p. 69.*

1396. Lettres patentes, portant ratification du traité fait avec les Genois, pour le transport & cession de leur Ville au Roy. A Paris le 11. Decembre 1396. *Mélanges, Hist. p. 5.*

CHARLES VI. Edit qui porte, que les condamnez au supplice seront receus au Sacrement de Confession. A Paris le 12. Fevrier 1396. *Ordin. antiq. vol. A fol.* 144. *Fontanon, t. 1. p.* 660.

Edit portant reglement pour les amandes. A le 16. Fevrier 1396. *Ordin. antiq. vol. A fol.* 126.

1397. Edit contre les blasphemateurs. A Paris le 7. May 1397. *Ordin. antiq. vol. A fol.* 144.

1398. Edit pour reprimer les abus & les fraudes qui se font en l'imposition foraine. A Paris le 6. Janvier 1398.

1399. Edit contre les graces expectatives données par les Papes, & pour remettre la Collation des Benefices aux Prelats de France. A Paris le 7. May 1399. *Ordin. ant. vol. A fol.* 152.

Lettres patentes, portant érection du Comté de Blois & autres Terres, en Pairie; en faveur de Valentine de Milan, femme de Loüis de France Duc d'Orleans. A Paris en Juin 1399. *Ordin. ant. vol. A fol* 153. *Choppin, de dom. lib.* 3. *tit.* 7. *n.* 6.

1400. Lettres patentes, portant don à Loüis de France Duc d'Orleans, des Ville & Châtellenie de Chasteau-Thierry pour les tenir en Pairie, à la charge du retour à la Couronne de France en defaut de masles. A en May 1400. *Ordon. antiq. vol. A fol.* 161.

Edit portant que les Procureurs ne seront receus à plaider, sans lettres ou graces du Prince. A Paris en Novembre 1400. *Ordinat. antiq. vol. A fol.* 157. *Ioly, t.* 1. *addit. p.* 141.

Edit portant reglement pour l'Admirauté. A Paris le 7. Decembre 1400. *Fontanon, t.* 3. *p.* 10.

Declaration sur la reduction des Offices, tant de Justice que de Finances. A Paris le 7. Janvier 1400. *Ordinat. antiq. vol A fol.* 158. *Mélanges Hist. p.* 26.

Lettres patentes, portant que Loüis de France Dauphin de Viennois, joüira du Duché de Guyenne par forme d'Appannage pour le tenir en Pairie, à la charge de retour à la Couronne, le 14. Janvier 1400. *Ord. antiq. vol. A fol.* 183. *Ste Marthe, liv.* 14. *ch.* 6.

Ordonnance sur la deffence du Pelerinage de Rome. A 1400. *Mélanges Hist. p.* 33.

1401. Lettres patentes, portant érection de la Terre de Mortain en Comté, en faveur de Messire Charles de Navarre. A Paris le dernier May 1401. *Mest. Hist. p.* 34.

Lettres patentes, portant don du Duché de Touraine, à Jean de France pour le tenir en Pairie, & ce pour son Appannage. A Paris le 12. Juillet 1401. *Ordin. antiq. vol. A fol.* 185.

CHARLES VI.

Lettres patentes, portant don à Jean de France Duc de Touraine, des Duché de Berry & Comté de Poitou, pour en joüir par forme d'Appanage aprés le deceds de Jean de France Duc de Berry. A Paris le 12. Juillet 1401. *Ord. ant. vol. A fol.* 184.

Ordonnance sur le fait des Eaux & Forests. A en Septembre 1402. 1402.

Declaration portant reglement pour les amortissemens. A Paris le 23. Octobre 1402. *Le Maistre des amortissemens*, p. 230.

Lettres patentes, portant permission à Loüis Duc d'Orleans, de faire tenir les grands Jours en la Comté & Pairie de Vertus. A Paris le 6. May 1403. *Ord. ant. vol. A fol.* 175. 1403.

Edit portant creation de quatre Generaux, tant sur le fait de la Finance que de la Justice. A Paris le 19. May 1403. *Fournival.* p. 70.

Lettres patentes, portant érection de la Baronnie de Coucy & Comté de Soissons, en Pairie, en faveur de Loüis Duc d'Orleans. A Paris le 22. May 1403. *Ord. antiq. vol. A fol.* 176.

Edit touchant les Offices de Vendeurs de Bétail à pied fourché. A Paris le 19. Decembre 1403. *Fontanon*, t. 1. p. 1158.

Declaration portant exemption en faveur des Huissiers du Parlement, du quatriéme & autres Aydes des fruits croissans en leurs vignes & heritages, vendus en gros ou en détail. A Paris le 6. Fevrier 1403. *Ioly*, t. 1. p. 148.

Declaration pour la levée d'une aide en Dauphiné, pour acheter la Comté de Valentinois, au profit du Roy & du Royaume. A Paris en 1403. *Meslanges Hist.* p. 35.

Lettres patentes portant érection de Blois & autres terres en Pairie, en faveur de Valentine de Milan, Femme de Loüis Duc d'Orleans. A le 22. May 1404. *Chop. de dom. lib.* 3. t. 7. n. 6. 1404.

Declaration portant exemption en faveur des Tresoriers de France, de l'aide imposée pour resister aux Anglois. A Paris le 30. May 1404. *Fournival*, p. 600.

Lettres patentes, portant don à Loüis Duc d'Orleans des Villes, Châtellenies, & Terres de Châtillon sur Marne, Montargis, Courtenay & Crecy, par accroissement d'Appannage, avec charge de retour à la Couronne, en defaut de masles. A Paris le 5. May 1404. *Meslanges Hist.* p. 36.

Lettres patentes, portant érection en Duché & Pairie, des terres de Nemours & autres, baillées comme Appannage à Charles d'Evreux Roy de Navarre, en recompense du Comté d'Evreux.

CHARLES VI. A Paris le 9. Juin 1404. *Ord. ant. vol. A p. 181. Sainte Marthe Hist. de France, liv. 14. ch. 5.*

1405. Declaration portant exemption du Franc-salé, en faveur des Officiers de la Chambre des Comptes. A Paris le 18. Decembre 1405. *Fournival p. 700.*

1406. Declaration en faveur des habitans de Cambray & du Cambresis, portant pouvoir de succeder à leurs parens qui decedent dans le Royaume. A   le penultiéme Juillet 1406.

Edit portant attribution de la Jurisdiction des Escuyers des Escuries du Roy, aux Requestes de l'Hostel & suppression de leur Jurisdiction. A Paris le 19. Septembre 1406. *Ioly t. 1. p. 659.*

Edit portant reduction du nombre des Secretaires du Roy, à celuy de cinquante-neuf. A Paris le 19. Octobre 1406. registré au Parlement le 15. Mars 1407. *Ioly t. 1. p. 686.*

Declaration portant exemption en faveur de plusieurs Officiers, de l'Ayde imposée pour la conqueste de la Province de Guyenne. A Paris le dernier Decembre 1406. *Fournival p. 602.*

Ordonnance touchant les libertez de l'Eglise Gallicane. A Paris le 18. Fevrier 1406. *Ordin. Antiq. vol. A fol. 213.*

1407. Lettres patentes portant érection de la Châtellenie de Montaigu en Pairie, en faveur de Jean de France Duc de Touraine. A   le 5. Avril 1407. *Ordin. antiq. vol. A fol. 206.*

Lettres patentes portant revocation du don fait à Loüis Duc d'Orleans, en augmentation d'Appannage & réunion du Comté de Dreux à la Couronne. A   en Novembre 1407. *Ord. antiq. vol. A fol. 208.*

Edit portant qu'en cas que les Rois se trouvent mineurs à leur avenement à la Couronne, ils seront incessamment Couronnez, & le Royaume gouverné par les Reynes-Meres & les plus prochains du Royaume, par les avis des Connestable, Chancelier & sages Hommes du Conseil, donné, leu & publié en Parlement, le Roy y tenant son Lit de Justice, le lendemain de la Feste de Noël le 26. Decembre 1407. *Fournival p. 814.*

Ordinatio super officiis & officiariis & regimine regni & vuadiis Consiliariorum magni Consilii Regis. A Paris en Janvier 1407. *Ord. Ant. vol. A fol. 218. Ioly t. 1. addit. p. 202.*

1408. Edit portant confirmation du pouvoir que le Parlement avoit d'élire les Conseillers. A Paris le 8. May 1408. *Ordin. ant. vol. A fol. 217. Ioly addit. t. 1. p. 21.*

Lettres patentes portant don à Charles d'Evreux Roy de Navarre des Châtellenies d'Ervy & Joüy-le-Chastel, pour les tenir en Pairie, pour le parfournissement des 12000. livres de rente, pour lesquelles avoit esté donné le Duché de Nemours par Lettres du 9. Juin 1404. A Tours le 10. Decembre 1408. *Ordin. antiq. vol. A fol.* 223.

Declaration en faveur des Conseillers qui ont servy vingt ans & davantage. A Tours le 13 Decembre 1408. *Ordin. ant. vol. A fol.* 223. *Ioly addit. t.* 1. *p.* 22.

Declaration touchant les Privileges des Bourgeois de Paris. A Paris le 10. Septembre 1409. *Ordin. ant. vol. A fol.* 225. *Ioly addit. t.* 2. *p.* 1843. *Fontanon t.* 2. *p.* 1174. *v. la Declaration du mois de Mars* 1669. 1409.

Declaration portant que les Conseillers qui ont servy vingt ans, jouiront de leurs gages leur vie durant. A Paris le 23 Decembre 1409. *Ioly addit. t.* 1. *p.* 22.

Lettres patentes portant commission au Chancelier, de scéller les provisions de ceux qui ont esté éleus pour servir au Parlement & à la Chambre des Comptes. A Paris le 3. Janvier 1409. *Ord. ant. vol. A fol.* 226. *Ioly t.* 1. *addit. p.* 22.

Lettres patentes portant érection des Terres de Coulommiers, de Bray, de Nogent, de Pons-sur-Seine, & de S. Florent, en Pairie, en faveur de Pierre de Navarre Comte de Mortain, & confirmation du don qui luy en avoit esté fait par Charles III. Roy de Navarre. A Paris le 6. Novembre 1410. *Ordin. antiq. vol. A fol.* 234. 1410.

Lettres patentes portant érection en Pairie de toutes les Terres que Loüis de France Duc de Guyenne Dauphin de Viennois, possede dans le Royaume. A Paris le 25. Decembre 1410. *Ord. ant. vol. A fol.* 229.

Declaration portant exemption du Guet & Garde, en faveur des Officiers de la Chambre des Comptes de Paris. A Paris le 20. Avril 1411. *Fournival p.* 725. 1411.

Lettres patentes portant réunion au Domaine de la Couronne de la Châtellenie de Chauny, que tenoit Loüis Duc d'Orleans, Au Chasteau du Louvre en Octobre 1411. *Ord. ant. vol. A fol.* 245.

Lettres patentes portant réunion au Domaine de la Couronne du Comté de Soissons, que possedoit le Duc d'Orleans. A Paris le 18. Decembre 1411. *Ordin. ant. vol. A fol.* 248.

Declaration en faveur des Bourgeois de la Ville de Paris. A Paris le 20. Janvier 1411. *Ordin. ant. vol. A fol.* 252. *Recueil des Ord. de la Ville p.* 322.

CHARLES VI. Lettres patentes portant revocation de celles des mois d'Octobre & 18. Decembre 1411. & restitution au Duc d'Orleans de toutes les Terres qui luy avoient estés ostée pendant la guerre. A Auxerre le 22. Aoust 1412. *Ord. antiq. vol. A fol.* 275.

1412. Lettres patentes portant don à Loüis Duc de Guyenne Dauphin de Viennois, du Comté de Mortain, qui avoit esté donné au Roy aprés le deceds de Pierre de Navarre. A en Mars 1412. *Sainte Marthe Hist. de France, liv.* 14. *ch.* 6.

1413. Declaration touchant l'Art & Police militaire. A Paris le 9. May 1413.

Autre Declaration sur le mesme sujet. A le 6. Juin 1413.

Autre Declaration sur le mesme sujet. A le 5. Aoust 1413.

Autre Declaration sur le mesme sujet. A le 22. Octobre 1413.

Edit portant reglement sur le nombre des Tresoriers de France. A Paris le 27. Octobre 1413. registré le 14. Decembre 1413. *Ord. ant. vol. A fol.* 285. *Bacquet de la Iurisd. du Tresor p.* 59. *Fournival p.* 83.

Declaration touchant l'Art & Police Militaire. A Paris le 11. Novembre 1413.

Declaration touchant les monnoyes. A Paris le 13. Novembre 1413.

Declaration touchant l'Art & Police militaire. A Paris le 14. Novembre 1413.

Declaration touchant la convocation du Ban & arriere-Ban. A Paris le 8. Fevrier 1413.

1414. Lettres patentes portant don du Duché de Touraine à Jean fils de France, pour en joüir par provision attendant qu'il ait les Duché de Berry & Comté de Poictou, & le tenir durant ce temps en Pairie. A l'Abbaye de S. Jean des Vignes de Soissons le 24. May 1414. *Ord. antiq. vol. A fol.* 292.

Lettres patentes portant érection du Comté d'Alençon en Duché & Pairie, en faveur de Jean I. du nom Duc d'Alençon. A la Sainte Chappelle du Palais Royal à Paris le 1. Janvier 1414. registré le 13. May 1415. *Ord. antiq. vol. A fol.* 301.

1415. Declaration touchant la convocation du Ban & arriere-Ban. A Melun le 2. Septembre 1415.

Edit contre les Blasphemateurs. A la Sainte Chappelle du Palais à Paris le 8. Septembre 1415. *Ord. ant. vol. A fol.* 302.

Edit portant pouvoir aux Presidens du Parlement, de regler la

Police de la Ville de Paris, sans la participation des Prevosts des Marchands & Eschevins. A Paris le 3. Octobre 1415. *Joly addit. t. 1. p. 25.*

Edit portant reglement pour la Jurisdiction des Prevost des Marchands & Echevins de la Ville de Paris. A Paris en Fevrier 1415. *Recueil des Ord. de la Ville p. 1.*

Edit sur le fait des Eaux & Forests. A Paris en Fevrier 1415.

Declaration portant exemption en faveur des Officiers de la Chambre des Comptes, & des Tresoriers de France de toutes Aydes, Tailles, Subsides, & autres Subventions. A Paris le 24. Mars 1415. *Fournival p. 603.*

Lettres patentes portant don à Charles second Fils de France 1416. du Duché de Touraine, pour le tenir en Pairie, & en joüir par provision. A Paris le 15. Juillet 1416. *Vol. des Ord. appellé le Livre Croisé cotté B fol. 5.*

Lettres patentes portant don à Charles Dauphin de Viennois, 1417. des Duché de Berry & Comté de Poictou, pour les tenir en Pairie. A Paris le 17. May 1417. *Id. fol. 13.*

Declaration contre les Anglois, & le Duc de Bourgogne, en faveur de Monsieur le Dauphin. A Paris le 4. Aoust 1417. *Id. fol. 20.*

Edit pour la manutention des libertez de l'Eglise Gallicane & du Dauphiné. A Paris en Mars 1418. aprés Pâques, registré au Parlement le 13. Avril suivant. *Id. fol. 22. Fontanon, t. 4. p. 588.*

Autre Edit pour le mesme sujet, portant deffences de transporter l'or & l'argent hors du Royaume. A Paris le 2. Avril 1418. 1418. registré le 12. May suivant. *Id. fol. 27.*

Edit portant revocation de tous dons, Estats, Offices, Terres & Seigneuries. A Paris le 16. Juillet 1418. registré le 26. Juillet suivant. *Joly t. 1. p. 219.*

Edit portant confirmation du precedent, & établissement de la Cour de Parlement. A Paris le 22. Juillet 1418. registré le 25. du mesme mois. *Reg. Croisé cotté B fol. 30. Joly t. 1. p. 201.*

Edit portant nouvelle creation des Maistres des Requestes, qui estoient supprimez par celuy du 16. du mesme mois. A Paris le 22. Juillet 1418. registré le 25. du mesme mois. *Vol. Croisé cotté B fol. 31. Joly p. 202.*

Edit portant nouvelle creation des Notaires de la Chancellerie. A Paris le 2. Aoust 1418. *Vol. Croisé cotté B fol. 32.*

Edit portant nouvelle creation des Huissiers du Parlement. A Paris le 4. Aoust 1418. *Id. fol. 35.*

CHARLES VI. Declaration touchant les libertez de l'Eglise Gallicane. A Paris le 9. Septembre 1418. *Id. fol.* 47.

1419. Autre Declaration sur le mesme sujet. A Provins le 16. May 1419. *Id. fol.* 54.

Edit portant établissement des Foires de Lyon. A Vienne le 9. Fevrier 1419. *Privil. des Foires de Lyon p.* 21. *Fontanon t.* 1. *p.* 1056.

1420. Traité de paix entre la France & l'Angleterre, par lequel le Roy d'Angleterre est declaré heritier du Royaume de France. A Troyes le 21. May 1420. *Vol. Croisé cotte B fol.* 61.

Edit contre les Blasphemateurs. A Mehun sur Yevre le 22. Decembre 1420. *Liber accord. cotte C fol.* 36.

1422. Declaration pour la Jurisdiction de l'Evêque de Beauvais. A Paris le 22. Avril 1422. aprés Pâques, registré le 27. May 1422. *Ioly t.* 2. *p.* 1437.

CHARLES VII.

CHARLES VII. Roy de France, surnommé le Victorieux.

Regna depuis le 21. Octobre 1422. jusqu'au jour de la Magdeleine 1461. qu'il mourut à Mehun sur Yevre.

Il se trouve dans les Registres du Parlement plusieurs Ordonnances faites par le Roy d'Angleterre pendant son usurpation, que je n'ay pas inserées dans la presente Chronologie.

Edit touchant les libertez de l'Eglise Gallicane. A Bourges le 8. Fevrier 1422. *Liber accord. cotte C fol.* 60.

1423. Lettres patentes portant affranchissement des habitans d'Issoudun seconde Ville de Berry. A Bourges en Juillet 1423. *La Thaumas. p.* 354.

Lettres patentes portant confirmation des Privileges de la Ville de la Rochelle. A Selles en Berry le 16. Mars 1423. *Chenu des Priv. de la Ville de Bourges p.* 191.

Lettres patentes portant don du Duché de Touraine au Comte de Douglas Escossois, pour le tenir en Pairie. A Bourges le 19. Avril 1423. *Lib. accord. cotte C fol.* 65.

1424. Lettres patentes obtenuës par surprise au préjudice des libertez de l'Eglise Gallicane. A   le 10. Fevrier 1424. *Fontanon t.* 4. *p.* 1227.

Declaration sur la reduction de la Ville de Troyes en l'obeïssance du Roy. En l'Ost prés la Ville de Troyes le 9. Juillet 1429. *Mest. Hist. p.* 214. 1429.

Lettres patentes portant érection de la Terre de Laval en Comté, en faveur de Guy de Montfort 14. du nom, Seigneur de Laval. A Reims au Sacre du Roy le 17. Juillet 1429. 1430.

Edit portant exemption en faveur des habitans de la Ville & & Faux-bourgs d'Orleans, de toutes Tailles, Impositions, &c. A le 16. Janvier 1429.

Declaration en faveur des habitans de Montargis, portant exemption de Tailles, Aydes, &c. A Jargeau sur Loire en May 1430. *Lib. accord. cotte C fol.* 103. *Privil. de Montargis p.* 1. *La Thaumas. p.* 404.

Declaration pour l'établissement des Foires franches qui se tiennent à Montargis. A Jargeau sur Loire en May 1430. *Privil. de Montar. p.* 16. *La Thaumas. p.* 406.

Declaration portant union de la Ville & Château de Montargis au Domaine de la Couronne. A Jargeau sur Loire en May 1430. *La Thaumas. p.* 408.

Edit portant affranchissement des Serfs, estans és Ville & Châtellenie de Mehun sur Yevre. A Jargeau en May 1430. *Ord. Barb. vol. D fol.* 69. *La Thaumas. p.* 372.

Declaration en faveur des habitans de Montargis pour l'usage du Bois dans la Forest de Montargis. A Montargis en Octobre 1430. *Priv. de Montarg. p.* 28. *La Thaumas. p.* 409.

Declaration portant que la Ville de Montargis est Ville d'arrest. A Saumur en Mars 1430. *Privil. de Montargis p.* 38. *La Thaumas. p.* 412.

Edit portant abolition des nouveaux peages mis depuis 60. ans sur la Riviere de Loire. A Saumur le 15. Mars 1430. registré le 11. May 1431. *Lib. accord. cotte C fol.* 105. *Fontanon. t.* 4. *p.* 618.

Edit qui porte que les étrangers sont incapables de tenir des Benefices en France. A Poitiers le 10. Mars 1431. registré le 8. Avril 1432. *Lib. accord. cotte C fol.* 108. *Corbin p.* 225. *Fontanon t.* 4. *p.* 189. 1431.

Edit portant suppression des Offices de Notaires, & création de ceux de Tabellions. A Chinon en Juillet 1433. *Lib. accord. cotté C fol.* 115. 1433.

Edit portant confirmation des Arrests & Jugemens rendus par les Officiers tenans le party du Roy d'Angleterre, se disant Roy 1435.

CHARLES VII. de France. A Poitiers le 15. Mars 1435. *Ord. Barbina cotté D fol.* 34.

1436. Edit touchant les biens & heritages de ceux qui tiennent ou ont tenu le party contraire à celuy du Roy. A Tours le 2. Aoust 1436. *Ord. Barb. vol. D fol.* 29.

Edit portant rétablissement en la Ville de Paris du Parlement seant à Poitiers. A Tours en Aoust 1436. *Joly t.* 1. *p.* 11.

Autre Edit pour le mesme sujet tant pour le Parlement que les autres Jurisdictions. A Issoudun le 6. Novembre 1436. *Ord. Barb. cotté D fol.* 36.

Declaration portant exemption du Guet & Garde, en faveur de l'Université de Paris. A Paris le 16. Mars 1436.

1437. Edit portant exemption du droit des Francs-fiefs & nouveaux acquests, en faveur des habitans de la Ville de Bourges. A Pezenas le 5. May 1437. *Chenu loco cit. p.* 14.

Edit pour l'établissement de la Cour des Aydes en la Ville de Montpellier. A Montpellier le 20. Aoust 1437. *Fontanon t.* 2. *p.* 729.

Declaration concernant les Privileges des Arbalestriers de la Ville de Paris. Au Siege devant Montereau-faut-Yonne le 23. Septembre 1437. *Ord. Barb. vol. D fol.* 47.

Declaration portant confirmation des Archers de la Ville de Paris. Au Camp devant Montreau-faut-Yonne le 10. Octobre 1437. *Ord. Barb. vol. D fol.* 48.

Declaration portant confirmation de l'établissement de l'Hôpital fondé en cette Ville de Paris pour trois cent Aveugles. A Paris le 20. Novembre 1437. *Ord. Barb. vol. D fol.* 50.

Edit concernant les Privileges des Medecins. A Paris le dernier Novembre 1437. *Fontanon t.* 4. *p.* 464.

Lettres patentes concernant l'exemption des Tailles, &c. accordée à la Ville d'Orleans. A le 15. Decembre 1437.

1439. Pragmatique Sanction de Basle. A Bourges le 7. Juillet 1438. registrée au Parlement le 13. Juillet 1439. *Ord. Barb. cotté D fol.* 57. *Joly t.* 1. *p.* 235. *Fontanon t.* 4. *p.* 383.

1440. Edit portant reglement pour les Boulangers, Meûniers, Fariniers, &c. A Paris le 19. Septembre 1439. registré le 15. Juillet 1440. *Recueil des Ord. de la Ville de Paris p.* 188.

Declaration portant confirmation des Privileges des habitans de la Ville de S. Omer. A Chartres en Decembre 1440. *Ord. Barb. vol. D fol.* 75.

Declaration sur la Pragmatique Sanction. A S. Denis en France le 7. Aoust 1443. *Ord. Barb. vol. D fol. 76. Fontanon t. 4. p.* 945.

Declaration portant confirmation des Privileges des Chirurgiens de cette Ville de Paris. A Paris en Octobre 1441. registrée en la Chambre des Comptes le 8. Novembre de la mesme année.

Edit touchant les rentes assignées sur les maisons de cette Ville de Paris. A Paris en Novembre 1441. *Ord. Barb. vol. D fol.* 81. *Fontanon, t.* 1. *p.* 788.

Edit portant établissement de six Generaux Maistres des Mon- 1443.
noyes seulement. A Poitiers le 29. Juin 1443. *Constans preuves, p.* 55.

Edit portant reglement pour les Finances, tant ordinaires qu'extraordinaires. A Saumur le 4. Septembre 1443. *Fournival, p.* 90. *Rebuffe fol.* 771. *Fontanon. t.* 2. *p.* 607.

Edit pour l'établissement du Parlement de Thoulouse. A Saumur le 11. Octobre 1443. *Ioly t.* 1. *p.* 326. *Fontanon t.* 1. *p.* 95.

Edit sur le fait & cours des Monnoyes. A Saumur le 19. Novembre 1443. *Constans preuves p.* 58.

Edit pour l'établissement des Foires de Lyon. A Angers en Fevrier 1443. *Privil. des Foires de Lyon p.* 27. *Fontanon t.* 1. *p.* 1057.

Declaration en interpretation de l'Edit du 4. Septembre 1443. 1444.
pour les Finances, tant ordinaires qu'extraordinaires. A Nancy le 10. Fevrier 1444. *Fournival p.* 97. *Fontanon t.* 2. *p.* 611.

Edit portant reglement pour la Jurisdiction des Eleus. A S arcy 1445.
le 19. Juin 1445. *Fontanon t.* 2. *p.* 897.

Edit portant reglement pour le pouvoir des Tresoriers de France. A Chalons le 12. Aoust 1445. *Fournival p.* 104. *Fontanon t.* 2. *p.* 49. *v. la Declar. du* 9. *Octobre* 1489.

Edit portant injonction & pouvoir au Parlement de connoître de toutes les causes, querelles, negoces, actions, petitions quelconques, tant en demandant qu'en deffendant de l'Université de Paris, & ce sans préjudice des Privileges de l'Université. A Chinon le 27. Mars 1445. registré le 2. May 1446. *Ord. Barbina vol. D fol.* 110. *Fontanon t.* 4. *p.* 416.

Declaration portant confirmation des Privileges du Bailly du Palais. A Chinon en Mars 1445. *Ioly t.* 2. *p.* 913.

Edit portant reglement pour le don des Offices & Benefices. A 1446.
Rasily prés Chinon le 28. May 1446. *Fontanon t.* 2. *p.* 554.

Ordonnance touchant le stile du Parlement, contenant 40. articles. Aux Montils-lés-Tours le 28. Octobre 1446. registrée le 12. Novembre suivant. *Ordin. Barb. vol. D fol.* 112. *Ioly addit. t.* 1. *p.* 27. *Fontanon t.* 1. *en la Chronologie.*

CHARLES VII. Edit portant, qu'en Languedoc les Tailles sont réelles & payées par les possesseurs des biens & heritages en égard à leursdits heritages, encore que leur domicile soit ailleurs. Aux Montils-lés-Tours le 30. Janvier 1446. *Fontanon t. p.* 801.

1447. Declaration sur le droit d'usage, que les habitans de Montargis ont dans la Forest de Montargis. A Bourges le 21. Novembre 1447. *Privil. de Mont. p.* 32. *La Thaumas. p.* 410.

Declaration en interpretation de celles des 4. Septembre 1443. & 10. Fevrier 1444. portant reglement pour la closture des Comptes, & comment & où elle se doit faire. A Bourges le 26. Novembre 1447. *Fontanon t.* 2. *p.* 614.

1448. Declaration portant confirmation des Coûtumes de Lorris. Aux Montils-lés-Tours, en Decembre 1448. *La Thaumas. p.* 434.

Lettres patentes, par lesquelles le Roy donne le Comté de Longueville à Jean Bâtard d'Orleans, Comte de Dunois. A Jumieges le 16. Janvier 1449. *Ord. Barb. vol. D fol.* 127.

Autres lettres qui confirment les precedentes. A Bernay en Mars 1449. *Ordin. Barb. vol. D fol.* 135.

1451. Lettres patentes portant confirmation du Traité fait pour la reduction de la Province de Guyenne, contenant 27. articles. A S. Jean d'Angely le 20. Juin 1451. *Fournival p.* 117. *Ioly t.* 1. *p.* 349.

1452. Declaration portant reglement pour les Eleus. Au Bois de Siraine le 26. Aoust 1452. *Fontanon t.* 2. *p.* 898.

1453. Ordonnance contenant 125. articles sur le devoir des Presidens, Conseillers & autres Officiers du Parlement, sur les causes & matieres qui y doivent estre traitées & autres reglemens, & autr'autres que les Coustumes, usages & styles de chaque Province, seront redigées par écrit. Aux Montils-lés-Tours en Avril 1453. avant Pâques, registrée au Parlement le 17. Juin 1454. *Ord. Barb. vol. D fol.* 146. *Ioly addit. t.* 1. *p.* 31. *Fontanon t.* 1. *en sa Chronologie.*

Edit portant nouvelle création de la Chambre des Requestes du Palais. Aux Montils-lés-Tours le 15. d'Avril 1453. *Ord. Barb. vol. D fol.* 150. *Ioly t.* 1. *p.* 264.

Declaration pour l'évocation & renvoy des causes qui sont pendantes aux Requestes de l'Hostel, & dont la connoissance appartient aux Requestes du Palais. Aux Montils-lés-Tours le 15. d'Avril 1453. avant Pâques. *Ord. Barb. vol. D fol.* 150. *Ioly t.* 1. *p.* 265.

Edit portant revocation des dons des Offices des Requestes du Palais, & création d'un Greffier. Aux Montils-lés-Tours en Avril 1453. avant Pâques. *Ord. Barb. vol. D fol.* 150. *Ioly t.* 1. *p.* 265.

Ordonnance portant confirmation de celle du mois d'Avril 1453. avant Pâques. A Tours en Avril 1454. aprés Pâques. *Ord. Barb. vol. D fol.* 152. CHARLES VII. 1454.

Edit portant création d'un Office de premier Huissier aux Requestes du Palais. Aux Montils-lés-Tours le 7. May 1454. *Ioly t.* 1. *p.* 265.

Declaration sur la plainte des Officiers de Vermandois, de la distraction des sujets du Roy hors leur ressort, par le moyen des Commissions du Tresor. A Paris le 15. Novembre 1454. *Bacquet de la Iurisdiction du Tresor, p.* 63.

Edit portant reglement pour la Chambre des Comptes. A Mehun sur Yevre le 23. Decembre 1454. *Fontanon t.* 2. *p.* 33.

Declaration portant reglement pour le ressort des Bailliages des Montagnes d'Auvergne. A le 18. Juillet 1455. *Ord. Barb. vol. D fol.* 184. 1455.

Edit portant établissement du Parlement de Grenoble. A Grenoble le 4. Aoust 1455. *Ioly t.* 1. *p.* 427.

Edit portant que les dons du Roy ne seront valables, à moins que les charges ordinaires ne soient entierement payées. Au Bouchal prés S. Poursain le 30. Janvier 1455. *Fontanon t.* 2. *p.* 555.

Declaration concernant les Privileges de la Ville de Roüen. Aux Montils-lés-Tours, en Mars 1457. *Ord. Barb. vol. D fol.* 186. 1457.

Declaration pour l'expedition des procez, pendant qu'une partie du Parlement sera à Montargis pour le procez du Duc d'Alençon. A Mont-Richard le 23. May 1458. *Ord. Barb. vol. D fol.* 189. 1458.

Autre Declaration sur le mesme sujet. A Baugency le 7. Juin 1458. *Ord. Barb. vol. D fol.* 188.

Edit pour la convocation du Parlement en la Ville de Vendôme, pour le procez du Duc d'Alençon. A Baugency le 2. Juillet 1458. *Ord. Barb. vol. D fol.* 190.

Lettres patentes portant érection du Comté d'Eu en Pairie, en faveur de Charles d'Artois. A Vendôme en Aoust 1458. registrées 18. Decembre suivant. *Ord. Barb. vol. D fol.* 190.

Lettres patentes portant érection du Comté de Nevers en Pairie, en faveur de Jean de Bourgogne. Au Bourg de Champigny en Juillet 1459. *Ord. Barb. vol. D fol.* 204. 1459.

Edit portant reglement pour les Tailles. A Chinon le 1. Avril 1459. *Fontanon t.* 2. *p.* 903.

Edit contre les Blasphemateurs. A la Salle-le-Roy en Berry le 14. Octobre 1460. *Ord. Barb. vol. D fol.* 207. *Fontanon t.* 4. *p.* 236. 1460.

LOUIS XI. Roy de France.

Regna depuis le jour de la Magdelaine 1461. *jusqu'au* 30. *Aoust* 1483.

1461. Declaration en faveur de l'Ordre de S. Jean de Jerusalem. A Avesnes en Haynault, en Aoust 1461. 1. *vol. des Ord. de Loüis XI. fol.* 264.

Edit portant union des Villes d'Epinal, &c. à la Couronne de France. A Epinal le 1. Septembre 1461. *Ord. Barb. vol. D fol.* 211.

Edit portant confirmation des Privileges des Villes d'Epinal, &c. A Epinal le 1. Septembre 1461. *Ord. Barb. vol. D fol.* 211.

Lettres de provision de l'Office de Chancelier de France, en faveur de Pierre de Morvillier.s A Paris le 3. Septembre 1461. registrées au Parlement le 19. en la Chambre des Comptes le 24. du même mois. *Duchesne Hist. des Chanceliers p.* 498.

Edit portant confirmation du Parlement. A Paris le 8. Septembre 1461. *Ord. Barb. vol. D fol.* 209.

Declaration portant pouvoir aux Bourgeois de Paris d'avoir par an, un septier de sel pour leur dépense. A Paris le 16. Septembre 1461.

Declaration portant confirmation des Privileges des Ouvriers & Monnoyers du Sacrement de l'Empire. A Paris en Septembre 1461. *Ord. Barb. vol. D fol.* 212.

Declaration portant confirmation des Privileges des Ouvriers & Monnoyers du Sacrement de France. A Paris en Septembre 1461. *Ord. Barb. vol. D fol.* 215.

Declaration portant confirmation des Archers de la Ville de Paris. A Paris en Septembre 1461. *Ord. Barb. vol. D fol.* 218.

Declaration portant confirmation des Arbalestriers de la Ville de Paris. A Paris en Septembre 1461. *Ord. Barb. vol. D fol.* 223.

Lettres patentes portant érection de la Terre de Charny en Comté. A Paris en Septembre 1461. *Ord. Barb. vol. D fol.* 244.

Edit portant revocation de tous les dons du Domaine de la Couronne. A Paris en Septembre 1461. *Ord. Barb. vol. D fol.* 245.

Lettres patentes portant confirmation des Privileges de la Ville d'Orleans. A Paris en Septembre 1461.

Declaration portant confirmation des Privileges des habitans de la ville de Montargis. A Estrecy en Septembre 1461. *Ord. Barb. vol. D fol. 237. Priv. de Montarg. p. 75.* LOÜIS XI.

Declaration concernant les Privileges de la Ville de la Rochelle. A Tours en Novembre 1461. 1. *vol. des Ord. de Loüis XI. fol.* 1.

Lettres patentes portant don à Charles de France du Duché de Berry pour le tenir en Appannage, à la charge de reversion à la Couronne faute d'hoirs masles. A Montrichart en Novembre 1461. *Ord. Barb. vol. D fol.* 222.

Declaration concernant les Privileges des habitans de la Province de Normandie. A le 4. Janvier 1461. *Chop. sur Paris, lib. 3. tit. 2. n.* 24.

Declaration en faveur de l'Uuniversité de Paris. A Tours en Janvier 1461. *Ord. Barb. vol. D fol.* 244.

Edit portant confirmation de la revocation des peages qui se levent sur la riviere de Loire. A Tours le 12. Janvier 1461. registré au Parlement le 22. Mars 1462. 1. *vol. des Ord. de Loüis XI. fol.* 19. *Fontanon, t. 4. p.* 618.

Edit portant reglement sur les appellations interjettées des jugemens de la Chambre des Comptes. A S. Jean d'Angely le 5. Fevrier 1461. *Ord. Barb. vol. D fol.* 251.

Declaration concernant les Privileges des habitans de la Ville de Tours. A S. Jean d'Angely en Fevrier 1461. *Chenu des Privil. de la Ville de Bourges, p.* 112. & 271.

Declaration portant confirmation des Privileges des habitans du Comté de Commenges. A Bourdeaux en Mars 1461. registré le 12. Avril 1464. aprés Pâques. 1. *vol. des Ord. de Loüis XI. fol.* 48.

Edit portant deffences aux Marchands François d'aller trafiquer aux Foires de Geneve; & permission à tous Marchands, excepté les Anglois, d'aller aux Foires de Lyon, le tout sur peine de Confiscation des Marchandises de ceux qui contreviendront audit Edit. A S. Michaud sur Loire le 25. Octobre 1462. *Privil. des Foires de Lyon, p. 38. Fontanon, t. 1. p.* 1060. 1462.

Lettres patentes portant érection de la Terre de Mauny en Baronnie. A Nostre-Dame de Nanteüil-lés-Montrichart en Novembre 1462. 1. *vol. des Ord. de Loüis XI. fol.* 48.

Relief d'adresse pour verifier en la Chambre des Comptes la Declaration du mois de Fevrier 1461. touchant les Privileges de la Ville de Tours. A Tours le 13. Decembre 1462.

Edit portant reglement general pour les Foires de Lyon & les

LOUIS XI. Privileges des Marchands qui y frequentent. A Acqs en Gascogne en Mars 1462. *Privil. des Foires de Lyon p.* 44. *Fontanon, t.* 1. *p.* 1061.

1463. Declaration portant que les causes de Regale, & complainte pour raison des Benefices ne seront traitées pardevant les Juges d'Eglise, mais au Parlement: ou devant les autres Juges seculiers qui en doivent connoistre. A Muret en Comminge le 24. May 1463. registré le 14. Juin suivant, 1. *vol. des Ord. de Loüis XI. fol.* 21. *Fontanon, t.* 2. *p.* 415.

Declaration portant confirmation des Privileges des habitans de la Ville de Tournay. A Abbeville en Novembre 1463. registré le 5. Mars 1463. 1. *vol. des Ord. de Loüis XI. fol.* 39.

Autre Declaration sur le mesme sujet. A Abbeville le 29. Novembre 1463. registré le 5. Mars de la mesme année. 1. *vol. des Ord. de Loüis XI. fol.* 40.

Lettres patentes portant confirmation d'une Bulle du Pape Paul II. du 29. Novembre 1464. pour le rétablissement de l'Université de Bourges. A Mareüil prés Abbeville en Decembre 1463. registrées au Parlement le 30. Mars 1469. *Chenu des Privil. de la Ville de Bourges, p.* 64. *rapporte la Bulle, & les Lettres se trouvent au* 1. *vol. des Ord. de Loüis XI. fol.* 228.

Declaration portant confirmation de celle du mois de Mars 1461. touchant les Privileges des habitans du Comté de Commenges. A Nogent-le-Roy le 21. Mars 1463. 1. *vol. des Ord. de Loüis XI. fol.* 49.

1464. Declaration portant confirmation des Privileges de la Hanse Teutonique. A Nogent-le-Roy en Avril 1464. registrée le 7. Juin de la mesme année. 1. *vol. des Ord. de Loüis XI. fol.* 58.

Edit portant pouvoir aux Conseillers, Bourgeois, Manans & Habitans de la Ville de Lyon, de commettre un Prud'homme suffisant & idoine, pour regler les contestations qui peuvent arriver entre les Marchands frequentans les Foires de Lyon. A Nogent-le-Roy le 29. Avril 1464. *Privil. des Foires de Lyon, p.* 68. *Fontanon t.* 1. *p.* 1063.

Declaration concernant les Privileges des habitans de la Province de Dauphiné. A le 2. Juin 1464. *Franc. Marcus, decis.* 1092. *t.* 1. *cit.* 2. *decis.* 222. 620. & 865.

Declaration portant attribution au Parlement de Paris des causes concernant la Regale, & aux autres Juges Royaux des causes concernant le possessoire des Benefices contentieux. A Luxieu prés Doullens le 19. Juin 1464. registré le 30. Juillet suivant. *I. vol. des Ord. de Loüis XI. fol. 64. Fontanon, t. 2. p. 416.* LOUIS XI.

Declaration contre ceux qui levent des subsides pour le Pape dans le Royaume. A Dompierre le dernier Juin 1464. registré le 13. Aoust suivant. *1. vol. des Ord. de Louys XI. fol. 67. Fontanon t. 4. p. 491.*

Lettres patentes portant confirmation de l'érection du Comté de Nevers en Pairie, en faveur de Jean de Bourgogne Comte de Nevers. A Mauny le 30. Juillet 1464. *I. vol. des Ord. de Louys XI. fol. 140.*

Declaration concernant les Privileges de la Ville de Tours. A le 8. Aoust 1464. *Chenu des Privil. de la Ville de Bourges p. 112.*

Ordonnance pour les libertez de l'Eglise Gallicane. A Ruë en Ponthieu le 10. Septembre 1464. registré le 22. du mesme mois. *I. vol. des Ord. de Louys XI. fol. 68. Fontanon t. 4. p. 490.*

Declaration contenant ampliation des Privileges des habitans de la Ville de Tournay. A Novion prés Abbeville en Septembre 1464. registré le 22. Avril. 1465 aprés Pasques. *1. vol. des Ord. de Louys XI. fol. 87.*

Edit portant, qu'en Languedoc toutes personnes payeront la taille pour les biens & heritages roturiers par eux acquis, & deffences aux Juges Ecclesiastiques & Conservateurs des Privileges des Universitez, de connoistre du fait des Tailles. A Roüen le 16. Octobre 1464. *Fontanon t. 2. p. 803.*

Declaration portant, que les appellations de la Pairie d'Angoulesme, ressortiront au Parlement de Paris. A Amboise le 14. Decembre 1464. registrée le 7. Janvier suivant. *I. vol. des Ord. de Louys XI. fol. 82.*

Edit portant que les Marchands acquiteront la Foraine à Paris, & ne seront tenus de bailler caution. A Rasilly prés Chinon le 7. Fevrier 1464. *Recueil des Ord. de la Ville, p. 227. Fontanon t. 2. p. 1175.*

Edit portant approbation & reünion du College des Secretaires du Roy en l'état & forme qu'il avoit esté auparavant, avec suppression des Offices & Charges de Secretaires qui avoient esté créez par le Roy, au commencement de son Regne. A Paris en Juillet 1465. *I. vol. des Ord. de Loüis XI. fol. 118. Ioly p. 1. 687. Mess. Hist. p. 71.* 1465.

Edit touchant les menues denrées. A Paris le 3. Aoust 1465. *Du Crot Traité des Tailles p. 99.*

Loüis XI. Edit portant que les Bourgeois de Paris ne peuvent estre contraints à loger par Fouriers. A Paris en Octobre 1465. 1. *vol. des Ord. de Loüis XI. fol.* 121. *Recüeil des Ord. de la Ville de Paris p.* 229. *Fontanon t. 2. p.* 1176.

Provisions de l'Office de Connestable de France, en faveur de Loüis de Luxembourg Comte de S. Pol. A Paris le 5. Octobre 1465. 1. *vol. des Ord. de Loüis XI. fol.* 93.

Lettres patentes, portant don du Duché de Normandie à Charles de France, pour le tenir en Pairie, au lieu de celuy de Berry. A Paris en Octobre 1465. 1. *vol. des Ord. de Loüis XI. fol.* 102.

Declaration en faveur du Duc de Bretagne, pour les fruits des Evêchez vacans dans son Duché. A Paris en Octobre 1465. 1. *vol. des Ord. de Loüis XI. fol.* 106.

Declaration portant permission au mesme Duc, de faire battre de la Monnoye d'or. A Paris en Octobre 1465. 1. *vol. des Ord. de Loüis XI. fol.* 107.

Declaration portant, que le Comté de Montfort ressortira sans moyen au Parlement de Paris. A Paris le 11. Octobre 1465. 1. *vol. des Ord. de Loüis XI. fol.* 108.

Declaration portant que les Bourgeois de Paris, ne pourront étre contraints de plaider hors leur Ville. A Paris le 9. Novembre 1465. 1. *vol. des Ord. de Loüis XI. fol.* 120. *Corbin, t. 2. p.* 92. *Ioly t. 2. p.* 1844. *Recueil des Ord. de la Ville, p.* 239. *Chenu des Priv. de Bour. p.* 112. *Fontanon t. 2. p.* 1175.

Edit concernant les Privileges des dix Sergens du Parloüer aux Bourgeois. A Paris en Novembre 1465. 1. *vol. des Ord. de Loüis XI. fol* 146.

Edit portant que les Comté de Forests, Baronnie de Beaujollois, &c. ressortiront au Parlement de Paris. A Orléans en Novembre 1465. 1. *vol. des Ord. de Loüis XI. fol* 124.

Declaration pour le ressort du Comté d'Eu. Au Pont-de-l'Arche le 15. Janvier 1465. 1. *vol. des Ord. de Louys XI. fol.* 126.

1466. Declaration touchant le ressort des Comté de Forests, Baronnie de Beaujollois, &c. A Montargis en Juillet 1466. 1. *vol. des Ord. de Louys XI. fol.* 141.

Edit portant, que les Exempts du Duché d'Auvergne, ressortiront devant le Bailly de Montferrand. A la Ferté-Hubert en Novembre 1466. registré le 21. Juin 1475. 2. *vol. des Ord. de Louys XI. fol.* 19.

1467. Edit portant création de la Cour des Aydes de Montpellier. A

Paris le 12. Septembre 1467. *Fontanon t. 2. p. 370.* Louis XI.

Edit portant pouvoir à la Chambre des Generaux des Monnoyes de députer annuellement quatre d'ent'reux pour se transporter dans les Provinces du Royaume, y faire publier les Ordonnances & Reglemens sur le fait des Monnoyes, & punir ceux qui y contreviendront. A Paris le 18. Septembre 1467. *Constans preuves p. 63.*

Edit portant qu'il ne sera donné aucun Office s'il n'est vacant par mort, resignation, ou forfaicture. A Paris le 21. Octobre 1467. registré le 23. Novembre suivant. *1. vol. des Ord. de Louys XI. fol. 154. Ioly addit. t. 1. p. 51. Fontanon t. 2. p. 557.*

Edit portant revocation des Foires de Geneve, & confirmation des quatre Foires en la Ville de Lyon, avec plusieurs Privileges & franchises. A Vandosme le 14. Novembre 1467. *Privil. des Foires de Lyon p. 38.*

Edit qui revoque tous dons, provisions & suppressions des Offices d'Huissiers au Parlement, excepté ceux qui y sont dénommez, qui confirme celuy du 8. Janvier 1447. pour le nombre desdits Huissiers, & qui regle leurs Droits, Privileges, Franchises & Libertez. A Meaux le 6. Juillet 1468. registré le 28. Novembre 1469. *1. vol. des Ord. de Louys XI. fol. 214. Ioly t. 1. p. 146.* 1468.

Declaration en faveur du Duc de Bourgogne, pour le faire joüir des Greniers à sel de Grandvilliers. A Peronne le 14. Octobre 1468. *1. vol. des Ord. de Louis XI. fol. 193. Fournival p. 932.*

Declaration touchant les appellations du Comté de Flandres, *omisso medio.* A Peronne le 14. Octobre 1468. *1. vol. des Ord. de Louys XI. fol. 181.*

Declaration portant que les appellations du Duché de Bourgogne ressortiront pardevant le Bailly de Sens. A Peronne le 14. Octobre 1468. *1. vol. des Ordonnances de Louys XI. fol. 184.*

Lettres patentes portant don à Charles de France du Duché de Guyenne, pour en joüir par forme d'appanage. A Amboise le 29. Avril 1469. aprés Pâques. *1. vol. des Ord. de Louys XI. fol 211.* 1469.

Declaration portant décharge aux Receveurs du Domaine, &c. de tous les deniers receus par le Duc de Guyenne pendant la guerre. A Amboise le 10. Juin 1469. *Fournival p. 918.*

Jussion pour la verification des Lettres du 29. Avril precedent, touchant l'appanage du Duc de Guyenne. A Tours le 10. Juillet 1469. *1. vol des Ord. de Louys XI. fol. 213.*

Edit pour l'institution de l'Ordre de S. Michel. A Amboise le 1.

LOUIS XI. Aoust 1469. *Fontanon t. 3. p. 32.*

Surannation des Lettres patentes du mois de Decembre 1463. pour le rétablissement de l'Université de Bourges. A Tours le 6. Septembre 1469. 1. *vol. des Ord. de Louys XI. fol.* 228.

Declaration portant confirmation du traité fait entre le Roy, & le Duc de Guyenne sur son appanage. A Coulenges lés Meaux le 18. Septembre 1469. 1. *vol. des Ord. de Louys XI. fol* 217.

Declaration portant exemption du ban & arriere-ban en faveur des Bourgeois de Paris. A Amboise le 18. Février 1466. 1. *vol. des Ord. de Louys XI. fol.* 227.

1470. Declaration portant confirmation des Privileges des Chirurgiens de cette ville de Paris. A Heuz en Mars 1470.

Edit portant union de la ville d'Amiens à la Couronne de France. A Amiens en Avril 1470. 1. *vol. des Ord. de Louys XI. fol.* 262.

Confirmation des Coûtumes accordées aux Habitans de la Chapelle en Gâtinois, par Philippes-Auguste l'an 1186. A Amboise en Juillet 1470. *La Thaumas. p.* 707.

Declaration en faveur du Duc de Nemours, pour le ressort du Comté de la Marche au Parlement de Paris. Aux Montils lés Tours le 11. Aoust 1470. 1. *vol. des Ord. de Louys XI. fol.* 240.

1471. Surannation des Lettres du mois d'Aoust 1461. en faveur de l'Ordre de S. Jean de Jerusalem. A Paris le dernier Juin 1471. 1. *vol. des Ord. de Louys XI. fol.* 266.

Declaration pour le ressort du Bailly d'Amboise pardevant celuy de Touraine. A Amboise le 25. Juillet 1471. 1. *vol. des Ord. de Louys XI. fol.* 263.

Edit portant creation d'un Prevost en titre d'Office en la ville de Bourges. A Amboise en Aoust 1471. reg. le 7. Septembre suiv. 1. *vol. des Ord. de Louys XI. fol.* 263. *Joly t.* 2. *p.* 865. *Chenu des Privil. de la ville de Bourges, p.* 3. *La Thaumas. p.* 737.

Edit touchant les Mines. Aux Montils les Tours en Novembre 1471. reg. le 27. Juillet 1475. 2. *vol. des Ord. de Louys XI. fol.* 22.

Declaration portant que les Habitans de la Rochelle ressortiront au Parlement de Paris. A S. Jean d'Angely le 2. Juin 1472. 1. *vol. des Ord. de Louys XI. fol.* 267.

Provisions de l'Office de Chancelier de France en faveur de Pierre Doriole General des Finances. En l'Isle de Nôtre-Dame de Benhart prés Angers, le 26. Juin 1472. reg. le 10. Juillet 1473. 1. *vol. des Ord. de Louys XI. fol.* 272. *Du Chesne Hist. des Chancell. de France p.* 514.

Edit portant défenses à toutes personnes de faire enquestes, excepté aux Commissaires du Chastelet. A Commenouville en Mars 1473. *Joly p.* 1478. 1474.

Edit portant qu'au lieu de quatre Prudhommes, la ville de Bourges sera dorénavant gouvernée par un Maire, & douze Echevins, qui seront nommez tous les ans par le Roy. A Senlis le 27. May 1474. *Chenu des Privil. de la ville de Bourges p.* 23.

Edit en faveur des Habitans de la ville de Bourges, portant annoblissement des Maire & Echevins, & leur posterité née & à naître: & reglement pour la forme qui doit estre gardée en leur élection. A Hermenonville en Juin 1474. *Chenu loco cit. p.* 26.

Edit portant que les Arrests du Parlement de Paris seront executez sur les confins de ceux de Tolose, & de Bordeaux, sans pareatis. A Puiseaux le 2. Septembre 1474. reg. le 27. Avril 1475. 2. *vol. des Ord. de Louis XI. fol.* 15. *Fontanon t.* 1. *p.* 577.

Edit portant que nul ne peut empêcher, ny retarder les vivres, que l'on amene à Paris, ny mettre subsides nouveaux. A Dammartin en Septembre 1474. reg. le 19. Decembre de la même année. 2. *vol. des Ord. de Louis XI. fol.* 10. *Fontanon t.* 2. *p.* 1177. *Recueil des Ord. de la Ville p.* 231.

Declaration portant confirmation des Privileges de l'Abbaye de Maubuisson. A en Decembre 1474. reg. le dernier Fevrier audit an. 2. *vol. des Ord. de Louis XI. fol.* 8.

Edit touchant la residence des Prelats & Ecclesiastiques en leurs Dioceses & Benefices. Au Plessis-du-Parc lés Tours le 8. Janvier 1475. reg. le 8. du même mois. *Fontanon t.* 4. *p.* 218. & 1239. 1475.

Edit pour tenir un Concile en la ville de Lyon. Au Plessis-du-Parc lés Tours le 8. Janvier 1475. reg. le 25. du même mois. *Fontanon p.* 1239.

Edit portant défenses à tous Religieux, de sortir du Royaume, même pour tenir les Chapitres de leurs Ordres. A Soloines le 3. Septembre 1476. reg. le 7. dudit mois. *Fontanon t.* 4. *p.* 1240. 1476.

Edit portant création d'un Prevost de l'Ordre de S. Michel, & reglement pour les ceremonies qu'on observe en l'élection, & en la reception d'un Chevalier. Au Plessis-du-Parc lés Tours le 22. Decembre 1476. *Fontanon t.* 3. *p.* 41.

Declaration concernant les Privileges de la ville de Mascon. A en Mars 1476.

Declaration portant que toutes les terres données à la Maison

LOUIS XI. de Bourgogne, demeureront réünies à la Couronne. A en Mars 1476.

1476. Edit portant érection du Parlement de Bourgogne. A Arras le 18. Mars 1476. *Joly t. 1. p. 461. Palliot du Parlement de Bourgogne p. 23. Fontanon t. 1. p. 98.*

1479. Edit portant que l'erreur sera proposée dans deux ans aprés l'Arrest, & qu'il sera instruit, & mis en état dans un an aprés. Au Plessis-du-Parc en Novembre 1479. reg. le 17. Janvier de la même année. *Joly t. 1. p. 318. Fontanon t. 1. p. 582. 2. vol. des Ord. de Louis XI. fol.* 186.

Edit en faveur des vendeurs de bestail. Au Plessis lés Tours le 6. Fevrier 1479. *Font t. 1. p.* 1160.

1480. Edit portant confirmation des Privileges des Officiers de la Chambre du Tresor établie au Palais à Paris. A la Mothe-du-Gast le 12. Juillet 1480. *Bacquet de la Iurisd. du Tresor p.* 66.

Edit portant nouvelle création du Parlement de Dijon. A la Mothe d'Esgry en Gastinois le 9. Aoust 1480. *Palliot du Parl. de Bourg. p.* 25.

Declaration portant exemption aux Bourgeois de Paris d'aller, ou d'envoyer à la guerre, à cause des fiefs qu'ils possedent. Au Plessis lés Tours le 24. Mars 1480. *Corbin t. 2. p.* 93.

1481. Edit portant création d'un 19e. Office de Commissaire-Examinateur au Châtelet de Paris. A Dreux en Juin 1481. reg. le 12. Juillet suivant. *Joly t. 2. p. 1918. 1. vol. des Ord de Louis XI. fol.* 335.

1482. Testament du Roy Loüis XI. Au Château d'Amboise le 21. Septembre 1482. *Fournival p.* 817.

Edit portant confirmation des Privileges du Bailly du Palais. Au Plessis-du-Parc en Novembre 1482. reg. le 10. Janvier de la même année. *Joly t. 2. p.* 913.

Edit portant réünion & reduction des Secretaires du Roy au nombre ancien, & reglement pour leurs Privileges, & la fonction de leurs Charges. Au Plessis-du-Parc lés Tours en Novembre 1482. registré le 5. Juillet 1483. *Fournival p. 639. Joly t. 1. p. 689. Filleau part. 1. tit. 5. chap. 18. 3. vol. des Ord. de Loüis XI. fol.* 175.

1483. Provisions de l'Office de Chancelier de France, en faveur de Messire Guillaume de Rochefort, vacant par la destitution de Messire Pierre Doriole. A le 11. May 1483. 3. *vol. des Ord. de Louis XI. fol.* 207.

CHARLES

CHARLES VIII. Roy de France, de Naples, de Sicile, & de Jerusalem, Empereur Titulaire de Constantinople. CHARLES VIII

Regna depuis le 30. Aoust 1483. jusqu'au 7. Avril 1498.

Edit portant confirmation du Parlement. A Amboise le 12. Septembre 1483. *Ioly addit. t. 1. p. 160.* 1483.

Provisions de l'Office de Chancelier de France, en faveur de Guillaume de Rochefort. A Amboise le 22. Septembre 1483. registré au Parlement le 17. Novembre suivant. *Duchesne hist. des Chanc. de France p. 525.*

Declaration portant confirmation des Privileges des habitans de la ville de la Rochelle. A Clery en Decembre 1483. registré le 27. Juillet 1484. *Chenu des Privil. de la ville de Bourges p. 217.*

Declaration portant confirmation des Privileges des habitans de la ville de Bourges, & de l'exemption des francs-fiefs, & nouveaux acquests. Aux Montils lés Tours en Fevrier 1483. *Chenu loco citato, p. 14.*

Declaration portant confirmation de tous les Privileges des habitans de la ville de Montargis. Au Plessis-du-Parc en Fevrier 1483. *Privil. de la ville de Montargis p. 78.*

Edit fait sur la remontrance des Deputez des trois Etats de la Province de Languedoc; portant que cette Province sera toûjours gouvernée, & regie suivant la disposition du Droit écrit; qu'il y aura un Parlement, pour rendre la Justice aux habitans, qui ne seront tenus d'aller plaider hors leur Province: confirmation de tous leurs Privileges; & autres Reglemens, tant pour les Tailles, que pour la Jurisdiction, & le nombre des Officiers de Judicature. A Tours en Mars 1483. registré au Parlement de Thoulouse le 15. Juillet 1484. *Fontanon t. 2. p. 844. Chop. sur Par. lib. 3. tit. 2. n. 4.*

Edit portant confirmation de ceux des 15. Mars 1430. & 12. Janvier 1461. portans revocation des peages qui se levent sur les marchandises, qui montent & descendent sur la riviere de Loire. A Tours le 26. Mars 1483. *Fontanon t. 4. p. 619.*

Lettres patentes portant union de la Baronnie de Montdoubleau au Comté de Vendosme. A Rheims en May 1484. registrées le 30. Decembre 1485. *Hist. de Charles VIII. par Ialigny p. 262.* 1484.

Declaration portant confirmation des Privileges des Chirurgiens

CHARLES VIII de la ville de Paris. A Paris en Juillet 1484.

Edit touchant la réünion du Domaine alienè depuis le decez du Roy Charles VII. A Montargis le 27. Decembre 1484. registré le 10. Janvier de la même année. *Hist. de Charles VIII. par Ialigny p. 271.*

Edit portant exemption du ban & arriere-ban, pour les Chancelier, Presidens, Maistres des Requestes, & autres Officiers du Parlement. A Paris en Fevrier 1484. registré le 1. Mars suivant. *Ioly t. 1. p. 9.*

1485. Lettres patentes portant que le Comté de Vendosme ne relevera plus des Duché d'Anjou & Comté du Maine. A Orleans le 15. Septembre 1485. *Hist. de Charles VIII. par Ialigny p. 269.*

Edit portant confirmation des Commissaires du Chastelet, & de leurs Privileges. A Bourges en Octobre 1485. *Ioly t. 2. p. 1468.*

Edit portant confirmation des Privileges, & exemptions des habitans d'Orleans. A en Octobre 1485.

Edit portant reglement sur la reformation des habits. A Melun le 17. Decembre 1485. *Font. t. 1. p. 980.*

1487. Edit portant création, & établissement de deux Foires par chacun an en la ville de Lyon. A Laval en May 1487. *Privil. des Foires de Lyon p. 59.*

Declaration en faveur de Marie & Françoise de Luxembourg, pour les biens du Connestable de saint Paul leur pere. A Amiens en Juillet 1487. registrée le 17. Decembre de la même année. *Hist. de Charles VIII. par Ialigny p. 277.*

Edit portant reglement sur plusieurs & diverses matieres, à la requeste des trois Etats de Normandie, & entr'autres que les Offices de Judicature ne seront donnez à ferme; que dans les Brevets qui seront accordez pour conferer des Benefices en regale, il sera fait mention expresse du temps de l'ouverture, &c. A sainte Catherine du Mont à Roüen, le 25. Novembre 1487. *Ioly t. 1. p. 402.*

1488. Commission pour faire verifier l'Edit du mois de May 1487. portant création & établissement de deux Foires en la ville de Lyon. A Angers le 23. Juin 1488. *Privil. des Foir. de Lyon. p. 64.*

Edit portant reglement pour l'imposition foraine. A Poissy le 18. Decembre 1488. registré en la Cour des Aydes le 12. Juillet 1503. *Fontanon t. 2. p. 450.*

1489. Declaration qui confirme celle du 12. Aoust 1445. pour la fonction des Tresoriers de France. Aux Montils lés Tours le 9. Octobre 1489. *Fournival p. 133. Font. t. 2. p. 54.*

1490. Declaration en faveur des habitans de la ville de Montargis, pour les francs-fiefs, & nouveaux acquests. Aux Montils lés Tours le 12. Aoust 1490. *Privil de Mont. p.* 43. CHARLES VIII

Edit contenant 106. articles, fait sur les plaintes des Etats de la Province de Languedoc, touchant les Officiers du Parlement de Thoulouse, & des autres Jurisdictions dudit païs, portant reglement pour la Justice. A Moulins le 28. Decembre 1490 *Ioly t.* 1. *p.* 329.

Edit portant reglement pour l'élection du Maire de la ville de 1491. Bourges, & son autorité. A Paris en Avril 1491. *Chenu des Priv. de la ville de Bourges p.* 121.

Edit portant création en titre d'Office d'un Conseiller, & Receveur General des boëtes des Monnoyes de France, & Payeur des gages des Officiers de la Chambre des Monnoyes. Aux Montils lés Tours le 21. Decembre 1491. *Constans preuves p.* 72.

Edit portant que toutes Lettres de dons & alienations du Do- 1492. maine, &c. seront addressées à la Chambre des Comptes, Tresoriers, & Generaux des Finances; à l'exception toutefois des dons des droits seigneuriaux, & amendes au dessous de 100. liv. à une fois payer, &c. A Paris le 24. Juin 1492. registré en la Chambre des Comptes, le dernier Aoust audit an. *Fontanon t.* 2. *p.* 556.

Declaration concernant les Privileges, franchises, & libertez du païs & Duché de Bretagne. A Paris le 7. Juillet 1492. *Argentré sur la Coust. de Bretagne.*

Edit portant reduction des Sergens à cheval du Chastelet de Paris, à deux cens vingt, & ceux à verge à pareil nombre, avec attribution de la connoissance de toutes leurs causes, au Prevost de Paris. A Paris en Aoust 1492. registré le 7. Fevrier 1493. *Ioly t.* 2. *p.* 1547.

Edit touchant la Geolle de la Conciergerie du Palais à Paris, 1493. portant reglement des droits que doit prendre le Geollier, & le Clerc & Garde du guichet d'icelle; & ce que les Prisonniers sont tenus payer à l'entrée & sortie, & pour leur dépense, contenant 36. articles. A Paris en Juillet 1493. *Ioly t.* 2. *p.* 932.

Edit pour le fait & reglement de la Justice, le devoir & pouvoir du Parlement, contenant 111. articles. A Paris en Juillet 1493. *Ioly addit. t.* 1. *p.* 51. *Font. en sa Chronol.*

Edit sur le fait des Gabelles de Languedoc, & limites des païs dans lesquels le sel de cette Province a cours, même du côté de celle d'Auvergne. Aux Montils lés Tours le 14. Octobre 1493. *Font. t.* 2. *p.* 761.

CHARLES VIII Edit portant création d'un Office d'Avocat du Roy aux Requestes de l'Hôtel. Aux Montils lés Tours le 25. Octobre 1493. *Ioly t. 1. p. 663.*

Declaration pour l'augmentation des gages des quatre Notaires & Secretaires du Parlement. A Tours le dernier Octobre 1493. *Ioly t. 1. p. 126.*

Declaration contenant les Privileges, franchises, & libertez du païs & Duché de Bretagne. Aux Montils lés Tours en Novembre 1493. *Argentré sur la Coust. de Bretagne.*

Edit portant confirmation des Privileges, prérogatives, pouvoir, & droits des Maistres des Requestes ordinaires du l'Hôtel du Roy. A Amboise le 11. Decembre 1493. registré au Parlement de Bordeaux, le 10. Juillet 1494. *Ioly t. 1. p. 661.*

Lettres patentes pour la redaction des Coûtumes de Lorris. Aux Montils les Tours le 28. Janvier 1493. *La Thaumas. p. 467.*

Edit portant création & établissement d'une Foire par chacun an en la ville de Montargis. A Tours en Mars 1493. *Privil. de Montargis p. 21. La Thaumas. p. 407.*

1494. Edit portant confirmation de quatre Foires en la ville de Lyon, même entant que besoin seroit, création nouvelle desdites Foires, & droit de joüir par les Marchands qui y trafiqueront, de tous les Privileges. A Auxonne en Juin 1494. *Privil. des Foires de Lyon p. 66. Fontanon t. 1. p. 1064. V. l'Edit du mois de Iuillet* 1498.

Edit portant que le Parlement de Bourgogne sera sedentaire en la ville de Dijon. A Grenoble le 29. Aoust 1494. *Palliot du Parlement de Bourg. p. 32.*

Edit portant défenses aux Parlemens de Thoulouse, Bourgogne, Bordeaux, & Provence, de prendre connoissance des appellations interjettées contre les Generaux des Monnoyes, & attribution de Jurisdiction à celuy de Paris, pour en connoître. A Rome le 13. Janvier 1494. *Constans preuves p. 75.*

1495. Declaration portant reglement sur l'autorité de la Cour des Aydes de Montpellier, creée par Edits des 20. Aoust 1437. & 12. Septembre 1467. A Moulins le 8. Juillet 1495. publiée en l'Assemblée des trois Etats de Languedoc, tenuë à Montpellier le 28. Septembre suivant. *Font. t. 2. p. 730.*

Edit portant création des grands Jours, & d'un Parlement dans le Duché de Bretagne. A Lyon le 27. Novembre 1495. publié en l'Assemblée des Etats de Bretagne, le dernier May 1496. *Ioly t. 1. p. 593.*

Declaration touchant la cinquiéme Charge de Conseiller en la Chambre du Tresor au Palais à Paris. A Lyon le 22. May 1496. *Bacquet de la Iurisd. du Tresor p. 67.* CHARLES VIII 1496.

Edit portant reglement pour le nombre des Officiers de la Chambre du Tresor au Palais à Paris. A Amboise le 13. Aoust 1496. *Id. p. 69.*

Provisions de l'Office de Chancelier de France, en faveur de Guy de Rochefort, Chevalier. A Moulins le 9. Juillet 1497. registrées au Parlement le 27. Janvier suivant. *Duchesne hist. des Chancel. de France, p. 539.* 1497.

Lettres patentes portant commission à Thibault Baillet President au Parlement de Paris, & autres, pour faire publier dans chacun Bailliage & Senéchaussée, les Coûtumes qui ont esté arrestées par les Commissaires du Roy, avec pouvoir d'accorder les Coûtumes, & articles qui seront en contestation dans l'Assemblée, avec cette restriction neanmoins, que si la difficulté est trop grande, ils seront obligez de renvoyer les parties au Parlement, la Coûtume neanmoins subsistant par provision. A Moulins le 2. Septembre 1497. *V. les Lettres du 21. Ianvier* 1510.

Edit sur les emboutiquemens des sels és greniers de Languedoc, portant plusieurs reglemens pour les Gabelles de cette Province. A Amboise le 6. Janvier 1497. *Fontanon t. 2. p. 765.*

LOUIS XII. Roy de France, de Sicile, & de Jerusalem, Duc de Milan, Seigneur de Gennes, surnommé le Juste, & le Pere du Peuple.

LOUIS XII.

Regna depuis le 7. Avril 1498. jusqu'au 1. Ianvier 1514.

Lettres patentes portant confirmation des Privileges des habitans de la ville de Montargis. A Compiegne en Juin 1498. *Privil. de Montargis p. 93.* 1498.

Lettres patentes portant confirmation des Privileges des habitans de la ville de la Rochelle. A Compiegne en Juin 1498. registrées le 24. Juillet suivant. *Chenu des Privil. de Bourg. p. 219.*

Edit portant confirmation de l'institution du grand Conseil, faite par Charles VIII. avec augmentation d'un notable Prelat, de deux Conseillers, & de deux Secretaires, dont l'un sera Greffier,

LOÜIS XII. & les reglemens pour son pouvoir, & Jurisdiction. A Paris le 13. Juillet 1498. *Ioly t. 1. p. 642. Fontanon t. 7. p. 117.*

Declaration portant confirmation des Privileges des Chirurgiens de la ville de Paris. A Paris en Juillet 1498. *V. la Declaration du mois de Fevrier* 1514.

Edit portant revocation des peages qui se levent sur les marchandises, qui montent & descendent sur la Riviere de Loire, A Paris le 16. Juillet 1498. *Fontanon t. 4. p. 620.*

Edit portant confirmation des Privileges, & exemptions des habitans de la ville d'Orleans. A Paris en Juillet 1498.

Edit en execution de celuy du mois de Juin 1494. portant confirmation des Foires de Lyon, & quelques nouveaux Reglemens pour le fait d'icelles. A Paris en Juillet 1498. *Privil. des Foires de Lyon p. 79. Font. t. 1. p.* 1066.

Edit en faveur des Ecoliers de l'Université de Paris, contenant 9. articles. A Paris le dernier Aoust 1498. registré au Parlement le 17. May 1499. *Fontanon en sa Chron. p.* 22.

Declaration portant modification des Privileges des Ecoliers de l'Université de Paris. A Paris le dernier Aoust 1498. registrée le 17. May 1499. *Font. t. 4. p.* 418.

Edit touchant les Greniers & Gabelles de la Province de Languedoc, & Officiers d'icelles. A Blois le 8. Novembre 1498. registré en la Cour des Aydes de Languedoc, le 4. Janvier de la méme année. *Font. t. 2. p. 768. V. les Declarat. des 7. Avril, &* 19. *Decembre* 1499.

Lettres patentes portant don du Duché de Berry à Madame Jeanne de France, fille de Loüis XI. aprés la dissolution de son mariage avec Loüis XII. Roy de France. A le 26. Decembre 1498. *Chenu des Privil. de la ville de Bourg. p.* 54.

Contrat de mariage de Loüis XII. Roy de France, avec Anne Duchesse de Bretagne, veuve de Charles VIII. aussi Roy de France, contenant plusieurs Reglemens pour le Duché, & païs de Bretagne. Au Château de Nantes en Janvier 1498. *Argentré sur la Coûtume de Bretagne.*

Edit portant que doresnavant quelques dons qui soient faits de lots, ventes, quints, droits seigneuriaux, espaves, amendes, confiscations, &c. ils seront reduits à la moitié. Au Château d'Angers le 5. Fevrier 1498. registré en la Chambre des Comptes le 18. du même mois. *Font. t. 2. p.* 558.

Ordonnance sur le fait de la Justice, contenant 162. articles, portans reglement pour l'observation des saints Decrets, & Pragmatiques Sanctions; les Graduez; les collations & provisions des Benefices, tant en Regale, qu'autrement; les enquestes; en quel cas & comment les Presidens & Conseillers du Parlement pourront aller en commission; la forme de leur élection; leur residence & service; comment ils pourront estre recusez; la Jurisdiction des Requestes du Palais; l'élection des Lieutenans, des Baillifs, Senéchaux, & autres Juges Royaux; leur qualité, salaires, gages, retributions, & pouvoir; les Prevôts en garde, & leur élection; les Notaires, & leur devoir; que nul autre que le Roy puisse donner grace, abolition, remission, ou pardon; que les grands Jours seront tenus, l'execution des Sentences, punition des criminels, & vagabons, &c. A Blois en Mars 1498. *Ioly addit. t. 1. p. 59. Fontanon en sa Chron. p. 20. V. la Declar. du 13. Iuin* 1499.

Declaration portant suppression du Juge des Exempts de Berry, & attribution de Jurisdiction au Bailly de Berry, à l'exclusion de celuy de S. Pierre le Moustier, des cas Royaux, Regales, & causes des privilegiez, & de fondation Royale. A Blois le 25. Mars 1498. registrée le 8. May 1499. *Chenu des Privileges de la ville de Bourg. p.* 58.

Declaration en interpretation de l'Edit du 8. Novembre 1498. portant reglement sur les Gabelles & Greniers à sel de Languedoc. Aux Montils sous Blois, le 7. Avril 1499. *Font. t. 2. p.* 771. *V. la Declar. du* 19. *Decembre suivant.* 1499.

Edit portant érection de l'échiquier de Normandie en Parlement. Aux Montils sous Blois en Avril 1499. registré en la Chambre des Comptes le 5. Decembre de la même année. *Ioly t. 1. p.* 396. *Font. t. 1. p.* 115.

Declaration portant pouvoir aux Officiers du Parlement de Grenoble, de nommer trois personnes au Roy, pour remplir chacune des Charges vacantes. A Blois le 9. May 1499. *Ioly t. 1. p.* 462.

Declaration pour la reformation des privileges des Ecoliers, & limitation du pouvoir & Jurisdiction du Conservateur des mêmes privileges. A Romorantin le 12. May 1499. *Font. t. 4. p.* 419.

Declaration sur l'Ordonnance du mois de Mars 1498. touchant la reformation de la Justice. A Paris le 13. Juin 1499. registrée le même jour, le Roy seant au Parlement. *Ioly addit. t. 1. p. 72. Font. en sa Chronol. p.* 23.

Declaration touchant les Officiers des Gabelles de Languedoc, & autres points concernant icelles. A Orleans le 19. Decembre 1499. *Font. t. 2. p.* 773.

LOUIS XII.

1500. Edit portant revocation des octrois, & permission des fournissemens des Greniers à sel. A Lyon le 23. May 1500. registré en la Chambre des Comptes le 3. Juillet audit an. *Font. t. 2. p.* 776 & 986.

Edit portant reglement pour la Jurisdiction de la Cour des Aydes de Paris. A Lyon le 24. Juillet 1500. registré en la Cour des Aydes le 18. Juillet suivant. *Fontanon t. 2. p.* 703.

Declaration portant que les Charges de Procureur des Comptes ne dérogent à Noblesse. A Melun le 6. Septembre 1500. *Fournival p.* 825. & 933.

Declaration portant addition aux anciennes Ordonnances des Gabelles du païs de Languedoc. A Blois le 17. Janvier 1500. *Font. t. 2. p.* 777.

1501. Edit portant érection du Parlement de Provence, création des Officiers qui le doivent composer, & reglement pour leur pouvoir, fonction, & autorité. A Lyon en Juillet 1501. *Ioly t. 1. p.* 472.

Edit sur les plaintes & doleances des trois Etats de Languedoc, portant que les Officiers du Parlement de Tholose, & tous autres, sont contribuables, & cottisables aux Tailles, pour leurs biens ruraux; avec interdiction à ladite Cour de connoître des causes des Aydes, & deniers Royaux. A Lyon le 9. Octobre 1501. registré en la Cour des Aydes de Languedoc le 11. Mars 1502. *Ioly t. 1. p.* 341.

1502. Declaration portant confirmation de l'Edit du mois de Juillet 1501. portant création & établissement d'un Parlement pour le païs & Comté de Provence. A Grenoble le 26. Juin 1502. *Ioly t. 1. p.* 475. *Font. t. 1. p.* 105.

1504. Edit portant reglement pour le guet des Places, & Villes limitrophes & frontieres, ensemble pour les reparations, fortifications, & avitaillemens d'icelles. A Paris le dernier Decembre 1504. registré le 2. Janvier suivant. *Font. t. 3. p.* 181.

1505. Lettres patentes portant érection du Comté de Longueville en Duché, en faveur de François d'Orleans, Comte de Dunois. A en May 1505.

Lettres patentes portant confirmation du Comté & Pairie de Nevers. A en May 1505. registré le 18. Aoust de la même année.

1506. Lettres patentes portant commission à Thibaut Baillet President, & Guillaume de Besançon Conseiller en la Cour, pour faire publier

blier les Coûtumes de Paris, Meaux, Melun, Montargis, & Sens. Aux Montils lés Tours le 28. Mars 1506. LOUIS XII.

Lettres patentes pour la redaction de la Coûtume d'Auxerre. A le 2. Avril 1506. avant Pâques.

Lettres patentes portant provision de l'Office de Chancelier de France, en faveur de Jean de Ganay premier President au Parlement de Paris. A Blois le dernier Janvier 1507. registré au Parlement le 6. & en la Chambre des Comptes le 9. Mars suivant. *Duchesne hist. des Chanc. de France p.* 550. 1507.

Lettres patentes portant confirmation des Privileges des 18. Messagers de la Chambre des Comptes, & du Tresor. A Roüanne en Avril 1508. aprés Pâques. *Bacquet de la Iurisdiction du Tresor p.* 70. 1508.

Edit portant reglement pour la fonction & pouvoir des Tresoriers de France. A Roüen le 20. Octobre 1580. *Fontanon t.* 2. *p.* 54. *Fourn. p.* 135.

Edit portant reglement pour la Jurisdiction des Elûs, & sur le fait des Aydes & Gabelles, contenant 73. articles. A Paris le 11. Novembre 1508. registré en la Cour des Aydes le 22. du mesme mois. *Font. t.* 2. *p.* 905. *&* 987.

Lettres patentes portant commission à Estienne Buynard Conseiller, & Guillaume Roger Procureur General au Parlement de Paris, pour la redaction de la Coûtume d'Orleans. A le 18. Septembre 1509. 1509.

Declaration portant que les 60. Clercs Notaires au Châtelet de Paris, pourront recevoir, & passer tous contrats par tout le Royaume de France, & qu'ils auront leurs causes commises pardevant le Prevost de Paris, comme leur Conservateur, tant en demandant, qu'en défendant. A Troyes en Avril 1510. aprés Pâques, registrée le 1. Mars 1512. *Ioly t.* 2. *p.* 1668. 1510.

Edit pour l'observation des Decrets des Conciles de Basle & de Constance, dans toute l'étenduë du Royaume. A Lyon en Juin 1510. *Fontanon t.* 4. *p.* 1245.

Ordonnance sur le fait de la Justice, contenant soixante & douze articles. A Lyon en Juin 1510. registrée le 21. Avril 1512. *Fontanon t.* 1. *en sa Chronol.*

Lettres patentes portant commission à Thibault Baillet President, & Roger Barme Avocat du Roy au Parlement, pour la publication de la Coûtume de Paris. A Blois le 21. Janvier 1510.

Edit portant commission à Thibault Baillet, & Jacques Olivier,

Louis XII. Presidens au Parlement de Paris, Guillaume Dauvet Maître des Requestes, Guillaume de Besançon, Guy Arbaleste, Germain Chastelier, François de Morvilliers, Estienne Buynart, Jean le Lievre, & Jacques Chevalier, Conseillers, Roger Barme Avocat du Roy, & Guillaume Roger Procureur General au même Parlement; au lieu de ceux qui avoient esté commis par les Lettres patentes de Charles VIII. du 2. Septembre 1497. pour publier dans les Provinces les Coûtumes qui avoient esté arrestées par les Commissaires du Roy, & travailler à la redaction de celles qui ne l'estoient pas. A Blois le 21. Janvier 1510..

Edit portant reglement pour la punition des blasphemateurs. A Blois le 9. Mars 1510. *Font. t. 4. p. 237.*

1511. Edit portant reglement pour la Chambre des Comptes. A Blois en Decembre 1511. *Font. t. 2. p. 38.*

1512. Declaration portant exemption du ban & arriere-ban pour les Bourgeois de Paris. A Blois le 12. Juin 1512. *Recueil des Ord. de la Ville de Paris, p. 233.*

Declaration sur la Jurisdiction de la Cour des Aydes de Montpellier. A Blois le 19. Juillet 1512. registrée au grand Conseil le 5. & en la Cour des Aydes de Montpellier le 27. Aoust suivant. *Font. t. 2. p. 734.*

Declaration pour les Privileges des Conseillers generaux, & autres Officiers de la Chambre des Monnoyes. A Blois en Octobre 1512. *Constans Preuves p. 81.*

Declaration portant reglement entre les Secretaires du Roy; & les Referendaires en la Chancellerie. A Blois le 24. Fevrier 1512. *Ioly t. 1. p. 758.*

1513. Edit contenant les Privileges des Enlumineurs, Parcheminiers, & autres Supposts de l'Université de Paris. A Blois le 9. Avril 1513. *Fontanon t. 4. p. 421.*

Edit portant création de 20. Offices d'Huissiers ordinaires du Roy, & du grand Conseil, sans y comprendre le premier Huissier, qui est maintenu en son pouvoir, & droits. A Amiens le 22. Septembre 1513. *Ioly t. 1. p. 657.*

Declaration sur la Jurisdiction de la Cour des Aydes de Montpellier. A Amiens le 15. Octobre 1513. *Font. t. 2. p. 737.*

1514. Lettres patentes portant érection du Comté d'Angoulesme en Duché & Pairie, en faveur de François d'Orleans Comte d'Angoulesme, depuis Roy de France. A en 1514.

Edit portant confirmation de ceux des 8. Juin 1369. & 7. Aoust

1406. en faveur des Sergens à verge du Châtelet de Paris, qui leur donne pouvoir de faire toutes executions, ajournemens, arrests, & tous autres actes qui appartiennent à l'Office de Sergent Royal, &c. Au Bois de Vincennes au mois de Juin 1514. *Ioly t. 2. p.* 1577. LOUIS XII.

FRANCOIS I. Roy de France, surnommé le Grand.

Regna depuis le 1. Ianvier 1514. jusqu'au 31. Mars 1547.

Edit portant confirmation des Officiers du Parlement en l'exercice de leurs Charges. A Paris le 2. Janvier 1514. *Ioly addit. t. 1. p.* 75. 1514.

Lettres Patentes portant provision de l'Office de Chancelier de France, vacant par la mort de Messire Jean de Ganay Chevalier, Seigneur de Persan, en faveur de Messire Antoine du Prat Chevalier, premier President au Parlement de Paris. A Paris le 7. Janvier 1514. registrées le 15. du méme mois.

Lettres patentes portant érection du Comté d'Angoulesme, & des Châtellenies, Terres, & Seigneuries de Jarnac, Châteauneuf, Montignac, & Bassac, en Duché; dont les appellations ressortiront au Parlement de Paris. A Compiegne en Fevrier 1514. registrées le 12. Mars de la même année.

Lettres patentes portant érection du Comté de Vendosme, & des Châtellenies de Montdoubleau, Montoire, Laverdin, Saint-Hales, & autres, en Duché & Pairie; en faveur de Charles de Bourbon, Comte de Vendosme: pour estre tenu de la Couronne de France, à une seule foy & hommage; sous le titre de Duché & Pairie de Vendosmois; à la charge que les appellations des Officiers de ce Duché, ressortiront au Parlement de Paris; qu'à défaut de mâles la Pairie demeurera éteinte, & la Jurisdiction retournera en son premier état; demeurant neanmoins le titre de Duché. A Paris en Fevrier 1514. registrées le 6. Mars suivant. *V. les Lettres des 3. Avril* 1598. 27. *Decembre* 1601. *&* *Aoust* 1607.

FRANÇOIS I.

Ducs de Vendosme, Pairs de France.

Charles de Bourbon Duc de Vendosme, Pair de France.

Antoine de Bourbon, Roy de Navarre, Duc de Vendosme, Pair de France.

Henry de Bourbon quatriéme du nom, Roy de France & de Navarre, surnommé le Grand.

Cesar Duc de Vendosme, Pair de France, Chevalier des Ordres du Roy, &c.

Loüis Cardinal Duc de Vendosme, Pair de France, Chevalier des Ordres du Roy, &c.

Loüis Joseph à present Duc de Vendosme, Pair de France, &c.

Lettres Patentes portant érection de la Vicomté de Châtelleraut, & des Châtellenies de Gironde, Boneul, Matoire, saint Remy, Püymallerçon, Dorat, Calais, Charosts, Belac, Rancon, & Champagnac, en Duché & Pairie de France, en faveur de François de Bourbon, Vicomte de Châtelleraut, Seigneur de la basse Marche; sous le nom & titre de Duché de Châtelleraut; exemption & distraction du Ressort de toutes Jurisdictions, & attribution de la connoissance des appellations au Parlement de Paris, fors & excepté des cas Royaux: pour le tenir à une seule foy, & hommage lige de la Couronne de France, à la charge qu'en défaut d'hoir mâle la Pairie demeurera éteinte, & supprimée; demeurant neanmoins le titre & dignité de Duché. A Paris en Février 1514. registrées le 4. Avril suivant. *Sainte Marthe liv. 24. ch. 5. V. les lettres du 5. May 1530. du mois d'Aoust 1538. & du 13. May 1584.*

Ducs de Châtelleraut, Pairs de France.

Gilbert de Bourbon Comte de Montpensier.

Charles Duc de Bourbonnois, d'Auvergne, & de *Châtelleraut*, Pair & Cônestable de France, tué à la prise de Rome le 6. May 1527.	François de Bourbon Duc de *Châtelleraut*, Pair de France, tué à la bataille de Marignan le 15. Decembre 1515.	Loüise de Bourbon Cõtesse de Montpensier, épousa Loüis de Bourbon, Prince de la Roche-sur-Yon, elle mourut le 5. Juillet 1561.

Loüis de Bourbon Duc de Montpensier, Pair de France, Souverain de Dombes, Prince de la Roche-sur-Yon, &c. mort le 23. Septembre 1582.

François de Bourbon, Duc de Montpensier, saint Fargeau, & *Châtelleraut*, Pair de France, &c. mourut le 4. Juin 1592.

Henry de Bourbon, Duc de Montpensier, saint Fargeau, & *Châtelleraut*, Pair de France, &c. decedé le 27. Fevrier 1608.

Marie de Bourbon, Duchesse de Montpensier, saint Fargeau, & *Châtelleraut*, Souveraine de Dombes, &c. mariée le 6. Aoust 1626. avec Gaston-Jean-Baptiste Duc d'Orleans, mourut le 4. Juin 1627.

Anne-Marie-Loüise d'Orleans, à present Duchesse de Montpensier, saint Fargeau, *Châtelleraut*, &c.

Declaration portant confirmation des Privileges des Chirurgiens de la ville de Paris, à eux accordez, & confirmez par Edits, Declarations, & Lettres patentes des 19. Octobre 1364. 21. Juillet 1370. Octobre 1381. Octobre 1441. Mars 1470. Juillet 1484. & Juillet 1498. A Paris en Fevrier 1514.

Edit portant création des Offices d'Enquesteurs és Bailliages, Senéchaussées, Prevôtés, & autres Jurisdictions Royales du Royaume, & Reglement pour leur pouvoir & fonction. A Paris en Fevrier 1514. registré le 3. Avril de la même année, avant Pâques. *Ioly t. 2. p.* 1314. *Fontanon t. 1. p.* 445. *Filleau part. 3. tit. 3. chap. 1. p.* 152. *V. la Declaration du 6. May* 1517. *l'art. 168. de l'Ord de Blois, la Declaration du 6. May* 1581. *&c.*

Declaration portant confirmation des Privileges des habitans de la Rochelle. A Paris en Mars 1514. reg. le 5. Juillet 1515. *Chenu p.* 220.

G iij

FRANÇOIS I. Declaration portant confirmation des Privileges & exemptions des habitans de la ville d'Orleans. A Paris en Mars 1514.

Edit portant création des Etats & Offices de Contrôlleurs des deniers communs, dons, & octrois de chacune Ville, Cité, & Forteresse du Royaume, & reglement pour leurs fonctions & droits. A Paris en Mars 1514. registré le 14. May 1515. *Fontanon t. 2. p.* 1129.

Edit contre les blasphemateurs. A Paris le 30. Mars 1514. registré le 14. May 1515.

1515. Edit portant confirmation de tous les Privileges de la ville de Paris, & en outre que les Prevost des Marchands, Echevins, & leurs Lieutenans, ne pourront estre intimez, & pris à partie, ny aussi estre mulctez & condamnez, sinon és cas esquels les Juges Royaux le peuvent estre par les Ordonnances, & pouvoir d'établir des prisons dans l'Hôtel de ladite Ville. A Paris en Avril 1515. registré le 10. Fevrier de la même année. *Recueil des Ord. de la Ville p.* 235. *Fontanon t. 2. p.* 1180.

Declaration portant confirmation de tous les Privileges de l'Université de la ville de Paris, & particulierement de ceux qui luy ont esté accordez par Lettres des 18. Mars 1366. Mars 1488. touchant le nombre de ses Officiers & Serviteurs, & 9. Avril 1513. en faveur des Libraires, Ecrivains, Relieurs, & Enlumineurs de Livres; & en outre pouvoir à elle, ses Supposts, Officiers, & Serviteurs, d'assigner toutes personnes en matiere personnelle, pardevant le Conservateur Apostolique de ses Privileges. A Paris en Avril 1515. aprés Pâques, registrée au Parlement le 19. May 1515. & en la Cour des Aydes le 19. Decembre 1516. *Fontanon t. 4. p.* 423.

Edit portant que les Presidens & Conseillers de la grand-Chambre du Parlement, qui seront ordonnez pour juger les procez criminels, iront servir en la Chambre de la Tournelle criminelle, comme font ceux des Enquestes, sans s'arrester en la grand-Chambre: & Reglement pour leur pouvoir, fonction, & autorité, avec augmentation de leurs gages de 80 liv. tournois par an. A Paris en Avril 1515. registré le 3. May suivant. *Ioly addit. t.* 1. *p.* 107. *V. la Declaration du mois de Iuin suivant.*

Edit portant augmentation de vingt livres de gages à chacun des quatre Conseillers lais des Enquestes, qui servent par chacun quartier en la Tournelle criminelle, établie par l'Edit du mois d'Avril precedent, faisant en tout trois cens vingt livres. A Amboise en Juin 1515. registré le 30. Aoust de la même année. *Ioly t.* 1. *p.* 180.

Lettres patentes portant don du Duché de Nemours à Julien de Medicis, & Philberte de Savoye son épouse. A Milan en Novembre 1515. *Guichenon hist. de la Maison de Savoye, preuves p.* 464. FRANÇOIS I.

Ordonnance portant reglement general sur le fait des Chasses, Eaux, Forests, Pesches, & Gabelles, contenant 92. articles. A Lyon en Mars 1515. registrée au Parlement le 11. Fevrier 1516. *Fontanon t. 2. p.* 259.

Edit pour la reformation de la forest d'Orleans. A Paris le 21. Mars 1515.

Edit portant abolition de tous peages, imposts, foüages, branlages, & subsides établis depuis cent ans sur la Riviere de Loire. A Paris le 29. Mars 1515. avant Pâques. *Fontanon t. 4. p.* 622.

Traité de paix, & alliance entre le Roy & les Cantons des Suisses. A le 7. Decembre 1516. 1516.

Declaration en faveur des Commissaires du Châtelet de Paris, portant confirmation des Privileges qui leur ont esté accordez par les Lettres des 24. Avril 1337. 7. May 1338. 1. Juin 1353. Janvier 1366. Janvier 1380. 14. Juillet 1410. 19. Octobre 1459. Mars 1473. 27. Septembre 1483. & Octobre 1485. A Paris en Fevrier 1516. registrée en la Cour des Aydes le 28. May 1518. & au Parlement le 6. Mars 1543. *Ioly t. 2. p.* 1468.

Declaration sur l'Edit de création des Offices d'Enquesteurs du mois de Fevrier 1514. portant que les grosses des Enquestes demeureront aux Greffes des Bailliages, Senéchaussées, &c. & que les Greffiers, leurs Clercs & Commis seront doresnavant adjoints avec les Enquesteurs, à moins que l'on ne propose contr'eux quelque recusation valable. A Paris le 6. May 1517. registrée le 29. du même mois. *Ioly t. 2. p.* 1316. *Fontanon t. 1. p.* 447. *Filleau part. 3. tit. 3. ch. 1. p.* 153. 1517.

Lettres patentes en forme d'Edit, portant confirmation du Concordat fait entre le Pape Leon X. & François I. Roy de France, portant abrogation de la Pragmatique Sanction de Basle, faite à Bourges le 7. Juillet 1438. & Reglemens nouveaux.

1. *De Electione.*
2. *De Mandatis Apostolicis.*
3. *De Causis.*
4. *De Pacificis Possessoribus.*
5. *De Publicis Concubinariis.*
6. *De Excommunicatis non vitandis.*

FRANÇOIS I. *De Interdictis non leviter ponendis.*

De Sublatione Clementinæ litteris, tit. de probationibus. A Paris le 13. May 1517. regist. le 22. Mars de la même année. *Corbin p. 135. Joly t. 1. p. 219. Fontanon t. 4. p. 397. V. les quatre Declarations, sçavoir celle du 12. Avril, & les trois du 25. Octobre 1518. ensemble celle du 29. Mars 1527.*

Edit portant reglement sur la Jurisdiction des Elûs, ensemble sur le fait des Aydes, Tailles, & Gabelles, contenan 52. articles; sans neanmoins qu'on puisse pretendre qu'il ait esté derogé aux anciennes Ordonnances, & même à celle de Loüis XII. du 11. Novembre. 1508. sinon és choses ausquelles il est expressément pourvû. A Montreüil le dernier Juin 1517. registré en la Cour des Aydes le 10 Juillet suivant. *Fontanon t. 2. p. 910. 911. 912. 913. 914. 989. 990. 991. & 992.*

Edit portant reglement sur le fait de la Marine, de l'Admirauté, & de la Jurisdiction de l'Admiral, contenant 31. articles. A Abbeville en Juillet 1517. *Fontanon t. 3. p. 14.*

Lettres patentes portant don à Madame Marguerite Duchesse d'Alençon, sœur du Roy, du Duché de Berry, Ville & Cité de Bourges, Baronnies, Châteaux, Châtellenies & Seigneuries de Dun-le-Roy, Issoudun, Vierzon, Mehun-sur-Yevre, & generalement toutes les dépendances dudit Duché, même les revenus des Aydes, Greniers à sel, &c. pour en joüir sa vie durant en tout droit & titre de Pairie. A Argentan le 11. Octobre 1517. regist. au Parlement le 4. Fevrier de la même année. 1. *vol. des Ordonnances de* François *I. fol.* 250. *Cette Princesse estoit venuë de Charles dernier Duc d'Alençon; elle se remaria avec Henry d'Albret Roy de Navarre, & en eut Jeanne d'Albret, femme d'Antoine de Bourbon, Duc de Vendosme, Roy de Navarre, dont vint Henry IV. dit le Grand, Roy de France & de Navarre.*

Declaration portant confirmation des Privileges de la ville de Tours. A en Decembre 1517. registré le 13. Aoust 1518. *Chenu p.* 118.

1518. Declaration pour l'enregistrement de deux Bulles du Pape, données en execution du Concordat, pour l'expression de la valeur des Benefices. A Amboise le 12. Avril 1518. *Joly t. 1. p. 229. Fontanon t. 4. p. 407.*

Declaration portant reglement pour les mois affectez aux Graduez. A Baugé le 25. Octobre 1518. regist. au Parlement de Toulouse le 22. Novembre audit an. *Joly t. 1. p. 230. Font. t. 4. p. 409.*

Declaration

Declaration pour l'enregiſtrement de la Bulle du Pape, par laquelle le Roy eſt declaré Protecteur du Concordat. A Baugé le 25. Octobre 1518. *Joly t. 1. p.* 231. *Fontanon t. 4. p.* 410. 1518.

Declaration pour l'enregiſtrement d'une Bulle du Pape, portant prorogation pour un an du delay accordé pour l'acceptation du Concordat. A Baugé le 25. Octobre 1518. regiſt. au Parlement de Toulouſe le 17. Novembre de la même année. *Joly t. 1. p.* 232. *Fontanon t. 4. p.* 410.

Declaration portant ampliation des Lettres patentes accordées aux Secretaires du Roy, au mois de Novembre 1482. en ce qui concerne l'exemption du payement des droits ſeigneuriaux, pour raiſon des terres & biens qu'ils poſſedent. A Paris en Decembre 1518. regiſtrée au Parlement le 11. Aouſt, & en la Chambre des Comptes le 17. Mars de la même année. *Joly addit. t. 1. p.* 342. *Filleau part. 1. tit. 5. ch.* 21.

Edit portant reglement pour le ſalaire des Officiers des Foreſts; défenſes de mettre, ny tenir beſtes eſdites Foreſts; & aux Clercs qui ne ſont pas mariez, de tenir aucuns Offices de Sergens; de quelles amendes les Prelats & Nobles pourront uſer en leurs bois & Foreſts; & des peines de ceux qui contreviendront à cet Edit, contenant en tout 30. articles. A Paris en Janvier 1518. regiſt. le 7. Fevrier ſuivant. *Fontanon t. 2. p.* 271.

Edit portant que le Bailly de Touraine ſera intitulé au commencement des Sentences & autres Jugemens, qui ſeront baillez par ſes Lieutenans; leſquels Lieutenans pourront ſeulement ſe faire nommer à la fin. Au Port de Neüilly en Mars 1518. regiſtré le 29. du même mois audit an, avant Pâques. *Joly t. 2. addit. p.* 1831.

Declaration portant que toutes les encheres des ventes des Foreſts du Roy, ſe feront pendant trois jours continuels, & conſecutifs, de huitaine en huitaine, en preſence des Maiſtres des Eaux & Foreſts des lieux, & du Procureur du Domaine, & l'adjudication à l'extinction de la chandelle, au plus offrant & dernier encheriſſeur, &c. A Paris le 21. Mars 1518. *Fontanon t. 2. p.* 270.

Edit portant reglement ſur le fait de la traite d'Anjou, & trépas de Loire, contenant 13. articles. A S. Germain en Laye le 6. Avril 1518. avant Pâques, regiſtré en la Cour des Aydes le 13. des mêmes mois & an. *Fontanon t. 2. p. 535. V. la Declaration du 2. Novembre* 1524.

Edit portant confirmation de tous les Privileges accordez aux Preſidens, Vice-Preſidens, Maîtres des Comptes, Treſoriers de 1519.

FRANÇOIS I. France, Generaux & Secretaires des Finances, & concession de plusieurs Privileges nouveaux, contenant 16. articles. A Blois en Avril 1519. *Fournival p.* 605.

1519. Lettres patentes portant confirmation des Privileges de la ville de Tours. A le 27. Avril 1519.

Edit portant que le Bailly de Touraine sera intitulé au commencement des Contrats, Obligations, & autres Actes, qui seront receus par les Notaires & Tabellions dudit Bailliage. A saint Germain en Laye le 3. May 1519. reg. le 6. du même mois. *Ioly t. 2. addit. p.* 1832.

Ordonnance portant reglement pour la Chambre des Vacations, l'execution des Sentences nonobstant l'appel, & la tenuë des grands Jours par chacun an, au Ressort du Parlement de Paris, contenant 7. articles. A S. Germain en Laye le 12. Juillet 1519. reg. le 29. Novembre de la même année. *Fontanon t.* 1. *en sa Chronol. p.* 27.

Edit portant que les Juges mettront de trois en trois mois, le taux aux vivres, suivant lequel les hôtes seront payez des allans & venans, sans qu'ils puissent rien exiger au de-là, pour ce qu'on appelle bonne chere; & Reglement pour l'execution dudit Edit, contenant 7. articles. A Blois le 22. Novembre 1519. reg. au Châtelet de Paris le 10. Decembre suivant. *Fontanon t.* 1. *p.* 928.

Edit pour l'abbreviation des procez au Bailliage de Touraine. A S. Jean d'Angely le 11. Fevrier 1519.

Edit portant permission aux Officiers de la Chambre des Comptes de Paris, & aux Tresoriers de France, de prendre du sel pour la provision & dépense de leurs maisons, sans payer aucun droit de Gabelle, nonobstant les Ordonnances faites sur la distribution du sel. A Coignac en Mars 1519. reg. en la Chambre des Comptes le 24. Avril aprés Pâques 1520. *Fournival p.* 703.

1520. Edit accordé aux Prevost des Marchands & Echevins de la ville de Paris, en execution d'un precedent du mois de Fevrier 1415. portant reglement, tant pour la navigation sur la Riviere de Seine, & autres Rivieres qui y descendent, que pour l'exploitation & la conduite des bois de chauffage, en cette ville de Paris, contenant 11. articles. A Montreüil en May 1520. registré le Janvier audit an. *Recueil des Ord. de la Ville p.* 208.

Lettres patentes touchant les francs-fiefs, & nouveaux acquests possedez par les Ecclesiastiques, Communautez, & gens de mainmorte, contenant 7. articles. A S. Germain en Laye le 6. Septembre 1520. *Fontanon t.* 2. *p.* 431.

Edit portant reglement entre le Parlement & la Chambre des Comptes de Paris, & qui decide en quels cas, les appellations des Sentences & Jugemens de la Chambre des Comptes, sont portées au Parlement. A Blois en Decembre 1520. registré en la Chambre des Comptes le 15. du même mois. *Fontanon t. 2. p. 43.* 1520.

Edit portant exemption du droit de Gabelle, en faveur des Officiers du Parlement de Paris, pour le sel qu'ils prennent pour la provision de leurs maisons. A Blois le 12 Decembre 1520. registré en la Chambre des Comptes le 22. du même mois. *Ioly addit. t. 1. p. 74.*

Edit portant création en titre d'Office des Greffes, Clergies, & seaux des Bailliages, Prevôtez, & autres Jurisdictions Royales du Royaume, à la charge par ceux qui en seront pourvûs, de faire les registres, & les garder, faire à leurs dépens toutes les affaires qui concerneront le Domaine de la Couronne, & les procez criminels de ceux qui n'auront aucuns biens, & de rembourser ou continuer les rentes ou pensions annuelles qui auroient esté venduës sur lesdits Greffes. A Argilly le 6. Juillet 1521. regist. au Parlement le de la même année. *Ioly t. 2. addit. p. 1904.* 1521.

Edit portant création de vingt Offices de Conseillers au Parlement de Paris, outre le nombre des Presidens, Pairs, Maistres des Requestes, & Conseillers, qui y sont aux mêmes gages, droits, honneurs, profits, privileges, autorité, & préeminence que les anciens, pour de tous ensemble estre faites quatre Chambres. A S. Germain en Laye le dernier Janvier 1521. registré les 3. & dernier Mars de la même année, avant Pâques. *Ioly addit. t. 1. p. 75.*

Edit portant création de seize nouveaux Offices de Commissaires du Chastelet de Paris, outre les seize anciens, pour faire en tout le nombre de trente-deux. A S. Germain en Laye le 4. Fevrier 1521. reg. le 29. Avril 1522. *Ioly t. 2. p. 1484. V. les Edits des 6. Fevrier 1522. & 11. Iuillet 1523.*

Declaration portant que les Generaux des Finances de Normandie, & leurs veuves pendant leur viduité pourront prendre du sel dans les greniers du Roy, pour la provision de leurs maisons, sans payer aucun droit de Gabelle, nonobstant les défenses faites aux Grenetiers de ne bailler du sel à quelque personne que ce fust, sans en payer le droit. A S. Germain en Laye le 7. Fevrier 1521. reg. en la Cour des Aydes de Normandie le 25. du même mois. *Fournival. p. 105.*

FRANÇOIS I.

1522.

Edit portant création d'un Office d'Avocat du Roy au grand Conseil, aux mêmes droits, autoritez, honneurs, &c. que ceux des Parlemens de Paris, Tholose, Bourdeaux, & autres Cours Souveraines. A Lyon le 22. May 1522. *Joly t. 1. ad. p. 316.*

Edit portant création d'un Office de Procureur du Roy, en chacun Bailliage, Senéchaussée, & autre Jurisdiction du Royaume, dont les appellations ressortissent nuëment, & sans moyen és Cours de Parlement; aux mêmes droits, profits, émolumens, &c. que les autres Procureurs du Roy és Sieges principaux desdits Bailliages, Sieges & Jurisdictions. A Blois en Aoust 1622. registré le 6. Septembre de la même année. *Joly t. 2. add. p. 1883. V. l'Edit du mois de Novembre 1553.*

Edit portant création d'un Office de Lieutenant Criminel en chacun Bailliage, Senéchaussée, Prevosté, ou Baillie du Royaume, ressortissant sans moyen és Cours de Parlement, & reglement pour leur Jurisdiction. A Paris le 14. Janvier 1522. registré le 18. Avril 1523. aprés Pâques. *Joly t. 2. p. 1074. Filleau part. 2. tit. 1. ch. 1. p. 1. V. les Declarat. des mois de May 1552. 14. Aoust, 11. Decembre, & 6. Janvier 1553. Novembre 1554. 6. Septembre 1555. 14. Fevrier 1557.*

Edit portant création d'un Office de Contrôlleur en chacune Election, & Recepte des Aydes, Tailles, octrois, équivalans, impositions, & ferme, & reglement pour ses fonctions, A Paris le 24. Janvier 1522. regist. en la Chambre des Comptes le 23. Fevrier de la même année. *Fontanon t. 2. p. 889. Fournival p. 293. Filleau part. 3. tit. 1. ch. 15. p. 17. V. la Declarat. du 17. May 1543. les Edits des mois d'Octobre 1574. May 1587.*

Edit portant création d'un Office de Contrôlleur en chacune Recepte du Domaine, & reglement pour ses droits & fonctions. A Paris le 24. Janvier 1522. registré au Parlement le 15. May 1533. *Fournival p. 337.*

Edit portant confirmation de celuy du 4. Fevrier 1521. pour la création de seize Commissaires du Chasteler, & reglement pour la fonction de leurs Charges. A Paris le 6. Fevrier 1522. registré le 21. Avril 1523. *Joly t. 1. p. 1484. V. l'Edit du 11. Juillet 1523.*

Edit portant revocation des Lettres de retenuës de Rapporteurs en la Chancellerie du Palais à Paris, accordées par le Roy, & création de 12. Offices de Conseillers, Rapporteurs, & Referendaires en la même Chancellerie, & reglement pour leurs devoirs & fonctions. A Paris en Fevrier 1522. registré au grand Conseil le 5. Mars de la même année. *Joly t. 1. p. 759. V. l'Edit du 12. Fevrier 1535.* FRANÇOIS I.

Edit portant distraction, separation, & desunion de la Charge de Conservateur des Privileges Royaux de l'Université de Paris, de celle de Prevost de Paris, à laquelle elle estoit jointe & unie: 1522. & création des Offices de Bailly, Lieutenant, Avocat & Procureur du Roy, Greffier, & Huissiers de la Conservation, & du nombre de Sergens qui sera necessaire pour l'execution des Jugemens qui seront rendus en cette Jurisdiction, à laquelle se joindront les douze Conseillers nouvellement créez en la Prevosté de Paris. A S. Germain en Laye en Fevrier 1522. regist. le 17. Mars audit an. 1. *vol. des Ord. de Fr. I. fol.* 409. *Joly t. 2. p.* 1420. *Cet Edit est supprimé par celuy du mois de May* 1526. *& ces Charges rëünies à la Prevosté de Paris.*

Edit portant création d'un President, & de trois Conseillers en la Jurisdiction du Tresor établie au Palais à Paris. A S Germain en Laye en Mars 1522. regist. le 2. Avril de la même année. 1. *vol. des Ord. de Fr. I. fol.* 412. *Bacquet de la Iurisd. du Tresor p.* 72.

Edit portant que les Generaux des Monnoyes pourront faire telles lettres & mandemens qu'ils ont fait cy-devant. A S. Germain en Laye en Mars 1522. *Constans preuv. p.* 85.

Edit portant création de l'Office de Tresorier de l'Epargne, Receveur General de toutes & chacunes les parties casuelles, & inopinées des Finances, en faveur de Philbert Babou Tresorier de France. A S. Germain en Laye le 18. Mars 1522. *Fonrnival p.* 215.

Lettres patentes portant amortissement general pour l'Evêché de Paris. A S. Germain en Laye en Mars 1522. avant Pâques. Registrées en la Chambre des Comptes le 29. May 1523. *Fontanon t.* 4. *p.* 591. *Bacquet du droit d'amortiss. ch.* 43. *fol* 74.

Lettres patentes portant don du Duché de Nemours à Madame 1523. d'Angoulesme Mere du Roy. A S. Germain en Laye le 15. Avril 1523. aprés Pâques. 2. *vol. des Ord. de Fr. I. fol.* 9.

Edit portant création d'un Office de second Avocat du Roy au Bailliage de Touraine, & Siege de Tours, en faveur de Maître Jean Binet, aux mêmes droits, honneurs, &c. que celuy qui est déja créé. A S. Germain en Laye le 12. May 1523. regist le 28. Juillet suivant. *Joly t. 2. addit. p.* 1884.

Edit portant création d'une Charge de Procureur du Roy en chacune Maîtrise des Eaux & Forests. A S. Germain en Laye en May 1523. 1. *vol. des Ord. Fr. I. fol.* 431.

Edit portant création d'une Chambre de Tournelle Criminelle

FRANÇOIS I. au Parlement de Dijon. A S. Germain en Laye en Juin 1523. *Revoqué par celuy du 13. Aoust 1527.*

1523. Edit touchant le Siege du Bailly de Vermandois en la ville de Rheims. A S. Germain en Laye en Juin 1523. *1. vol. des Ord. de Fr. I. fol.* 428.

Edit portant création de quatre Offices de Maîtres des Requêtes ordinaires de l'Hôtel du Roy, aux mêmes droits, autorités, prérogatives, prééminences, &c. que les anciens. A S. Germain en Laye en Juin 1523. reg. les 6. & 18. Juillet de la même année. *Ioly addit. t. 1. p.* 338.

Lettres patentes en faveur des vingt Conseillers créez par l'Edit du dernier Janvier 1521. A S. Germain en Laye le 6. Juillet 1523.

Edit portant pouvoir, tant aux seize anciens Commissaires au Chastelet, qu'aux seize nouvellement créez par l'Edit du 4. Fevrier 1521. confirmé par celuy du 6. Fevrier 1522. d'exercer leurs Charges ; tant en la Prevosté de Paris qu'au Bailliage, de la conservation des Privileges Royaux de l'Université de Paris, créé par autre Edit du mois de Fevrier 1522. A S. Germain en Laye le 11. Juillet 1523. reg. au Parlement le 6. & au Châtelet le 11. Aoust suivant. *Ioly t. 2. p.* 1486.

Edit portant création d'un Office d'Elû en chacune des Elections du Royaume, à la reserve de celles dans lesquelles il en a esté créé de nouveau, pour joüir par eux de tous & tels droits dont joüissent ceux qui sont pourvûs des Charges cy-devant creées. A S. Germain en Laye le 22. Juillet 1523. reg. en la Cour des Aydes le 13. Aoust de la même année. *Filleau part. 3. tit. 1. ch. 12. p.* 14.

Declaration pour les Privileges, & exemptions de l'Ordre de Malthe. A en Septembre 1523.

Edit contre les Avanturiers, Pillards, & Mangeurs de peuple. A Lyon le 25. Septembre 1523. reg. le 18. Octobre de la même année. *1. vol. des Ord. de Fr. I. fol.* 437. *Fontanon t. 3. p.* 167.

Edit portant création d'un Office de Lieutenant au Bailliage de la ville de Paris, créé par celuy du mois de Fevrier 1522. A le 26. Octobre 1523. *2. vol. des Ord. de Franç. I. fol.* 6.

Edit portant reglement sur le maniement, & distribution des Finances du Roy, tant ordinaires, qu'extraordinaires. A Blois le 28. Decembre 1523. reg. en la Chambre des Comptes le 19. May 1524. *Fontanon t. 1. p.* 618. *Fournival p.* 141.

Edit portant suppression des Offices de Maîtres des Requestes qui vaqueront, jusques à ce qu'ils soient reduits au nombre de douze. A en Janvier 1523. 2. *vol. des Ord. de Franç. I. fol.* 5. FRANÇOIS I.

Declaration portant que le Bailly de Nemours connoîtra des cas Royaux, comme Juge Royal, & des causes ordinaires comme Juge Ducal, & que les appellations de ses Jugemens seront portées sans moyen au Parlement de Paris, pendant la vie de Madame d'Angoulesme Mere du Roy. A le 2. Octobre 1524. 2. *vol. des Ord. de Franç. I. fol.* 16. 1524.

Declaration en interpretation de l'Edit du 6 Avril 1518. touchant la Traite & Imposition Foraine d'Anjou, Vicomtez de Thoüars, & de Beaumont, & trépas de Loire, contenant 10. articles. A la Chartreuse prés Pavie le 2. Novembre 1524. reg. en la Cour des Aydes le 2. Decembre de la même année. *Fontanon t. 2. p.* 538. *Corbin p.* 276.

Edit portant que le Dauphin de France prendra la qualité de Roy, sera oint, sacré, & couronné aux conditions y declarées. A en Novembre 1525. 2. *vol. des Ord. de François I. fol.* 91. 1525.

Edit portant revocation de celuy du mois de Fevrier 1522. & reünion de la Jurisdiction du Bailly-Conservateur des Privileges Royaux de l'Université de Paris, à la Prevosté de la même ville. A S. Germain en Laye en May 1526. regist. le 23. Decembre 1532. 2. *vol. des Ord. de Franç. I. fol.* 304. *Ioly t.* 2. *p.* 1421. *V. les Lettres du* 20. *Decembre* 1532. 1526.

Lettres patentes portant érection de la Terre de Civray en Comté. A en Juillet 1526. 2. *vol. des Ordonn. de François I. fol.* 78.

Edit portant suppression du Juge des exemptions par appel d'Angoumois, & attribution de la qualité de Juge Royal au Senéchal. A le 2. Juillet 1526. 2. *vol. des Ord. de François I. fol.* 80.

Lettres patentes portant permission à Messire Pierre Lizet Avocat General au Parlement, de consulter pour les parties, és matieres esquelles le Roy n'a point d'interest. A Amboise le penultiéme Juillet 1526. reg. le 16. May 1527. 2. *vol. des Ord. de Franç. I. fol.* 87.

Edit portant revocation des Lettres de retenuës de Rapporteurs en la Chancellerie du Parlement de Roüen, accordées par le Roy: création de huit Offices de Referendaires en la même Chancellerie: & reglement pour leurs fonctions. A S. Germain en Laye

FRANÇOIS I. en Decembre 1526. reg. au grand Conseil le 9. Avril 1527. avant Pâques. *Joly t. 1. p. 792.*

1527. Edit portant suppression de la Chambre de la Tournelle, & des Offices de Conseillers au Parlement de Dijon, créez par celuy du mois de Juin 1523. A Amiens le 13. Aoust 1527.

Edit portant reglement pour la jauge des queües, muids, & autres tonneaux dans lesquels on expose les vins en vente en cette ville de Paris. A Amiens en Aoust 1527. *2. vol. des Ord. de François I. fol. 97. Rec. des Ord. de la ville de Par. p. 223.*

Edit portant reglement pour le Style du Châtelet de Paris, sur le fait des executions des biens meubles, des oppositions aux criées, ventes, & adjudications par decret, & des interrogatoires sur faits articles. A Paris en Novembre 1527. reg. avec quelques modifications le 24 Mars 1529. avant Pâques. *2. vol. des Ord. de François I. fol.* 130. *Joly t. 2 p. 947. Font. t. 1. p. 229.*

Lettres patentes portant érection du Comté de Guise, & des Baronnies, Terres, & Seigneuries d'Aubenton, Rouvigny, Martigny, Wastessalle, Anyes, Condry, Herisson, Novion, & leurs dépendances, en Duché & Pairie, en faveur de Claude de Lorraine, Comte de Guise & d'Aumale, Lieutenant General pour le Roy, & Gouverneur des Provinces de Champagne & Brie, & en consideration des bons & notables services que luy & ses predecesseurs ont fait au Roy, & à ses predecesseurs Rois de France, & pour raison de la proximité de lignage dont il luy attient, & attendu que ledit Comté est de bon & gros revenu, & en bonne fortification & défence, sur les marches limitrophes & de frontiere du Royaume ; pour le tenir à une seule foy & hommage du Roy, & de la Couronne de France, & sous le Ressort immediat de la Cour de Parlement de Paris ; à la charge neanmoins qu'à faute d'hoirs mâles, la dignité de Pairie sera éteinte & supprimée, demeurant le Duché en son entier. A S. Germain en Laye en Janvier 1527. regist. le 12. Aoust 1528. *2. vol. des Ord. de François I. fol.* 109.

Ducs

Ducs de Guise, Pairs de France.

Claude de Lorraine, Duc de Guise, Pair de France, &c.

François de Lorraine, Duc de Guise, Pair de France, &c. mort le 24. Fevrier 1563.

Henry de Lorraine, Duc de Guise, Pair de France, &c. tué aux Etats de Blois le 23. Decembre 1588.

Charles de Lorraine, Duc de Guise, Pair de France, &c. decedé le 30. Septembre 1640.

Henry de Lorraine 2. du nom, Duc de Guise, Pair de Frãce, &c. mourut le 2. Juin 1664.	Loüis de Lorraine, Duc de Joyeuse; mort le 27. Septembre 1654.	Marie de Lorraine, à present Duchesse de Guise.

Loüis Joseph de Lorraine, Duc de Guise, & de Joyeuse, Pair de France, Prince de Joinville, &c. mort le 30. Juillet 1671.

François-Joseph de Lorraine Duc d'Alençon, de Guise, de Joyeuse, &c. Pair de France, Prince de Joinville, par la mort duquel la Pairie est éteinte.

Declaration portant que tous les Mandats impetrez depuis le Concordat fait entre le Pape Leon X. & François I. Roy de France; confirmé par l'Edit du 13. May 1517. ou qui seront obtenus dans la suite, qui ne seront pas selon la forme inserée dans le Concordat, hors l'adresse qui se pourra faire à tous Collateurs, sans aucune autre augmentation, diminution, ou alteration substantielle; ou qui contiendront quelque clause insolite, ne seront receus, ny approuvez, & qu'au contraire ils seront rejettez comme nuls, & qu'on n'y aura aucun égard, soit en Jugement, ou autrement. A Paris le 29. Mars 1527. avant Pâques, regist. au grand

FRANÇOIS I. 1528.

Conseil le 13. Juillet 1528. *Fontanon t. 4. p.* 486.

Lettres patentes portant érection de la Baronnie de la Rochefoucaud, & Marthon, & des Châtellenies de Blanzac, Montignac, Verteüil, S. Laurent de Gerüs, & Cellefrouin, en Comté, sous le nom du Comté de la Rochefoucaud, en faveur de François Baron de la Rochefoucaud : & reglement pour le Ressort de la Justice dudit Comté. A Ennet en Avril 1528. aprés Pâques; reg. le 13. Aoust de sa même année. *Cette Terre a depuis esté érigée en Duché & Pairie, par Lettres patentes du mois d'Avril* 1622.

Lettres patentes portant érection de Chartres, Montargis, & Gisors, en Duché. A en Juin 1528. regist. le Juillet suivant.

Declaration portant reglement pour les Privileges des habitans de la ville d'Orleans. A le 7. Septembre 1528. *V. les Declarations des mois de Decembre* 1549. *&* 25. *Juin* 1551.

Lettres-patentes portant don à Philippes de Savoye, Comte de Genevois, du Duché de Nemours, qui estoit retourné à la Couronne par le decez de Philberte de Savoye, veuve de Julien de Medicis, Marquis de Soriana; à la charge qu'il pourra estre racheté pour la somme de cent mil livres. A le 22. Decembre. 1528. *Sainte Marthe liv.* 15. *ch.* 8.

Ducs de Nemours.

Philippes de Savoye, Duc de Nemours, mort le 25. Novembre 1533.

Jacques de Savoye, Duc de Nemours & de Genevois, decedé le 15. Juin 1585.

Charles Emmanuel de Savoye, Duc de Nemours & de Genevois, mort en Juillet 1595. sans avoir esté marié.	Henry de Savoye, Duc de Nemours, de Genevois, &c. Il mourut le 10. Fevrier 1632.

Loüis de Savoye Duc de Nemours, de Genevois, &c. mort sans alliance le 16. Septembre 1641.	Charles Amedée de Savoye Duc de Nemours, de Genevois, &c. aprés son frere, fut tué en duel par le Duc de Beaufort, le 30. Juillet 1652.	Henry de Savoye dernier Duc de Nemours & de Genevois, de cette maison, mort sans posterité le 14. Janvier 1659.

Ordonnance sur l'abbreviation des procez, contenant 17. articles, portans reglement sur la forme & maniere de proceder au Parlement. A S. Germain en Laye le 3. Janvier 1528. regist. le 17. du même mois. *Fontanon t. 1. p. 28. de sa Chronol.* FRANÇOIS I. 1528.

Edit portant reglement pour les évocations des procez pendans au Parlement, & autres Cours Souveraines, sous pretexte de recusation, &c. A la Bourdaisiere le 18. May 1529. regist. au Parlement de Bourdeaux le 23. Juin de la même année. *Joly t. 1. p. 320. Corbin p. 369. Neron p. 254. Fontanon t. 1. p. 584. V. la Declar. du mois de Mars 1545. & l'Ordonnance du mois d'Aoust 1669. tit. 1.* 1529.

Lettres patentes portant que par provision Loüise de Bourbon, femme de Loüis de Bourbon, Prince de la Roche-sur-Yon, joüira des Duché de Châtelleraut, Comté de Forests, &c estant de la succession de Charles Duc de Bourbon, Connestable de France, son frere. A Angoulesme le 5. May 1530. regist. au Parlement le 21. du même mois. 1530.

Lettres patentes portant commission à Antoine le Viste, & Denis Poillot, Presidens, Christophe Hennequin, Adrian du Drac, Antoine Guillard, & Robert Dauvet Conseillers au Parlement, pour faire publier les Coûtumes de Lorris, des Bailliages & Prevosté de Montargis, & autres lieux. A S. Jean d'Angely le 18. Aoust 1530.

Autres Lettres patentes portant permission à Christophe Hennequin & Adrian du Drac, Conseillers au Parlement, de travailler à la redaction des Coûtumes de la ville de Montargis, pendant le cours du Parlement. A Paris le 24. Fevrier 1530.

Edit portant que le grand Conseil peut seul connoître des excez, violences, &c. commis pour raison des fruits des Benefices. A Paris le 10. May 1531. *Fontanon t. 1. p. 128. revoqué par celuy du mois de Mars 1545.* 1531.

Edit portant augmentation de 15. livres sur chacun muid de sel pour le payement des gages des Officiers, des Cours Souveraines, & du Tresor, non compris les cent sols qui se levoient sur chacun muid de sel, pour le payement des gages des aprés-dînées de Messieurs de la Cour de Parlement, & quarante sols pour le payement des Generaux de la Justice des Aydes à Paris. A Fontainebleau en Juin 1351. regist. en la Chambre des Comptes le 10. & au Parlement le 18. du même mois.

Lettres patentes portant commission à Jacques Allegrain Conseiller au Parlement, pour la redaction des Coûtumes de la ville

FRANÇOIS I. Montargis, au lieu de Christophe Hennequin, qui estoit decedé. A S. Germain en Laye le 18. Juin 1531.

1531. Lettres patentes accordées aux habitans de la ville d'Orleans, pour empêcher la redaction des Coûtumes de la ville de Montargis. A Paris le 4. Septembre 1531.

Edit portant défenses de vendre, ou acheter du bled, autre part qu'aux marchez publics, & que le peuple sera preferé aux Marchands; contenant 4. articles. A Compiegne le 28. Octobre 1531. *Fontanon t.* 1. *p.* 956. *revoqué par celuy du* 3. *Fevrier* 1535.

Edit portant que tous ceux qui seront convaincus d'avoir fait & passé de faux Contrats, ou porté faux témoignage, seront punis de mort. A Argentan en Mars 1531. avant Pâques: regist. le 23. Avril 1532. aprés Pâques. *Ioly t.* 1. *p.* 174. *Fontanon t.* 1. *p.* 670. *V. l'Edit du mois de Mars* 1680.

1532. Edit portant reglement pour le prix & valeur des Monnoyes. A Nantoüillet le 5. Mars 1532. *Fontanon t.* 2. *p.* 110. *V. la Declarat. du* 13. *Iuillet* 1536.

Edit portant que les Comptables qui feront omission de recepte dans leurs comptes, seront condamnez à la restitution du quadruple. A Hamby le 19. Avril 1532. regist. dans les Registres de la Chambre de la Tour quarrée, établie à Paris, le 22. Juin de la même année. *Fontanon t.* 2. *p.* 620. *Fourn. p.* 147.

Edit portant défenses aux Comptables de se servir de contrôleurs au fait de leurs Charges, à peine d'amende arbitraire contre les infracteurs. A Châteaubriant le 16. May 1532. regist. en la Chambre des Comptes le 23. des mêmes mois & an. *Fournival p.* 148. *Fontanon t.* 1. *p.* 620.

Edit portant que les parties payées sans mandement, ne seront alloüées aux Comptables dans la dépense de leurs états & comptes. A Châteaubriant le 16. May 1532. reg. en la Chambre des Comptes le 23. des mêmes mois & an. *Fournival p.* 149. *Fontanon t.* 1. *p.* 620.

Edit portant que dans la Province de Dauphiné les Religieux & Religieuses, depuis qu'ils seront Profez expressément ou taisiblement, ne pourront recueillir aucune succession directe, ou collaterale; qu'ils pourront neanmoins disposer des biens qu'ils possedoient avant que d'entrer en Religion, pourvû que ce ne soit au profit d'aucun Monastere, Eglise, College, & autres gens de main-morte; & en cas qu'ils n'en ayent pas disposé avant leur profession, lesdits biens appartiendront à leurs parens plus prochains, avec cette reserve qu'ils pourront disposer en meubles du tiers, au profit du Convent dans lequel ils feront profession. A Châteaubriant en May 1532. publié au Parlement, & en la Chambre des Comptes de Dauphiné, le 23. Juillet suivant. *Expilly chap.* 168.

Edit portant suppression de l'Office de Juge ordinaire dans les Duchez d'Anjou, Touraine, & Maine, aprés le trépas de Madame Loüise de Savoye mere du Roy. A   le 29. May 1532. registré le 17. Juin de la même année. *Chop. sur Anj. l.* 1. *c.* 65. *n.* 2.

Edit portant reglement pour le taux des vivres dans les Hôtelleries, & Cabarets. A Châteaubriant le 1. Juin 1532. *Fontanon t.* 1. *p.* 930.

Edit portant défenses aux Financiers, gens d'affaires, & Comptables, de porter aucuns draps de soye, de constituer aucune dot à leurs filles, excedante la dixiéme partie de leurs biens, & autres reglemens contenant 26 articles. A Châteaubriant le 8. Juin 1532. reg. en la Chambre de la Tour quarrée le 22. du même mois *Font. t.* 2. *p.* 621. *Fourn. p.* 150.

Edit portant défenses aux Financiers, gens d'affaires, & Comptables, de joüer l'argent de leurs Receptes, à peine de privation de leurs Offices, du foüet, bannissement, & confiscation de leurs biens. A Châteaubriant le 14. Juin 1532. reg. en la Chambre de la Tour quarrée, le 22. du même mois. *Fourn. p.* 158.

Edit portant union du païs & Duché de Bretagne à la Couronne de France, sans qu'il en puisse jamais estre separé, ny distrait: confirmation des Privileges & droits des Habitans dudit païs; & défenses à toutes personnes de porter le nom de Bretagne, & aux bâtards de porter autrement les armes, qu'avec une barre. A Nantes en Aoust 1532. reg. au Parlement de Paris le 18. Novembre suivant. *Argentré.*

Edit portant confirmation & declaration des Privileges des Habitans du païs & Duché de Bretagne. Au Plessis-Macé en Septembre 1532. reg. au Parlement de Bretagne le 6. Octobre de la même année. *Argentré.*

Surannation de l'Edit du mois de May 1526. portant réünion à la Prevôté de Paris, de la Conservation des Privileges de l'Université de la même Ville. A Paris le 20. Decembre 1532. reg. le 23. du même mois. *Joly t.* 2. *p.* 1422.

Edit portant confirmation de celuy du mois de Mars 1483. &

FRANÇOIS I. autres, & en consequence que dans la Province de Languedoc les Tailles, & autres impositions seront levées par terroirs, & Jurisdictions, & non pas suivant les limites des Dioceses, & Spiritualitez. A Paris le 1. Mars 1532. reg. en la Cour des Aydes de Montpellier le dernier Mars 1533. avant Pâques. *Fontanon t. 2. p.* 809.

1533. Edit portant défenses aux Roturiers de chasser aux bêtes rousses, noires, & autre gibier, nonobstant tous privileges qu'ils pourroient avoir obtenus. A Thoulouse le 6. Aoust 1533. reg. au Parlement de Thoulouse le 23. Novembre 1534. *Fontanon t. 2. p.* 278.

Declaration portant qu'en fait de forests, ces mots, *bois mort*, s'entendent & signifient bois sec en estant, ou gisant : & ceux-cy *mort bois*, signifient bois de saux, mort-saux, épine, puinne, seur, aune, genest, & genesvre, & non autre. A Marseille le 4. Octobre 1533. *Font. t. 2. p.* 276.

Edit portant création d'un Office de Prevost des Maréchaux en Bretagne. A Paris le 20. Mars 1533.

1534. Edit portant reglement pour les droits qui se levent sur le vin vendu en gros dans les villages de l'Election de Paris, & imposition de douze deniers pour livre sur le prix de la bûche, bourrées, cotterets, & échalats vendus à Paris, contenant 9. articles. A Paris le 15. Juin 1534. reg. en la Cour des Aydes le 3. Juillet suivant. *Font. t. 4. p.* 1146. *Corbin p.* 346.

Edit portant création des Offices d'un Maistre general Reformateur des Eaux & Forests, dans le Duché de Bretagne, avec un Lieutenant, un Procureur du Roy, & un Greffier : avec attribution de pareilles fonctions, & pouvoir, chacun à leur égard, qu'ont les autres Officiers des Eaux & Forests du Royaume ; & que les appellations de leurs Jugemens ressortiront au Parlement de Bretagne, pour estre decidées en dernier ressort, & sans que l'on puisse en appeller en la Cour de Parlement de Paris. A Paris en Juin 1534. reg. au Parl. de Bretagne le 3. Septembre 1535. *Font. t. 2. p.* 277.

Lettres patentes portant érection de la terre d'Estouteville en Duché, en faveur d'Adrienne d'Estouteville, fille de Jean Sire d'Estouteville, Baron de Cleville, &c. & de Jacqueline d'Estouteville, Baronnesse de Briquebec. A en Aoust 1534.

Ducs d'Estouteville.

FRANÇOIS I. 1534.

Adrienne Duchesse d'Estouteville, épousa François de Bourbon, Comte de S. Paul.

François de Bourbon, Duc d'Estouteville, Comte de saint Paul, mort le 4. Octobre 1546.

Marie de Bourbon Duchesse d'Estouteville, fut mariée trois fois. 1°. avec Jean de Bourbon Comte d'Anguien; 2°. à François de Cleves, Duc de Nevers; 3°. à Leonor d'Orleans, Duc de Longueville.

Henry d'Orleans Duc de Longueville & d'Estouteville.

Henry d'Orleans 2. du nom, Duc de Longueville & d'Estouteville.

Jean Loüis d'Orleans, à present Duc de Longueville & d'Estouteville, dit l'Abbé d'Orleans.

Charles Paris d'Orleans, Duc de Longueville & d'Estouteville, par donation que luy en avoit fait son frere: il fut tué au passage du Rhin, le 12. Juin 1672.

Edit portant que les Voleurs auront les bras brisez, & rompus en deux endroits, tant haut que bas; avec les reins, jambes, & cuisses: & ensuite mis sur une roüe haute plantée, pour y expirer. A Paris en Janvier 1534. registré le 11. du même mois. *Fontanon t. 1. p. 661.*

Edit portant que ceux qui receleront les Heretiques Lutheriens seront punis de semblable peine qu'eux, & que ceux qui les accuseront, auront la quatriéme partie des confiscations. A Paris le 29. Janvier 1534. registré le 1. Fevrier de la même année. *Font. t. 4. 245.*

Contrat du mariage d'entre François de Bourbon, Comte de S. Paul, & Adrienne Duchesse d'Estouteville, fille de Jean Sire d'Estouteville, Baron de Cleville, &c. & Jacqueline d'Estouteville,

FRANÇOIS I. 1535.

Baronnesse de Briquebec, &c. A Paris le 9. Fevrier 1534. reg. le 16. Avril 1540. aprés Pâques.

Edit portant que dans la Province de Languedoc, toutes personnes privilegiées, Ecclesiastiques, & autres, de quelque qualité & condition qu'ils soient, contribuëront à la Taille pour leurs biens roturiers. A Amiens le 18. Juin 1535. reg. en la Cour des Aydes de Montpellier, le 19. Janvier de la même année. *Fontanon t. 2. p. 810.*

Lettres patentes portant provisions de l'Office de Chancelier de France, vacant par la mort d'Antoine du Prat, Cardinal, Archevêque de Sens, en faveur d'Antoine du Bourg, President au Parlement de Paris. A Coucy le 16. Juillet 1535. reg. au Parlement le 23. du même mois. *Duchesne hist des Chanc. de France p. 575.*

Edit portant reglement sur le fait des Gabelles, contenant 27. articles. Aux Roches le 25. Aoust 1535. reg. en la Cour des Aydes le 10. Septembre de la même année. *Font. t. 2. p. 993.*

Edit pour la reformation de la Justice, Police, & conduite des affaires communes au païs de Provence, abbreviation des procez, & suppression de la Chambre Rigoureuse de la ville d'Aix; contenant 41. articles. A Joinville en Septembre 1535. reg. au Parlement de Provence, le 13. Janvier de la même année. *Ioly t. 1. p. 539. Font. t. 1. p. 324.*

Edit portant que les appellations des Sentences du Maistre des Eaux & Forests du Comté de Blois, seront portées pardevant le Grand-Maistre Enquesteur, & general Reformateur des Eaux & Forests du Royaume, & ensuite au Parlement de Paris. A Fontaine-Françoise le 27. Septembre 1535. *Font. t. 2. p. 278.*

Ordonnance generale pour la reformation de la Justice, tant de la Cour de Parlement, qu'autres Cours inferieures & subalternes du païs de Provence.

Ch. 1. des Presidens & Conseillers de la Cour de Parlement, contenant 96. articles.

Ch. 2. des Avocat & Procureur du Roy en ladite Cour, contenant 20. articles.

Ch. 3. des Greffiers Civil & Criminel de ladite Cour, & de leurs Clercs, contenant 30. articles.

Ch. 4. des Avocats postulans en ladite Cour, contenant 20. articles.

Ch. 5. des Procureurs en ladite Cour, contenant 38. articles.

Ch. 6. des Huissiers de ladite Cour, contenant 11. a rticles.

Ch. 7.

FRANÇOIS I.

1535.

Ch. 7. des Commissaires commis & deputez par la Cour à examiner témoins, executer Arrests, & autres mandemens de Justice, contenant 27. articles.

Ch. 8. de la maniere que l'on doit proceder, tant en ladite Cour de Parlement, qu'autres Cours inferieures, & du train & Style d'icelles, contenant 33. articles.

Ch. 9. des matieres possessoires, & comme l'on y doit proceder; contenant 15. articles.

Ch. 10. des soumissions, & comme l'on y doit proceder; contenant 16. articles.

Ch. 11. des Maistres Rationaux, contenant 11. articles.

Ch. 12. des Juges inferieurs de ladite Cour, tant ressortissans sans moyen, qu'autres; contenant 30. articles.

Ch. 13. comme l'on doit proceder contre les criminels, tant en ladite Cour, qu'és Cours inferieures; contenant 58. articles.

Ch. 14. des defauts & congez, contenant 19. articles.

Ch. 15. des delais, contenant 15. articles.

Ch. 16. des appellations, contenant 33. articles.

Ch. 17. des acquiescemens & anticipations, contenant 5. articles.

Ch. 18. des Greffiers des Juges, tant ressortissans sans moyen, qu'autres inferieurs de la Cour de Parlement; contenant 16. articles.

Ch. 19. des Notaires Royaux, contenant 12. articles.

Ch. 20. des Sergens, contenant 13. articles.

Ch. 21. des Concierges & Geoliers des prisons, contenant 21. articles. A Ys-sur-Thille en Octobre 1535. regist. au Parlement de Provence le 5. Janvier 1536. *Joly t. 1. p.* 477. *Font. t. 1. p.* 255.

Edit portant qu'au Parlement de Provence, les Officiers entreront & vaqueront au Jugement des procez, & affaires, les aprés-dînées comme le matin; moyennant quoy les Conseillers Clercs auront chacun 50 livres, & les Laïcs chacun 60 liv. d'augmentation de gages, outre ce qu'ils ont accoûtumé de recevoir; & création de deux Offices d'Huissiers, pour faire le nombre de cinq, avec les trois anciens. A Dijon le 23. Novembre 1535. reg. au Parl. de Provence le 10. Janvier 1536. *Joly t. 1. p. 476. Font. t. 1. p.* 106.

Edit portant que ceux qui auront contracté quelque dette pour le fait des Foires de Lyon, pourront estre assignez, poursuivis, & condamnez pardevant le Juge Conservateur desdites Foires, en ce que touche la garnison, jusqu'à Sentence définitive inclusivement,

FRANÇOIS I. nonobstant quelqu'incompetence qu'ils puissent proposer, & que les appellations qui en seront émanées, ressortiront au Parlement
1535. de Paris; & que les creanciers pourront executer les Sentences provisionnelles, comme de garnison & interlocutoires, contre les debiteurs & leurs successeurs, tant à leurs personnes, que biens, nonobstant tous privileges innovez, & conventionnez, &c. A Lyon en Fevrier 1535. reg. au Parlement le 27. Juillet 1536. *Recueil des Priv. des Foires de Lyon p.* 85. *Fontanon t.* 1. *p.* 1067. *Ioly t.* 2. *p.* 1308.

Edit portant permission de vendre les bleds dans les greniers, & en tout autre lieu que l'on voudra. A Lyon le 3. Fevrier 1535. *Fontanon t.* 2. *p.* 957.

Declaration portant confirmation des Privileges des Secretaires du Roy, & particulierement de l'exemption de payer aucune chose pour les expeditions des Arrests, Sentences, &c. A Lyon le 12. Fevrier 1535. reg. le 23. Juillet 1540. *Filleau part.* 1. *tit.* 5. *ch.* 22. *p.* 246.

Declaration portant reglement entre les Secretaires du Roy, & les 12. Referendaires de la Chancellerie du Parlement de Paris, créez par l'Edit du mois de Fevrier 1522. pour les fonctions de leurs Charges. A Lyon le 12. Fevrier 1535. *Ioly t.* 1. *p.* 761.

1536. Edit portant reglement pour la Jurisdiction des Baillifs, Senéchaux, Juges Presidiaux, Prévôts, Châtelains, & autres Juges ordinaires, contenant 30. articles. A Cremieu le 19. Juin 1536. reg. le 16. Avril 1537. aprés Pâques. *Corbin p.* 991. *Neron p.* 1. *Ioly t.* 2. *p.* 833. *Fontanon t.* 1. *p.* 187. *Filleau part.* 2. *tit.* 5. *ch.* 5. *p.* 168. *V. les Declarations des* 26. *Fevrier* 1536. 17. *Iuin* 1554. *Iuin* 1559. 17. *May* 1574. *Decembre* 1581.

Declaration sur l'Edit du 5. Mars 1532. pour le reglement des Monnoyes: portant en outre que les Rogneurs d'écus & autres especes d'or & d'argent, seront punis des mêmes peines que les faux Monnoyeurs. A Lyon le 13. Juillet 1536. *Fontanon t.* 2. *p.* 110. *V. l'Edit du* 19. *Mars* 1540.

Edit portant reglement pour le style & maniere de proceder és matieres civiles & criminelles, pour l'ordre judiciaire, & abbreviation des procez és païs & Duché de Bretagne; contenant trois chapitres. A Valence le penultiéme d'Aoust 1536. reg. au Parlement de Bretagne le 3. Octobre de la même année. *Ioly t.* 1. *p.* 572. *V. les Declarat. du mois d'Aoust, &* 24. *Septembre* 1539.

Edit contre les Banqueroutiers frauduleux, portant entr'autres choses qu'il sera procedé contr'eux extraordinairement par informations, ajournemens, confrontations de témoins, punition, & reparation par amende honorable, punition corporelle, apposition au carquan & pillory, & autrement à l'arbitrage des Juges; contenant trois articles. A Lyon le 10. Octobre 1536. *Fontanon t.* 1. *p.* 762. *V. l'art.* 145. *de l'Ordonn. d'Orleans, le* 205. *de l'Ordonn. de Blois; l'Edit du mois de May* 1609. *& l'art.* 12. *du tit.* 11. *de l'Ord. du mois de Mars* 1673.

Lettres patentes portant érection du Comté d'Estampes en Duché. A Paris en Janvier 1536. reg. le 18. des mêmes mois & an.

Ducs d'Estampes.

René de Brosse dit de Bretagne, tué à la bataille de Pavie le 24. Fevrier 1525. suivant le party du Duc de Bourbon.

Jean de Brosse dit de Bretagne, Chevalier de l'Ordre du Roy, & Gouverneur de Bretagne, prit la qualité de Duc d'*Estampes*, en cõsequence dû don qui luy en fut fait par François I. & mourut sans laisser d'enfans d'Anne de Pisseleu.

Charlotte de Brosse, dite de Bretagne, épousa François de Luxembourg, Seigneur de Martignes.

Sebastien de Luxembourg, Duc de Penthievre & d'*Estampes*, Pair de France, ne laissa qu'une fille unique.

Marie de Luxembourg, Duchesse de Penthievre & d'*Estampes*, mariée à Philippes-Emmanuel de Lorraine, Duc de Mercœur, Chevalier des Ordres du Roy.

Françoise de Lorraine, Duchesse de Mercœur, Penthievre & d'*Estampes*, épousa Cesar Duc de Vendôme, Pair de France, Chevalier des Ordres du Roy.

Loüis Cardinal Duc de Vendôme, d'*Estampes*, &c. Pair de France, Chevalier des Ordres du Roy, Gouverneur de Provence.

Loüis-Joseph à present Duc de Vendôme, d'*Estempes*, &c. Pair de France, &c.

FRANÇOIS I. · Declaration contre les Vagabons, & gens sans aveu. A Paris le 25. Janvier 1536. *Montarlot p.* 75. *Ioly t.* 2. *p.* 1140. *Fontanon t.* 1. *p.* 384. *V. l'Edit du mois de Iuin* 1544.

1536. · Declaration portant que les Justices des Seigneurs & Vassaux de la Couronne, ne sont point comprises dans le Reglement de l'Edit fait à Cremieu le 19. Juin de la presente année. A Compiegne le 24. Fevrier 1536. reg. le 23. Avril 1537. aprés Pâques. *Ioly t.* 2. *p.* 836. *Fontanon t.* 1. *p.* 190. *Corbin p.* 700. *Neron p.* 6. *Filleau part.* 2. *tit.* 5. *ch.* 6.

1537. · Edit pour la punition des Avanturiers, & gens de guerre tenans les champs. A la Fere en Tardenois, le 26. May 1537. *Fontanon t.* 3. *p.* 169.

Edit portant reglement sur la maniere de nommer, & élire les Receveurs des Tailles, & deniers Royaux au païs de Roüergne. A Fontainebleau le 24. Aoust 1537. reg. en la Cour des Aydes de Montpellier le 28. Novembre de la même année. *Font. t.* 2. *p* 812.

Lettres patentes portant confirmation des Privileges de la ville d'Orleans. A en Aoust 1537.

Declaration en faveur des Secretaires du Roy, portant qu'eux & leurs veuves, tant qu'elles demeureront en viduité, ne pourront estre imposez és Rolles d'emprunts, dons, & octrois faits, ou à faire aux Rois de France; quoy qu'il soit dit és Lettres, que toutes personnes, exempts, & non exempts, privilegiez, & non privilegiez, y seront compris. A Lyon le 4. Octobre 1537. reg. le 14. Mars de la même année. *Filleau part.* 1. *tit.* 5. *ch.* 23. *p.* 248. *V. les Lettres patentes du* 28. *Ianvier suivant.*

Edit portant création de six Offices de Conseillers au Parlement de Dijon. A Carignan en Novembre 1537.

Jussion au Parlement pour la verification pure & simple de la Declaration accordée aux Secretaires du Roy, le 4. Octobre precedent. A Lyon le 28. Janvier 1537. reg. le 14. Mars suivant. *Filleau part.* 1. *tit.* 5. *ch.* 23. *p.* 249.

Lettres patentes portant provision de l'Office Connestable de France, en faveur d'Anne Sire de Montmorency, Chevalier de l'Ordre du Roy, Grand-Maistre, Maréchal, & premier Baron de France. A Moulins le 10. Fevrier 1537. reg. au Parlement le 4. Mars de la même année. *Montarlot p.* 4. *Fontanon t.* 3. *p.* 3. *Duchesſ. hist. de Mont. Preuves p.* 281.

· Edit portant reglement sur le prix & cours des Monnoyes étrangeres. A Cormicy le 29. Mars 1537. *Font. t.* 2. *p.* 111.

Lettres patentes portant érection de la Baronnie de S. Aignan en Comté, en faveur de Claude de Beauvilliers, Baron de saint Aignan, & de la Ferté-Imbault, Gouverneur de Blois, & Capitaine de cinquante hommes d'armes; & de ses hoirs, successeurs, & ayans cause. A Cremieu en Avril 1537. reg. au Parlement le 4. Juin 1538. *Ce Comté a esté depuis erigé en Duché & Pairie, par Lettres du mois de Decembre* 1663. 1537.

Edit portant création d'un Office de troisiéme President, & de deux Offices de Conseillers au Parlement de Dijon. A la Coste de S. André le 20. Avril 1537. avant Pâques.

Edit portant suppression des Officiers, & Sergens qui avoient esté établis par le Bailly du Palais, en la Jurisdiction & Mairie du Fauxbourg S. Jacques, & Nostre-Dame des Champs lez Paris; & création de quatre Offices de Sergens Royaux en la même Justice. A la Coste S. André le 26. Avril 1538. reg. le 27. Juin suivant. *Ioly t. 2. p.* 1841. 1538.

Declaration portant cession à Loüise de Bourbon, veuve de Loüis de Bourbon, Prince de la Roche-sur-Yon, & à Loüis de Bourbon leur fils, des Comtez, Terres, & Seigneuries de Montpensier, Dauphiné d'Auvergne, de la Tour de la Bussiere, & de Roche en Regnier, pour tous les droits qu'ils pouvoient pretendre dans les biens de la Maison de Bourbon. A Blois en Aoust 1538. *Hist. de Loüis de Bourbon Duc de Montp. p.* 122.

Lettres patentes portant provision de l'Office de Chancelier de France, vacant par la mort d'Antoine du Bourg, au profit de Guillaume Poyet, Baron de Beine, President au Parlement de Paris. A Nanteüil le-Haudoüin le 12. Novembre 1538. reg. le 18. du même mois.

Declaration portant décry de quelques Monnoyes étrangeres. A Paris le 29. Novembre 1538. reg. au Parlement le 12. Decembre suivant. *Fontanon t. 2. p.* 112.

Edit portant attribution aux Prevosts des Maréchaux, & leurs Lieutenans, de la connoissance du fait des chasses. A Paris le 12. Decembre 1538. *Fontanon t. 1. p.* 390. *Ioly t. 2. p.* 1141. *V. l'Edit du* 1. *Iuillet* 1539.

Edit portant défenses à toutes personnes de faire entrer, conduire, vendre, ou acheter dans le Royaume aucuns draps de Perpignan, Catalogne, & autres païs étrangers. A Paris le 12. Janvier 1538. *Fontanon t. 1. p.* 1030.

Lettres patentes portant érection du Comté de Nevers en Du-

FRANÇOIS I. 1538. ché & Pairie de France, en faveur de Marie d'Albret, veuve de Charles de Cleves, Comte de Nevers, Eu, & Rethel, Pair de France, & de François de Cleves, Comte d'Eu, Pair de France, & de leurs hoirs mâles & femelles, pour le tenir à une seule foy & hommage de la Couronne de France, sous le Ressort du Parlement de Paris; sauf pour les cas Royaux & privilegiez, pour lesquels les Sujets dudit païs sortiront Jurisdiction pardevant le Bailly de S. Pierre le Moustier. A Paris en Janvier 1538. reg. le 17. Fevrier suivant. *V. la Declar. du 15. Juillet* 1547.

Ducs de Nevers, Pairs de France.

Marie d'Albret, veuve de Charles de Cleves, Duchesse de *Nevers*, Pair de France.

François de Cleves, Duc de *Nevers*, Pair de France.

François de Cleves 2. du nom, Duc de *Nevers*, Pair de France.	Henry de Cleves, Duc de *Nevers*, Pair de France.	Jacques de Cleves, Duc de *Nevers*, Pair de France.	Henriette de Cleves, Duchesse de *Nevers*, Pair de France, épousa Loüis de Gonzague.

Charles de Gonzague, Duc de *Nevers*, Pair de France, Prince de Mantouë.

Lettres patentes portant érection des Comté de Montpensier, Dauphiné d'Auvergne, Baronnies de la Tour, & de la Bussiere, & de la Châtellenie d'Escolle, en Duché & Pairie de France, en faveur de Loüise de Bourbon, veuve de Loüis de Bourbon, Prince de la Roche-sur-Yon, & de Loüis de Bourbon son fils, & aprés leurs decez, leurs hoirs mâles: sous le nom du Duché de Montpensier, & sous le Ressort du Parlement de Paris, fors & excepté les cas Royaux, dont la connoissance appartiendra comme il est accoûtumé; à la charge neanmoins qu'en défaut d'hoirs mâles, la dignité de Pairie sera éteinte, le titre de Duché demeurant, & le Ressort ordinaire au Parlement de Paris. A Fontainebleau en Fevrier 1538. reg. le 6. May suivant. *V. les Lettres patentes du mois de Fevrier 1543. & la Declaration du 15. Juillet 1547.*

FRANÇOIS I.

Ducs de Montpensier, Pairs de France.

1538.

Loüise de Bourbon, Duchesse de *Montpensier*, Pair de France, veuve de Loüis de Bourbon, Prince de la Roche-sur-Yon, morte le 5. Juillet 1561.

Loüis de Bourbon, Duc de *Montpensier*, Pair de France, &c.

François de Bourbon, Duc de *Montpensier*, Pair de France, &c.

Henry de Bourbon, Duc de *Montpensier*, Pair de France, &c.

Marie de Bourbon, Duchesse de *Montpensier*, épousa par Contrat du 5. Aoust 1626. Gaston Jean-Baptiste de France, Duc d'Orleans.

Anne-Marie-Loüise d'Orleans, Duchesse de *Montpensier*, &c.

Edit portant reglement pour l'élection & nomination des Receveurs des Tailles de la Province de Languedoc. A Vaulluisant le dernier Mars 1538. avant Pâques, reg. en la Cour des Aydes de Montpellier le 9. Juin 1539. *Fontanon t. 2. p. 813.*

Edit portant défenses à tous les Sujets du Roy de loger aucuns Etrangers, passans païs, non connus, sans aveu, ou bannis & chassez du Royaume, & que les hôtes seront tenus d'avertir les Officiers des lieux, en cas qu'il se presente chez eux quelque personne de cette qualité. A Châtillon-sur-Loin le 9. May 1539. reg. le 19. du même mois. *Fontanon t. 1. p. 673.* 1539.

Edit portant reglement contre les Assemblées illicites, & les gens qui vont masquez, contenant 6. articles. A Châtillon-sur-Loin le 9. May 1539. reg. le 19. du même mois. *Fontanon t. 1. p. 644.*

Edit portant défenses de faire des échalats de quartier de chesne, & à toutes personnes de s'en servir, à peine de confiscation des vignes où l'on en trouvera. A Fontainebleau le 22. May 1539. reg. le 6. Juin suivant. *Font. t. 1. p. 979.*

Edit portant permission d'enlever, & vendre hors du Royaume les bleds, vins, & autres victuailles: & défenses d'acheter aucuns

FRANÇOIS I. bleds en vert, contenant trois articles. A Paris le 20. Juin 1539. reg. le dernier du même mois. *Fontanon t. 1. p. 957.*

1539. Edit portant que le Domaine du Roy est inalienable, & imprescriptible; & en consequence que toutes alienations, & usurpations faites sur iceluy, par quelque temps que ce soit, même de cent ans, & plus, sont sujettes à réünion: & injonction à tous Juges de decider tous procez mûs, & à mouvoir, suivant ces maximes. A Paris le 30. Juin 1539. reg. le 3. Juillet suivant. *Font. t. 2. p. 348.*

Edit portant que les Prevosts des Maréchaux, ausquels la connoissance du fait des chasses est attribuée par celuy du 12. Decembre 1538. auront la moitié des amendes ausquelles les infracteurs seront par eux condamnez, & les accusateurs le quart. A Paris le 1. Juillet 1539. *Font. t. 1. p. 391.*

Edit portant reglement pour la procedure, & abbreviation des procez au grand Conseil, contenant 45. articles. A Paris en Juil. 1539. reg. au grand Conseil le 16. du même mois. *Font. t. 1. p. 119. Ioly t. 1. p 647.*

Edit portant que doresnavant il ne sera accordé à quelque personne que ce soit, aucun don des confiscations de ceux qui sont condamnez à mort naturelle ou civile; défenses au Chancelier d'en séeller aucunes Lettres: & si par importunité ou autrement, il en estoit accordé aucunes, injonction à tous Juges de les declarer nulles. A Meaux le 26. Juillet 1539. *V. l'art. 87. de l'Ord. d'Orleans du mois de Janvier* 1560. *Font. t. 2. p. 559.*

Edit portant attribution aux Maistres des Requestes de l'Hôtel du Roy, en leur siege du Palais à Paris, en premiere instance, & par appel au Parlement, de la connoissance de tous procez, & differents mûs & à mouvoir, concernans les Offices Royaux. A Villiers-Cotterests en Aoust 1539. reg. le 17. Novembre de la même année. *Font. t. 1. p. 134. Ioly t. 1. p. 667.*

Ordonnance pour la reformation, & abbreviation des procez; contenant 192. articles. A Villiers-Cotterests en Aoust 1539. reg. le 6. Septembre suivant. *Neron p. 18. Corbin p. 581. Fontanon t. 1. en sa Chron. p. 31. Dumoulin & Bourdin ont fait chacun un Commentaire sur cette Ordonnance. V. les Declar. des 7. Mars* 1539. *sur les art.* 132. *&* 133. 20. *Novembre* 1542. *sur l'art.* 193. *& celle du mois de Fevrier* 1549. *sur les art.* 72. 81. 125. 126. 131. 132. 133. 138. *&* 180.

Declaration sur l'Edit du penultiéme Aoust 1536. pour le païs & Duché de Bretagne. A Villiers-Cotterests en Aoust 1539. *Ioly t. 1. p. 581.*

Declaration

Declaration pour la publication d'un Arrest du Conseil, pour la reformation de la Justice dans le païs de Provence. A Villiers-Cotterests le 30. Aoust 1539. reg. au Parlement de Provence le 23. Decembre de la même année. *Ioly t. 1. p.* 544. *V. la Declarat. du* 17. *Octobre suivant.* FRANÇOIS I. 1539.

Declaration sur l'Edit du penultiéme Aoust 1536. pour le païs & Duché de Bretagne. A Compiegne le 24. Septembre 1539. *Ioly t.* 1. *p.* 584.

Edit portant que toutes rentes constituées sur les maisons & places des Villes, & Fauxbourgs du Royaume, pourront estre rachetées en remboursant le prix pour lequel elles auront esté constituées, s'il en appert, sinon le denier quinze : sans neanmoins déroger aux Privileges & Coûtumes contraires, s'il y a quelque Ville qui en ait. A Compiegne en Octobre 1539. reg. le 5. Fevrier de la même année. *Fontanon t.* 1. *p.* 794.

Edit portant création des Offices de Sergens dans les Elections. A Compiegne en Octobre 1539.

Edit portant que toutes personnes seront tenuës d'envoyer par declaration au Prevost, Bailly, & Senéchal, les fiefs & arriere-fiefs qu'ils tiennent, & possedent, & d'y inserer de qui, & à quel devoir ils sont tenus en foy & hommage. A Compiegne le 15. Octobre 1539. *Fontanon t.* 2. *p.* 351.

Declaration en consequence de celle du 30. Aoust precedent, portant reglement pour la reformation de la Justice dans le païs & Comté de Provence. A Compiegne le 17. Octobre 1539. reg. au Parlement de Provence le 23. Decembre suivant. *Ioly t.* 1. *p.* 548.

Edit portant défenses de faire entrer dans le Royaume aucunes Epiceries, si ce n'est par les ports des Villes maritimes. A Compiegne le 22. Octobre 1539. *Fontanon t.* 2. *p.* 502. *V. celuy du* 15. *Novembre* 1540. *& la Declar. du* 23. *Fevrier* 1541.

Edit portant reglement pour la Police de la ville de Paris, contenant 32 articles. A Paris en Novembre 1539. *Fontanon t.* 1. *p.* 876. *V. la Declar. du* 28 *Ianvier suivant.*

Edit portant que tous les Officiers Royaux seront tenus de resider dans le lieu de leur Iurisdiction ; & défense de s'en absenter sans permission du Roy, ou autre cause raisonnable, à peine d'estre privez de leurs Offices. A Fontainebleau le 23. Novembre 1539. reg. le 5. Janvier suivant. *Fontanon t.* 1. *p.* 549.

Edit portant reglement sur le guet qui se doit faire en la ville de Paris, contenant 14. art. A S. Quentin en Janv. 1539. *Font. t.* 1. *p.* 882.

FRANÇOIS I. • Declaration en consequence de l'Edit du mois de Novembre precedent, pour la Police de la ville de Paris. A la Fere-sur-Oyse le 28. Janvier 1539. *Fontanon t. 1. p. 879.*

1539. • Edit portant réünion au Domaine du Roy, de toutes les Justices de la ville de Paris, & reglement pour l'indemnité, & le remboursement de ceux qui les possedent. A Dourlens le 16. Fevrier 1539. *Fontanon t. 2. p. 349.*

• Declaration en interpretation des art. 132. & 133. de l'Ordonnance du mois d'Aoust precedent, pour l'acceptation des donations. A Noyon le 7. Mars 1539. *Fontanon t. 1. p. 755.*

• Edit pour le transport des grains hors le Royaume. A Noyon le 8. Mars 1539.

1540. • Edit portant que toutes les aulnes seront égales, & qu'on se servira dans le Royaume d'une seule maniere d'aulner. A Evreux en Avril 1540. *Fontanon t. 1. p. 974. V. la Declaration du 20. Iuillet 1543.*

• Edit portant défense aux Gentils-hommes, & Gens d'Ordonnance, de prendre, ny tenir aucunes Fermes, à peine d'estre imposez à la Taille. A Aumale le 4. Avril 1540. *Fontanon t. 3. p. 56.*

• Edit portant reglement pour la recherche, & punition des Heretiques Lutheriens, contenant 10. articles. A Fontainebleau le 1. Juin 1540. reg. le 7. du même mois. *Fontanon t. 4. p. 246.*

• Edit portant attribution aux Maistres des Eaux & Forests, & aux Verdiers de la Jurisdiction & connoissance des crimes, qui se commettent dans les Bois & Forests de Normandie, contigus des Comtez du Perche, Alençon, le Maine, & autres; & que les exploits seront faits par leurs Sergens, sans demander aucun *pareatis.* A Fontainebleau le 11. Juin 1540. reg. au Parlement de Roüen le 20. Juillet suivant, & au Parlement de Paris le 20. Avril 1542. *Fontanon t. 2. p. 279.*

Edit portant que dans la Province & païs de Quercy, toutes personnes, tant Ecclesiastiques, que Nobles, & autres, quoyque privilegiez, payeront la Taille pour les biens ruraux par eux acquis, & possedez. A Fontainebleau le 17. Juin 1540. reg. en la Cour des Aydes de Montpellier le 24. May 1542. *Fontanon t. 2. p. 814.*

• Edit portant reglement pour l'entrée & descente des Marchandises foraines aux Ports, Villes, &c. contenant 15. articles. A Annet le 18. Juillet 1540. *Fontanon t. 2. p. 503.*

Declaration portant reglement pour la Jurisdiction des Echevins de la ville de Bourges. A en Aoust 1540. registrée le 10. Mars de la même année.

Edit portant reglement pour la maniere de faire le procez aux Ecclesiastiques. A Fontainebleau en Septembre 1540. FRANÇOIS I. 1540.

Edit portant défenses de transporter hors du Royaume, or, argent, ny billon, monnoyé, ou non monnoyé. A Roüen le 11. Septembre 1540. *Font. t. 2. p. 115.*

Edit portant défenses de passer or, argent, ny aucune autre Marchandise par des chemins obliques, à peine de confiscation. A S. Prix le 16. Octobre 1540. *Fontanon t. 2. p. 453.*

Edit portant reglement pour les Hôteliers, sur ce qu'ils peuvent prendre, & exiger de leurs Hôtes, contenant 8. articles. A S. Prix le 17. Octobre 1540. *Font. t. 1. p. 931.*

Edit portant création d'un Office de President au grand Conseil, pour y presider en l'absence du Chancelier. A Maisons en Octobre 1540. *V. l'Edit du mois de Mars* 1543.

Edit pour l'execution de celuy du 22. Octobre 1539. pour l'entrée & la vente dans le Royaume, des marchandises d'Epiceries; portant en outre défenses de faire sortir du Royaume or, ou argent monnoyé, & billon. A Fontainebleau le 15. Novembre 1540. *Font. t. 2. p. 505.*

Edit portant reglement sur la forme & maniere de lever l'imposition foraine, & par qui elle se doit lever. A Fontainebleau le 25. Novembre 1540. *Fontanon t. 2. p. 452.*

Edit portant défenses de transporter le salpestre hors du Royaume, & d'empêcher les Salpestriers d'entrer dans les maisons pour le cueillir, contenant 4. articles. A Fontainebleau le 28. Novembre 1540. *Fontanon t. 3. p. 179.*

Edit portant reglement pour l'administration de la Justice dans l'étenduë du Duché de Normandie, contenant 39. articles. A Fontainebleau en Decembre 1540. registré au Parlement de Roüen le 8. Janvier de la même année. *Fontanon t. 1. p. 232. Joly t. 1. p. 415.*

Edit sur l'usurpation du Domaine du Roy, avec injonction à ceux qui en ont connoissance, de le venir reveler; & aux Notaires d'envoyer les certifications des Contrats qu'ils auront receus: ensemble des Officiers qui auront malversé dans l'administration du Domaine. A Fontainebleau le 28. Decembre 1540.

Declaration sur les Privileges de ceux qui sont descendus d'Eudes le Maire, dit Chalo S. Mas. A Fontainebleau le 9. Janvier 1540.

FRANÇOIS I. reg. au Parlement le 8. Fevrier suivant. *Ces Privileges sont revoquez par l'Edit du mois de Mars* 1601.

1540. Edit portant reglement pour les Monnoyes, état, & regle des Officiers d'icelles, & punition des faux-Monnoyeurs, contenant 61. articles. A Blois le 19. Mars 1540. reg. au Parlement le 11. Avril de la même année. *Fontanon t. 2. p.* 114. *V. l'Edit du 21. Septembre* 1543.

1541. Edit pour la convocation du ban & arriere-ban, & le devoir de ceux qui tiennent des fiefs mouvans du Roy. A Blois le 19. Mars 1540. *Font. t. 2. p.* 352. *Corbin t. 2. p.* 84.

Edit portant reglement sur fait de la Gabelle du sel, contenant 45. articles. A Châtelleraut le 1. Juin 1541. reg. en la Chambre des Comptes le 22. du même mois. *Fontanon t. 2. p.* 995. *V. celuy du mois d'Avril* 1542.

Edit portant que les Marchands ne seront tenus donner caution, ny payer l'imposition foraine, sinon aux extremitez du Royaume. A Châtelleraut le 10. Juin 1541. reg. en la Cour des Aydes le 25. du même mois. *Font. t. 2. p.* 454.

Declaration portant confirmation d'une Charte d'Anne de France, Duchesse de Bourbonnois, pour l'élection d'un Maire en la ville de Moulins en Bourbonnois. A Mont en Aoust 1541. *Chenu des Privil. de la ville de Bourges p.* 380.

Declaration portant reconnoissance faite par le Roy des droits des Generaux des Monnoyes; ensemble l'Ordonnance des soixante-sols parisis, pour leurs chevauchées. A Lalligny le dernier Aoust 1541. reg. en la Chambre des Comptes le 21. Novembre audit an. *Constans preuves p.* 88.

Edit portant revocation de toutes les survivances d'Etats & Officices qui avoient esté accordées. A Fontainebleau le 26. Decembre 1541. reg. le 2. Janvier suivant. *Fontanon t. 2. p.* 560. *Ioly addit. t. 1. p.* 77.

Edit portant reglement sur le fait de l'Imprimerie dans la ville de Lyon. A Fontainebleau le 28. Decembre 1541. *Fontanon t. 4. p.* 467. *V. les Lettres du 19. Iuillet* 1542.

Declaration pour le dénombrement des fiefs sujets au ban & arriere-ban. A Brie-Comte-Robert le 12. Janvier 1541. *Fontanon t. 2. p.* 354. *Corbin t. 2. p.* 86.

Declaration sur une Bulle du Pape, touchant les Benefices des Presidens, Conseillers, & autres Officiers du Parlement, par laquelle ceux qui sont nommez par le Roy, en vertu de l'Indult, sont preferez aux Graduez simples, & Graduez nommez des Universitez : les Cardinaux qui ont des Prelatures, & autres Benefices, sont sujets aux Indults & nominations du Roy ; & ceux qui sont nommez par le Roy, ne sont point obligez de montrer, & justifier la concession, & Indult faite par le Pape Eugene quatriéme. A Paris le 18. Janvier 1541. reg. au grand Conseil le dernier du même mois. *Joly t. 1. p. 210.* FRANÇOIS I. 1542.

• Declaration pour l'execution de l'Edit du 21. Octobre 1539. pour l'entrée des Epiceries dans le Royaume. A Paris le 23. Fevrier 1541. reg. le 27. Mars de la même année, avant Pâques. *Fontanon t. 2. p. 506.*

Declaration sur l'innocence de Philippes Chabot, Chevalier de l'Ordre du Roy, Comte de Buzançois, & de Charny, Admiral de France. A Nogent-sur-Seine le 29. Mars 1541. reg. le 5. Avril audit an, avant Pâques.

Declaration portant abolition en faveur du même Philippes Chabot, de tous les cas, fautes, offenses qu'il peut avoir commis, &c. A Nogent-sur-Seine en Mars 1541. reg. le 5. du mois d'Avril de la même année, avant Pâques.

• Edit portant reglement sur la forme & maniere du droit de Gabelle du sel, quart, & demy-quart, quint, & demy-quint, & mo- 1542.
dification sur certains articles de celuy du premier Avril 1541. contenant trente-neuf articles. A Tonnerre en Avril 1542. aprés Pâques, reg. au Parlement le 27. du même mois. *Fontanon t. 2. pag. 1001.*

• Edit portant appreciation, & évaluation de toutes sortes de marchandises, à certain prix, pour sçavoir ce que l'on doit payer pour l'imposition foraine, contenant 46. artic. A Tonnerre le 20. Avril 1542. reg. au Parlement le 19. en la Chambre des Comptes le 24. & en la Cour des Aydes le 26. May de la même année. *Fontanon t. 2. p. 455. V. l'Edit du 21. Juin 1543.*

Edit portant que quatre Gardes du métier de Drapperie, visiteront les draps à Darnetal, & les marqueront. A Montreal en Bourgogne en May 1542. *Fontanon t. 1. p. 1031.*

• Edit portant défenses d'exposer dans le commerce aucune monnoye forgée hors du Royaume, à peine de confiscation des meubles des contrevenans, & d'amende arbitraire. A Esoleron le 3. Juin 1542. regist. en la Chambre des Monnoyes le 12. du même mois. *Fontanon t. 2. p. 127.*

• Lettres patentes portant commission au Senéchal de Lyon, pour

FRANÇOIS I. l'execution de l'Edit du 28. Decembre 1541. touchant l'Imprimerie de la ville de Lyon. A Saup-le-Duc le 19. Juillet 1542. *Fontanon t. 4. p. 469.*

1542. Lettres patentes portant provision de l'Office de Garde des Seaux de France, au profit de François de Montholon, sieur du Vivier & d'Aubervilliers, Président au Parlement de Paris. A Lyon le 9. Aoust 1542. *Duches. Hist. des Chanc. p. 195.*

Edit par lequel il est enjoint aux Parlemens de faire recherche des Heretiques Lutheriens, & les punir suivant la rigueur des Edits, & Ordonnances faites contr'eux. A Lyon le 30. Aoust 1542. regist. le 7. Septembre de la même année. *Fontanon t. 4. p. 248.*

Declaration portant confirmation des Privileges de la ville de Mascon. A en Septembre 1542.

Edit portant reglement pour la Charge des Notaires & Tabellions du Royaume, & des Gardes des Seaux. A Angoulesme en Novembre 1542. regist. le dernier Juillet 1543. *Fontanon t. 1. p. 707. Joly t. 2. p. 1709. Filleau part. 1. tit. 5. ch. 26. p. 251. V. les Declarat. des 6. Juillet & 11. Decembre 1543. 24. Juillet 1544. & 4. Decembre 1553.*

Declaration en interpretation de l'art. 163. de l'Ordonnance du mois d'Aoust 1539. pour les appellations en matiere criminelle, qui doivent estre relevées directement au Parlement. A Angoulesme le 20. Novembre 1542. regist. le 12. Fevrier suivant. *Fontanon t. 1. p. 631. Neron p. 47.*

Edit portant création de seize Receptes generales : & reglement pour les fonctions des Officiers des Finances. A Coignac le 7. Decembre 1542. regist. en la Chambre des Comptes le 7. Fevrier suivant. *Fontanon t. 2. p. 625. Fournival p. 159.*

Declaration portant reglement sur le pouvoir, & fonction des Huissiers de la Connestablie, & Maréchaussée de France. A Coignac le 10. Decembre 1542. regist. le 5. Fevrier de la même année. *Pinson p. 71.*

Edit portant création de treize Offices de Receveurs Generaux des Finances, pour recevoir les deniers du Roy dans les treize Receptes generales, établies és villes de Paris, Châlons, Amiens, Roüen, Caën, Bourges, Tours, Poitiers, Yssoire, Agen, Tholose, Montpellier, & Lyon. A Coignac en Decembre 1542. reg. en la Chambre des Comptes le 27. Janvier de la même année. *Font. t. 2. p. 827. Fournival p. 167.*

Edit portant création de quatre Offices de Conseillers au Parlement de Dijon. A en Mars 1542. avant Pâques.

Edit portant appreciation des marchandises contenuës en celuy fait à Tonnerre le 20. Avril precedent, en l'art. de la Mercerie mêlée. A Fontainebleau le 28. Mars 1542. *Fontanon t. 2. p.* 465. 1542.

Edit portant confirmation des Privileges des Foires de la ville de Lyon; & exemption des droits d'imposition foraine, resve, Domaine forain, & haut passage, pour les marchandises qui s'y vendent. A S. Germain en Laye le 27. Avril 1543. regist. au Parlement de Paris le 28. May, à celuy de Provence le dernier Juin de la même année, & à celuy de Tholose le dernier Juillet 1544. *Font. t. 1. p.* 1068. *Privil. des Foires de Lyon p.* 91. 1543.

Edit portant établissement d'une nouvelle Chambre des Enquestes au Parlement de Paris, & création de dix-huit Offices de Conseillers, deux de Presidens, un de Greffier, & un d'Huissier pour la composer, pour connoître des procez, & differends concernans le Domaine, & autres matieres ordinaires. A Paris en May 1543. regist. le 10. Juillet suivant. *Iolyt. 1. p. 3. Fontanon t. 2. p. 243. V. la Declar. du mois de Ianvier suivant. C'est la quatriéme Chambre des Enquestes.*

Declaration pour l'execution de l'Edit du 24. Janvier 1522. concernant les Contrôlleurs des Elections. A S. Germain en Laye le 17. May 1543. regist. en la Cour des Aydes le 4. Decembre de la même année. *Fontanon t. 2. p.* 890. *Fourn. p.* 295. *Filleau part. 3. tit. 1. ch. 16. p.* 18. *V. la jussion du 7. Mars suivant.*

Edit portant reglement sur la forme & maniere de lever le droit de la Gabelle du sel que l'on vend, ou que l'on échange dans toute l'étenduë du Royaume de France, contenant 86. articles. A S. Germain en Laye en May 1543. regist. au Parlement le 22. en la Chambre des Comptes le 23. & en la Cour des Aydes le 26. du même mois. *Fontanon t. 2. p.* 1006.

Declaration portant reglement pour les droits de Gabelle que le Roy pretend prendre sur le poisson de mer salé, qui est pêché & vendu par les Pêcheurs des côtes de Normandie, Bretagne, & Picardie, contenant 14. articles. A S. Germain en Laye en May 1543. *Fontanon t. 2. p.* 1018.

Declaration portant que les Supposts de l'Université de Paris, sont exempts du guet & garde des portes. A Villiers-Cotterests le 5. Juin 1543. reg. au Parlement le 17. Juillet suivant. *Fontanon t. 4. p.* 424.

Edit portant création d'un Office de Garde des Seaux de France,

FRANÇOIS I. 1543.

en faveur de François Errault, Seigneur de Chemans. A Villiers-Cotterests le 12. Juin 1543.

Edit contre les avanturiers, & gens levez sous couleur de guerre. Au Chastelet le 18. Juin 1543. *Fontanon t. 3. p. 171.*

Edit pour l'appreciation de quelques marchandises qui avoient esté obmises dans celuy du 20. Avril 1542. A Paris le 21. Juin 1543. reg. au Parlement de Roüen le 9. & en la Cour des Aydes de la même Ville le 30. Aoust suivant. *Font t. 2. p.* 467.

Commission pour l'execution de l'Edit du 6. Juillet 1521. portant création des Offices de Greffiers dans les Bailliages, Sénéchaussées, & Prevôtez. A Paris le 22. Juin 1543. *Fontanon t. 1. p.* 477.

Declaration en execution de l'Edit du mois de Novembre 1542. pour les droits des Notaires & Tabellions, portant qu'il ne sera étably aucuns Tabellions en cette ville de Paris; mais que les Notaires qui y sont & seront établis, joüiront de la Grosse de tous les Contrats qu'ils passeront. Au Camp de Marolles le 6. Juillet 1543. reg. le dernier du même mois. *Font. t. 1. p.* 710. *Joly t. 2. p.* 1711. *V. les Declar. des 11. Decembre de la presente année, & 24. Juillet de la suivante.*

Declaration portant modification de l'Edit du mois d'Avril 1540. & que les Drappiers pourront aulner, & mesurer suivant l'ancienne forme & coûtume, & non fust à fust, comme les autres Marchands. A Paris le 2. Juillet 1543. reg. au Parlement de Paris le dernier du même mois, & à celuy de Roüen le 1. Avril de la même année. *Font. t. 1. p.* 975.

Edit portant reglement pour la Jurisdiction des Prélats & Inquisiteurs de la Foy, contre toutes personnes Laïques, & Ecclesiastiques, chargés ou accusez du crime d'heresie. A Paris le 23. Juillet 1543. reg. le 29. du même mois. *Fontanon t.* 4. *p.* 2[illegible]5.

Edit pour la publication de certains articles arrestez par la Faculté de Theologie de l'Université de Paris, touchant la Foy Catholique, Apostolique, & Romaine, & la forme de prescher. A Paris le 23. Juillet 1543. reg. le 30. du même mois. *Font. t.* 4 *p.* 230. *Girbin p.* 31.

Declaration portant que les gros testons auront cours pour onze sols tournois. A Paris le 25. Juillet 1543. registr. en la Chambre des Monnoyes le 2. Aoust suivant. *Font. t. 2. p.* 127.

Declaration pour l'execution des Edits & Ordonnances faites pour l'imposition foraine. A Rheims le 29. Aoust 1543. *Font. t. 2. p.* 468.

Lettres.

Lettres patentes portant érection du Vicomté de Beaumont, Terres, Baronnies, & Seigneuries de Sonnoys, la Fleche & Châteaugontier, en Duché, sous le nom du Duché de Beaumont, en faveur de Françoise d'Alençon, veuve de Charles de Bourbon, Duc de Vendosmois, Pair de France, & de ses successeurs mâles & femelles; à la charge de le tenir à une seule foy & hommage de la Couronne de France, & que les appellations ressortiront directement au Parlement de Paris: & attribution de tout pouvoir & Jurisdiction aux Officiers dudit Duché, fors & excepté des cas Royaux, &c. A sainte Menehout en Septembre 1543. regist. le 16. Octobre suivant. *Fontanon t. 4. p. 658.* FRANÇOIS I. 1543.

Ducs de Beaumont.

Françoise d'Alençon, Duchesse de *Beaumont*, veuve de Charles de Bourbon, Duc de Vendosmois.

Antoine de Bourbon, Roy de Navarre, Duc de Vendosme, & de *Beaumont*, Pair de France, &c.

Henry IV. du nom, Roy de France & de Navarre, en la personne duquel ce Duché de *Beaumont* a esté réüny à la Couronne.

Edit portant que les Monnoyes tant vieilles que nouvelles, faites à Mets en Lorraine, n'auront plus cours dans le Royaume. A sainte Menehout le 20. Septembre 1543. regist. en la Chambre des Monnoyes le 6. Octobre suivant. *Fontanon t. 2. p. 128.*

• Edit portant reglement sur l'état & mestier d'Orfévre, & des Maistres Jurez, & Apprentifs, contenant 6. articles. A sainte Menehout le 21. Septembre 1543. regist. au Parlement le 23. Octobre suivant. *Fontanon t. 1. p. 1112.*

Edit portant création d'un Office d'Avocat du Roy en l'Election de Châlons, avec attribution des mêmes droits, qu'à ceux des Jurisdictions Presidiales. A Rheims en Octobre 1543. regist. en la Cour des Aydes le 29. Novembre de la même année. *Filleau part. 2. tit. 6. ch. 22. p. 254.*

• Edit portant création d'un Office d'Elû en chacune Election particuliere. A Paris en Novemb. 1543. regist. en la Cour des Aydes le 12. Decembre suivant; avec certaines modifications, puis purement & simplement le 30. Janvier de la mesme année. *Fontanon t. 2.*

FRANÇOIS I. 1543.

p. 945. Filleau part. 3. tit. 1. ch. 49. p. 57. V. la Declar. du 19. Janvier de la même année. Cet Edit est revoqué, & ces Offices supprimez par celuy du mois de Decembre 1625.

Edit portant pouvoir à 60. Sergens à verge du Châtelet de Paris, du nombre des 220. qui y sont établis, d'exploiter dans l'étenduë de la Prevosté & Vicomté de Paris, comme ils font dans la Ville, & concession des mêmes droits qu'ont les quatre Sergens fieffez du même Siege. A la Fere sur Oyse en Novembre 1543. regist. le 26. du même mois. *Joly t. 2. p. 1679. V. celuy du mois de Decembre suivant.*

Edit portant création de six Offices de Conseillers au Siege de la Table de Marbre du Palais à Paris; & que les Prelats, Nobles, & autres qui ont des Forests & Rivieres, pourront poursuivre leurs droits, causes & actions, tant en demandant, qu'en défendant, pardevant le Maistre particulier des Forests du Roy, ou pardevant les Maistres de leurs Forests, & par appel pardevant le grand Maistre au même Siege de la Table de Marbre. A Fontainebleau en Decembre 1543. regist. au Parlement le 13. Mars 1544. *Fontanon t. 2. p. 281.*

Edit portant reglement pour la reformation des habits. A Fontainebleau le 8. Decembre 1543. regist. le 18. même mois *Font. t. 1. p. 980.*

Declaration en execution des Edit & Declaration des mois de Novembre 1542. & 6. Juillet de la presente année, pour les fonctions & droits des Notaires & Tabellions, addressée au Prevost de Paris, & autres ses Officiers subalternes; portant que tous Contrats & Actes seront receus par deux Notaires, ou un Notaire & deux témoins; que le Notaire qui aura écrit les minuttes, les gardera, & sera tenu deux jours au plûtard aprés, d'en envoyer un double aux Tabellions pour les grossoyer, & en délivrer des expeditions aux parties, &c. A Fontainebleau le 11. Decembre 1543. *Fontanon t. 4. p. 651. Joly t. 2. p. 1737. V. la Declaration du 24. Juillet* 1544.

Edit portant Commission aux Juges ordinaires, Baillifs, & Sénéchaux, de s'informer du revenu des Maladreries, & Leproseries; & en cas que les Administrateurs ne fassent leur devoir, d'en élire & nommer d'autres suffisans, & capables, pour en estre pourvûs par le grand Aumônier de France. A Fontainebleau le 19. Decembre 1543. regist. au Parlement le dernier du même mois. *Fontanon t. 4. p. 574. V. la Declaration du 19. May* 1544.

Edit portant création d'une Chambre des Requestes du Palais

au Parlement de Dijon. A Fontainebleau en Decembre 1543. *Cet Edit est revoqué par celuy du mois de Septembre 1546.*

FRANÇOIS I. 1543.

Edit portant confirmation des Privileges des 220. Sergens à cheval du Châtelet de Paris, avec pouvoir d'exploiter dans toute l'étenduë du Royaume. A Fontainebleau en Decembre 1543. reg. au Parlement le 10. Janvier suivant. *Ioly t. 2. p. 1552.*

Edit portant reglement sur le devoir que les Nobles doivent au ban & arriere-ban, & les Roturiers qui sont inhabiles au service personnel. A Fontainebleau le 3. Janvier 1543. *Fontanon t. 4. p. 660.*

Declaration pour le pouvoir & Jurisdiction de la Chambre du Domaine, créée au Parlement par l'Edit du mois de May de la presente année, contenant 7. articles. A Fontainebleau en Janvier 1543. regist. le 19. Fevrier suivant. *Fontanon t. 2. p. 247. Ioly t. 1. p. 5.*

Declaration qui casse l'Arrest de la Cour des Aydes du 12. Decembre precedent, intervenu sur la verification de l'Edit du mois de Novenbre de la presente année, portant création des Offices d'Elûs en chacun Siege particulier, & qui ordonne qu'il sera registré purement & simplement. A Fontainebleau le 19. Janvier 1543. registrée le 3. du même mois. *Filleau part. 3. tit. 1. ch. 50. p. 58.*

Edit portant création de trois Offices de Conseillers en la Chambre du Tresor du Palais à Paris, & Reglement pour le pouvoir, & Jurisdiction de ladite Chambre, contenant 12. articles. A Paris, en Fevrier 1543. reg. au Parlement le 9. & en la Chambre des Comptes le 19. Juillet 1544. *Fontanon t. 2. p. 248. Bacquet de la Iurisdiction du Tresor p.* 80. *V. la Declar. du* 18. *Septembre* 1597.

Lettres patentes portant union du païs de Combrailles, au Duché & Pairie de Montpensier, créé par celles du mois de Fevrier 1538. A Paris en Fevrier 1543. *Hist. de Loüis de Bourbon, Duc de Montpensier, p. 131.*

Edit portant reglement pour le pouvoir, fonction, & droits de l'Admiral, contenant 51. articles. A Fontainebleau en Fevrier 1543. reg. le 10. Mars suivant. *Font. t. 3. p. 18.*

Edit portant pouvoir aux Maistres des Requestes ordinaires de l'Hôtel du Roy, de presider au grand Conseil, en l'absence des Chancelier, & Garde des Seaux de France, & de preceder le President, comme ils faisoient avant l'Edit de création de son Office, du mois d'Octobre 1540. A Paris en Mars 1543. regist. au grand Conseil le 6. du même mois, *Ioly t. 1. p. 656.*

FRANÇOIS I. Lettres patentes portant jussion à la Cour des Aydes, pour lever les modifications faites aux Edits des 24. Janvier 1522. & 17. May de la presente année, pour la création des Contrôlleurs des Elections. A Paris le 7. Mars 1543. regist. le 19. du même mois. *Fournival p. 292.*

1543. Edit portant pouvoir à 85. Sergens à verge du Châtelet de Paris, d'exploiter en la Prevôté & Vicomté de Paris. A S. Germain en Laye en Mars 1543. regist. le 26. du même mois. *Ioly t. 2. p. 1581.*

Edit portant que les Sentences des Auditeurs du Châtelet de Paris seront executées nonobstant l'appel, en donnant bonne & suffisante caution. A Ennet en Mars 1543. regist. le 26. Novembre 1553. *Ioly t. 2. p. 948. & 1462. V. les Lettres patentes du 26. Iuillet 1548.*

Edit portant que dans la Province de Languedoc toutes personnes, de quelque état & condition qu'elles soient, à l'exception des Secretaires, & Officiers domestiques & commensaux du Roy, &c. payeront la Taille pour raison de leurs biens ruraux, & d'ancienne contribution. A Ennet le 26. Mars 1543. reg. en la Cour des Aydes de Montpellier le 11. Juillet 1544. *Fontanon t. 2. p. 818.*

1544. • Edit portant pouvoir à 60 des 220. Sergens à cheval du Châtelet de Paris, d'exploiter par tout le Royaume de France; permission de se qualifier Huissiers Sergens à cheval du Roy, avec les mêmes pouvoirs, autorités, & prérogatives qu'ont tous les Huissiers des Cours Souveraines du Royaume. A Roüen en Avril 1544. regist. le 8. May de la même année. *Ioly t. 2. p. 1561.*

• Edit portant pouvoir aux Huissiers des Requestes du Palais à Paris, de faire les Enquestes tant dans la ville de Paris, qu'à douze lieuës aux environs. A S. Germain en Laye en May 1544. reg. le 14. Janvier 1545. *Ioly t. 1. p. 276.*

Edit portant que toutes provisions, & Jugemens donnez en execution de celuy du 19. Decembre 1543. seront executez par provision; pourvû qu'ils soient signez de quatre Conseillers d'une Cour Souveraine, ou du grand Conseil. A S. Germain en Laye le 19. May 1544. regist. au Parlement le 26. du même mois. *Font. t. 4. p. 575.*

• Edit portant que les Maladeries, Leproseries, Hôpitaux, Hôtels-Dieu, Aumôneries, & autres de semblable qualité, sont exempts de payer aucunes Decimes, dons gratuits, & emprunts, pourvû qu'ils ne soient pas érigez en titre de Benefice. A Paris le 17. Juin 1544. registré au Parlement le 23. May 1545. *Font. t.* 4. *p.* 576. FRANÇOIS I.

Declaration portant confirmation des Privileges des quatre Sergens fieffez du Châtelet de Paris, avec pouvoir d'exploitet tant dans la Ville, Banlieuë, Prevosté, & Vicomté de Paris, que dans tout le Royaume, sans demander *Placet*, *Visa*, ny *Pareatis*. A Paris en Juin 1544. reg. le 4. Aoust de la même année. *Ioly t.* 2. *p.* 1625. 1544.

· Declaration portant confirmation des Reglemens faits pour les Maistres Frippiers de la Ville & Banlieuë de Paris, contenant 21. articles. A Paris en Juin 1544. regist. le 30. Avril 1561. *Fontanon t.* 1. *p.* 1054.

· Declaration pour les Privileges des Archers, Arbalestriers, & Harquebutiers de la ville de Paris. A Paris en Juin 1544, reg. au Parlement le 10. Juillet suivant, & en la Cour des Aydes le 26. Mars de la même année, avant Pâques. *Font. t.* 1. *p.* 1121.

· Edit pour l'execution de ceux des 25. Janvier 1536. & 2. Decembre 1538. portant attribution de Jurisdiction aux Prévosts des Maréchaux, pour la punition des voleurs, vagabons, & gens sans aveu, avec défenses à tous Juges d'en connoître, même aux Parlemens & grand Conseil. A Villemonble en Juin 1544. *Ioly t.* 2. *p.* 1232.

· Edit portant reglement sur le devoir des Officiers commis au fait de la Gabelle du sel, contenant 57. articles. A S. Maur des Fossez en Juillet 1544. reg. au Parl. le dernier du même mois, & en la Chambre des Comptes, & Cour des Aydes le 2. Aoust de la même année. *Font. t.* 2. *p.* 1020.

Edit pour la reformation des Eaux & Forests du païs & Duché de Bretagne. A Paris en Juillet 1544. reg. au Parlement de Bretagne le 6. Septembre suivant. *Font. t.* 2. *p.* 282.

· Declaration sur les Edit & Declaration des mois de Novembre 1542. & dernier Juillet 1543. conforme à celle du 11. Decembre de la même année 1543. avec cette difference neanmoins, que cette derniere est addressée au Senéchal de Poitou, ou ses Lieutenans en chacun de ses Sieges, & tous autres Senéchaux, Baillifs, & Justiciers du Royaume. A Saint Maur des Fossez le 24. Juillet 1544.

· Edit portant attribution de Jurisdiction aux Prévosts des Maréchaux, pour la punition des gens de guerre tenans les champs, & qui pillent le peuple. A Amiens le 3. Octobre 1544. registré le 7.

FRANÇOIS I. du même mois. *Font. t. 1. p. 392. Montarlot p. 78. Ioly t. 2. p. 1143. Pinson p. 285.*

1544. Edit portant défenses aux Cours de Parlement, Bailliages, Senéchaussées, &c. de recevoir aucuns Procureurs, autres que ceux qui sont actuellement en possession, jusqu'à ce qu'autrement il en ait esté ordonné. A Arques le 16. Octobre 1544. reg. le 17. Novembre suivant. *Fontanon t. 1. p. 73. Ioly t. 1. p. 170.*

Declaration en interpretation du precedent Edit, portant qu'il n'est que provisoire, & seulement jusqu'à ce que le nombre excessif de Procureurs soit diminué. A S. Germain en Laye le 1. Novembre 1544. registrée le 17. du même mois. *Fontanon t. 1. p. 74. Ioly t. 1. p. 171.*

· Edit portant défenses de vendre les bleds autre part que dans les places publiques, à peine de confiscation, dont le tiers appartiendra au denonciateur. A Beine le 7. Novembre 1544. *Fontanon t. 1. p. 958.*

· Edit portant reglement pour la vente & distribution du sel. A Fontainebleau le 6. Decembre 1544. reg. en la Cour des Aydes le 17. du même mois. *Fontanon t. 2. p. 1028.*

Edit portant que ceux qui pretendent estre privilegiez, & avoir droit sur le sel, porteront, ou envoyeront leurs titres dans trois mois, pardevant les Generaux des Aydes. A Fontainebleau le 13. Decembre 1544. regist. en la Cour des Aydes le 17. du même mois. *Fontanon t. 2. p. 1029.*

Edit portant concession des mêmes Privileges dont joüissent les Supposts de l'Université, aux Maîtres Chirurgiens de la ville de Paris. A Fontainebleau en Janvier 1544.

Edit portant confirmation des Privileges des Marchands frequentans les Foires de Champagne & de Brie. A Fontainebleau en Mars 1544.

1545. Provisions de l'Office de Chancelier de France, vacant par la destitution de Guillaume Poyet, en faveur de François Olivier President au Parlement de Paris. A Romorantin le 28. Avril 1545. reg. le 14. Juillet de la même année.

· Edit portant que tous les Receveurs des deniers Royaux, leurs veuves, & heritiers, & tous comptables, mettront le reste de leurs deniers és mains du Tresorier de l'Epargne, sur peine du quadruple, privation, & vacance de leurs Offices. A S. Germain en Laye le 1. Mars 1545. reg. en la Chambre des Comptes le 24. du même mois. *Fontanon t. 2. p. 631.*

FRANÇOIS I.

Declaration portant que les Maistres des Requestes ordinaires de l'Hôtel du Roy, joüiront des mémes privileges & exemptions, dont joüissent les Officiers domestiques & commensaux de la Maison du Roy. A Nantoüillet le 22. Juillet 1545. *Ioly t. 1. p. 667.* 1545.

Lettres patentes portant érection de la Baronnie de Chevreuse en Duché, en faveur de Jean de Brosse Duc d'Estampes, & d'Anne de Pisseleu son épouse. A en Decembre 1545. *V. les Lettres patentes des mois d'Avril 1555. Mars 1612. & Decembre 1667.*

Edit pour l'administration des Hôpitaux du Royaume. A S. Germain en Laye le 15. Janvier 1545. reg. le 4. Fevrier suivant. *Fontanon t. 4 p. 577. V. la Declar. du 26. Fevrier 1546.*

Edit portant peine de confiscation de corps & de biens contre les Comptables, qui sont atteints & convaincus du crime de peculat; & autres Reglemens pour les Finances, contenans 8. articles. A S. Germain en Laye le 1. Mars 1545. reg. en la Chambre des Comptes le 24. du même mois. *Fontanon t. 2. p. 629. Fournival p. 169.*

Edit portant défenses d'emporter, ny déplacer aucuns fruits du lieu où ils seront crûs, jusques à ce que les dixmes soient payées. A S. Germain en Laye le 1. Mars 1545. *Fontanon t. 4. p. 513.*

Declaration sur l'Edit du 18. May 1529. pour les évocations des procez pendans au Parlement, & autres Cours Souveraines, sous pretexte de recusation, consanguinité, &c. A Chantelou en Mars 1545. registrée au Parlement de Paris le 1. Avril de la même année, avant Pâques. *Neron p. 256. Corbin p. 372. Ioly t. 1. p. 321. Fontanon t. 1. p. 586. V. l'Ord. du mois d'Aoust 1669. tit. 1.*

Edit portant attribution aux Baillifs, Senéchaux, &c. & par appel au Parlement, de la connoissance des excez & violences commis pour raison des fruits des Benefices, & revocation de celuy du 10. May 1531. qui l'avoit donnée au grand Conseil. A Chantelou en Mars 1545. reg. le 1. Avril de la même année, avant Pâques. *Ioly t. 1. p. 647. Neron p. 258. Corbin p. 375.*

Edit portant reglement pour le prix & cours des Monnoyes. A Ferrieres le 15. Avril 1545. avant Pâques, reg. en la Chambre des Monnoyes le dernier Avril 1546. *Fontanon t. 2. p. 129.*

Declaration portant reglement entre les Secretaires du Roy, & les Referendaires en Chancellerie, & confirmation de celle du 24. Fevrier 1512. A Paris le 14. Juin 1546. *Ioly t. 1. p. 758.* 1546.

Declaration par laquelle toutes Assemblées illicites sont défen-

FRANÇOIS I. 1546. duës. A Fontainebleau le 16. Juillet 1546. *Font. t. 1. p. 646.*

· Edit portant suppression de tous les Offices de Presidens, Maistres des Requestes, & Conseillers des Cours de Parlement de Paris, Tholose, Bourdeaux, Roüen, Dijon, Dauphiné, & Provence, soient anciens, ou de nouvelle création, tant ceux qui sont à present vacans, & ausquels il n'a point esté pourvû, que ceux qui viendront à vacquer par mort, forfaiture, ou autrement, jusques à ce que lesdits Offices soient reduits au nombre qui estoit lors de l'avenement du Roy à la Couronne; & reglement pour l'âge, l'examen & la reception des Officiers, tant desdites Cours, que des Jurisdictions inferieures, qui y sont receus. A Moulins en Aoust 1546. *Joly t. 1. p. 19. Fontanon t. 2. p. 579. V. les Edits des mois d'Aoust* 1547. *&* *Fevrier* 1548.

Edit portant suppression de la Chambre des Requestes du Palais du Parlement de Dijon, créée par celuy du mois de Decembre 1543. A Argilly en Septembre 1546.

· Edit portant reglement pour la punition des Pages, & Serviteurs des Princes, &c. suivans la Cour, qui sortent des hôtelleries sans payer leurs hôtes. A sainte Menehout le 19. Novembre 1546. *Fontanon t. 1. p.* 1006.

· Edit portant reglement pour le taux des vivres dans les hôtelleries. A Follembray le 26. Novembre 1546. *Fontanon t. 3. p.* 932.

Edit portant que les Sentences des Prevost des Marchands, & Echevins de Paris, renduës sur procez, & differends qui n'excedent la somme de seize livres parisis, seront executées nonobstant l'appel, tant en principal, que dépens, en donnant bonne & suffisante caution. A Compiegne le 27. Decembre 1546. *Recueil des Ord. de la Ville p.* 244. *V. celuy du mois d'Octobre* 1547.

· Declaration en consequence de l'Edit du 15. Janvier 1545. pour l'administration des Hôpitaux. A Rochefort le 26. Fevrier 1546. *Font. t.* 4. *p* 578.

Edit portant reduction des peages pretendus en sel, à prix d'argent. A Ramboüillet le 9. Mars 1546. registré en la Chambre des Comptes le 16. & en la Cour des Aydes le 18. du même mois. *Fontanon t. 2. p.* 1030.

Edit portant qu'il ne sera mené aucun sel par eau, tant sur la Riviere de Seine, que sur celle de Somme, que par des bateaux couverts, & fermez à clef, à peine de confiscation du sel. A Ramboüillet le 9. Mars 1546. regist. en la Cour des Aydes le 18. du même mois. *Fontanon t. 2. p.* 1033.

Edit

Edit portant reglement sur le mesurage du sel, à Nantes, & sur le devoir des Officiers à ce commis, contenant 18. articles. A Ramboüillet le 9. Mars 1546. reg. en la Cour les Aydes le 18. du même mois. *Fontanon t. 2. p. 1034.* FRANÇOIS I. 1546.

HENRY II. du nom, Roy de France.

Regna depuis le 31. Mars 1547. jusqu'au 10. Iuillet 1559.

HENRY II. 1547.

• Edit portant reglement general, & création de plusieurs Officiers, pour l'administration des Finances, contenant 28. articles. A S. Germain en Laye le 12. Avril 1547. aprés Pâques, reg. en la Chambre des Comptes le 16. du même mois. *Fontanon t. 2. p. 631. Fournival p. 173.*

• Edit portant défenses de porter aucuns draps, toilles d'or & d'argent, pourfillures, passemens, &c. sur peine de mil écus d'amende, & de confiscation des habits. A S. Germain en Laye le 19. May 1547. *Font. t. 1. p. 981.*

• Edit portant reglement pour le département des trois Maréchaux de France, & leur pouvoir, & Jurisdiction. A Annet le 26. Juin 1547. *Fontanon t. 3. p. 4. Montarlot p. 15. Pinson p. 147. Ioly t. 2. p. 1144.*

• Edit portant que les meurtriers & assassins de guet-à-pent, seront condamnez à la roue. A S. Germain en Laye en Juillet 1547. *Font. t. 1. p. 662.*

• Edit portant reglement pour la nourriture, & entretien des Pauvres de la Ville & Fauxbourgs de Paris, afin qu'ils ne mendient pas dans les rues, contenant 7. articles. A S. Germain en Laye le 9. Juillet 1547. reg. le 9. Aoust suivant. *Fontanon t. 1. p. 915.*

Declaration qui porte que par provision les Ducs de Guise, & de Nevers precederont le Duc de Montpensier, au Sacre du Roy, comme estant créez & receus Pairs avant luy. A Rheims le 15. Juillet 1547. reg. le 18. Juillet 1548. *Ioly addit. t. 2. p. 77. V. l'Edit du mois de Decembre 1576. qui a reglé cette contestation en faveur des Princes du Sang.*

Lettres patentes portant érection du Comté d'Aumale en Duché, & Pairie, en faveur de François de Lorraine, Duc de Guise Comte d'Aumale. A en Juillet 1547. reg. le 5. Janvier 1548.

HENRY II. 1547.

Ducs d'*Aumale*.

Claude de Lorraine Duc de Guise, Pair de France, Comte d'*Aumale*, &c.

François de Lorraine, Duc de Guise, d'*Aumale*, Pair de France, &c.

Claude de Lorraine, Duc d'*Aumale*, Pair, & Grand Veneur de France, &c. tué au siege de la Rochelle le 14. Mars 1573.

Charles de Lorraine Duc d'*Aumale*, Pair, & Grand Veneur de France, Chevalier des Ordres du Roy, mort l'an 1618.

Anne de Lorraine, Duchesse d'*Aumale*, mariée avec Henry de Savoye, Duc de Nemours, & de Genevois.

Loüis de Savoye Duc de Nemours, d'*Aumale*, &c. mort le 16. Septembre 1641.

Charles-Amedée de Savoye, Duc de Nemours, d'*Aumale*, &c. mort le 30. Juillet 1652.

Henry de Savoye Duc de Nemours, d'*Aumale*, &c. mort le 2. Janvier 1659.

Marie-Jeanne-Baptiste de Savoye, mariée à Charles-Emmanuel Duc de Savoye.

Marie-Françoise-Elizabeth de Savoye, mariée 1°. à Alphonse Roy de Portugal; duquel ayant esté separée, elle a épousé Pierre alors Prince, & à present Roy de Portug.

Edit portant reglement pour le fait des chasses. A Compiegne le 16. Aoust 1547.

Declaration en consequence de l'Edit du mois d'Aoust 1546. pour la suppression de plusieurs Offices des Cours de Parlement de Paris, &c. & l'examen des Officiers, contenant 6. articles. A Compiegne en Aoust 1547. reg. le 22. du même mois. *Fontanon t. 2. p. 580. Joly t. 1. p. 7. V. les Declar. des mois d'Avril, May, & Fev.* 1548.

Declaration concernant les francs-fiefs & nouveaux acquests. A Compiegne le 2. Septembre 1547. *Fontanon t. 2. p. 435.*

Declaration pour le droit que l'Université a sur les parchemins que l'on amene à Paris. A Fontainebleau en Septembre 1547. reg. le 17. Avril 1548. *Fontanon t. 4. p. 425.*

Edit portant confirmation des Privileges de l'Université de Paris. A Fontainebleau en Septembre 1547. reg. au Parlement le 17.

Avril 1548. & en la Chambre des Comptes le 4. May 1549. *Fontanon t. 4. p. 425.*

HENRY II. 1547.

Edit pour la reduction & le choix des Notaires Apostoliques, contenant 5. articles. A Fontainebleau en Septembre 1547. reg. au grand Conseil le 14. Octobre audit an. *Fontanon t. 4. p. 509. Ioly t. 2. p. 1775.*

Edit portant qu'aucun Officier, soit de Cour Souveraine, soit des Jurisdictions subalternes, même les Avocats, & Procureurs desdites Jurisdictions, ne pourront estre éleus pour exercer l'état de Prevosts, Majeurs, Echevins, & autres Offices de Ville, à peine contre les élisans de cent écus d'amende, & de demeurer privez de leur droit d'élection, & contre ceux qui seront élûs, & auront accepté, de privation de leurs Charges, & s'ils sont Avocats ou Procureurs, de cent écus d'or d'amende envers le Roy. A Fontainebleau en Octobre 1547. regist. le 28. Novembre suivant. *Fontanon t. 1. p. 841.*

Edit pour l'entegistrement & l'execution de celuy du 27. Decembre 1546. concernant l'execution des Sentences des Prevost des Marchands, & Echevins de la ville de Paris. A Fontainebleau le 15. Octobre 1547. regist. le 12 Juillet 1548. *Recueil des Ord. de la Ville, p. 245.*

Edit portant défenses de faire des cendres dans les Forests & Bois du Royaume, ny de mettre le feu aux arbres, pour les convertir en cendres. A Fontainebleau le 9. Novembre 1547. *Fontanon t. 2. p. 290.*

Edit portant confirmation aux Notaires du Châtelet de Paris, des Privileges, pouvoirs, & facultez, qui leur ont esté accordez par Lettres patentes des 5. Juin 1317. Fevrier 1320. Avril 1363. 18. Decembre 1485. Avril 1510. &c. A Fontainebleau en Novembre 1547. reg. le 3. Octobre 1551. *Ioly t. 2. p. 1669. V. les Lettres de surann. du 2. Octobre* 1551.

Edit portant défenses d'imprimer, ou vendre aucuns Livres concernant la sainte Ecriture, qu'ils n'ayent esté vûs & examinez par la Faculté de Theologie, &c. A Fontainebleau le 11. Decembre 1547. *Fontanon t. 4. p. 373. Corbin p. 37. & 77.*

Declaration portant confirmation des Privileges des Habitans de la ville de Montargis. A Fontainebleau en Decembre 1547. *Privil. de Montargis p. 99.*

Edit portant reglement pour les charges, & conditions sous lesquelles se doit faire le fournissement des greniers, & chambres

HENRY II. à sel, par ceux qui en prendront la Ferme. A Fontainebleau le 4. Janvier 1547. *Fontanon t. 2. p.* 1036.

1547. Declaration concernant les francs-fiefs, & nouveaux acquests. A Fontainebleau le 7. Janvier 1547. *Fontanon t. 2. p.* 436.

Lettres patentes portant confirmation des Privileges des Habitans de la ville de la Rochelle. A Fontainebleau en Janvier 1547. reg. le 8. Mars 1549.

Lettres patentes portant confirmation des Privileges des Habitans de la ville d'Orleans. A Fontainebleau en Janvier 1547. *V. la Declaration du* 5. *Iuin* 1551.

Lettres patentes qui confirment les Privileges des Habitans de la ville de Tours. A Fontainebleau en Janvier 1547. regist. le 26. du même mois.

Edit portant reglement pour le ban & arriere-ban. A Fontainebleau le 9. Fevrier 1547.

Declaration portant exemption aux Ecclesiastiques de France, de bailler leurs biens par declaration. A Escoüan le 8. Mars 1547. *Bacquet du droit d'amortissement*, *ch.* 43.

Edit portant reglement entre les Commissaires, & les Conseillers, & Sergens du Châtelet de Paris. A Escoüan en Mars 1547. *Ioly t. 2. p.* 1498.

Edit portant confirmation des Privileges des Chirurgiens de la ville de Paris. A Fontainebleau en Mars 1547.

Edit qui abolit tous les peages nouveaux sur la Riviere de Loire. A Fontainebleau le 20. Mars 1547. *Fontanon t.* 4. *p.* 624.

1548. Edit portant défenses aux Fermiers du Domaine de composer des amendes avant qu'elles soient adjugées. A Fontainebleau en Mars 1548.

Declaration en consequence des Edits des mois d'Aoust 1546. & Aoust 1547. portant que les Presidens, Maistres des Requestes, Conseillers des Cours Souveraines, & les Lieutenans generaux & particuliers des Baillifs, & Senéchaux, ne seront point examinez quand ils seront transferez à d'autres Offices. A l'Abbaye du Vauluisant le 28. d'Avril 1548. *Neron p.* 253. *Ioly t.* 1. *p.* 21, *V. la Declar. du* 28. *May suivant.*

Declaration en consequence des Edits des mois d'Aoust 1546. & Aoust 1547. & de la Declaration du 28. Avril precedent, portant d'abondant que les Baillifs, Senéchaux, Prevosts, & leurs Lieutenans generaux & particuliers des Bailliages, Senéchaussées, & Prevostez, ressortissans directement aux Cours Souveraines, ayans esté pourvûs, & receus avant lesdits Edits, & Declarations, suivant la forme qui estoit alors prescrite, & exercé leurs Charges sans note, ou reprehension, ne seront sujets à aucun examen, s'ils sont transferez de leurs Charges en d'autres semblables. A Esclairon le 28. May 1548. *Ioly t. 2. p. 907. Fontanon t. 2. p. 212.*

Edit portant reglement pour les échalats. A Esclairon le 2. Juin 1548.

Edit portant que les Contrats, Obligations, & autres dispositions qui seront passées en la ville de Paris, entre les Habitans d'icelle, ne seront sujettes à insinuation. A Villiers-Cotterests en Juin 1548.

Edit portant reglement pour la maniere de payer les dixmes, qui sont deuës aux Evêque, Doyen, Chanoines, Chapitre, & Clergé de Paris. A Dijon le 6. Juillet 1548. reg. le 1. Septembre 1558. *Fontanon t. 4. p. 514.*

Lettres patentes portant surannation de l'Edit du mois de Mars 1543. pour les Auditeurs du Châtelet de Paris A Paris le 26. Juillet 1548. *Ioly t. 2. p. 1463.*

Edit portant que les Prevosts des Maréchaux, leurs Lieutenans, & Archers sont exempts de Tailles, subsides, & octrois. A Bourg-en-Bresse le 27. Juillet 1548. *Font. t. 2. p. 1184. Ioly t. 2. p. 1145. Pinson p. 687.*

Edit portant défenses de transporter l'or, & l'argent hors du Royaume. A Lyon le 21. Aoust 1548. *Fontanon t. 2. p. 130. V. la Declar. du 29. Decembre suivant.*

Edit portant attribution de Jurisdiction aux Generaux des Monnoyes pour le Jugement des boëtes, & défenses à tous autres Juges d'en connoître. A Lyon le 3. Septembre 1548. regist. au Parlement le 1. Novembre suivant. *Constans Preuves p. 91.*

Edit portant confirmation des Officiers du Parlement. A Meziers en Dauphiné le 20. Septembre 1548. *Ioly addit. t. 1. p. 78.*

Edit portant confirmation de tous les Privileges accordez aux Commissaires du Châtelet de Paris, par ceux des 24 Avril 1337. 1. Juin 1353. Janvier 1366. Janvier 1380. 14. Juillet 1410. 19. Octobre 1459. Octob. 1485. & Fevrier 1516. A Lyon en Septemb. 1548. reg. au Parlem. le 4. Janvier suivant, & en la Cour des Aydes le 11. Aoust 1549. *Ioly t. 2. p. 1474.*

Edit portant défenses de faire aucun bâtiment neuf dans les Fauxbourgs de Paris. A S. Germain en Laye en Novembre 1548. reg. le 17. Janvier suivant. *Fontanon t. 1. p. 842.*

HENRY II. 1548. Edit portant qu'en chacune Monnoye il n'y aura qu'un Prevôt, & un Greffier, & que le Prevost aura la visite sur tous les Orféyres, Joüailliers, Changeurs, Departeurs, Affineurs, & autres Officiers des Monnoyes. A S. Germain en Laye en Novembre 1548. reg. au Parlement le 29. du même mois, & en la Cour des Aydes le 15. Decembre de la même année. *Font. t. 2. p. 131. Constans Preuves p. 304.*

Edit portant défenses à toutes personnes de porter Harquebusses, Harquebutes, & Pistolets, excepté les Officiers du Roy, & Gens-d'armes durant la guerre. A S. Germain en Laye le 25. Novembre 1548. *Fontanon t. 1. p. 646.*

Edit portant confirmation de certains Privileges des Notaires du Châtelet de Paris. A S. Germain en Laye le 21. Decembre 1548. *Ioly t. 2. p. 1938.*

Edit portant confirmation des Privileges des Officiers domestiques & commensaux de la Maison du Roy, de la Reine, &c. & attribution de la connoissance de toutes leurs causes personnelles, possessoires, mixtes, &c. aux Requestes du Palais. A S. Germain en Laye le 2. Fevrier 1548. reg. au Parlement le 15. May, & en la Cour des Aydes le 26. Juin 1549. *Fournival p. 613. Font. t. 2. p. 1144. La Mariniere en son Recueil des Privil. des Offic. de la Maison du Roy, p. 3. V. la Declar. du 17. Novembre* 1549.

Declaration portant que les Procureur & Avocats generaux ne seront presens à l'examen des Presidens, Maistres des Requestes, Conseillers au Parlement, & autres Officiers mentionnez dans les Edits des mois d'Aoust 1546. & Aoust 1547. & qu'au contraire lesdits examens seront faits en leur absence. A S. Germain en Laye en Fevrier 1548. reg. le 19. Mars de la même année. *Ioly t. 1. p. 21. Fontanon t. 2. p. 581. Neron p. 254.*

Edit portant reglement pour le recouvrement des restes des comptes des Officiers Comptables, contenant quinze articles. A S. Germain en Laye le 17. Mars 1548. reg. en la Chambre des Comptes le 12. Avril de la même année, avant Pâques, & en la Cour des Aydes le 4. May 1549. *Fontanon t. 2. p. 636.*

1549. Declaration portant reglement sur la maniere dont se doit faire la declaration des francs-fiefs, & nouveaux acquests par les Ecclesiastiques, Communautez, & gens de main-morte. A S. Germain en Laye le 19. May 1549. *Corbin t. 2. p. 88. Fontanon t. 2. p. 437.*

Declaration portant que ceux qui feront amener des échalats en cette ville de Paris, ne sejourneront sur le chemin plus d'un jour,

& que lesdits échalats seront mis au rabais trois jours aprés qu'ils seront arrivez au port. A S. Germain en Laye le dernier May 1549. *Recueil des Ord. de la ville de Paris*, *p.* 314.

Edit portant confirmation des Privileges & exemptions des Marchands qui frequentent les foires du Lendy, & de S. Denis en France. A S. Denis le 11. Juin 1549. *Fontanon t.* 1. *p.* 1080.

· Edit portant reglement pour les droits du Pape dans le Duché de Bretagne. A Paris le 24. Juin 1549. reg. au Parlement de Vennes le 3. Septembre suivant. *Font. t.* 4. *p.* 376. *V. les Declarat. des* 29. *Juillet* 1550. 29. *Octobre*, 18. *Avril* 1553.

Edit par lequel il est fait défenses à tous Clercs, & Solliciteurs, qui n'ont pas presté le serment de Procureur, de poursuivre aucunes affaires, & à tous Procureurs de leur prester leurs noms, & de signer pour eux, à peine d'estre privez de leurs états, & de faux, & nullité des actes, & expeditions qu'ils auroient signez. A Paris le 29. Juin 1549. reg. le 11. Fevrier de la même année. *Ioly t.* 1. *p.* 171. *Font. t.* 1. *p.* 74.

Edit portant établissement d'une bourse commune des Marchands en la ville de Tholose, à l'*instar* du change de celle de Lyon, & permission aux Marchands de la même Ville, d'élire par chacun an un Prieur, & deux Consuls. A Paris en Juillet 1549. reg. au Parlement de Tholose le 23. Decembre suivant. *Ioly t.* 2. *p.* 1310. *V. la Declar. du* 27. *May* 1551.

· Edit portant reglement pour la reformation des habits. A Paris le 12. Juillet 1549. reg. le 14. Aoust de la même année. *Fontanon t.* 1. *p.* 981.

· Edit portant reglement pour le poids & prix des Monnoyes, que le Roy veut qui ayent cours en son Royaume. A Villiers-Cotterests le 29. Juillet 1549. reg. en la Chambre des Monnoyes le 6. Aoust suivant. *Fontanon t.* 2. *p.* 131.

Declaration en faveur de l'Ordre de Malthe. A en Aoust 1549.

Edit portant suppression, & revocation de la Gabelle du sel és Provinces de Poitou, Xaintonge, Ville, & Gouvernement de la Rochelle, Angoumois, haut & bas Limosin, haute & basse Marche, Perigord, enclaves, & anciens Ressorts d'iceux, & qu'il ne se levera que l'ancien droit du quart, & demy-quart, contenant huit articles. A Amiens en Septembre 1549. reg. au Parlement le 12. Octobre suivant. *Fontanon t.* 2. *p.* 1039.

Edit portant reglement sur les droits de l'imposition foraine,

HENRY II. contenant 42. articles. A Amiens en Septembre 1549. reg. au Parl. le 20. Janvier suivant. *Font. t. 2. p. 469.*

1549. Declaration sur les Edits de 22. Octobre 1539. 15. Novemb. 1540. 23. Fevrier 1541. & 25. Mars 1543. portant reglement pour les droits qui sont dûs sur les Epiceries, & autres drogues, contenant 25. articles. A Amiens le 10. Septembre 1549. reg. au Parlement le 25. Fevrier de la même année. *Fontanon t. 2. p. 508.*

Edit portant reglement pour l'ordre & la reforme du payement de la Gendarmerie, & le Reglement des Payeurs d'icelle, contenant 46. articles. A Paris le 12. Novembre 1549. *Fontanon t. 3. p. 97.*

Declaration pour l'execution de l'Edit du 2. Fevrier 1548. concernant les Officiers des Maisons Royales. A Paris le 17. Novembre 1549. reg. en la Cour des Aydes le 24. Janvier de la même année. *Fournival p. 617. Fontanon t. 2. p. 1146. La Mariniere p. 11.*

Edit portant que les Juges seculiers, aprés les informations, decrets de prise de corps, & interrogatoires, renvoyeront les accusez du crime d'heresie simple aux Juges d'Eglise; à moins qu'il n'y ait avec l'heresie scandale public, émotion populaire, sedition, ou autre crime public, auquel cas le procez sera fait par les Juges Royaux, & Ecclesiastiques conjointement: & dans ces cas les Juges Ecclesiastiques pourront emprisonner les accusez, sans permission des Juges seculiers; auquel cas les Juges Royaux pourront proceder contre les absens à trois briefs jours, & saisie de leurs biens, &c. contenant 33. articles. A Paris le 19. Novembre 1549. reg. le 29. du même mois. *Font. t. 4. p. 249.*

Edit pour la confection du papier terrier du Roy, en la Ville, Prevosté, & Vicomté de Paris, contenant 12. articles. A Paris le 25. Novembre 1549. *Font. t. 2. p. 355.*

Edit portant défenses de porter Harquebuses, ny Harquebutes, & d'aller armé, ou couvert d'armes. A Paris le 28. Novembre 1549. *Fontanon t. 1. p. 647.*

Edit portant permission à la Reine de plaider par Procureurs, comme le Roy. A Paris le dernier Novembre 1549. reg. le 9. Janvier de la même année. *Joly add. t. 1. p. 122.*

Declaration portant confirmation des Privileges des Habitans de la ville d'Orleans. A en Decembre 1549.

Edit portant reglement pour le taux du gibier, & qu'il sera vendu au marché public. A Fontainebleau le 5. Janvier 1549. *Fontanon t. 1. p. 634.*

Edit

HENRY II. 1549.

Edit portant reglement sur la nouvelle fabrication, poids, alloy, prix, ouverture, & jugement des boëtes, établissement du lieu, & de l'ouverture des Monnoyes; sur la presentation, gages, & charges des Maistres particuliers, Gardes, Essayeurs, Tailleurs, Contregardes, Prevosts, Ouvriers, Monnoyeurs, & autres Officiers des Monnoyes; Charge des Changeurs, Orfévres, leurs Apprentifs, Joüailliers, Affineurs, Départeurs, & Batteurs d'or & d'argent: de la justice, & correction desdits Officiers, contenant 23. articles. A Fontainebleau le 14. Janvier 1549. reg. au Parlement le 13. Fevrier suivant. *Fontanon t. 2. p. 133.*

Declaration sur le precedent Edit, portant reglement pour le prix des especes d'or, & d'argent, & décry des Monnoyes rognées. A Fontainebleau le 23. Janvier 1549. reg. en la Chambre des Monnoyes le dernier du même mois. *Fontanon t. 2. p. 137.*

• Declaration portant que les articles 72. 81. 125. & 126. de l'Ordonnance du mois d'Aoust 1539. ne seront plus observez, & interpretation des articles 131. 132. 133. 138. & 180. de la même Ordonnance. A Fontainebleau en Fevrier 1549. regist. le 4. Mars de la même année. *Ioly t. 1. p. 309. Corbin p. 686. Neron p. 49. Fontanon en sa Chron. p. 38.*

• Edit portant pouvoir aux Prevosts des Maréchaux, & Juges Presidiaux, de juger par prévention, & concurrence, & sans appel, les Voleurs de grands chemins, Sacrileges, & faux-Monnoyeurs. A Fontainebleau le 5. Fevrier 1549. regist. le 27. Mars de la même année. *Ioly t. 2. p. 1146. Montarlot p. 83. Font. t. 1. p. 393. Pinson p. 288.*

• Declaration pour l'execution de l'Edit du 19. Novembre precedent, touchant les Heretiques. A Fontainebleau le 11. Fevrier 1549. reg. le 27. du même mois. *Fontanon t. 4. p. 251.*

• Edit portant reglement pour la Justice criminelle. A Fontainebleau en Mars 1549.

• Edit touchant le payement de la Gendarmerie, contenant 41. articles. A Fontainebleau en Mars 1549. regist. en la Chambre des Comptes le 26. du même mois, avant Pâques. *Fontanon t. 2. p. 838.*

• Declaration portant que les Officiers des Enfans de France, & de Madame Marguerite sœur du Roy, joüiront des Privileges accordez aux Officiers du Roy, par les Edit & Declaration des 2. Fevrier 1548. & 17. Novembre 1549. A Fontainebleau le 11. Mars 1549. regist. au Parlement le 11. Aoust, en la Chambre des Comptes le 20.

HENRY II. du même mois, & en la Cour des Aydes le 6. Septembre 1550. *Font. t. 2. p.* 1148. *Fournival p.* 619.

1549. Edit portant suppression des Offices des Generaux Subsidiaires des Monnoyes. A Fontainebleau en Mars 1549. *Constans preuves p.* 274.

Edit portant qu'il sera incessamment fabriqué en l'Hôtel de Neelle des gros six blancs. A Fontainebleau le 25. Mars 1549. avant Pâques: reg. en la Chambre des Monnoyes le 2. Avril, avant Pâques. *Fontanon t. 2. p.* 140. *Constans Preuves, p.* 92.

1550. Lettres patentes portant érection du Comté d'Albret en Duché & Pairie, en faveur d'Henry d'Albret Roy de Navarre. A le 29. Avril 1550. *V. les Lettres des mois de Fevrier* 1652. *& Aoust* 1662.

Ducs d'Albret.

Henry d'Albret Roy de Navarre, Prince Souverain de Bearn, Duc d'*Albret*, Pair de France, &c.

Jeanne d'Albret Reine de Navarre, Princesse de Bearn, Duchesse d'*Albret*, &c morte le 9. Juin 1572. elle avoit épousé Antoine de Bourbon, Duc de Vendosme, Pair de France, dont

Henry de Bourbon, 4. du nom, Roy de France & de Navarre, mort le 10. May 1610.

Edit sur le fait des Monnoyes rognées. A S. Germain en Laye le 2. Juin 1550. regist. en la Chambre des Monnoyes le 14. du même mois. *Font. t.* 1. *p.* 140.

• Edit portant reformation generale sur les abus qui se commettent en l'obtention des Benefices, contenant 18. articles. A S. Germain en Laye en Juin 1550. reg. au Parlement de Paris le 24. Juillet, & en celuy de Bretagne le 2. Octobre de la même année. *V. Dumoulin qui a fait un Commentaire sur cet Edit. Corbin p.* 200. *Neron p.* 507. *Joly t.* 2. *p.* 1776. *Fontanon t.* 4. *p.* 493. *V. la Declarat. du* 19. *Avril* 1551.

• Edit pour la Jurisdiction des Prelats & Inquisiteurs de la Foy contre les Laïcs, & Ecclesiastiques accusez du crime d'heresie. A S. Germain en Laye le 22. Juin 1550. regist. le 14. Janvier de la même année. *Font. t.* 4. *p.* 226.

Declaration portant confirmation de l'Edit du 24. Juin 1549. pour les Benefices de Bretagne. A le 29. Juillet 1550. HENRY II. 1550.

Edit portant que le païs & Comté de Commenges, à l'exception de quelques lieux qui y sont designez, est contribuable aux deniers du Roy en la Generalité de Guyenne; quoyque pour la Jurisdiction il soit de la Senéchaussée de Tholose, & Ressort de Languedoc. A S. Germain en Laye le 1. Septembre 1550. regist. en la Cour des Aydes de Montpellier le 15. Janvier 1551. *Font. t. 2. p. 820.*

Edit portant pouvoir à tous Sergens à verge du Châtelet de Paris, d'exploiter dans toute l'étenduë de la Prevosté, & Vicomté. A S. Germain en Laye en Septembre 1550. reg. le 9. Juillet 1554. *Ioly t. 2. p. 1583.*

Edit portant création des Offices de Jaugeurs, Marqueurs, & Mesureurs de vin, dans les Villes qui sont sur les Rivieres de Seine, Marne, Yonne, Oyse, & aux environs. A Roüen en Octobre 1550. regist. le 19. Mars de la même année. *Fontanon t. 1. p. 1138.*

Edit portant confirmation des Privileges accordez aux Marchands frequentans les Foires de la ville de Lyon. A Vvateville en Novembre 1550. reg. le 2. Mars de la même année. *Privil. des Foires de Lyon, p. 97.*

Edit portant reglement pour la Gendarmerie. A Blois le 20. Mars 1550. *Fontanon t. 3. p. 150.*

Edit portant création d'un Office de Garde des Seaux de France, pour joüir des mêmes honneurs, prérogatives, &c. que le Chancelier de France; à la charge qu'advenant vacation de l'Office de Chancelier de France, celuy de Garde des Seaux demeurera éteint, & supprimé, & que celuy qui s'en trouvera pourvû, demeurera Chancelier de France. A Amboise en Avril 1551. reg. le 8. May de la mesme année. *Duchesne Hist. des Chanc. de France, p. 613.* 1551.

Declaration en interpretation de l'art. 10. de l'Edit du mois de Juin 1550. portant que toutes les provisions & collations de Benefices, faites en vertu de procurations surannées, sont nulles. A Amboise le 19. Avril 1551. *Neron p. 512.*

Lettres patentes portant amortissement general pour l'Archevêché de Sens, & pour les Evêchez suffragans. A Chinon en May 1551. reg. le 10. Juillet 1553. *Bacquet du droit d'amortissement ch. 43.*

Lettres patentes portant provision de l'Office de Garde des Seaux de France, créé par l'Edit du mois d'Avril precedent, en faveur de Jean Bertrand premier President au Parl. de Paris. A Oyron le 22. May 1551.

HENRY II.

1551.

Declaration portant concession des Privileges du Change de la ville de Lyon, à la Bourse commune des Marchands de celle de Tholose. A Saumur le 27. May 1551. registrée au Parlement de Tholose le 8. Mars de la même année, avant Pâques.

* Edit portant que tous les Contrats de constitution, de vente d'heritage, baux à ferme, &c. seront faits à sols & livres, & non à écus, & autres especes d'or & d'argent. A Angers le 5. Juin 1551. regist. en la Chambre des Monnoyes le 8. Juillet de la même année. *Font. t. 1. p. 747. V. la Declar. du 27. Aoust suivant.*

Declaration portant que les Prevost & Bailly de la ville d'Orleans, jugeront en l'Hôtel de Ville avec les douze Echevins, tous les procez, tant civils, que criminels, concernant les Tailles, emprunts, impositions, & fermes, qui se levent sur les Bourgeois & Habibans de ladite Ville, & de ses Fauxbourgs; à l'exclusion des Elûs, qui connoistront seulement des matieres d'Aydes, qui se levent sur les Forains, & Etrangers de la même Ville. A Châteaubriant le 25. Juin 1551. *Filleau part. 3. tit. 1. ch. 58. p. 67.*

* Edit pour la punition de ceux qui se sont separez de la Foy de l'Eglise Romaine, & se sont absentez du Royaume pour aller à Genéve, & autres lieux de Religion contraire à la Religion Catholique, Apostolique, & Romaine, contenant 46. articles. A Châteaubriant le 27. Juin 1551. regist. le 3. Septembre de la même année. *Fontanon t. 4. p. 252.*

Lettres patentes portant érection de la Baronnie de Montmorency, & des Seigneuries d'Escoüan, Chantilly, Montepilloüer, Champuersy, & autres, en Duché & Pairie, en faveur d'Anne de Montmorency, Connestable, & Grand-Maistre de France, & de ses hoirs & successeurs mâles, sous le Ressort du Parlement de Paris, fors & exceptez les cas Royaux, dont la connoissance appartiendra aux Juges Royaux, qui avoient coûtume d'en connoître: à la charge qu'en défaut d'hoirs mâles, la Pairie demeurera éteinte, & que la Jurisdiction retournera en son premier état; demeurant neanmoins le titre de Duché. A Nantes en Juillet 1551. regist. au Parlement, & en la Chambre des Comptes, le 4. Aoust suivant. *Duchesne hist. de Mont. Preuves p. 285. Cette Pairie a esté éteinte par le decez sans enfans d'Henry II. Duc de Montmorency, & de Damville, Maréchal de France, & a esté de nouveau érigée par Lettres patentes du mois de Mars 1633. en faveur d'Henry de Bourbon, Prince de Condé, & de Charlotte-Marguerite de Montmorency.*

Ducs de Montmorency, Pairs de France.

Anne Duc de Montmorency, Pair, Conneſtable, & Grand-Maiſtre de France, &c. mort le 12. Novembre 1567. des bleſſures qu'il avoit receuës le 10. du même mois, à la bataille de S. Denis.

François Duc de *Montmorency*, Pair, & Maréchal de France, &c. mort ſans enfans le 6. May 1579.

Henry Duc de *Montmorency*, Pair, & Conneſtable de France, Chevalier des Ordres du Roy, &c. deceda le 1. Avril 1614.

Henry Duc de *Montmorency*, & de Damville, Pair, Admiral, & Maréchal de France, Chevalier des Ordres du Roy, &c. deceda ſans enfans le 30. Octobre 1632.

Charlotte-Marguerite Ducheſſe de *Montmorency*, Pair de France, épouſa Henry de Bourbon II. du nom, Prince de Condé; elle mourut le 2. Decembre 1650.

Loüis de Bourbon II. du nom, Prince de Condé, premier Prince du Sang, premier Pair de France, Duc de *Montmorency*,, Châteauroux, &c.

• Edit portant défenſes aux Hôteliers de vendre volailles, ny gibier, gros ou menu, ny aucune autre chair, que du bœuf, veau, mouton, & porc, & que les Bouchers, & autres, ſeront tenus dorénavant de vendre ces chairs au poids. A Nantes le 14. Juillet 1551. regiſt. le 17. Septembre ſuivant. *Font. t. 1. p. 935.*

Declaration portant exemption pour les Marchands frequentans les Foires de Lyon, de l'execution de l'Edit du 5. Juin precedent, & permiſſion de faire, & exercer leur fait de change, preſt, & depoſt en écus de marc. A Fontainebleau le 27. Aouſt 1551. *Fontanon t. 1. p. 747.*

Declaration touchant les francs-fiefs. A Fontainebleau le 2. Septembre 1551. *Fontanon t. 2. p. 438.*

• Edit portant défenſes à toutes perſonnes, Banquiers, & autres, d'envoyer à Rome aucuns Couriers pour y faire tenir or, & argent, pour obtenir des proviſions de Benefices, & autres expeditions. A Fontainebleau le 3. Septembre 1551. regiſt. le 7. du même mois. *Fontanon t. 4. p. 497. & 1246.*

HENRY II.

1551.

• Edit portant reglement general pour les criées, ventes, & adjudications de biens par decret, contenant 16. articles. A Fontainebleau le 3. Sept. 1551. reg. le 23. Novemb. suivant. *Lemaistre. Neron p.465. Corbin p. 747. Font. t. 1. p. 633. V. la Declar. du 16. Septembre 1553.*

• Edit portant qu'il n'y aura Ressort du Parlement de Bretagne à celuy de Paris, pour les matieres qui n'excederont cent cinquante livres de rente, ou trois mille livres à une fois payer. A Fontainebleau en Septembre 1551. regist. au Parlement de Paris le 17. du même mois, & en celuy de Bretagne le 1. Octobre 1552. *Ioly t. 1. p. 572.*

Declaration pour l'execution de l'Edit du 9. Fevrier 1547. portant reglement sur le devoir, & service que toutes personnes, soit Nobles, ou Roturiers sujets au ban & arriere-ban, sont tenus de faire. A Fontainebleau le 20. Septembre 1551. *Fontanon t. 3. p. 64. V. les Declarations des 25. Fevrier 1553. & 23. Ianvier 1554.*

Surannation sur l'Edit du mois de Novembre 1547. portant confirmation des Privileges des Notaires du Châtelet de Paris. A Paris le 2. Octobre 1551. regist. le 3. du même mois *Ioly t. 2. p. 1670.*

• Edit portant établissement des Bureaux, institution de nouveaux Officiers pour les traites foraines, & reduction des noms *de traite, imposition foraine, resve, Domaine forain, & haut passage*, en deux, à sçavoir, *de Domaine forain, & imposition foraine*, contenant 13. articles. A Paris le 14. Novembre 1551. regist. au Parlement le 3. & en la Chambre des Comptes le 20. Decembre suivant. *Fontanon t. 2. p. 485.*

Declaration portant confirmation des Privileges des Marchands frequentans les Foires de Champagne, & de Brie. A Paris en Novembre 1551.

Edit portant que les Grenetiers, & Receveurs des Greniers à sel, rendront compte à la Chambre des Comptes. A Blois le dernier Decembre 1551. reg. en la Chambre des Comptes le 27. Janvier de la même année. *Fontanon t. 2. p. 1041.*

Edit portant création d'un Office de Tresorier general des Finances, en chacun Siege, & Province des 17. Receptes generales établies à Paris, Châlons, Amiens, &c. avec le même pouvoir qu'ont les Tresoriers de France Generaux des Finances anciens, & Reglement pour ce qu'ils doivent faire en l'exercice de leurs charges, contenant 25. articles. A Blois en Janvier 1551. reg. au Parl. le 11. & en la Chambre des Comptes le 27. Fev. suivant. *Fontanon t. 2. p. 58. Fournival p. 183. V. l'Edit du mois d'Aoust 1553.*

Edit portant création de six Offices d'Audianciers, & six d'Offices de Contrôlleurs, pour servir dans la grande Chancellerie, & dans celles des Parlemens de Paris, Tholose, Dijon, Bordeaux, & Roüen, avec attribution des mêmes privileges, & exemptions dont joüissent les Secretaires du Roy; & Reglement pour leurs fonctions, & droits, contenant 10. articles. A Blois en Janvier 1551. reg. au Parlement le 9. Fevrier suivant. *Fontanon t. 1. p. 150. Ioly t. 1. p. 734.*

• Edit portant création de la Chambre des Monnoyes en Cour Souveraine, & Superieure, pour juger en dernier Ressort, & sans appel, de toutes les matieres civiles, & criminelles, dont la connoissance luy est attribuée; création d'un Office de second President en ladite Cour, & de trois Offices de Conseillers generaux; & Reglement pour la fonction, pouvoir, & autorité des Officiers de ladite Cour, contenant 9. articles. A Fontainebleau en Janvier 1551. registré au Parlement le 16. May 1552. *Fontanon t. 2. p. 104. V. les Lettres patentes des 9. & 25. Mars suivant, 20. Avril, & 12. Septembre 1552. & 29. Avril 1556.*

• Edit portant création, & érection des Sieges Presidiaux dans toute l'étenduë du Royaume de France; & Reglement pour leur fonction, pouvoir, competence, & autorité, contenant 9. articles. A Fontainebleau en Janvier 1551. reg. le 15. Fevrier suivant. *Fontanon t. 1. p. 333. Ioly t. 2. p. 952. Neron p. 186. Corbin p. 481. Filleau part. 1. tit. 3. ch. 6. p. 135. V. les trois Edits du mois de Mars suivant, les Declarations des 25. Avril, mois de Iuillet, & Aoust 1552. & Octobre 1554.*

Edit portant que la Monnoye nouvelle fabriquée au lieu dit *les Etuves*, assis au bout du jardin du Palais, sous la conduite de Guillaume de Marillac Valet de Chambre du Roy, aura cours dans tout le Royaume. A Fontainebleau le 29. Janvier 1551. *Fontanon t. 2. p. 141.*

Edit portant création de six Offices de Tresoriers de France, Generaux des Finances. A   en Janvier 1551. *V. les Lettres patentes du 11. Novembre 1555.*

Edit portant création, & érection d'une seconde Chambre en la Cour des Generaux des Aydes à Paris, & Reglement pour la competence, & Jurisdiction de ladite Cour, contenant 13. articles. A Rheims en Mars 1551. reg. au Parlement le 16. May 1552. *Fontanon t. 2. p. 706.*

• Edit portant ampliation de celuy du mois de Janvier precedent,

HENRY II. pour l'établissement des Sieges Presidiaux, contenant 53. articles. A Rheims en Mars 1551. reg. le 6. Avril de la même année. *Ioly t. 2. p. 955. Neron p. 189. Corbin p. 487. Fontanon t. 1. p. 336.*

1551. • Autre Edit portant ampliation de celuy du mois de Janvier 1551. pour l'établissement des Sieges Presidiaux dans la Province de Normandie, contenant 22. articles. A Rheims en Mars 1551. reg. au Parlement de Roüen le 5. Juillet 1552. *Ioly t. 2. p. 963. Filleau part. 1. tit. 3. ch. 7.*

• Autre Edit portant ampliation de celuy du mois de Janvier 1551. pour l'établissement des Sieges Presidiaux dans la Province de Bretagne. A Rheims en Mars 1551. *Ioly t. 2. p. 975.*

• Autre Edit portant création des Sieges Presidiaux dans les villes de Tholose, Carcassonne, Nismes, & Besiers, pour la Province de Languedoc. A Rheims en Mars 1551. *V. l'Edit de création du Presidial de Montpellier du mois d'Octobre 1552.*

Edit en faveur des Marchands Suisses frequentans les Foires de la ville de Lyon. A Rheims en Mars 1551.

• Declaration portant que tous les procez pour raison des Cures des Villes closes, & murées, seront jugez suivant la disposition des saints Decrets, & Concordats. A Rheims le 9. Mars 1551. reg. le 9. Mars 1552. *Fontanon t. 1. p. 614. & t. 4. p. 950. Corbin p. 209.*

Lettres de jussion au Parlement de Paris, pour l'enregistrement & la verification pure & simple de l'Edit du mois de Janvier precedent, touchant la Cour des Monnoyes. A Rheims le 9. Mars 1551. regist. le 12. Avril de la même année, avant Pâques. *Constans Preuves, p. 100.*

• Lettres patentes portant défenses au Parlement de Paris de prendre connoissance des matieres appartenantes à la Cour des Monnoyes. A Joinville le 25. Mars 1551. *Constans Preuves, p. 100.*

1552. Edit portant attribution au Parlement de Paris de la Jurisdiction pour la conservation des privileges de la ville de Montargis. A Joinville le 26. Mars 1551. *Privil. de la ville de Montar. p. 116.*

Seconde jussion au Parlement de Paris, pour verifier purement & simplement l'Edit du mois de Janvier precedent, touchant la Cour des Monnoyes. A Châlons le 20. Avril 1552. reg. le 16. May suivant. *Constans Preuves, p. 101.*

Declaration portant que les Commissaires du Châtelet de Paris, joüiront de tous les droits, privileges, & exemptions, qui leur sont attribuez par les Edits, Declarations, & Lettres patentes des Rois de France, soit pour la taxe des dépens, dommages, & interests, frais,

frais, & loyaux cousts, qu'autrement; nonobstant l'Edit du mois de Janvier 1551. portant création des Presidiaux. A Châlons le 25. Avril 1552. aprés Pâques, reg. le 17. May suivant. *Ioly t. 2. p.* 1504.

Lettres patentes portant érection de la Terre de Joinville en Principauté, en faveur de François de Lorraine, Duc de Guise, Pair de France. A le 9. May 1552.

Edit portant création d'un Office de Juge Magistrat criminel dans chacun Bailliage, Senéchaussée, Prevosté, & Jurisdiction Presidiale du Royaume, en execution des Edits de création des Lieutenans Criminels, du 14. Janvier 1522. & des Presidiaux des mois de Janvier, & Mars 1551. portant que ledit Office de Juge Magistrat Criminel est incompatible avec ceux de Lieutenans Generaux & Particuliers Civils; & Reglement pour ses pouvoir, fonction, autorité, gages, & privileges, contenant 7. articles. A Camp prés deux Ponts en May 1552. reg. le 20. Juin de la même année. *Fontanon t. 1. p.* 359. *Corbin p.* 507. *Ioly t. 2. p.* 1075. *Filleau part. 2. tit. 1. ch. 1. p. 2.*

Edit portant même chose que le precedent, pour le païs & Duché de Bretagne. Au Camp prés deux Ponts en May 1552. reg. au Parlement de Nantes le 4. Octobre 1553. *Ioly t. 2. p.* 1077.

Edit portant translation du Presidial de Montfort-Lamaury en la ville de Mante. Au Camp prés deux Ponts en May 1552. reg. le 1553. *Ioly t. 2. p.* 1449.

Edit portant création d'un second Office de grand Rapporteur, & Correcteur des Lettres des Chancelleries de France. Au Camp de Visembourg en May 1552. *Ioly t. 2. p.* 1456.

Edit portant reglement pour le pouvoir & Jurisdiction de la Cour des Aydes de Montpellier, rétablissement d'un Office de President, & création de deux Offices nouveaux de Generaux Conseillers en ladite Cour, &c. A Sedan en Juin 1552. reg. au grand Conseil le 8. Aoust, & en la Cour des Aydes de Montpellier le 7. Decembre de la même année. *Fontanon t. 2. p.* 742.

Edit portant reglement pour le payement des frais ordinaires de Justice, faits pour la punition des crimes de leze-Majesté divine & humaine. A Sedan le dernier Juin 1552.

Edit portant reglement sur le devoir des Sergens des Aydes & Tailles. A la Fere-sur-Oyse le 22. Juillet 1552.

Edit portant que les Prevost de Paris, Baillifs, & Senéchaux, qui sont en même temps Conservateurs des Privileges accordez, tant aux Universitez, qu'autres personnes, jugeront les causes qui

HENRY II. 1552. concernent lesdites conservations, tant en premiere instance, que dernier Ressort, en la même forme & maniere qu'ils font les causes ordinaires de leurs Sieges & Jurisdictions, même aux cas des Edits de création des Presidiaux, quoy qu'il y soit dit que les conservations ressortiront aux Presidiaux: ce qui n'aura lieu pour les Jugemens des Conservateurs, qui tiennent leurs Offices separez des Baillifs, Senéchaux, & autres Magistrats, dont les appellations seront portez aux Presidiaux, és cas portez par lesdits Edits de leur création, & établissement. A Follembray en Juillet 1552. reg. le 1. Aoust suivant. *Fontanon t. 1. p. 331. Corb. n p. 513. Ioly t. 2. p.* 949.

Edit portant reglement pour la distribution des procez pendans aux Sieges Presidiaux, & empêcher la confusion des Jurisdictions, & des matieres qui sont de la competence desdits Juges, de celles dont les appellations doivent estre portées aux Cours de Parlement, contenant 11. articles. A Follembray en Juillet 1552. reg. le 4. Aoust de la même année. *Fontan. t. 1. p.* 344. *Corbin p.* 515. *Ioly t. 2. p.* 984.

Edit portant translation du Presidial de S. Lo, en la ville de Coûtances. A Follembray en Juillet 1552. reg au Parlement de Roüen le 1552. *Ioly t. 2. p.* 1450.

Edit portant que les Avocats au Presidial, & autres Jurisdictions de la ville d'Angers, exerceront en méme temps les Charges de Procureurs. A Follembray le 8. Aoust 1552. reg. le 19. Janvier de la même année. *Ioly t. 1. p.* 179. *Filleau part. 2. tit. 7. ch. 2. p.* 315.

Declaration portant reglement sur l'Edit des Presidiaux du mois de Janvier 1551. avec augmentation de gages aux Lieutenans Generaux, contenant 7. articles. A Follembray en Aoust 1552. regist. le 11. du même mois. *Fontanon t. 1. p.* 348. *Ioly t. 2. p.* 987. *Corbin p.* 523.

Edit portant incorporation du Presidial de Ploermel à celuy de Vannes. A Villiers-Cotterets en Aoust 1552. *Ioly t. 2. p.* 981.

Edit portant reglement pour le salaire des Greffiers d'appeaux des Sieges Presidiaux. A Villiers-Cotterets le dernier Aoust 1552. reg. le 21. Novembre suivant. *Fontanon t. 1. p.* 478. *Ioly t. 2. p.* 1374.

Declaration sur l'Edit du mois de Mars 1551. portant création, & établissement des Sieges Presidiaux dans la Province de Bretagne. A Villiers-Cotterets en Aoust 1552.

Edit portant augmentation de pouvoir, & autorité aux Tresoriers & Generaux des Finances, contenant 30. articles. A Villiers-Cotterets le 5. Septembre 1552. registré au Parlement le 21. Novembre, & en la Chambre des Comptes le premier Fevrier de la même année. *Fontanon t. 2. p. 63. Fournival p. 193.*

Declaration sur l'Edit du 5. Fevrier 1549. en ce qui concerne la connoissance du fait des chasses, qu'il attribuë aux Prevosts des Maréchaux. A Villiers-Cotterests 5. Septembre 1552. *Fontanon t. 2. p. 397. Ioly t. 2. p.* 1149.

Lettres patentes portant jussion au Parlement de Bretagne, de verifier l'Edit du mois de Janvier 1551. fait pour la Jurisdiction de la Cour des Monnoyes. A Villiers-Cotterests le 12. Septembre 1552. *Constans Preuves p.* 102.

• Edit portant attribution de Jurisdiction au grand Conseil, pour tous les procez concernans les Archevêchez, Evêchez, Abbayes, & autres Benefices, qui sont à la nomination, collation, ou presentation du Roy; à l'exception de ceux qui sont conferez en Regale: ensemble les Maladeries, Hôpitaux, excez commis dans les Benefices, Decimes, Peages, & Impositions, prétendus par les Seigneurs & Barons, sur les Marchandises qui passent par eau, ou par terre; contrarietez, & nullitez des Arrests des Cours Souveraines, ou Jugemens rendus en dernier ressort, leurs circonstances & dépendances. A Villiers-Cotterests en Septembre 1552. reg. au grand Conseil le 3. Octobre suivant. *Fontanon t. 1. p.* 130. *Ioly t. 1. p.* 653. *V. l'Edit du mois d'Octobre suivant.*

Edit portant confirmation par provision de l'exemption accordée aux Marchands frequentans les Foires de Lyon, de tous droits du domaine forain, haut passage, &c. A Rheims le 12. Octobre 1552. *Fontanon t. 1. p.* 1069. *Recueil des Priv. des Foires de Lyon. p.* 104.

• Edit portant création & établissement d'un Office de Receveur general des amendes, tant du Parlement de Paris, que des Sieges Presidiaux de son Ressort, contenant 5. articles. A Rheims en Octobre 1552. reg. le 21. Novembre de la même année. *Fontanon t. 2. p. 346. Ioly addit. t. 1. p. 152. Corbin p.* 527.

Declaration en faveur du Cardinal de Chastillon, Evêque & Comte de Beauvais, Pair de France portant que les appellations de la Pairie de Beauvais ressortiront au Parlement de Paris, comme avant l'Edit des Presidiaux du mois de Janvier 1551. A Rheims le 26. Octobre 1552. reg. le 23. Decembre de la même année. *Ioly t. 2. p.* 1438.

Edit portant création du Siege Presidial en la ville de Montpel-

HENRY II. lier, & Reglement pour sa Jurisdiction. A Rheims en Octobre 1552. reg. au Parlement de Tholose le de la même année. *Ioly t. 2. p. 1452.*

1552. Edit portant confirmation de l'Edit de création d'un Presidial en la ville de Nismes du mois de Mars 1552. & création de nouveaux Officiers, outre ceux qui estoient créez. A Rheims en Octobre 1552. *Ioly t. 2. p. 1453.*

Edit portant revocation de celuy du mois de Septembre precedent, en ce qu'il porte attribution au grand Conseil de la connoissance des Decimes, & solde de cinquante mille hommes. A Rheims en Octobre 1552. regist. en la Cour des Aydes le 18. Novembre suivant. *Font. t. 2. p. 709.*

Edit pour la conservation de la Jurisdiction de la Cour des Aydes de Paris, suivant celuy du mois de Mars 1551. nonobstant ceux par lesquels on a créé de nouveaux Offices des Cours des Aydes de Roüen, & de Montpellier. A Rheims le 29. Octobre 1552. reg. le 18. Novembre suivant. *Font. t. 2. p. 710.*

Edit portant création des Offices de Payeurs des Compagnies d'Ordonnance, & Reglement pour leurs gages, privileges, & exemptions, contenant 7. articles. A Rheims en Octobre 1552. reg. au Parlement le 21. en la Chambre des Comptes le 27. & en la Cour des Aydes le 29. du même mois. *Fontanon t. 2. p. 840. Pinson p. 397.*

Edit portant création des Offices de Receveurs, Contrôlleurs, Gardes, Visiteurs, & autres, pour la recepte, contrôlle, & administration des deniers du quart & demy du sel. A Rheims en Octobre 1552. reg. en la Chambre des Comptes le 24. & en la Cour des Aydes le 29. du même mois. *Fontanon t. 2. p. 1042.*

Declaration en consequence des Edits de creation des Presidiaux pour la qualité des Juges Mages, Lieutenans, Clercs principaux, & Lieutenans particuliers, autrement Commissaires à l'université des causes, & des Lieutenans generaux & particuliers; portant reglement pour leurs fonctions dans la Province de Languedoc. A Châlons en Novembre 1552. reg. au Parlement de Tholose le de la même année. *Ioly t. 2. p. 1455.*

Edit portant création de 20. Offices de Capitaines du Charroy de l'Artillerie, & Reglement pour leurs fonctions, contenant 12. articles. A Compiegne en Decembre 1552. regist. en la Chambre des Comptes le 11. Janvier de la même année. *Fontanon t. 3. p. 172.*

Edit portant création d'un Office de Conseiller, & Garde des Seaux de la Chancellerie du Parlement de Bourgogne. A en Decembre 1552. 1552.

Edit portant que tous ceux qui ont des cens, rentes foncieres, & non rachetables, sur les maisons, & places, tant de la Ville, que des Fauxbourgs de Paris, en donneront leur declaration dans quinzaine, pardevant le Prevost des Marchands. A Paris le 18. Janvier 1552. *Fontanon t. 1. p.* 795.

Edit portant défenses aux Notaires de passer aucuns Contrats excedans dix livres tournois de rente, juques à ce que le Roy ait recouvré 490000 liv. de rente. A Paris le 19. Janvier 1552. *Fontanon t. 1. p.* 796.

Edit portant que les doubles neufs, & tournois, tant de la petite croix, que ceux autour desquels est écrit *Henricus*, n'auront plus cours. A Paris le 22. Janvier 1552. reg. en la Cour des Monnoyes le 27. du même mois. *Fontanon t. 2. p.* 142.

Edit portant augmentation de pouvoir aux Eluûs, contenant 10. articles. A Paris en Fevrier 1552. reg. au Parlement le 22. du même mois, & en la Chambre des Comptes le 4. Mars suivant *Fontanon t. 3. p.* 104.

Edit touchant la Gendarmerie. A S. Germain en Laye le 20. Fevrier 1552.

Edit portant reglement pour les reparations, & fortifications de la ville de Paris, contenant 8. articles. A S.Germain en Laye le 27. Fevrier 1552.

1553. Edit portant exemption definitive en faveur des Marchands frequentans les Foires de Lyon, du droit de foraine, de resve, Domaine forain. &c. A S. Germain en Laye le 7. Avril 1553. reg. le 24. des mêmes mois & an. *Fontanon t. 1. p.* 1072. *Privil. des Foires de Lyon, p.* 116.

Declaration portant confirmation de l'Edit du 24. Juin 1549. concernant les droits accordez par le Roy au Pape dans le païs & Duché de Bretagne. A S. Germain en Laye le 18. Avril 1553. reg. au Parlement de Nantes le 4. Janvier de la même année. *Fontanon t. 4. p.* 378.

Declaration portant défenses à toutes personnes Marchands, & autres, de faire saisir, & arrester les gages des Officiers de la Maison du Roy, ny des Gendarmes de ses Ordonnances, excepté pour les dettes qui concernent leurs nourritures, chevaux, & harnois. A S. Germain en Laye le 2. Avril 1553. reg. le 4. May suivant. *Font. t. 2. p.* 1148.

HENRY II. 1553.

Edit portant pouvoir aux Conseillers du Tresor de passer outre à l'instruction & jugement définitif des procez, nonobstant l'appel, hormis l'execution qui sera suspenduë par l'appel ; à moins que par les Ordonnances la Sentence ne fust executoire, & que les appellans seront tenus de relever leur appel dans le temps de six semaines. A S. Germain en Laye le 9. May 1553. reg. le 18. du même mois. *Bacquet de la Iurisd. du Tres. p. 91. Fontanon t. 4. p. 1459.*

Declaration portant que les Lieutenans Criminels, créez par celuy du 14. Janvier 1522. connoîtront privativement à tous autres, des Lettres de remission, & pardon, des appellations en matiere criminelle interjettées des Jugemens rendus par les Juges subalternes ; des procez criminels où les parties sont receuës en procez ordinaires : & Reglement pour les cas dans lesquels ils sont obligez d'appeller au Jugement, ou distribuer des procez aux Conseillers. A S. Germain en Laye en May 1553. *Ioly t. 2. p. 1080. Filleau part 2. tit. 1. ch. 3. p. 5. V. la Declaration du 14. Aoust suivant.*

* Edit portant que tous cens, & rentes foncieres, & autres droits seigneuriaux, constituez sur les maisons, places vuides, jardins, & marais, seront rachetables au denier vingt, qui est dix sols pour dix livres, vingt sols pour vingt livres, de plus, plus, & de moins, moins : à moins que par convention expresse elles ne fussent rachetables à plus haut prix ; & le cens & rentes de douze deniers demeurera, si de moindre somme n'estoit la charge ; lesquels deniers provenans du rachat desdites rentes, seront mis entre les mains des Receveurs des deniers communs des Villes, pour ensuite estre remis en celles des Receveurs Generaux des Finances, & estre convertis en rentes sur le Roy, &c. contenant 8. articles. A S. Germain en Laye en May 1553. reg. le 18. du même mois. *Fontanon t. 1. p. 797. V. les Declarations des 7. Novembre, 7. Ianvier, & dernier Fevrier 1553.*

* Edit portant défenses aux Conseillers de la Cour des Aydes, & des autres Cours Souveraines, & leurs Greffiers, de délivrer aucuns Arrests, Congez, &c. s'ils ne sont en forme executoire, & séellez, &c. A S. Germain en Laye en May 1553. *Ioly t. 1. p. 786. V. la Declaration du 8. Aoust 1555.*

Edit portant création de deux Offices de Notaires, & Secretaires de la Cour de Parlement de Tholose, aux mêmes honneurs, prérogatives, &c. que les quatre Notaires, & Secretaires de la Cour de Parlement de Paris. A S. Germain en Laye en May 1553. *V. la Declaration du 12. Octobre suivant.*

HENRY II. 1553.

• Edit portant reglement pour l'insinuation de tous Contrats de vente, échange, donation, &c. excedans cinquante liv. une fois payer, création des Offices de Greffiers des Insinuations, & Reglement pour leurs devoirs & fonctions, contenant 19. articles. A S. Germain en Laye en May 1553. reg. au Parlement de Paris le 4. du même mois, & en celuy de Bretagne le 4. Octobre suivant *Joly t. 2. p. 1399. Corbin p. 211. Fontanon t. 1. p. 496. & 753. V. la Declar. du mois de Fevrier suivant.*

Declaration portant que la connoissance des procez pour raison des taxes, & cottisations des fiefs, & arriere-fiefs, sujets au ban & arriere-ban, appartiendra à la Cour des Aydes. A S. Germain en Laye le 20. May 1553. reg. le dernier du même mois. *Fontanon t. 2. p. 710.*

Edit portant confirmation de l'exemption du ban, & arriere-ban, accordée aux Bourgeois de la ville de Paris. A S. Germain en Laye en Juin 1553. reg. au Parlement le 18. Juillet, en la Chambre des Comptes le 12. & en la Cour les Aydes le 19. Aoust de la même année. *Font. t. 2. p. 1181. Corbin t. 2. p. 96.*

Edit portant exemption de tous peages, travers, &c. en faveur des Marchands qui meneront des vivres au Camp, & à la suite de l'Armée du Roy. A S. Germain en Laye le 20. Juin 1553. *Fontanon t. 3. p. 180.*

Edit portant reglement sur le devoir & service de ceux qui sont sujets au ban & arriere-ban, contenant 4. articles. A S. Germain en Laye le 21. Juin 1553. *Fontanon t. 3. p. 75.*

Edit portant création des Offices de Receveurs des deniers de la creuë des gages, & solde de la Gendarmerie. A Compiegne en Juillet 1553. reg. en la Chambre des Comptes le 19. Juin precedent. *Font. t. 2. p. 886.*

Edit portant établissement d'une Monnoye en la maison des Etuves, au bout du jardin du Palais Royal à Paris, & création des Offices de Maître particulier, Contrôlleur, &c. & Reglement pour la qualité des especes qui y seront fabriquées, &c. contenant 10. articles. A Compiegne en Juillet 1553. reg. au Parlement le 31. Aoust, en la Chambre des Comptes le 9. Decembre, en la Cour des Aydes le 12. & en celle des Monnoyes le 23. Janvier de la même année. *Fontanon t. 2. p. 144.*

• Edit portant création d'un Huissier Audiancier en chacun Siege Presidial du Royaume. A Compiegne en Juillet 1553. registré le 24. des mêmes mois & an. *Fontanon t. 1. p. 502.*

HENRY II. 1553. Edit portant défenses aux Generaux de la Justice des Aydes, de s'attribuer la qualité de Cour, & Juges des Finances. A Compiegne le 1. Aoust 1553. reg. en la Chambre des Comptes le 15. Janvier audit an. *Fontanon t. 2. p.* 711.

Edit portant création de 17. Offices de Receveurs Generaux des Finances, outre les 17. établis, & créez par l'Edit du mois de Janvier 1551. pour servir alternativement aux mêmes droits, privileges, &c. lesquels rendront leurs comptes pendant qu'ils ne seront point en exercice. A Offemont en Aoust 1553. reg. en la Chambre des Comptes le 14. du même mois. *Fontanon t. 2. p.* 827. *Fournival p.* 209.

Edit portant création de quatre Offices de Maîtres des Requêtes ordinaires de l'Hôtel du Roy, & Reglement pour l'exercice, & fonction de leurs charges, contenant 18. articles. A Compiegne en Aoust 1553. regist. le 7. Septembre de la même année. *Ioly t. 1. p.* 668.

Declaration portant reglement pour les appellations qui sont interjettées des Jugemens rendus en matiere criminelle, par les Lieutenans des Bailliages particuliers, & subalternes, &c. A Compiegne le 14. Aoust 1553. *Ioly t. 2. p.* 1081.

Declaration portant exemption du ban, & arriere-ban, en faveur des Officiers de la Chambre des Comptes de Dauphiné, & du Tresorier general de France à Grenoble. A S. Germain en Laye le 7. Septembre 1553. reg. au Parlement de Grenoble le 4. Juin 1554. *Fournival p.* 689.

Declaration sur l'Edit du 3. Septembre 1551. portant qu'il est general, même pour les criées qui estoient commencées avant qu'il eust esté publié. Au Camp prés Valenciennes le 16. Septembre 1553. reg. le 22. Decembre de la même année. *Fontanon t. 1. p.* 636.

Edit portant reglement pour les procez qui seront mûs entre les Fermiers, & Taverniers vendans vin à pot, & assiette, à cause du huitiéme. A S. Germain en Laye en Septembre 1553. regist. en la Cour des Aydes le 21. Octobre suivant. *Fontanon t. 2. p.* 917.

Edit portant que par maniere de provision des Livres écrits, ou imprimez, reliez, & non reliez, sont exempts des droits de traite foraine, &c. dans la ville de Lyon. A S. Germain en Laye le 23. Septembre 1553. reg. au Parlement le 24. Octobre, & en la Cour des Aydes le 9. Decembre de la même année. *Corbin t. 1. p.* 778.

Edit portant création des Offices de Receveurs alternatifs en la Recepte des Aydes, Tailles, & équivalans, avec semblables honneurs,

neurs, privileges, &c. que les anciens. A Villiers-Cotterets en Octobre 1553. reg. en la Chambre des Comptes le 8. & en la Cour des Aydes le 15. Novembre suivant. *Fontanon t.* 2. *p.* 858.

HENRY II. 1553.

Declaration portant reglement pour les droits, privileges, &c. des deux Notaires, & Secretaires de la Cour de Parlement de Tholose, créez par l'Edit du mois de May precedent, contenant 14. articles. A Villiers-Cotterets le 12. Octobre 1553. reg. au Parlem. de Tholose le 15. Fevrier de la même année. *Ioly t.* 1. *p.* 129.

Declaration portant confirmation de l'Edit du 24. Juin 1549. pour les droits du Pape sur les Benefices de la Province de Bretagne. A Villiers-Cotterets le 29. Octobre 1553. reg. au Parlement de Bretagne le 4. Janvier de la même année. *Fontanon t.* 2. *p.* 377.

Declaration portant prolongation du temps accordé par l'Edit du mois de May precedent, pour le rachapt des rentes foncieres dües sur les maisons des Villes & Fauxbourgs du Royaume. A Villiers-Cotterets le 7. Novembre 1553.

Edit portant création d'un Office de Procureur du Roy dans chacune Prevosté, ressortissant nuëment pardevant les Baillifs, Senéchaux, ou leurs Lieutenans, & où il y a Siege Presidial, & Reglement pour leurs fonctions. A Villiers-Cotterets en Novembre 1553. reg. le 20. du même mois. *Fontanon t.* 1. *p.* 432. *Filleau part.* 2. *tit.* 6. *ch.* 8.

Edit portant reglement pour les Notaires de la ville de Sens, en explication de celuy du mois de Novembre 1542. & de la Declaration du mois de Juillet 1543. A Fontainebleau le 4. Decembre 1553. reg. le 14. du même mois. *Fontanon t.* 4. *p.* 657. *Ioly t.* 2. *p.* 1739.

Edit pour l'execution de celuy du mois d'Octobre 1550. portant création des Offices de Jaugeurs, Marqueurs, &c. de vins, &c. A Fontainebleau le 10. Decembre 1553. *Fontanon t.* 1. *p.* 1138.

Edit portant création de plusieurs Offices pour la Gendarmerie. A Fontainebleau en Decembre 1553. *Fontanon t.* 2. *p.* 843. *Pinson p.* 405.

Declaration portant attribution de Jurisdiction aux Lieutenans Criminels des Sieges Presidiaux, pour la connoissance des lettres de grace, & de remission, privativement aux Lieutenans des Sieges particuliers. A Fontainebleau le 11. Decembre 1553. *Ioly t.* 2. *p.* 1082. *Filleau part.* 2. *tit.* 1. *ch. p.* 7.

Declaration portant reglement pour la solde, & gages des Ban-

HENRY II. des des Chevaux legers : la maniere de dresser les Rôlles pour la montre desdites Bandes : & défenses aux Capitaines de débaucher, & soustraire les Soldats les uns aux autres, contenant 11. articles.

1553. A Fontainebleau le 12. Decembre 1553. regist. en la Chambre des Comptes le 12. Janvier de la mesme année. *Fontanon t. 3. p.* 144.

Declaration en execution des Edits, & Declarations des mois d'Aoust 1527. Octobre 1550. & present mois de Decembre, par laquelle il est ordonné que tous les vins, brûvages, & liqueurs, qui seront vendus dans les Villes qui sont sur les Rivieres de Seine, Yonne, Marne, Oyse, & autres y descendans, seront jaugez, & mesurez, soit que la vente se fasse dans les marchez, ou lieux publics, ou dans les maisons particulieres. A Fontainebleau le 20. Decembre 1553. *Fontanon t. 1. p.* 1139.

Edit portant suppression, & abolition du droit de quart, & demy, sur le sel, dans les Provinces de Poitou, Xaintonge, &c. & des Officiers, contenant 13. articles. A Fontainebleau en Decembre 1553. registré au Parlement le 8. Janvier de la même année. *Fontanon t. 2. p.* 1045.

Edit portant reglement sur les baux, tiercement, & doublement des Fermes des Aydes. A Fontainebleau le 20. Decembre 1553. regist. en la Cour des Aydes le 20. May 1554. *Fontanon t. 2. p.* 917.

Edit qui contient l'état, & gages des Bandes de gens de pied, & Reglement pour leur montre, payement, & discipline. A Fontainebleau le 23. Decembre 1553. reg. la Chambre des Comptes le 12. Janvier audit an. *Fontanon t. 3. p.* 152.

Declaration portant défenses aux Generaux de la Justice des Aydes, de s'attribuer le titre & qualité de Cour, & Juges des Finances. A Fontainebleau le penultiéme Decembre 1553. reg. le 15. Janvier de la même année. *Font. t. 2. p.* 712.

Edit portant reglement pour les privileges, franchises, & exemptions des Tresoriers Payeurs des gens de guerre d'Ordonnances, créez par celuy du mois d'Octobre 1542. A Fontainebleau en Janvier 1553. regist. au Parlement le 12. en la Chambre des Comptes le 19. Fevrier, & en la Cour des Aydes le 7. Mars de la même année. *Fontanon t. 2. p.* 1164. *Pinson p.* 402.

Edit portant création des Offices des Lieutenans Criminels au Pays & Duché de Bretagne. A Fontainebleau le 6. Janvier 1553. *Joly t. 2. p.* 1079. *Filleau part. 2. tit. 1. ch. 2. p.* 4.

Declaration portant que les rentes en grain ne sont pas comprises dans l'Edit du mois de May precedent. A Fontainebleau le 7. Janvier 1553. *Font. t. 1. p.* 800.

Edit portant défenses à toutes personnes de faire l'Office de Banquier. A Paris le 1. Fevrier 1553.

Edit portant évocation, & renvoy aux Sieges Presidiaux, de toutes les causes, & procez de leur competence, qui sont pendantes aux Parlemens. A Paris le 3. Fevrier 1553. reg. le 21. Mars suivant. *Font. t. 1. p.* 350. *Ioly t. 2. p.* 989. *V. la Declar. du 7. Mars suivant.*

Declaration pour les privileges des Medecins de l'Université de la ville d'Orleans. A Paris le 9. Fevrier 1553. *Lemaire des Antiq. de l'Vniv. d'Orl. p.* 103.

Declaration portant ampliation de l'Edit de création des Greffiers des Insinuations, du mois de May de la presente année, contenant 16. articles. A Paris en Fevrier 1553. *Ioly t. 2. p.* 1402.

Edit portant permission aux Maîtres des Métiers de la ville de Paris, d'avoir un second Apprentif, pourvû qu'ils le prennent du nombre des pauvres enfans qui sont nourris dans l'Hôpital de la Trinité. A Paris le 12. Fevrier 1553. reg. le 1. Mars suivant. *Fontanon t. 1. p.* 890. & *t. 4. p.* 674.

Edit portant reglement pour l'employ du revenu des Hôpitaux. A Paris le 12. Fevrier 1553. reg. le 1. Mars de la même année. *Fontanon t. 4. p.* 579.

Edit portant confirmation de la Jurisdiction de la Cour des Aydes de Montpellier, & qu'elle connoîtra de tous procez & differends pour raison des Aydes, Tailles, Subsides, Imposts, Gabelles, Subventions, Fermes, & Receptes du Roy. A Paris le 12. Fevrier 1553. reg. en la Cour des Aydes de Montpellier le 19. Avril 1554. *Fontanon t. 2. p.* 746.

Edit portant attribution de Jurisdiction à la Cour des Aydes de Montpellier, pour la connoissance des decimes, & dons gratuits. A Paris le 12. Fevrier 1553. reg. en la Cour les Aydes de Montpellier le 19. Avril 1554. *Fontanon t. 2. p.* 746.

Edit pour le ban, & arriere-ban, contenant 25. articles. A Fontainebleau le 25. Fevrier 1553. *Fontanon t. 3. p.* 69. *V. la Declar. du 23. Ianvier* 1554.

Edit en consequence de celuy du mois de May precedent, pour le rachat des rentes constituées, portant qu'elles sont rachetables à perpetuité. A Fontainebleau le dernier Fevrier 1553. reg. le 12. Mars suivant. *Font. t. 1. p.* 799.

Edit portant reglement pour les Insinuations Ecclesiastiques, &

HENRY II. création des Offices de Greffiers desdites Insinuations, contenant 17. articles. A Fontainebleau en Mars 1553. reg. le 21. du même mois. *Fontanon t. 4. p. 510. Ioly t. 2. p. 1408.*

1553. Edit portant création, & érection d'un Parlement, & Siege ordinaire de Justice Souveraine dans la Province de Bretagne; suppression du Parlement, autrement appellé *Grands-Iours*; création, & établissement d'une Chancellerie, & des Officiers dont elle doit estre composée, &c. A Fontainebleau en Mars 1553. reg. au Parlement de Paris le 4. May 1554. *Fontanon t. 1. p. 107. Ioly t. 1. p. 558.*

Declaration sur l'Edit du 3. Fevrier precedent, touchant la competence des Juges Presidiaux. A Fontainebleau le 7. Mars 1553. reg. le 21. du même mois. *Fontanon t. 1. p. 351.*

1554. Declaration portant reglement sur les Registres des Greffiers des Insinuations. A Paris le 16. Avril 1554. aprés Pâques, reg. le 30. du même mois. *Fontanon t. 1. p. 498. Ioly t. 2. p. 1404. Corbin p. 219.*

Edit portant reglement pour les Manufactures des draps d'or, & de soye, qui se font dans la ville de Lyon. A Paris en Avril 1554. reg. le 4. Decembre suivant. *Fontanon t. 1. p. 1042.*

Edit touchant le Domaine de Bretagne. A Chantilly le 7. May 1554.

Edit portant reglement pour l'élection des Prevosts des Marchands, & Echevins de la ville de Paris. A Compiegne en May 1554. reg. le 20. Aoust de la même année. *Recueil des Ord. de la Ville, p. 319.*

Edit pour la decoration, & l'embellissement de la ville de Paris, portant que les saillies des maisons, & ce qui est hors d'alignement, sera démoly: & particulierement les Loges, Boutiques, & Echoppes, construits le long de la ruë de la Ferronnerie. A Compiegne le 14. May 1554. reg. le 12. Juin suivant. *Font. t. 1. p. 843.*

Declaration en consequence de l'Edit du mois de May 1553. portant que les Greffiers des Insinuations recevront, & expedieront toutes les Insinuations qui seront faites des donations, soit simples, par contrat de mariages, ou autrement. A Compiegne en May 1554. reg. le 25. Juin suivant. *Fontanon t. 1. p. 499. Ioly t. 2. p. 1404.*

Declaration portant que les rentes perpetuelles, creées par contrats d'emphyteoses, quelques clauses expresses qui y soient apposées, sont comprises dans l'Edit du mois de May 1553. touchant le rachat des rentes. A Offemont le 27. May 1554. reg. le 18. Juin de la même année. *Fontanon t. 1. p. 800.*

Edit portant reglement pour l'administration de l'Hôpital de la Trinité de la ville de Paris, l'instruction, & éducation des pauvres enfans qui y sont élevez, &c. A Laon en Juin 1554. registré au Parlement le 15. Novembre de la même année. *Font. t. 4. p. 675. Bouchel en sa Bibliot. t. 2. p. 317.* HENRY II. 1554.

Declaration en interpretation de l'Edit fait à Cremieu au mois de Juin 1536. portant que les Prevosts en premiere instance, connoîtront des matieres réelles, &c. A Laon le 17. Juin 1554. reg. le 15. Novembre de la même année. *Font. t. 1. p. 191. Ioly t. 2. p. 857. Corbin p. 702. Neron p. 8. Filleau part. 2. tit. 5 ch 7. p. 171.*

Declaration portant que les Arrests du Parlement de Bretagne, pour estre executez, seront séellez à la Chancellerie dudit Parlement. Au Marchais le 25. Juin 1554. *Ioly t. 1. p. 571.*

Declaration portant que les baux des Fermes du Domaine muable de la Prevosté de Paris, seront faits en l'Auditoire du Tresor au Palais à Paris. Au Marchais le 26. Juin 1554. *Bacquet de la Iurisd. du Tresor, p. 92.*

Edit portant que les Receveurs des Tailles, établis en chacune Election, feront le recouvrement de tous les deniers extraordinaires, qui seront imposez par forme de Taille, sans que les Elûs y puissent commettre aucune personne. Au Marchais en Juin 1554. regist. en la Chambre des Comptes le 8. Aoust suivant. *Fontanon. t. 2. p. 859.*

Declaration portant que les Conseillers du Parlement de Bretagne, ne pourront tenir d'autres Offices Royaux. Au Camp d'Oigny le 17. Juillet 1554. *Fontanon t. 1. p. 112. Ioly t. 1. p. 563.*

Edit en faveur de l'Evêque de S. Brieuc, portant que les appellations de ses Officiers ressortiront directement au Parlement de Bretagne. A Compiegne en Aoust 1554. reg. au Parlement de Bretagne le 16. Octobre de la même année. *Ioly t. 1. p. 569.*

Edit portant établissement d'une Chambre des Vacations au Parlement de Bourgogne. A Compiegne le 8. Aoust 1554.

Edit portant érection de trois Offices de Notaires Royaux dans la ville de S. Malo. A Compiegne en Aoust 1554. *Ioly t. 2. p. 1742.*

Edit portant défenses à tous Archevêques, Evêques, & autres Beneficiers qui sont étrangers, de commettre dans leurs Benefices aucuns Vicaires qui ne soient François naturels. A Villiers-Cotterets en Septembre 1554. reg. le 8. Octobre de la même année. *Fontanon t. 4. p. 190.*

HENRY II. 1554.

Edit portant que tous les Officiers Comptables, tant de la Maison du Roy, qu'autres, seront alternatifs, exceptez ceux qui sont specifiez: création de pareil nombre d'Offices comptables, sous tels noms, qualitez, & titres que sont les anciens; & Reglement pour leurs fonctions, & droits, contenant 9. articles. A Paris en Octobre 1554. reg. au Parlement le 13. & en la Chambre des Comptes le 28. Novembre suivant. *Fontanon t. 2. p.* 1137.

Declaration portant reglement pour la forme, & la maniere dont les parties doivent restraindre leurs demandes aux cas de l'Edit des Presidiaux, & l'effet de cette restriction. A Chantilly en Octobre 1554. *Fontanon t. 1. p.* 352. *Ioly t. 2. p.* 982.

Edit portant création d'un Tresorier de l'Epargne, pour estre alternatif avec celuy qui est créé, comme les autres Offices, conformément à celuy du present mois d'Octobre; union de l'Office de Contrôlleur general de l'Epargne, avec l'Office de Garde des Rôlles, & Greffier des Parties Casuelles, & Reglement pour ses fonctions, contenant 23. articles. A Paris en Octobre 1554. regist. en la Chambre des Comptes le 29. du même mois. *Fontanon t. 2. p.* 71. *Fournival p.* 219.

Edit portant reglement pour les differends d'entre les Payeurs de la Gendarmerie, & les Marchands qui fournissent les sayes, hocquetons, & autres marchandises aux hommes d'armes, & Archers d'icelle. A Paris le 18. Octobre 1554. *Fontanon t. 2. p.* 845.

Declaration touchant l'établissement dans l'Evêché de S. Malo, des Greffes des Insinuations Ecclesiastiques, créez par Edit du mois de Mars 1553. A Paris le 27. Octobre 1554. regist. au Parlement de Bretagne le 28. Mars de la même année. *Ioly t. 2. p.* 1410.

Edit portant création de 20. Offices de Conseillers-Notaires, & Secretaires du Roy, Maison, & Couronne de France, & de ses Finances; & attribution des mêmes privileges, & droits dont joüissent les anciens. A Paris en Novembre 1554. reg. au Parlement le 10. & en la Chambre des Comptes le 22. Decembre suivant. *Fontanon t. 1. p.* 140. *Ioly t. 1. p.* 697.

Edit portant création, & établissement d'un Siege de Grand-Maistre, & general Reformateur des Eaux & Forests, dans chacune des villes de Nantes, Rennes, & Quimpercorentin, outre celuy qui est étably dans la ville de Vennes: & des Offices de Lieutenant dudit Grand-Maître, de Procureur du Roy, & de Greffier, &c. en chacun desdits Sieges; & Reglement pour leurs fonctions, Jurisdiction, autorité, &c. A Paris en Novembre 1554. registré au Parlement de Bretagne le 5. Janvier suivant. *Fontanon t. 2. p.* 298.

1554.

Edit portant suppression des Offices de Prevosts des Maréchaux Provinciaux, leurs Lieutenans, Greffiers, & Archers; Reglement pour les pouvoir, & fonction des Lieutenans Criminels établis dans les lieux, où il y a des Sieges Presidiaux, des autres Lieutenans Particuliers, des Sieges Royaux particuliers non Presidiaux, & des Prevosts des Connestable, & Maréchaux de France, reservez par le present Edit, &c. contenant 82. articles. A Paris en Novembre 1554. reg. le 15. Fevrier de la même année. *Font t. 1. p.* 418. *Ioly t. 2. p.* 1063. *Montarlot p.* 245. *Filleau part. 2. tit. 1. ch.* 17 *p.* 17. *V. l'Edit du mois de Septembre* 1555.

Edit portant que les proprietaires Saliniers de la Province de Languedoc, feront le serment pardevant le General des Finances dudit païs, pour avoir leur provision de sel. A S. Germain en Laye le 3. Janvier 1554. regist. en la Cour des Aydes de Montpellier le 1. Fevrier suivant. *Font. t. 2. p.* 795.

Declaration sur l'Edit du 25. Fevrier 1553. touchant le ban, & arriere-ban. A S. Germain en Laye le 23. Janvier 1554. *Font. t. 3. p.* 73.

Edit portant reglement sur le droit, & impost du trépas de Loire, & la forme de le lever. A Paris le 7. Fevrier 1554. *Fontanon t. 2. p.* 541. *Corbin p.* 285.

Edit portant reglement general pour les Eaux & Forests, & création de plusieurs Officiers, contenant 34. articles. A Paris en Fevrier 1554. reg. au Parlement le 15. du même mois. *Fontanon t. 2. p.* 291. *V. l'Edit du 25. Fevrier* 1555.

Edit portant création d'un Office de Contrôlleur en chacune Recepte generale des Finances; & Reglement pour l'exercice de leurs charges, contenant 14. articles. A Fontainebleau en Fevrier 1554. reg. le 6. Avril de la même année, avant Pâques. *Fontanon t. 2. p.* 831. *Fournival p.* 230.

Edit portant évocation, & renvoy en la Cour des Generaux des Monnoyes, de toutes les causes qui sont de sa Jurisdiction, & competence, en quelqu'état qu'elles soient pendantes és Cours de Parlement, grand Conseil, & autres Jurisdictions du Royaume A Fontainebleau le 3. Mars 1554. reg. en la Cour des Monnoyes le 30. du même mois, & en la Chambre des Comptes le 9. Avril de la même année, avant Pâques. *Font. t. 2. p.* 106. *Constans Preuves, p.* 109.

HENRY II. 1554. Edit portant reglement general pour les Monnoyes, & pour les fonctions des Officiers d'icelles, contenant 60. articles. A Fontainebleau le 3. Mars 1554. reg. en la Cour des Monnoyes le 8. Avril audit an, avant Pâques. *Font. t. 2. p.* 148.

Edit portant création d'un Office de Lieutenant de Robe courte, & de quatre Offices d'Archers Sergens en chacun Siege particulier Royal des Baillifs, Senéchaux, Prevosts, ou Juges, outre les Lieutenans de Robe longue, qui exercent le Civil, & le Criminel conjointement, ou separément; & Reglement pour leurs fonctions & droits. A Fontainebleau en Mars 1554. reg. au Parlement le 10. & en la Chambre des Comptes le 19. Juin de l'année suivante. *Font. t. 1. p.* 429. *Joly t. 2. p.* 1096. *Filleau part. 2. tit.* 1. *ch.* 18. *p.* 26.

Declaration portant que la connoissance des amendes du Châtelet, & autres Jurisdictions, appartiendra au Tresor. A Compiegne le 22. Mars 1554. *Bacquet de la Jurisd. du Tres. p.* 94.

Edit portant que la nomination des Officiers des Admirautez, appartient au Roy seul: création de quatre Offices de Conseillers au Siege general de la Table de Marbre de Roüen: d'un Office de Lieutenant Particulier au Siege Particulier de l'Admirauté de la même Ville, &c. A Fontainebleau en Avril 1554. avant Pâques, reg. au Parlement de Roüen le 26. Avril en l'année suivante. *Fontanon t. 3. p.* 26.

1555. Lettres patentes portant confirmation, & rétablissement du titre de Duché, à la Baronnie de Chevreuse, en faveur de Charles Cardinal de Lorraine, Archevêque, & Duc de Rheims, Pair de France. A Fontainebleau en Avril 1555. reg. le 16. May suivant. *V. les Lettres des mois de Decembre* 1545. *Mars* 1612. *& Decembre* 1667.

Edit portant création en chacune des 17. Generalitez du Royaume, d'un Office de Conseiller general Superintendant sur le fait, & administration des deniers communs des Villes: & d'un Office de Receveur Payeur des gages des Officiers des Presidiaux, en chacune Ville où il y en a d'établis: & Reglement pour leurs fonctions, & droits. A Fontainebleau en Juin 1555. reg. le 16. du même mois. *Fontanon t. 2. p.* 1131. *Joly t. 2. p.* 991. *Fournival p.* 234.

Edit portant création de deux Offices de Collecteurs des deniers des Receptes particulieres, en chacune des 17. Receptes generales des Finances; & Reglement pour leurs droits, & fonctions. A Fontainebleau en Juin 1555. reg. en la Chambre des Comptes le 14. & en la Cour des Aydes le 22. du même mois. *Fontanon t. 2. p.* 887.

Jussion

Jussion pour la verification d'une Declaration, portant confirmation des Privileges des Chirurgiens de la ville de Paris. A S. Germain en Laye le 7. Juillet 1555. HENRY II. 1555.

Edit portant reglement pour la Jurisdiction de la Chambre des Vacations au Parlement de Bourgogne. A S. Legier le 27. Juillet 1555.

Edit portant création des Offices de Banquiers, & Changeurs en chacune ville du Royaume, excepté celle de Lyon. A Rheims en Aoust 1555. reg. en la Cour des Monnoyes le 13. Decembre de la même année. *Fontanon t. 2. p.* 154.

Edit portant création d'un Office de Procureur du Roy, & de deux Offices de Sergens en chacune Monnoye du Royaume, & Reglement pour leurs fonctions, privileges, & droits: & pour la Jurisdiction du Prevost des Monnoyes, contenant 11. articles. A Annet en Aoust 1555. reg. au Parlement le 2. Decembre de la même année. en la Chambre des Comptes le 13. en la Cour des Monnoyes le 24. Avril de l'année suivante aprés Pâques. *Fontanon t. 2. p.* 158. *Constans p.* 307.

Declaration sur l'Edit du mois de May 1553. pour le Seau de la Cour des Aydes de Paris. A S. Germainen Laye le 8. Aoust 1555. reg. le 23. Octobre suivant. *Fontanon t. 2. p.* 713. *Ioly t. 1. p.* 786.

Lettres patentes portant commission à Christophe de Thou President, Christophe d'Harlay, & Barthelemy Faye Conseillers au Parlement de Paris, pour la reformation de la Coûtume de Sens. A   le 17. Aoust 1555.

Edit portant reglement general pour les Monnoyes qui doivent avoir cours dans le Royaume. A S. Germain en Laye le 5. Septembre 1555. *Fontanon t. 2. p.* 155. *V. la Declaration du* 11. *Fevrier suivant.*

Declaration portant que par le rétablissement de quelques Offices de Prevosts des Maréchaux, supprimez par l'Edit du mois de Novembre 1554. le Roy n'a point entendu revoquer le pouvoir des Lieutenans Criminels. A S. Germain en Laye le 6. Septembre 1555. reg. le 14. Janvier de la même année. *Ioly t. 2. p.* 1094. *Filleau part. 2. tit. 5. ch. 6. p.* 8.

Declaration pour la Jurisdiction souveraine attribuée à la Cour des Monnoyes, par l'Edit du mois de Janvier 1551. A S. Germain en Laye le 5. Septembre 1555. reg. en la Cour des Monnoyes le 20. Novembre suivant. *Fontanon t. 2. p.* 107.

Edit portant suppression des Offices de Grenetiers, & Receveurs

HENRY II.

1555.

alternatifs, & attribution aux anciens des mêmes droits, & gages dont ils joüissoient. A S. Germain en Laye en Septembre 1555. reg. en la Cour des Aydes le 11. du même mois. *Fontanon t. 2. p.* 1050.

Edit portant que les Arrests, Decrets, & Commissions du grand Conseil, seront executoires dans toute l'étenduë du Royaume, sans attache, ny *pareatis*. A S. Germain en Laye en Septembre 1555. *Font. t. 1. p.* 132. *Ioly t. 1. p.* 655.

Edit portant création, & rétablissement d'un Office de Prevost des Maréchaux, deux de Lieutenans, un de Greffier, & seize d'Archers dans la Province de Berry: & Reglement pour leur devoir, fonction, & droits. A Villiers-Cotterets en Septembre 1555. regist. au Parlement le 3. en la Chambre des Comptes le 12. & en la Cour des Aydes le 19. Octobre de la même année. *Ioly t. 2. p.* 1150. *Filleau part 2. tit. 3. ch.* 14. *p.* 84.

Edit portant création, & rétablissement d'un Office de Prevost des Maréchaux, &c. dans la Province de Touraine. A Villiers-Cotterets en Septembre 1555.

Edit portant attribution de Jurisdiction à la Cour des Aydes de Languedoc, pour la connoissance des impositions des francs-fiefs, & nouveaux acquests. A Villiers-Cotterets le dernier Septembre 1555. reg. en la Cour des Aydes de Montpellier le 16. Decembre suivant. *Fontanon t. 2. p.* 748.

Lettres patentes portant que le Duc de Lorraine, en qualité de Duc de Bar, ne sera pas compris dans la reformation de la Coûtume de Sens. A le 30. Octobre 1555.

Lettres patentes qui revoquent les precedentes. A Villiers-Cotterets le 10. Novembre 1555.

Lettres patentes portant jussion à la Chambre des Comptes, pour faire joüir les Tresoriers de France, créez par Edit du mois de Janvier 1551. de tous, & chacuns les droits dont les anciens ont joüy, & particulierement du droit de pied-fort, &c. A Villiers-Cotterests le 11. Novembre 1555. reg. le 10. Decembre suivant. *Fournival p.* 733.

Edit portant reglement pour obvier aux abus qui se commettent dans la perception des droits de la traite d'Anjou. A Blois en Janvier 1555. reg. le 17. Juillet en l'année suivante. *Fontanon t. 2. p.* 540.

Declaration en consequence de l'Edit du 5. Septembre precedent, touchant les Monnoyes. A Blois le 1. Fevrier 1555. reg. en la Cour des Monnoyes le 18. Avril 1556. aprés Pâques. *Font. t. 2. p.* 160.

Edit portant que le grand Maître des Eaux & Forests, & autres Officiers établis dans le païs & Duché de Bretagne, jugeront tous les procez, dont la connoissance leur est attribuée par les Edits des mois de Juillet 1544. & Novembre 1554. nonobstant celuy du mois de Fevrier 15 4. jusqu'à ce qu'autrement il en ait esté ordonné. A Blois le 25. Fevrier 1555. *Fontanon t. 2. p. 301.* HENRY II. 1555.

Edit portant que le Siege du grand Maître, & general Reformateur des Eaux & Forests dans le païs, & Duché de Bretagne, sera étably dans la ville de Ploermel. A Blois en Fevrier 1555. *Font. t. 2. p. 302.*

Declaration portant remise de la foraine aux Conseillers, & Echevins de la ville de Lyon, & suppression des Officiers d'icelle. A Amboise en Mars 1555. *Recueil des Privileges de la ville de Lyon, p. 125. Fontanon t. 1. p. 1073.*

Declaration portant confirmation de l'Edit du mois de Janvier 1551. pour la Souveraineté de la Cour des Monnoyes, avec jussion aux Parlemens de Tholose, Dauphiné, & Bourgogne, pour l'enregistrer. A Blois le 29. Avril 1556. *Constans, p. 117.* 1556.

Edit portant reglement pour les droits, & revenus du Seau ordinaire du Siege de la Senéchaussée d'Auvergne, étably à Rion. A Blois le 5. May 1556. reg. le 5. Fevrier suivant. *Fontanon t. 1. p. 172. Ibly t. 1. p. 811. Filleau part. 1. tit. 5. ch. 27. p. 253. V. les Lettres patentes des 3. Iuillet, & 23. Octobre 1559.*

Edit portant revocation de celuy du mois de Novembre 1551. en ce qu'il a reduit les noms, & vocables d'*Imposition foraine*, en ceux de *Domaine forain*, &c. & qu'il a moderé tous les droits à 20. deniers tournois; rétablissement desdits droits dans leur ancienne denomination, & Reglement pour leur perception suivant l'ancien usage. A Jargeau en May 1555. reg. au Parlement le 9. Juin 1556. *Fontanon t. 2. p. 490.*

Edit portant décry des écus de la Vadoste, de Nicolas du Chastelet, & des pieces d'argent portans d'un costé la figure de l'Empereur, & de l'autre les armes de Flandres. A Paris le 11. Juin 1556. *Fontanon t. 2. p. 161.*

Seconde Jussion pour la verification des Privileges des Chirurgiens de la ville de Paris. A Fontainebleau le 7. Juillet 1556.

Edit portant reglement entre les Medecins, Chirurgiens, & Apothicaires de la ville de Tours. A Fontainebleau en Juillet 1556. reg. le 14. Aoust 1561. *Fontanon t. 4. p. 460.*

Edit portant que toutes les Lettres qui seront expediées dans les

HENRY II. Chancelleries des Parlemens de Tholose, & de Bordeaux, seront veuës, rapportées, & signées en queuë par l'un des Referendaires. A Paris le 30. Juillet 1556. *Ioly t. 1. p. 764.*

1556. Lettres patentes portant Commission à Christophe de Thou President, Barthelemy Faye Conseiller, & Gilles Bourdin Avocat General au Parlement de Paris, pour la redaction de la Coûtume de Dourdan. A Paris le 19. Aoust 1556.

Edit portant reglement pour l'administration des Finances, les fonctions des Receveurs generaux, & que les deniers Royaux seront apportez aux coffres du Roy au Louvre, contenant 23. articles. A Paris en Octobre 1556. reg. en la Chambre des Comptes le 29. du même mois. *Fontanon t. 2. p. 638.*

Declaration en faveur des Huissiers, & Sergens du Châtelet de Paris. A Paris le 20. Novembre 1556. reg. le dernier Decembre suivant. *Ioly t. 2. p. 1553.*

Edit portant suppression de 80. Offices de Secretaires du Roy, créez par celuy du mois de Novembre 1554. A S. Germain en Laye en Decembre 1556. reg. au Parlement le 7. & en la Chambre des Comptes le 15. Janvier de la même année. *Ioly t. 1. p. 699.*

Edit portant que les enfans qui se seront mariez sans le consentement de leurs peres & meres, pourront estre exheredez, &c. contenant 4. articles. A Paris en Fevrier 1556. reg. le 1. Mars de la même année. *Fontanon t. 1. p. 749.*

Edit portant reglement contre les femmes qui ont celé leurs grossesse, & accouchement, & dont les enfans sont morts sans avoir receu le saint Sacrement de Baptême. A Paris en Fevrier 1556. reg. le 4. Mars suivant. *Fontanon t. 1. p. 671.*

Edit portant création des Offices de Priseurs-Vendeurs de biens meubles, en chacune Ville & Bourg du Royaume, & autres Reglemens pour leurs droits, & fonctions, contenant 7. articles. A Paris en Fevrier 1556. reg. le 22. Juin de l'année suivante. *Fontanon t. 1. p. 503. Ioly t. 2. p. 1604. V. les Lettres patentes du 20. May 1557. & la Declar. du 27. Avril suivant.*

Edit pour l'établissement d'une Place commune pour les Marchands dans la ville de Roüen. A Paris en Mars 1556. reg. au Parlement de Roüen le 20. Juillet 1563. *Ioly t. 2. p. 1311.*

Edit en faveur des Habitans du pays & Duché de Bretagne, pour les confiscations. A Villiers-Cotterets en Avril 1556. avant Pâques: reg. au Parlement de Bretagne le 30. Octobre 1557.

1557. Edit portant suppression de plusieurs Officiers du Parlement de Bourgogne. A Villiers-Cotterets en Avril 1557. Henry II.

Edit portant création d'un Office d'Elû en chacune des Elections principales du Royaume, avec attribution des mêmes droits, &c. que les anciens. A Villiers-Cotterets en Avril 1557. registré en la Chambre des Comptes le dernier du même mois, & en la Cour des Aydes le 3. Juin de la même année. *Filleau part. 3. tit. 1. ch. 13. p. 15. Fontanon t. 2. p. 919.* 1557.

Declaration portant que dans les Assemblées publiques le Parlement ira le premier, aprés luy la Chambre des Comptes, &c. A Villiers-Cotterets en Avril 1557. reg. le 11. May suivant. *Ioly add. t. 1. p. 97. Constans p. 120 Filleau part. 3. tit. 11. ch. 49. p. 511.*

Edit portant création de deux Offices de Conseillers-Magistrats, & d'un Office de second Avocat du Roy en chacun des Sieges Presidiaux du Royaume. A Villiers-Cotterets en Avril 1557. aprés Pâques; reg. le 20. May de la même année. *Fontanon t. 1. p. 354. Ioly t. 2. p. 993. Corb. n p. 530. Filleau part. 2. tit. 6. ch. 2. p. 238.*

Edit portant création d'un second Office d'Huissier en chacun Siege Presidial. A Villiers-Cotterets en Avril 1557. reg. le 20. May de la même année. *Fontanon t. 1. p. 507. Ioly t. 2. p. 1540. Corbin p. 532.*

Edit portant que tous Archevêques, &c. ayans charge d'ames, resideront en leurs Benefices, où ils prêcheront, & feront prêcher, &c. A Villiers-Cotterets le 1. May 1557. reg. le 17. du même mois. *Font. t. 4. p. 219. Corbin p. 220.*

Edit portant reglement pour les galeres, Commissaires, & Contrôlleurs de la Marine. A Villiers-Cotterets le 6. May 1557. reg. au Parlement de Provence le 13. Decembre suivant. *Fontanon t. 1. p. 665.*

Lettres patentes portant jussion au Parlement, pour la verification de l'Edit du mois de Fevrier 1556. portant création des Offices de Vendeurs, & Priseurs de biens meubles. A Villiers-Cotterets le 20. May 1557. reg. le 22. Juin suivant. *Font. t. 1. p. 506.*

Edit portant création en chacune Ville du Ressort des Bailliages, & Senéchaussées du Royaume, d'un Office de Lieutenant des Prevosts Juges ordinaires, ou Viguiers Royaux; & Reglement pour leurs droits, privileges, & prérogatives. A la Fere en Tartenois en May 1557. reg. le 15. Juin de la même année. *Ioly t. 2. p. 839. Filleau part. 2. tit. 5. ch. 2. p. 165.*

Edit portant création d'un Office de President en chacun Siege Presidial du Royaume, & pouvoir aux Presidiaux de juger jusqu'à

HENRY II. 1557.

1000 liv. de principal, & 50 liv. de rente en dernier ressort, & 1200 liv. ou 60 liv. de rente par provision. A Compiegne en Juin 1557. reg. le 2. Aoust de la même année. *Joly t. 2. p. 994. V. la Declaration du 29. Juillet 1558.*

Edit portant création d'un Office de Receveur particulier des deniers provenans de l'octroy de 50. mille hommes de pied, emprunts generaux & particuliers, dons gratuits, &c. en chacune Ville capitale de chacun Archevêché, & Evêché, &c. A Compiegne en Juin 1557. regist. en la Chambre des Comptes le 6. & en la Cour des Aydes le 9. Juillet de la même année. *Fontanon t. 2. p. 888. & t. 4. p. 535.*

Edit portant reglement pour la Chambre des Vacations du Parlement de Dijon. A Compiegne le 20. Juillet 1557.

Edit portant défenses de troubler les Juges Ecclesiastiques dans leur Jurisdiction pour le crime d'heresie: que les Juges Royaux feront le procez, & puniront les Sacramentaires, & Perturbateurs du repos public, de peine de mort: & que les confiscations, & amendes qui seront adjugées sur leurs biens, seront employées en œuvres pitoyables, & publiques. A Compiegne le 24. Juillet 1557. reg. le 15. Janvier de la même année. *Fontanon t. 4. p. 258.*

Declaration portant que le President du Presidial du Châtelet ne pourra presider en la Conservation des privileges de l'Université de Paris. A Compiegne en Aoust 1557. reg. le 12. du même mois. *Joly, t. 2. p. 1427.*

Edit portant desunion des Charges des Tresoriers de France, d'avec celles de Generaux des Finances; & création de 17. Offices de Tresoriers de France. A   en Aoust 1557. *Fournival p. 246.*

Edit pour l'établissement d'une Cour des Aydes en la ville de Montferrand, à l'*instar* de celle de Paris: portant création de deux Offices de President, huit de Generaux Conseillers, un d'Avocat, & un de Procureur generaux du Roy, &c. & Reglement pour leur Jurisdiction, & les matieres dont ils pourront connoître. A Paris en Aoust 1557. reg. au Parlement le 13. & en la Chambre des Comptes le 18. Septembre suivant. *Fontanon t. 2. p. 822.*

Edit portant reglement general pour les poids, & mesures. A S. Germain en Laye en Octobre 1557. reg. le 3. Mars de la même année. *Fontanon t. 1. p. 977.*

Declaration en interpretation de l'Edit du mois de Juin precedent, portant augmentation de pouvoir aux Presidiaux: portant qu'il n'a point dérogé à celuy du mois de Janvier 1551. & que quand il ne sera question que de 250 liv. pour une fois payé, ou dix livres de rente, il suffira que les Juges qui assisteront au Jugement, soient au nombre de sept. A S. Germain en Laye le 22. Octobre 1557. *Ioly t. 2. p. 1428.*

HENRY II.
1557.

Edit portant reglement pour le maniement, & distribution des deniers, & Finances du Roy, contenant 54. articles. A S. Germain en Laye en Decembre 1557. reg. le 22. du même mois. *Fontanon t. 2. p. 642. Fournival p. 248.*

Declaration portant permission à Loüis de Beüil, Comte de Sancerre, de relever directement au Parlement les appellations des Sentences de son Juge, quand il sera question de sçavoir si ses terres sont regies par la Coûtume de Lorris. A S. Germain en Laye le 18. Decembre 1557. reg. le 10. Fevrier suivant. *La Thaumas. p. 693.*

Edit portant reglement pour le taux des vivres. A S. Germain en Laye le 22. Decembre 1557. reg. le dernier du même mois. *Fontanon t. 1. p. 936.*

Edit portant suppression des Offices alternatifs de Tresoriers des guerres, & Payeurs des Compagnies, & augmentations des gages, & des privileges des anciens, contenant 4. articles. A S. Germain en Laye en Decembre 1557. reg. au Parlement le 8. & en la Cour des Aydes le 25. Fevrier de la même année. *Fontanon t. 2. p. 846.*

Edit portant création d'un Office de Garde des Seaux, & d'un Clerc commis à l'Audiance, en chacun Siege Presidial. A S. Germain en Laye en Decembre 1557. reg. le 14. Fevrier, de la même année. *Fontanon t. 1. p. 356. Ioly t. 1. p. 795. Filleau part. 1. tit. 5. ch. 2. p. 217.*

Edit portant que les Devolutaires seront obligez de donner caution de payer le jugé, avant que d'estre receus à intenter aucuns procez, pour raison des Benefices dont ils seront pourvûs. A Paris en Janvier 1557. reg. le 5. May de l'année suivante. *Fontanon t. 4. p. 499. Corbin p. 222.*

Declaration portant confirmation de l'Edit du mois de May 1552. portant création des Juges Magistrats Criminels, &c. A Paris en Fevrier 1557. *Ioly t. 2. p. 1095. Filleau part. 2. tit. 1. ch. 7. p. 9.*

Edit portant permission à toutes personnes, de mener, & conduire des marchandises par tout où bon leur semblera, en terres d'amis, ou d'ennemis; excepté des bleds, & autres grains, artilleries, & munitions de guerre. A Paris le 14. Fevrier 1557. *Font. t. 1. 958.*

HENRY II. Edit portant exemption du ban, & arriere-ban, en faveur des Bourgeois de Paris. A Fontainebleau le 8. Mars 1557. reg. le 15. du même mois. *Corbin t. 2. p.* 100.

1557. Declaration en consequence de l'Edit donné à Sedan au mois de Juin 1552. portant attribution à la Cour des Aydes de Montpellier, de la Jurisdiction paur les debets, & restes de la Chambre des Comptes de la même Ville. A Fontainebleau le 29. Mars 1557. avant Pâques: reg. en la même Cour le 23. May de l'année suivante. *Font. t. 2. p.* 753.

1558. Declaration pour l'execution de l'Edit du mois de Juillet 1547. touchant les assassins de guet-à-pend, &c. A Paris le 18. Avril 1558. aprés Paques. *Font. t. 1. p.* 663.

Edit en faveur de 220. Huissiers-Sergens à cheval du Châtelet de Paris, portant que leurs veuves, ou heritiers, auront les deniers de leurs Offices, s'ils sont tuez dans l'exercice actuel. A Paris en Avril 1558. reg. au Parlement le 12. & en la Chambre des Comptes le 21. de la même année. *Ioly t. 2. p.* 1585.

Declaration sur l'Edit du mois de Fevrier 1556. portant création des Priseurs-Vendeurs de biens meubles. A Paris le 27. Avril 1558. regist. le 11. May suivant. *Fontanon t. 1. p.* 506. *Ioly t. 2. p.* 1607.

Edit pour l'établissement d'un Bureau des Finances en la ville de Limoges. A Paris en Avril 1558. reg. le 3. May de la même année. *Fournival p.* 599.

Arrest du Conseil par lequel un particulier qui avoit resigné ses Benefices, estant à l'extremité, & avoit esté trompé par son resignataire, fut reintegré en la possession d'iceux. A Paris le 29. Avril 1558. registre au Parlement le 9. May suivant *Fontanon t.* 4. *p.* 500.

Declaration au profit du Prevost des Maréchaux de Tours. A Mouceaux le 11. Juin 1558. *Montarlot p.* 319.

Edit portant suppression du Greffe des Insinuations, étably dans la ville de Paris, en vertu de l'Edit du mois de May 1553. & dispense en faveur des Bourgeois de Paris, de la rigueur de l'Ordonnance du mois d'Aoust 1539. en ce qui concerne les Insinuations. A Villiers-Cotterets en Juin 1558. reg. le 5. Janvier de la même année. *Ioly t. 2. p.* 1423.

Edit portant suppression des Tabellionnages établis dans la Province d'Auvergne. A Villiers-Cotterets en Juin 1558. reg. le 16. Fevrier suivant. *Ioly t. 2. p.* 1743.

Declaration

Declaration portant que l'érection d'un President Presidial, fait par Edit du mois de Juin 1557, ne pourra nuire, ny préjudicier aux autoritez, prérogatives, preéminences, droits, profits, & émolumens appartenans au Lieutenant General d'Angoulesme. A le 29. Juillet 1558. reg. le 3. Aoust de la même année. *6. vol. des Ord. d'Henry II. fol.* 43.

Edit portant permission de vendre, & enlever les bleds du Royaume, pendant six mois. A Amiens le 29. Aoust 1558. regist. le 20. Septembre de la même année. *Fontanon t.* 1. *p.* 960.

Edit portant défenses de porter des pistolets, & bâtons à feu, &c. A S. Germain en Laye le 7. Decembre 1558. *Fontanon t.* 1. *p.* 647.

Edit portant pouvoir aux Presidens, & Conseillers de la grand' Chambre du Parlement de Bretagne, de presider, & juger és Sieges Presidiaux, visiter les prisons, &c. A S. Germain en Laye le 28. Decembre 1558. reg. au Parlement de Bretagne le 13. Fevrier suivant. *Ioly t.* 1. *p.* 563.

Lettres patentes portant confirmation d'une Charte d'Anne de France, Duchesse de Bourbonnois, pour les Maire & Echevins de la ville de Moulins. A Paris en Decembre 1558. *Chenu p.* 380.

Declaration portant que la montre des Sergens à cheval, & à verge du Châtelet, qui se faisoit le jour de Caresme-prenant, se fera dorénavant le lendemain de la Feste de la Trinité. A Paris le dernier Decembre 1558. *Ioly t.* 2. *p.* 1555.

Declaration touchant la Regle de *viginti diebus*. A le 16. Janvier 1558. reg. au grand Conseil le 13. Fevrier suivant.

Edit portant défenses à tous Archevêques, Evêques, &c. de vendre aucuns bois de haute fustaye, & à toutes personnes d'en acheter sans permission du Roy. A Paris en Fevrier 1558. reg. le 13. Mars de la même année. *Fontanon t.* 4. *p.* 520.

Edit pour l'établissement de la Jurisdiction des Juges en dernier ressort, & sans appel au Siege des Eaux & Forests de France, à la Table de Marbre du Palais à Paris. A Villiers-Cotterets en Mars 1558. reg. le 20. Juillet de l'année suivante. *Ioly t.* 1. *add. p.* 80. *V. les Lettres patentes du* 17. *Iuillet* 1559.

Edit portant revocation de celuy du mois de May 1553. en ce que les échoites & confiscations adjugées au Roy, sont affectées à la seureté des rentes foncieres, &c. A Villiers-Cotterets en Mars 1558. reg. le 9. Mars 1563. *Fontanon t.* 1. *p.* 801.

Edit portant reglement pour la Jurisdiction du grand Maistre

HENRY II. 1554. general Reformateur des Eaux, & Forests à la Table de Marbre du Palais à Paris. A Villiers-Cotterets en Mars 1558. reg. le 20. Juillet de l'année suivante. *Fontanon t. 2. p.* 302.

Traité de Paix entre les Couronnes de France, & d'Espagne. A Cateau-Cambresis le 3. Avril 1559. aprés Pâques.

Edit portant reglement pour la préséance des Officiers des Presidiaux, & des Justices Royales, sur les Maires, Consuls, & Echevins des Villes. A Paris en May 1559. reg. le 5. Juin de la même année. *Ioly t. 2. p.* 1849. *Filleau part.* 3. *tit.* 11. *ch.* 71. *p.* 529.

Declaration pour empêcher les abus qui se commettent dans l'expedition des Lettres de la Chancellerie de Tholose. A Paris le 10. Juin 1559. *Ioly t.* 1. *p.* 765.

Declaration en consequence de l'Edit donné à Cremieu en Juin 1536. portant reglement entre les Baillifs, Senéchaux, leurs Lieutenans, & les Prevosts & Châtelains des Villes, contenant 19. articles. A Paris en Juin 1559. reg. le 13. Juillet 1560. *Ioly t.* 2. *p.* 840. *Corbin p.* 706. *Neron p.* 11. *Filleau part.* 2. *tit.* 5. *ch.* 9. *p.* 172.

Relief de surannation pour l'enregistrement de l'Edit du 5. May 1556. touchant le Seau de la Senéchaussée d'Auvergne. A Paris le 3. Juillet 1559. registré le 5. Fevrier de la même année. *Ioly t.* 1. *p.* 812.

FRANCOIS II. 1559.

FRANCOIS II. du nom, Roy de France, & d'Ecosse.

Succeda à Henry II. le 10. *Iuillet* 1559. *& mourut le* 5. *Decembre* 1560.

Lettres patentes pour la verification de l'Edit du mois de Mars 1559. portant création du Siege souverain des Eaux & Forests. A Paris le 17. Juillet de la même année. reg. le 20. du même mois. *Ioly addit. t.* 1. *p.* 80.

Lettres patentes pour la verification, & enregistrement du mois de Juin 1559. pour la Jurisdiction des Baillifs, Senéchaux, Prevôts, &c. A Paris le 19. Juillet de la même année. reg. le 30. du même mois. *Ioly t.* 2. *p.* 844.

Edit portant défenses de porter, ny tirer harquebuses, pistolets, &c. A Paris le 23. Juillet 1559. *Fontanon t.* 1. *p.* 648.

Edit portant création d'un Maistre de chacun métier, pour l'avenement du Roy à la Couronne. A Paris en Juillet 1559. regist. au

Parlement le de la même année. *Font. t.* 1. *p.* 1085. FRANÇOIS II. 1559.

Edit portant révocation de tous les dons, & alienations du Domaine. A S. Germain en Laye le 18. Aoust 1559. reg. au Parlement le 22. & en la Chambre des Comptes le 28. du même mois. *Fontanon t.* 2. *p.* 358.

Edit portant que les Comptables, qui auront obtenu des Lettres de revision des Jugemens donnez contr'eux en la Chambre des Comptes, ne pourront en poursuivre le Jugement, qu'ils n'ayent actuellement payé les sommes ausquelles ils sont condamnez. A S. Germain en Laye le 21. Aoust 1559. regist. au Parlement le 26. Mars de la même année. *Fontanon t.* 2. *p.* 44.

Edit portant reglement pour l'institution des Procureurs postulans, tant dans les Cours Souveraines, que dans les Bailliages, Senéchaussées, &c. A Villiers-Cotterets le 29. Aoust 1559. reg. le 7. Septembre de la même année. *Fontanon t.* 1. *p.* 75. *Ioly t.* 1. *p.* 173.

Declaration portant attribution de Jurisdiction à la Cour des Aydes de Montpellier, pour la connoissance des executoires de debets des Chambres des Comptes de Paris, & de Montpellier. A Villiers-Cotterets le 4. Septembre 1559. reg. en la Cour des Aydes de Montpellier le 6. Octobre suivant. *Fontanon t.* 2. *p.* 755.

Edit portant revocation des survivances de tous Etats & Offices. A Villiers-Cotterets le 4. Septembre 1559. reg. en la Chambre des Comptes le 13. du même mois. *Fontanon t.* 2. *p.* 561.

Edit portant que les maisons où se feront des Conventicules, & Assemblées illicites, seront rasées, & démolies, &c. A Villiers-Cotterets le 4. Septembre 1559. reg. le 23. Novembre de la même année. *Fontanon t.* 2. *p.* 259.

Edit portant suppression des Officiers alternatifs Comptables, & Reglement pour leur remboursement. A Villiers-Cotterets en Septembre 1559. reg. en la Chambre des Comptes le 11. du même mois. *Fontanon t.* 2. *p.* 655.

Declaration portant confirmation des privileges des Foires de la ville de Lyon. A Esclairon le 16. Octobre 1559. reg. le 20. Juillet de l'année suivante. *Fontanon t.* 1. *p.* 1075. *Privil. des Foires de Lyon*, *p.* 123.

Lettres patentes portant verification de l'Edit du 5. May 1559. portant reglement pour le seau de la Senéchaussée d'Auvergne. A Vauluisant le 23. Octobre 1559. reg. le 5. Fevrier de la même année. *Ioly t.* 1. *p.* 813.

Edit portant que les Comptables qui auront billonné les deniers

FRANÇOIS II. 1559.

du Roy, seront punis de mort. A Blois le 7. Novembre 1559. reg. en la Chambre des Comptes le 10. & en la Cour des Aydes le 21. Fevrier de la même année. *Fontanon t. 2. p. 655. Fournival p. 277.*

Edit portant que ceux qui feront des Assemblées illicites pour la Religion, ou autre cause que ce soit, seront punis de mort, & que les maisons où ces Assemblées auront esté faites, seront rasées, & démolies, sans qu'elles puissent estre rebâties. A Blois en Novembre 1559. registré le 23. du même mois. *Fontanon t. 4. p. 260.*

Edit portant que ceux qui auront caché, & recelé les condamnez par defauts, & contumaces, ou autrement, soient poursuivis, & punis commes complices des mêmes peines qu'eux. A Chambort le 17. Decembre 1559. reg. le 22. Janvier suivant. *Font. t. 1. p. 688. Neron p. 269. Corbin p. 790.*

Edit portant iteratives défenses de porter harquebuses, pistolets, &c. sur peine contre les contrevenans d'estre punis de mort sur le champ, & de confiscation de tous leurs biens, &c. A Chambort le 17. Decembre 1559. *Fontanon t. 1. p. 649.*

Edit portant reglement pour la traite des bleds, & vins du Royaume, & l'établissement des Commissaires, & d'un Bureau en la ville de Paris pour lesdites traites. A Chambort le 20. Decembre 1559. reg. le 25. Janvier de la même année. *Fontanon t. 1. p. 961. & 963.*

Declaration portant confirmation des privileges de la ville de la Rochelle. A Blois en Decembre 1559. reg. le 6. May 1572.

Edit portant qu'en cas qu'il survienne quelque different entre le Parlement, & la Cour des Aydes, pour leur competence, il sera incessamment reglé par les Avocats & Procureurs generaux des deux Compagnies; & s'ils ne peuvent s'accorder, que la Cour des Aydes deputera aucuns Presidens, & Conseillers pour en communiquer avec le Parlement en la grand'Chambre: & où ils ne pourroient s'accorder, que le rapport en sera fait incessamment au Roy, pour y estre pourvû. A Blois le 20. Decembre 1559. reg. en la Cour des Aydes le 9. Janvier suivant. *Fontanon t. 2. p. 714. Ioly t. 1. p. 13. Filleau part. 1. tit. 2. ch. 5. p. 111.*

Lettres patentes portant jussion au Parlement pour la verification de l'Edit du mois de Juin 1558. touchant les Notaires d'Auvergne. A Blois le 29. Decembre 1559. reg. le 16. Fevrier de la même année. *Ioly t. 3. p. 1744.*

Edit portant abolition des nouveaux peages qui se levent sur la Riviere de Loire, & Reglement pour ceux qui estoient établis avant les Edits de revocation. A Blois le dernier Decembre 1559. reg. le 7. Mars de la même année. *Font. t. 4. p. 625. V. celuy du 9. Octobre 1560.* FRANÇOIS II. 1559.

Declaration portant confirmation des Privileges des Habitans de la ville de Montargis. A Blois le 3. Janvier 1559. reg. le 4. Avril de la même année. *Privil. de Mont. p. 102.*

Edit portant défenses aux Lieutenans generaux, & particuliers du Senéchal d'Anjou, de faire aucunes expeditions de celles qui doivent estre séellées par les Officiers de la Chancellerie Presidiale d'Angers. A Blois le 1. Fevrier 1559. *Ioly t. 1. p. 800.*

Edit portant que les Prevosts Provinciaux des Maréchaux de France, rétablis depuis l'Edit du mois de Novembre 1554. ne pourront pourvoir aux Offices d'Archers que des personnes capables, &c. A Amboise en Fevrier 1559. reg. le 6. May 1560. *Font. t. 1. p. 429. Ioly t. 2. p. 1097. Montarlot p. 444.*

Edit portant que les Seigneurs hauts-Justiciers seront privez de leurs Justices, & les Officiers Royaux de leurs Etats & Offices, s'ils negligent de punir ceux qui font des Assemblées illicites pour la Religion. A Amboise en Fevrier 1559. reg. le 7. Mars audit an. *Fontanon t. 4. p. 261.*

Edit portant abolition & pardon general pour le crime d'heresie, pourvû que ceux qui en sont coupables, vivent dans la Religion Catholique, Apostolique, & Romaine, excepté ceux qui ont conspiré contre la personne de la Reine-Mere, &c. ou contre l'Etat. A Amboise en Mars 1559. reg. le 11. Mars de la même année. *Fontanon t. 4. p. 9. 261.*

Edit portant abolition en faveur de ceux qui se sont trouvez en armes aux environs de la ville d'Amboise, pourvû qu'ils se retirent incessamment dans leurs maisons. A Amboise en Mars 1559. *Fontanon t. 4. p. 262.*

Edit portant suppression de tous les Officiers nouvellement créez, quand ils vacqueront par mort, forfaiture, ou autrement, jusques à ce qu'ils soient reduits au nombre ancien. A Romorantin en May 1560. registré le 7. Septembre de la même année. *Fontanon t. 2. p. 582.* 1560.

Edit portant attribution de Jurisdiction aux Prelats pour le crime d'heresie; défenses aux Parlemens d'en connoître: & Reglement pour la punition de ceux qui font des Assemblées illicites. A Ro-

FRANÇOIS II. morantin en May 1560. registré le 16. Juillet suivant. *Fontanon t. 4. p. 219.*

1560. Provisions de l'Office de Chancelier de France, en faveur de Michel de l'Hospital, premier President en la Chambre des Comptes. A S. Leger le dernier Juin 1560. reg. le 2. Juillet suivant. *Duchesne Hist. des Chanc. de France, p. 636.*

Edit portant défenses à toutes personnes qui ont des enfans, si elles passent à de nouvelles nôces, de donner de leurs biens meubles, acquets, ou propres à leurs nouveaux maris, pere, mere, ou enfans desdits maris, ou autres personnes qu'on puisse présumer estre par dol ou fraude interposées, plus qu'à l'un de leurs enfans, &c. A Fontainebleau en Juillet 1560. regist. le 5. Aoust de la même année. *Fontanon t. 1. p. 751. Corbin p. 761. Neron p. 430. Charondas liv. 3. de ses Resp. a fait un Commentaire sur cet Edit.*

Edit portant injonction aux Gouverneurs des Provinces, leurs Lieutenans, Baillifs, &c. de resider sur les lieux, & exercer leurs Offices en personne, &c. A Fontainebleau en Juillet 1560. reg. le 5. Aoust de la même année. *Fontanon t. 1. p. 197. Ioly t. 2. p. 844.*

Edit portant reglement pour l'administration des Hôpitaux, Maisons-Dieu, Maladeries, Aumôneries, Leproseries, & autres lieux pitoyables. A Fontainebleau le 25. Juillet 1560. reg. le 5. Aoust suivant *Fontanon t. 4. p. 581.*

Edit portant défenses de faire aucunes impositions, ny levées de deniers, sans le commandement exprés du Roy. A Fontainebleau en Juillet 1560. registré au Parlement le de la même année. *Fontanon t. 2. p. 860.*

Lettres patentes portant permission à Claude Gruippon de Guillien, Ecuyer, sieur de S. Julien, d'ouvrir les mines, & mineries qu'il pourra trouver dans toute l'étenduë du Royaume; & Reglement pour les privileges des Ouvriers qu'il employera pour les découvrir, &c. A Fontainebleau le 29. Juillet 1560. reg. le 9. May 1562. *Font. t. 2. p. 1161.*

Declaration portant défenses à toutes personnes de porter des armes à feu, à peine de la vie, excepté à ceux qui y sont dénommez. A Fontainebleau le 5. Aoust 1560. *Font. t. 1. p. 650.*

Declaration portant que le Roy n'a pas entendu ôter au Parlement, par l'Edit du mois de May precedent, la connoissance des Assemblées illicites. A Fontainebleau le 6. Aoust 1560. reg. le 7. Septembre suivant. *Fontanon t. 4. p. 230.*

Edit portant reglement pour l'execution des Sentences arbitrale

& que les appellations en seront directement portées dans les Cours Souveraines, à moins qu'il ne fût question de choses dont les Juges Presidiaux pussent connoître A Fontainebleau en Aoust 1560. reg. le 7. Septembre de la même année. *Font. t. 1. p. 642. Corbin p. 765. Neron p. 427.*

Edit portant que tous les differends entre Marchands, & pour le fait de leur marchandise, les demandes en partage entre proches parens, & les comptes des tutelles, & administrations, seront renvoyez pardevant des Arbitres. A Fontainebleau en Aoust 1560. *Font. t. 1. p. 643. Corbin p. 766. Neron p. 428.*

Edit portant confirmation des Privileges des Officiers des Monnoyes du serment de France. A Fontainebleau en Aoust 1560. reg. au Parlement le 20. Juin 1561. *Font. t. 2. p. 162.*

Edit portant que tous Arrests, Jugemens, Decrets, Sentences, &c. seront executez, sans demander aucune permission, *Placet, Visa*, ny *Pareatis.* A Fontainebleau en Aoust 1560. *Fontanon t. 1. p. 579. Ioly t. 1. p. 315.*

Edit portant que les Officiers du Parlement sont exempts de loger dans leurs maisons aucunes personnes de la suite de la Cour. A Fontainebleau le dernier Aoust 1560. reg. le 7. Septembre suivant. *Font. t. 1. p. 998. Ioly addit. t. 1. p. 99. Pinson p. 74.*

Lettres patentes portant confirmation des Statuts, & Reglemens pour le métier de Gainier, Fourrelier, & Ouvrier en cuir boüilly de la ville de Paris. A S. Germain en Laye le 21. Septembre 1560. reg. le 5. Decembre suivant. *Font. t. 1. p. 1134.*

Declaration portant qu'il n'y aura qu'un Juge, & un degré de Jurisdiction au Bailliage & Ressort de Chauny, & que le titre de l'Office de Juge Prevôtal sera changé en celuy de Lieutenant. A Orleans en Novembre 1560. reg. le 27. Janvier de la même année. *Ioly t. 2. p. 862.*

Lettres patentes portant confirmation des Statuts des Marchands Jurez, & Maîtres Apoticaires, & Epiciers de la ville de Paris. A Orleans en Novembre 1560. reg. le 22. Fevrier audit an. *Font. t. 4. p. 462.*

CHARLES IX. Roy de France

Succeda le 5. Decembre 1560. & mourut le 30. May 1574.

Edit portant confirmation des Privileges des Foires de la ville de Lyon. A Orleans le 9. Decembre 1560. reg. le 19. du même mois. *Privil. des Foires de Lyon, p.* 126.

Edit portant reglement pour le gouvernement des Pauvres de la ville de Lyon. A Orleans en Decembre 1560. reg. le 25. Fevrier de la même année. *Fontanon t.* 4. *p.* 581.

Ordonnances sur les plaintes, doleances, & remontrances des Deputez des trois Etats du Royaume, assemblez en la ville d'Orleans, contenant 149. articles. A Orleans en Janvier 1560. reg. le 13. Septembre 1561. *Fontanon en sa Chron. t.* 1. *p.* 47. *Neron p.* 51. *Corbin p.* 377.

Edit portant défenses aux Maréchaux des Logis du Roy, de marquer les maisons des Officiers de la Cour des Aydes. A Fontainebleau le 1 Mars 1560. *Fontanon t.* 1. *p.* 999.

Edit portant que les Prelats seront obligez de resider, sur peine de saisie de leur temporel, qui sera employé à la nourriture, & entretien des Pauvres. A Fontainebleau le 1. Avril 1560. avant Pâques, reg. le 8. Avril 1561. *Fontanon t.* 4 *p.* 210.

Lettres patentes portant confirmation des Privileges des Medecins à Paris. A Fontainebleau le 1. Avril 1560. reg. le 3. May 1561. *Fontanon t.* 2. *anc. Edit. p.* 2070.

Edit portant défenses aux Officiers de Judicature, de prendre la charge des affaires des Seigneurs inferieurs, Chapitres, Communautez, & autres personnes quelconques, ny pareillement aucuns Vicariats d'Evêques, ou Prelats, pour le fait & disposition du temporel, spirituel, & collation des Benefices de leurs Evêchez & Abbayes, & de s'entremettre, ou empêcher aucunement des affaires d'autres personnes que du Roy, de la Reine-Mere, &c. & du public, & de reveler les secrets des Compagnies Souveraines. A Fontainebleau en Avril 1560. avant Pâques, reg. le 16. Avril 1561. aprés Pâques. *Font. t.* 1. *p.* 23. *Ioly t.* 1. *p.* 13. *&* 620. *Fournival p.* 328. *V. la Declar. du* 22. *du present mois.*

Edit portant défenses aux Juges d'avoir aucun égard aux Lettres de rescision prises contre les transactions passées entre majeurs, sous

sous prétexte de lézion d'outre moitié de juste prix, &c. A Fontainebleau en Avril 1560. avant Pâques, reg. le 18. May 1563. *Fontanon t. 1. p. 769. Neron p. 426. Corbin p. 763.*

Edit portant reglement pour l'administration du revenu des Hôpitaux, Maladeries, &c. & l'entretien des Pauvres. A Fontainebleau en Avril 1561. reg. le 10. Mars de la même année. *Fontanon t. 4. p. 582.*

Edit portant défenses aux Maréchaux des Logis du Roy de marquer les maisons des Officiers de la Chambre des Comptes. A Fontainebleau le 20. Avril 1561. aprés Pâques : reg. le 24. du même mois. *Font. t. 4. p. 1448. Pinson p. 76.*

Edit portant reglement pour les habits, contenant 17. articles. A Fontainebleau le 22. Avril 1561. aprés Pâques : reg. le 5. Septembre suivant. *Fontanon t. 1. p. 984. V. la Declarat. du 17. Janvier 1563.*

Declaration portant jussion au Parlement pour la verification pure & simple de l'Edit du present mois d'Avril, portant défenses aux Officiers de Judicature, de prendre soin des affaires d'autres personnes, que du Roy, &c. A Fontainebleau le 22. Avril 1561. *Joly t. 1. p. 14.*

Declaration portant confirmation des Privileges des Officiers des Monnoyes du serment de France. A Paris le 13. Juin 1561. reg. le 20. du même mois. *Font. t. 2. p. 1160.*

Edit portant reglement pour la Jurisdiction des Lieutenans Civil & Criminel de la ville du Mans. A S. Germain des Prez le 17. Juin 1561. reg. le 8. Aoust de la même année. *Fontanon t. 1. p. 430. Joly t. 2. p. 1098.*

Lettres patentes portant confirmation des Privileges de ceux qui travaillent aux mines, & minieres. A S. Germain des Prez le 11. Juillet 1561. reg. le 9. May 1562. *Fontanon t. 2. p. 1163.*

Edit portant reglement pour la Religion, contenir le peuple en paix, châtier les seditieux, &c. contenant 10. articles. A S. Germain en Laye en Juillet 1561. reg. le dernier du même mois. *Font. t. 4. p. 264.*

Edit portant que les deniers provenans des ventes, & coupes des bois du Roy, seront mis és mains de ses Receveurs ordinaires des lieux, pour estre employez au rachat du Domaine. A S. Germain en Laye en Aoust 1561. regist. le 14. du même mois. *Fontanon t. 2. p. 359.*

Declaration portant que ceux seulement qui sont natifs & origi-

CHARLES IX. naires des Cantons des Suisses, joüiront des Privileges qui leur ont esté accordez. A S. Germain en Laye le 4. Aoust 1561. reg. le 27. du même mois. *Fontanon t. 2. p.* 1192.

1561. Edit portant confirmation des Privileges des Marchands des villes d'Ausbourg, Nuremberg, &c. A S. Germain en Laye le 14. Aoust 1561. registré le 26. du même mois. *Font. t. 2. p.* 1193.

Edit portant reglement pour le prix & cours des Monnoyes. A S. Germain en Laye le 17. Aoust 1561. reg. en la Cour des Monnoyes le   de la même année. *Fontanon t. 2. p.* 163.

Edit qui revoque & casse toutes les receptions de Procureurs, tant dans les Cours Souveraines, que dans les Jurisdictions subalternes, faites depuis la publication de la Declaration du 29. Aoust 1559. & ordonne que les Avocats exerceront à l'avenir l'une & l'autre Charge, sans qu'il soit besoin de Procureurs. A S. Germain en Laye en Aoust 1561. *Ioly t. 1. p.* 174.

Edit touchant la composition, reglement, & payement du guet de la ville de Paris, suivant les articles traitez, & déliberez en la Cour de Parlement. A S. Germain en Laye le 3. Septembre 1561. reg. le 13. du même mois. *Font. t. 1. p.* 892.

Edit portant que ceux qui tiennent des Hôtelleries, ne pourront les abandonner auparavant un an, à compter du jour de la publication du même Edit; & défenses à eux de rien exiger de ceux qu'ils logent, que suivant & conformément aux Ordonnances. A S. Germain en Laye en Septembre 1561. reg. le 24. Novembre suivant. *Font. t. 1. p.* 937.

Edit pour l'imposition des anciens cinq sols pour chacun muid de vin entrant dans les Villes & Bourgs du Royaume. A S. Germain en Laye le 22. Septembre 1561. reg. en la Cour des Aydes le 3. Decembre suivant. *Fontanon t. 2. p.* 1117. *Corbin p.* 314.

Declaration portant reglement pour les Statuts des Maîtres Vanniers & Quinqualliers de la ville de Paris. A S. Germain en Laye en Septembre 1561. regist. le 15. Janvier de la mesme année. *Fontanon t. 1. p.* 1120.

Edit portant confirmation des Privileges des Notaires du Châtelet de Paris. A S. Germain en Laye en Octobre 1561. reg. le 24. Novembre suivant. *Fontanon t. 2. p.* 1183. *Ioly t. 2. p.* 1672.

Declaration portant que les Notaires du Châtelet ne sont point compris dans la disposition des articles 83. & 84. des Ordonnances faites à Orleans au mois de Janvier 1560. A S. Germain en Laye le 11. Octobre 1561. reg. le 1. Decembre de la même année. *Font. t. 1. p. 711. Ioly t. 2. p. 1673.* CHARLES IX. 1561.

Declaration portant que les Recteur, Docteurs, Regens, Supposts, & autres membres du Corps de l'Université de Paris, sont exempts du fait, & contribution du guet qui se fait en la Ville & Fauxbourgs de Paris. A S. Germain en Laye le 13. Octobre 1561. registrée le 5. Janvier de la même année. *Fontanon t. 4. p. 427.*

Edit portant que le tiers des bois taillis appartenans aux gens d'Eglise, Archevêques, Evêques, &c. sera laissée pour croître en nature de bois de haute-fustaye. A S. Germain en Laye en Octobre 1561. *Fontanon t. 2. p. 304.*

Edit sur les moyens de remedier aux troubles, punir les seditieux, & contenir le peuple en paix, & en l'obeïssance du Roy. A S. Germain en Laye le 20. Octobre 1561. *Fontanon t. 4. p. 265.*

Edit portant reglement sur le port d'armes, contenant 8. articles. A S. Germain en Laye le 21. Octobre 1561. reg. le 25. du même mois. *Fontanon t. 1. p. 651.*

Edit portant reglement pour le payement des dixmes, & premices. A S. Germain en Laye le 28. Octobre 1561. reg. le 1. Juin 1552. *Fontanon t. 4. p. 515.*

Declaration portant que le Roy n'a pas entendu comprendre dans la disposition de l'article 85. des Ordonnances faites à Orleans en Janvier 1560. les Tabellionnages de son ancien Domaine, & qui ont esté créez, & érigez avant le regne du Roy François I. A S. Germain en Laye le 28. Octobre 1561. reg. le 1. Decembre suivant. *Fontanon t. 1. p. 712. Ioly t. 2. p. 1718.*

Declaration portant confirmation de certains articles dressez pour l'usage, & style des Notaires de la Province de Touraine. A S. Germain en Laye en Novembre 1561. reg. le 8. Fevrier 1563. *Ioly t. 2. p. 1745.*

Edit portant suppression des Offices de Notaires au Châtelet de Paris, qui viendront à vaquer, jusqu'à ce qu'ils soient reduits au nombre de soixante. A S. Germain en Laye le 6. Decembre 1561. reg. le 9. Fevrier de la même année. *Ioly t. 2. p. 1744.*

Edit portant que les droits de quints, requints, reliefs, rachapts, lots & ventes, &c. seront reservez pour estre employez à l'entretien des Châteaux, Maisons, & autres édifices appartenans au Roy. A S. Germain en Laye en Janvier 1561. registré en la Chambre des Comptes le 25. Fevrier suivant. *Fontanon t. 4. p. 679.*

Edit sur les moyens les plus propres pour appaiser les troubles

CHARLES IX. & seditions sur le fait de la Religion, portant permission de s'assembler hors les Villes pour y faire l'exercice de la nouvelle Religion. A S. Germain en Laye le 17. Janvier 1561. reg. le 6. Mars de la même année. *Fontanon t. 4. p. 267. Neron p. 789. Recueil des Edits de pacification p. 1. V. la Declarat. & les Lettres de jussion du 14. Fevrier, celles du 1. Mars suivant, & la Declaration du 11. Avril 1562.*

1561. Edit portant abolition de toutes Confrairies, & masques dans la ville de Lyon. A S. Germain en Laye le 5. Fevrier 1561. *Fontanon t. 1. p. 1086.*

Declaration en interpretation de quelques termes inserez dans l'Edit du 17. Janvier precedent. A S. Germain en Laye le 14. Fevrier 1561. reg. le 6. Mars de la même année. *Fontanon t. 4. p. 269. Neron p. 792. Recueil des Edits de pacific. p. 14.*

Lettres patentes portant jussion au Parlement pour la verification de l'Edit du 17. Janvier, & de la Declaration precedente. A S. Germain en Laye le 14. Fevrier 1561. reg. le 6. Mars audit an. *Fontanon t. 4. p. 270. Neron p. 794. Recueil des Edits de pacification, p. 19*

Edit portant reglement general pour toutes les Chancelleries de France, & les Officiers d'icelles, contenant 28. articles. A S. Germain en Laye en Fevrier 1561. *Font. t. 1. p. 154.*

Seconde jussion au Parlement pour la verification de l'Edit du 17. Janvier, & de la Declaration du 14. Fevrier precedens. A S. Germain en Laye le 1. Mars 1561. reg. le 6. du même mois. *Font. t. 4. p. 270. Recueil des Edits de pacification, p. 21.*

Edit portant exemption de Tailles en faveur du Clergé du Diocese de Châlons. A S. Germain en Laye le 6. Mars 1561. reg. le 5. Juin 1562. *Fontanon t. 4. p. 594.*

1562. Declaration portant reglement pour le pouvoir, & la Jurisdiction du Capitaine general des Galeres du Roy. A Amboise le 6. Avril 1562. reg. le 8. Juin 1563. *Fontanon t. 2. p. 1172. & t. 3. p. 30.*

Declaration sur l'Edit du 17. Janvier 1561. pour la pacification des troubles. A Paris le 11. Avril 1562. reg. le 14. du même mois. *Fontanon t. 4. p. 271.*

Declaration portant reglement pour le payement des dixmes qui sont dûës aux Ecclesiastiques du Diocese de Troyes. A Paris le 20. Avril 1562. aprés Pâques : registrée le 12. May suivant. *Fontanon t. 4. p. 516.*

Edit portant suppression de la Jurisdiction du Conservateur des Privileges de l'Université de la ville de Bourges, & réünion à celle du Bailly de la même Ville. A Paris en Avril 1562. reg. le 4. May suivant. *Ioly t. 2. p.* 950.

Edit portant création d'un Maître de chacun Métier dans toutes les Villes du Royaume, en faveur des joyeuses entrées du Roy dans chacune d'icelles. A Paris en Avril 1562. reg. le dernier Janvier 1563. *Fontanon t. 1. p.* 1687.

Edit portant création d'un Office de Notaire Royal dans la Baronnie de Boissonnelle. A Paris en May 1562. reg. le 23. Decembre suivant. *Ioly t. 2. p.* 1745.

Edit portant permission aux Ecclesiastiques des Archevêchez de Rheims, Sens, & Roüen, & des Evêchez suffragans, de vendre, & engager les joyaux, vaisseaux, &c. pour fournir au Roy la somme de 300000 liv. Au Bois de Vincennes en May 1562. reg. le 2. Juin de la même année. *Fontanon t. 4. p.* 528.

Declaration obtenuë par les Archevêque, & Ecclesiastiques du Diocese de Sens, portant que ceux qui resideront dans un de leurs Benefices, ne seront point obligez de resider dans les autres, en cas qu'ils en ayent plusieurs. A Blois le 14. Aoust 1562. reg. le 26. Novembre audit an. *Fontanon t. 4. p.* 223.

Lettres patentes portant confirmation des Statuts des Maîtres Armuriers, & Heaumiers de la ville de Paris. A Houdan en Septembre 1562. reg. le 10. Mars de la même année. *Fontanon t. 1. p.* 1128.

Declaration portant main-levée des défenses faites par l'art. 2. des Ordonnances faites à Orleans en Janv. 1560. touchant les Annates. A Chartres le 10. Janvier 1562. reg. le 25. du même mois. *Fontanon t. 4. p.* 192. *Ioly t. 2. addit. p.* 177.

Declaration portant confirmation des droits de manteaux deus à Messieurs les Presidens, & Conseillers Clercs du Parlement. A Chartres le 19. Janvier 1562. reg. le 1. Fevrier de la même année. *Ioly addit. t. 1. p.* 98.

Declaration portant reglement pour les Privileges des Officiers domestiques, & commensaux de la Maison du Roy, de la Reine-Mere du Roy, &c. A Blois le 13. Fevrier 1562. reg. au Parlement le 25. May 1563. *Fontanon t. 2. p.* 1149.

Edit portant permission d'exercer librement la Religion que l'on dit Reformée, & autres Reglemens pour la pacification des troubles du Royaume, contenant 15. articles. A Amboise le 19. Mars

CHARLES IX. 1562. reg. au Parlement, en la Chambre des Comptes, & en la Cour des Aydes le 27. du même mois. *Fontanon t. 4 p. 272. Neron p. 793. Recueil des Edits de pacification, p. 25.*

1563. Edit portant que doresnavant il n'y aura dans la ville de Villeneuve-le-Roy, qu'un Lieutenant Particulier du Bailly de Sens, dont les appellations ressortiront pardevant les Presidiaux, aux cas portez par l'Edit de leur création, & au Parlement és autres cas. A Paris en May 1563. reg. le 1. Juillet de la même année. *Ioly t. 1. p. 1136. V. la Declaration du 23. Iuin suivant.*

Declaration portant reglement pour le droit de dixiesme, qui appartient au Roy dans les mines, & minieres. A Troyes le 28. Mars 1563. reg. le 16. May 1564. *Fontanon t. 2. p. 445.*

Declaration portant défenses à ceux de la Religion qu'on dit Reformée, de travailler de leurs Métiers à boutiques ouvertes, les jours de Fêtes commandées par l'Eglise Catholique, Apostolique, & Romaine, sur peine de punition corporelle. Au Bois de Vincennes le 14. Juin 1563. reg. le 1. Juillet audit an. *Fontanon t. 4. p. 276.*

Lettres patentes portant Commission sur l'execution de l'Edit de pacification du 19. Mars 1562. Au Bois de Vincennes le 18. Juin 1563. *Fontanon t. 2. p. 274.*

Declaration en interpretation de l'Edit du mois de May precedent, portant que toutes les causes civiles & criminelles du Ressort du Comté de Tonnerre, & de tous les Bailliages, & Justices d'icelluy, seront portées tant en premiere instance, que par appel, pardevant le Bailly de Sens, & non pas pardevant les Officiers de Villeneuve-le-Roy. Au Château de Vincennes le 23. Juin 1563. *Ioly t. 2. p. 1137.*

Lettres patentes portant érection de la Vicomté de Thoüars en Duché, en faveur de Loüis Seigneur de la Tremoille, troisiéme du nom, Vicomte de Thoüars. A Gaillon en Juillet 1563. regist. le 21. Octobre de la même année. *V. les Lettres patentes du mois d'Aoust 1595.*

Ducs de Thoüars.

Loüis Seigneur de la Tremoille 3. du nom, créé Duc de *Thoüars*, par les Lettres precedentes, mourut le 25. Mars 1577.

Claude Seigneur de la Tremoille, Duc de *Thoüars*, créé Pair de France par celles du mois d'Aoust 1595. deceda le 25. Octobre 1604.

Henry Seigneur de la Tremoille, Duc de *Thoüars*, Pair de France, Chevalier des Ordres du Roy, &c.

Henry-Charles Seigneur de la Tremoille, Prince de Tarente, Duc de *Thoüars*, Pair de France. &c. mort. le 14. Septembre 1672.

Charles Belgique-Holland Seigneur de la Tremoille, Duc de *Thoüars*, Pair de France, &c.

Edit portant défenses aux Tresoriers de l'Epargne de lever, & expedier aucuns Mandemens patens sur les restes des comptes, & plus-valeurs. Au Château de Gaillon en Juillet 1563. reg. en la Chambre des Comptes le 23. du même mois. *Fontanon t. 2. p. 76.*

Edit qui fait défenses de porter des armes, & contient plusieurs Reglemens pour maintenir les Sujets de Roy en paix. A Roüen le 16. Aoust 1563. registré au Parlement de Roüen le 17. du même mois. *Ioly addit. t. 1. p.* 201. *Fontanon t. 2. p.* 11.

Acte de majorité fait par le Roy Charles IX. au Parlement de Roüen le 17. Aoust 1563. *Fontanon t. 2. p. 3. Ioly addit. t. 1. p.* 197.

Edit portant défenses d'imprimer aucuns Livres sans permission du Roy. A Mante le 10. Septembre 1563. reg. le 29. Novembre suivant. *Font. t. 4. p.* 375.

Edit portant défenses de faire aucuns échalats de bois de chesne, sur peine de confiscation des vignes pour l'acheteur, & de la marchandise pour le vendeur: & de couper les bois taillis plus souvent que de dix ans en dix ans. A Meulan le 24. Septembre 1563. reg. le 22. Novembre suivant. *Font. t. 1. p. 979.*

Edit portant suppression des Offices de Prevost General des Maréchaux de France dans la Province de Guyenne, & de ses Lieu-

CHARLES IX. tenans; & création de trois Offices de Vissenéchaux en leur place. A Paris en Octobre 1563. *Fontanon t. 1. p. 399. Ioly t. 2. p. 1152.*

1563. Edit portant défenses aux gens de guerre, & à tous autres de loger dans les maisons des Curez du Diocese de Paris, &c. A Paris le 18. Octobre 1563. reg. le 29. Novembre audit an. *Fontanon t. 4. p. 596.*

Declaration contre les Officiers Comptables & fugitifs. A Paris le 22. Octobre 1563. registrée en la Chambre des Comptes le 23. du même mois. *Fontanon t. 2. p. 657.*

Reglement fait au Conseil Privé du Roy, pour estre observé dans les Cours Souveraines du Royaume. A Paris le 22. Octobre 1563. registré le 13. May 1564. *Ioly t. 1. p. 323.*

Edit portant que les Prevost des Marchands, & Echevins de la ville de Paris jugeront sommairement, & sur le champ toutes les causes, dont la connoissance leur appartient; sans pouvoir les appointer à produire pardevers eux. A Paris le 22. Octobre 1563. registré le 22. Novembre suivant. *Fontanon t. 1. p.* 840.

Declaration pour la confection du papier terrier du Roy dans la Ville & Fauxbourgs de Paris, &c. A Paris le 8. Novembre 1563. *Fontanon t. 2. p.* 361.

Edit portant création, & établissement de la Jurisdiction des Juges & Consuls de la ville de Paris, & Reglement pour leur pouvoir, & competence, contenant 18. articles. A Paris en Novembre 1563. registré le 18. Janvier de la même année. *Ioly t. 2. p. 1282. Font. t. 1. p. 440. Corbin p. 717. Neron p. 325. Filleau part. 2. tit. 9. ch. 2 p. 413. V. les Edits & Declarations des mois de Decembre suivant, Aoust 1564. 28. Avril 1565.*

Edit portant permission à tous ceux qui sont creanciers de censives, rentes foncieres, & autres redevances de bail d'heritage perpetuelles, d'executer & saisir les heritages, & biens qui y sont sujets; & que les possesseurs ne pourront obtenir main-levée, qu'en payant trois années és mains du saisissant, &c. A Paris en Novembre 1563. registré le 23. Decembre suivant. *Fontanon t. 1. p.* 804.

Edit pour l'abbreviation des procez, & peines des temeraires plaideurs, contenant 14. articles. A Paris en Novembre 1563. registré au Parlement le 13. & en la Cour des Aydes le 30. Decembre de la même année. *Fontanon t. 1. p. 593. V. les Declarations des dernier Ianvier, 25. Fevrier, & 2. Mars audit an; & celles des 3. May & 22. Iuillet 1564. Cet Edit a esté enfin revoqué par une derniere Declaration du 1. Avril 1568.*

Declaration

CHARLES IX. 1563.

Declaration en execution de l'Edit du mois de May 1559. & des Declarations des 25. Juillet, & 3. Septembre 1561. portant reglement pour le Chevalier du guet de la ville de Paris, & ses Archers. A Paris le 20. Novembre 1563. reg. le 5. Janvier de la même année. *Fontanon t. 1. p.* 894.

Declaration portant reglement pour l'embellissement de la ville de Paris, & la tenir nette, & bien pavée. A Paris le 22. Novembre 1563. registrée le 4. Janvier audit an. *Fontanon t. 1. p.* 896.

Declaration pour l'execution de l'art. 9. des Ordonnances faites à Orleans en Janv. 1560. concernant les Prebendes Preceptoriales. A Paris le 22. Novembre 1563. *Fontanon t. 4. p.* 412.

Declaration portant attribution au Prevost de Paris, de la connoissance des contraventions à l'execution de celle du 18. Octobre precedent, faite en faveur des Ecclesiastiques du Diocese de Paris. A Paris le 24. Novembre 1563. reg. le 29. du même mois. *Font. t. 4. p.* 596.

Edit pour l'établissement des Juges, & Consuls des Marchands dans la ville de Bordeaux; & reglement pour leur Jurisdiction, contenant 22. articles. A Paris en Decembre 1563. reg. au Parlement de Bordeaux le 27. Avril 1564. *Ioly t. 2. p.* 1287. *V. la Declaration du 26. Iuillet* 1610.

Declaration sur l'Edit du 19. Mars 1562. pour la pacification des troubles, contenant 22. articles. A Paris le 14. Decembre 1563. reg. le 20. du même mois. *Fontanon t. 4. p.* 276. *Recueil des Edits de pacific. p.* 59.

Declaration en interpretation de l'Edit du mois de Mars 1558. pour la revocation de celuy du mois de May 1553. en ce qui concerne les aubaines, confiscations, &c. A Paris le 10. Janvier 1563. reg. au Parlement le 9. & en la Chambre des Comptes le 18. Mars de la même année. *Fontanon t. 1. p.* 802.

Declaration portant reglement pour l'execution de l'Edit du 22. Avril 1561. touchant la superfluité des habits, contenant 20. articles. A Paris le 17. Janvier 1563. *Fontanon t. 1. p.* 986. *V. celles des* 28. *du même mois*, 10. *Fevrier suivant, &* 20. *Fevrier* 1565.

Edit portant reglement pour le taux des vivres dans les Hôtelleries, &c. contenant 39. articles. A Paris le 20. Janvier 1563. reg. le 27. du même mois. *Fontanon t. 1. p.* 939.

Edit portant création de quatre Offices de Notaires Royaux en

V

CHARLES IX. la ville de Calais. A Paris en Janvier 1563. reg. le 9. Mars de la même année. *Ioly t. 2. p. 1747.*

1563. Edit portant suppression des Offices de Sergens dangereux des Eaux & Forets. A Paris en Janvier 1563. reg. le 8. Fevrier suivant. *Fontanon t. 2. p. 305.*

Edit portant reglement pour le bien, & reglement de la Justice, & Police du Royaume, en consequence de la reserve portée par l'art. 149. des Ordonnances faites à Orleans en Janvier 1560. & particulierement pour la reconnoissance des cedules, promesses, & billets, les recusations des Juges, la peremption d'instance, que l'année commencera, & sera comptée du premier jour du mois de Janvier, &c. contenant 39. articles. A Paris en Janvier 1563. reg. au Parlement de Bretagne le 8. May, & à celuy de Paris le 19. Decembre 1564. *Fontanon en sa Chron. p. 53. Neron p. 84. Corbin p. 420. C'est cet Edit qui est appellé l'Edit de Roussillon, à cause de la Declaration donnée en consequence à Roussillon le 9. Aoust 1564. V. l'Edit du mois de Decembre 1684.*

L'art. 39. de cet Edit porte: Voulons, & entendons qu'en tous Actes, Registres, Instrumens, Contrats, Ordonnances, Edits, Lettres, tant patentes que missives, & toute écriture privée, l'année cõmence dorénavant, & soit comptée du premier jour de ce mois de Janv. *mais il ne fut executé qu'au mois de Ianvier suivant, par lequel on commença l'année 1565. de maniere que l'année 1564. n'a point eu de mois de Ianvier, Fevrier, ny Mars. Il n'y eut que le Parlement qui persista dans l'ancien usage de commencer l'année à Pâques, parce qu'il avoit refusé de verifier cet article; de maniere que tous les Arrests de ces trois mois, & du commencement d'Avril, jusqu'à Pâques, sont dattés de l'année 1564. & ainsi on ne doit pas s'étonner s'il y a des Arrests desquels la datte semble estre anterieure à celle des Edits dont ils ordonnent la publication, & d'autres qui sont dattés des mois de Ianvier, Fevrier, ou Mars 1564.*

Edit portant pouvoir aux Ecclesiastiques de retirer, & racheter dans un an les biens qu'ils ont vendus, en consequence de celuy du mois de May precedent. A Paris en Janvier 1563. reg. au Parlement le 27. du même mois, & en la Chambre des Comptes le 8. Fevrier de la même année. *Fontanon t. 4. p. 543.*

Declaration en execution de celle du 17. du present mois, pour la superfluité des habits. A Paris le 28. Janvier 1563. *Fontanon t. 1. p. 988.*

Declaration pour l'execution de l'Edit du mois de Novembre precedent, pour l'abbreviation des procez, &c. A Paris le dernier Janvier 1563. *Font. t.* 1. *p.* 595. CHARLES IX.

1563.

Edit portant permission à quelques Ecclesiastiques du ressort du Parlement de Paris, de vendre les biens de leurs Benefices, jusqu'à la concurrence de 60. mille livres de rente. A Fontainebleau en Fevrier 1563. reg. au Parlement le 16. en la Chambre des Comptes le 21. & en la Cour des Aydes le 24. du même mois. *Fontanon t.* 4. *p.* 547.

Declaration en execution de celle du 17. Janvier precedent, pour la superfluité des habits. A Fontainebleau le 10. Fevrier 1563. reg. le 28. du même mois. *Font. t.* 1. *p.* 988.

Edit portant qu'il n'y aura en toute la Seigneurie d'Argenteüil, qu'un Bailly, dont les appellations ressortiront nuëment au Parlement de Paris. A Fontainebleau le 19. Fevrier 1563. registré le 24. Mars de la même année, avant Pâques. *Ioly t.* 2. *p.* 861.

Edit portant reduction des mesures du charbon, & de l'avoine dans la ville de Paris, à l'ancienne mesure, nonobstant celuy du mois d'Octobre 1557. A Fontainebleau le 21. Fevrier 1563. registré le 7. Mars de la même année. *Font. t.* 1. *p.* 978.

Declaration en execution de l'Edit du mois de Novembre precedent, pour l'abbreviation des procez, &c. A Fontainebleau le 25. Fevrier 1563. *Fontanon t.* 1. *p.* 596.

Autre Declaration en execution du même Edit. A Fontainebleau le 2. Mars 1563. reg. le 11. Avril 1564. aprés Pâques. *Fontanon t.* 1. *p.* 596.

Edit portant établissement, & érection d'un Bureau des droits du Domaine, & de la Doüanne dans la ville de Lyon. A Fontainebleau en Mars 1563. registré le 21. des même mois & an. *Fontanon t.* 2. *p.* 515.

Declaration pour l'execution de l'Edit du mois de Novembre 1563. pour l'abbreviation des procez. A Bar-le-Duc le 3. May 1564. *Fontanon t.* 1. *p.* 599. 1564.

Autre Declaration pour la même chose. A Bar-le-Duc le 3. May 1564. *Fontanon t.* 1. *p.* 600.

Edit par lequel il est défendu tant aux Secretaires d'Etat, que des Finances, de changer aucunes assignations, & aux Tresoriers de l'Epargne d'assigner aucunes personnes sur les restes, & plus valeurs, &c. contenant 8. articles. A Bar-le-Duc le 4. May 1564. reg. en la Chambre des Comptes le 1. Juillet de la même année. *Font. t.* 2. *p.* 663.

CHARLES IX. Edit portant suppression de la Charge de Lieutenant Criminel de Robe courte à Chartres, & création d'un Office de Vicebailly, &c. A Lyon en Juin 1564. registré le 11. Decembre de la même année. *Pinson p.* 541. *Joly t.* 2. *p.* 1119.

1564. Edit portant que l'exercice de la Religion Pretenduë Reformée, permis par celuy du mois de Mars 1562. cessera, & ne se fera pendant le sejour du Roy, dans les lieux où il estoit étably auparavant. A Lyon le 24. Juin 1564. registré le 13. Juillet de la même année. *Fontanon t.* 4. *p.* 279.

Edit portant alienation de soixante & seize mille livres de rente rachetable à perpetuité, à prendre tant sur la subvention du Clergé, que de la recepte de Paris. A Lyon en Juillet 1564. registré au Parlement le 27. en la Chambre des Comptes le dernier du même mois, & en la Cour des Aydes le 4. Aoust suivant. *Fontanon t.* 4. *p.* 548.

Edit portant suppression de l'Office de Conservateur des Privileges de l'Université de Paris, & réünion à celuy de Lieutenant General-Civil. A Roussillon en Juillet 1564. registré le dernier du même mois. *Joly t.* 2. *p.* 951.

Edit portant suppression des Offices de Prevost General des Maréchaux, & de ses Lieutenans, dans les païs, & Senéchaussées de Poitou, Angoumois, Ville & Gouvernement de la Rochelle; & création de ceux de Vicesenéchal, Lieutenant, Greffier, & vingt Archers. A Roussillon en Juillet 1564. registré le 14. Decembre suivant. *Joly t.* 2. *p.* 1153.

Declaration portant confirmation des Privileges des Habitans de la ville de Montargis. A Roussillon en Juillet 1564. registrée le 14. Aoust de la même année. *Privil. de Montarg. p.* 105.

Declaration pour l'execution de l'Edit du mois de Novembre 1563. pour l'abbreviation des procez. A Roussillon le 22. Juillet 1564. registrée le 11. Aoust suivant. *Fontanon t.* 1. *p.* 601.

Declaration en interpretation de l'Edit de pacification du mois de Mars 1562. contenant 11. articles. A Roussillon le 4. Aoust 1564. *Fontanon t.* 4. *p.* 279.

Declaration en consequence de l'Edit fait à Paris en Janvier 1563. suivant la reserve portée en l'art. 149. des Ordonnances faites à Orleans en Janvier 1560. contenant 6. articles. A Roussillon le 9. Aoust 1564. registrée le 19. Decembre de la même année. *Fontanon en sa Chron. p.* 54. *Neron p.* 91. *Corbin p.* 431.

Declaration portant ampliation de l'Edit du mois de Juillet precedent, pour l'alienation de 76000 livres de rente, &c. A Roussillon le 13. Aoust 1564. *V. la Declar. du* 10. *Septembre suivant.*

Declaration portant renvoy aux Deputez du Clergé, de tous les procez pour raison des taxes, & cottisations entre les Ecclesiastiques. A Roussillon le 14. Aoust 1564. reg. le 5. Avril 1564. *Recueil des Edits du Clergé, p.* 1.

Edit portant reglement general pour la Jurisdiction des Prevosts des Maréchaux, contenant 4. articles. A Roussillon en Aoust 1564. *Fontanon t.* 1. *p.* 400. *Ioly p.* 1154. *Neron p.* 270. *Montarlot p.* 100. *Pinson p.* 300.

Declaration pour l'établissement d'un Juge, & deux Consuls des Marchands dans la ville de Bourges, conformément à l'Edit du mois de Novembre 1563. A Roussillon en Aoust 1564. reg. le 20. Novembre de la même année. *Fontanon t.* 4. *p.* 680.

Declaration portant confirmation de l'alienation de 76000. liv. de rente, faite en consequence de l'Edit du mois de Juillet, & de la Declaration du 13. Aoust precedens. A l'Etoile le 10. Septembre 1564. reg. au Parlement le 18. & en la Chambre des Comptes le 23. du même mois. *Fontanon t.* 4. *p.* 551.

Jussion au Parlement pour la verification de l'Edit du mois de Juin precedent, portant suppression de la Charge de Lieutenant Criminel de Robe courte à Chartres, &c. A l'Etoile le 12. Septembre 1564. reg. le 11. Decembre de la même année. *Ioly t.* 2. *p.* 1119.

Declaration par laquelle il est ordonné que toutes les procedures qui se feront par les Ecclesiastiques du Royaume, en la vente des bois, tant de haute fustaye, que taillis, pour le rachat de leur temporel, seront communiquées aux Maîtres des Eaux & Forests du Royaume. A Montelimart le 15. Septembre 1564. reg. le 28. Novembre suivant. *Font. t.* 4. *p.* 529.

Edit portant ampliation de celuy du 18. Juillet 1540. pour l'entrée des draps de soye, or, &c. dans les Villes, &c. contenant 17. articles. A Avignon le 14. Octobre 1564. reg. au Parlement le 23. Novembre, & en la Chambre des Comptes le 22. Decembre de la même année. *Fontanon t.* 2. *p.* 516.

Declaration pour faire abattre les saillies, & ostevens des maisons de la ville de Paris. A Montpellier le 29. Decembre 1564. *Fontanon t.* 1. *p.* 845.

Declaration portant prolongation pour six mois du delay d'un an, accordé aux Ecclesiastiques par l'Edit du mois de Janvier 1563. pour

CHARLES IX. retirer leurs biens alienez. A Montpellier le 29. Decembre 1564. reg. le 30. Janvier 1564. *Fontanon t. 4. p. 553.*

1564. Lettres patentes addressantes au Parlement de Bordeaux, pour l'enregistrement des articles accordez au Conseil du Roy le 5. Septembre precedent, à ceux de la Religion qu'on dit Reformée. A Montpellier le 29. Decembre 1565. regist. le 30. Avril 1565. *Fontanon t. 4. p. 281.*

1565. Edit portant reglement pour la reception, & capacité des Officiers Comptables. A Carcassonne le 16. Janvier 1565. reg. en la Chambre des Comptes le 7. Fevrier suivant. *Fontanon t. 2. p. 1140. Fournival p. 279.*

Declaration pour l'execution des Edits, & Declarations des 22. Avril 1561. 17. Janvier 1563. & autres touchant la superfluité des habits. A Tholose le 20. Fevrier 1565. *Font. t. 1. p. 943.*

Edit portant défenses de recevoir aucuns serviteurs, ou servantes, s'ils ne rapportent un certificat du Maître de chez lequel ils sortent, & du sujet de leur congé. A Tholose le 21. Fevrier 1565. *Font. t. 1. p. 1011.*

Declaration sur l'Edit du 14. Octobre 1564. pour l'entrée des draps, &c. en France. A Tholose le 23. Fevrier 1565. reg. le 7. Septembre de la même année. *Fontanon t. 2. p. 519.*

Declaration portant renvoy en la Chambre de la Tournelle Criminelle du Parlement de Tholose, de toutes les instances, & procez pendans & indecis, pardevant les Commissaires députez pour l'execution de l'Edit de pacification du 19. Mars 1562. entre les sujets du Roy de la Province de Languedoc. A le 8. Mars 1565. *V. la Declar. du 9. Avril suivant.*

Declaration portant reglement pour le jugement, & la décision des procez renvoyez en la Chambre de la Tournelle Criminelle du Parlement de Tholose, par celle du 8. Mars precedent, contenant 6. articles. A Bordeaux le 9. Avril 1565. registrée au Parlement de Tholose le 17. du même mois. *Font. t. 4. p. 285.*

Declaration en interpretation de l'Edit du mois de Novembre 1563. pour l'établissement d'un Juge, & quatre Consuls en la ville de Paris, contenant 7. articles. A Bordeaux le 28. Avril 1565. reg. le 19. Juillet suivant. *Fontanon t. 1. p. 442. Corbin p. 723. Neron p. 328. Filleau part. 2. tit. 9. ch. 3. p. 415.*

Declaration portant reglement sur le prix, debit, & vente des bûches, cotterets, fagots, & bourrées. A Bordeaux le 29. Avril 1565. reg. le 29. May de la même année. *Font. t. 1. p. 897.*

CHARLES IX. 1565.

Edit portant défenses à toutes personnes d'aller armez de corps de cuirasse, &c. & de faire aucunes Assemblées illicites. A Bordeaux le dernier Avril 1565. *Fontanon t. 1. p. 653.*

Lettres patentes portant érection du Vicomté d'Usez en Duché, en faveur d'Antoine de Crussol, Vicomte d'Usez, & de ses successeurs, &c. A en May 1565. reg. au Parlement de Tholose le 26. Mars 1566. *V. les Lettres du mois de Janvier 1572.*

Ducs d'Usez.

Charles de Crussol, Vicomte d'Usez.

Antoine de Crussol créé Duc d'Usez, mort sans posterité.	Jacques de Crussol Duc d'Usez, créé Pair de France, Chevalier des Ordres du Roy, &c.

Emmanuel de Crussol, Duc d'Usez, Pair de France, Chevalier des Ordres du Roy, &c. mort le 19. Juillet 1657.

François de Crussol, Duc d'Usez, Pair de France, Chevalier des Ordres du Roy, &c.

Emmanuel de Crussol II. du nom, Duc d'Usez, Pair de France, &c.

Declaration portant que les Receveurs, tant generaux, que particuliers, seront tenus de délivrer leurs deniers aux jours, quartiers, & termes marquez par les Ordonnances, à peine du quadruple, &c. A Bayonne le 8. Juin 1565. reg. en la Chambre des Comptes le 3. Juillet de la même année. *Fontanon t. 2. p. 665.*

Edit portant défenses de transporter les bleds, & grains hors du Royaume. A Bayonne le 8. Juin 1565. *Fontanon t. 1. p. 962.*

Edit portant création, & établissement de deux Foires franches par chacun an à perpetuité dans la ville de Bordeaux. A Bazas en Juin 1565. reg. au Parlement de Bordeaux le 9. Aoust de la même année. *Fontanon t. 1. p. 1082.*

Declaration portant confirmation des Statuts des Maîtres Feures Coustelliers, Graveurs, & Doreurs sur fer, & acier trempé, & non trempé de cette ville de Paris. A la Rochelle en Septembre 1565.

CHARLES IX. *V. la Declaration du 4. Novembre* 1566.

1565. Edit portant reglement general pour les Jurisdictions du païs & Duché de Bretagne. A Château-Briand en Octobre 1565. reg. au Parlement de Bretagne les 1. Decembre 1565. & 11. Fevrier 1566. *Ioly t. 1. p.* 567.

Edit portant reglement general pour la poursuite, & instruction des procez criminels au païs, & Duché de Bretagne, &c. A Châteaubriand en Octobre 1565. reg. au Parlement de Bretagne le 19. Aoust 1566. *Ioly t. 2. p.* 1109.

Edit pour l'établissement de la Jurisdiction des Juges & Consuls de la ville de la Rochelle. A Châteaubriand en Novembre 1565. registré le 7. Fevrier 1565. *Corbin p.* 734.

Edit portant défenses de lever aucuns deniers sans la permission du Roy. Au Plessis-lés-Tours le 29. Novembre 1565. *Fontanon t. 2. p.* 861.

Edit portant que toutes rentes volantes constituées en bled, seront reduites en argent, au prix du denier douze, &c. A Tours le penultiéme Novembre 1565. registré le 3. Avril 1565. *Corbin p.* 768. *Neron p.* 422.

Edit portant création des Offices d'un Vicesenéchal, un Lieutenant, un Greffier, & 24. Archers, dans le Duché de Bourbonnois. A Blois en Decembre 1565. registré le 26. Mars 1565. avant Pâques. *Fontanon t. 1. p.* 402.

1566. Relief d'adresse au Parlement de Paris, de l'Edit du mois de Decembre 1565. portant création d'un Office de Prevost des Maréchaux dans la Province de Bourbonnois. A Moulins le 18. Janvier 1566. registré le 26. Mars 1565. *Ioly t. 2. p.* 1156.

Declaration portant que les Savoyards qui estoient habituez dans le Royaume, avant la restitution du Duché de Savoye, & qui y sont demeurez depuis, sont reputez regnicoles, & comme tels capables de, &c. A Moulins le 5. Fevrier 1566. reg. le 21. May suivant. *Fontanon t. 2. p.* 442.

Declaration portant que celle du 28. Avril 1565. sera gardée, & observée tant par les Juges & Consuls de la ville d'Angers, que par ceux des autres villes du Royaume. A Moulins le 16. Fevrier 1566. registrée le 4. Avril 1565. avant Pâques. *Ioly t. 2. p.* 1291. *Neron p.* 330. *Corbin p.* 725.

Declaration portant don au Duc d'Anjou des Duchez d'Anjou, & de Bourbonnois, du Comté de Forests, & de la Seigneurie de Chenonceau, pour en joüir par luy à titre de Pairie, & d'appanage;

nage; à la charge qu'en defaut de mâle descendant par la ligne des mâles dudit Duc d'Anjou, ils retourneront à la Couronne, &c. A Moulins le 8. Fevrier 1566. registrée le 21. Mars suivant. *Fontanon t. 2. p. 24.* CHARLES IX. 1566.

Declaration portant pouvoir au Duc d'Anjou de nommer, & presenter, sa vie durant, aux Offices des terres de son appanage, A Moulins le 8. Fevrier 1566. reg. le 21. Mars suivant. *Fontanon t. 2. p. 26.*

Declaration portant don à François de France des Duché d'Alençon, Terres, & Seigneuries de Château-Thierry, Chastillon-sur-Marne, & Espernay, qui sont créez, & érigez en Duché, & des Comtez du Perche, Gisors, Mante, & Meulan, avec la Terre & Seigneurie de Vernon, pour tenir par luy lesdits Duchez, & Comtez à titre de Pairie, & en appanage; à la charge & condition qu'à defaut de mâle descendant de la ligne des mâles, cet appanage retournera à la Couronne. A Moulins le 8. Fevrier 1566. registrée le 21. Mars suivant. *Font. t. 2. p. 27. V. les Lettres patentes des mois de Fevrier 1652. & Aoust 1662.*

Declaration portant pouvoir au Duc d'Alençon de nommer, & presenter aux Offices des Duchez d'Alençon, & de Château-Thierry, & des Comtez du Perche, &c. A Moulins le 8. Fevrier 1566. registrée le 21. Mars suivant. *Fontanon t. 2. p. 29.*

Edit portant reglement pour la Gendarmerie, Tresoriers extraordinaires des guerres, & Payeurs des Compagnies, Commissaires, & Controlleurs ordinaires des guerres. A Moulins le 12. Fevrier 1566. registré en la Chambre des Comptes le 22. Mars suivant. *Fontanon t. 2. p. 849. & t. 3. p. 105.*

Edit qui fait défenses de porter des bâtons à feu, sur peine de confiscation de corps, & de biens, même de contrevenir aux Ordonnances faites pour la pacification du Royaume, & de jurer, & blasphemer le nom de Dieu, contenant 9. articles. A Moulins le 12. Fevrier 1566. registré le 25. du même mois. *Fontanon t. 1. p. 654.*

Edit portant reglement pour l'élection des Capitaines, & Lieutenans des Arbalestriers, & Harquebusiers de la ville de Paris. A Moulins en Fevrier 1566. registré le 16. Juillet suivant. *Fontanon t. 1. p. 1125.*

Edit portant reglement general pour le Domaine du Roy, contenant 21. articles. A Moulins en Fevrier 1566. registré le 13. May suivant. *Fontanon t. 2. p. 365.*

CHARLES IX.

1566.

Edit portant que les terres, prez, marais, & palus vagues appartenans au Roy, seront donnez à cens & rentes. A Moulins en Fevrier 1566. registré au Parlement le 27. & en la Chambre des Comptes le dernier May suivant. *Fontanon t. 2. p. 364.*

Edit portant suppression de plusieurs Offices Comptables, & des Chambres des Comptes de Dijon, Dauphiné, Provence, Montpellier, Nantes, & Blois, reduction de celle de Paris, au nombre d'Officiers dont elle estoit composée lors de sa premiere institution: Reglement general pour l'administration des Finances, &c. contenant 15. articles. A Moulins en Fevrier 1566. registré en la Chambre des Comptes le 18. May suivant. *Fontanon t. 2. p. 666.*

Declaration portant que le Procureur du Roy au Bailliage de Troyes, n'est pas compris dans l'Edit du 4. Septembre 1559. portant revocation des survivances accordées, &c. A Moulins le dix-huitiéme Fevrier 1566. registrée le 27. Aoust suivant. *Ioly t. 2. p. 1245.*

Declaration pour l'execution de celle du 20. Janvier 1563. touchant le taux des vivres, contenant 6. articles. A Moulins le 19. Fevrier 1569. *Fontanon t. 1. p. 944.*

Declaration portant que tous les fruits, & revenus qui proviennent des Regales appartenans au Roy, seront employez aux reparations, & entretenemens du Service divin de la sainte Chapelle de Paris, &c. A Moulins le vingtiéme Fevrier 1566. registrée en la Chambre des Comptes le douziéme Mars suivant. *Servin vol. 3. Plaid 2.*

Ordonnances faites pour le reglement de la Justice, la Police, & le gouvernement du Royaume, contenant 86. articles. A Moulins en Fevrier 1566. registrées le 24. Juillet suivant. *Font. t. 2. en sa Chron. p. 57. Neron p. 92. Corbin p. 434.*

Declaration portant confirmation des Statuts des Maîtres Fourbisseurs, & Garnisseurs d'épées, & autres bâtons au fait d'armes de la ville de Paris, contenant 29. articles. A Moulins en Mars 1566. registrée le 8. Fevrier 1567. *Fontanon t. 1. p. 1130.*

Declaration portant que quand il vaquera une des places de Professeur du Roy dans l'Université de Paris, on le fera sçavoir aux Universitez les plus fameuses, & personne n'en sera pourvû, qu'il n'ait esté jugé le plus capable par la dispute. A Moulins le 8. Mars 1566. registrée le 2. Avril 1565. avant Pâques. *Fontanon t. 4. p. 427.*

Edit portant création des Juges & Consuls dans la ville de Poitiers, & reglement pour leur pouvoir, & Jurisdiction. A S. Maur des Fossez en May 1566. registré le 28. Juin de la même année. *Joly t. 2. p.* 1891. CHARLES IX. 1566.

Declaration portant reglement pour la Jurisdiction des Vicomtes de la Province de Normandie, contenant 15. articles. A saint Maur le 14. May 1569. registrée au Parlement de Roüen le 30. Aoust de la même année. *Joly t.* 1. *p.* 420.

Declaration portant que les Officiers de la Reine-Mere du Roy dans les terres, & païs dont elle joüit pour ses dot, doüaire, &c. s'intituleront Officiers du Roy, & de la Reine-Mere. A S. Maur des Fossez le 25. May 1566. registrée le 30. Juillet audit an. *Font. t.* 2. *p.* 20. *Joly addit. t.* 1. *p.* 122.

Declaration portant confirmation des Foires du Lendy, & de S. Denis. A S. Maur le 10. Juin 1566. registrée le 25. du même mois. *Fontanon t.* 1. *p.* 1081.

Edit portant décry de certaines Monnoyes. A S. Maur le 15. Juin 1566. registré en la Cour des Monnoyes le 28. du même mois. *Fontanon t.* 2. *p.* 175.

Declaration portant défenses de faire aucune recherche du revenu annuel du Clergé du Royaume de France. A S. Maur des Fossez le 29. Juin 1566. registrée le 13. Aoust de la même année. *Fontanon t.* 4. *p.* 530.

Edit portant défenses aux Juges des Seigneurs hauts-Justiciers du ressort du Bailliage de Senlis, de connoître des oppositions, & differends concernans les obligations faites sous le séel Royal. A Paris le 2. Juillet 1566. registré le 6. Decembre suivant. *Joly t.* 2. *p.* 859.

Declaration portant reglement pour les Tailleurs d'habits de la ville de Paris. A Paris en Juillet 1566. registrée le 16. Aoust de la même année. *Font. t.* 1. *p.* 1088.

Declaration portant confirmation des reglemens pour le métier de Couvreur de maisons dans la ville de Paris. A Paris en Juillet 1566. registrée le 6. Septembre audit an. *Fontanon t.* 1. *p.* 1136.

Declaration portant confirmation des Statuts, & Reglemens concernans le métier de Paticier & Oublayer de la ville de Paris. A Paris en Juillet 1566. registrée le 10. Fevrier de l'année suivante. *Fontanon t.* 1. *p.* 1154.

Declaration portant confirmation, & interpretation des Ordonnances faites à Orleans en Janvier 1560. à Paris en Janvier 1563. &

CHARLES IX. 1566. à Moulins en Fevrier de la presente année, avec injonction de les publier, si elles ne l'ont esté. A Paris le 10. Juillet 1566. registrée le 23. du même mois. *Fontanon t. 1. en sa Chron. p. 59. Neron p. 110. Corbin p. 463.*

Declaration portant prolongation du temps accordé aux Ecclesiastiques pour racheter leurs biens alienez, &c. A Paris le 11. Juillet 1566. registrée le 8. Aoust de la même année. *Fontanon t. 4. p. 554.*

Edit portant qu'il ne sera fait aucune érection de Terres & Seigneuries en Duchez, Marquisats, ou Comtez, que ce ne soit à la charge que venans les proprietaires de ces Terres à deceder sans hoirs mâles, elles seront unies inseparablement au Domaine de la Couronne, &c. A Paris en Juillet 1566. registré en la Chambre des Comptes le 7. & au Parlement le 29. Aoust suivant. *Fontanon t. 2. p. 414.*

Declaration pour la Jurisdiction des Juges & Consuls établis dans la ville de Bordeaux, par Edit du mois de Decembre 1563. contenant 12. articles. A Paris le 20. Juillet 1566. *Ioly t. 2. p. 1289.*

Declaration portant qu'en cas de maladie, absence, ou autre legitime empêchement de deux des trois Juges & Consuls établis dans la ville de Bordeaux, par l'Edit du mois de Decembre 1563. celuy ou ceux qui restent, assisté du plus ancien des Marchands, ou en leur defaut des deux plus anciens des Marchands, pourront juger. A Paris le 22. Juillet 1566. *Ioly t. 2. p. 1289.*

Declaration portant reglement pour le payement de la Doüanne, pour l'entrée des draps, & fils d'or, d'argent, & de soye, & autres marchandises foraines d'Italie, Espagne, & Levant, qui entrent dans le Royaume, contenant 23. articles. A Paris le 25. Juillet 1566. *Fontanon t. 2. p. 520.*

Edit portant reglement pour l'administration de l'Hôpital du S. Esprit de la ville de Paris, & l'éducation des enfans qui y sont élevez. A Paris en Juillet 1566. registré le 6. Septembre de la même année. *Fontanon t. 1. p. 917.*

Edit portant exemption en faveur de certain nombre de personnes, en chacune Paroisse du Royaume, de toutes Commissions, tant Royales, que de Communauté, ordinaires & extraordinaires, &c. contenant 8. articles. A Gaillon en Septembre 1566. *Fontanon t. 2. p. 1185.*

Declaration portant reglement pour la forme de l'élection de quatre Maîtres & Gardes de la marchandise de Drapperie de la ville de

Paris. A Paris en Octobre 1566. registrée le 23. Decembre suivant. *Fontanon t. 1. p. 1032.* CHARLES IX. 1566.

Declaration portant que les parties qui plaident au Parlement de Bretagne, ne pourront recuser plus que la troisiéme partie des Presidens, & Conseillers dudit Parlement. A Paris le 15. Octobre 1566. registrée au Parlement de Rennes le 6. Fevrier suivant. *Ioly t. 1. p. 564.*

Edit portant défenses à ceux qui saisissent, arrestent aucuns deniers par autorité de Justice, entre les mains des Receveurs generaux des Finances, &c. de leur donner assignation pour affirmer, &c. A Paris le 18. Octobre 1566. registré le 23. Decembre de la même année. *Fontanon t. 2. p. 1142.*

Edit portant suppression de l'Office d'Avocat du Roy au siege de la Table de Marbre du Palais à Paris; & réünion à celuy de Procureur du Roy au même Siege. A Paris le 25. Octobre 1566. registré le 2. Decembre suivant. *Fontanon t. 2. p. 305.*

Lettres patentes portant érection de la Terre de Roüannois en Duché, en faveur de Claude Gouffier, Marquis de Boisy. A en Novembre 1566. registrées le 14. Juin 1567.

Ducs de Roüannois.

Claude Gouffier, Duc de Roüannois, Marquis de Boisy, &c.

Gilbert Gouffier, Duc de Roüannois, Marquis de Boisy, &c.

Loüis Gouffier, Duc de Roüannois, Marquis de Boisy, &c. mort le 16. Decembre 1642.

Henry Gouffier, Marquis de Boisy, tué au combat de saint Iberquerque le 14. Aoust 1639.

Artus Gouffier, Duc de Roüannois, qui a embrassé l'Etat Ecclesiastique.

Charlotte Gouffier, Duchesse de Roüannois, mariée avec François d'Aubusson, Duc de le Feüillade, Maréchal de France.

Declaration pour l'execution de l'art. 72. de l'Ordonnance du

CHARLES IX. mois de Juin 1510. touchant l'execution des Sentences de condamnation d'amende, nonobstant l'appel. A S. Maur en Novembre 1566. registré le 23. Decembre de la même année. *Font. t. 1. p. 624. Joly t. 2. p. 850. Neron p. 251.*

1666. Declaration pour l'explication du dernier article des Statuts des Maîtres Feures-Coûteliers, Graveurs, & Doreurs sur fer, & acier trempé, & non trempé, de la ville de Paris, à eux accordez par la Declaration du mois de Septembre 1565. A S. Maur le 4. Novembre 1566.

Declaration sur l'Ordonnance faite à Moulins au mois de Fevrier de la presente année. A Paris le 11. Decembre 1566. registrée le 23. du même mois. *Neron p. 113. Corbin p. 470.*

Edit portant qu'il sera payé deux & demy pour cent, sur le prix des vivres, pour payer ceux qui seront commis pour faire observer les Ordonnances faites sur le taux des vivres, dans les Cabarets & Hôtelleries. A Paris en Decembre 1566. *Fontan. t. 1. p. 945. V. la Commission du 9. Avril suivant.*

Declaration portant que les Juges & Consuls dès Villes du Royaume, où cette Jurisdiction est établie, prêteront le serment lors qu'ils entreront en exercice, pardevant les Baillifs, & Senéchaux, ou leurs Lieutenans. A Paris le 16. Decembre 1566. registrée le 17. Fevrier de l'année suivante. *Fontanon t. 1. p. 444. Neron p. 331. Corbin p. 728.*

1567. Declaration portant reglement pour la forme du payement de la Gendarmerie, contenant 26. articles. A Paris le 13. Janvier 1567. reg. en la Chambre des Comptes le 21. du même mois. *Fontanon t. 1. p. 849. & t. 3. p. 182.*

Declaration portant que par l'art. 15. de l'Ordonnance faite à Moulins au mois de Fevrier 1566. le Roy n'a point entendu que les Juges Presidiaux, Sieges Particuliers fussent empêchez dans l'exercice de leurs charges; mais que sa volonté est qu'ils jugent presidialement, jusques à ce qu'ils soient reduits à moindre nombre que six, par mort, forfaiture, ou remboursement. A Paris le 18. Janvier 1567. de la même année. *Font. t. 1. p. 362.*

Declaration portant que toutes les saisies & arrests, procedures, Jugemens, &c. obtenus contre les Comptables au préjudice de celle du 2. Avril 1553. sont nulles, & de nul effet & valeur. A Paris le 20. Janvier 1567. registrée le 3. Mars de la même année. *Fontanon t. 2. p. 1143.*

Declaration pour la recherche, perquisition, & poursuite des Usutiers. A Paris le 20. Janvier 1567. *Fontanon t.* 1. *p.* 677.

Edit portant défenses de transporter hors du Royaume aucunes marchandises, sur peine de confiscation, excepté du sel. A Paris le 8. Fevrier 1567. registré le 26. Aoust de la même année. *Fontanon t.* 3. *p.* 27.

Declaration pour les Statuts des Grossiers, Merciers, & Joüailliers de la ville de Paris. A Paris en Fevrier 1567. reg. le 2. May suivant. *Fontanon t.* 1. *p.* 1052.

Declaration pour les Statuts, & Privileges des trente-quatre Jurez Vendeurs de vin de la ville de Paris. A Paris en Fevrier 1567. reg. le 14. Avril audit an. *Fontanon t.* 1. *p.* 1140.

Declaration portant reglement pour la Jurisdiction des Presidiaux, & du Vicesenéchal de la Province de Bourbonnois, Presidiaux, & du Prevost des Maréchaux de la ville d'Orleans, & pour la forme de juger les procez que lesdits Vicesenéchal, ou Prevost auront instruits. A Paris le 12. Fevrier 1567. *Ioly t.* 2. *p.* 1158. *Filleau part.* 2. *tit.* 3. *ch* 13. *p.* 85.

Declaration portant confirmation des Privileges, & exemptions des Chirurgiens de la ville de Paris. A Fontainebleau en Mars 1567. reg. au Parlement le 14. en la Chambre des Comptes le 27. May & en la Cour des Aydes le 16. Aoust de la même année. *Font. t.* 4. *p.* 464.

Edit portant reduction des rentes constituées au denier douze. A Fontainebleau en Mars 1567. *Fontanon t.* 1. *p.* 770.

Edit portant pouvoir au Senéchal, & gens tenant le Siege Presidial de la ville de Lyon, de juger en dernier ressort les Ouvriers des draps d'or, d'argent, & de soye, qui se fabriquent dans la même Ville, quand ils seront convaincus d'avoir volé desdites étoffes. A Fontainebleau le 20. Mars 1567. *Fontanon t.* 1. *p.* 1045.

Lettres patentes pour l'execution du reglement arresté au Conseil du Roy le 4. Fevrier de la presente année, pour la Police generale du Royaume. A Fontainebleau le 25. Mars 1567. *Fontanon t.* 1. *p.* 805.

Commission pour l'execution de la Declaration du mois de Decembre 1566. touchant les deux & demy pour cent, qui doivent estre levez sur le prix des vivres. A Fontainebleau le 9. Avril 1567. *Fontanon t.* 1. *p.* 947.

Declaration portant défenses de saisir, & arrester entre les mains du Tresorier de l'Epargne, les gages des Officiers du Roy, &c. A

CHARLES IX. Fontainebleau le 10. Avril 1567. registrée le 9. Juin suivant. *Font. t.* 2. *p.* 1144.

1567. Declaration portant prolongation pour un an du delay accordé aux Ecclesiastiques pour racheter leurs biens alienez. A S. Maur le 14. May 1567. *Fontanon t.* 4. *p.* 557.

Edit portant que s'il survient quelque affaire criminelle en la Chambre des Comptes, les Officiers de ladite Chambre procederont à l'instruction du procez, jusqu'au jugement de torture exclusivement : & pour prendre les conclusions deffinitives, ou de torture, les Avocats & Procureurs generaux, tant du Parlement, que de la Chambre des Comptes, s'assembleront pour les prendre d'un commun accord : & seront lesdits procez jugez diffinitivement en la Chambre du Conseil de ladite Chambre des Comptes, où assisteront un President, cinq Conseillers du Parlement, ou six au plus, & un President, & cinq Maîtres des Comptes, ou six au plus, y presidant celuy du Parlement, avec le Greffier de ladite Cour, & celuy de la Chambre des Comptes, lesquels jugeront en dernier ressort, & nonobstant oppositions, ou appellations quelconques. A S. Maur en May 1567. registré le 16. du même mois. *Fontanon t.* 2. *p.* 45.

Lettres patentes portant mandement à tous Baillifs, &c. de proceder à nouvelle taxe des vivres. A Paris le 23. May 1567. *Fontanon t.* 1. *p.* 948.

Edit portant que dans les païs de Guyenne, Languedoc, Provence, Dauphiné, & autres, les meres ne succederont à leurs enfans, aux biens provenus ausdits enfans du côté paternel ; mais bien aux meubles, & conquests provenus d'ailleurs que du côté & ligne paternelle : & que pour tout droit de legitime, elles joüiront leur vie durant, de l'usufruit de la moitié des biens propres appartenans à leursdits enfans, avant qu'ils fussent decedez ; sans qu'elles y puissent pretendre aucun droit de proprieté. A S. Maur en May 1567. reg. le 29. Juillet suivant. *Font. t.* 1. *p.* 757. *Neron p.* 429. *Corbin p.* 769.

Edit portant établissement des Grands-Jours dans les Provinces de Poitou, Anjou, Angoumois, &c. & Reglement pour leur Jurisdiction. A Compiegne le 5. Aoust 1567. reg. le 14. du même mois. *Fontanon t.* 1. *p.* 92. *Ioly t.* 1. *p.* 205.

Declaration portant ampliation du pouvoir attribué aux Grands-Jours de Poitiers, par l'Edit de leur établissement du 5. du present mois. A S. Quentin le 25. Aoust 1567. reg. le 2. Septembre de la la même année. *Fontanon t.* 1. *p.* 93. *Ioly t.* 1. *p.* 206.

Declaration portant confirmation du Contrat fait entre le Roy & le Clergé, vulgairement appellé le Contrat de Poissy. A Paris le 15. Octobre 1567. reg. le 22. du même mois. *Fontanon t.* 4. *p.* 531. *V. celle du* 29. *Mars* 1568.

Edit portant création de treize Offices de Maîtres des Requestes ordinaires de l'Hôtel du Roy, & de douze Offices de Conseillers Laïcs au Parlement, &c. A Paris en Octobre 1567. reg. le 4. Novembre suivant. *Font. t.* 1. *p.* 135.

Edit portant création de sept Offices de Conseillers au Châtelet de Paris, outre le nombre ancien. A Paris en Octobre 1567. reg. le 4. Novembre de la même année. *Fontanon t.* 1. *p.* 231.

Edit portant qu'il sera informé des vies, mœurs & Religion de ceux qui se presenteront pour estre receus aux Offices de Judicature, lesquels seront tenus en outre de faire profession de leur foy, & Religion, & s'ils ne sont de la Religion Catholique, Apostolique, & Romaine, ils seront rejetez: & en cas que les Officiers de Judicature depuis leur reception tombent dans l'erreur, ils seront démis de leurs Offices, &c. A Paris le 12. Novembre 1567. reg. le 24. du même mois. *Fontanon t.* 4. *p.* 286. *&* 288.

Edit portant permission à toutes personnes pourvûës d'Offices venaux, de les resigner à personnes capables, en payant aux Parties Casuelles la finance à laquelle ils seront taxez; & ce nonobstant toutes Ordonnances contraires, même celles des mois de Janvier 1560. & Fevrier 1566. A Paris le 12. Novembre 1567. *Fontanon t.* 2. *p.* 561.

Lettres patentes par lesquelles le Duc d'Anjou est étably Lieutenant General du Roy dans toute l'étenduë du Royaume. A Paris le 12. Novembre 1567. reg. le 17. du même mois. *Fontanon t.* 3. *p.* 6.

Edit portant que les Baillifs, Senéchaux, & Juges principaux seront tenus de resider dans le lieu de leur Jurisdiction. A Paris le 26. Novembre 1567. reg. le 1. Decembre de la même année. *Font. t.* 1. *p.* 549.

Edit portant permission à tous les Officiers de Judicature, de resigner leurs Offices entre les mains du Roy, & non d'autres. A Paris le 1. Decembre 1567. reg. le 18. du même mois. *Fontanon t.* 2. *p.* 562.

Edit portant reglement pour la vente des biens des seditieux, & rebelles. A Paris le 10. Decembre 1567. registré le 24. Fevrier

CHARLES IX. 1568. *Fontanon t. 4. p. 287. V. les Lettres du 21. Fevrier 1568.*

1567. Edit portant rétablissement des Offices de Judicature, supprimez par les Ordonnances faites à Orleans en Janvier 1560. & à Moulins en Fevrier 1566. A Paris en Decembre 1567. reg. le 15. du même mois. *Fontanon t. 2. p. 583. V. les Declarat. des 20. Mars & 27. Juillet 1569.*

Edit portant création en titre d'Office formez de tous & chacuns les Greffes des Bailliages, Senéchaussées, Prevôtez, Vicomtez, Vigueries, & autres Jurisdictions qui sont naturellement du Domaine du Roy, pour en joüir par ceux qui seront pourvûs, &c. A Paris en Decembre 1567. reg. le 8. Juillet 1568. *Fontanon t. 1. p. 480. Ioly t. 2. p. 1376.*

1568. Edit portant création de 12. personnes nobles dans chacune Ville, Bailliage, &c. du Royaume, qui joüiront du privilege de Noblesse, en payant par eux la somme contenuë audit Edit. A Paris en Janvier 1568. *Fontanon t. 3. p. 57.*

Declaration par laquelle il est permis à tous ceux qui ont des Offices dans la ville de Paris, & ressort d'icelle, qui n'ont aucuns gages, ou pensions sur les Finances du Roy, d'en disposer, & les resigner, en payant le tiers denier. A Paris le 22. Janvier 1568. reg. le 27. du même mois. *Fontanon t. 2. p. 563.*

Lettres d'adresse au Parlement pour l'enregistrement de l'Edit du 10. Decembre 1567. A Paris le 21. Fevrier 1568. reg. le 27. du même mois. *Fontanon t. 4. p. 289.*

Edit portant rétablissement d'un Office de President en chacun des Sieges Presidiaux, supprimé par les Ordonnances faites à Orleans en Janvier 1560. & à Moulins en Fevrier 1566. à l'exception des Sieges où la suppression de tels Offices a esté faite, à la requeste de ceux du païs, & moyennant le remboursement qu'ils ont fait à ceux qui estoient pourvûs. A Paris en Mars 1568. reg. le 22. Juin de la même année. *Fontanon t. 1. p. 362. Ioly t. 2. p. 998.*

Edit portant pacification des troubles, & confirmation de celuy du 19. Mars 1562. A Paris le 23. Mars 1568. reg. le 27. du même mois. *Fontanon t. 4. p. 289. Neron p. 802. V. les Lettres du 4. Iuin suivant.*

Declaration en consequence de celle du 15. Octobre 1567. pour la Jurisdiction des Syndics, & Députez generaux du Clergé. A Paris le 29. Mars 1568. *Font. t. 4. p. 952.*

Edit portant revocation, & suppression de celuy du mois de Novembre 1563. & autres donnez en consequence pour l'abbreviation

les procez, & peine des temeraires Plaideurs; & que celuy du 22. CHARLES IX.
Septembre 1561. pour la levée des 5. sols sur chacun muid de vin,
sera encore executé pendant six années. A Paris le 1. Avril 1568. 1568.
reg. le 9. du même mois. *Fontanon t. 1. p. 602. & t. 2. p. 1119. V. les Declarat. des 11. & 16. Iuin 1568.*

Declaration portant reglement pour les procez intentez, tant devant que depuis les troubles, & jugez contre les absens durant lesdits troubles. A Paris le 8. Avril 1568. regist. le 22. May suivant. *Fontanon t. 4. p. 291.*

Edit portant pouvoir à tous Huissiers, ou Sergens d'executer toutes Lettres patentes, Arrests, &c. en tous les lieux du Royaume, sans demander permission, congé, *Placet*, *Visa*, ny *Pareatis*: & autres Reglemens pour la formalité des exploits, assignations, & adjournemens. A Paris en May 1568. reg. le 24. du même mois. *Fontanon t. 1. p. 509. Ioly t. 2. p. 1621.*

Lettres patentes portant mandement pour l'execution de l'Edit de pacification du 23. Mars precedent. A Paris le 4. Juin 1568. *Fontan. t. 4. p. 681.*

Declaration portant attribution aux Procureurs du Roy, & Receveurs de Champagne, & Brie, du sol pour livre des profits feodaux des terres mouvantes du Roy. A Paris le 16. Juin 1568. *Fourcival p. 1168.*

Declaration en consequence de l'Edit du 1. Avril precedent, pour la levée de 5. sols sur chacun muid de vin, pendant six années. A Paris le 11. Juin 1568. reg. en la Cour des Aydes le 7. Juillet de la même année. *Fontanon t. 2. p. 1121.*

Edit portant exemption en faveur des Ecclesiastiques, de tous emprunts, & autres impositions, si ce n'est pour les biens patrimoniaux qu'ils possedent. A Paris le 13. Juin 1568. *Fontanon t. 4. p. 597.*

Declaration en consequence de l'Edit du 1. Avril precedent, & de celle du 11. du present mois, touchant les 5. sols, &c. A Paris le 16. Juin 1568. regist. le 7. Juillet de la même année. *Fontanon t. 2. p. 1122.*

Edit portant création des Offices de Gardes des Seaux dans toutes les Cours, Ressorts, Jurisdictions, soit Chambres des Comptes, Cours des Aydes, Monnoyes, &c. excepté dans les Chancelleries des Cours de Parlement, & Sieges Presidiaux, même dans celles, &c. & Reglement pour leurs droits, & fonctions, contenant 16. articles. A Paris en Juin 1568. reg. au Parlement le 12. en

CHARLES IX. 1568. la Chambre des Comptes le 28. Aoust, & en la Cour des Aydes le 23. Octobre de la même année. *Fontanon t. 1. p. 173. Ioly t. 1. p. 813. V. les Edits & Declarations des 27. May 1570. 8. Fevrier 1571. 20. Ianvier 1573. Ianvier 1575. Mars 1619.*

Edit portant permission à tous ceux qui tiennent des Offices venaux, de les resigner à personnes capables, ou les conserver à leurs veuves, enfans, & heritiers, en payant la troisiéme partie de leur valeur. A Paris en Juin 1568. reg. au Parlement le 28. du même mois, & en la Chambre des Comptes le 5. Juillet suivant. *Fontanon t. 2. p. 564. V. la Declaration du 25. Iuillet suivant.*

Declaration portant exemption en faveur des Commissaires du Châtelet de Paris, de loger aucuns gens de guerre, & de tous guets, portes, & sentinelles. Au Château de Boulogne lés Paris le 3. Juillet 1568. *Ioly t. 2. p. 1512.*

Edit portant érection d'une cinquiéme Chambre des Enquestes au Parlement de Paris, à l'*instar* des quatre autres qui y sont déja établies, qui sera composée de deux Presidens, & de tel nombre de Conseillers, qui seront tirez des quatre autres Chambres, jusqu'au nombre suffisant pour la remplir : création, & érection des deux Offices de Presidens, &c. Au Château de Boulogne prés Paris en Juillet 1568. reg. le 19. Aoust de la même année. *Ioly t. 1. addit. p. 81.*

Edit pour la restitution, rétablissement, & payement des dixmes, & autres biens mal detenus aux Ecclesiastiques. Au Château de Boulogne lés Paris le 24. Juillet 1568. reg. le 14. Aoust suivant. *Fontanon t. 4. p. 517.*

Declaration sur l'Edit du mois de Juin precedent, pour la resignation des Offices venaux. Au Château de Boulogne le 25. Juillet 1568. registrée le 14. Aoust de la même année. *Fontanon t. 2. p. 566.*

Declaration portant que toutes fermes de Benefices expireront par la demission, resignation, ou mort du Beneficier, sauf le recours au Fermier pour ses dépens, dommages, & interests, contre le resignant, ou les heritiers du défunt en cas d'avance, si ce n'est des terres de labeur, dont les baux ne pourront exceder neuf ans, & qu'ils soient bien & dûëment faits, au plus offrant, & dernier encherisseur, à extinction de chandelle, & avec les mêmes formalitez que les baux du Domaine du Roy ; lesquelles fermes ne pourront estre tenuës, & possedées par aucuns Gentils-hommes, &c. A S. Maur le 7. Septembre 1568. *Fontanon t. 4. p. 518.*

Declaration portant défenses à toutes personnes de se servir des cloches, & autres meubles destinez pour le Service divin. A S. Maur des Fossez le 7. Septembre 1568. *Font. t. 4. p. 598.* CHARLES IX. 1568.

Declaration pour l'observation des saints Decrets. A S. Maur le 7. Septembre 1568. *Font. t. 4. p. 412.*

Declaration portant reglement pour la prestation de foy, & hommages qui est deüe aux Ecclesiastiques, à cause des fiefs qui relevent d'eux. A S. Maur des Fossez le 10. Septembre 1568. reg. le 15. Fevrier 1571. *Font. t. 4. p. 518.*

Declaration portant exemption en faveur des Ecclesiastiques, de reparer les bâtimens dépendans de leurs biens pendant les troubles. A S. Maur des Fossez le 10. Septembre 1568. *Fontanon t. 4. p. 572.*

Declaration en consequence de l'Edit du 13. Juin precedent, pour l'exemption accordée aux Ecclesiastiques de toutes charges, & impositions, &c. A S. Maur des Fossez le 10. Septembre 1568. *Fontanon t. 4. p. 598.*

Declaration portant que les provisions des Offices supprimez par les Ordonnances faites à Orleans en Janvier 1560. & à Moulins en Fevrier 1566. & rétablis par l'Edit du mois de Decembre 1567. appartiennent au Roy, privativement à tous Princes & Seigneurs. A S. Maur des Fossez le 11. Septembre 1568. reg. le 23. Decembre de la même année. *Fontanon t. 2. p. 559.*

Edit portant défenses de faire aucun exercice dans le Royaume, que de la Religion Catholique, Apostolique, & Romaine, sur peine de confiscation de corps, & de biens; sans neanmoins que ceux de la Religion Pretenduë Reformée puissent estre estre recherchez en leurs consciences, pourvû qu'ils n'en fassent point d'exercice. A S. Maur des Fossez en Septembre 1568. reg. le 23. du même mois. *Fontanon t. 4. p. 292.*

Edit portant que le Roy ne veut plus se servir d'autres personnes pour exercer les Offices de Judicature, que de ceux qui font profession de la Religion Catholique, Apostolique, & Romaine. A S. Maur des Fossez le 25. Septembre 1568. reg. le 28. du même mois. *Fontanon t. 4. p. 294.*

Declaration pour le recouvrement des deniers des taxes de tous les Beneficiers, qui sont taxez par les départemens particuliers de chacun Diocese du Royaume. A Paris le 6. Octobre 1568. reg. le 11. du même mois. *Fontanon t. 2. p. 532.*

Declaration portant que les fruits des Benefices qui sont possedez

CHARLES IX. par ceux de la R. P. R. seront saisis, &c. A Paris le 6. Octobre 1568. reg. le 19. du même mois. *Fontanon t. 4. p. 295.*

1568. Relief d'adresse au Parlement pour l'enregistrement de la precedente Declaration. A Paris le 13. Octobre 1568. reg. le 19. du même mois. *Fontanon t. 4. p. 296.*

Edit portant création de deux Offices de Notaires, & Secretaires de la Cour de Parlement de Bretagne. A Paris en Octobre 1568. *V. la Declarat. du 12. Septembre* 1569.

Declaration portant permission aux Ecclesiastiques de faire couper des bois de haute fustaye, ou vieux baillivcaux des taillis de leurs Benefices, jusqu'à la concurrence de leurs taxes seulement. A Paris le 23. Octobre 1568. reg. le 26. du même mois. *Fontanon t. 4. p. 533.*

Edit pour l'élection d'un Maire dans la ville d'Orleans, & Reglement pour ses fonctions, & Jurisdiction. A Orleans le 23. Novembre 1568. reg. le 20. May 1569. *Le Maire des Antiq. de la ville d'Orleans, p. 432. Chenu p. 372.*

Edit portant confirmation des Privileges des Habitans de la ville d'orleans. A Orleans le 24. Novembre 1568.

Declaration pour le Seau du Siege de la Connestablie, & Maréchaussée de France. A le 6. Decembre 1568. *Pinson p. 85.*

1569. Edit portant rétablissement, & érection des Offices de Prevôts, & leurs Lieutenans, és villes où il y a Siege Presidial étably, quoy qu'ils ayent esté supprimez par les Ordonnances faites à Orleans en Janvier 1560. & à Moulins en Fevrier 1566. A Joinville le 1. Fevrier 1569. reg. le 17. du même mois. *Joly t. 2. p. 876.*

Declaration pour l'execution de l'Edit du mois de Decembre 1567. portant rétablissement des Offices supprimez par les Ordonnances d'Orleans, & de Moulins. A Mets le 20. Mars 1569. reg. le 21. Avril suivant. *Font. t. 2. p. 583. Joly t. 2. p. 997.*

Declaration pour la vente des biens meubles, & revenu des immeubles de ceux de la nouvelle Religion. A S. Maur le 25. May 1569. reg. le 23. Juin de la même année. *Fontanon t. 4. p. 296.*

Declaration pour l'execution de l'Edit du mois de Decembre 1567. & de la Declaration du 20. Mars precedent, portant rétablissement des Offices supprimez par les Ordonnances d'Orleans, & de Moulins. A Paris le 27. Juillet 1569. reg. le 29. Aoust suivant. *Joly t. 2. p. 998.*

Declaration portant exemption du droit d'aubaine, en faveur des Marchands frequentans les Foires de Lyon, soit qu'ils y soient habituez, ou, &c. Au Plessis lés Tours en Aoust 1569. reg. au Parlement le 4. Fevrier, & en la Chambre des Comptes le 29. Mars 1572. *Font. t. 2. p. 443. Privil. des Foires de Lyon, p. 131.* CHARLES IX. 1569.

Lettres patentes portant érection du Comté de Penthievre en Duché & Pairie, en faveur de Sebastien de Luxembourg, Comte de Penthievre, Marquis de Baugey, Vicomte de Martigues, pour en joüir par ses hoirs successeurs, tant mâles, que femelles, tant pour le regard du Duché, que de la Pairie; à la charge que les appellations ressortiront au Parlement de Bretagne, excepté pour les cas & droits de la Pairie: à la charge qu'à defaut des enfans mâles & femelles dudit sieur de Luxembourg, ou que lesdits enfans n'ayent aucuns enfans mâles, ou les enfans mâles descendans d'iceux enfans, n'ayent aucuns enfans mâles; tellement que la ligne masculine viendroit à défaillir: la dignité de Duc & Pair demeurera éteinte, & retournera ladite Terre en son premier état de Comté. A en Septembre 1569. reg. au Parlem. le 15. du même mois, & en la Chambre des Comptes le 7. Octobre suivant. *Coquille des Pairs de France, p. 530.*

Dues de Penthievre.

Sebastien de Luxembourg, Duc de Penthievre, Pair de France, Marquis de Baugey, &c. mourut le 19. Novembre 1569. d'une arquebusade qu'il receut au siege de saint Jean d'Angely.

Marie de Luxembourg, Duchesse de Penthievre & d'Estampes, &c. épousa Philippes-Emmanuel de Lorraine, Duc de Mercœur.

Françoise de Lorraine, Duchesse de Mercœur, Penthievre, Estampes; &c. mariée à Cesar Duc de Vendosme, Pair de France.

Loüis Cardinal Duc de Vendosme, de Mercœur, de Penthievre, & d'Estampes, &c.

Loüis-Joseph Duc de Vendosme, de Mercœur, de Penthievre, & d'Estampes, &c.

Declaration portant reglement pour les droits qui appartiennent

CHARLES IX. aux Notaires, & Secretaires du Parlement de Bretagne, créez par l'Edit du mois d'Octobre 1568. A Marmoutier le 12. Septembre 1569. *Joly t. 1. p. 133.*

1569. Edit portant attribution de Jurisdiction, en premiere instance aux Elûs, & par appel en la Cour des Aydes, pour la connoissance des Aydes, emprunts, solde de 50000. hommes de pied, &c. Au Plessis lés Tours en Octobre 1569. registré le 22. Novembre au grand Conseil le 20. & en la Cour des Aydes le 23. Decembre de la même année. *Fontanon t. 2. p. 715.*

Lettres patentes portant érection de la Principauté de Mercœur en Duché & Pairie, en faveur de Nicolas de Lorraine, Comte de Vaudemont, & de ses successeurs mâles & femelles; à la charge que les appellations ressortiront au Parlement de Paris, &c. A en Decembre 1569, reg. le 8. Mars 1576. *V. les Lettres de surannation du 20. Aoust 1575.*

Ducs de Mercœur.

Nicolas de Lorraine, Comte de Vaudemont, Duc de Mercœur, Pair de France, &c.

Philippes-Emmanuel de Lorraine, Duc de Mercœur, Pair de France, &c.

Françoise de Lorraine, Duchesse de Mercœur, mariée à César Duc de Vendosme, Pair de France, &c.

Loüis Cardinal Duc de Vendosme, de Mercœur, &c. Pair de de France, &c.

Loüis-Joseph Duc de Vendosme, de Mercœur, &c. Pair de France, &c.

1570. Edit portant exemption en faveur du grand Audiancier de France, de compter dans le temps prescrit par l'art. 22. de l'Edit du mois de Decembre 1557. A Angers le 2. Mars 1570. registré en la Chambre des Comptes le 20. du même mois. *Ioly t. 1. p. 753.*

Declaration portant confirmation des Privileges de la ville de la Rochelle. A Blois en May 1570. reg. le 16. May 1572.

Declaration portant reglement pour le Seau des Contrats, & de tous Actes de Justice és Jurisdictions ordinaires, & extraordinaires de de la ville d'Angers, & ressort d'icelles; & défenses aux Greffiers, & Notaires de délivrer aucunes expeditions, & aux Huissiers, & Sergens de les mettre à execution, si elles ne sont séellées. A Paris le 27. May 1570. reg. le 6. Juin suivant. *Filleau part. 1. tit. 5. ch. 28. p. 254.*

CHARLES IX. 1570.

Declaration portant reglement pour la maniere de loger à la suite de la Cour. A S. Germain en Laye le 6. Aoust 1570. *Fontanon t. 1. p. 1001.*

Edit de pacification des troubles, contenant 44. articles. A S. Germain en Laye en Aoust 1570. reg. le 11. du même mois. *Fontanon t. 4. p. 300. Hist. des troubles par Iean Frère, p. 510 Neron p. 804. Recueil des Edits de pacification, p. 65. V. les Declarat. des 4. Octobre 1570. & 23. May 1572.*

Edit portant défenses de faire aucune levée, ou imposition de deniers, sans la permission expresse du Roy. A Paris le 25. Aoust 1570. *Fontanon t. 2. p. 862.*

Edit portant confirmation des Privileges accordez aux Officiers de la Chambre des Comptes de la ville de Paris, & exemption de payer aucuns droits Seigneuriaux, pour raison des terres, & heritages qu'ils possedent, & qui sont mouvans du Domaine de la Couronne. A Paris en Septembre 1570. reg. le 8. Janvier 1571. *Fournival p. 635.*

Edit portant création de 40. Offices de Secretaires du Roy, Maison, & Couronne de France, avec attribution des mêmes gages, droits, honneurs, & fonctions que les anciens. A Paris en Septembre 1570. reg. le 8. Janvier 1571. *Fontanon t. 1. p. 142. Ioly t. 1. p. 700.*

Declaration en faveur de 14. Secretaires du Roy, qui avoient esté pourvûs pendant les troubles, des Offices de ceux qui faisoient profession de la Religion Pretenduë Reformée, lesquels estoient rétablis par l'Edit de pacification du mois d'Aoust precedent. A Paris le 22. Septembre 1570. reg. au Parlement le 6. & en la Chambre des Comptes le 21. Aoust 1571. & en la Cour des Aydes le 21. Novembre audit an. *Ioly t. 1. p. 701.*

Edit portant création d'un Office de Controlleur alternatif en la Chancellerie du Parlement de Paris, & Reglement pour ses droits & fonctions. A Paris en Septembre 1570. reg. en la Chambre des Comptes le 17. Janvier 1571. *Ioly t. 1. p. 738.*

Edit portant augmentation des droits du seau dans toutes les Chancelleries du Royaume. A Paris en Septembre 1570. reg. le 8.

CHARLES IX. Janvier 1571. *Fontanon t. 1. p. 157. Ioly t. 1. p. 776.*

1570. Declaration en faveur des Porteurs de grain de la ville de Paris, contre les Gagnedeniers. A Paris le 28. Septembre 1570. *Recueil des Ordonnances de la ville de Paris p. 306.*

Edit portant confirmation de celuy du mois de Janvier 1551. portant érection de la Cour des Monnoyes en Cour Souveraine. A Paris en Septembre 1570. reg. au Parlement le 22. Janvier, en la Chambre des Comptes le 21. Mars 1571. & en la Cour des Monnoyes le 9. Juin 1572. *Constans p. 130.*

Declaration portant défenses à toutes personnes de tenir des petites Ecoles, Principautez de Colleges, ny lire en quelque art, ou science que ce soit, s'ils ne font profession de la Religion Catholique, Apostolique, & Romaine, &c. A Paris le 4. Octobre 1570. reg. le 20. Novembre suivant. *Fontanon t. 4. p. 304.*

Edit portant défenses de lever aucuns péages sur les Marchands frequentans la Riviere de Loire, en execution de celuy du dernier Decemb. 1559. A Paris le 9. Octobre 1570. reg. le 14. Decembre de la même année. *Fontanon t. 2. p. 525.*

Edit portant création d'un Office de Conseiller au Tresor, à la charge que le premier vacant sera supprimé. A Paris en Octobre 1570. *Bacquet de la Jurisdiction du Tresor, p. 102.*

Edit portant création de 17. Offices de Generaux des Finances, pour servir en chacune des 17. Receptes generales, & Reglement pour leurs droits, & fonctions. A Paris en Novembre 1570. regist. au Parlement le 30. Janvier, & en la Chambre des Comptes le 12. Fevrier 1571. *Fontanon t. 2. p. 825. Fournival p. 283.*

Edit portant suppression d'un Office de Conseiller au Tresor. A Villiers-Cotterets en Decembre 1570. *Bacquet de la Iurisd. du Tresor p. 103.*

Edit portant reglement pour la Police de la suite de la Cour, contenant 43. articles. A Villiers-Cotterets le 29. Decembre 1570. *Fontanon t. 1. p. 1003.*

Declaration sur l'Edit du mois de Juin 1568. portant création

1571. des Offices de Gardes des Seaux en toutes les Cours, & Jurisdictions du Royaume. Au Château de Boulogne le 8. Fevrier 1571. reg. au Parlement de Grenoble le 14. Aoust de la même année. *Fontanon t. 1. p. 177. Ioly t. 1. p. 817. Filleau part. 1. tit. 5. chap. 29. p. 255.*

Edit portant attribution de Jurisdiction à la Chambre du Tresor, du droit de dixiéme appartenant au Roy sur les matieres metalliques, & substances terrestres. Au Château de Boulogne lés Paris le 13. Fevrier 1571. *Bacquet de la Jurisd. du Tresor*, *p.* 103. CHARLES IX.

Edit portant reglement tant sur la manufacture de draps, sarges, & estamets, que sur la teinture, vente, & délivrance d'iceux. A Paris en Mars 1571. reg. le 23. Juin 1572. *Fontanon t.* 1. *p.* 1032. 1571.

Edit portant permission aux Ecclesiastiques d'aliener leur temporel, jusqu'à la somme de trente mille livres de rente. A Paris le 28. Mars 1571. regist. au Parlement le 2. Aoust, & en la Chambre des Comptes le 22. Octobre de la même année. *Fontanon t.* 4. *p.* 557.

Edit sur les plaintes, & doleances du Clergé, portant reglement pour la nomination aux Prelatures, la Jurisdiction Ecclesiastique, la collation des Benefices, la residence des Beneficiers, les Privileges, & libertez de l'Eglise Gallicane, contenant 18. articles. A Paris le 16. Avril 1571. reg. le 7. Septembre de la même année. *Fontanon t.* 4. *p.* 193. *Neron p.* 512.

Edit portant reglement pour les Monnoyes, & défenses à tous Orfévres de faire aucune vaisselle, ou autre ouvrage d'or, ou d'argent, excedant le poids d'un marc & demy; & à tous Tailleurs de faire aucuns habits de toille d'or, ou d'argent. A Paris le 21. Avril 1571. reg. en la Cour des Monnoyes le 4. May de la même année. *Fontanon t.* 2. *p.* 178.

Edit portant reglement general sur le fait de l'Imprimerie, contenant 24. articles. A Gaillon en May 1571. reg. le 7. Septembre de la même année. *Fontanon t.* 4. *p.* 473. *V. la Declaration du* 10. *Septembre* 1572.

Edit portant que les Habitans de la ville de Calais se serviront de la Coûtume de Paris. A le 19. May 1571.

Edit portant reglement sur le transport des bleds dedans & dehors le Royaume. A Gaillon en Juin 1571. reg. en la Chambre des Comptes le 19. Decembre, & en la Cour les Aydes le 23. Janvier 1572. *Fontanon t.* 1. *p.* 964.

Edit portant création des Offices de Changeurs. A Monceaux le 10. Juillet 1571. reg. en la Cour des Monnoyes le 17. du même mois. *Fontanon t.* 2. *p.* 181.

Declaration en faveur des Suisses qui trafiquent dans la ville de Lyon. A Fontainebleau le 1. Aoust 1571. *Traité des Privileges des Suisses.*

Edit portant injonction de proceder au payement du reste de deux millions de livres, & des decimes par les Beneficiers du Royaume. A Fontainebleau le 6. Aoust 1571. reg. le 14. du même mois. *Font. t.* 4. *p.* 534.

CHARLES IX. Declaration sur le fait des francs-fiefs, & nouveaux acquets. A Blois le 5. Septembre 1571. *Fontanon t. 2. p.* 439.

1571. Edit portant création d'un Office de Greffier en chacune Jurisdiction des Juges & Consuls des Marchands, & Reglement pour le devoir, & salaire d'iceluy. A Blois en Septembre 1571. reg. le 4. Fevrier 1572. *Fontanon t. 1. p.* 444.

Edit portant que les Beneficiers ne pourront estre contraints de reparer leurs Benefices pendant les troubles. A Blois le 18. Septemb. 1571. reg. le dernier Decembre de la même année. *Fontanon t. 4. p.* 572.

Declaration pour l'execution de l'Edit du mois de Janvier 1551. portant création des Sieges Presidiaux, & la conservation de leur Jurisdiction. A Blois le 2. Octobre 1571. reg. le 7. Juin 1572. *Ioly t.* 1. *p.* 801.

Edit portant pouvoir aux Evêques, Archidiacres, & Officiaux, en faisant leur visite, de connoître des comptes des rentes, & revenus des Fabriques, à l'exclusion de tous autres Juges. A Blois le 3. Octobre 1571. *Fontanon t.* 4. *p.* 949.

Edit portant défenses de saisir aucuns bestiaux, biens, & meubles servans au labourage. A Blois le 8. Octobre 1571. reg. le 4. Fevrier 1572. *Fontanon t. 2. p.* 1190.

Edit portant création de deux Offices, l'un d'Audiancier, & l'autre de Controlleur en la grande Chancellerie de France, pour les exercer alternativement de six en six mois, avec ceux d'ancienne création, & rétablissement d'un Office d'Audiancier en celle de Roüen, & de deux Offices, l'un d'Audiancier, & l'autre de Controlleur en celles de Grenoble, Aix, Dijon, & Bretagne; & Reglement pour leurs droits & fonctions. A Blois en Octobre 1571. reg. le 4. Fevrier 1572. *Fontanon t.* 1. *p.* 158. *Ioly t.* 1. *p.* 736.

Edit portant création des Offices de Conseillers en chacun des Sieges particuliers des Baillifs, & Senéchaux qui ressortissent nüement aux Cours de Parlement. A Blois en Octobre 1571. reg. le 4. Fevrier 1572. *Fontanon t.* 1. *p.* 199. *Ioly t. 2. p.* 845. *Filleau part.* 2. *tit.* 4. *ch.* 10. *p.* 158. *V. les Declarat. des 27. Mars, & 25. Aoust* 1579. *Ces Offices sont supprimez par l'art* 238. *de l'Ordonnance du mois de May* 1579. *& depuis ils ont esté rétablis.*

Edit portant création d'un second Office de Tresorier de France, en chacune des 17. Generalités du Royaume, excepté en celle de Bretagne, pour vacquer alternativement avec l'ancien Tresorier de France, à l'exercice de leurs Charges; sçavoir, l'un une année dans la Ville où le Bureau est étably, & l'autre hors la Ville à faire ses visites, & chevauchées. A Blois en Octobre 1571. reg. le 4. Fevrier 1572. *Fournival p.* 187.

Edit portant reglement general pour les Monnoyes. A Blois le 16. Octobre 1571. reg. le 23. May 1572. *Fontanon t.* 4. *p.* 688. 1571.

Edit portant augmentation de gages aux Greneticrs, & Controlleurs des Greniers à sel, & Receveurs particuliers des Tailles, aydes, équivalans, & taillon. A Amboise en Decembre 1571. reg. en la Chambre des Comptes le 16. Janvier 1572 *Fontanon t.* 2. *p.* 1054.

Edit contre les usurpateurs, & détenteurs des Benefices, biens & revenus d'iceux. A Amboise le 19. Decembre 1571. reg. le 5. Janvier 1572. *Fontanon t.* 4. *p.* 505.

Edit portant rétablissement d'un Office de Receveur des decimes, & subventions du Clergé, en chacun Diocese du Royaume, & Reglement pour ses droits & fonctions. A Amboise en Janvier 1572. reg. le 21. Fevrier suivant. *Fontanon t.* 4. *p.* 536. 1572.

Edit portant rétablissement des Offices de Grenetiers, & de Controlleurs alternatifs qui avoient esté supprimez par celuy du mois de Septembre 1555. A Amboise en Janvier 1572. regist. en la Chambre des Comptes le 15. & en la Cour des Aydes le 27. Fevrier suivant. *Fontanon t.* 2. *p.* 1054.

Edit portant établissement d'une Police, qui doit estre tenuë les Mardis & Vendredis par les Officiers commis par le Roy, tant dans la ville de Paris, que dans toutes les autres Villes du Royaume; & Reglement pour le transport des marchandises hors du Royaume, &c. contenant 10. articles. A Amboise en Janvier 1572. reg. le 21. Fevrier suivant. *Fontanon t.* 1. *p.* 901. *V. l'Edit du* 28. *Iuillet suivant.*

Lettres patentes portant érection du Duché d'Usez en Pairie, en faveur de Jacques de Crussol, Duc d'Usez, &c. A Amboise en Janvier 1572. reg. au Parlement le 3. Mars de la même année. & en la Chambre des Comptes le 2. Janvier 1577. *V. cy-devant les Lettres d'érection de ce Duché du mois de May* 1565.

Edit portant reglement pour la Justice, & particulierement pour le respect que l'on doit aux Juges; l'execution des Jugemens, contre les usurpateurs des Benefices; la negligence des Officiers; la maniere de presenter les Lettres de remission, & de faire le procez aux Ecclesiastiques; la competence des Prévots des Maréchaux, &c. contenant 14. articles. A Amboise en Janvier 1572. reg. le 26.

CHARLES IX. Fevrier suivant. *Fontanon t. 1. en sa Chron. p. 64. Neron p. 114. Corbin p. 475.*

1572. Edit portant création des Offices d'Audianciers, & Controlleurs alternatifs des Chancelleries de Paris, Tholose, Bordeaux, Roüen, Dijon, Grenoble, Aix, & Bretagne. A Blois en Mars 1572. reg. au Parlement de Dijon le 2. Janvier 1576. *Ioly t. 1. p. 739. V. les Lettres patentes des 27. May 1574. & 26. Iuillet 1575.*

Declaration portant confirmation de tous les Actes, Contrats, & Testamens faits dans la Ville & Senéchaussée de Lyon, depuis la publication de l'Ordonnance d'Orleans du mois de Janvier 1560. jusqu'au jour de la publication de l'Arrest du 12. May 1570. quoy que la solemnité prescrite par l'art. 84. de cette Ordonnance, n'ait pas esté observée. A Blois le 19. Mars 1562. reg le 20. Juin suivant. *Font. t. 1. p. 743. Ioly t. 2. p. 1719. V. les Lettres patentes des 20. May, & 29. Iuillet de la même année.*

Edit portant défenses à tous Procureurs, tant des Cours de Parlement, & autres, que des Jurisdictions subalternes, receus depuis la publication de l'Ordonnance faite à Moulins en Fevrier 1566. de postuler, &c. A Blois le 22. Mars 1572. reg. le 9. Juin de la même année. *Fontan. t. 1. p. 85. Ioly t. 1. p. 177.*

Edit portant reglement general pour la fonte de l'artillerie, la composition, & vente des poudres & salpestres, &c. A Blois en Mars 1572. reg. le 27. Novembre de la même année. *Fontanon t. 3. p. 174.*

Edit portant reglement pour le prix des vivres dans les Hôtelleries, & Cabarets. A Blois le dernier Mars 1572. *Fontanon t. 1. p. 952.*

Edit portant exemption en faveur des Secretaires du Roy, qui ont servy 20. ans, de payer aucune finance, ny estre sujets à la regle des quarante jours, quand ils resignent leurs Offices. A Blois en May 1572. reg. le 24. Novembre de la même année. *Ioly t. 1. p. 732.*

Lettres patentes portant jussion au Parlement pour verifier la Declaration du 19. Mars precedent, concernant les Actes, Contrats, & Testamens de la Senéchaussée de Lyon. A Paris le 20. May 1572. *Font. t. 1. p. 745. Ioly t. 2. p. 1721.*

Declaration sur l'Edit de pacification des troubles du mois d'Aoust 1570. A Paris le 23. May 1572. reg. le dernier Juin de la même année. *Fontanon t. 4. p. 305.*

Declaration sur l'Edit du mois d'Octobre 1571. touchant les Monnoyes. Au Château de Boulogne le 14. Juin 1572. reg. au Parlement le 23. & en la Cour des Monnoyes le 26. du même mois. *Font. t. 4. p. 692.*

Edit portant défenses de constituer aucune rente à plus haut prix que de six pour cent, à peine de confiscation de la rente, tant en principal, qu'interests. Au Château de Boulogne en Juin 1572. reg. le 17. Juillet de la même année. *Fontanon t. 1. p. 771. Cet Edit est revoqué par celuy du mois de Mars 1574.*

Edit portant création des Offices de Courretiers, tant de changes, & de deniers, que de draps de soye, laines, toiles, cuivres, &c. Au Château de Boulogne en Juin 1572. reg. le 6. Septembre de la même année. *Fontanon t. 1. p. 1020. V. la Declarat. du 30. Aoust 1573.*

Declaration pour l'execution de l'article 9. de l'Edit du 16. Avril 1571. concernant les portions congruës. A Paris le 10. Juillet 1572. *Fontanon t. 4. p. 195.*

Declaration portant reglement pour la Jurisdiction des Auditeurs du Châtelet de Paris. A Paris le 16. Juillet 1572. reg. le 9. Avril 1576. *Ioly t. 2. p. 1465. V. les Lettres de surannation du 26. Iuillet 1574. la Declaration du 6. Iuillet 1683. & l'Edit du mois d'Avril 1685.*

Edit portant création des Offices de Procureurs postulans dans toutes les Cours Souveraines, & Jurisdictions subalternes du Royaume. A Paris en Juillet 1572. reg. le 16. Aoust de la même année. *Fontanon t. 1. p. 85. Ioly t. 1. p. 177. Filleau part. 2. tit. 7. ch. 15. p. 326.*

Edit portant ampliation de celuy du mois de Janvier precedent, pour la Police qui doit estre tenuë, tant dans la ville de Paris, que dans toutes les autres villes du Royaume. A Paris le 28. Juillet 1572. reg. le 12. Aoust de la même année. *Font. t. 1. p. 822.*

Lettres patentes portant jussion pour la verification pure & simple de la Declaration du 19. Mars precedent, touchant les Contrats, & Actes de la Senéchaussée de Lyon. A Paris le 29. Juillet 1572. *Fontan. t. 1. p. 746. Ioly t. 2. p. 1721.*

Declaration sur l'Edit du mois de May 1571. pour la reformation de l'Imprimerie. A Paris le 10. Septembre 1572. reg. le 17. Avril 1573. *Fontanon t. 4. p. 476.*

Declaration portant reglement entre les Presidens Presidiaux, & les Lieutenans des Baillifs, & Senéchaux, pour l'exercice de leurs charges, droits, fonctions, & prérogatives; & explication de l'art. 16. de l'Ordonnance faite à Moulins en Fevrier 1566. A Paris le

CHARLES IX. 13. Septembre 1572. *Ioly t. 2. p. 999. Filleau part. 3. tit. 3. ch. 3. p. 132.*

1572. Declaration par laquelle les Ecclesiastiques sont conservez en tous leurs droits de Justices, fiefs, & censives, nonobstant les Lettres patentes du 25. Avril precedent, pour la confection du papier terrier de la ville de Paris, &c. A Paris le 15. Septembre 1572. reg. le 23. Decembre suivant. *Font. t. 4. p. 600.*

Declaration portant que le Greffier de la Justice du Tresor doit estre employé dans toutes les Commissions concernans le Domaine de la ville de Paris. A Paris le 24. Septembre 1572. reg. le 26. Mars 1573. *Bacquet de la Iurisd. du Tresor p. 104.*

Lettres patentes portant jussion au Parlement pour l'enregistrement pur & simple de l'Edit du 16. Avril 1571. fait sur les remontrances du Clergé. A Paris le 3. Novembre 1572. reg. le 22. Decembre de la même année. *Fontanon t. 4. p. 195.*

Declaration qui regle quelles reparations les Beneficiers sont obligez de faire dans leurs Benefices. A Paris le 3. Novembre 1572. registrée le 22. Decembre de la même année. *Fontanon t. 4. p. 575.*

Declaration par laquelle les Ecclesiastiques sont maintenus en tous leurs Privileges, portant exemption en leur faveur d'aucune contribution aux subsides, emprunts, charges, & impositions des Villes, sinon pour cause de sterilité, ou necessité; auquel cas ils seront contraints de contribüer aux aumônes publiques, & generales pour la subsistance des pauvres, &c. A Paris le 3. Novembre 1572. reg. le 22. Decembre de la même année. *Fontanon t. 4. p. 600.*

Edit portant exemption en faveur des Ecclesiastiques, de bailler aucune declaration de leurs domaines, & revenus. A Paris le 13. Novembre 1572. reg. le 23. Decembre de la même année. *Font. t. 4. p. 601.*

Edit portant création d'un Office de Clerc de Leaue, & Controlleur à Poissy, à l'*instar* de ceux qui sont établis à Meulan, & à Mante. A Paris en Novembre 1572. *V. celuy du mois de Ianvier 1648.*

Edit portant établissement d'un Bureau composé de Presidens au Parlement, Chambres des Comptes, Conseillers, &c. pour la liquidation, & le recouvrement de tous les droits de quint, &c. qui sont dûs au Roy. A Paris en Novembre 1572. *V. la Declarat. du 29. Decembre 1573.*

Lettres

Lettres patentes portant jussion au Parlement pour verifier purement & simplement l'Edit du mois de Mars precedent, portant reglement pour l'artillerie, &c. A Paris le 18. Decembre 1572. reg. le dernier Janvier 1573. *Fontanon t. 3. p. 176.* CHARLES IX.

1573. Edit portant que les dixmes, champarts, & autres droits, & devoirs qui sont dûs aux Ecclesiastiques, leur seront payez, sans que les redevables puissent exiger d'eux aucuns banquets, buvettes, &c. A Paris le 12. Janvier 1573. reg. le 26. du même mois. *Font. t. 4. p. 519.*

Edit portant reglement pour les Officiers de la Gendarmerie, Prevôts des Maréchaux, Vicebaillifs, leurs Lieutenans, & Archers. A Paris le 15. Janvier 1573. reg. au Parlem. le 14. Mars, & en la Chambre des Comptes le 3. Avril de la même année. *Fontanon t. 1. p. 404. Ioly t. 2. p. 1159. Pinson p. 387.*

Declaration portant que les Gardes des Seaux créez par l'Edit du mois de Juin 1568. seront nommez, & intitulez dans tous les Contrats, & autres Actes passez dans le ressort des Sieges où ils sont établis, & ordonnez. A Paris le 20. Janvier 1573. *Filleau part. 1. tit. 5. ch. 30. p. 254.*

Edit portant création de quatre Offices de Notaires, & quatre Offices de Sergens en chacun Bailliage, & Senéchaussée, ressortissant nuëment és Cours de Parlement. A Paris en Janvier 1573. reg. le 18. Juillet de la même année. *Fontanon t. 1. p. 712. Ioly t. 2. p. 1713. V. la Declaration du 16. Novembre 1575.*

Declaration portant permission aux Ecclesiastiques, en cas que les rentes qui leur sont données pour obits, & fondations, soient rachetées, d'en faire le remploy au denier douze, nonobstant l'Edit du mois de Juin 1572. A Paris le 27. Janvier 1573. *Fontanon t. 4. p. 603.*

Edit portant reglement pour le salaire des Greffiers, Huissiers, & Sergens, & celuy des Messagers qui apportent des procez au Greffe du Parlement de Paris. A Paris en Janvier 1573. reg. le 13. Juillet de la même année. *Fontanon t. 4. p. 701. Ioly t. 2. p. 1378. & 1925.*

Edit portant reglement general pour les habits. A Paris le 15. Fevrier 1573. reg. le 12. Mars suivant. *Fontanon t. 1. p. 989.*

Edit portant création d'un Office de Garde des Seaux de France, & Reglement pour ses fonctions, & autoritez. A Paris en Fevrier 1573. reg. le [illegible] du même mois.

Provisions de l'Office de Garde des Seaux de France, en faveur

CHARLES IX. 1573.

de René de Birague. A Paris le 19. Fevrier 1573. reg. le 23. du même mois.

Provisions de l'Office de Chancelier de France, vacant par la mort de Michel de l'Hospital, en faveur de René de Birague Garde des Seaux de France. A Fontainebleau le 17. Mars 1573. regist. le 30. du même mois.

Declaration pour les droits de l'Admiral de Guyenne, Poitou, la Rochelle, & païs d'Aulnis. A Fontainebleau le 21. Avril 1573. reg. le 13. Juillet de la même année. *Fontanon t. 4. p. 1118.*

Edit portant revocation de celuy du mois de Janvier 1572. & création nouvelle d'un Office de Receveur des decimes, & subvention du Clergé en chacun Diocese, &c. A Monceaux le 14. Juin 1573. reg. au Parlement le 11. & en la Chambre des Comptes le 13. Aoust suivant. *Fontanon t. 4. p. 537. V. la Declaration du 29. Aoust suivant.*

Edit portant pacification des troubles, contenant 25. articles. Au Château de Boulogne en Juillet 1573. reg. le 11. Aoust de la même année. *Fontanon t. 4. p. 340. Neron p. 811. Recueil des Edits de pacification, p. 91.*

Edit portant que le droit de cinq sols pour chacun muid de vin, étably par ceux des 22. Septembre 1561. & 1. May 1567. sera encore levé jusqu'au 1. jour d'Octobre 1579. Au Château de Boulogne le 8. Juillet 1573. reg. en la Cour des Aydes le 25. Septembre suivant. *Fontanon t. 2. p. 1123.*

Lettres patentes portant don à François de France Duc d'Alençon, des Comtez du Maine, & de Meaux, &c. pour en joüir par supplément d'appanage. A en Juillet 1573. reg. le 20. Novembre 1574.

Declaration portant reglement pour la Jurisdiction des Connestable, & Maréchaux de France, au Siege de la Connestablie. A Boulogne le 3. Aoust 1573. reg. le 1. Mars 1573. *Fontanon t. 3. p. 8. Joly t. 2. p. 1225. Pinson p. 384.*

Lettres patentes portant érection de la Baronnie de Château-Roux le Parc en Comté, en faveur de Jean d'Aumont, Baron de Château-Roux. A en Aoust 1573. reg. le 14. Avril 1580. *V. celles des 23. Iuillet 1578. & 7. Fevrier 1580. Ce Comté a depuis esté érigé en Duché & Pairie, en faveur d'Henry de Bourbon, Prince de Condé, par Lettres patentes du mois de May 1616.*

Edit portant création d'un Office de Conseiller-Clerc en chacun Siege Presidial du Royaume. A Paris en Aoust 1573. reg. au Parement le 24. Septembre & en la Chambre des Comptes le 14. Octobre de la même année. *Fontanon t. 4. p. 1020. Ioly t. 2. p. 1001*

Edit portant reglement pour la vente des bois appartenans au Roy, &c. A Paris en Aoust 1573. reg. le 15. Octobre de la même année. *Fontanon t. 2. p. 307.*

Declaration sur l'Edit du 14. Juin precedent, portant création d'un Office de Receveur des decimes en chacun Diocese. A Paris le 29. Aoust 1573. reg. le 23. Novembre suivant. *Fontanon t. 4. p. 538.*

Declaration portant que les Courretiers de changes, & de deniers de la ville de Lyon, ne sont pas compris dans l'Edit du mois de Juin 1572. A Paris le 30. Aoust 1573. *Privil. des Foires de Lyon, p. 137.*

Lettres patentes portant érection du Marquisat de Mayenne en Duché & Pairie, en faveur de Charles de Lorraine, Marquis de Mayenne, & de ses successeurs, & ayans cause, mâles & femelles, exemption de Jurisdiction fors des cas Royaux; & à la charge que les appellations ressortiront au Parlement de Paris, &c. A Paris en Septembre 1573. reg. le 24. du même mois. *Ce Duché a esté vendu au Cardinal Mazarini, & est possedé par Armand Charles de la Porte, Duc de Mazarini.*

Ducs de Mayenne.

Charles de Lorraine Duc de Mayenne, Pair, Admiral, & Grand Chambellan de France, Chevalier des Ordres du Roy, &c. mort le 3. Octobre 1611.

Henry de Lorraine, Duc de Mayenne & d'Aiguillon, Pair & grand Chambellan de France, tué au siege de Montauban l'an 1621. sans enfans.

Edit portant établissement d'un Bureau des Finances dans la ville d'Orleans, & création d'un Office de Tresorier de France, d'un Office de General des Finances, &c. pour le composer. A Paris en Septembre 1573. reg. le 23. du même mois. *Fournival p. 289.*

Edit portant reglement general pour le transport des grains, & vins hors du Royaume, les baux à ferme, les Boulangers, Meusniers, & Regratiers; la superfluité des habits, &c. A Villiers-Cotterets le 20. Octobre 1573. reg. le 18. Novembre de la même année. *Font. t. 1. p. 969.*

CHARLES IX. 1573. Declaration pour l'exécution de l'Edit du mois de Janvier precedent, portant création de quatre Offices de Notaires, & quatre Offices de Sergens, &c. A Vitry le François le 16. Novembre 1573. *Fontanon t. 1. p. 713.*

Edit portant revocation de l'art 50. de l'Edit du mois de Decembre 1557. par lequel les Comptables estoient tenus de payer le double du debet de leurs comptes, quand ils n'y avoient pas satisfait dans le temps qui leur estoit prescrit, & que dorénavant ils payeront l'interest au denier douze. A Vitry-le-François en Novembre 1573. reg. en la Chambre des Comptes le 23. Janvier 1575. *Fontanon t. 2. p. 669. V. la Declaration du* 8. *Juillet* 1685.

Edit portant reglement general pour la poursuite, & le recouvrement des debets, & restes des comptes dûs au Roy: suppression, & revocation de la Commission de Solliciteur des restes : création de l'Office de Controlleur general des restes, & deniers recelez. A Vitry-le-François en Novembre 1573. reg. en la Chambre des Comptes le 23. Janvier 1574. *Fontanon t. 2. p. 671.*

Declaration portant revocation de toutes les Commissions extraordinaires. A en Decembre 1573. *V. celle du 29. du present mois.*

Declaration portant que le Roy n'a point entendu comprendre dans la revocation de toutes les Commissions extraordinaires faite par la Declaration du present mois, celle qui est établie par l'Edit du mois de Novembre 1572. en la Chambre de la Reine lés la Chambre des Comptes, pour la liquidation du recouvrement des droits de quint, &c. A S. Germain en Laye le 29. Decembre 1573. reg. le 11. Janvier 1574. *Fontanon t. 2. p. 365.*

1574. Lettres patentes portant mandement au Parlement pour faire observer l'Edit du 15. Fevrier 1573. touchant la superfluité des habits. A S. Germain en Laye le 2. Janvier 1574. reg. le 21. du même mois. *Fontanon t. 1. p. 991.*

Declaration portant défenses aux Tresoriers des guerres de payer, ny assigner les gages des Commissaires, Controlleurs, & Payeurs, qu'il ne paroisse qu'ils ont satisfait à l'Edit du 15. Janvier 1573. à peine de radiation. A S. Germain en Laye le 6. Janvier 1574. reg. en la Chambre des Comptes le 12. Fevrier suivant. *Pinson p. 390.*

Edit portant reglement general pour la Police de la Gendarmerie, contenant 63. articles. A S. Germain en Laye le 1. Fevrier 1574. reg. au Parlement le 22. du même mois, & en la Chambre des Comptes le 8. Mars suivant. *Fontanon t. 3. p. 111.*

Declaration portant exemption en faveur des Ecclesiastiques de bailler par declaration leurs biens, & revenus. A S. Germain en Laye le 12. Fevrier 1574. reg. le 6. Mars de la même année. *Font. t. 4. p. 603.* CHARLES IX. 1574.

Edit portant revocation de celuy du mois de Juin 1572. par lequel il estoit fait défenses de constituer aucune rente à plus haut prix que de six pour cent. Au Château de Vincennes en Mars 1574. reg. le 19. Avril audit an. *Fontan. t. 1. p. 772.*

Edit portant qu'il sera vendu partie du Domaine du Roy, jusqu'à la concurrence de 200000 liv. tournois. Au Château de Vincennes en Avril 1574. reg. au Parlement le 17. & en la Chambre des Comptes le 19. May suivant. *Font. t. 2. p. 366.*

Edit portant permission à ceux qui possedent des Offices Royaux, & venaux, de les resigner en payant le tiers denier de la valeur, &c. Au Bois de Vincennes en Avril 1574. reg. au Parlement le 4. en la Chambre des Comptes le 8. May, & en la Cour des Aydes le 9. Juin suivant. *Fontanon t. 2. p. 567. V. les Declar. des* 14. *&* 19. *May suivans.*

Edit portant exemption en faveur des Ecclesiastiques, de tous emprunts, subsides, &c. Au Bois de Vincennes le 5. May 1574. *Fontanon t. 4. p. 605.*

Declaration sur l'Edit du mois d'Avril precedent, touchant la resignation des Offices. A Vincennes le 14. May 1574. reg. au Parlement le 18. en la Chambre des Comptes le 24. du même mois, & en la Cour des Aydes le 9. Juin suivant. *Fontanon t. 2. p. 569.*

Edit portant reglement pour la Jurisdiction des Baillifs, Senéchaux, Prevots, Juges ordinaires, & les gens tenans les Sieges Presidiaux; & défenses à tous Juges, Avocats, &c. d'y contrevenir. Au Château de Vincennes le 17. May 1574. reg. le 1. Juillet de la même année. *Fontanon t. 1. p. 199. Ioly t. 2. p. 846. Filleau part. 2. tit. 5. ch. 10. p. 176.*

Declaration portant que les Charges, & Offices de la Cour des Aydes, sont de pareille nature, & qualité que ceux du Parlement. Au Bois de Vincennes le 19. May 1574. reg. en la Cour des Aydes le 9. Juin de la même année. *Font. t. 2. p. 569.*

Lettres patentes adressées au Parlement, & Chambre des Comptes de Dijon, portant surannation de l'Edit du mois de Mars 1572. portant création des Offices d'Audianciers, & Controlleurs des Chancelleries, &c. Au Bois de Vincennes le 27. May 1574. reg. au Parlement de Dijon le 2. Janvier 1576. *Ioly t. 1. p. 740.*

CHARLES IX. 1574. Edit par lequel la Reine-Mere du Roy est établie Regente du Royaume, même en attendant le retour du Roy de Pologne, en cas que le Roy decede. Au Château du bois de Vincennes le 30. May 1574. reg. le 3. Juin de la même année. *Fontanon t. 2. p. 22.*

HENRY III. Roy de France, & de Pologne.

HENRY III. 1574.

Succeda à Charles IX. son frere le 30. May 1574. & mourut le 2. Aoust 1589.

Edit portant confirmation, ratification, & ampliation du pouvoir donné à la Reine-mere pour la Regence du Royaume, par celuy du 30. May precedent. A Cracovie le 15. Juin 1574. reg. le 5. Juillet de la même année. *Fontanon t. 2. p. 23.*

Edit portant reglement pour les Monnoyes. A Paris le 7. Juillet 1574. reg. en la Cour des Monnoyes le 10. du même mois. *Font. t. 4. p. 693.*

Lettres patentes portant surannation d'un Edit du 16. Juillet 1572. concernant les Auditeurs du Châtelet de Paris. A Paris le 26. Juillet 1574. reg. le 9. Avril 1576. *Joly t. 2. p. 1465.*

Declaration portant injonction à toutes personnes de demander la confirmation de leurs Charges, Offices, Etats, & Privileges. A Paris le dernier Juillet 1574.

Declaration par laquelle il est enjoint à toutes personnes de faire ouverture de leurs caves une fois l'année, aux Fermiers du subside des cinq sols, qui se leve sur chacun muid de vin, pour en faire la description, & percevoir ledit droit. A Lyon le 28. Aoust 1574. reg. en la Cour des Aydes le 23. Septembre de la même année. *Corbin p. 319.*

Declaration portant confirmation des Officiers de la Cour des Aydes de Paris en leurs Etats & Offices. A Lyon le 8. Septembre 1574. regist. le 10. Janvier 1575. *Fontanon t. 2. p. 777.*

Edit portant reglement sur le fait des Monnoyes, contre ceux qui en font croistre, & augmenter le prix, & que les amendes, & confiscations ne pourront estre remises, ny moderées. A Lyon le 22. Septembre 1574. reg. en la Cour des Monnoyes le 2. Octobre de la même année. *Font. t. 2. p. 181.*

Edit portant défenses de transporter aucuns bleds, ou autres

HENRY III.

grains hors du Royaume, sans la permission expresse du Roy. A Lyon le 25. Septembre 1574. *Fontan. t. 1. p. 971.*

1574.

Declaration pour l'enregistrement d'une Bulle du Pape, pour l'alienation du temporel des Ecclesiastiques. A Lyon le 28. Octobre 1574. reg. le 22. Novembre suivant. *Fontanon t. 4. p. 559.*

Edit portant création d'un Office de Controlleur des Aydes, Tailles, crûës d'icelles, & taillon, en chacune Election, & Recepte des Aydes, & Tailles, pour exercer par ceux qui en seront pourvûs, alternativement avec ceux qui sont créez par celuy du mois de Janvier 1522. & reglement pour leurs droits, fonctions, gages, pouvoir, & autorité. A Lyon en Octobre 1574. reg. en la Chambre des Comptes le 13. & en la Cour des Aydes le 24. Novembre suivant *Fontanon t. 2. p. 892. Fournival p. 299. Filleau part. 3. tit. 1. ch. 17. p. 20.*

Declaration portant défenses d'acquitter aucunes Lettres, ou rescriptions des Receveurs generaux, & d'apporter aucunes parties de non valeur dans les comptes, sans certification du Controlleur. A Lyon en Octobre 1574.

Edit portant exemption en faveur des Ecclesiastiques, de donner aucune declaration de leurs biens & revenus. A Lyon le 10. Novembre 1574. *Fontanon t. 4. p. 606.*

Declaration en faveur de l'Ordre de S. Jean de Jerusalem. A Lyon le 10. Novembre 1574. reg. le 13. Mars 1575.

Edit portant exemption de toutes contributions en faveur du Clergé de France A Avignon le 23. Decembre 1574. reg. le 5. May 1575. *Font. t. 4. p. 606.*

Declaration portant reglement pour les Jugemens donnez par les Juges Presidiaux du Royaume, avec attribution au grand Conseil de la connoissance des contraventions qui y seront faites. A Avignon le 27. Decembre 1574. reg. au grand Conseil le 5. Decembre 1577. *Fontanon t. 1. p. 363. Corbin p. 533. Neron p. 201. Ioly t. 2. p. 1002. V. les Lettres de surannation du 15. Iuin 1577.*

Declaration touchant les droits d'imposition foraine, resve, & haut passage du Bureau d'Agde, & attribution de la Jurisdiction d'iceux à la Cour des Aydes de Montpellier. A Avignon le 6. Janvier 1575. reg. en la Cour des Aydes de Montpellier le 17. Septembre 1576. *Fontanon t. 2. p. 756.* 1575.

Edit portant rétablissement d'une Chambre des Requestes du Palais au Parlement de Dijon. A Avignon en Janvier 1575.

Edit portant rétablissement des Offices de Gardes des Seaux, &

HENRY III. 1575. Clers de l'Audiance des Chancelleries Presidiales, créez par celuy du mois de Decembre 1557. & supprimez par celuy du mois de Fevrier 1561. A Rheims en Fevrier 1575. reg. le 8. May de la même année. *Fontanon t. 1. p. 159. Ioly t. 1. p. 797.*

Edit pour l'exemption des Elûs, Receveurs, & Controlleurs des Aydes, Tailles, & équivalens, & des Procureurs, & Greffiers en chacune Election, de toute contribution aux Tailles, & impositions qui seront levées sur le peuple, &c. A Rheims en Fevrier 1575. reg. en la Cour des Aydes de Paris le 4. & en celle de Normandie le 22. Mars suivant. *Fontanon t. 2. p. 921. V. l'Edit du mois de Septembre* 1576.

Declaration portant confirmation des Privileges des Habitans de la ville de Montargis. A Paris en Mars 1575. reg. le 26. du même mois. *Privil. de Montar. p.* 108.

Declaration portant confirmation des Privileges des Habitans de la ville d'Orleans. A Paris en Mars 1575.

Declaration portant exemption en faveur du Clergé, des francs-fiefs & nouveaux acquets. A Paris en Mars 1575. reg. le 19. Avril suivant. *Fontanon t. 4. p. 608.*

Lettres patentes portant érection de la Seigneurie de S. Forgeau en Touraine, & de celle de S. Maurice sur Laveron, en Duché & Pairie, en faveur de François de Bourbon Duc de Montpensier, Pair de France, &c. A Paris en Avril 1575.

Ducs de S. Forgeau.

François de Bourbon, Duc de Montpensier, *de S. Forgeau,* & de Châtelleraut, Pair de France, Souverain de Dombes, &c. mort le 4. Juin 1592.

Henry de Bourbon, Duc de Montpensier, *S. Forgeau,* & Chatelleraut, Pair de France, Souverain de Dombes, &c. deceda le 27. Fevrier 1608.

Marie de Bourbon, Duchesse de Montpensier, *S. Forgeau,* & Chatelleraut, &c. a laissé une fille unique de Gaston-Jean-Baptiste de France, Duc d'Orleans.

Anne-Marie-Louise d'Orleans, Duchesse de Montpensier, *S. Forgeau,* Chatelleraut, &c.

Edit

Edit portant création des Offices de Notaires Gardenotes dans tous les Bailliages, Senéchaussées, & Sieges Royaux du Royaume, &c. A Paris en May 1575. reg le 13. Juin suivant. *Fontanon t. 1. p. 714. Joly t. 2. p. 1714. V. les Lettres patentes du 23. Iuillet suivant. Ces Offices sont supprimez par celuy du 29 Avril* 1578.

HENRY III. 1575.

Edit portant reglement pour les Jurisdictions des Elections, en explication de celuy du mois de Fevrier 1552. de l'art. 133. des Ordonnances faites à Orleans en Janvier 1560. création de certain nombre d'Offices d'Elûs en chacune Election : que ceux qui en seront pourvûs, outre les gages & droits, seront exempts de toutes Tailles, cruës, &c. & que tant ceux d'ancienne, que de nouvelle création, pourront prendre 12. deniers pour le jet, calcul, & signature de chacun rôlle, &c. A Paris en May 1575. reg. en la Cour des Aydes le 27. du même mois. *Fontan. t. 2. p. 922. Filleau part. 3. tit. 1. ch. 14. p. 16.*

Edit portant suppression de l'Office de Grand-Maître, Enquêteur, & general Reformateur des Eaux & Forests de France ; & création de six Offices de Grands-Maîtres, Enquesteurs, generaux Reformateurs, & de six Offices d'Huissiers des Eaux & Forests : & Reglement pour leurs fonctions, droits, gages, privileges, & Jurisdictions. A Paris en May 1575. registré au Parlement le 10. & en la Chambre des Comptes le 21. Juin de la même année. *Font. t. 2. p.* 310.

Edit concernant les droits du premier Barbier du Roy, & sa jurisdiction sur les autres Barbiers. A Paris en May 1575. reg. au grand Conseil les 23. & 24. Juillet 1578. *Font. t. 4. p.* 465.

Declaration concernant les Monnoyes. A Paris le dernier May 1575. *Fontanon t. 4. p.* 695.

Declaration portant que les poids, aulnes, & mesures du Royaume, seront reduites à une seule. A Paris le 14 Juin 1575. reg. le 4. Juillet de la même année.

Edit portant création de quatre Offices d'Arpenteurs, Mesureurs, & Priseurs Jurez de terres, bois, eaux, & forests en chacune Jurisdiction Royale du Royaume. A Paris en Juin 1575. reg. le 4. Juillet suivant. *Font. t. 4. p.* 840.

Edit portant reglement pour la Police des gens de guerre. A Paris le 1. Juillet 1575. *Fontanon t. 3. p.* 122.

Declaration pour les Privileges des Officiers de l'artillerie. A Paris en Juillet 1575. *Fontanon t. 2. p.* 1165. *V. les Declarations des* 12. *Aoust* 1576. *&* 13. *Aoust* 1578.

Lettres patentes portant jussion au Parlement pour la verifica-

HENRY III. 1575.

tion pure & simple de l'Edit du mois de May precedent, portant création des Offices de Notaires Gardenottes. A Paris le 23. Juillet 1575. regist. le 3. Aoust suivant. *Fontanon t. 1. p. 715. Ioly t. 1. p. 1716.*

Lettres patentes portant surannation de l'Edit du mois de Mars 1572. portant création des Audianciers, & Controlleurs alternatifs des Chancelleries, &c. A Paris le 26. Juillet 1575. regist. au Parlement de Dijon le 2. Janvier 1576. *Ioly t. 1. p. 740.*

Edit portant union des Offices de Sergens à verge du Châtelet de Paris, avec ceux de Maîtres Priseurs, Vendeurs de biens meubles de la même Ville. A Paris en Juillet 1575. reg. le 7. Septembre suivant *Fontanon t. 1. p. 512.*

Declaration portant évocation, & retention au Conseil privé du Roy de tous les procez, instances, & differends mûs, & à mouvoir contre le Clergé. A Paris le 1. Aoust 1575. *Fontanon t. 4. p. 560.*

Lettres patentes portant surannation de celles du mois de Decem- 1569. pour l'érection de la Principauté de Mercœur en Duché, & Pairie. A le 20. Aoust 1575. reg. le 8. Mars 1576.

Declaration portant défenses à toutes personnes d'acheter les biens des Rebelles, & à eux de les vendre à peine de confiscation. A Paris le 22. Aoust 1575. reg. le 7. Septembre de la même année *Fontanon t. 4. p. 306.*

Edit portant création des Offices de Greffiers des Presentations dans toutes les Cours Souveraines, Sieges Presidiaux, Bailliages, Senéchaussées, & Jurisdictions Royales du Royaume, &c. A Paris en Aoust 1575. reg. le 20. Juin 1577. *Fontanon t. 1. p. 44. Filleau part. 3. tit. 4. chap. 8. p. 251. V. les Lettres patentes du 18. Iuillet 1577. & les Declarat. des 5. Mars, & 2. Septembre 1578.*

Edit portant création des Offices de Conseillers Assesseurs aux Vicomtez, & Sieges particuliers de la Province de Normandie. A Paris en Septembre 1575. reg. au Parlement de Roüen le 13. Janvier 1576. *Fontanon t. 1. p. 238.*

Edit portant création d'un Office de Greffier en chacune Paroisse du Royaume, pour tenir registre, dresser, & écrire sous les Asséeurs les rôlles de tous deniers levez par forme de Taille. A Paris en Septembre 1575. reg. en la Cour des Aydes le 16. du même mois. *Fontanon t. 2. p. 863. V. la Declaration du 8. Fevrier 1576.*

Edit portant défenses de faire aucune levée de deniers, sans la permission expresse du Roy. A Paris en Septembre 1575. registré en la Cour des Aydes le 20. Fevrier 1578.

HENRY III.

1575. Edit portant création de l'Office de Commissaire general alternatif de la Marine de Levant. A Paris le 15. Septembre 1575. reg. en la Chambre des Comptes le 17. du même mois. *Font. t. 4. p. 666.*

1576. Declaration portant confirmation des Privileges des Chirurgiens de la ville de Paris. A Paris en Janvier 1576. registrée le 3. Aoust 1577.

Edit portant exemption en faveur des Capitaine, Lieutenans, Enseignes, & autres Officiers de la ville de Paris, de loger en leurs maisons aucuns gens de guerre, de quelque qualité & condition qu'ils soient. A Paris le 12. Janvier 1576. *Pinson p. 79.*

Declaration portant que le grand Prevost, ses Lieutenans, Greffiers, & Archers, sont Commensaux de la Maison du Roy, & exempts de Tailles. A Paris le 28. Janvier 1576.

Declaration portant exemption de depost, & garde de biens de Justice, même de faire la collecte des Tailles, Taillon, & autres Impositions en faveur des Greffiers des Tailles, créez par l'Edit du mois de Septembre 1575. A Paris le 8. Fevrier 1576. *Fontanon t. 2. p. 864.*

Edit portant création d'un Office de Controlleur de foin dans la ville de Paris. A Paris le 18. Fevrier 1576. *3. vol. des Ord. d'Henry III. fol. 93. V. les Lettres patentes des 26. Mars, mois de May de la même année, & 13. Decembre 1577.*

Edit portant défenses à tous Juges d'expedier sous leurs noms, ou autrement, aucunes Lettres de celles qui doivent estre expediées dans les Chancelleries des Parlemens, ou des Presidiaux. A Paris le 16. Mars 1576. reg. le 23. Juin suivant. *Fontanon t. 1. p. 163. Ioly t. 1. p. 803.*

Lettres patentes portant jussion au Parlement pour la verification de l'Edit du 18. Fevrier precedent, portant création d'un Office de Controlleur de foin. A Paris le 26. Mars 1576. *3. vol. des Ordonnances d'Henry III. fol. 95.*

Edit portant que les Maîtres Priseurs-Vendeurs de biens meubles, créez par celuy du mois de Fevrier 1556. & les Sergens ordinaires, pourront faire indifferemment tous exploits appartenans à l'Office de Sergent ordinaire, & à celuy de Maître Priseur, conformément à celuy du mois de Juillet 1575. A Paris en Mars 1576. reg. le 22. May suivant. *Fontanon t. 1. p. 514. Ioly t. 2. p. 1608. V. la Declaration du 11. Novembre suivant.*

Declaration portant reglement pour le cours des especes, pour

HENRY III. le payement des decimes. A Paris le 18. Avril 1576. *Fontanon t. 4. p.* 539.

1576. * Lettres patentes portant confirmation d'un Reglement des Syndics, & Députez du Clergé, pour le payement des subventions accordées au Roy. A Paris le 18. Avril 1576. *Fontanon t. 4. p.* 542.

Autres Lettres patentes portant confirmation d'un autre Reglement fait par les Syndics, & Députez generaux du Clergé, pour le même sujet. A Paris le 19. Avril 1576. *Fontanon t. 4. p.* 539.

Declaration pour l'innocence de François Duc de Montmorency, Pair, & Maréchal de France. A Paris en Avril 1576. reg. le 7. May suivant. *Duchesne Hist. de Montmor. Preuves p.* 301.

Edit portant pacification des troubles; & Reglemens pour maintenir la paix, & la tranquillité dans le Royaume, contenant 63. articles. A Paris en May 1576. reg. au Parlement le 14. & en la Chambre des Comptes le 16. du même mois. *Fontanon t. 4. p.* 307.

Lettres patentes portant don à François de France Duc d'Alençon, frere du Roy, des Duchez d'Anjou, Touraine, & Berry, pour en joüir par luy, & ses hoirs mâles, & les hoirs mâles de ses hoirs mâles, par accroissement d'appanage, &c. A Paris en May 1576. reg. au Parlement le 24. & en la Chambre des Comptes le 28. du même mois. *Fontanon t. 2. p.* 30.

Lettres patentes portant jussion au Parlement pour la verification de l'Edit du 18. Fevrier 1576. portant création d'un Office de Controlleur de foin, &c. A Paris en May 1576. 3. *vol. des Ord. d'Henry III. fol.* 95.

Edit portant annoblissement de certain nombre de personnes dans les Generalitez de Paris, Roüen, Caën, &c. A Paris en Juin 1576. reg. en la Chambre des Comptes le 18. & en la Cour des Aydes le 20. du même mois. *Fontanon t. 3. p.* 58.

Declaration pour l'alienation du temporel des Ecclesiastiques, jusqu'à la concurrence de 200000 livres tournois de rente, & revenu annuel. A Paris en Juin 1576. reg. le 17. Juillet de la même année. *Fontanon t. 4. p.* 561.

Declaration portant défenses d'imposer à la Taille les Officiers Commensaux de la Maison du Roy. A Paris le Juillet 1576.

Declaration portant défenses d'emprisonner les Ecclesiastiques constituez és Ordres sacrez, pour le payement de leurs dettes, decimes, & subventions. A Paris le 5. Juillet 1576. reg. le 9. Aoust de la même année. *Fontanon t. 4. p. 509.*

Declaration pour l'execution des Ordonnances, concernant la reformation des habits, portant en outre défenses aux roturiers d'usurper le titre de Noblesse, & à leurs femmes de porter l'habit de Damoiselles. A Paris en Juillet 1576. reg. le 22. Decembre de la même année. *Fontanon t. 1. p. 992.*

Edit portant permission à toutes personnes qui tiennent Offices à gages, & sans gages, du nombre de ceux qui ont esté reputez venaux, de les resigner aux charges, & conditions portées par le même Edit. A Paris en Juillet 1576. reg. au Parlement le 9. & en la Chambre des Comptes le 11. Aoust suivant. *Fontanon t. 2. p. 570. V. les Declar. des 1. Decembre & Avril suivans.*

Edit portant création de deux Offices d'Audianciers, & de deux Offices de Controlleurs en la grande Chancellerie de France, pour servir par quartier conjointement avec les deux qui y sont établis par celuy du mois d'Octobre 1571. &c. A Paris en Juillet 1576. registré le 7. Septembre de la même année. *Fontanon t. 1. p. 165. Ioly t. 1. p. 737.*

Declaration en consequence de celle du mois de Juillet 1575. pour les privileges des Officiers de l'artillerie. A Paris le 12. Aoust 1576. *Fontanon t. 2. p. 1168.*

Declaration pour l'enregistrement d'une Bulle du Pape, pour l'alienation du temporel des Ecclesiastiques, &c. A Paris le 20. Aoust 1576. reg. le 7. Septembre de la même année. *Fontanon t. 4. p. 568.*

Edit portant création d'un Office de Tresorier de France, & d'un Office de General des Finances, alternatifs en chacune des Generalitez de Lyon, Orleans, & Limoges. A Paris en Aoust 1576. reg. le 23. Novembre de la même année. *Corbin p. 307. Fournival p. 303.*

Edit portant reglement general pour les Finances dans le ressort du Parlement de Bordeaux. A Paris en Aoust 1576. registré en la Chambre des Comptes le 26. Novembre de l'année suivante. *Font. t. 2. p. 678.*

Edit portant création d'un Office de President au Parlement de Dijon. A Paris en Aoust 1576.

Edit portant création de deux Offices d'Audianciers, & deux de Controlleurs de l'Audiance de la Chancellerie du Parlement de Paris, pour servir par quartier avec les deux Audianciers, & les deux Controlleurs qui y sont établis. A Paris en Aoust 1576. reg. au Parl. le 9. & en la Chambre des Comptes le 27. Sept. suivant. *Ioly t. 1. p. 740.*

HENRY III. 1576.

Edit portant création de deux Offices d'Audianciers, & deux de Controlleurs de l'Audiance de la Chancellerie du Parlement de Roüen, pour servir par quartier avec les deux Audianciers, & les deux Controlleurs qui y sont établis. A Paris en Aoust 1576. reg. en la Chambre des Comptes le 19. Fevrier 1578 *Ioly t. 2. p.* 741.

Declaration pour les Privileges des six-vingts Chevaucheurs de l'Ecurie du Roy. A Paris en Aoust 1576.

Edit portant qu'il sera procedé contre les usuriers, par les peines contenuës dans les Ordonnances. A Paris en Aoust 1576. reg. le 7. Septembre de la même année. *Fontanon t.* 1. *p.* 679.

Edit portant création des Offices de Questeurs de vins, & menus boites: & des Offices de Controlleurs sur lesdits Questeurs de vins en toutes les Villes, Bourgs, & Paroisses de l'étenduë des Elections du ressort de la Cour des Aydes de Normandie. A Paris en Aoust 1576. reg. en la Chambre des Comptes le 30. du même mois, & en la Cour des Aydes de Normandie le 13. Septembre suivant.

Lettres patentes portant Commission pour l'execution de l'Edit du mois d'Aoust precedent, pour la recherche & punition des usuriers. A Paris le 3. Septembre 1576. reg. le 7. du même mois. *Fontanon t.* 1. *p.* 680.

Edit portant reglement pour les Monnoyes. A Paris le 15. Septembre 1576. *Font. t.* 4. *p* 698.

Edit portant reglement entre les Elûs, Controlleurs, & Receveurs des Aydes, & Tailles du Royaume: augmentation des droits, taxes, & salaires desdits Controlleurs; le tout en execution des Edits, & Declarations des mois de Janvier 1522. 17. May 1543. Octobre 1574. & Fevrier 1575. A Paris en Septembre 1576. reg. en la Chambre des Comptes le 15. Octobre suivant, & en la Cour des Aydes le 15. Mars 1577. *Fontanon t.* 2. *p.* 924.

Edit portant création de deux Offices d'Audianciers, & deux de Controlleurs en la Chancellerie du Parlement de Bordeaux, outre ceux qui y sont établis. A Paris en Septembre 1576. *V. celuy du mois de Decembre* 1578.

Edit portant création d'un Office de Controlleur general des Finances, en chacune des Receptes generales du taillon du Royaume. A Paris en Septembre 1576. reg. en la Chambre des Comptes le 6. Octobre de la même année. *Fontanon t.* 2. *p.* 834. *V. celuy du mois d'Avril* 1577.

Lettres patentes portant érection de la Terre & Seigneurie de

Piney & autres, en Duché, en faveur de François de Luxembourg, & de ses hoirs, & successeurs mâles & femelles, & ayans cause; à la charge que les appellations ressortiront nuëment au Parlement de Paris, &c. A Paris en Sept. 1576. reg. le 19. Septembre de l'année suivante. *Ce Duché a depuis esté érigé en Pairie, en faveur du même François de Luxembourg, par Lettres patentes du mois d'Octobre 1581.* HENRY III. 1576.

Ducs de Piney.

1 François de Luxembourg Duc *de Piney*, Pair de France, Prince de Tingry, &c. Chevalier des Ordres du Roy, mort le 30. Septembre 1613.

Henry de Luxembourg, Duc *de Piney*, Pair de France, Prince de Tingry, &c. mort le 23. May 1616.

Marie-Charlotte de Luxembourg, Duchesse *de Piney*, Pair de France, Princesse de Tingry, &c. mariée deux fois, la premiere avec Leon d'Albert, sieur de Brantes; la seconde avec Charles-Henry de Clermont-Tonnerre.

Magdelaine-Bonne-Charlotte-Therese de Clermont-Tonnerre, Duchesse de Luxembourg, Pair de France, Princesse de Tingry, &c. a épousé François-Henry de Montmorency, Comte de Bouteville, Maréchal de France.

Edit portant création de quatre Offices de Secretaires des Finances, & Greffiers du Conseil Privé du Roy. A Paris en Octobre 1576. reg. en la Chambre des Comptes le 5. du même mois. *Ioly t. 1. p. 634.*

Declaration portant reglement pour l'execution de l'Edit du mois d'Aoust, & Lettres patentes du 3. Septembre precedent, contre les usuriers. A Paris le 6. Octobre 1576. *Fontanon t. 1. p. 680.*

Declaration portant défenses à tous Sergens, & Priseurs-Vendeurs, d'exercer l'Office les uns des autres, en execution de l'Edit d'union du mois de Mars precedent, qu'ils n'ayent pris des provisions du Roy. A Paris le 11. Novembre 1576. *Fontanon t. 1. p. 516. Ioly t. 2. p. 1610.*

Edit portant établissement de toutes les Chambres à sel du Royaume, en titre de Greniers, & création en chacun desdits Greniers

HENRY III.

1576. d'un Office de Grenetier, un de Controlleur, un de Procureur du Roy, un de Greffier, deux de Mesureurs, & deux de Porteurs de sel, &c. A Paris en Novembre 1576. reg. en la Cour des Aydes le 18. Janvier 1577. *Fontanon t. 2. p. 1055.*

Edit portant création des Offices de Regratiers, & Mesureurs de sel en tous les Greniers, & Chambres à sel du Royaume. A Paris en Novembre 1576. reg. en la Cour des Aydes le 21. du même mois. *Fontanon t. 2. p. 1056. V. la Declaration du 28. Ianvier suivant.*

Edit portant création d'un Office de Receveur alternatif des Aydes & Tailles au Diocese de Viviers. A Olinville en Novembre 1576.

Edit portant création d'un ou de deux Offices de Messagers en chacun Bailliage, Senéchaussée, ou Elections, dont les appellations ressortissent nuëment aux Cours de Parlement, & des Aydes, & Reglement pour leurs Privileges, & droits. A Paris en Novembre 1576. reg. au Parlement le 16. Juillet, & en la Cour des Aydes le 5. Aoust 1579. *Font. t. 1. p. 517. Neron p. 389. Ioly t. 2. p. 1629. & 1926. Filleau part. 3. tit. 10. ch. 1. p. 410.*

Declaration portant prolongation du delay accordé par l'Edit du mois de Juillet precedent, pour la resignation des Offices. A Blois le 1. Decembre 1576. reg. au Parlement le 10. & en la Chambre des Comptes le 11. du même mois. *Fontanon t. 2. p. 572.*

Edit portant que les Princes du Sang Pairs de France, precederont, & tiendront rang selon leur degré de consanguinité, devant les autres Princes, & Seigneurs Pairs de France, de quelque qualité qu'ils puissent estre, tant és Sacres, & Couronnemens des Rois, qu'és seances des Cours de Parlement, & autres quelconques solemnitez, Assemblées, & Ceremonies publiques, sans que cela leur puisse plus à l'avenir estre mis en dispute, ny controverse, sous couleur de titres, & priorité de Pairies des autres Princes, & Seigneurs, ne autrement, pour quelque cause, & occasion que ce soit. A Blois en Decembre 1576. reg. le 8. Janvier suivant. *Fontanon t. 2. p. 32.*

1577. Edit portant concession de Noblesse en faveur de ceux qui ont esté Prevosts des Marchands, & Echevins de la ville de Paris, depuis vingt ans, & de ceux qui le seront cy-aprés, du titre de Chevalier aux Prevosts des Marchands, & autres Privileges. A Blois en Janvier 1577. *Privil. de la ville de Paris, p. 249.*

Declaration portant reglement pour les droits qui appartiennent aux Offices de Notaires & Secretaires de la Cour de Parlement de Bretagne.

Bretagne. A Blois le 22. Janvier 1577. *Joly t. 1. p.* 133.

Declaration sur l'Edit du mois de Novembre 1576. portant création des Offices de Regratiers, & Mesureurs, &c. A Blois le 28. Janvier 1577. *Fontanon t. 2. p.* 1057.

Edit portant qu'aucun Officier Comptable, excepté le Tresorier de l'Epargne, ne sera receu, qu'il n'ait fait élection de domicile, & donné bonne & suffisante caution. A Blois en Fevrier 1577. reg. en la Chambre des Comptes le 2. Avril suivant. *Fontanon t. 2. p.* 1141.

Edit portant nouveau reglement pour les droits qui se levent sur les bleds, vins, toilles, & pastels qui se transportent dans les païs étrangers, & défenses de faire sortir du Royaume aucuns lins, chanvres, & laine, à peine de confiscation. A Blois en Fevrier 1577. reg. au Parlement le 18. Mars, & en la Chambre des Comptes le 2. Avril de la même année. *Font. t. 2. p.* 527.

Lettres patentes portant Commission à Jaques de Bauquemare premier President, Robert le Roux, N. de Martinebos, Conseillers, & Hervery Bigot Avocat General au Parlement de Roüen, pour la redaction des Coûtumes de Normandie. A Blois le 22. Mars 1577.

Edit portant concession de plusieurs privileges, & exemptions aux Ecclesiastiques. A Blois le 20. Mars 1577. reg. le 21. Juin de la même année. *Font. t. 4. p.* 610.

Edit portant reglement pour les Hôtelleries, Cabarets, & Tavernes: & défenses à toutes personnes d'en tenir, s'ils n'ont permission du Roy. A Blois en Mars 1577. reg. le 4. Juillet de la même année. *Fontanon t. 1. p.* 952.

Declaration portant nouvelle prolongation du delay accordé par l'Edit du mois de Juillet, & la Declaration du mois de Decembre 1567. pour la resignation des Offices. A Blois en Avril 1577. regist. au Parlement le 2. & en la Chambre des Comptes le 4. May de la même année. *Fontanon t. 2. p.* 572.

Declaration en faveur des Habitans de la ville de Nevers. A Blois en Avril 1577. regist. en la Chambre des Comptes le 8. Avril 1579.

Edit portant création d'un Office de Controlleur general alternatif des Finances, en chacune des Receptes generales du Taillon du Royaume, aux mêmes gages, &c. que ceux créez par celuy du mois de Septembre 1576. A Blois en Avril 1577. reg. en la Chambre des Comptes le 29. Janvier 1579. *Fontanon t. 2. p.* 894.

HENRY III.

1577.

Edit portant rétablissement des Offices de Generaux subsidiaires des Monnoyes, supprimez par celuy du mois de Mars 1549. lesquels resideront dans les douze Provinces principales du Royaume, &c. A Chenonceau en May 1577. reg. au Parlement le 4. Mars, en la Chambre des Comptes le 11 Avril, & en la Cour des Monnoyes le 9. Septembre 1578. *3. vol. des Ord. d'Henry III. fol. 121. Fontanon t. 2. p. 182. Constans p. 275.*

Edit portant confirmation de celuy du mois d'Aoust 1555. touchant le Prevost, Juge Royal, le Procureur du Roy, le Greffier, & deux Sergens en chacune Monnoye; & suppression des Offices de Contregardes, & de l'un des Gardes, &c. A Chenonceau en May 1577. reg. au Parlement le 4. Mars, & en la Chambre des Comptes le 11. Avril 1578. *3. vol. des Ord. d'Henry III. fol. 125. Fontanon t. 2. p. 185. Constans p. 308. Ces Offices sont supprimez par celuy du mois de Iuillet* 1581. *& ceux de Gardes, & Contregardes rétablis.*

Edit portant création de quatorze Offices de Conseillers du Roy, Controlleurs generaux Provinciaux des Greniers à sel, aux gages de douze cens livres par an pour chacun Officier; & autres Reglemens pour la vente, & distribution du sel. A Chenonceau en May 1577. reg. en la Chambre des Comptes de Paris le 6. Juillet, & en la Cour des Aydes de la même Ville le 21. Aoust de la même année, & en la Chambre des Comptes de Montpellier le 8. & en la Cour des Aydes de la même Ville le 24. Novembre 1578. *Fontanon t. 2. p. 796. &* 1058. *V. l'Edit du mois de Ianvier* 1578. *& les Lettres du 2. Septembre audit an.*

Edit portant création d'un Office de Juge Conservateur des Privileges de l'Université de la ville d'Angers, & Reglement pour ses fonctions, droits, honneurs, & Privileges. A Chenonceau en May 1577. reg. le 18. Fevrier 1578. *Ioly t. 2. p.* 951.

Declaration en faveur du Duc de Montpensier, portant que la Monnoye qu'il fait fabriquer dans sa Principauté de Dombes, aura cours dans le Royaume. A le 26. May 1577. regist. le 16. Janvier 1586. *7. vol. des Ord. d'Henry III. fol. 71.*

Lettres patentes portant surannation de l'Edit du 27. Decembre 1574. touchant les Presidiaux. Au Plessis lés Tours le 15. Juin 1577. reg. au grand Conseil le 5. Decembre de la même année. *Fontanon t. 1 p. 365. Ioly t. 2. p.* 1005.

Lettres patentes concernant les biens meubles, & immeubles de ceux de la nouvelle opinion, & autres qui tiennent leur party.

A Bourguëil le 18. Juin 1577. *Fontanon t. 4. p. 316.*

HENRY III.

Lettres patentes portant jussion à la Cour des Aydes, pour l'enregistrement de l'Edit du mois de Septembre 1576. portant reglement entre les Elûs, Controlleurs, & Receveurs des Tailles. A Chatelleraut le 28. Juin 1577. reg. en la Cour des Aydes le 30. Aoust de la même année. *Fontanon t. 2. p. 927.* 1577.

Lettres patentes portant jussion au Parlement pour l'entregistrement pur & simple de l'Edit du mois d'Aoust 1575. portant création des Offices de Greffiers des Presentations. A Poitiers le 18. Juillet 1577. reg. le 2. Septembre suivant.

Edit portant création de cinq Offices de Conseiller Tresorier de France, & general en chacune des Receptes generales des Finances, &c. A Poitiers en Juillet 1577. reg. au Parlement le 27. Janvier, en la Chambre des Comptes le 15. Mars, & en la Cour des Aydes le 14. May 1578. 3. *vol. des Ord. d'Henry III. fol.* 59. *Fontanon t. 2. p.* 77. *V. celuy du mois de Mars* 1578. *& les Lettres de jussion du* 28. *May de la même année.*

Edit portant établissement en chacune Paroisse du Royaume, d'une personne qui sera exempte de toutes Tailles, cruës, contributions, & subventions qui se levent, & leveront cy-aprés, &c. A Poitiers en Juillet 1577. reg. en la Chambre des Comptes le 5. Aoust, & en la Cour des Aydes le 23. Octobre de la même année. *Fontanon t. 2. p.* 865.

Declaration portant permission aux Prevost des Marchands & Echevins de la ville de Paris, de lever certains droits sur chacun lez de harans. A Poitiers le 28. Juillet 1577. 3. *vol. des Ordonnances d'Henry III. fol.* 46.

Declaration en faveur des Tresoriers de France, pour les sommes qui leur seront payées pour leurs vacations, &c. A Poitiers le 10. Aoust 1577. *Fournival p.* 1016.

Edit portant création d'un Office de Procureur du Roy en l'Election particuliere de Selles en Berry, avec attribution des mêmes droits, &c. que ceux dont joüissent les Procureurs du Roy és Sieges des Elections du Royaume. A Poitiers en Aoust 1577. reg. en la Cour des Aydes le 20. Decembre suivant. *Filleau part. 2. tit. 6. ch. 25. p.* 257.

Edit portant exemption en faveur du Clergé, des francs-fiefs, & nouveaux acquests. A Poitiers le 25. Aoust 1577. *Fontanon t. 4. p.* 612.

Edit concernant les Monnoyes. A Poitiers le 28. Septembre 1577.

HENRY III.

1578.

Chambre des Comptes de Montpellier le 8. May, & en la Cour des Aydes de la même Ville le 24. Novembre de la même année. *Fontanon t. 2. p. 798. V. les Lettres du 2. Septembre suivant.*

Declaration portant que les descendans d'Eudes le Maire, dit Chalo S. Mas, payeront le huitiéme. A Paris le 29. Janvier 1578. regist. le dernier Juillet de la même année. *3. vol. des Ord. d'Henry III. fol. 168.*

Declaration portant exemption des Tailles en faveur des Habitans de la ville de Montargis. A Paris le dernier Janvier 1578. *Priv. de Mont. p. 7.*

Edit portant création de deux Offices d'Audianciers, & deux de Controlleurs en la Chancellerie du Parlement de Tholose, outre ceux qui y sont établis, &c. A Paris en Fevrier 1578. reg. en la Chambre des Comptes le 1. Juin 1578. *Ioly t. 1. p. 744. V. les Lettres du 13. Avril 1579.*

Lettres patentes portant érection du Comté de Vantadour en Duché, en faveur de Gilbert de Levy, Comte de Vantadour, & de ses successeurs mâles: permission d'y établir un Senéchal, dont les appellations ressortiront nuëment au Parlement de Bordeaux; à la charge qu'en defaut de mâles, la dignité de Duché demeurera éteinte, &c. A Paris Fevrier 1578. reg. au Parlem. le 13. May, & en la Chambre des Comptes le 3. Juin de la même année. *3. vol. des Ord. d'Henry III. fol. 107. Ce Duché a esté depuis érigé en Pairie, par Lettres patentes du mois de Iuin 1589. V. aussi celles du 19. Iuin 1609.*

Ducs de Vantadour.

Gilbert de Levy III. du nom, premier Duc *de Vantadour*, Pair de France, &c. mort en 1591.

Anne de Levy, Duc *de Vantadour*, Pair de France, Chevalier des Ordres du Roy, &c.

Henry de Levy, Duc *de Vantadour*, Pair de France.	Charles de Levy, Duc *de Vantadour*, Pair de France, Chevalier des Ordres du Roy, decedé le 18. May 1649.

Loüis-Charles de Levy à present Duc *de Vantadour*, Pair de France, &c.

Edit portant réünion du Greffe des Presentations de la ville d'Auxerre, à celuy du Bailliage de la même Ville. A Paris en Fevrier 1578. 3. *vol. des Ord. d'Henry III. fol.* 98.

Edit portant suppression d'un Office de Prevost à Loudun. A Paris en Fevrier 1578. 3. *vol des Ord. d'Henry III. fol.* 186.

Edit portant création, & établissement d'une Election, & Bureau de Recepte des Aydes, Tailles, &c. dans la ville de Montluçon en Bourbonnois, à l'*instar* des autres Elections du Royaume. A Paris en Fevrier 1578. reg. en la Chambre des Comptes le dernier Avril, & en la Cour des Aydes le 14. May de la même année. *Fontanon t.* 2. *p.* 928.

Lettres patentes portant Commission à Guillaume Vauquelin, Avocat General au Parlement de Roüen, pour travailler à la redaction des Coûtumes de Normandie, au lieu d'Hervery le Bigot, qui avoit esté commis par les Lettres du 22. Mars 1577. A Paris le 21. Fevrier 1578.

Edit portant suppression des Offices de Tresoriers de France generaux des Finances, créez par celuy du mois de Juillet 1577. quand ils vaqueront, jusqu'à ce qu'ils soient reduits au nombre de trois, &c. A Paris en Mars 1578. reg. au Parlement le 24. du même mois, & en la Chambre des Comptes le 7. Avril suivant. 3. *vol. des Ord. d'Henry III. fol.* 138. *Fontanon t.* 2. *p.* 81.

Edit portant reglement pour la taxe des Elûs, Procureurs, Greffiers, & Receveurs des Tailles. A Paris en Mars 1578. reg. en la Chambre des Comptes le 6. May de la même année. *Fontanon t.* 2. *p.* 938. *V. la Declaration du* 13. *& les Lettres de jussion du* 14. *May de la même année, & la Declaration du* 19 *Juillet* 1579.

Declaration touchant les Oblats. A Paris le 4. Mars 1578. *Fontan. t.* 4. *p.* 946. *V. celles des mois de Fevrier* 1586. *&* 27. *Mars suivant.*

Declaration pour l'execution de l'Edit du mois d'Aoust 1575. portant création des Offices de Greffiers des Presentations. A Paris le 5. Mars 1578. *Font. t.* 1. *p.* 53. *&* 481. *Joly t.* 1. *p.* 80.

Edit portant suppression des Offices d'Audianciers, & de Controlleurs en la Chancellerie du Parlement de Bordeaux, créez par celuy du mois de Septembre 1576. A Paris en Mars 1578. *V. celuy du mois de Decembre de la presente année.*

Lettres patentes portant jussion à la Chambre des Comptes, & à la Cour des Aydes de Paris, pour l'enregistrement de l'Edit du mois de Septembre 1577. par lequel le Roy a annobli certain nombre de personnes dans le Duché de Bretagne; & attribution à la

HENRY III. 1578.

même Cour des Aydes de la connoissance de tous les differends qui pourroient naître pour raison desdits annoblissemens. A Paris le 25. Mars 1578. reg. en la Chambre des Comptes le 8. Avril, & en la Cour des Aydes le 7. May de la même année. *Fontanon t. 3. p. 60.*

Declaration portant jussion au Parlement pour l'enregistrement pur & simple de l'Edit du mois d'Octobre 1571. portant création de certain nombre de Conseillers és Sieges particuliers des Bailliages, & Senéchaussées. A Paris le 27. Mars 1578. reg. le 9. Juin de la même année. *Fontanon t. 1. p. 204. Ioly t. 2. p. 865. Filleau part. 2. tit. 4. ch. 11. p. 158. V. celle du 25. Aoust suivant.*

Edit portant création d'un Office de Jaugeur de fustaille en Poitou. A Paris en Avril 1578. reg. le 22. Septembre de la même année. *3. vol. des Ord. d'Henry III. fol. 250.*

Edit portant création d'un Office de Jaugeur de fustaille en Guyenne. A Paris en Avril 1578. reg. le 22. Septembre de la même année. *3. vol des Ord. d'Henry III. fol. 254.*

Edit portant création d'un Office de Controlleur, & d'un Office de Greffier en chacun Bureau des traites, &c. A Paris en Avril 1578. reg. le 28. May suivant. *Fontanon t. 4. p. 702.*

Edit pour la reduction, & suspension de plusieurs Officiers des Finances, &c. A Paris le 6. Avril 1578. *V. les Declarat. & Edit des 7. & 26. du present mois.*

Declaration portant que les Elections de Montluçon, & de Belac ne sont point comprises dans l'Edit precedent. A Paris le 7. Avril 1578. reg. en la Chambre des Comptes le dernier du même mois, & en la Cour des Aydes le 14. May suivant. *Fontanon t. 2. p. 930.*

Edit portant revocation de celuy du 6. du present mois, en ce qu'il porte suspension des Officiers des Bureaux des Finances, &c. A Paris le 26. Avril 1578. reg. en la Chambre des Comptes le dernier du même mois. *Font. t. 2. p. 674.*

Edit portant que tous les Notaires du Royaume joüiront de la survivance accordée aux Officiers, par celuy du mois de Juillet 1576. union desdits Offices de Notaires à ceux de Gardenottes; & suppression de tous les Offices de Notaires-Gardenottes, créez par celuy du mois de May 1575. reg. le 25. Septembre de la même année. *3. vol. des Ord. d'Henry III. fol. 242. Fontanon t. 1. p. 717. Ioly t. 2. p. 1717.*

Declaration sur l'Edit du mois de Septembre 1575. touchant les Monnoyes.

Monnoyes. A Paris le dernier Avril 1578. reg. le 15. May de la même année. *Font. t. 2. p. 214.*

Edit portant création de certain nombre de Conseillers, & Assesseurs dans les Sieges des Prevosts, Viguiers, & Juges ordinaires Royaux. A Paris le dernier Avril 1578. reg. le 19. Juillet 1582. 5. *vol. des Ord. d'Henry III. fol.* 241. *Fontanon t.* 1. *p.* 202. *Ioly t.* 2. *p.* 862. *Filleau part.* 2. *tit.* 5. *ch.* 11. *p.* 210.

Edit portant établissement des greniers à sel dans la Province d'Auvergne. A Paris en May 1578. *Revoqué par celuy du* 13. *Octobre suivant.*

Edit portant création de certain nombre d'Adjoints aux Enquêtes en chacun Bailliage, Senéchaussée, Vicomté, & Jurisdiction Royale du Royaume. A Paris en May 1578. reg. le 15. Octobre suivant. 3. *vol. des Ord. d'Henry III. fol.* 280. *Fontanon t.* 1. *p.* 474. *Ioly t.* 2. *p.* 1351. *Filleau part.* 3. *tit.* 3. *ch.* 22. *p.* 198.

Edit portant rétablissement des Offices de Sergens Royaux en chacune Election, créez par celuy du mois d'Octobre 1539. & création des Offices de Sergens Royaux dans les Bureaux des Aydes, Tailles, Gabelles, &c. où il n'y a point d'Election, avec pouvoir d'executer conjointement avec leurs Offices les deniers des decimes, & subventions qui se levent sur le Clergé. A Paris en May 1578. reg. de la Cour des Aydes le 2. Juillet suivant. *Fontanon t.* 2. *p.* 866.

Edit portant attribution d'un demy écu à chacun des Tresoriers Generaux de France, qui sera present lors qu'ils s'assembleront pour l'exercice de leurs Offices. A Paris en May 1578. regist. en la Chambre des Comptes le 2. Juin de la même année. *Fontan. t.* 2. *p.* 82. *Fournival p.* 960. *V. les Lettres de jussion des* 23. *&* 30. *du même mois.*

Edit portant reglement general pour la poursuite, & le recouvrement des restes des comptes des Officiers Comptables; & revocation de tous les dons faits sur lesdits restes, au préjudice du don qui en a esté fait à la Reine-Mere du Roy, pour la construction du Palais des Thuilleries. A Paris en May 1578. regist. en la Chambre des Comptes le 15. du même mois. *Fontanon t.* 2. *p.* 675.

Edit portant création d'un Office de Sergent en chacun des greniers, & chambres à sel qui en dépendent, où il y en a un d'étably, & de deux Offices où il n'y en a aucuns, avec pouvoir d'exploiter, tant pour les Gabelles, Tailles, & Imposts, que pour le

HENRY III. 1578. fait de la Justice dans l'étenduë du Ressort desdits greniers, & chambres à sel. A Paris en May 1578. reg. en la Cour des Aydes le 2. Juillet de la même année. *Fontanon t. 2. p. 1062. V. les Lettres de jussion du 10. Aoust suivant.*

Edit portant création d'un Office d'Oeconome, & Commissaire general dans chacun Diocese du Royaume, pour la perception des fruits des Benefices vacans, dont la nomination appartient au Roy, pour en joüir par ceux qui en seront pourvûs aux mêmes honneurs que les autres Officiers Comptables, &c. A Paris en May 1578. reg. en la Chambre des Comptes le 22. Aoust de la même année. *Font. t. 4. p. 585. V. les Lettres de jussion du 20. Septembre suivant. Cet Edit est revoqué par l'art. 12. de celuy du mois de Fevrier 1580.*

Declaration sur l'Edit du mois de Mars precedent, portant reglement pour la taxe des Elûs. A Paris le 13. May 1578. reg. en la Chambre des Comptes le 16. du même mois. *Font. t. 2. p. 939.*

Lettres patentes portant jussion à la Chambre des Comptes, pour enregistrer l'Arrest du Conseil du 14. May, concernant la taxe des Elûs. A Paris le 14. May 1578. reg. le 20. Juin de la même année. *Fontanon t. 2. p. 940.*

Lettres patentes portant jussion à la Chambre des Comptes pour l'enregistrement de l'Edit du present mois, portant attribution d'un demy écu aux Tresoriers de France, &c. A Paris le 23. May 1578. registrées le 2. Juin suivant. *Fontanon t. 2. p. 83. Fournival p. 962.*

Lettres patentes portant jussion à la Cour des Aydes pour lever les modifications qu'elle a faites à l'Edit du mois de Juillet 1577. portant création des Offices de Tresoriers de France. A Paris le 25. May 1578. reg. le 9. Juin suivant. *Font. t. 2. p. 85. Fournival p. 317.*

Lettres patentes portant jussion à la Chambre des Comptes pour verifier l'Edit du present mois, portant attribution d'un demy écu aux Tresoriers de France, &c. A Paris le 30. May 1578. reg. le 2. Juin de la même année. *Fontanon t. 2. p. 84. Fournival p. 964.*

Declaration portant reglement pour les Bouchers. A Paris le 2. Juin 1578. *3. vol. des Ord. d'Henry III. fol. 114.*

Declaration portant pouvoir aux Artisans qui sont dans l'Hôpital de la Trinité à Paris, d'acheter, & lotir és lots de la marchandise de leur métier, qui se vend publiquement dans la ville de Paris, comme s'ils estoient receus Maîtres, &c. A Paris le 2. Juin

1578. reg. le 18. Septembre de la même année. 3. *vol. des Ordonnances d'Henry III. fol.* 255. *Fontanon t.* 4. *p.* 675. HENRY III. 1578.

Autre Declaration portant reglement pour la visite que les Jurez des Métiers de la ville de Paris peuvent faire dans l'Hôpital de la Trinité de la même Ville. A Paris le 2. Juin 1578. reg. le 18 Septembre de la même année. 3. *vol. des Ord. d'Henry III. fol.* 257. *Fontanon t.* 4. *p.* 678.

Edit portant création d'un Office de Receveur des Consignations en chacune des Villes, Bourgs, & Bourgades du Royaume, où il y a Cour de Parlement, Chambre des Comptes, &c. A Paris en Juin 1578. reg. au Parlement le 26. Juillet, en la Chambre des Comptes le 26. Aoust 1580. & en la Cour des Aydes le le 28. Mars 1582. 4. *vol. des Ord. d'Henry III. fol.* 228. *Fontanon t.* 1. *p.* 537. *Joly t.* 2. *p.* 1631.

Lettres patentes pour l'enregistrement de celles du mois d'Aoust 1573. portant érection de la Terre de Château-Roux le Parc en Comté, en faveur de Jean d'Aumont. A Paris le 23. Juillet 1578. *V. celles du* 7. *Fevrier* 1580.

Lettres patentes portant jussion au Parlement pour l'enregistrement pur & simple de l'Edit du 29. Avril precedent, concernant les Notaires. A Paris le 25. Juillet 1578. reg. le 25. Septembre de la même année. *Fontanon t.* 1. *p.* 719. *Joly t.* 2. *p.* 1718.

Edit portant reglement general pour la Jurisdiction des Elûs: défenses de faire aucune assiette, & levée de deniers sur les Sujets du Roy, sans sa permission: création d'un Office de President en chacune Election: comme aussi d'un Office d'Avocat, ou Procureur du Roy dans celles où il n'y en a pas: de deux Offices d'Huissiers; & un Office de Receveur des amendes: & suppression de toutes les Charges d'Elûs qui viendront à vacquer, jusques à ce qu'ils soient reduits à l'ancien nombre, &c. A Paris en Juillet 1578. registré en la Chambre des Comptes le 12. & en la Cour des Aydes le 20. Aoust de la même année. *Font. t.* 2. *p.* 931. *Filleau part.* 3. *tit.* 1. *ch.* 24. *p.* 26. *V. la Declaration du* 28. *Novembre suivant.*

Lettres patentes portant jussion à la Cour des Aydes pour l'enregistrement pur & simple du mois de May precedent, portant création des Offices de Sergens en chacun grenier à sel, &c. A Paris le 10. Aoust 1578. reg. le 22. Octobre de la même année.

Declaration concernant les Privileges des Officiers de l'artillerie. A Paris le 13. Aoust 1578. regist. en la Cour des Aydes le 10.

HENRY III. Fevrier 1583. *Fontanon t. 2. p. 1170. La Mariniere p. 447.*

1578. Edit portant reglement sur le fait des Chasses. A Paris le 14. Aoust 1578. *Font. t. 2. p. 320.*

Declaration pour l'execution de celle du 27. Mars precedent, touchant la reception des Conseillers és Bailliages, & Senéchaussées, créez par l'Edit du mois d'Octobre 1571. A Paris le 25. Aoust 1578. *Fontan. t. 1. p. 203. Ioly t. 2. p. 864.*

Edit portant pouvoir aux Avocats du Roy d'entrer, & avoir séance dans les Sieges Presidiaux, Bailliages, Senéchaussées, &c. où ils sont établis, en toutes les distributions, rapports, & jugemens des procez, &c. A Paris en Aoust 1578. reg. le 15. Octobre de la même année. *3. vol. des Ord. d'Henry III. fol. 282. Fontanon t. 1. p. 433. Ioly t. 2. p. 1243. Filleau part. 2. tit. 6. ch. 3. p. 239. V. les Lettres du 6. Septembre suivant.*

Lettres patentes portant jussion à la Cour des Aydes de Montpellier, de verifier les Edits de création des Controlleurs generaux Provinciaux des Gabelles des mois de May 1577. & Janvier de la presente année. A Paris le 2. Septembre 1578, reg. le 24. Novembre suivant. *Fontanon t. 2. p. 800*

Declaration pour l'execution de l'Edit du mois d'Aoust 1575. portant création des Offices de Greffiers des Presentations, en ce qui regarde la Cour des Aydes, & les Sieges qui y ressortissent. A Paris le 2. Septembre 1578. reg. en la Cour des Aydes le 22. Janvier 1579. *Ioly t. 1. p. 81.*

Lettres patentes portant pouvoir au Parlement de proceder à la verification, & enregistrement de l'Edit du mois d'Aoust precedent, concernant les Avocats du Roy, nonobstant les Vacations. A Paris le 6. Septembre 1578. reg. le 15. Octobre de la même année. *3. vol. des Ord. d'Henry III. fol. 283. Fontanon t. 1. p. 435. Ioly t. 2. p. 1245.*

Edit portant création d'un Office de Garde des Seaux de France, en faveur de Philippes Hurault, Seigneur de Chiverny; à la charge que vacation arrivant de celuy de Chancelier de France, ils demeureront de plein droit réünis, sans même qu'il soit besoin de prendre de nouvelles provisions. A Fontainebleau en Septembre 1578. reg. le 9. Decembre suivant. *3. vol. des Ord. d'Henry III. fol. 295.*

Declaration pour l'execution de l'Edit du mois de Septembre 1577. portant création des Offices de Clercs des Greffes. A Fontainebleau le 18. Septembre 1578. *Ioly t. 1. p. 106.*

Lettres patentes portant jussion à la Chambre des Comptes pour l'enregistrement pur & simple de l'Edit du mois de May precedent, portant création d'un Office d'Oeconome en chacun Diocese. A Fontainebleau le 20. Septembre 1578. reg. le 17. Octobre suivant. HENRY III. 1578.

Edit portant revocation de celuy du mois de May precedent, pour l'établissement des greniers à sel dans la Province d'Auvergne. A Fontainebleau le 13. Octobre 1578.

Edit portant que ceux qui seront declarez déchûs de leur appel en la Cour des Aydes, ou déboutez des Requestes civiles par eux obtenuës, seront condamnez en l'amende de douze écus, sol & ceux qui acquiesceront, &c. A Fontainebleau le 20. Octobre 1578. reg. en la Cour des Aydes le 26. Novembre de la même année. *Fontanon t. 2. p. 717.*

Lettres patentes portant jussion à la Cour des Monnoyes pour verifier les Edits de rétablissement des Offices de Generaux Provinciaux, Prevosts, & autres Officiers des Monnoyes. A Olinville le 8. Novembre 1578. reg. le 2. Decembre suivant.

Declaration portant reglement entre les Presidens, les Elûs, & autres Officiers créez par l'Edit, du mois de Juillet precedent. A Paris le 28. Novembre 1578. reg. en la Cour des Aydes le 20. Fevrier 1579. *Fontanon t. 2. p. 935. Filleau part. 3. tit. 1. chap. 25. p. 29.*

Edit portant création nouvelle, & rétablissement des deux Offices d'Audianciers, & des deux Offices de Controlleurs en la Chancellerie du Parlement de Bordeaux, créez par celuy du mois de Septembre 1576. & supprimez par celuy du mois de Mars dernier. A Paris en Decembre 1578. reg. en la Chambre des Comptes le 27. Janvier 1579. *Ioly t. 1. p. 747.*

Edit portant institution, & création de l'Ordre militaire du S. Esprit. A Paris en Decembre 1578. *Fontanon t. 3. p. 44.*

Ratification faite par le Roy des articles accordez en la Conference faite à Nerac le dernier Fevrier 1579. entre la Reine-Mere, & le Roy de Navarre, & autres, pour faciliter l'execution de l'Edit de pacification. A Paris le 14. Mars 1579. reg. le 6. Juin 1580. 4. *vol. des Ord. d'Henry III. fol. 212. Fontanon t. 4. p. 330.* 1579.

Lettres patentes portant jussion à la Chambre des Comptes de Paris, pour verifier l'Edit du mois de Fevrier 1578. portant création de deux Offices d'Audianciers, & deux de Controlleurs en la Chancellerie du Parlement de Tholose, &c. A Paris le 13. Avril 1579. reg. le 1. Juin de la même année. *Ioly t. 1. p. 745.*

HENRY III. 1579.

Edit portant qu'en toutes les Forests du Royaume, tant celles qui sont du Domaine du Roy, que celles qui sont és terres données en appanage, doüaire, usufruit, & engagement, & autres qui sont du Domaine des Ecclesiastiques, on ne pourra faire aucune coupe, & vente de bois de haute fustaye, soit en quantité d'arpens, ou en nombre d'arbres, si ce n'est par Commissions du Roy, fondées sur urgentes necessitez, & verifiées dans les Cours de Parlement, &c. A Paris en May 1579. reg. le 15. Juin de la même année. *3. vol. des Ord. d'Henry III. fol.* 421. *Fontanon t. 2. p. 321.*

Ordonnances sur les plaintes, & doleances des Etats tenus à Blois au mois de Novembre 1576. contenant 363. articles. A Paris en May 1579. regist. au Parlement le 25. Janvier, en la Chambre des Comptes le 4. & en la Cour des Aydes le 11. Mars 1580. *4. vol. des Ord. d'Henry. III. fol.* 134. *Neron p.* 118. *Corbin p.* 245. *Fontanon t.* 1. *en sa Chron. p.* 72. *Buguyon Coquille t. 1. in fine.*

Edit concernant les Declarations, Statuts, & Ordonnances faites par le Roy sur les remontrances, plaintes, & doleances contenuës au cahier des gens des trois Etats du païs & Duché de Bretagne. A Paris en Juin 1579. *Argentré.*

Edit portant revocation du pouvoir octroyé à tous les Sergens du Royaume, par les Edits des mois de May, & de Septembre 1568. & création de 80. Offices de Sergens à cheval du Châtelet de Paris, pour avec les 220. qui sont déja créez, faire le nombre de 300. A Paris en Juin 1579. reg. le 5. Septembre de la même année. *3. vol. des Ord. d'Henry III. fol.* 487. *Fontanon t.* 1. *p.* 522. *Ioly t. 2. p.* 1556.

Declaration portant confirmation de tous les Contrats, Testamens, & autres Actes receus par les Notaires du haut & bas païs d'Auvergne, quoique les solemnitez prescrites par l'art. 84. des Ordonnances faites à Orleans en Janvier 1560. n'y ayent pas esté observées. A Paris en Juin 1579. reg. le 23. Janvier 1580. *4. vol. des Ord. d'Henry III. fol.* 14. *Ioly t. 2. p.* 1722.

Declaration sur l'Edit du mois de Mars 1578. pour la taxe des Elûs. A Paris le 19. Juillet 1579. *Fontanon t. 2. p. 941.*

Declaration pour l'execution de l'Edit du mois de Decembre 1577. portant création des Offices de Clercs des Greffes. A Paris le 8. Aoust 1579. *Fontanon t. 1. p. 54. Ioly t. 1. p.* 110.

Edit portant reglement pour le fait de la Gabelle. A Paris le 13. Aoust 1579. reg. en la Cour des Aydes le 1. Octobre suivant. *Fontanon t. 2. p.* 1063.

Edit portant reglement sur l'érection des Marquisats, Comtez, Baronnies, & Châtellenies. A Paris le 17. Aoust 1579. reg. au Parlement de Bretagne le 21. Septembre suivant. HENRY III. 1579.

Edit pour l'établissement des Grands-Jours dans la ville de Poitiers. A Paris en Aoust 1579. 3. *vol. des Ord. d'Henry III. fol.* 469.

Lettres patentes portant Commission à Christophe de Thou President, Claude Anjorant, Mathieu Chartier, Jacques Viole, & Pierre de Longueüil Conseillers au Parlement, pour la reformation de la Coûtume de Paris. A Paris le 15. Decembre 1579.

Declaration portant revocation de l'interdiction de plusieurs Officiers des Finances. A Paris le 10. Janvier 1580. reg. en la Chambre des Comptes le 16. du même mois. *Font. t.* 2. *p.* 587. 1580.

Edit portant création de deux Lettres de Maîtrises en toutes les Villes, &c. en faveur de Marguerite de France Reine de Navarre. A Paris en Janvier 1580. reg. le 5. Mars de la même année. 4. *vol. des Ord. d'Henry III. fol.* 54. *Fontanon t.* 1. *p.* 1089.

Lettres patentes portant jussion au Parlement de Paris, pour l'enregistrement pur & simple de celles du mois d'Aoust 1573. & 27. Juillet 1578. portant érection de la Baronnie de Château-Roux le Parc en Comté, en faveur de Jean d'Aumont Maréchal de France, Chevalier des Ordres du Roy. A Paris le 7. Fevrier 1580. reg. le 14. Avril de la même année. 4. *vol. des Ord. d'Henry III. fol.* 84.

Declaration portant reglement pour la Jurisdiction des Syndics, & Députez du Clergé de France. A Paris le 10. Fevrier 1580. reg. le 8. Mars de la même année. 4. *vol. des Ord. d'Henry III. fol.* 73. *V. les Lettres de jussion du* 13. *Mars suivant.*

Edit sur les plaintes, & remontrances du Clergé de France, generalement assemblé dans la ville de Melun en l'année 1580. contenant 33. articles. A Paris en Fevrier 1580. reg. le 8. Mars de la même année. 4. *vol. des Ord. d'Henry III. fol.* 61. *Corbin p.* 354. *Neron p.* 516 *sur l'art.* 22. *V. l'Edit du mois de Fevrier* 1678. *& la Declaration du mois de Iuillet* 1684.

Lettres patentes portant jussion au Parlement de Paris, pour l'enregistrement de la Declaration du 10. Fevrier precedent, pour la Jurisdiction des Syndics du Clergé. à Paris le 13. Mars 1580. reg. le 24. du même mois. 4. *vol. des Ord. d'Henry III. fol.* 75.

Edit portant suppression de tous les Offices de Greffiers, tant civils que criminels, & des Presentations, de Clercs des Greffes, tant des Cours de Parlement, &c. de Tabellions, de Gardes des

HENRY III. 1580.

Seaux, & de Gardenottes: union de tous lesdits Offices au Domaine du Roy avec tous les droits, profits, & émolumens qui leur sont attribuez; pour estre vendus avec faculté de rachat perpetuel, &c. A Paris en Mars 1580. reg. le 26. Juillet de la même année. 4. *vol des Ord. d'Henry III. fol.* 218. *Fontanon t.* 1. *p.* 483. *Iolyt.* 1. *p.* 89. *V. les Declarations des* 25. *Iuillet,* & 11. *Septembre suivant,* & 16. *Ianvier* 1581.

Edit pour l'établissement de certain nombre de Changeurs dans le Royaume, créez par celuy du mois d'Aoust 1555. A Paris en May 1580. reg. le 4. Juillet 1581. 4. *vol. des Ord. d'Henry III. fol.* 389.

Lettres patentes portant Commission au Parlement de Paris, pour faire lire, & publier de nouveau l'Edit de pacification, & les articles de la Conference de Nerac, & les faire executer. A Paris le 3. May 1580. *Fontanon t.* 4. *p.* 343.

Declaration pour l'execution de l'Edit de pacification, & des articles arrestez en la Conference de Nerac. A Paris le 3. Juin 1580. reg. le 6. du même mois. 4. *vol. des Ord. d'Henry III. fol.* 205. *Fontanon t.* 4. *p.* 328.

Lettres patentes portant Mandement au Parlement de Roüen, pour enregistrer certains articles portans reglement pour les Assesseurs des Bailliages, & Vicomtez de Normandie. A Paris le 7. Juin 1580. reg. le 12. Septembre de la même année. *Fontanon t.* 1. *p.* 238. *Ioly t.* 1. *p.* 422. *V. les Lettres du* 20. *Septembre suivant.*

Declaration portant que nonobstant la suppression des Offices de Judicature, faite par les articles 100. 210. 211. & suivans des Ordonnances du mois de May 1579. lorsque lesdits Offices vaqueront, il y sera pourvû par le Roy, tant & si longuement que la guerre durera, &c. A Paris en Juin 1580. reg. le 26. Juillet de la même année. 4. *vol. des Ord. d'Henry* I.I. *fol.* 223. *Fontanon t.* 2. *p.* 588.

Edit portant établissement d'une seconde Chambre des Requêtes du Palais au Parlement de Paris: création de deux Offices de Presidens, & deux de Conseillers à l'*instar*, & aux mêmes honneurs, &c. A S. Maur des Fossez en Juin 1580. reg. le 26. Juillet de la même année. 4. *vol. des Ord d'Henry III. fol.* 226. *Fontanon t.* 1. *p.* 28.

Edit portant création de deux Offices d'Huissiers en la seconde Chambre des Requestes du Palais au Parlement de Paris, créé par celuy du mois de Juin precedent. A S. Maur des Fossez en Juillet 1580. reg. le 26. du même mois. 4. *vol. des Ord. d'Henry III. fol.* 226. *Ioly t.* 1. *p.* 60.

Edit portant établissement de celuy du mois de Novembre 1563. pour

pour la subvention des procez, & peine des temeraires Plaideurs, qui avoit esté revoqué par la Declaration du 1. Avril 1568. A S. Maur des Fossez en Juillet 1580. reg. le 26. du même mois. 4. *vol. des Ord. d'Henry III. fol.* 226. *Fontanon t.* 4. *p.* 705. *Cet Edit a depuis esté revoqué par celuy du mois de Fevrier* 1583.

HENRY III. 1580.

Edit portant augmentation, & ampliation du pouvoir des Presidiaux, créez par celuy du mois de Janvier 1551. tant en matiere civile, que criminelle: & création des Offices de Conseillers, qui sont necessaires pour parfaire le nombre de quinze en chacun desdits Sieges. A S. Maur des Fossez en Juillet 1580. reg. le 26. du même mois. 4. *vol. des Ord. d'Henry III. fol.* 233. *Fontanon t.* 1. *p.* 365. *Joly t.* 2. *p.* 1004. *Neron p.* 202.

Edit portant reglement pour le salaire des Notaires, & Tabellions. A S. Maur des Fossez en Juillet 1580. reg. le 26. du même mois. 4. *vol. des Ord. d'Henry III. fol.* 231. *Fontanon t.* 1. *p.* 720. *Ioly t.* 2. *p.* 1724.

Declaration sur l'Edit du mois de Mars precedent, portant suppression des Offices de Greffiers, Tabellions, &c. A S. Maur des Fossez le 25. Juillet 1580. reg. le 26. du même mois. 4. *vol. des Ord. d'Henry III. fol.* 222. *Fontanon t.* 1. *p.* 485. *Ioly t.* 2. *p.* 91.

Edit portant établissement d'une Chambre des Enquestes du Palais au Parlement de Bordeaux, à l'*instar* de celles de Paris, Tholose, & Dijon: création de deux Offices de Presidens, dix-huit de Conseillers, un de Greffier, & deux d'Huissiers, &c. A S. Maur des Fossez en Aoust 1580. reg. au Parlement de Bordeaux le 19. Janvier 1581. *Ioly t.* 1. *p.* 532.

Declaration pour la réünion au Domaine, & revente des Greffes, & Tabellionnages qui sont dans l'appanage de Monsieur le Duc d'Anjou, & supplement d'iceluy, nonobstant l'exception portée par l'Edit du mois de Mars precedent. A Fontainebleau le 11. Septembre 1580. reg. au Parlement le dernier Juillet, en la Chambre des Comptes le 12. Septembre, & en la Cour des Aydes le 30. Aoust 1581. 4. *vol. des Ord. d'Henry III. fol.* 407. *Fontanon t.* 2. *p.* 31.

Lettres patentes portant jussion au Parlement de Roüen pour lever les modifications faites sur le Reglement du 7. Juin precedent, touchant les Assesseurs des Bailliages, & Vicomtez de Normandie. A Fontainebleau le 20. Septembre 1580. reg. le 28. du même mois. *Fontanon t.* 1. *p.* 241. *Iolyt.* 1. *p.* 425.

Declaration pour l'enregistrement des articles accordez à Fleix prés sainte Foy, le 26. Novembre precedent, entre le Duc d'An-

HENRY III. jou, le Roy de Navarre, & autres, pour l'entiere execution de l'Edit de pacification. A Blois en Decembre 1580. reg. le 26. Janvier 1581. 4. *vol. des Ord. d'Henry III. fol.* 281. *Fontanon t.* 4. *p.* 335. *Neron p.* 721.

1581. Declaration portant que les Greffes des Tailles, & des Geolles, sont compris dans l'Edit du mois de Mars 1580. A Blois le 16. Janvier 1581. *Fontanon t.* 4. *p.* 707.

Edit portant création d'un Office de President, d'un de Tresorier general de France, & de deux d'Huissiers en chacun Bureau des Finances, &c. A Blois en Janvier 1581. reg. au Parlement le 21. & en la Chambre des Comptes le 22. Mars de la même année. *Fontan. t.* 2. *p.* 86. *Fournival p.* 330.

Edit portant création d'un Office de Sergent Proclamateur public en chacun Siege Royal de la Senéchaussée d'Anjou, à l'*instar* de celuy du Châtelet de Paris. A Paris en Fevrier 1581. reg. le 9. Juillet 1582. 5. *vol. des Ord. d'Henry III. fol.* 218. *Ioly t.* 2. *p.* 1628.

Edit portant rétablissement d'une Charge de President au Parlement de Dijon. A en Mars 1581.

Declaration touchant le démenty que le Duc de Montpensier pretendoit luy avoir esté donné par le Duc de Nevers. A Blois le 18. Avril 1581. reg. le 27. du même mois. 4. *vol. des Ord. d'Henry III. fol.* 317. *Hist. de Loüis Duc de Montpensier, p.* 245.

Edit portant établissement des Grands-Jours dans la ville de Clermont en Auvergne. A Blois le 26. Avril 1581. reg. le 3. Juillet de la même année. 4. *vol. des Ord. d'Henry III. fol.* 392. *Fontanon t.* 4. *p.* 708.

Declaration portant que le Roy n'a point dérogé par l'art. 168. des Ordonnances du mois de May 1579. aux droits des Enquêteurs, & Adjoints, ny donné pouvoir aux Baillifs, Senéchaux, & gens tenans les Sieges Presidiaux, de connoître de l'audition, & examen d'aucuns témoins, à d'autres Officiers qu'ausdits Enquesteurs; à moins que les témoins ne demeurent hors le Ressort de leur Jurisdiction, &c. A Blois le 6. May 1581. reg. le 15. Fevrier 1582. 5. *vol. des Ord. d'Henry III. fol.* 178. *Ioly t.* 2. *p.* 1317. *Filleau part.* 3. *tit.* 3. *ch.* 1. *p.* 154.

Edit portant création d'un Office de Procureur du Roy en chacune Jurisdiction, des Prevosts des Maréchaux, Lieutenans Criminels de Robe courte, Vicebaillifs, Vicesenéchaux, & Reglement pour leurs fonctions, & droits. A Blois en May 1581. reg. le 4. Juillet de la même année. 4. *vol. des Ord. d'Henry III. fol.* 387.

Font. t. 1. p. 407. Ioly t. 2. p. 1162. Filleau part. 2. tit. 6. ch. 6. p. 241. Montarlot p. 408. supprimé par celuy du mois d'Aoust suivant. HENRY III.

Edit portant exemption de Tailles, & autres droits en faveur des Receveurs des Consignations, créez par celuy du mois de Juin 1578. A Blois le 16. May 1581. reg. en la Cour des Aydes le 26. Juin 1582. *Fontanon t. 1. p. 539. Ioly t. 2. p. 1633.* 1581.

Declaration portant établissement d'un Bureau de Doüanne en chacune ville du Royaume, à l'*instar* de celuy de la ville de Paris. A Blois le 20. May 1581. reg. au Parlement le 4. Juillet, & en la Cour des Aydes le 31. Aoust de la même année. *4. vol. des Ord. d'Henry III. fol. 383. Fontanon t. 2. p. 529. Corbin p. 257.*

Declaration portant permission aux Presidens des Enquestes du Parlement de Paris, de prendre le double de ce que chacun Conseiller prend pour les vacations extraordinaires, & de Commissaires. A Blois le 20. May 1581. reg. le 17. Juin de la même année. 4. *vol. des Ord. d'Henry III. fol. 353.*

Edit portant création de 20. Offices de Conseillers Laïcs au Parlement de Paris. A Blois en May 1581. reg. au Parlement le 4. & en la Chambre des Comptes le 12. Juillet de la même année. 4. *vol. des Ord. d'Henry III. fol. 386. Fontanon t. 1. p. 12. Ioly t. 1. p. 8.*

Edit portant nouvelle appreciation des marchandises sujettes aux droits de l'imposition foraine, Domaine forain, resve, & haut passage. A Blois en May 1581. reg. au Parlement le 4. & en la Cour des Aydes le 19. Juillet de la même année. 4. *vol. des Ord. d'Henry III. fol. 374. Fontanon t. 2. p. 491.*

Edit portant suppression de l'Office d'Adjoint étably dans la ville de Châtelleraut. A en Juin 1581. 6. *vol. des Ord. d'Henri III. fol. 104.*

Edit portant création d'un Office de Controlleur des titres en chacun Siege Royal, pour enregistrer les Contrats excedans cinq écus en sort principal, ou trente sols en rente fonciere, testamens, decrets, ou autres dispositions entre-vifs, ou de derniere volonté; & Reglement pour ses droits. A Blois en Juin 1581. reg. le 4. Juillet de la même année. 4. *vol. des Ord. d'Henri III. fol. 368. Font. t. 1. p. 721.. Ioly t. 2. p. 1781. V. les Declarations des 20. Aoust, & 28. Septembre, & 25. Novembre suivans, & 7. Mars 1574.*

Edit portant défenses de faire aucune levée de gens de guerre sans la permission du Roy, à peine de confiscation de corps, & de biens. A S. Maur des Fossez le 16. Juin 1581. reg. le 20. du même mois. 4. *vol. des Ord. d'Henri III. fol. 354. Fontanon t. 4. p. 718.*

HENRY III. 1581.

Declaraion portant attribution à la Cour des Aydes de Paris, de la connoissance des debets du Receveur de la ville de Paris. A S. Maur des Fossez le 6. Juillet 1581. reg. le 25. Aoust de la même année. *Font. t. 2. p. 720.*

Declaration portant qu'il sera levé pour l'entrée de chacun muid de vin, mesure de Paris, vingt sols tournois, de chacune, &c. pendant six ans seulement, pour employer au rachat des Domaines, & Aydes aliénez, & autres dépenses necessaires pour la conservation du Royaume. A S. Maur des Fossez le 18. Juillet 1581. regist. en la Cour des Aydes le 9. Aoust de la même année. *Fontanon t. 2. p. 1124. Corbin p. 321.*

Declaration portant que les Prevost des Marchands, & Echevins de la ville de Paris prendront, &c. faisant partie de l'impost étably par la precedente. A S. Maur des Fossez le 20. Juillet 1581. reg. en la Cour des Aydes le 9. Aoust de la même année. *Fontanon t. 2. p. 1126.*

Edit portant suppression nouvelle des Offices de Prevosts Juges Royaux en chacune Monnoye, qui avoient esté rétablis par celuy du mois de May 1577. & rétablissement des Offices de Gardes, & de Contregardes en chacune desdites Monnoyes, qui avoient esté supprimez par le même Edit. A S. Maur des Fossez en Juillet 1581. reg. au Parlem. le 7. Septembre, & en la Cour des Monnoyes le 24. Octobre de la même année. 4. *vol. des Ord. d'Henry III. fol.* 459. *Fontanon t. 2. p. 215.*

Edit portant création des Sieges des Elections és Receptes de Rhodés, & de Milhau, és païs de Roüergue, Figeac, & Montauban en Quercy. A en Juillet 1581. *V. l'Edit du mois de Mars 1627.*

Edit portant que les Arrests, Sentences, & Jugemens seront mis au Greffe incontinent qu'ils auront esté prononcez, quoique les épices ne soient point payées: & création d'un Office de Depositaire, & Receveur des épices, & autres deniers consignez pour les procez de Commissaires, &c. en chacune Cour Souveraine, & Jurisdiction subalterne du Royaume, &c. A Paris en Juillet 1581. reg. le 7. Mars 1583. 5. *vol. des Ord. d'Henry III. fol.* 479. *Fontanon t. 4. p. 715. V. celuy du mois de Iuin* 1586.

Edit portant établissement d'une Chambre mipartie au Parlement de Dijon. A en Aoust 1581.

Lettres patentes portant Commission aux Officiers de la Chambre du Tresor au Palais à Paris, pour la confection du papier tertier de la Ville, Fauxbourgs, Banlieüe, Prevosté, & Vicomté de Paris. A Paris le 24. Aoust 1581. reg. le 7. Septembre de la même année. 4. *vol. des Ord. d'Henry III. fol.* 456. *Fontanon t.* 2. *p.* 367. HENRY III.

Lettres patentes portant érection de la Vicomté de Joyeuse, & des Terres, & Seigneuries de Baubiac, Rosieres, la Blanchiere, la Bauline, &c. en Duché & Pairie, pour estre appellées le Duché de Joyeuse, en faveur d'Anne Vicomte de Joyeuse, Chambellan ordinaire du Roy, Capitaine de cent hommes d'armes d'ordonnances, & Conseiller au Conseil d'Etat; & de ses hoirs successeurs, & ayans cause, pour le tenir à une seule foy & hommage de la Couronne de France; & à la charge que les appellations en matiere ordinaire, ressortiront au Parlement de Tholose; & quand il sera question des droits de la Pairie, au Parlement de Paris: & en outre qu'il aura séance tant au Parlement, qu'en tous autres lieux, & actes, immediatement aprés les Princes du Sang, & avant tous les autres Ducs & Pairs, & Officiers de la Couronne, &c. A Paris en Aoust 1581. reg. le 7. Septembre de la même année. 4. *vol. des Ord. d'Henry III. fol.* 451. 1581.

Ducs de Ioyeuse.

Guillaume II. du nom, Vicomte de Joyeuse, Maréchal de France, Chevalier des Ordres du Roy, &c.

Anne Duc de Joyeuse, Pair & Admiral de France, Chevalier des Ordres du Roy, tué à la bataille de Coutras le 20. Octobre 1587. ne laissa point de posterité.	Henry Duc de Joyeuse, Pair, & Maréchal de France, Chevalier des Ordres du Roy, mourut Capucin le 27. Septembre 1608.

Henriette-Catherine Duchesse de Joyeuse, épousa en premieres nopces Henry de Bourbon, Duc de Montpensier; & en secondes Charles de Lorraine, Duc de Guise, Pair de France.

Loüis de Lorraine, Duc de Joyeuse, Pair & grand Chambellan de France, deceda le 27. Septembre 1654.	Marie de Lorraine, Duchesse de Guise, & de Joyeuse.

Loüis-Joseph de Lorraine, Duc de Guise & de Joyeuse, Pair de France, mort le 30. Juillet 1571.

François-Joseph de Lorraine, Duc d'Alançon, de Guise, & de Joyeuse, Pair de France, &c. decede en 1674.

HENRY III.

1581.

Edit portant suppression des Offices de Procureurs du Roy en chacune Jurisdiction des Prevosts des Maréchaux, créez par celuy du mois de May precedent ; union desdits Offices à ceux de Procureur du Roy és Sieges Presidiaux, & Royaux ; & Reglement pour la fonction, & exercice desdites Charges. A S. Maur des Fossez en Aoust 1581. reg. au Parlement le 7. & en la Chambre des Comptes le 15. du même mois. 4. *vol. des Ord. d'Henry III. fol.* 446. *Ioly t.* 2. *p.* 1163. *Filleau part.* 2. *tit.* 6. *ch.* 7. *p.* 242. *Montatlot p.* 413.

Edit portant que les quatre Tresoriers de l'extraordiaire des guerres, seront nommez Conseillers du Roy, & Tresoriers generaux de l'extraordinaire des guerres ; Reglement pour leurs gages: & création de deux Offices de Tresoriers Provinciaux en chacune Province du Royaume, &c. A Paris en Aoust 1581. reg. en la Chambre des Comptes le 16. Septembre de la même année. *Fontanon t.* 2. *p.* 856. *Pinson p.* 414.

Lettres patentes portant jussion à la Cour des Monnoyes, pour lever les modifications faites sur la publication de l'Edit du mois de May 1580. portant création des Offices de Changeurs, &c. A Paris le 20. Aoust 1581. reg. le 25. Octobre de la même année.

Declaration portant que les registres des Controlleurs des titres créez par l'Edit du mois de Juin precedent, qui se devoient faire en parchemin, se feront en papier. A Paris le 20. Aoust 1581. *Fontanon t.* 1. *p.* 724. *Ioly t.* 2. *p.* 1783.

Declaration par laquelle les Maire, & Echevins de la ville d'Orleans, sont maintenus au droit qu'ils ont de connoître des causes, & matieres concernant le fait des Aydes, Tailles, &c. A Paris en Septembre 1581. reg. en la Cour des Aydes le 27. Novembre suivant.

Lettres patentes portant jussion à la Chambre des Monnoyes, de verifier purement & simplement l'Edit du mois de May 1580. portant création des Offices de Changeurs. A Paris le 7. Septembre 1581. reg. le 25. Octobre suivant.

Edit portant création de deux Offices de Rapporteurs, & Certificateurs de saisies & criées d'heritages en chacun Siege du Royaume, où on certifie des criées. A Paris en Septembre 1581. reg. le 7. Mars 1583. 5. *vol. des Ord. d'Henry III. fol.* 444. *Fontanon t.* 4. *p.* 873. *Ioly t.* 2. *p.* 1354. *Filleau part.* 2. *tit.* 7. *ch.* 26.

Edit portant création d'un Office de Sergent des Tailles, & Aydes en chacune Paroisse du Royaume. A Paris en Septembre 1581.

reg. en la Cour des Aydes le 24. Novembre suivant. *Fontanon t. 2. p. 868. V. les Lettres du 3. Octobre, & la Declaration du 17. Decembre suivans.*

Declaration portant Commission aux Baillifs, &c. pour faire exercer les Offices de Controlleur des titres, créez par l'Edit du mois de Juin precedent, jusqu'à ce que le Roy y ait pourvû. A Paris le 28. Septembre 1581. *Font. t. 1. p. 725.*

Autre Declaration pour l'execution du même Edit. A Paris le 28. Septembre 1581. *Fontanon t. 1. p. 725.*

Lettres patentes portant jussion à la Cour des Aydes, pour l'enregistrement de l'Edit du mois de Septembre precedent, portant création d'un Office de Sergent des Tailles, & Aydes. A Paris le 3. Octobre 1581. regist. le 24. Novembre suivant. *Fontanon t. 2. p.* 870.

Lettres patentes portant érection du Duché de Piney en Pairie de France, avec ses appartenances, & dépendances mentionnées és Lettres patentes du mois de Septembre 1576. en faveur de François de Luxembourg, Duc de Piney, & ses hoirs, & successeurs mâles & femelles, & ayans cause, &c. A Paris en Octobre 1581. reg. le 30. Decembre de la même année. 5. *vol. des Ord. d'Henry III. fol.* 38. *Vigier en son hist. de la maison de Luxembourg. p.* 845.

Declaration pour l'execution de l'Edit du mois de May 1580. touchant les Offices de Changeurs. A Paris le 17. Octob. 1581. reg. en la Cour des Monnoyes le 25. du même mois. *Font. t. 1. p.* 1016.

Declaration portant augmentation du droit de douze deniers pour bordereau attribué aux Controlleurs des Aydes, & Tailles du Royaume, en execution de l'Edit du mois de Septembre 1576. contenant le reglement pour les Elûs. A Paris en Octobre 1581. regist. en la Cour des Aydes le 6. Avril 1582. *Fontanon t. 2. p.* 894. *V. la Declaration du* 17. *Decembre suivant.*

Edit portant création d'un Office de Conseiller du Roy, & Controlleur general sur le fait, & conservation du Domaine, en chacune des Generalitez du Royaume, &c. A Paris en Octobre 1581. reg. en la Chambre des Comptes le 4. Aoust 1582. *Fontanon t. 2. p.* 376. *Fontnival p.* 339. *V. celuy du* 23. *Mars* 1583.

Edit portant création d'un Office de Receveur-Collecteur des Tailles, & de tous autres deniers extraordinaires en chacune Paroisse. A Paris en Octobre 1581. *V. les Declarations des* 17. *Decembre suivant, &* 16. *Iuillet* 1585.

Lettres patentes portant érection de la Baronnie d'Espernon, ses

HENRY III. 1581.

appartenances & dépendances, en Duché & Pairie, en faveur de Jean-Loüis de Nogaret, & de la Valette, Seigneur de Fontenay & d'Espernon, Chambellan ordinaire du Roy, Conseiller d'Etat, & Colonel general de l'Infanterie Françoise, & de ses hoirs successeurs, & ayans cause, mâles & femelles; pour le tenir à une seule foy & hommage de la Couronne de France: & à la charge que les appellations ressortiront au Parlement de Paris; & en outre que ledit Duc d'Epernon aura séance, tant au Parlement, qu'en tous autres lieux, aprés les Princes, & avant tous les autres Ducs & Pairs, & Officiers de la Couronne, à l'exception du Duc de Joyeuse, &c. A Paris en Novembre 1581. reg. le 27. du même mois. *5. vol. des Ord. d'Henry III. fol. 2.*

Ducs d'Espernon.

Jean de Nogaret, sieur de la Valette, Mestre de Camp de la Cavalerie legere de France.

Jean-Loüis de Nogaret, créé Duc d'Espernon, Pair, & Admiral de France, Chevalier des Ordres du Roy, Colonel general de l'Infanterie Françoise, mort le 13. Janvier 1642.	Helene de Nogaret femme de Jacques Goth, Marquis de Roysllac.
Bernard de Nogaret, Duc d'Espernon, Pair de France, Colonel general de l'Infanterie Françoise, deceda le 25. Juillet 1661.	Loüis Goth, Marquis de Roysllac, heritier du Duché d'Espernon, mourut le 15. May 1662.

Jean-Baptiste Gaston Goth, Marquis de Roysllac, Duc d'Espernon, &c.

Declaration portant que ceux qui ont esté, ou seront pourvûs par le Roy és Offices de Controlleurs des titres, créez par Edit du mois de Juin dernier, y seront maintenus, nonobstant les oppositions faites par les Officiers du Duc d'Anjou, & autres. A Paris le 25. Novembre 1581. *Fontanon t. 1. p. 727. Ioly t. 2. p. 1786.*

Edit portant que le Retrait lignager aura lieu dans toute l'étenduë du Royaume, même en païs de Droit écrit, &c. A Paris en Novembre

bre 1581. reg. le 25. Janvier 1582. 5. *vol. des Ord. d'Henry III. fol.* 74. *Fontanon t.* 1. *p.* 486. *Ioly t.* 2. *p.* 1390. *V. celuy du mois de Decembre suivant.*

Lettres patentes portant érection du Païs, Comté, & Baronnie de Rets, & des Châtellenies de Machecoul, Poigney, Bourneuf, &c. en Duché & Pairie, en faveur d'Albert de Gondy, Comte Baron de Rets, Marquis de Belle-Isle, & des Isles d'Hyeres, Chevalier de l'Ordre du Roy, Commandeur en l'Ordre du S. Esprit, Gentilhomme de la Chambre du Roy, General des Galeres de France, Capitaine de cent hommes d'armes d'ordonnances, & Maréchal de France; & de Claude-Catherine de Clermont son épouse, pour en joüir par eux, & le survivant d'eux deux, & aprés leur decez par leurs hoirs mâles, & de mâle en mâle, qui descendront d'eux, tant que la ligne masculine durera; pour tenir ledit Duché à une seule foy & hommage de la Couronne de France: sans neanmoins que dans la suite, les Ducs de Rets soient exclus d'assister aux Etats du païs de Bretagne; & à la charge que les appellations des Juges dudit Duché ressortiront au Parlement de Bretagne, fors & excepté les causes concernant les droits de Pairie, pour lesquelles on sera tenu de se pourvoir au Parlement de Paris: & en outre que défaillant la ligne masculine desdits Duc & Duchesse de Rets, & de leurs descendans, ainsi que dessus, ladite qualité de Duc & Pair demeurera supprimée, &c. A Paris en Novembre 1581. registrées le 20. Mars 1582. 5. *vol. des Ord. d'Henry III. fol.* 145. *Cette Pairie fut éteinte par le decez sans enfans mâles d'Henry de Gondy; mais Catherine de Gondy sa fille unique, ayant épousé Pierre de Gondy, Comte de Ioigny, son cousin; ils obtinrent de nouvelles Lettres d'érection en Duché & Pairie en Fevrier 1634. dont elle n'a pareillement eu qu'une fille; & ainsi cette Pairie est encore supprimée.*

HENRY III.

1581.

Ducs de Rets.

Albert de Gondy, Duc de Rets, Pair & Maréchal de France, Chevalier des Ordres du Roy, &c. deceda l'an 1602.

Charles de Gondy, Marquis de Belle-Isle, tué en voulant surprendre le Mont S. Michel l'an 1596

Philippes-Emmanuel de Gondy, Comte de Joigny, General des Galeres, mourut le 29. Juin 1662. dans la Congregation des Prestres de l'Oratoire, où il s'estoit retiré.

Henry de Gondy, Duc de Rets, Pair de France.

Pierre de Gondy, Duc de Rets, Pair de France, Chevalier des Ordres du Roy, &c.

Catherine de Gondy, Duchesse de Rets, Pair de France, épousa en l'année 1633. Pierre de Gondy son cousin.

Paule-Marguerite-Françoise de Gondy, Comtesse de Rets, & de Joigny, est veuve d'Emmanuel-François de Bonne de Crequy, Duc de Lesdiguieres, Pair de France.

Lettres patentes portant érection du Marquisat d'Elbœuf, ses appartenances, & dépendances, en Duché & Pairie, en faveur de Charles de Lorraine, Marquis d'Elbœuf, Comte d'Harcourt, Vicomte de Lislebonne, &c. Chevalier de l'Ordre de S. Michel, & Commandeur de celuy du S. Esprit, & de ses hoirs, & successeurs mâles & femelles, créez en loyal mariage, ou autres ses heritiers; pour le tout estre tenu à une seule foy & hommage de la Couronne de France: à la charge que les appellations des Juges dudit Duché ressortiront au Parlement de Roüen, fors & excepté les causes qui concerneront les droits de Duché & Pairie, dont la connoissance appartiendra au Parlement de Paris, &c. A Paris en Novembre 1581. reg. le 29. Mars 1582. *5. vol. des Ord. d'Henry III. fol. 172.*

Ducs d'Elbœuf.

Charles de Lorraine I. du nom, Duc d'Elbœuf, Pair, grand Escuyer, & grand Veneur de France, Chevalier des Ordres du Roy, &c.

Charles de Lorraine II. du nom, Duc d'Elbœuf, Pair de France, Chevalier des Ordres du Roy, &c.

Charles de Lorraine III. du nom, à present Duc d'Elbœuf, Pair de France, &c.

Edit portant que ceux qui vendent, & achetent du vin en gros, seront tenus de prendre des Lettres du Roy, pour pouvoir faire, & exercer ce trafic. A Paris le 3. Decembre 1581. reg. en la Cour des Aydes le 16. Fevrier 1582. *Fontanon t. 1. p. 1143. V. les Lettres du 25. Ianvier 1582.*

Edit portant reglement pour la punition des Jureurs & Blasphemateurs du nom de Dieu, de la Vierge Marie, & des Saints & Saintes. A Paris le 4. Decembre 1581. *Fontanon t. 4. p. 241.*

Lettres patentes portant union de la Baronnie de Rozoy au Comté de Rethelois, & création desdits Comté & Baronnie en Duché & Pairie, en faveur de Loüis de Gonzague, & d'Henriette de Cleves son épouse, Duc & Duchesse de Nivernois, & de leurs hoirs mâles & femelles, successeurs, & ayans cause, à perpetuité; pour estre tenu ledit Duché à une seule foy & hommage de la Couronne de France, &c. A Paris en Decembre 1581. reg. le 19. du même mois. *3. vol. des Ord. d'Henry III. fol. 33. Ce Duché a esté vendu au Cardinal Mazarini, & érigé en Duché & Pairie sous le nom de Rethel-Mazarini, par Lettres patentes du mois de Decembre 1663. en faveur d'Armand-Charles de la Porte, & d'Hortense Mancini.*

Edit portant reglement pour les Chasses. A Paris le 10. Decembre 1581. *Fontanon t. 2. p. 322.*

Declaration en execution de l'Edit du mois d'Octobre precedent, par lequel les Offices de Receveurs Collecteurs des Tailles en chacune Paroisse, sont créez, & d'une Declaration du même mois, portant création du droit de bordereau. A Paris le 17. Decembre 1581. reg. en la Cour des Aydes le 6. Avril 1582. *Fontanon t. 2. p. 895.*

Edit portant ampliation de celuy du mois de May 1580. concer-

HENRY III. 1581. nant les Changeurs. A Paris le 29. Decembre 1581. reg. en la Cour des Monnoyes le 25. Fevrier 1582. *Font. t. 1. p.* 1016.

Edit portant reglement pour la Jurisdiction des Baillifs, Senéchaux, leurs Lieutenans, & les Prevosts, Vicomtes, Viguiers, Alloüez, & autres Juges ordinaires du Royaume; contenant les causes, & matieres dont ils peuvent connoître en premiere instance; le tout en execution des Edits & Declarations des mois de Juin 1536. Juin 1554. Juin 1559. & 17. May 1574. A Paris en Decembre 1581. reg. le 7. Mars 1583. *3. vol. des Ord. d'Henry III. fol.* 483. *Fontanon t. 1. p.* 207. *Joly t. 2. p.* 867. *Filleau part. 2. tit. 5. ch.* 11. *p.* 178.

Edit portant rétablissement des Offices de Conseillers generaux, & Superintendans, & des Controlleurs des deniers communs, dons, & octrois, és Tresoreries, & Generalitez, Villes, Citez, & Forteresses du Royaume. A Paris en Decembre 1581. reg. en la Cour des Aydes le 21. Fevrier, & en la Chambre des Comptes le 27. Juin 1582. *Fontanon t. 2. p.* 1154. *V. la Declaration du 9. Aoust, & les Lettres du 13. Septembre* 1582.

Edit portant création de cinq Offices de Sergens sur le fait des Gabelles, en chacune Ville, & Bourg du Royaume, où il y a grenier à sel, outre ceux créez par celuy du mois de May 1578. A Paris en Decembre 1581. reg. en la Cour des Aydes le
Fontanon t. 2. p. 1068.

Edit portant création d'un Office de Greffier des notifications des Contrats en chacun Siege Royal, soit capital, Presidial, ou particulier du Baillif, Prevost, &c. pour l'execution de celuy du mois de Novembre precedent, qui ordonne que le Retrait lignager aura lieu dans toute l'étenduë du Royaume. A Paris en Decembre 1581. reg. le 3. Mars 1582. *Fontanon t. 1. p.* 488. *Joly t. 2. p.* 1392. *V. les Declarations des 24. Mars, & 16. Aoust* 1583.

Edit portant établissement de tous arts & métiers és Villes, & lieux du Royaume non jurez, à l'*instar* de ceux de la ville de Paris, & autres Villes jurées; & Reglement pour la reception des Compagnons, & Artisans ausdites Maîtrises, contenant 26. articles. A Paris en Decembre 1581. reg. le 7. Mars 1583. *5. vol. des Ord. d'Henry III. fol.* 448. *Fontanon t. 1. p.* 1091.

Edit portant création d'un Office de Clerc & Commissaire du huitiéme, en chacune Ville & Fauxbourgs du Royaume. A Paris en Decembre 1581. reg. en la Cour des Aydes le 5. Aoust 1583. *Fontanon t. 4. p.* 1149. *V. les Edits & Declarations des 1. Février* 1583.

1. *Mars*, *mois de Novembre* 1584. *Decembre* 1585. *&* 23. *Ianvier* 1598.

Edit portant établissement d'un Siege Presidial en la ville de Beauvais, & création d'un Office de Bailly de robe courte, d'un de President, deux de Lieutenans; sçavoir, un general, & un particulier, neuf de Conseillers, dont un sera Garde des Seaux, un d'Avocat, & un de Procureur du Roy, &c. A Paris en Decembre 1581. regist. au Parlement le 23. Decembre 1582. & en la Chambre des Comptes le 9. Aoust 1596. 5. *vol. des Ord. d'Henry III. fol.* 386. *Ioly t.* 2. *p.* 1428. *V. les Lettres de jussion des* 6. *Decembre* 1582. *&* 18. *Decembre* 1594. 1581.

Lettres patentes portant jussion à la Cour des Aydes pour l'enregistrement de l'Edit du 3. Decembre precedent, portant que les Marchands de vin seront tenus de prendre des Lettres du Roy. A Paris le 25. Janvier 1582. reg. le 16. Fevrier suivant. 1582.

Edit portant reglement pour la fourniture du salpestre dans les Arcenaux & Magazins d'artillerie, contenant 26. articles. A Paris en Fevrier 1582. reg. en la Chambre des Comptes le 30. Mars suivant. *Fontanon t.* 4. *p.* 841. *V. celuy du mois d'Avril suivant.*

Edit portant que le droit d'un sol pour livre sera levé dans toute l'étenduë du Royaume, sur les draps, & tous les ouvrages de manufactures de laine, nonobstant quelque prescription que ce soit, &c. A Paris en Fevrier 1582. reg. en la Cour des Aydes le 23. Mars de la même année. *Font. t.* 1. *p.* 1035. *V. les Declar. des* 28. *Mars*, *&* 22. *Decembre suivans.*

Edit portant qu'il ne sera érigé aucune Terre en Duché & Pairie, si elle ne vaut huit mille écus de revenu annuel; & à la charge expresse, & non autrement, qu'aussi-tost que celuy en la personne duquel sera faite ladite érection & Pairie, & qui l'aura acceptée, & sera entré en joüissance, sera decedé, soit qu'il ait enfans mâles ou femelles descendans de luy en loyal mariage, ou qu'il n'en ait point, ladite Terre, Duché, & Pairie sera jointe, unie, & incorporée au Domaine de la Couronne, &c. excepté toutefois les Princes du sang, & autres Princes, lesquels seuls pour l'honneur de leurs personnes, & dignité, &c. A Paris en Mars 1582. reg. le 10. Avril de la même année. 5. *vol. des Ordonn. d'Henry III. fol.* 188.

Edit portant création d'un Office de Juge majeur, & autres Officiers, aux Fauxbourgs de la ville de Troyes. A Paris en Mars 1582. 6. *vol. des Ord. d'Henry III. fol.* 451.

HENRY III. 1582.

Edit portant attribution aux Avocats du Roy és Elections, & Greniers à sel, des mêmes droits qui sont attribuez aux Avocats du Roy des Presidiaux par celuy du mois d'Aoust 1578. & augmentation de 33. écus un tiers de gages. A Paris le 25. Mars 1582. registré en la Chambre des Comptes le 16. May, & en la Cour des Aydes le 29. Aoust de la même année. *Fontanon t. 2. p. 943. Filleau part. 2. tit. 6. ch. 23 p. 255. V. les Lettres des 6. Iuillet, 10. & 24. Aoust suivans.*

Edit portant confirmation de l'ancienne attribution de Jurisdiction, & connoissance aux Maîtres des Requestes ordinaires de l'Hôtel du Roy, des procez, & differends concernans les Offices, & défenses à tous autres Juges d'en connoître. A Paris en Mars 1582. reg. le 5. Avril suivant. 5. *vol. des Ord. d'Henry III. fol. 175. Fontanon t. 1. p. 136. Ioly t. 1. p. 672.*

Declaration portant évaluation, & moderation du prix de ce que chacune marchandise de laine doit payer, en consequence de l'Edit du mois de Fevrier precedent. A Paris le 28. Mars 1582. *Fontanon t. 1. p.* 1037.

Declaration portant qu'aucune personne sous pretexte d'érection de Duchez, Marquisats, Comtez, & autres titres, excepté les Princes du sang, & les quatre Maisons de Princes qui sont dans le Royaume, & les Ducs de Joyeuse & d'Espernon, ceux dont les terres ont esté érigées par le défunt Roy Henry, ne pourra preceder, marcher, ny devancer en quelque lieu que ce soit, aucuns Officiers de la Couronne, &c. A S. Germain en Laye le 3. Avril 1582. reg. le du même mois. *Duchesne hist. des Chancel. p.* 648.

Edit portant création d'un Office de Tresorier Provincial de l'artillerie, en chacun des trente Magazins des poudres & salpestres, établis dans le Royaume par celuy du mois de Fevrier precedent. A Paris en Avril 1582. reg. en la Chambre des Comptes le dernier Juin de la même année, & en la Cour des Aydes le 25. May 1583. *Fontanon t. 3. p.* 178.

Edit portant revocation de celuy du mois de Juillet 1578. par lequel la connoissance des comptes des deniers des Fabriques, a esté attribuée aux Elûs; & permission de les rendre comme on faisoit avant ledit Edit. A Fontainebleau le 11. May 1582. reg. le 28. du même mois. 5. *vol. des Ord. d'Henry III. fol.* 195. *Fontanon t. 2. p.* 942.

Edit portant création & établissement d'un Siege Presidial dans la ville de Clermont en Auvergne. A Fontainebleau en May 1582. reg. le 7. Septembre de la même année. 3. *vol. des Ord. d'Henry III. fol.* 282. *Ioly t.* 2. *p.* 1044.

Edit portant confirmation des Privileges des 220. Sergens à cheval du Châtelet de Paris. A Fontainebleau en May 1582. reg. le 1. Septembre suivant. 5. *vol des Ord. d'Henry III. fol.* 295. *Ioly t.* 2. *p.* 1557.

Edit portant création d'un Office de Conservateur, & Garde des fiefs & Domaine du Roy en chacun Bailliage, & Senéchaussée, &c. A Fontainebleau en May 1582. reg. le 7. Mars 1583. 5. *vol. des Ord. d'Henry III. fol.* 475. *Fontanon t.* 1. *p.* 372. *Fournival p.* 349. *V. les Lettres des* 15. *May* 3. *&* 7. *Aoust* 1583.

Declaration sur la suppression des Offices, faite par les art. 100. 210. 211. & suivans, des Ordonnances du mois de May 1579. portant reglement pour ceux des terres qui sont tenuës en appanage, usufruit, & engagement. A Fontainebleau le 25. Juin 1582. reg. le 7. Aoust de la même année. 5. *vol. des Ord. d'Henry III. fol.* 251.

Lettres patentes portant jussion à la Cour des Aydes de Paris pour verifier l'Edit du 25. Mars precedent, concernant les Avocats du Roy des Elections, & Greniers à sel. A Fontainebleau le 6. Juillet 1582. reg. le 29. Aoust suivant.

Edit portant suppression des Offices de Judicature, lors qu'ils vaqueront par mort, forfaiture, resignation, ou autrement, jusqu'à ce qu'ils soient reduits au nombre porté par les art. 210. 211. & suivans, des Ordonnances du mois de May 1579. &c. A Fontainebleau en Juillet 1582. reg. le 23. du même mois. 5. *vol. des Ordonn. d'Henry III. fol.* 244.

Declaration en faveur des Officiers de la Maison de Diane de France, veuve du Duc de Montmorency, Duchesse de Châtelleraut. A Fontainebleau en Juillet 1582. reg. en la Cour des Aydes le 18. Septembre 1584. *La Mariniere p* 37.

Lettres patentes pour la convocation des Etats de la Province de Normandie, pour la redaction de la Coûtume. A le 5. Aoust 1582.

Declaration portant reglement pour la fonction des Conseillers generaux, Superintendans, & Controlleurs des deniers communs, &c. rétablis par l'Edit du mois de Decembre 1581. A S. Germain en Laye le 9. Aoust 1582. reg. en la Chambre des Comptes le 16 Octobre suivant. *Font. t.* 2. *p.* 1135. *V. les Lettres du* 13. *Septembre suivant.*

Lettres patentes portant jussion à la Cour des Aydes de Paris pour

HENRY III. 1582.

la verification de l'Edit du 25. Mars precedent, concernant les Avocats du Roy des Elections & Greniers à sel, &c. A Paris le 10. Aoust 1582. reg. le 29. du même mois.

Autres Lettres patentes portant pareille jussion. A S. Maur des Fossez le 24. Aoust 1582. reg. le 29. du même mois.

Declaration portant que les Lettres de naturalité obtenuës par les Etrangers, enregistrées en la Chambre du Tresor, &c. A S. Maur des Fossez le 17. Septembre 1582. reg. le 7. Septembre 1583. *6. vol. des Ord. d'Henry III. fol. 69. Bacquet de la Iurisdiction du Tresor, p. 114.*

Lettres patentes portant jussion à la Chambre des Comptes pour la verification de la Declaration du 9. Aoust precedent, concernant les Conseillers generaux, Surintendans, & Controlleurs des deniers communs, &c. A S. Maur des Fossez le 13. Septembre 1582. registrées le 16. Octobre de la même année. *Fontanon t. 2. p. 1136.*

Declaration portant exemption en faveur des Conseillers des Prevostez, par l'Edit du mois d'Avril 1578. d'estre receus au Parlement, mais qu'ils le seront par les Baillifs, Senéchaux, &c. A S. Maur le 25. Septembre 1582. *Fontanon t. 1. p. 206. Ioly t. 2. p. 866. Filleau part. 2. tit. 5. ch. 41. p. 211.*

Declaration concernant les Privileges des Medecins de la ville d'Orleans. A Paris le 26. Octobre 1582. *Lemaire des Privil. de l'Université d'Orleans, p. 106.*

Ordonnance pour la reformation du Calendrier, portant qu'estant le 9. Decembre prochain expiré, le lendemain que l'on compteroit le dixiéme soit tenu nombré, & compté le 20. jour dudit mois, le lendemain 21. auquel se celebrera la Feste de saint Thomas; le jour d'aprés sera le 22. le lendemain le 23. & le jour ensuivant 24. de sorte que le jour d'aprés, qui autrement, & selon le premier Calendrier, eust esté le 15. soit compté le 25. & en iceluy celebrée & solemnisée la Feste de Noel: & que l'année presente finisse six jours aprés ladite Feste, & que la prochaine que l'on comptera 1583. commence le septiéme jour d'aprés la celebration d'icelle Feste de Noel; laquelle année, & autres subsequentes auront aprés leur cours entier & complet, comme auparavant: sans neanmoins que cela puisse préjudicier aux retraits lignagers, ou feodaux, prescriptions, actions, annales, &c. A Paris le 3. Novembre 1582. *5. vol. des Ord. d'Henry III. fol. 94. Fontanon t. 4. p. 957. & 958.*

Declaration en faveur des Libraires de l'Université de Paris. A Paris en Novembre 1582. registrée le 14. Octobre de la même année.

année. *6. vol. des Ord. d'Henry III. fol. 93.* HENRY III. 1582.

Lettres patentes portant Commission à la Chambre du Tresor, pour la confection du papier terrier des Domaines de Picardie, &c. A Paris le 23. Novembre 1582. reg. le dernier Decembre de la même année. *5. vol. des Ord. d'Henry III. fol.* 404. *Bacquet de la Iurisdiction du Tresor, p.* 115.

Edit portant que personne, excepté le Roy, ne peut créer, ny établir aucuns Notaires ou Sergens Royaux : que tant le Roy de Navarre, que les autres Seigneurs, ne pourront en établir dans leurs Terres un plus grand nombre que le Roy; de maniere que dans les lieux où il y aura un Notaire Royal, ils en pourront créer un sous leur séel ; & création en tant que besoin seroit, de tel & semblable nombre d'Offices de Notaires, & de Sergens Royaux, qu'il sera trouvé necessaire par la reduction qui en sera faite, &c. A Paris en Novembre 1582. *Fontanon t. 1. p.* 728.

Edit portant attribution aux Sergens des Greniers à sel, & aux Sergens Collecteurs, des mêmes pouvoir & faculté qu'ont les Sergens ordinaires des Bailliages, & Senéchaussées, de faire tous exploits, commandemens, significations, &c. A Paris en Novembre 1582. reg. le 7. Mars 1583. *5. vol. des Ord. d'Henry III. fol.* 481. *Font. t. 2. p.* 1074.

Declaration portant reglement pour le payement des decimes, & subventions, & ce qui doit estre observé tant par les Receveurs particuliers des Dioceses, que par les Sergens & Huissiers, &c. A Paris le 5. Decembre 1582. *Fontan. t. 4. p.* 958.

Edit portant création d'un Office de Receveur alternatif, & ordinaire du Domaine en tous les Bailliages, Senéchaussées, &c. où il y en a un d'établY; &c. A Paris en Decembre 1582. regist. en la Chambre des Comptes le 14. Janvier 1583. *Fontanon t. 2. p. 369 V. les Lettres du 13. Ianvier 1583. & la Declaration du 16. du même mois.*

Lettres patentes portant confirmation du saufconduit accordé aux Marchands Suisses trafiquans dans la ville de Lyon. A Paris le 5. Decembre 1582.

Lettres patentes portant jussion au Parlement pour la verification de l'Edit du mois de Decembre 1581. portant établissement d'un Presidial dans la ville de Beauvais. A Paris le 6. Decembre 1582. reg. le 23. du même mois. *5. vol. des Ord. d'Henry III. fol.* 392.

Declaration portant reglement pour la perception des droits de

HENRY III. signature des rôlles des Tailles, & baux de huitiéme, attribuez aux Presidens, Elûs, & Controlleurs des Elections, par l'Edit du mois de May 1575. A Paris le 19. Decembre 1582 reg. en la Cour des Aydes le 15. Fevrier 1583. *Fontanon t. 2. p.* 947.

1582. Declaration portant reglement pour la perception du droit d'un sol pour livre sur la drapperie, étably par l'Edit du mois de Fevrier, & la Declaration du 28. Mars precedens. A Paris le 22. Decembre 1582. *Font. t.* 1. *p.* 1038.

Edit portant création des Offices de Controlleurs pour la visite & marque des draps, &c. qui se fabriquent dans le Royaume; Reglement pour leurs droits, fonctions, privileges, & exemptions. A Paris en Decembre 1582. regist. en la Cour des Aydes le 13. Juin 1584. *Fontanon t.* 1. *p.* 1039. *V. les Lettres patentes, & Declarations des* 22. *Iuillet* 1583. 8. *Mars, &* 14. *May* 1584.

1583. Lettres patentes portant jussion à la Chambre des Comptes pour la verification de l'Edit du mois de Decembre 1582. portant création d'un Office de Receveur alternatif du Domaine. A Paris le 13. Janvier 1583. regist. en la Chambre des Comptes le 14. du même mois.

Edit portant création des Offices de Vendeurs de poisson de mer frais, sec, & salé, dans toutes les Villes, Bourgs, Bourgades, Havres, & Ports du Royaume, &c. A Paris en Janvier 1583. reg. le 7. Mars de la même année. 5. *vol. des Ord. d'Henry III. fol.* 471.

Declaration en interpretation de l'Edit du mois de Decembre 1582. portant création d'un Office de Receveur alternatif du Domaine, &c. A Paris le 16. Janvier 1583. reg. le 18. du même mois. *Fontan. t.* 2. *p.* 371.

Edit portant reglement general sur le fait des Eaux & Forests de France, chemins publics, entretenement des Rivieres, turcies, & levées: création d'Offices, augmentation & attribution de gages, &c. contenant 23. articles. A Paris en Janvier 1583. reg. le 7. Mars de la même année. 5. *vol. des Ord. d'Henry III. fol.* 458. *Fontanon t.* 2. *p.* 323.

Edit portant attribution aux Secretaires du Roy, & leurs successeurs ausdits Offices, de tous & chacuns les deniers qui proviendront de l'augmentation mise sur le seau des Lettres qui s'expedient dans les Chancelleries par celuy du mois de Septembre 1570. A Paris en Janvier 1583. reg. le 29. Mars de la même année. 5. *vol. des Ordonn. d'Henry III. fol.* 503. *Ioly t.* 1. *p.* 703.

Edit portant suppression d'un Office de Conseiller à Angers. A

Paris le 22. Janvier 1583. *6. vol. des Ord. d'Henry III. fol.* 141.

Declaration sur l'Edit du mois de Decembre 1581. portant création d'un Office de Clerc & Commissaire du huitiéme. A Paris le 1. Fevrier 1583. reg. en la Cour des Aydes le 5. Aoust de la même année. *Fontanon t.* 4. *p.* 1149.

Edit portant revocation de celuy du mois de Juillet 1580. par lequel on avoit rétably celuy du mois de Novembre 1563. appellé l'Edit de la subvention des procez, qui avoit esté supprimé par la Declaration du 1. Avril 1568. & établissement du denier parisis pendant neuf années, pour les épices des Jugemens desdits procez. A Paris en Fevrier 1583. reg. le 7. Mars de la même année. 3. *vol. des Ord. d'Henry III. fol.* 445. *Fontanon t.* 4. *p.* 706.

Edit portant union de l'Office d'Enquesteur à Coignac, à celuy de Lieutenant General de la même Ville. A Paris en Fevrier 1583. reg. le 5. *vol. des Ord. d'Henry III. fol.* 184.

Declaration portant confirmation des Privileges, & droits des Huissiers de la Chambre des Comptes & du Tresor, tels qu'ils ont droit d'en joüir par les Edit & Declarations des mois de Mars 1543. Fevrier 1551. & 20. Novembre 1554. A Paris le dernier Fevrier 1583. reg. le dernier Avril suivant. *Bacquet de la Jurisd. du Tresor p.* 115.

Declaration portant augmentation des droits du Seau, pour quelques Lettres de la grande Chancellerie. A Paris le 3. Mars 1583. publiée au Seau le 4. Avril suivant. *Joly t.* 1. *p.* 778.

Edit portant création de trente Offices de Maîtres Visiteurs, & Vendeurs de bois, foin, & charbon dans la ville de Paris, à l'*instar* des Maîtres Visiteurs, & Vendeurs de vin, bestail, & marée, &c. A Paris en Mars 1583. reg. le 7. du même mois. 5. *vol. des Ord. d'Henry III. fol.* 457. *Fontanon t. . p.* 1165.

Edit portant reglement general & diffinitif entre les Senéchaux, Baillifs, Juges, Conseillers, Magistrats, Conservateurs, Prevosts, Lieutenans, Greffiers, & autres Officiers du Royaume: & les Enquesteurs, & Commissaires Examinateurs des Senéchaussées, Bailliages, Prevostez, & autres Jurisdictions Royales. A Paris en Mars 1583. reg. le 15. Janvier 1585. 6. *vol. des Ord. d'Henry III. fol.* 385. *Filleau part.* 3. *tit.* 3. *chap.* 16. *p.* 171. *Fontanon t.* 1. *p.* 448. *Joly t.* 2. *p.* 851.

Lettres patentes portant Commission à Achilles d'Harlay premier President, Jacques Viole, & Nicolas Perrot Conseillers au Parlement de Paris, pour la reformation de la Coûtume d'Orleans. A le 15. Mars 1583.

HENRY III. 1583.

Edit portant reglement general sur le fait des Tailles, & pour ceux qui en sont exempts, &c. contenant 22. articles. A Paris en Mars 1583. reg. en la Cour des Aydes le 17. Juillet de la même année. *Neron p. 839. Corbin p. 414.*

Lettres patentes portant Commission à Barnabé Brisson President au Parlement de Paris, pour la redaction de la Coûtume de Calais. A le 22. Mars 1583.

Edit portant demembrement de l'Office de Controlleur du Domaine, créé par celuy du mois d'Octobre 1581. en deux Offices, pour estre exercez alternativement, &c. A Paris le 23. Mars 1583. regist. en la Chambre des Comptes le 4. Avril suivant. *Fontanon t. 2. p. 382. Fournival p. 366.*

Declaration portant confirmation de l'Edit du mois de Decembre 1581 portant création des Offices de Greffiers des Notifications. A Paris le 24. Mars 1583. *Fontanon t. 1. p. 488. Ioly t. 2. p. 1393.*

Edit portant reglement general pour retrancher la superfluité des habits, &c. A Paris le 24. Mars 1583. reg. le 29. du même mois. 5. *vol. des Ord. d'Henry III. fol.* 508. *Fontanon t. 1. p. 993.*

Declaration portant que les Etrangers allans, venans, & retournans des Foires de la ville de Lyon, demeurans, ou trafiquans dans ladite Ville, joüiront des franchises, libertez, & saufconduit, &c. A Paris en Mars 1583. reg. au Parlement le 17. du même mois, & en la Chambre des Comptes le 26. May suivant. 5. *vol. des Ord. d'Henry III. fol.* 548.

Edit portant création d'un Office d'Huissier au Parlement de Paris pour garder, & fermer les portes du Palais, &c. A Paris en Avril 1583. regist. le 13. Avril 1586. 7. *vol. des Ord. d'Henry III. fol.* 138.

Declaration portant reglement pour le payement des gages des Officiers des Eaux & Forests, tant d'ancienne que de nouvelle création, és lieux où le Domaine du Roy est engagé ou aliené, soit par appanage, ou autrement. A Paris le 29. Avril 1583. reg. en la Chambre des Comptes le 8. Octobre suivant. *Fontanon t. 2. p. 330.*

Edit portant exemption des Edits de création de Lettres de Maîtrise en faveur des Imprimeurs de la ville de Paris. A Paris le dernier Avril 1583. reg. le 15. Juin de la même année. 6. *vol. des Ord. d'Henry III. fol.* 14. *Fontanon t. 4. p. 478.*

Declaration portant que les Greffes des Terres tenuës en Domaine par Isabelle d'Autriche, veuve de Charles IX. Roy de France, ne sont point compris dans l'Edit de réünion du mois de Mars

1580. A Paris le 10. May 1583. reg. le Septembre de la même année. *6. vol. des Ord. d'Henry III. fol.* 88. HENRY III.

Lettres patentes portant jussion à la Chambre des Comptes de Paris, pour verifier l'Edit du mois de May 1582. portant création des Offices de Conservateurs, & Gardes des fiefs. A Paris le 15. May 1583. regist. le 20. Aoust suivant. *Fontanon t. 2. p. 373. Fournival p. 353.* 1583.

Declaration portant que ce qui est ordonné par celle du 12. Fevrier 1576. en faveur de l'Admiral de France, doit estre aussi executé en faveur de celuy de Guyenne. A Paris le 16. May 1583. reg. au Siege de la Table de Marbre le 21. Juillet suivant. *Fontanon t. 4. p.* 1118.

Declaration en faveur des Chanoines de la sainte Chapelle du Palais à Paris, touchant les fruits des Benefices qui tombent en Regale. A en May 1583. *4. vol. des Ord. d'Henry III fol.* 238.

Lettres patentes portant jussion à la Cour des Aydes pour la verification, & enregistrement de l'Edit du mois de Decembre 1582. portant création des Offices de Controlleur de la Draperie. A Paris le 22. Juillet 1583. reg. le 13. Juin 1584.

Lettres patentes portant jussion à la Chambre des Comptes pour la verification de l'Edit du mois de May 1582. portant création des Offices de Conservateurs, & Gardes des fiefs, &c. A Paris le 3. Aoust 1583. reg. le 20. du même mois. *Fontanon t. 2. p. 374. Fournival p.* 353

Autre jussion pour le même sujet. A Paris le 7. Aoust 1583. reg. le 20. du même mois. *Font. t. 2. p. 375. Fournival p.* 353.

Declaration sur l'Edit du mois de Decembre 1581. portant création des Offices de Greffiers des Notifications. A Paris le 16. Aoust 1583. *Fontanon t. 1. p. 489. Joly t. 2. p.* 1393.

Edit portant suppression de la Jurisdiction des Juges & Consuls de la ville de Vitry le François. A en Aoust 1583. *6. vol. des Ord. d'Henry III. fol.* 107.

Declaration portant que les Edits de création d'Officiers, n'auront lieu pour les Terres du Domaine de la Reine-Mere du Roy. A en Septembre 1583. *6. vol. des Ord. d'Henry III. fol.* 142.

Edit portant suppression des Offices de Procureurs du Roy dans les Cours Ecclesiastiques de la Prevosté, & Vicomté de Paris ; & union à celle de Procureur du Roy au Châtelet de Paris. A

HENRY III. en Novembre 1583. 6. *vol. des Ord. d'Henry III. fol.* 83.

Edit portant union des Charges de Chancelier, & de Garde des

1583. Seaux de France, en faveur de Messire Philippes Hurault Vicomte de Cheverny. A le 26. Novembre 1583. 6. *vol. des Ord. d'Henry III. fol.* 92.

Edit portant défenses à tous les Sujets du Roy, de quelque état, qualité, & condition qu'ils soient, de faire aucunes levées par amas de gens de guerre, tant de cheval, que de pied. A S. Germain en Laye le 26. Decembre 1583. reg. le 5. Janvier 1584. 6. *vol. des Ord. d'Henry III. fol.* 102. *Fontanon t.* 4. *p.* 719.

Edit portant suppression des Elections de Joigny, Crespy en Valois, Cressy en Brie, &c. & autres, jusqu'au nombre de vingt, &c. A S. Germain en Laye en Decembre 1583. reg. en la Chambre des Comptes le 20. Janvier 1584. *Fontanon t.* 2. *p.* 603. *&* 948.

Edit portant suppression de plusieurs Officiers des Elections, des Sergens des Tailles, créez en chacune Paroisse, excepté és Villes qui contribuënt à la solde de 50000. hommes: établissement de deux Receveurs generaux, un Controlleur general des Finances en chacune Recepte generale: union des Offices de Receveurs & Controlleurs generaux du taillon, à ceux desdits Receveurs & Controlleurs generaux des Finances: suppression des deux Offices de Controlleurs generaux des rentes constituées sur l'Hôtel de Ville de Paris, & de plusieurs Officiers des Bureaux des Finances, &c. A S. Germain en Laye en Decembre 1583. reg. en la Chambre des Comptes le 6. Mars 1584. *Fontanon t.* 2. *p.* 591. *V. les Lettres des* 22. *Fevrier,* & 5. *Mars* 1584. *& l'Edit du mois de Novembre audit an.*

Edit portant suppression des Chambres, depost, descentes, & falorges érigées en greniers, & des Offices de Grenetiers, Controlleurs, Greffiers, Procureurs, & autres qui les composent, comme aussi les Offices de second & tiers Mesureurs, Porteurs, & Portesacs, &c. A Paris en Decembre 1583. reg. en la Cour des Aydes le 18. Janvier 1584. *Fontanon t.* 2. *p.* 601.

Declaration portant reglement pour connoître quels Offices

1584. des Eaux & Forests sont venaux. A Paris le 7. Janvier 1584. *Font. t.* 2. *p* 334. *V. la Declaration du* 30. *May suivant.*

Declaration portant que l'Edit du mois de Novembre 1542. concernant les Notaires, sera executé dans l'étenduë des Parlemens de Paris, Roüen, & Dijon, & autres lieux où il ne l'a pas esté: ce faisant qu'il sera étably un Notaire en chacune Paroisse, &c. A Paris en Janvier 1584. reg. le 19. Juillet de la même année. *6. vol. des Ord. d'Henry III. fol. 281. Fontanon t. 1. p. 729. Ioly t. 2. p. 1727. V. les Edits des mois de Novembre suivant, & 8. Avril 1585.* HENRY III. 1584.

Declaration portant reglement pour la vente des Greffes de l'appanage de Monsieur le Duc d'Anjou. A Paris le 27. Janvier 1584. *6. vol. des Ord. d'Henri III. fol. 197.*

Edit portant suppression de 12. Offices de Jurez-Compteurs, & Priseurs de foin dans la ville de Paris. A Paris en Janvier 1584. 6. *vol. des Ord. d'Henri III. fol.* 205.

Declaration portant reglement pour le Bailliage de saint Flour. A Paris en Janvier 1584. *6. vol. des Ord. d'Henri III. fol.* 191.

Declaration en faveur du Prevost des Maréchaux de Montfort Lamaury, portant que luy & ses successeurs joüiront à l'égard de leurs Lieutenans, Greffier, & Archers du contenu és Edits & Ordonnances, & notamment en celuy du mois de Septembre 1555. portant rétablissement du Prevost des Maréchaux dans la Province de Touraine, &c. A Paris le 24. Fevrier 1584. *Montarlot p.* 323.

Edit portant reglement sur le fait & Police de la Gendarmerie, contenant 66. articles. A S. Germain en Laye le 9. Fevrier 1584. reg. en la Chambre des Comptes le 16. du même mois. *Fontanon t. 3. p.* 129.

Lettres patentes portant jussion à la Chambre des Comptes pour verifier l'Edit du mois de Decembre 1583. portant suppression de plusieurs Officiers des Elections, &c. A Paris le 22. Fevrier 1584. reg. le 6. Mars suivant.

Declaration concernant le papier terrier. A Paris le 1. Mars 1584. *6. vol. des Ord. d'Henry III. fol.* 186.

Lettres patentes portant jussion à la Chambre des Comptes pour verifier l'Edit du mois de Decembre 1583. portant suppression de plusieurs Officiers des Elections. A Paris le 1. Mars 1584. reg. le 6. du même mois.

Declaration pour l'établissement des Clercs, & Commissaires du huitiéme, créez par Edit du mois de Decembre 1581. A Paris le 1. Mars 1584. *Fontanon t. 4. p.* 1151.

Lettres patentes portant jussion au Parlement de Roüen pour lever les modifications faites à l'Edit du   portant création d'un Receveur des épices. A Paris le 3. Mars 1584.

Declaration touchant la Chambre de l'Edit. A Paris le 4. Mars 1584. *6. vol. des Ord. d'Henry III. fol.* 195.

Lettres patentes portant jussion à la Chambre des Comptes pour

HENRY III. 1584.

la verification de l'Edit du mois de Decembre 1583. portant suppression de plusieurs Officiers des Elections. A Paris le 5. Mars 1584. reg. le 6. du même mois.

Declaration portant reglement pour l'execution de l'Edit du mois de Juin 1581. portant création des Offices de Controlleurs des titres. A Paris le 7. Mars 1584. *Fontanon t. 1. p. 730. Joly t. 2. p. 1787.*

Declaration pour l'exécution de l'Edit du mois de Decembre 1582. portant création des Offices de Controlleurs de la Drapperie. A Paris le 8. Mars 1584. reg. en la Cour des Aydes le 13. Juin de la même année.

Edit portant union de l'Office de Lieutenant Criminel de la ville d'Auxerre, à celuy de Lieutenant general de la même Ville. A Paris en Mars 1584. *6. vol. des Ord. d'Henry III. fol. 206.*

Edit portant reglement general sur le fait de l'Admirauté, contenant 100. articles. A Paris en Mars 1584. reg. au Parlement de Roüen le 17. Avril, & en celuy de Paris le dernier Juin de la même année. *7. vol. des Ord. d'Henry III. fol. 385. Fontanon t. 4. p. 1119. V. l'Edit du mois d'Aoust 1671. & l'Ordonnance du mois d'Aoust 1681.*

Edit pour l'établissement d'une Chambre composée d'Officiers du Parlement, & de la Chambre des Comptes de Paris, pour connoître & juger des malversations commises au fait des Finances. A Paris en Mars 1584. *6. vol. des Ord. d'Henry III. fol. 208. Fontanon t. 2. p. 684. V. ceux des mois de Iuillet suivant, & May 1585.*

Edit portant suppression d'un Office de Courtier au païs d'Angoumois. A   en Avril 1584. *6. vol. des Ord. d'Henry III. fol. 268.*

Edit portant suppression d'un Office de Jaugeur de vins, & autres marchandises au païs d'Angoumois. A   en Avril 1584. *6. vol. des Ord. d'Henry III. fol. 492.*

Declaration concernant les Officiers de la Maison d'Henry de Bourbon Roy de Navarre. A   en Avril 1584. *6. vol. des Ord. d'Henry III. fol. 289.*

Declaration sur l'Edit du mois de Decembre 1582. portant création des Offices de Controlleurs de la Draperie. A S. Maur le 14. May 1584. reg. en la Cour des Aydes 13. Juin de la même année. *Font. t. 1. p. 1041.*

Edit portant suppression de l'Office de President au Presidial de Laon. A   en May 1584. *6. vol. des Ord. d'Henry III. fol. 237.*

Edit portant suppression de l'Office de Prevost de la ville de Riom,

Riom ; & union à celuy de Senéchal de la même Ville. A en May 1584. *6. vol. des Ord. d'Henry III. fol. 235.*

Declaration portant exemption en faveur des Secretaires du Roy du droit de parisis, & de Consignation. A en May 1584. *6. vol. des Ord. d'Henry III. fol. 314.*

Declaration portant revocation de celle du 7. Janvier precedent, concernant les Officiers des Eaux & Forests, s'ils ne payent dans six mois les sommes ausquelles ils sont taxez pour l'augmentation de leurs Charges, suivant l'Edit du mois de Janvier 1583. A S. Maur le 30. May 1584. *Font. t. 2. p. 335.*

Declaration portant que les Offices de Greffiers des Notifications, ne sont pas compris dans la suppression des Offices créez depuis peu de temps. A S. Maur des Fossez le 3. Juin 1584. *Fontanon t. 4. p. 847. Ioly t. 2. p. 1394.*

Edit portant suppression de l'Office de President au Parlement de Paris, que possedoit le sieur de Pybrac. A S. Maur des Fossez en Juin 1584. reg. le du même mois. *6. vol. des Ord. d'Henry III. fol. 240.*

Declaration portant réünion au Domaine de la Couronne de toutes les Terres qui avoient esté données en appanage à François de France Duc d'Anjou, d'Alençon, &c. & revocation de tous les chauffages, &c. accordez dans lesdites Terres. A S. Maur des Fossez le 27. Juin 1584. reg. le 22. du même mois. *6. vol. des Ord. d'Henry III. fol. 244.*

Edit portant suppression de l'Echiquier de la ville d'Alençon. A S. Maur des Fossez en Juin 1584. reg. le du même mois. *6. vol. des Ord. d'Henry III. fol. 243.*

Edit portant suppression d'un Office d'Avocat du Roy au Siege de la ville de Troyes. A S. Maur des Fossez en Juin 1584. *6. vol. des Ord. d'Henry III. fol. 260.*

Edit portant suppression d'un Office de Conseiller au Siege de Saumur. A en Juin 1584. *6. vol. des Ord. d'Henry III. fol. 271.*

Edit portant suppression de l'Office de Lieutenant en la Prevosté de Bar-sur-Aube. A en Juin 1584. *6. vol. des Ord. d'Henry III. fol. 284.*

Edit portant suppression de l'Office de Lieutenant particulier au Siege de la ville d'Auxerre. A en Juin 1584. *6. vol. des Ord. d'Henry III. fol. 302.*

Edit portant pouvoir aux Officiers commis par celuy du mois de

HENRY III. Mars precedent, pour la recherche des abus, & malversations commises dans les Finances, de juger sans avoir égard aux abolitions,

1584. &c. A Fontainebleau en Juillet 1584. reg. le 24. du même mois. *6. vol. des Ord. d'Henry III. fol.* 283. *Fontanon t.* 2. *p.* 685. *V. celuy du mois de May* 1585.

Edit portant suppression de la Charge de Lieutenant en la Prevosté de la ville de Montdidier. A Fontainebleau en Juillet 1584. reg. le du même mois. *6. vol. des Ord. d'Henry III. fol.* 293.

Edit portant réünion des Charges de Procureur & Avocat du Roy au Siege de Roye. A Fontainebleau en Juillet en Juillet 1584. *6. vol. des Ord. d'Henry III. fol.* 300.

Edit portant suppression de la Charge de Prevost de Tournan en Brie. A en Septembre 1584. reg. le 7. Janvier 1586. *7. vol. des Ord. d'Henry III. fol.* 77.

Lettres patentes portant érection de la Baronnie de Noirmonstier en Marquisat, en faveur de François de la Tremoille. A Chenonceaux en Octobre 1584.

Edit portant suppression de l'Office de Lieutenant Criminel au Siege de Chartres. A en Octobre 1584. reg. le Novembre suivant. *6. vol. des Ord. d'Henry III. fol.* 342.

Declaration portant reglement pour la punition de ceux qui font des ligues, traitez, associations, pratiques, & menées contre l'état du Royaume: & abolition pour ceux qui y estant entrez, s'en départiront. A S. Germain en Laye le 11. Novembre 1584. reg. le 20. du même mois. *6. vol. des Ord. d'Henry III. fol.* 341. *Fontanon t.* 4. *p.* 721.

Edit portant qu'il ne sera dorénavant pourvû aux Etats, Offices, & augmentation de gages, specifiez au rôlle attaché sous le contreséel dudit Edit, lesquels demeureront supprimez: declarant criminels de leze Majesté, & ennemis du bien, & repos du peuple, ceux qui feront aucune poursuite pour les rétablir, ou en créer de nouveaux, &c. A Paris en Novembre 1584. reg. le 20. du même mois. *6. vol. des Ord. d'Henry III. fol.* 333.

Rôlle desdits Offices, &c. contenant 63. articles. A Paris le 14. Novembre 1584. reg. le 20. du même mois. *6. vol. des Ord. d'Henry III. fol.* 335. *Guenois liv.* 1. *tit.* 25. *de la Confer. des Ord.*

Declaration en faveur des Habitans de Cambray, & du païs de Cambresis. A S. Germain en Laye en Novembre 1584. reg. le de la même année. *6. vol. des Ood. d'Henry III. fol.* 360.

Edit portant revocation de celuy du mois de Decembre 1583. en ce qu'il porte reduction des Tresoriers de France ; rétablissement de quatre Offices de Tresoriers generaux de France en chacune Generalité, lesquels avec les deux autres anciens retenus par ledit Edit de suppression, exerceront leurs Charges alternativement, &c. & suppression du septiéme Office dont est pourvû le dernier receu. A S. Germain en Laye en Novembre 1584. reg. au Parlement le 4. en la Chambre des Comptes le 11. & en la Cour des Aydes le 14. Decembre suivant. *Fontanon t. 2. p.* 88. *Cet Edit est revoqué par un autre du mois d'Avril* 1585.

HENRY III. 1584.

Declaration portant confirmation des Privileges des Notaires de la ville de Paris. A S. Germain en Laye le 27. Novembre 1584. reg. le dernier Janvier 1585. *6. vol. des Ord. d'Henry III. fol.* 377. *Ioly t. 2. p.* 1939.

Edit portant suppression de cinq Offices de Sergens Priseurs, Vendeurs dans la ville de la Rochelle. A S. Germain en Laye en Decembre 1584. *6. vol. des Ord. d'Henry III. fol* 362.

Edit portant suppression de deux Offices de Certificateurs de criées à sainte Menehoult. A S. Germain en Laye en Decembre 1584. *6. vol. des Ord. d'Henry III. fol.* 366.

Edit portant création de l'Office de Colonel general de l'Infanterie Françoise, pour estre tenu par ceux qui en seront pourvûs, comme un Office de la Couronne ; & Reglement pour son pouvoir, Jurisdiction, Privileges, & exemptions. A S. Germain en Laye en Decembre 1584. reg. le   Janvier 1585. *6. vol. des Ord. d'Henry III. fol.* 398. *Fontanon t.* 4. *p.* 845. *Cet Office a esté supprimé par celuy du mois de Iuillet* 1661.

Edit portant abolition de la distribution du sel par impost. A Paris en Decembre 1584. reg. en la Cour des Aydes le 4. Janvier 1585. *Fontanon t. 2. p.* 1075.

Declaration portant reglement pour la Jurisdiction du Prevost des Maréchaux de la Province de Languedoc. A Paris le 18. Janvier 1585. *Ioly t. 1. p.* 1165. *Filleau part. 2. tit. 3. ch. 15. p.* 85. *Montarlot p.* 107. 1585.

Edit portant reglement pour la collation des places de Religieux Laïcs dans les Abbayes & Prieurez du Royaume, à des Capitaines, Gentilshommes, & Soldats blessez pour le service du Roy, & de la Couronne, en confirmant la Declaration du 4. Mars 1578. A Paris en Fevrier 1585. reg. le 30. Decembre de la même année. *7. vol. des Ord. d'Henry III. fol.* 76. *Fontanon t.* 4. *p.* 947.

Edit portant suppression du second Office de Controlleur, &

HENRY III. 1585.

Mesureur de plastre. A Paris en Fevrier 1585. reg. le de la même année. 6. *vol. des Ord. d'Henry III. fol.* 453.

Declaration portant défenses de faire aucune levée de gens de guere, &c. A Paris le 28. Mars 1585. reg. le de la même année. 6. *vol. des Ord. d'Henry III. fol.* 457.

Declaration portant surséance à l'execution des Edits, par lesquels les Offices de Judicature sont supprimez. A Paris en Avril 1585. reg. le de la même année. 6. *vol. des Ord. d'Henry III. fol.* 455.

Declaration en faveur des Capitaines des Gardes du Corps du Roy. A Paris en Avril 1585. reg. le de la même année. 6. *vol. des Ord. d'Henry III. fol.* 456.

Edit portant que la Declaration du mois de Janvier 1584. concernant les Notaires, sera executée nonobstant que ces Offices soient compris dans l'art. 58. du rôlle des Offices supprimez par l'Edit du mois de Novembre dernier, &c. A Paris le 8. Avril 1585. reg. le 7. Juin de la même année. 6. *vol. des Ord. d'Henry III. fol.* 481. *Fontanon t.* 4. *p.* 657. *Joly t.* 2. *p.* 1728.

Edit portant revocation de celuy du mois de Novembre 1584. & rétablissement des Tresoriers generaux de France, en l'état qu'ils estoient avant celuy du mois de Decembre 1583. A Paris en Avril 1585. reg. au Parlement le 6. Juin, & en la Chambre des Comptes le 9. Juillet de la même année. 6. *vol. des Ord. d'Henry III. fol.* 478. *Fontanon t.* 2. *p.* 89.

Edit portant rétablissement des Receveurs & Controlleurs generaux du Taillon de la Gendarmérie, & des Controlleurs generaux alternatifs des Finances en chacune Generalité du Royaume, supprimez par celuy du mois de Decembre 1583. A Paris en Avril 1585. reg. en la Chambre des Comptes le 28. Juin, & en la Cour des Aydes le 2. Aoust suivans. *Fontanon t.* 4. *p.* 1156.

Edit portant rétablissement des Offices de Presidens, Elûs, Controlleurs, Avocats, & Procureurs du Roy, Receveurs des Aydes & Taillon des anciennes Elections, supprimez par celuy du mois de Decembre 1583. & confirmation dudit Edit, en ce qu'il porte suppression des nouvelles Elections, fors & excepté le Bureau de l'Election de la ville de Montluçon, qui est aussi rétably. A Paris en May 1585. reg. en la Chambre des Comptes le 29. du même mois, & en la Cour des Aydes le 3. Aoust de la même année. *Fontanon t.* 2. *p.* 949.

Edit portant revocation de ceux des mois de Mars & de Juillet

1584. pour l'établissement d'une Chambre pour la recherche des abus, & malversations commises au fait des Finances, &c. A Paris en May 1585. registré au Parlement le 21. Juin, en la Chambre des Comptes le 8. Juillet, & en la Cour des Aydes le 30. Aoust de la même année. *6. vol. des Ord. d'Henry III. fol.* 494. *Fontanon t. 2. p. 686.*

HENRY III. 1585.

Declaration portant que les Edits & Declarations concernant les Offices de Controlleurs des titres, & Greffiers des Notifications, seront executez nonobstant l'Edit du mois de Novembre 1584. A Paris le 17. Juin 1585. *Font. t. 1. p.* 491. *Ioly t. 2. p.* 1385.

Lettres patentes portant érection de la Châtellenie de la Bussiere en Baronnie, en faveur du sieur du Tillet. A Paris en Juin 1585. reg. le 25. Janvier 1586. 7. *vol. des Ord. d'Henry III. fol.* 78.

Edit portant exemption de loger des gens de guerre, en faveur des Presidens & Conseillers du Parlement de Paris. A Paris en Juin 1585. reg. le du même mois. 6. *vol. des Ord. d'Henry III. fol.* 497.

Edit portant création des Offices de Controlleurs des cuirs, &c. A Paris en Juin 1585. reg. le 16. Juin 1586. 7. *vol. des Ord. d'Henry III. fol.* 226. *V. ceux des mois de Ianvier* 1596. *& Fevrier* 1627.

Lettres patentes portant jussion à la Chambre des Comptes pour l'enregistrement de l'Edit du mois d'Avril precedent, concernant les Tresoriers generaux de France. A Paris le 7. Juillet 1585. reg. le 8. du même mois.

Lettres patentes portant jussion à la Chambre des Comptes pour lever les modifications faites par l'Arrest du 8. du present mois, à l'Edit du mois d'Avril precedent, concernant les Tresoriers generaux de France. A Paris le 15. Juillet 1585. reg. le 24. du même mois. *Fontanon t. 2. p.* 92.

Declaration portant que des trois sols pour écu, attribuez aux Receveurs Collecteurs des Tailles, créez par l'Edit du mois d'Octobre 1581. il en sera distrait douze deniers au profit du Roy, pour en estre fait fonds dans ses Finances. A Paris le 16. Juillet 1585. *Fontanon t.* 4. *p.* 1158.

Edit portant revocation des Edits de pacification, & que tous les Sujets du Roy seront obligez de vivre dans la Religion Catholique, Apostolique, & Romaine, sinon, &c. A Paris en Juillet 1585. reg. le 18. du même mois. 6. *vol. des Ord. d'Henry III. fol.* 502. *Fontanon t.* 4. *p.* 343. *Ioly t.* 1. *p.* 44. *V. celuy du mois de Iuillet* 1591.

HENRY III.

1585.

Declaration portant exemption en faveur des Officiers du Parlement de Paris, de loger aucuns gens de guerre. A Paris le 29. Juillet 1585. reg. le 4. Septembre suivant. 6. *vol. des Ord. d'Henry III. fol.* 326. *V. la Declarat. du* 22. *Octobre* 1648. *art.* 13.

Lettres patentes portant jussion à la Cour des Aydes pour la verification de l'Edit du mois de May precedent, concernant les Officiers des Elections. A Paris le 2. Aoust 1585. reg. le 3. du même mois.

Lettres patentes portant relief d'adresse au Parlement, & à la Cour des Monnoyes, pour verifier la Declaration du 26. May 1577. portant que la Monnoye fabriquée à Dombes, aura cours dans le Royaume. A Paris le 12. Aoust 1585. reg. le 16. Janvier 1586. 7. *vol. des Ord. d'Henry III. fol.* 73.

Edit portant attribution de Jurisdiction aux Baillifs, Senéchaux, &c. & par appel au Parlement, pour la connoissance des contestations qui pourroient survenir pour la recherche des restes des comptes des revenus des Hôpitaux, Maladeries, Leproseries, &c. & que par provision, & jusqu'à ce qu'il en ait esté autrement ordonné, on suivra la forme prescrite par l'Edit du mois d'Aoust 1561. pour l'audition desdits comptes. A Paris le 14. Aoust 1585. reg. le 7. Septembre suivant. 7. *vol. des Ord. d'Henry III. fol.* 9. *Fontanon t.* 4. *p.* 957.

Edit pour la continuation du Parlement pendant les Vacations. A Paris le 19. Aoust 1585. reg. le 5. Septembre suivant 7. *vol. des Ord. d'Henry III. fol* 8.

Declaration en interpretation de l'Edit du mois de May precedent, par lequel ceux des mois de Mars & de Juillet 1584. qui portoient établissement d'une Chambre pour la recherche des Comptables, ont esté revoquez. A Paris le 27. Aoust 1585. reg. en la Cour des Aydes le 30. du même mois. *Fontanon t.* 2. *p.* 688.

Lettres patentes portant confirmation des Privileges des descendans d'Eudes le Maire, dit Chalo S. Mas. A Paris le 27. Aoust 1585. regist. le 9. Decembre 1594. 1. *vol. des Ord. d'Henry III. fol.* 263. *V. la Declaration du mois de May* 1594.

Declaration portant confirmation des Statuts des Maîtres Tissutiers, & Rubanniers en drap d'or, d'argent, & de soye. A Paris en Aoust 1585. reg. le 17. May 1586. 7. *vol. des Ord. d'Henry III. fol.* 170

Edit portant rétablissement, & en tant que besoin seroit, création nouvelle des Offices de Presidens, Maîtres des Requestes,

Conseillers, & Officiers des Cours Souveraines, Chambres des Comptes, Sieges Presidiaux, qui avoient esté supprimez, tant par l'Ordonnance du mois de May 1579. que par autres Edits. A Paris en Septembre 1585. regist. le 1. Octobre de la même année. 7. *vol. des Ord. d'Henry III. fol.* 63.

HENRY III. 1585.

Edit portant création d'un Office de Maire dans la ville de Montargis. A Paris en Septembre 1585. reg. le 26. Mars 1586. 7. *vol. des Ord. d'Henry III. fol.* 120.

Edit portant rétablissement des Offices de Regratiers, Revendeurs de sel à petites mesures, Receveurs, & Collecteurs des deniers du sel, qui se distribuë par impost qui avoient esté créez par celuy du mois de Novembre 1576. &c. A Paris le 20. Septembre 1585. *V. celuy du mois d'Aoust* 1617.

Declaration sur l'Edit du mois de Juillet precedent, portant revocation des Edits de pacification. A Paris le 7. Octobre 1585. reg. le 16. du même mois. 7. *vol. des Ord. d'Henry III. fol.* 46. *Fontanon t.* 4. *p.* 345.

Lettres patentes pour publier les Coûtumes de Normandie, qui avoient esté redigées dés le mois de Juillet 1583. A Paris le 14. Octobre 1585.

Declaration portant rétablissement des Procureurs, tant des Cours Souveraines, que des Bailliages, Senéchaussées, nonobstant la suppression portée par l'art. 45. du rôlle des Offices supprimez par l'Edit du mois de Novembre 1584. A Paris le 20. Octobre 1585. *Ioly t.* 1. *p.* 180. *Filleau part.* 2. *tit.* 7. *ch.* 18. *p.* 329.

Declaration portant que le subside de cinq sols tournois sur chacun muid de vin, étably par l'Edit du 22. Septembre 1561. sera levé jusqu'au premier Octob. 1591. A Paris le 26. Octobre 1585. reg. en la Cour des Aydes le 29. Novembre de la même année. *Fontanon t.* 2. *p.* 1127.

Edit portant exemption en faveur des Ecclesiastiques de toutes Charges publiques, &c. A Paris le 6. Novembre 1585. reg. le 14. May 1586. *Fontanon t.* 4. *p.* 960.

Edit portant rétablissement des Offices de Clercs & Commissaires du huitiéme, créez par celuy du mois de Decembre 1581. nonobstant qu'ils ayent esté supprimez par celuy du mois de Novembre 1584. A Paris en Decembre 1585. reg. en la Cour des Aydes le 22. Janvier 1586. *Fontan. t.* 4. *p.* 1152.

Declaration portant reglement pour la taxe des deux Maîtrises de la Reine de Navarre, &c. A Paris le 14. Decembre 1585. *Font. t.* 1. *p.* 1096.

HENRY III. 1586.

Declaration concernant les Maîtres Joüeurs & Escrimeurs d'épée dans la ville de Paris. A Paris en Decembre 1585. reg. le 7. Janvier 1586. 7. *vol. des Ord. d'Henry III. fol.* 84.

Edit portant création de six Offices de Sergens en la Jurisdiction de sainte Menehout. A Paris en Janvier 1586. reg. le 29. Avril suivant. 7. *vol. des Ord. d'Henry III. fol.* 149.

Edit portant création des Offices de Courtiers, Aulneurs, Jaugeurs, & Marqueurs de toilles, draps, & autres ouvrages, tant de lin que de chanvre. A Paris en Janvier 1586. *Revoqué par la Declaration du 22. Juillet* 1610.

Edit portant augmentation de pouvoir à tous Huissiers, & Sergens, tant des Cours Souveraines, que des Jurisdictions inferieures. A Paris en Janvier 1586. reg. le 16. Juin de la même année. 7. *vol. des Ord. d'Henry III. fol.* 195. *Font. t.* 1. *p.* 523. *Joly t.* 2. *p.* 1544.

Edit portant que dans chacun Bureau de Recepte generale des Finances, il y aura jusqu'au nombre de neuf Tresoriers generaux de France: rétablissement de l'Office de President, créé par celuy du mois de Janvier 1581. &c. A Paris en Janvier 1586. reg. au Parlement le 3. en la Chambre des Comptes le 18. Mars, & en la Cour des Aydes le dernier Avril de la même année. 7. *vol. des Ord. d'Henry III. fol.* 123. *Font. t.* 2. *p.* 93. *Fournival p.* 371.

Lettres patentes portant relief d'adresse au Parlement de Paris pour l'enregistrement de l'Edit du 6. Novembre 1585. portant exemption d'emprunts en faveur des Ecclesiastiques. A Paris le 6. Fevrier 1586. reg. le 14. May suivant. *Fontanon t.* 4. *p.* 961.

Declaration en consequence de l'art. 58. de l'Ordonnance du mois de May 1579. portant que les Ecclesiastiques, leurs Receveurs, ou Fermiers, sont exempts de tous payemens de taxes, pour la confirmation de leurs droits d'usages, pâturages, &c. A Paris le 6. Fevrier 1586. reg. le 14. May de la même année. *Font. t.* 4. *p.* 961.

Lettres patentes portant jussion au Parl. de Paris pour l'enregistrement de l'Edit du mois d'Avril 1583. portant création d'un Office d'Huissier, pour fermer & garder les portes du Palais. A Paris en Fev. 1586. reg. le 15. Avril audit an. 7. *vol. des Ord. d'Henry III. fol.* 138.

Declaration pour l'execution d'une Bulle du Pape, portant permission aux Ecclesiastiques d'aliener leur temporel, &c. A Paris le 21. Fevrier 1586. registrée le 27. Mars de la même année 7. *vol. des Ord. d'Henry III. fol.* 129. *Fontanon t.* 4. *p.* 967.

Edit portant création d'un Office de Maître particulier alternatif des Eaux & Forests, &c. A Paris en Fevrier 1586. registré le 16. Juin

Juin de la même année. *7. vol. des Ord. d'Henry III. fol.* 185. *Filleau part.* 2. *tit.* 7. *ch.* 4. *p.* 368.

Edit portant permission aux Ecclesiastiques de rentrer dans leurs biens alienez, pourvû qu'ils ayent esté lezez du tiers du prix, &c. A Paris en Fevrier 1586. registré le 17. May de la même année. 7. *vol. des Ord. d'Henry III. fol.* 161. *Fontanon t.* 4. *p.* 963.

Lettres patentes portant confirmation des Statuts des Bouchers de la Boucherie de Beauvais de la ville de Paris. A Paris en Fevrier 1586. registrées le 6. May 1594. 1. *vol. des Ord. d'Henry IV. fol.* 46.

Lettres patentes portant confirmation des Statuts des Maîtres Feures-Coûteliers, Graveurs, & Doreurs sur fer, &c. de la ville de Paris. A Paris en Mars 1586. reg. le 26. Avril de la même année.

Edit portant création d'un Office de Receveur particulier en chacune Jurisdiction des Prevosts des Maréchaux, Vicebaillifs, &c. des deniers destinez pour le payement des gages desdits Officiers, &c. A Paris en Mars 1586. registré au Parlement le 16. & en la Chambre des Comptes le 26. Juin suivant. 7. *vol. des Ord. d'Henry III. fol.* 209. *Fontanon t.* 1. *p.* 408. *Montarlot p.* 502. *Ioly t.* 2. *p.* 1167.

Edit portant création de 26. Offices de Courtiers de chevaux daus la Ville, Banlieuë, Prevosté, & Vicomté de Paris, outre les 24. cy-devant érigez, &c. A Paris en Mars 1586. registré le 16. Juin de la même année. 7. *vol. des Ord. d'Henry III. fol.* 232. *Fontanon t.* 1. *p.* 1021.

Edit portant réünion au Domaine du Roy des Greffes des Notifications, créez par celuy du mois de Decembre 1581. &c. A Paris en Mars 1586. registré au Parlement le 16. & en la Chambre des Comptes le 26. Juin de la même année. *Fontanon t.* 1. *p.* 492. *& t.* 4. *p.* 847. *Ioly t.* 2. *p.* 1396.

Lettres patentes portant relief d'adresse au Parlement de Paris, de celles du present mois de Mars, obtenuës par les Maîtres Feures-Coûteliers, &c. de la ville de Paris. A Paris le 22. Mars 1586. reg. le 26. Avril de la même année.

Declaration sur l'Edit du mois de Janvier precedent, concernant les Officiers des Bureaux des Finances. A Paris le 6. Avril 1586. registrée en la Chambre des Comptes le 13. May suivant. *Fontanon t.* 2. *p.* 96. *Fournival p.* 377.

Edit portant suppression de trois Offices de Receveurs alternatifs des Aydes, & Tailles de la Province de Beaujollois. A Paris en

Ii

HENRY III. 1586. Avril 1586. reg. le 6. Septembre de la même année. 7. *vol. des Ord. d'Henry III. fol.* 372.

Declaration en consequence de l'Edit du mois de Juillet 1585. pour la saisie & vente des biens meubles, & perception des revenus des immeubles de ceux de la nouvelle opinion, & de tous autres qui portent les armes contre le Roy. A Paris le 26. Avril 1586. reg. le 2. May de la même année. 7. *vol. des Ord. d'Henry III. fol.* 150. *Fontanon t.* 4. *p.* 350.

Declaration portant que les Habitans de chacune ville du Royaume, seront tenus de nourrir, & entretenir leurs pauvres, sans qu'ils puissent se transporter, ny vaguer d'un lieu à autre, &c. A Paris le 22. May 1586. registrée le 23. du même mois. 7. *vol. des Ordonn. d'Henry III. fol.* 163. *Font. t.* 1. *p.* 924.

Lettres patentes portant jussion au Parlement de Paris, pour verifier purement & simplement l'Edit du mois de Fevrier precedent, par lequel il est permis aux Ecclesiastiques de rentrer dans leurs biens alienez, &c. A Paris le 23. May 1586. registrées le 14. Juillet de la même année. 7. *vol. des Ord. d'Henry III. fol.* 161. *Font. t.* 4. *p.* 974.

Edit portant création de quatre Offices de Conseillers, & de deux d'Huissiers en chacun Siege Presidial du Royaume, &c. A Paris en May 1586. registré le 16. Juin audit an. 7. *vol. des Ord. d'Henry III. fol.* 186. *Fontanon t.* 1. *p.* 367. *Ioly t.* 2. *p.* 1042. *Cet Edit est revoqué en ce qui restoit à executer par la Declaration du* 22. *Iuillet* 1610.

Edit portant création des Offices de Substituts en chacune Compagnie souveraine du Royaume, qui s'intituleront Conseillers du Roy, & Substituts des Procureurs generaux; & Reglement pour leurs fonctions, &c. A Paris en May 1586. registré au Parlement le 16. en la Chambre des Comptes le 26. Juin. & en la Cour des Aydes le 18. Juillet de la même année. 7. *vol des Ord. d'Henry III.* 257. *Fontanon t.* 1. *p.* 34. *Ioly t.* 1. *p.* 65. *Neron p.* 352 *Filleau part.* 2. *tit.* 6. *ch.* 12. *p.* 247.

Edit portant création des Offices de Substituts des Avocats, & Procureurs du Roy, & Adjoints és Enquestes en chacun Bailliage, Senéchaussée, Prevosté, Elections, & autres Sieges Royaux du Royaume; & Reglement pour leurs fonctions. A Paris en May 1586. reg. au Parlement le 16. en la Chambre des Comptes le 26. Juin, & en la Cour des Aydes le 18. Juillet de la même année. 7. *vol. des Ord. d'Henry III. fol.* 203. *Fontanon t.* 1. *p.* 436. *Ioly t.* 2. *p.* 1257.

Filleau part. 2. tit. 6. ch. 13. p. 248. V. les Edit & Declarations des 22. Fevrier 1607. Decembre 1613. & Decembre 1625.

Declaration portant exemption du droit d'aubaine en faveur des Etrangers, qui acheteront des rentes sur le Roy. A Paris en May 1586. registrée le Aoust suivant. *7. vol des Ord. d'Henry III. fol. 311.*

1586.

Edit portant création d'un Office de Lieutenant de Robe longue en chacune Election, &c. A Paris en May 1586. reg. en la Cour des Aydes le 26. Novembre suivant, & en la Chambre des Comptes le 22. Septembre 1587. *Font. t. 2. p. 951. Filleau part. 3. tit. 1. ch. 23. p. 32. V. celuy du mois de Mars 1587.*

Declaration portant exemption en faveur des Receveurs des Decimes, de contribuer à aucuns emprunts faits sur les Officiers du Roy. A Paris le 6. Juin 1586. *Font. t. 4. p. 975.*

Edit portant création d'un Office de second President Tresorier general de France en chacun Bureau des Finances, pour exercer alternativement, &c. A Paris en Juin 1586. reg. le 16. du même mois. *7. vol. des Ord. d'Henry III. fol. 234. Fontanon t. 2. p. 96. Fournival p 381.*

Edit portant création d'un Office de Receveur des épices, & autres deniers consignez pour les vacations des Commissaires dans les Cours de Parlement, Chambres des Comptes, &c. pour exercer par ceux, qui en seront pourvûs alternativement, avec ceux qui sont créez par celuy du mois de Juillet 1581. A S. Maur des Fossez en Juin 1586. reg. le 16. du même mois. *7. vol. des Ord. d'Henry III. fol. 236. Font. t. 4. p 717.*

Edit portant création d'un Office de Lieutenant particulier, Assesseur Criminel, & premier Conseiller pour le Civil, en tous les Sieges du Royaume. A S. Maur des Fossez en Juin 1586. reg. au Parlement le 16. & en la Chambre des Comptes le 26. du même mois. *7. vol. des Ord. d'Henry III. fol. 231. Fontanon t. 1. p. 368. & t. 4. p. 648. Ioly t. 2. p. 1120. Filleau part. 2. tit. 2. chap. 1. p. 94. supprimé par celui du 3. May 1588. & rétabli par celui du mois de Iuin 1596.*

Edit en faveur des Lieutenans Generaux. A S. Maur des Fossez en Juin 1586. reg. le 16. du même mois. *7. vol. des Ord. d'Henry III. fol. 205.*

Edit portant création de huit Offices de Commissaires au Châtelet de Paris; de quatre en toutes les Villes où il y a Parlement; de deux en celles où il y a Siege Presidial, & d'un en tous les Bailliages, &c. & Reglement pour leurs fonctions, &c. A S. Maur

HENRY III. 1586. des Fossez en Juin 1586. reg. le 16. du même mois. 7. *vol. des Ord. d'Henry III. fol.* 215. *Fontanon t.* 1. *p.* 457. *Ioly t.* 2. *p.* 1328. *Filleau part* 3. *tit.* 3. *ch.* 3. *p.* 159.

Edit portant reglement pour la survivance de tous Offices venaux. A Paris en Juillet 1586. reg. au Parlement le 21. en la Chambre des Comptes le 23. du même mois, & en la Cour des Aydes le 1. Aoust suivant. 7. *vol. des Ord. d'Henry III. fol.* 267. *Fontanon t.* 4. *p.* 870.

Declaration concernant les Procureurs du Parlement, & ceux du Châtelet de Paris. A Paris le 12. Juillet 1586. reg. le du même mois. 7. *vol. des Ord. d'Henry III. fol.* 266.

Declaration portant permission aux Commissaires du Châtelet de Paris, de se faire payer trois sols pour rôlle, & six sols pour entendre chacun témoin. A Paris le 14. Juillet 1586. *Ioly t.* 2. *p.* 1519.

Declaration sur l'Edit du mois de Janvier precedent, touchant le pouvoir accordé aux Huissiers & Sergens. A Paris le 22. Juillet 1586. *Fontanon t.* 1. *p.* 525. *Ioly t.* 2. *p.* 1545.

Edit portant suppression de l'Office d'Enquesteur dans la ville de Beauvais, & union à celuy de Juge. A en Aoust 1586. registré le 22. du même mois. 7. *vol. des Ordonn. d'Henry III. fol.* 297.

Edit portant suppression de l'Office d'Enquesteur en la Senéchaussée d'Auvergne, & union d'iceluy au même Siege. A en Aoust 1586. reg. le 28. du même mois. 7. *vol. des Ord. d'Henry III. fol.* 310.

Lettres patentes portant jussion au Parlement pour recevoir ceux qui avoient esté pourvûs des Offices de Substituts du Procureur General du Roy, en vertu de l'Edit du mois de May precedent. A Paris le 22. Aoust 1586. reg. le 9. Septembre suivant.

Declaration concernant les Bourgeois, manans, & habitans de la ville de Chartres. A le 28. Aoust 1586. registrée le 6. Septembre de la même année. 7. *vol. des Ord d'Henry III. fol.* 361.

Declaration pour les francs fiefs, & nouveaux acquests, par laquelle la connoissance en est attribuée au grand Conseil. A Paris le 15. Septembre 1586. reg. au grand Conseil le 22. de la même année. *Ioly t.* 1. *p.* 324.

Edit concernant les Monnoyes. A Paris le 23. Septembre 1586. reg. en la Cour des Monnoyes le 27. du même mois. *Font. t.* 2. *p.* 216.

Edit portant création de deux Offices d'Huissiers Audianciers en chacun Siege particulier, & subalterne des Bailliages, & Senéchaussées, &c. A Paris en Septembre 1586. reg. le 26. Novembre 1587. 8. *vol. des Ord. d'Henry III. fol.* 80. HENRY III. 1586.

Lettres patentes portant jussion au Parlement pour lever les modifications faites à la reception des Substituts du Procureur General du Roy, créez par Edit du mois de May precedent. A Paris le 29. Septembre 1586.

Declaration sur l'Edit du 23. Septembre precedent, concernant les Monnoyes. A S. Germain en Laye le 13. Octobre 1586. reg. en la Cour des Monnoyes le 17. du même mois. *Fontanon t. 2. p.* 218.

Declaration en interpretation de l'Edit du mois de May precedent, portant création des Offices de Substituts des Procureurs Generaux, &c. A S. Germain en Laye le 8. Novembre 1586. reg. le 3. Decembre de la même année. 7. *vol. des Ord. d'Henry III. fol.* 377. *Fontanon t.* 1. *p.* 36. *Neron p.* 354. *Joly t.* 1. *p.* 67.

Edit portant défenses de transporter les Monnoyes hors du Royaume. A S. Germain en Laye le 10. Novembre 1586. registré en la Cour des Monnoyes le 20. du même mois. *Fontanon t. 2. p.* 221.

Edit portant suppression de l'Office de Juge Conservateur des Privileges de l'Université d'Angers. A S. Germain en Laye le 15. Novembre 1586. registré le Decembre suivant. 7. *vol. des Ord. d'Henry III. fol.* 381.

Declaration sur l'Edit du mois de Juillet precedent, pour la survivance des Offices. A S. Germain en Laye en Novembre 1586. registrée le 21. du même mois. 7. *vol. des Ord. d'Henry III. fol.* 374. *Font. t. 4. p.* 872.

Declaration portant confirmation des Privileges des Tresoriers de France dans la Province de Champagne. A Paris le 23. Decembre 1586. *Fournival p.* 726.

Edit portant rétablissement des Offices des Bureaux des Elections, qui avoient esté supprimez. A Paris en Janvier 1587. registrée en la Chambre des Comptes le 7. Fevrier, & en la Cour des Aydes le 20. Mars de la même année. *Fontanon t. 2. p.* 954. 1587.

Declaration concernant les Hôpitaux, Maladeries, &c. de France. A Paris le 8. Mars 1587. reg. le 4. May de la même année. 7. *vol. des Ord. d'Henry III. fol.* 504.

Edit portant création d'un Office de Lieutenant de Robe longue en chacune Election particuliere du Royaume, &c. A Paris en Mars

HENRY III. 1587.

1587. reg. en la Cour des Aydes de Paris le 3. Septembre, & en celle de Montferrand le 5. Octobre de la même année. *Fontanon t. 2. p. 955. Filleau part. 3. tit. 1. ch. 51. p. 59. V. ceux des mois de Ianvier 1598. & Decembre 1625.*

Edit pour l'alienation à faculté de rachat perpetuel des parts & portions du Domaine, dont joüissoit la Reine d'Escosse. A Paris en Mars 1587. registré le 22. Juin de la même année. 7. *vol. des Ord. d'Henry III. fol.* 525.

Edit portant création de trente Offices de Commissaires, & de pareil nombre de Controlleurs, pour faire les montres des Prevôts des Maréchaux, Vicebaillifs, &c. du Royaume, pour en joüir par ceux qui en seront pourvûs aux mêmes honneurs, &c. que les Commissaires & Controlleurs ordinaires des guerres, &c. A Paris en Mars 1587. reg. en la Chambre des Comptes le 18. Juin, & en la Cour des Aydes les 12. & 26. Aoust de la même année. *Font. t. 1. p.* 410. *Ioly t. 2. p.* 1168. *Montarlot p.* 475. *Filleau part. 2. tit. 3. ch. 37. p.* 116.

Edit portant rétablissement de quarante Offices de Sergens à verge, Priseurs & Vendeurs de biens au Châtelet de Paris, qui estoient supprimez. A Paris le 26. Avril 1587. *Ioly t. 2. p.* 1591.

Edit portant attribution du pouvoir, & de la qualité d'Elû, aux Controlleurs des Elections du Royaume. A Paris en May 1587. registré en la Cour des Aydes le 27. Octobre suivant. *Fontan. t. 2. p.* 957. *Filleau part. 3. tit. 1. ch.* 18. *Neron p.* 914.

Lettres patentes portant érection du Marquisat de Magnelers en Duché & Pairie, sous le nom d'Halluyn, en faveur de Charles d'Halluyn, Seigneur de Piennes, &c. A Paris en May 1587. reg. le dernier Fevrier 1588. 8. *vol. des Ord. d'Henry III. fol.* 109.

Lettres patentes portant Commission pour la vente du Domaine, dont joüissoit Marie Stuart Reine d'Escosse. A Paris le 9. Juin 1587. registrées le 22. du même mois. 7. *vol. des Ord. d'Henry III. fol.* 525.

Declaration pour le rétablissement des Offices de Rapporteurs, & Certificateurs de criées, créez par Edit du mois de Septembre 1581. &c. A Paris le 12. Juin 1587. *Fontanon t. 4. p.* 874. *Ioly t. 2. p.* 1357. *Filleau part. 2. tit. 7. ch. 28. p.* 336.

Lettres patentes portant jussion à la Cour des Aydes pour la verification de l'Edit du mois de Mars precedent, portant création des Offices de Lieutenans de Robe longue dans les Elections particulieres. A Paris le 3. Aoust 1587. regist. le 3. Septembre de la même année.

Declaration pour l'enregiſtrement d'une Bulle du Pape, portant permiſſion aux Eccleſiaſtiques d'aliener, &c. A Paris le 21. Aouſt 1587. reg. le 22. Novembre de la même année. 8. *vol. des Ordonn. d'Henr, III. fol.* 18. HENRY III. 1587.

Edit portant création d'un Office de Preſident en chacune Election du Royaume, &c. A Paris le 7. Septembre 1587. reg. en la Chambre des Comptes le 22. Octobre de la même année, & en la Cour des Aydes le 3. Fevrier 1588. *Fontanon t.* 2. *p.* 958. *Filleau part.* 3. *tit* 1. *ch.* 28. *p.* 37.

Edit portant établiſſement d'un Bureau des Finances dans la ville de Moulins en Bourbonnois; & création de deux Offices de Preſidens, huit de Treſoriers de France, deux de Receveurs generaux des Finances, deux de Controlleurs du Taillon, deux de Greffiers, deux de Collecteurs des Finances, deux d'Huiſſiers, &c. A Paris en Septembre 1587. reg. au Parlement le 22. en la Chambre des Comptes le 26. du même mois, & en la Cour des Aydes le 7. Octobre ſuivant. 8. *vol. des Ord. d'Henry III. fol.* 45. *Fontanon t.* 2. *p.* 97. *Fournival p.* 383.

Edit portant création de 26. Offices de Secretaires du Roy, &c. A Paris en Septembre 1587. reg. le 22. du même mois. 8. *vol. des Ord. d'Henry III. fol.* 47. *Ioly t.* 1. *p.* 707.

Edit portant que les Banquiers, Marchands, & Courtiers étrangers, ſont obligez de prendre des Lettres de Naturalité, & permiſſion de trafiquer, &c. A Paris en Septembre 1587. reg. en la Chambre des Comptes le 26. Octobre ſuivant *Fontanon t.* 1. *p.* 1012.

Edit portant création de deux Offices d'Huiſſiers Audianciers en chacun Siege particulier, & ſubalterne des Bailliages, Senéchauſſées, Prevoſtez, Châtellenies, Vicomtez, Maîtriſes, Grueries, & Vigueries des Eaux & Foreſts, & autres Juriſdictions Royales. A Paris en Septembre 1587. reg. le 26. Novembre de la même année. 8. *vol. des Ord. d'Henry III. fol.* 80. *Fontanon t.* 1. *p.* 525. & *t.* 2. *p.* 960. *Ioly t.* 2. *p.* 1540.

Edit portant reduction des Offices de Treſoriers & Payeurs de la Gendarmerie au nombre de ſoixante, &c. A Paris en Septembre 1587. reg. en la Chambre des Comptes le 29. Decembre ſuivant. *Fontanon t.* 4. *p.* 876. *Pinſon p.* 419.

Lettres patentes portant juſſion à la Cour des Aydes pour verifier purement & ſimplement l'Edit du mois de Mars precedent, portant création des Offices de Lieutenans de Robe longue dans les Elections particulieres. A Paris le 18. Novembre 1587. regiſtrées

HENRY III. le 23. du même mois. *Fontanon t. 2. p. 962.*

1588. Edit portant création de six Offices de Conseillers, & Generaux en la Cour des Monnoyes. A Paris en Janvier 1588. registré en la Chambre des Comptes le 27. Fevrier de la même année. *Constans Preuves* 149.

Lettres patentes portant jussion à la Chambre des Comptes pour verifier purement & simplement l'Edit du mois de Septembre precedent, portant reduction des Payeurs de la Gendarmerie. A Paris le 12. Janvier 1588. reg. le 6. Fevrier suivant.

Declaration en faveur des Offices domestiques & commensaux des Maisons, tant de la Reine-Mere du Roy, que de la Reine Regnante, & des Reines Isabelle d'Austriche, &c. A Paris le 28. Janvier 1588. *Fontanon t. 4. p. 889. Pinson p. 173.*

Declaration portant que les Presidens & Tresoriers de France, exerceront conjointement leurs Offices, nonobstant l'Edit du mois de Janvier 1586. qui ordonnoit qu'ils exerceroient alternativement, lequel est à cet égard revoqué. A Paris le 10. Fevrier 1588. regist. en la Chambre des Comptes le 27. du même mois. *Fournival p. 386.*

Lettres patentes pour l'execution de l'Edit du mois de Juin 1586. portant création de huit Offices de Commissaires au Châtelet de Paris. A Paris le 12. Fevrier 1588. *Ioly t. 2. p. 1519.*

Declaration en faveur des Commissaires au Châtelet de Paris, pour les droits qu'ils peuvent prendre sur les biens qui sont adjugez par decret. A Paris le 15. Fevrier 1588. *Ioly t. 2. p. 1520.*

Declaration portant que les Offices de Regratiers, & Revendeurs de sel à petites mesures, rétablis par l'Edit du 20. Septembre 1585. seront hereditaires, &c. A Paris en Mars 1588. *V. la Declaration du 15. Octobre* 1594.

Lettres patentes portant érection du Comté de Montbazon, & des Baronnies de sainte Maure, Noüastre, & la Haye, en Duché & Pairie, pour estre appellé le Duché de Montbazon, en faveur de Loüis de Rohan, Comte de Montbazon, & de ses successeurs mâles seulement descendans de luy: à la charge que les appellations qui seront interjettées des Jugemens rendus par les Officiers dudit Duché, ressortiront au Parlement de Paris; qu'à défaut de mâles la qualité de Duc & Pair sera éteinte, &c. A Paris en May 1588. reg. au Parlement séant à Tours le 27. Avril, & en la Chambre des Comptes le 7. May 1589. *Vol. unique des Ord. registrées au Parlement séant à Tours fol.* 6. *V. celles du mois de Mars* 1594.

Ducs

Ducs de Montbazon.

Loüis de Rohan VI. du nom, Prince de Guimené, Comte de Montbazon, &c

Loüis de Rohan VII. du nom, Duc de Montbazon, Pair de France, mort sans alliance.	Hercules de Rohan, Duc de Montbazon, Pair & Grand-Veneur de France, Chevalier des Ordres du Roy, &c.

Loüis de Rohan VIII. du nom, Duc de Montbazon, Pair, & Grand-Veneur de France, Chevalier des Ordres du Roy, &c.

Charles de Rohan, Duc de Montbazon, Pair de France, &c.

Charles de Rohan, Duc de Montbazon, Pair de France, &c. dit le Prince de Guimené.

Declaration du Roy, faite sur son départ de la ville de Paris. A Chartres en May 1588. *Font. t. 4. p. 726.* 1588.

Edit portant revocation des Edits de création d'Offices, Commissions, &c. mentionnez au rôlle attaché sous le contresécl dudit Edit : & défenses à toutes personnes d'en poursuivre le rétablissement, ny bailler aucuns memoires pour en créer de nouveaux, à peine d'estre déclarez criminels de leze Majesté, & ennemis du repos public. A Chartres en May 1588. reg. le 27. du même mois. *Fontanon t. 2. p. 605.*

Declaration portant mandement pour la convocation des trois Etats du Royaume dans la ville de Blois, au 15. Septembre 1588. A Chartres le dernier May 1588. *Font. t. 4. p. 728.*

Edit pour renouveller le serment, & l'union du Roy avec les Princes, & Seigneurs Catholiques du Royaume. A Roüen le 5. Juillet 1588. reg. au Parlement le 21. du même mois *Fontanon t. 4. p. 357. Hist. des Etats t. 1. p. 141. V. celuy du mois de Juillet* 1591.

Lettres patentes portant pouvoir general au Duc de Guise, pour commander les Armées du Roy en son absence. A Chartres le 4. Aoust 1588. registrées au Parlement le 26. & en la Chambre des

HENRY III. Comptes le 30. du même mois. *Font. t. 4. p. 729.*

Edit portant établissement d'une Foire dans la ville de Chartres. A Chartres en Aoust 1588. reg. le 14. Decembre 1617. 3. *vol. des Ord de Louis XIII. fol.* 57.

1588. Edit portant pouvoir au Cardinal de Bourbon, pour créer un Maître de chacun métier en chacune des villes du Royaume, & que ses Officiers domestiques, & commensaux jouiront des mêmes Privileges, & exemptions que ceux du Roy. A Chartres le 17. Aoust 1588. reg. le 26. du même mois. *Font. t. 4. p.* 730.

Lettres patentes portant Commission à François de Montholon Avocat au Parlement de Paris, pour exercer l'Office de Chancelier de France, sous le nom & titre de Garde des Sceaux de France. A Blois le 6. Septembre 1588. reg. le 29. Novembre de la même année. *Duchesne hist. des Chanceliers de France p.* 671.

Declaration pour l'execution de l'Edit d'union du 5. Juillet precedent. A Blois en l'Assemblée des Etats en Octobre 1588. reg. le 21. Novembre de la même année. *Fontanon t. 4. p. 731. Hist. des Etats t. 1. p.* 139.

1589. Edit portant translation, & établissement du Parlement de Paris dans la ville de Tours. A Blois en Fevrier 1589. reg. le 13. Mars de la même année. *vol. unique des Ord. registrées au Parl. seant à Tours, fol. 2. V. celuy du* 28. *Mars* 1594.

Edit portant création de quatre Offices de Conseillers au Parlement. A Tours en Mars 1589. reg. le 10. May de la même année. *vol unique des Ord. de Tours, fol.* 16.

Edit portant translation du Siege de l'Admirauté de France dans la ville de Tours. A Tours le 10. Avril 1589. reg. le 13. Juillet suivant.

Edit portant translation du Presidial de la ville de Riom, &c. en celle de Clermont. A Tours le 17. Avril 1589. reg. le 24. du même mois. *vol. unique, &c. fol* 4.

Edit portant translation de la Jurisdiction des Eaux & Forests de la ville de Paris, en celle de Tours. A Tours le 18. Avril 1589. reg. le 24. du même mois. *vol. unique, &c. fol.* 3.

Declaration contre le Duc de Mayenne, le Duc & le Chevalier d'Aumale, & leurs complices, qui les declare criminels de leze Majesté. A Tours en Avril 1589. reg. le 27. du même mois. *vol. unique, &c. fol.* 5.

Edit portant création de deux Offices d'Audianciers, deux de Controlleurs, & deux de Referendaires en la petite Chancellerie.

A Tours en Avril 1589. reg. le 21. May de la même année. *Vol. unique, &c. fol. 25. V. celuy du mois de May 1594.*

Declaration portant confirmation des Privileges des Habitans de la ville de Tours. A Tours en Avril 1589. reg. le 14. Juillet de la même année.

Declaration pour les Maire & Eschevins de la ville d'Angers. A Tours le 1. May 1589. reg. le 29. du même mois. *Vol. unique, &c. fol. 14.*

Edit portant translation de la Cour des Aydes de Paris, dans la ville de Tours, & attribution au Parlement des matieres de sa competence. A Tours le 4. May 1589. reg. le 12. du même mois. *Vol. unique, &c. fol. 18. V. celuy du 7. Ianvier 1592.*

Lettres patentes portant jussion au Parlement pour verifier l'Edit du mois de Mars precedent, portant création de quatre Offices de Conseillers. A Tours le 9. May 1589. registrées le 10. du même mois.

Edit portant translation de la Jurisdiction de l'artillerie de la ville de Paris, en celle de Tours. A Tours le 12. May 1589. registré le 6. Juillet de la même année. *Vol. unique, &c. fol. 44.*

Declaration portant qu'il y aura un Maire & 24 Echevins dans la ville de Tours, &c. & confirmation des privileges de ladite ville. A Tours en May 1589. reg. le 18. du même mois. *Vol. unique, &c. fol. 21. Chenu p. p. 289.*

Edit portant translation des Jurisdictions de la ville de Bourges, en celle de Sancerre. A Tours en May 1589. reg. le 22. Juin suivant. *Vol. unique, &c. fol. 29.*

Declaration contre les Villes rebelles, par laquelle elles sont privées de tous leurs privileges & exemptions. A Châtelleraut en May 1589. reg. le 21. Juin de la même année.

Declaration contre la Duchesse de Montpensier, par laquelle elle est declarée criminelle de leze Majesté. A Tours le 2. Juin 1589. reg. le 9. du même mois. *Vol. unique, &c. fol. 35.*

Edit portant suppression de l'Office de Vicesenéchal de Fontenay-le-Comte, &c. & réunion à celuy de Prevost Provincial de Poitiers. A Tours en Juin 1589. reg. le 17. du même mois. *Vol. unique, &c. fol. 37.*

Edit portant érection du guet dans la ville de Tours. A Tours en Juin 1589. reg. le 10. Octobre de la même année. *Vol. unique, &c. fol. 74.*

Edit portant union & incorporation au Parlement de Dijon,

HENRY III. des Villes & Bailliages de Mascon, Auxerre, &c. & création d'une Chambre des Enquestes au même Parlement. A Tours en Juin 1589.

1589. Edit portant translation de la Chambre des Monnoyes de la ville de Riom, en celle de Clermont. A Tours en Juin 1589. reg. le 6. Juillet suivant.

Edit portant translation du Presidial de la ville d'Auxerre, en celle de Joigny. A Tours en Juin 1589. reg. le 5. du même mois. *Vol. unique, &c. fol.* 31.

Edit portant translation des Jurisdictions de la ville de Gien à Bleneau; de celles de Montargis, à Charny; de celles de Nemours, à Cheron. A Tours en Juin 1589. regist. le 5. du même mois. *Vol. unique, &c. fol.* 33.

Edit portant translation de la Jurisdiction de la ville de Sens, &c. à Courtenay. A Tours en Juin 1589. *Vol. unique, &c. fol.* 32.

Edit portant translation des Jurisdictions des villes du Mans, & de Sablé, en celle de sainte Suzanne. Au Camp devant Jargeau le 14. Juin 1589. reg. le 6. Juillet de la même année. *Vol. unique, &c. fol.* 47. *V. celuy du mois de Decembre suivant.*

Lettres patentes portant érection du Duché de Vantadour en Pairie, en faveur de Gilbert de Levy, Duc de Vantadour, &c. A Baugency en Juin 1589. regist. le 24. Janvier 1594. *Vol. unique, &c. Parlement de* 1593. *V. les Lettres d'érection en Duché du mois de Fevrier* 1578.

Edit portant translation des Justices de la ville d'Orleans, en celle de Baugency. A Baugency en Juin 1589. reg. le 6. Juillet de la même année. *Vol. unique, &c. fol.* 46.

Edit portant suppression de l'Office de Vicesenéchal d'Angoumois. A Tours en Juillet 1589. reg. le 3. Septembre 1590. *Vol. unique, &c. fol.* 124.

HENRY IV. Roy de France, & de Navarre, dit le Grand,

Succeda à Henry III. le 2. Aoust 1589. & regna jusqu'au 14. May 1610.

Declaration, protestation, & serment fait par le Roy à son advenement à la Couronne, avec la protestation des Princes, Ducs & Pairs de France, & autres Seigneurs & Gentilshommes. Au Camp de S. Cloud le 4 Aoust 1589. reg. le 14. du même mois. *Vol. unique, &c. fol.* 64.

Edit portant confirmation du Parlement seant à Tours. Au Camp du Pont-saint-Pierre le 23. Aoust 1589. reg. le 7 Septembre de la même année. *Vol unique, &c. fol.* 70.

Declaration portant confirmation d'une Monnoye que le Roy avoit établie avant qu'il parvint à la Couronne. A Tours en Octobre 1589. reg. le 27. du même mois. *Vol. unique, &c. fol.* 75.

Edit portant translation des Jurisdictions de la ville de Chartres à Bonneval. A Tours en Octobre 1589. reg. le 23. du même mois. *Vol. unique, &c. fol.* 77. *V. la Declaration du mois d'Avril* 1591.

Declaration portant reglement pour la garde des Châteaux, & Forteresses, dont le Roy ne peut pas porter la dépense. A Tours le 17. Octobre 1589. reg. le 26. du même mois. *Vol. unique, &c. fol.* 78.

Edit portant translation des Jurisdictions de la ville de Riom, en celle de Clermont. Au Camp devant Dieppe en Octobre 1589. reg. le 2. Decembre suivant. *Vol. unique, &c. fol.* 83.

Edit portant défenses aux Gouverneurs des places, & autres personnes de toucher aux deniers du Domaine, Tailles, &c. A Tours le 21. Novembre 1589. reg. le 4. Janvier 1590. *Vol. unique, &c. fol.* 97.

Declaration pour la convocation d'une Assemblée generale au mois de Mars suivant. Au Camp devant le Mans le 28. Novembre 1589. reg. le 12. Decembre audit an. *Vol. unique, &c. fol.* 86.

Edit portant création d'un Maître de chacun métier dans toutes les villes du Royaume, en faveur du joyeux avenement du Roy à la Couronne. Au Camp d'Alençon le 26. Decembre 1589. reg. le

HENRY IV. 17. Novembre 1590. *Vol. unique, &c. fol.* 132. *Fontanon t.* 1. *p.* 1100.

1589. Edit portant injonction à tous Officiers de prendre des Lettres du Roy, pour estre confirmez dans leurs Offices. Au Camp d'Alençon en Decembre 1589. reg. le 15. Janvier 1590. *Vol. unique, &c. fol.* 99.

Edit portant rétablissement des Jurisdictions de la ville du Mans dans la même Ville, qui avoient esté transferées à sainte Suzanne par celuy du 14. Juin precedent. Au Camp d'Alençon en Decembre 1589. registré le 19. Janvier 1590. *Vol. unique, &c. fol.* 104.

Edit portant suppression des Elections de la Fléche & de Sablé. Au Camp d'Alençon en Decembre 1589. reg. le 23. Janvier 1590. *Vol. unique, &c. fol.* 105.

1590. Declaration portant reglement pour la forme de l'établissement des Officiers & des Beneficiers, en la possession de leurs Offices & Benefices. Au Camp devant Falaise le 8. Janvier 1590. reg. le 30. du même mois. *Vol. unique, &c. fol.* 107.

Edit portant translation du Siege de la basse Marche à Dun-le-Palteau. A Tours le 13. Janvier 1590. reg. le 2. Avril suivant. *Vol. unique, &c. fol.* 114.

Declaration pour poursuivre la vengeance de l'assassinat commis en la personne du défunt Roy. Au Camp devant Lizieux le 18. Janvier 1590. reg. le 5. Fevrier suivant. *Vol. unique, &c. fol.* 110.

Edit portant suppression des Chambres de saint Jean d'Angely, Bergerac, & Montauban, établies par le Roy auparavant son avenement à la Couronne. Au Camp de Mantes le 10. Mars 1590. regist. le 20. Septembre de la même année. *Vol. unique, &c. fol.* 141.

Declaration contre ceux qui levent des deniers sans la permission du Roy. Au Camp de Nangis le 13. Avril 1590. reg. le 1. Juin suivant. *Vol. unique, &c. fol.* 116.

Declaration portant que le Domaine particulier du Roy sera desuni, & disjoint du Domaine de la Couronne. Au Camp de Nangis le 13. Avril 1590. *V. l'Edit du mois de Iuillet* 1607.

Declaration portant confirmation des Privileges des Officiers domestiques & commensaux de la Maison du Roy. Au Camp de S. Denis le 26. Juillet 1590. registrée le 24. Septembre suivant. *Vol. unique, &c. fol.* 127.

Declaration pour la continuation du Parlement à Tours. Au

Camp de S. Denis le 1. Aoust 1590. reg. le 9. du même mois. *Vol. unique, &c. fol.* 121. HENRY IV.

Edit pour la vente du Domaine du Roy dans les Generalitez d'Orleans, Tours, Poitiers, Bourges, & Limoges. A en Octobre 1590. *V. celuy du mois d'Octobre* 1594. 1590.

Declaration portant reglement pour la seureté des Laboureurs, contenant 22. articles. Au Camp d'Escouys le 3. Novembre 1590.

Declaration portant confirmation de ce que le Duc d'Espernon a fait dans la Province d'Angoumois. Au Camp de Senlis le 27. Janvier 1591. reg. le 14. Juin de la même année. *Vol. unique, &c. fol.* 166. 1591.

Edit portant translation du Châtelet de Paris en la ville de Mantes. Au Camp de Vernon le 8. Fevrier 1591. reg. le 19. du même mois. *Vol. unique, &c. fol.* 130. *V. l'Edit du* 1. *Juin* 1592.

Declaration pour les privileges & exemptions des Officiers domestiques & commensaux, tant de la Maison du Roy, que de la Reine Doüairiere, des Rois défunts, &c. Au Camp devant Chartres en Fevrier 1591. reg. le 14. Decembre de la même année. *Vol. unique, &c. année* 1592. *Fontanon t.* 2. *p.* 1152. *Fournival p.* 62.

Declaration portant que chacun Noble sera tenu de declarer au Greffe du Bailliage, ou de la Senéchaussée où il fait sa residence, s'il veut servir le Roy en la guerre. Au Camp devant Chartres le 8. Mars 1591. reg. le 19. du même mois. *Vol. unique, &c. année* 1591.

Edit portant suppression de la Chambre de l'Admirauté, établie par le Roy dans la ville de la Rochelle, auparavant son avenement à la Couronne, &c. Au Camp devant Chartres le 11. Mars 1591. reg. le 22. Avril de la même année. *Vol. unique, &c. année* 1591.

Lettres patentes portant érection de la Châtellenie de Loudun en Duché, en faveur de Françoise de Rohan, Dame de la Garnache. Au Camp devant Chartres le 10. Avril 1591. reg. le 20. May de la même année. *Vol. unique, &c. année* 1591.

Declaration portant que les Officiers domestiques & commensaux de Madame sœur du Roy, joüiront des mêmes privileges que les siens. Au Camp devant Chartres en Avril 1591. reg. le 14. Decembre de la même année. *Vol. unique, &c. année* 1592. *fol.* 3.

Declaration portant rétablissement des Jurisdictions dans la ville de Chartres, qui avoient esté transferées à Bonneval par Edit du mois d'Octobre 1589. A Chartres en Avril 1591. reg. le 20. May de la même année. *Vol. unique, &c. année* 1591.

Edit portant revocation de ceux des mois de Juillet 1585. & 5.

HENRY IV. Juillet 1588. & en consequence que par provision ceux de pacification seront executez. A Mantes en Juillet 1591. registré au Parlement le 6. & en la Chambre des Comptes le 9. Aoust de la même année. *Vol. unique, &c. année* 1591. *Fontanon t. 4. p.* 359. *Joly t.* 1. *p.* 45.

1591.

Declaration contre les Bulles du Pape Gregoire XIV. portant qu'elles seront brûlées par l'Executeur de la haute Justice, & contre les entreprises de son Nonce Marcilius Landrianus. A Mantes le 4. Juillet 1591. reg. le 5. Aoust de la même année. *Vol. unique, &c. année* 1591.

Declaration portant continuation du Parlement dans la ville de Tours. Au Camp devant Noyon le 25. Aoust 1591. reg. le 2. Septembre de la même année. *Vol. unique, &c fol.* 195.

Edit pour l'alienation du Domaine du Roy à perpetuité, &c. Au Camp de Noyon en Septembre 1591. reg. le 9. Janvier 1592. *Vol. unique, &c. année* 1592. *fol.* 5. *Fontanon t.* 2. *p.* 384. *V. la Declaration du* 12. *Decembre suivant.*

Edit portant suppression d'un Office d'Elû en l'Election de Chartres. A Chartres en Novembre 1591. reg. le 18. Juillet 1592. *Vol. unique, &c. année* 1592. *fol.* 85.

Declaration sur l'Edit du mois de Septembre precedent, pour l'alienation du Domaine de la Couronne. Au Camp de Darnetal le 12. Decembre 1591. reg. le 9. Janvier 1592. *Vol. unique, &c. année.* 1592. *fol.* 11. *Fontanon t.* 2. *p.* 386.

Edit portant que les Marchands de soye, & tafetas qui venoient à Lyon, ne pourront entrer dans le Royaume, que par les villes de la Rochelle, Bordeaux, Calais, & Dieppe; à la charge d'y payer les droits comme à la Doüanne de Lyon. Au Camp devant Roüen le 13. Decembre 1591. reg. le 14. Janvier 1592. *Vol. unique, &c. année* 1592. *fol.* 15.

Declaration contre les Gouverneurs & Capitaines qui ont pris des deniers des Receptes du Roy. Au Camp devant Roüen le 13. Decembre 1591. registrée le 14. Janvier 1592. *Vol. unique, &c. année* 1592. *fol.* 19.

1592. Edit portant revocation de celuy du 4. May 1589. par lequel la Cour des Aydes de Paris avoit esté unie au Parlement seant à Tours; translation & établissement de la Cour des Aydes en la ville de Tours, pour y estre tenuë separément. Au Camp devant Roüen le 7. Janvier 1592. reg. le 17. Juin de la même année. *Fontan. t.* 2. *p.* 721.

Edit portant création d'un Office de Prevost des Maréchaux dans la la Province de Normandie, deux de Lieutenans, deux d'Exempts, &c. Au Camp devant Roüen en Mars 1592. reg. au grand Conseil le 20. Novembre 1603. *Ioly t. 2. p.* 1179.

Edit portant création de six Offices de Conseillers en la Cour des Aydes, un de Greffier, un de Receveur Payeur des gages d'icelle, & quatre d'Huissiers, &c. Au Camp devant Roüen en Mars 1592. reg. le 6. Novembre suivant. *Fontanon t. 2. p.* 724.

Declaration portant reglement pour le fait de la Police dans les Villes de l'obéïssance du Roy, & ce qui doit estre observé par les Gouverneurs. Au Camp devant Roüen le 13. Mars 1592. reg. le 16. Juillet de la même année. *Vol. unique, &c. année* 1592. *fol.* 84.

Declaration pour l'execution de l'Edit du 7. Janvier precedent, portant desunion de la Cour des Aydes, & du Parlement. Au Camp de Darnetal devant Roüen le 24. Mars 1592. reg. le 17. Juin suivant. *Fontanon t. 2. p.* 722.

Declaration portant reglement pour la reception des Officiers du Parlement, Chambre des Comptes, & Cour des Aydes, qui ont obtenu des Lettres de rétablissement. Au Camp. de Darnetal le 1. Avril 1592. reg. le 30. May suivant. *Vol. unique, &c. année* 1592. *fol.* 71.

Declaration portant confirmation des Privileges de la ville de la Rochelle. Au Camp devant Roüen en Avril 1592. reg. le 7. Decembre 1593. *Vol. unique, &c. année* 1593.

Edit portant translation du Châtelet de Paris dans la ville de S. Denis, & revocation de celuy du 8. Fevrier 1591. par lequel il avoit esté transferé dans celle de Mantes. A Mantes le 1. Juin 1592. *Vol. unique, &c. année* 1592. *fol.* 83.

Declaration portant permission à la Cour des Aydes de Paris de s'assembler dans la ville de Chartres, pour un mois, au lieu de celle de Tours, où elle avoit esté transferée par l'Edit du 7. Janvier precedent. A Mantes le 6. Juin 1592. reg. le 17. du même mois. *Fontanon t. 2. p.* 723.

Declaration concernant les Privileges des Officiers domestiques & Commensaux de la Maison du Roy. Au Camp de Gisors le 16. Juin 1592. *Fontanon t. 2. p.* 1152. *Fournival p.* 622.

Edit portant translation des Jurisdictions de la ville de Dreux en celle de Mantes. A S. Denis en Juillet 1592. *Vol. unique, &c. année* 1593.

Declaration sur l'Edit du mois de Septembre, & la Declaration du 12. Decembre 1591. pour la vente du Domaine du Roy. Au

HENRY IV. Camp de Provins le 4. Septembre 1592. reg. au Parlement le 16. Decembre audit an, & en la Chambre des Comptes le 31. Mars 1594. *Vol. unique, &c. année* 1593. *Fontanon t. 2. p.* 387.

1592. Declaration concernant les Privileges, Statuts, & Ordonnances du premier Barbier du Roy, son Lieutenant, & autres Barbiers du Royaume, contenant 25. articles. A S. Denis en France en Octobre 1592. registrée au grand Conseil le Octobre 1593. *Fontan. t. 2. p.* 1202.

Lettres patentes portant érection de la Terre de Royan en Marquisat, en faveur de Gilbert de la Tremoille. Au Camp du Champ en Octobre 1592. registrées le 20. Septembre 1594. 1. *vol. des Ord. d'Henry IV. fol.* 220.

Declaration sur les Edits & Declarations des mois de Septembre, 12. Decembre 1591. & 4. Septembre dernier. Au Camp d'Estampes le 23. Novembre 1592. reg. le 16. du même mois. *Vol. unique, &c. année* 1593. *Fontanon t. 2. p.* 389.

1593. Declaration contre le Duc de Mayenne, & les prétendus Etats du Royaume, tenus, ou à tenir dans la ville de Paris. A Chartres le 29. Janvier 1593. reg. le 8. Fevrier de la même année. *Vol. unique, &c. année* 1593. *Font. t. 4. p.* 732.

Edit portant que le subside de 5. sols sur chacun muid de vin, sera levé encore pendant six années. A Chartres le 7. Fevrier 1593. reg. en la Cour des Aydes le 21. du même mois. *Fontanon t. 2. p.* 1128.

Edit portant suppression de la qualité de President au Bureau des Finances de la ville de Montpellier. A Chartres en Fevrier 1593. reg. en la Chambre des Comptes le 6. Avril de la même année. *Fournival p.* 1123.

Edit portant défenses aux Secretaires du Roy d'exercer leurs Offices, auparavant que d'estre immatriculez aux registres de l'Audiance de France. A Chartres le 18. Mars 1593 *Ioly t. 1. p.* 732.

Declaration contre les Gouverneurs des Provinces, &c. qui ont pris des deniers du Roy, &c. A Tours le 21. Mars 1593. *Vol. unique, &c. année* 1593.

Lettres patentes portant jussion à la Chambre des Comptes pour verifier purement & simplement les Declarations des 4. Septembre, & 23. Novembre 1592. pour l'alienation du Domaine. A Mantes le 30. May 1593. reg. le 5. Aoust de la même année. *Fontanon t. 2. p.* 390.

Edit portant suppression des Offices de Substituts du Procureur

General du Roy au Parlement de Paris, dont sont pourvûs ceux desdits Substituts qui sont demeurez dans la ville de Paris; & reduction desdits Offices au nombre de huit. A S. Denis en Juillet 1593. reg. le 1. Mars 1594. *Vol. unique, &c. année* 1593. *Fontanon t. 1. p.* 37. HENRY IV. 1593.

Articles de la tréve accordée entre le Roy & le Duc de Mayenne. A la Villette entre S. Denis & Paris le dernier Juillet 1593. *Font. t. 4. p.* 747.

Articles accordez en la Conference tenuë à Milly sur l'interpretation de ceux de la Tréve du dernier Juillet precedent. A Fontainebleau le 10. Septembre 1593. *Fontanon t. 4. p.* 750.

Edit portant création de deux Offices de Receveurs particuliers en chacun des Greniers à sel du Royaume, deux de Receveurs generaux Provinciaux, deux de Tresoriers generaux des Gabelles de France, & Payeurs des rentes constituées. A Fontainebleau en Septembre 1593. reg. en la Chambre des Comptes le 29. Octobre, & en la Cour des Aydes le 24. Novembre de la même année. *Fontanon t. 2. p.* 1078.

Edit portant suppression de deux Offices d'Audianciers, & deux de Controlleurs en la petite Chancellerie. A Chartres en Septembre 1593. reg. le 10. Decembre de la même année. *Vol. unique, &c. année* 1593.

Lettres patentes portant provisions de l'Office de Connestable de France, en faveur d'Henry Duc de Montmorency, Pair, premier Baron, & Maréchal de France, Gouverneur de Languedoc. A Vernon le 8. Decembre 1593. reg. le 21. Novembre 1595. 2. *vol. des Ord. d'Henry IV. fol.* 165. *Duchesne hist. de la Maison de Montmorency preuves liv.* 5. *ch.* 5. *p.* 304. *Fontanon t.* 4. *p.* 890.

Declaration du Roy aprés sa conversion, portant abolition, & pardon à ceux qui se retireront du party des Rebelles dans un mois. A Mantes le 27. Decembre 1593. reg. le 1. Fevrier 1594. *Vol. unique, &c. année* 1593. *Fontanon t. 4. p.* 736.

Articles accordez par le Roy aux Habitans de la ville de Meaux, quand ils sont rentrez en son obeïssance, du 4. Janvier 1594. *Fontanon t. 4. p.* 751. 1594.

Lettres patentes portant érection de la Terre de Vitry-Coubert en Baronnie, en faveur de Loüis de l'Hospital. A en Janvier 1594. reg. le 22. Avril suivant. 1. *vol. des Ord. d'Henry IV. fol.* 19.

Lettres patentes portant permission à Loüis de l'Hospital, Sei-

HENRY IV. gneur de Vitry, de mettre une Fleur-de-lys dans ses armes. A le 4. Janvier 1594. reg. le 22. Avril suivant. 1. *vol. des Ord. d'Henry IV. fol.* 21.

1594. Edit portant création de huit Offices d'Intendans & Controlleurs generaux des Finances. A Mantes en Janvier 1594. *V. celuy du* 10. *May suivant.*

Edit sur la reduction de la Ville d'Orleans en l'obeïssance du Roy, contenant 22. articles. A Mantes en Fevrier 1594. reg. au Parlement le dernier du même mois, en la Chambre des Comptes le 1. & en la Cour des Aydes le 2. Mars suivant. *Fontanon t.* 4. *p.* 754.

Edit sur la reduction de la Ville & Generalité de Bourges en l'obeïssance du Roy, contenant 19. articles. A Mantes en Fevrier 1594. reg. au Parlement le dernier du même mois, en la Chambre des Comptes le 1. & en la Cour des Aydes le 2. Mars de la même année. *Fontanon t.* 4 *p.* 758.

Edit pour la vente, & alienation à faculté de rachat du Domaine du Roy, Greffes, Offices de Clercs d'iceux, Seaux, Tabellionages, Aydes, Fermes, & Impositions des Generalitez de Paris, Champagne, & Moulins. A Chartres en Fevrier 1594. registré au Parlement le 22. en la Chambre des Comptes le 26. & en la Cour des Aydes le 29. Mars suivant. *Ioly t.* 2. *p.* 1366.

Edit portant exemption de toutes Tailles, crûës, &c. en faveur des Lieutenans des Baillifs, & Senéchaux és Sieges particuliers du Royaume, Conseillers, Assesseurs, &c. A Chartres en Mars 1594. registré en la Cour des Aydes le 18. du même mois. *Ioly t.* 2. *p.* 1881.

Declaration portant confirmation des Privileges de la ville de Tours. A Chartres en Mars 1594. registrée le 13. Mars 1595. *Chenu p.* 297.

Declaration portant confirmation des Privileges des Officiers de la Musique du Roy. A Chartres en Mars 1594. reg. le 22. Juin suivant. 1. *vol. des Ord d'Henry IV. fol.* 101.

Lettres patentes portant confirmation de celles du mois de May 1588. portant érection du Comté de Montbazon en Duché & Pairie, en faveur d'Hercules de Rohan. A Chartres en Mars 1594. reg. le 13. May 1595. 2. *vol. des Ord. d'Henry IV.*

Lettres patentes portant jussion à la Chambre des Comptes pour verifier purement & simplement l'Edit du mois de Fevrier precedent, pour la vente des Greffes, &c. A Chartres le 7.

Mars 1594. registrées le 26. du même mois.

Edit portant rétablissement du Parlement en la ville de Paris, qui avoit esté transferé à Tours par celuy du mois de Fevrier 1589. &c. A Paris le 28. Mars 1594. reg. le même jour. 1. *vol. des Ord. d'Henry IV. fol.* 7. *Fontanon t.* 4. *p.* 741. *Joly t.* 1. *p.* 12.

Edit sur la reduction de la ville de Paris à l'obeïssance du Roy, contenant 13. articles. A Paris en Mars 1594. reg. au P[illegible]lement, Chambre des Comptes, Cours des Aydes, & des Monnoyes le 28. du même mois. 1. *vol. des Ord. d'Henry IV. fol.* 1. *Fontanon t.* 4. *p.* 763. *Pinson p.* 87.

Edit portant rétablissement de la Cour des Aydes en la ville de Paris, & confirmation des Officiers de ladite Cour, qui y estoient demeurez. A Paris le 28. Mars 1594. reg. le même jour. *Font. t.* 2. *p.* 724.

Edit portant création d'une Charge de septiéme President au Parlement de Paris. A Paris en Mars 1594. reg. le 28. du même mois: 1. *vol. des Ord. d'Henry IV. fol.* 9.

Declaration portant abolition en faveur de Charles de Cossé Comte de Brissac, & de ceux qui l'ont suivy. A Paris en Mars 1594. reg. le 30. du même mois. 1. *vol. des Ord. d'Henry IV. fol.* 10.

Provisions de l'Office de Maréchal de France, en faveur de Charles de Cossé Comte de Brissac. A Paris le 30. Mars 1594. reg. le 5. Avril suivant. 1. *vol. des Ord. d'Henry IV. fol.* 14.

Edit portant création de deux Offices de Maîtres des Requêtes ordinaires de l'Hôtel du Roy, outre les anciens. A Paris en Mars 1594. reg. le Avril suivant. 1. *vol. des Ord. d'Henry IV. fol.* 13.

Declaration portant que tous Comptables, tant ordinaires qu'extraordinaires, &c. ayent à tenir leurs comptes prests dans trois mois. A Paris le 1. Avril 1594. reg. en la Chambre des Comptes le 2. du même mois. *Fontanon t.* 2. *p.* 688.

Declaration portant que les Officiers de la Cour des Aydes, qui sont dans la ville de Tours, se transporteront en celle de Paris. A Paris le 2. Avril 1594. registrée le 6. May suivant. *Fontanon t.* 2. *p.* 725.

Edit portant rétablissement du Siege particulier de Villeneuve-le-Roy. A Paris le 4. Avril 1594. reg. le 15. du même mois. 1. *vol. des Ord. d'Henry IV. fol.* 18.

Declaration portant un nouveau delay aux Rebelles pour rentrer dans l'obeïssance du Roy. A Paris le 4. Avril 1594. reg. le 6. du même mois.. 1. *vol. des Ord. d'Henry IV. fol.* 16. *Font. t.* 4. *p.* 743.

HENRY IV. 1594. Edit portant attribution de Jurisdiction à la premiere Chambre des Enquestes du Parlement de Paris, pour la recherche des usures. A Paris le 14. Avril 1594. reg. le 2. Septembre 1597. 3. *vol. des Ord. d'Henry IV. fol.* 79. *Fontanon t.* 1. *p.* 682.

Declaration portant confirmation des Privileges de la ville d'Angers. A Paris le 20. Avril 1594. reg. le 20. Aoust suivant. 1. *vol. des Ord. d'Henry IV. fol.* 205.

Declaration portant confirmation des Privileges des Officiers du Parlement de Paris. A Paris le 22. Avril 1594. reg. le 9. Juillet de la même année. 1. *vol. des Ord. d'Henry IV. fol.* 126.

Edit sur la reduction de la ville de Chablys en l'obeïssance du Roy. A Paris le 22. Avril 1594. reg. le 8. Juin de la même année. 1. *vol. des Ord. d'Henry IV. fol.* 88.

Declaration sur la reduction des villes de Peronne, Roye, & Montdidier à l'obeïssance du Roy. A Paris le 23. Avril 1594. reg. le 3. Juin suivant. 1. *vol. des Ord. d'Henry IV. fol.* 76.

Edit sur la reduction de la ville de Troyes à l'obeïssance du Roy, contenant 22. articles. A Paris en Avril 1594. reg. au Parlement le dernier du même mois, en la Chambre des Comptes le 10. & en la Cour des Aydes le 14. May suivant. 1. *vol. des Ord. d'Henry IV. fol.* 29. *Fontanon t.* 4. *p.* 771.

Declaration portant confirmation des Privileges des Courtiers de vins de la ville de Paris. A Paris en Avril 1594. reg. le 13. Juin de la même année. 1. *vol. des Ord. d'Henry IV. fol.* 90.

Edit sur la reduction de la ville de Sens à l'obeïssance du Roy, contenant 13. articles. A Paris en Avril 1594. regist. au Parlement le 29. du même mois, en la Chambre des Comptes le 6. & en la Cour des Aydes le 12. May de la même année. 1. *vol. des Ord. d'Henry IV. fol.* 26. *Fontanon t.* 4. *p.* 774.

Edit sur la reduction de la ville de Vezelay à l'obeïssance du Roy. A Paris en Avril 1594. reg. le 3. du même mois. 1. *vol. des Ord. d'Henry IV. fol.* 35.

Declaration portant confirmation des Statuts des Bouchers de la Boucherie de Beauvais à Paris. A Paris en Avril 1594. reg. le 6. May de la même année. 1. *vol. des Ord. d'Henry IV. fol.* 40.

Declaration portant confirmation des Statuts & Privileges des Maîtres Cordonniers de la ville de Paris. A Paris en Avril 1594. registrée le 6. Avril 1595. 1. *vol. des Ord. d'Henry IV. fol.* 415.

Edit sur la reduction de la ville de Selles en Berry à l'obeïssance du Roy. A Paris en Avril 1594. reg. le 13. May suivant. 1. *vol. des Ord. d'Henry IV. fol.* 51.

Declaration portant confirmation des Privileges des cinquante Porteurs de grains & farines és ports & halles de la ville de Paris. A Paris en Avril 1594. registrée le 14. May suivant. 1. *vol. des Ord. d'Henry IV. fol.* 59.

Declaration portant confirmation des Privileges des Religieux Minimes de l'Ordre de S. François de Paule. A Paris en Avril 1594. registrée le 11. Aoust de la même année. 1. *vol. des Ord. d'Henry IV. fol.* 176.

Edit sur la reduction des villes de Roüen, le Havre, Harfleur, Montivilliers, Ponteau-de-Mer, & Verneüil, en l'obeïssance du Roy. A Paris en Avril 1594. registré au Parlement, & en la Chambre des Comptes de Roüen le 26. & en la Cour des Aydes le 27. du même mois. *Fontanon t.* 4. *p.* 767.

Declaration portant confirmation des Privileges de la ville de Verneüil au Perche, aprés sa reduction en l'obeïssance du Roy. A Paris en Avril 1954. registrée le 13. May suivant. 1. *vol. des Ord. d'Henry IV. fol.* 46.

Declaration portant confirmation des Privileges des Habitans de la Ville & Fauxbourgs de Villeneuve-le-Roy. A Paris en Avril 1594. registrée le 3. May 1595. 2. *vol. des Ord. d'Hanry IV. fol.* 1.

Edit sur la reduction de la ville d'Abbeville à l'obeïssance du Roy. A S. Germain en Laye en Avril 1594. reg. le 11. May de la même année. 1. *vol. des Ord. d'Henry IV: fol.* 54.

Edit sur la reduction des villes de Montreüil sur la Mer, & Estappes à l'obeissance du Roy. A S. Germain en Laye en Avril 1594. registré le 18. Mars 1595. 1. *vol. des Ord. d'Henry IV. fol.* 409.

Declaration concernant les Privileges de la ville de S. Florentin. A S. Germain en Laye le 1. May 1594. regist. le 12. du même mois. 1. *vol. des Ord. d'Henry IV. fol.* 47.

Declaration pour la vente & alienation de l'ancien patrimoine du Roy, jusques à la concurrence de deux cens mille écus. A Paris le 2. May 1594. reg. le 3. Juin de la même année. 1. *vol. des Ord. d'Henry IV. fol.* 70.

Declaration sur la reduction de la ville de Laval à l'obeïssance du Roy. A S. Germain en Laye le 8. May 1594. reg. le 24. du même mois. 1. *vol. des Ord. d'Henry IV. fol.* 65.

Edit sur la reduction de la ville de Montargis-le-Franc à l'obeïssance du Roy. A S. Germain en Laye le 8. May 1594. registré le 27. du même mois. 1. *vol. des Ord. d'Henry IV. fol.* 77.

Edit portant défenses de porter or ou argent sur les habits, &c.

HENRY III. 1594.

A S. Germain en Laye le 10. May 1594. reg. le 23. du même mois. 1. *vol. des Ord. d'Henry IV. fol.* 60.

Declaration portant création d'un Office d'Intendant, & Controlleur general des Finances de France, outre les huit créez par l'Edit du mois de Janvier precedent. A S. Germain en Laye le 10. May 1594. *Fournival p.* 389.

Edit sur la reduction de la ville de Lyon à l'obeïssance du Roy, contenant 22. articles. A S. Germain en Laye en May 1594. regist. au Parlement le 24. en la Chambre des Comptes, & Cour des Aydes le 27. du même mois. 1. *vol. des Ord. d'Henry IV. fol.* 61. *Font. t.* 4. *p.* 776.

Declaration sur la reduction de la ville de Chaumont en Bassigny à l'obeïssance du Roy. A S. Germain en Laye en May 1594. registrée le 22. Juin de la même année. 1. *vol des Ord. d'Henry IV. fol.* 98.

Declaration portant confirmation des Privileges des Habitans de la ville de Mouzon sur la Meuze. A S. Germain en Laye en May 1594. reg. le 19. Octobre de la même année. 1. *vol. des Ord. d'Henry IV. fol.* 244.

Edit portant augmentation de gages aux Presidens, Conseillers, & gens tenant la Cour des Aydes de Paris. A Paris le 16. May 1594. registré le 17. du même mois. *Fontanon t.* 2. *p.* 725.

Edit portant création d'un Office de Conseiller en la Cour des Aydes, outre le nombre ancien. A Paris en May 1594. reg. le 8. Juillet de la même année. *Font. t.* 2. *p.* 726.

Declaration sur la reduction de la ville de Riom en Auvergne à l'obeïssance du Roy. A Paris en May 1594. reg. le 18. Juillet de la même année. 1. *vol. des Ord. d'Henry IV. fol.* 121.

Declaration portant confirmation des Privileges des Buffetiers, Vinaigriers, & Moustardiers de la ville de Paris. A Paris en May 1594. registrée le 20. Juillet suivant. 1. *vol. des Ord. d'Henry IV. fol.* 145.

Declaration portant confirmation des traitez faits avec les Marchands de S. Gal, & de Schafouze, du païs des Suisses. A Paris en May 1594. reg. le 30. Octobre de la même année. 1. *vol. des Ordonn. d'Henry IV. fol.* 225.

Edit sur la reduction des villes d'Agen, Marmande, Villeneuve, & autres Villes du païs d'Agenois à l'obeïssance du Roy, contenant 16. articles. A Paris en May 1594. reg. au Parlement de Bordeaux le 16. Juin suivant. *Font. t.* 4. *p.* 785.

Declaration

Declaration portant confirmation des Privileges accordez aux descendans d'Eudes le Maire, dit Chalo S. Mas. A Paris en May 1594. registrée le 9 Decembre suivant. *1. vol. des Ord. d'Henry IV. fol. 263. Joly t. 1. p. 674.*

Edit portant suppression des Offices de la Chancellerie, créez par celuy du mois d'Avril 1589. & confirmation de ceux qui estoient demeurez à Paris pendant les troubles. A Paris en May 1594. registré le 17. Octobre de la même année. *1. vol. des Ord. d'Henry IV. fol. 247.*

Declaration portant confirmation des Statuts des Maîtres Doreurs, & Damasquineurs sur fer, fonte, acier, cuivre, & laton à Paris. A Paris en May 1594. reg. le 2. Decembre de la même année. *1 vol. des Ord. d'Henry IV. fol. 323.*

Declaration sur la reduction de la ville de Bar-sur-Aube à l'obeïssance du Roy. A Paris en May 1594. reg. le 20. Juin de la même année. *1. vol des Ord. d'Henry IV. fol. 94.*

Edit sur la reduction de la ville de Mascon à l'obeïssance du Roy. A Paris en May 1594. reg. le 8. Juin de la même année. *1. vol. des Ord. d'Henry IV. fol. 86.*

Declaration portant permission aux Prevosts des Marchands & Echevins de la ville de Paris, de lever, &c. pour les fortifications de la même ville. A Paris le 8. Juin 1594. reg. le 4. Juillet de la même année. *1. vol. des Ord. d'Henry IV. fol. 119.*

Declaration portant reglement pour la traite d'Anjou, sur les toiles & vins, en attendant la reduction de la Province de Bretagne à l'obeïssance du Roy. A Paris le 16. Juin 1594. *Fontanon t. 2. p. 551. Corbin t. 2. p. 304. V. celle du 27. Octobre suivant.*

Declaration portant confirmation des Privileges de l'Université de Paris. A Paris le 23. Juin 1594. reg. le 17. Aoust de la même année. *1. vol. des Ord. d'Henry IV. fol. 193.*

Declaration portant confirmation des Statuts & Privileges des Maîtres, Ouvriers, & Faiseurs de Passemens d'or, d'argent, laine, &c. à Paris. A Paris en Juin 1594. reg. le 16. Fevrier 1595. *1. vol. des Ord. d'Henry IV. fol. 346.*

Declaration portant confirmation des Privileges des Maîtres Patissiers de la ville de Paris. A Paris en Juin 1594. reg. le 7. Septembre 1598. *3. vol. des Ord. d'Henry IV. fol. 205.*

Edit concernant les Secretaires du Roy de l'ancien College. A Paris en Juin 1594. reg. le 20. Juillet de la même année. *1. vol des Ord. d'Henry IV. 146.*

HENRY IV.

1594.

Declaration portant confirmation des Privileges des 24. Courtiers de chevaux à Paris. A Paris en Juin 1594. reg. le 1. Decembre 1595. 2. *vol. des Ord. d'Henry IV. fol.* 130.

Declaration sur la reduction de la ville de Château-Portien à l'obeïssance du Roy. Au Camp devant Laon le 2. Juillet 1594. reg. le 13. Octobre de la même année. 1. *vol. des Ord. d'Henry IV. fol.* 241.

Edit portant reglement pour le payement des rentes constituées depuis le 7. Janvier 1583. jusqu'au dernier Decembre 1593. Au Camp de l'Abbaye de S. Vincent devant Laon le 8. Juillet 1594. reg. le 11. Aoust de la même année. 1. *vol. des Ord. d'Henry IV. fol.* 189. *Fontanon t. 1. p.* 772.

Edit sur la reduction de la ville & Duché de Château-Thierry à l'obeïssance du Roy. Au Camp de Laon en Juillet 1594. reg. au Parlement le 2. en la Chambre des Comptes le 19. Septembre, & en la Cour des Aydes le 1. Octobre de la même année. 1. *vol. des Ord. d'Henry IV. fol.* 206. *Fontanon t. 4. p.* 782.

Edit sur la reduction de la ville de Poitiers à l'obeïssance du Roy. Au Camp devant Laon en Juillet 1594. registré le 14. du même mois. 1. *vol. des Ord. d'Henry IV. fol.* 130. *Fontanon t. 4. p.* 779.

Declaration sur la reduction de la ville de Vitry le François à l'obeïssance du Roy. Au Camp devant Laon le 12. Juillet 1594. registré le 17. Aoust de la même année. 1. *vol. des Ord. d'Henry IV. fol.* 183.

Declaration sur la reduction de la ville de S. Flour à l'obeïssance du Roy. Au Camp devant Laon le 13. Juillet 1594. registrée le 30. du même mois. 1. *vol. des Ord. d'Henry IV. fol.* 159.

Declaration sur la reduction de la ville de Brioude en Auvergne à l'obeïssance du Roy. Au Camp devant Laon le 13. Juillet 1594. registrée le 13. Aoust suivant. 1. *vol. des Ord. d'Henry IV. fol.* 169.

Declaration sur la reduction de la ville de Murat en Auvergne à l'obeïssance du Roy. Au Camp devant Laon le 14. Juillet 1594. registrée le 30. du même mois. 1. *vol. des Ord. d'Henry IV. fol.* 162.

Edit sur la reduction du haut païs d'Auvergne à l'obeïssance du Roy. Au Camp devant Laon le 16 Juillet 1594. reg. le 30. du même mois. 1. *vol. des Ord. d'Henry IV. fol.* 154.

Declaration sur la reduction de la ville de Rethel à l'obeïssance du Roy. Au Camp devant Laon le 31. Juillet 1594. registrée le 10. Octobre suivant. 1. *vol. des Ord. d'Henry IV. fol.* 239.

Edit portant réünion au Domaine des Offices de Receveurs des

Consignations, créez par celuy du mois de Juin 1578. &c. A Laon en Aoust 1594. reg. le 22. Mars 1595. 1. *vol. des Ord. d'Henry IV. fol.* 397. *Fontanon t. 1. p.* 541. *Ioly t. 2. p.* 1635. HENRY IV. 1594.

Edit portant création des Offices de Receveurs & Controlleurs particuliers, Receveurs & Controlleurs generaux des Tailles, & Impositions foraines dans les Generalitez de Normandie, Picardie, Champagne, & Lyon. A Laon en Aoust 1594. registré en la Chambre des Comptes le 13. Septembre de la même année. *Fontanon t.* 4. *p.* 1161.

Edit portant continuation du Parlement pendant les Vacations. A Amiens le 17. Aoust 1594. registré le 6. Septembre suivant. 1. *vol. des Ord. d'Henry IV. fol.* 220.

Declaration portant confirmation des Statuts & Privileges des Maîtres Cardeurs, Peigneurs, & Recouvreurs de laine & cotton, & Drappiers drappans à Paris. A Paris le 13. Aoust 1594. registré le 14. Decembre de la même année. 1. *vol. des Ord. d'Henry IV. fol.* 316.

Edit sur la reduction de la ville de Beauvais à l'obeïssance du Roy. A Compiegne le 24. Aoust 1594. registré le 3. May 1595. 1. *vol. des Ord. d'Henry IV. fol.* 433.

Declaration portant confirmation des Statuts des Maîtres Tapissiers, Courtepointiers, & Coustiers à Paris. A Paris en Aoust 1594. registré le 27. du même mois. 1. *vol. des Ord. d'Henry IV. fol.* 196.

Declaration pour la levée des sommes de deniers, ausquelles ont esté cottisez les Villes, & bons Bourgs de la Prevosté de Paris par forme de subvention, pour estre employez aux urgentes affaires de la guerre. A Paris le 1. Septembre 1594. *Fontanon t.* 4. *p.* 1165.

Declaration portant que les Tresoriers de France dans la Province de Champagne, feront residence actuelle dans la ville de Châlons. A Paris le 6 Septembre 1594. *Fournival p.* 1054.

Lettres patentes portant jussion à la Chambre des Comptes, pour verifier purement & simplement l'Edit du mois d'Aoust precedent, portant création des Offices de Receveurs & Controlleurs, &c. des tailles. A Monceaux le 7. Septembre 1594. reg. le 13. du même mois.

Edit portant suppression d'un Office de Conseiller au Presidial du Mans. A Paris le 17. Septembre 1594. registré le 4. Janvier 1595. 1. *vol. des Ord. d'Henry IV. fol.* 325.

Declaration portant confirmation des Privileges du Prevost, & autres Officiers de la Monnoye de Paris, & autres Villes de France.

HENRY IV. A Paris en Septembre 1594. registrée le 20. du même mois. 1. *vol. des Ord. d'Henry IV. fol.* 218.

1594. Declaration portant confirmation des Privileges des Celestins, qui sont établis dans le Royaume. A Paris en Septembre 1594. registrée le 6. Octobre suivant. 1. *vol. des Ord. d'Henry IV. fol.* 229.

Declaration portant confirmation des Statuts & Privileges du métier de Ravaudeur, & Racoustreur de bas de soye & d'estame de la ville de Paris. A Paris en Septembre 1594. registrée le 21. Octobre suivant. 1. *vol. des Ord. d'Henry IV. fol.* 257.

Edit portant création d'un Office de Receveur general Provincial des decimes, & subventions du Clergé dans chacune des dix-sept anciennes Generalitez du Royaume. A Paris en Septembre 1594. registré le 21. Octobre suivant. 1. *vol. des Ordonn. d'Henry IV. fol.* 249.

Declaration portant confirmation des Statuts & Privileges des Toillieres & Lingeres de la ville de Paris. A Paris en Septembre 1594. registrée le 1. Septembre 1595. 2. *vol. des Ord. d'Henry IV. fol.* 122.

Edit portant nouvelle appreciation des marchandises sujettes aux droits de l'imposition foraine, resve, & haut passage, & de la traite d'Anjou. A Paris le 28. Septembre 1594. registré en la Cour des Aydes le 23. Fevrier 1595. *Font. t.* 2. *p.* 545.

Edit sur la reduction de la ville d'Amiens à l'obeïssance du Roy. A Paris en Septembre 1594. registré le 10. Octobre de la même année. 1. *vol. des Ord. d'Henry IV. fol.* 231 *Font. t.* 4. *p.* 789.

Edit portant création d'un Office d'Huissier en la Cour des Aydes. A Paris en Septembre 1594. registré en la Cour des Aydes le 23. May 1595.. *Fontanon t.* 2. *p.* 727.

Declaration concernant les Secretaires du Roy. A Paris le 6. Octobre 1594. registrée le 10. May 1595. 2. *vol. des Ordonn. d'Henry IV. fol.* 20.

Declaration portant revocation de l'Edit fait à Chartres en May 1588. en ce qu'il porte suppression des Offices de Regratiers & Revendeurs de sel à petites mesures; rétablissement desdits Offices, conformément aux Edit & Declaration des 20. Septembre 1585. & mois de Mars 1588. &c. A Paris le 15. Octobre 1594. registrée en la Cour des Aydes le 12. May 1595. *Fontanon t.* 2. *p.* 1083.

Edit sur la reduction de la ville de S. Malo à l'obeïssance du Roy. A Paris en Octobre 1594. registré au Parlement de Rennes le 5. Decembre suivant. *Fontanon t.* 4. *p.* 799.

Declaration concernant les Payeurs de la Gendarmerie. A Paris le 16. Octobre 1594. reg. en la Chambre des Comptes le 29. Novembre suivant. *Font. t. 4. p.* 881. HENRY IV. 1594.

Declaration portant confirmation des Privileges des Chirurgiens de la ville de Paris. A Paris en Octobre 1594. regist. le 16. Juin 1594. 3. *vol. des Ord. d'Henry IV. fol* 24.

Edit pour les Vinaigriers, Buffetiers, Moustardiers de la ville d'Orleans. A Paris en Octobre 1594. registré le 21. du même mois. 1. *vol. des Ord. d'Henry IV. fol.* 248.

Edit pour la vente & revente du Domaine du Roy, Greffes, Clercs d'iceux, Seaux, Tabellionnages, & Aydes dans les Generalitez du ressort du Parlement de Paris, jusques à la concurrence de la somme de deux cens cinquante-quatre mil écus, outre ce qui est ordonné par celuy du mois de Fevrier precedent. A Paris en Octobre 1594. registré au Parlement le 12. en la Chambre des Comptes le 21. Mars, & en la Cour des Aydes le 5. Septembre 1595. 1. *vol. des Ord. d'Henry IV. fol.* 392. *Fontanon t.* 2. *p.* 392. *Ioly t.* 2. *p.* 1369.

Declaration portant confirmation des Privileges des Ordres de S. François, & de sainte Claire. A Paris le 24. Octobre 1594. registrée le 27. du même mois. 1. *vol. des Ord. d'Henry IV. fol.* 254.

Edit sur la reduction de la ville de Bar-sur-Seine à l'obeïssance du Roy, &c. A Paris le 27. Octobre 1594. regist. le 17. Janvier 1600. 4. *vol. des Ord. d'Henry IV. fol.* 102.

Declaration portant abolition en faveur de Charles de Lorraine, Duc d'Elbœuf, &c. A Paris en Octobre 1594 regist. le 27. Juillet 1600. 4 *vol. des Ord. d'Henry IV. fol.* 174.

Declaration pour l'execution de celle du 16. Juin precedent, concernant la traite d'Anjou. A Paris le 27. Octobre 1594. *Font. t.* 2. *p.* 551.

Declaration portant confirmation des Privileges des Capitaines, Arbalestriers, Archers, & Arquebusiers de la ville de Paris. A le 4. Novembre 1594. *V. celle du mois de Fevrier* 1615.

Declaration portant confirmation des Statuts des Maîtres Doreurs sur cuir, Garnisseurs, & Enjoliveurs à Paris. A saint Germain en Laye le 7. Novembre 1594. registrée le 16. Decembre suivant. 1. *vol. des Ord. d'Henry IV. fol.* 302.

Edit portant défenses de prendre l'argent des decimes destiné au payement des rentes dûës sur l'Hôtel de la Ville de Paris, pour l'employer à autre usage. A S. Germain en Laye le 14. Novembre 1594. registré au Parlement le 29. du même mois, en la Chambre des Comptes le 13. & en la Cour des Aydes le 20. Decembre suivant.

HENRY IV. 1594. 1. *vol. des Ord. d'Henry IV. fol.* 268. *Fontanon t.* 1. *p.* 773.

Declaration pour la continuation du payement des rentes dûës sur l'Hôtel de Ville de Paris. A S. Germain en Laye le 15. Novembre 1594. registrée le 29. du même mois. *Fontanon t.* 1. *p.* 775.

Edit portant attribution de deux deniers pour livre aux Receveurs generaux de tous deniers extraordinaires. A S. Germain en Laye en Novembre 1594. registré en la Chambre des Comptes le 31. Janvier 1595. *Fontanon t.* 4. *p.* 1166.

Declaration portant que l'Edit de pacification du mois de Septembre 1577. & les articles des Conferences de Nerac, & de Fleix, des 14. Mars 1579. & 26. Decembre 1580. rétablis par l'Edit du mois de Juillet 1591. seront executez, nonobstant ceux des mois de Juillet 1585. & Juillet 1588. A S. Germain en Laye le 15. Novembre 1594. registrée le 6. Fevrier 1595. 1 *vol. des Ord. d'Henry IV. fol.* 343. *Font. t.* 4. *p.* 360. *Ioly t.* 1. *p.* 46.

Declaration portant confirmation des Statuts des Epiciers, &c. de Paris. A S. Germain en Laye en Novembre 1594. registrée le 26. Novembre 1595. 2. *vol. des Ord. d'Henry IV. fol.* 97.

Edit portant création de deux Offices de Clercs commis au Greffe du Conseil Privé. A S. Germain en Laye en Novembre 1594. registré en la Chambre des Comptes le 23. du même mois. *Ioly t.* 1. *p.* 636.

Lettres patentes portant jussion à la Chambre des Comptes pour verifier la Declaration du 16. Octobre precedent, concernant les Payeurs de la Gendarmerie. A S. Germain en Laye le 25. Novembre 1594. registrées le 29. du même mois.

Edit portant union de l'Office de Lieutenant particulier à Dun-le-Roy, à celuy de Lieutenant General de la même Ville. A saint Germain en Laye le 27. Novembre 1594. registré le 22. Decembre de la même année. 1. *vol. des Ord. d'Henry IV. fol.* 310.

Edit sur la reduction de Charles de Lorraine Duc de Guise, & des villes de Rheims, Rocroy, &c. à l'obeïssance du Roy. A saint Germain en Laye en Novembre 1594. registré le 29. même mois. 1. *vol. des Ord d'Henri IV. fol.* 258. *Fontanon t.* 4. *p.* 803.

Edit portant création d'un Office de Vicesenéchal, un de Lieutenant, un de Greffier, & douze d'Archers en la Senéchaussée de Civray. A S. Germain en Laye en Novembre 1594. registré le 16. Fevrier 1598. 1. *vol. des Ord. d'Henri IV. fol.* 97.

Edit sur la reduction de la ville de Dourlens à l'obeïssance du Roy. A saint Quentin le 6. Decembre 1594. registré le 3. Mars

1595. 1. *vol. des Ordonn. d'Henry IV. fol.* 377. HENRY IV.

Edit sur la reduction de la ville de Noyon à l'obeïssance du Roy. A Paris le 14. Decembre 1594. registré le 7. Janvier 1595. 1. *vol. des Ord. d'Henry IV. fol.* 317. 1594.

Declaration en faveur de l'Ordre de la tres-sainte Trinité, pour la Redemption des Captifs. A Paris en Decembre 1594. registrée le 11. Fevrier 1595. 1. *vol. des Ord. d'Henri IV. fol.* 345.

Declaration portant confirmation des Privileges de la ville de S. Dizier. A Paris en Decembre 1594. registrée le 27. Juin 1597. 1. *vol. des Ord. d'Henri IV. fol.* 29.

Lettres patentes portant jussion à la Chambre des Comptes, pour la verification de l'Edit du mois de Decembre 1581. portant création du Siege Presidial de Beauvais. A Paris le 18. Decembre 1594. registrées le 9. Aoust 1596.

Declaration en faveur des Officiers des Elections, portant confirmation du pouvoir qui leur est attribué par les Edits, Declarations, & Lettres patentes des mois de Juin 1 00. Fevrier 1552. Octobre 1569. Fevrier, & May 1575. May, & Juillet 1578. & autres Reglemens concernans leur Jurisdiction. A Paris le 28. Decembre 1594. registré en la Cour des Aydes le 3. May 1595. *Filleau part.* 3. *tit.* 1. *ch.* 61. *p.* 68.

Edit portant création d'un Office d'Assesseur en chacune Jurisdiction des Prevosts des Maréchaux, &c. A Paris en Decembre 1594. registré en la Cour des Aydes le 18. Juin, & en la Chambre des Comptes le 15. Decembre 1595. & au Parlement le 30. Juillet 1598. 3. *vol. des Ord. d'Henry IV. fol.* 171.

1595. Declaration portant confirmation des Statuts & Privileges des Maîtres Fourbisseurs à Paris. A Paris le 10. Janvier 1595. registrée le 6. Fevrier suivant. 1. *vol. des Ord. d'Henri IV. fol.* 369.

Declaration en interpretation de l'Edit du mois de Novembre 1594. portant attribution de deux sols pour livre aux Receveurs Generaux des deniers extraordinaires. A Paris le 23. Janvier 1595. registrée en la Chambre des Comptes le 31. du même mois. *Fontanon t.* 4. *p.* 1167.

Edit portant que les appellations des Châtellenies de Belac, du Dorat, Champagnac, & Rancon, &c. seront portées au Parlement de Paris. A Paris le 25. Janvier 1595. registré le 25. Fevrier de la même année. 1. *vol. des Ord. d'Henry IV. fol.* 347.

Lettres patentes par lesquelles le Roy reconnoist Cesar Monsieur estre son fils naturel, & de Dame Gabrielle d'Estrées, & le

HENRY IV. legitime pour le rendre capable de pouvoir accepter dons, acquerir, disposer, tenir Offices & Benefices, &c. A Paris en Janvier 1595. registrées le 3. Fevrier suivant. 1. *vol. des Ordonn. d'Henri IV. fol.* 341.

1595.

Edit pour le doublement du droit des petits Seaux de toutes les Justices Royales de France, &c. A Paris en Janvier 1595. registré le 23. Fevrier suivant. 1. *vol. des Ord. d'Henri IV. fol.* 370. *Fontanon t.* 4. *p.* 895. *Filleau part.* 1. *tit.* 5. *ch.* 32. *p.* 258.

Edit portant création de 22. Offices de Secretaires du Roy, en faveur de ceux qui ont esté pourvûs desdits Offices par forfaiture, & rebellion, &c. A Paris le 9. Fevrier 1595. registré au Parlement le 19. Avril, & en la Chambre des Comptes le 21. Aoust de la même année. 1. *vol. des Ord. d'Henri IV. fol.* 427. *Ioly t.* 1. *p.* 709.

Lettres patentes portant confirmation des Privileges des Officiers de l'Université de Paris. A Paris le 20. Fevrier 1595. registrées le 26. Juin de la même année. 2. *vol. des Ord. d'Henri IV. fol.* 61. *Fontanon t.* 4. *p.* 479.

Declaration portant confirmation des privileges des Chaudronniers de la ville de Paris. A Paris en Fevrier 1595. reg. le 20. May suivant. 2. *vol. des Ord. d'Henri IV.*

Declaration sur l'Edit du mois de Janvier precedent, pour le doublement des droits des petits Seaux, &c. A Paris le 18. Fevrier 1595. reg. le 23. du même mois. *Fontanon t.* 4. *p.* 896.

Lettres patentes portant jussion à la Cour des Aydes, pour l'enregistrement de l'Edit du 28. Septembre 1594. contenant la nouvelle appreciation des droits de l'imposition foraine, &c. A Paris le 26. Fevrier 1595. reg. le 8. Mars suivant. *Fontanon t.* 2. *p.* 549.

Edit portant défenses de transporter les bleds hors du Royaume. A Paris le 2. Mars 1595. reg. le 22. du même mois. 1. *vol. des Ord. d'Henri IV. fol.* 398.

Declaration en faveur du Controlleur des Postes du Royaume. A Paris le 8. Mars 1595. reg. le 17. du même mois. 1. *vol. des Ord. d'Henri IV. fol.* 411.

Edit portant exemption en faveur des Laboureurs de toutes executions en leurs corps, bestiaux, & meubles servans au labourage. A Paris le 16 Mars 1595. registré le 21. du même mois. 1. *vol. des Ord. d'Henry IV. fol.* 401. *Fontan. t.* 2. *p.* 1191. *Neron p.* 444. *Corbin p.* 772.

Edit pour le doublement & augmentation du droit des Presentations en toutes les Cours, & Jurisdictions du Royaume, vente, &

& alienation dudit doublement, outre ce qui est attribué par l'Edit du mois d'Aoust 1575. portant création des Offices des Greffiers des Presentations, &c. A Paris en Mars 1595. reg. le 21. du même mois. 1. *vol. des Ord. d'Henri IV. fol.* 386. *Ioly t.* 2. *p.* 1360. HENRY IV. 1595.

Lettres patentes portant relief d'adresse à la Cour des Aydes, pour l'enregistrement de l'Edit precedent. A Paris le 23. Mars 1595. reg. le 9. Avril suivant. *Ioly t.* 2. *p.* 1361.

Declaration portant confirmation des privileges, & droits que le Prevost de Paris a sur les Offices de Jurez Conteurs & Visiteurs de foin. A Paris le dernier Mars 1595. reg. le 22. Juin de la même année. 2. *vol. des Ord. d'Henri IV. fol.* 12.

Edit portant union de l'Office de Prevost de la Ferté-Aleps à celuy de Bailly de la même Ville. A Paris le 11. Avril 1595. reg. le 22. du même mois. 1. *vol. des Ord. d'Henri IV fol.* 429.

Declaration portant confirmation des Privileges des Chanoines de la sainte Chapelle du Bois de Vincennes. A Paris en Avril 1595. reg. le 21. Decembre 1598. 3 *vol. des Ord. d'Henri IV. fol.* 260.

Declaration portant reglement pour le payement des rentes constituées, & de bail d'heritages échûës en Decembre 1593. A Paris le 16. Avril 1595. reg. le 26. May de la même année. 2. *vol. des Ord. d'Henri IV. fol.* 46. *Font. t.* 1. *p.* 779.

Edit portant pouvoir à tous Sergens, &c. de faire tous exploits appartenans à l'Office de Maître Priseur-Vendeur de biens meubles. A Paris en Avril 1595. reg. le 20. May 1597. 3. *vol. des Ord. d'Henri IV. fol.* 19. *Fontanon t.* 1. *p.* 526. *Ioly t.* 2. *p.* 1613.

Declaration portant confirmation des Privileges accordez aux Marchands des Villes Imperiales. A Fontainebleau en May 1595. reg. le 30. du même mois. 2. *vol des Ord. d'Henri IV. fol.* 37.

Edit portant réünion au Domaine des Greffes des Jurisdictions des Juges & Consuls du Royaume, & revente desdits Greffes, &c. A Fontainebleau en May 1595. reg. au Parlement le 26. Juin, & en la Chambre des Comptes le 21. Aoust de la même année. 2. *vol. des Ord. d'Henri IV* 62. *Ioly t.* 2. *p.* 1371.

Edit portant création des Offices de Greffiers des Insinuations Ecclesiastiques dans chacun Diocese du Royaume. A Dijon en Juin 1595. reg. le 4. Aoust suivant. 2. *vol. des Ord. d'Henri IV. fol.* 85. *Ioly t.* 2. *p.* 1411.

Edit portant réünion au Domaine de tous les Greffes, Tabellionages, &c. pour pour estre revendus, &c. A la Commanderie de la Romaigne en Juillet 1595. reg. au Parlement le 26. Octobre, en

HENRY IV. 1595. la Chambre des Comptes le 5. & en la Cour des Aydes le 29. Novembre de la même année. *2. vol. des Ord. d'Henry IV. fol. Ioly t. 1. p.* 83.

Edit portant continuation du Parlement pendant les Vacations. A Lyon le 23. Aoust 1595. reg. le 4. Septembre de la même année. *2. vol. des Ord. d'Henry IV. fol.* 114.

Edit portant reduction des Sergens de la ville de Lyon, à 52. sçavoir 27. pour la Ville, & 25. pour la Senéchaussée, &c A Lyon le 26. Aoust 1595. reg. le 12. Septembre suivant. *2. vol. des Ord. d'Henry IV. fol.* 129.

Edit sur la reduction du sieur de Boisdauphin à l'obeïssance du Roy, portant entr'autres choses que les appellations de la Baronnie de Sablé ressortiront au Parlement de Paris, ainsi qu'elles faisoient avant que ledit sieur de Boisdauphin l'eust acquise du Duc de Mayenne, comme faisant partie du Duché de Mayenne: création d'un Office de Maître des Requestes ordinaire de l'Hôtel du Roy, en faveur de Maître Martin Ourceau; à la charge que le premier Office de Maître des Requestes qui viendra à vacquer, demeurera supprimé, &c. A Lyon en Aoust 1595. reg. le 12. Septembre de la même année. *2. vol. des Ord. d'Henry IV. fol.* 129. *Fontanon t.* 4. *p.* 808.

Edit portant création d'un Office de Lieutenant en chacun Grenier à sel du Royaume. A Lyon en Aoust 1595. reg. en la Cour des Aydes le 9. Juin 1597. *Font. t. 2. p.* 1091. *Filleau part.* 3 *tit.* 1. *chap.* 3. *p* 124. *V. la Declaration du 2. Iuillet* 1596.

Lettres patentes portant érection du Duché de Thoüars en Pairie, en faveur de Claude de la Tremoille Duc de Thoüars, &c. A Lyon en Aoust 1595. reg. le 7. Decembre 1599. 4. *vol. des Ord. d'Henry IV. fol.* 62. *V. les Lettres du mois de Iuillet* 1563.

Declaration portant confirmation des Statuts & Privileges des Ouvriers en draps d'or, d'argent, & de soye de la ville de Lyon. A Lyon en Septembre 1595. reg. le 8. Janvier 1596. *2. vol. des Ord. d'Henry IV. fol* 261.

Edit portant suppression de deux Prebendes de l'Eglise Cathedrale de Rheims, pour estre le revenu affecté à douze Vicaires, &c. A Lyon le 6. Septembre 1595. reg. le 15 May 1596.

Edit portant création d'un Presidial dans la ville de Soissons. A Lyon en Septembre 1595. reg. le 29. Aoust 1596. *2. vol. des Ord. d'Henry IV. fol.* 195. *Ioly t. 2 p.* 1048.

Edit portant création d'un Presidial, & d'un Office de Prevost des Maréchaux, &c. dans la ville de la Fléche. A Lyon en Septembre 1595. reg. le 21. Mars 1597. *3. vol. des Ord. d'Henry IV. fol. 2. Font. t. 1. p. 376. Ioly t. 2. p. 1045. Corbin p. 537.* HENRY IV.

Articles de la Treve generale accordée entre le Roy & le Duc de Mayenne. A Lyon le 25. Septembre 1595. 1595.

Edit portant permission aux Prevosts des Maréchaux, Vicebaillifs, &c. de resigner leurs Offices une fois seulement. A Pontoise en Octobre 1595. *Fontanon t. 1. p. 416. Montarlot p. 554. Ioly t. 2. p. 1174.*

Edit portant reglement pour le payement des gages & solde des Prevosts des Maréchaux, leurs Lieutenans, Greffiers, & Archers; & attribution de trois deniers pour livre aux Receveurs du taillon. Au Camp de Travercy devant la Fére en Novembre 1595. reg. en la Chambre des Comptes le 12. Decembre de la même année. *Fontanon t. 1. p. 414. Montarlot p. 511. Ioly t. 2. p. 1172.*

Edit portant création & établissement d'un Bureau des Finances dans la ville de Soissons, &c. Au Camp devant la Fére en Novembre 1595. reg. au Parlement le 8. Avril, en la Chambre des Comptes le 7. & en la Cour des Aydes le 29. May 1596. *2. vol. des Ord. d'Henry IV. fol. 194. Eournival p. 392.*

Edit portant création d'un Office d'Elû, & d'un de Sergent des Aydes, Tailles, Taillon, & autres deniers en chacune Election; à la charge qu'aprés la premiere provision dudit Office d'Elû, le premier Office de President, Lieutenant, ou Elû, qui viendra à vacquer en chacune desdites Elections, demeurera supprimé. Au Camp devant la Fére en Novembre 1595. reg. en la Chambre des Comptes le 22. du même mois., & en la Cour des Aydes le 9. Decembre suivant. *Fontanon t. 2. p. 963.*

Declaration portant qu'en vertu de l'Edit du mois de Septembre 1587. portant création de deux Offices d'Huissiers Audianciers en chacun Bailliage, Senéchaussée, &c. il sera incessamment pourvû de deux personnes capables pour exercer lesdites Charges dans chacun Siege des Elections, &c. A Travercy prés la Fére le dernier Novembre 1595. reg. en la Cour des Aydes le 2. Avril 1596. *Fontanon t. 4. p. 964.*

Edit portant création d'un Office de Procureur du Roy en chacune Election particuliere. Au Camp de Travercy prés la Fére en Novembre 1595. *Supprimé par l'art. 33. de la Declaration du 22. Iuillet 1610.*

Edit pour la vente des droits de Grairie, Segrairie, &c. Au Camp,

HENRY IV. devant la Fére le 3. Decembre 1595. reg. le 14. Aoust 1596. 2. *vol. des Ord. d'Henry IV. fol.* 297.

1595. Declaration pour l'enregistrement du Traité de paix conclu entre le Roy & le Duc de Lorraine. A Folembray en Decembre 1595. reg. le 14. Decembre 1601. 4. *vol. des Ord. d'Henry IV. fol.* 291.

Declaration portant confirmation des Statuts des Maîtres Ceinturiers, &c. de la ville de Paris. A Paris en Decembre 1595. reg. le 29. Novembre 1596. 2. *vol. des Ord. d'Henry IV. fol.* 320.

Declaration concernant les amendes de la Cour du Parlement, &c. A Folembray le 27. Decembre 1595. reg. le 5. Janvier 1596. *Ioly t.* 1. *add. p.* 156.

1596. Decraration portant que le Roy n'a point entendu comprendre les Greffes des Presentations, & Clercs d'iceux, dans l'Edit du mois de Juillet 1595. pour l'augmentation du parisis. A Coucy le 5. Janvier 1596. reg. le 20. Mars de la même année. 1. *vol. des Ord. d'Henry IV fol.* 227. *Ioly t.* 1. *p.* 85.

Provisions de l'Office d'Admiral de France en faveur de Charles de Montmorency, Seigneur de Damville. A Folembray le 21. Janvier 1596. reg. le 15. Fevrier suivant. 2. *vol. des Ord. d'Henry IV. fol.* 174. *Hist. de Montm. Preuves liv.* 5. *ch.* 5. *p.* 308. *Fontanon t.* 4. *p.* 900.

Declaration pour l'établissement de la Chambre de l'Edit au Parlement de Paris, en consequence de celuy du mois de Juillet 1591. A Folembray le 24. Janvier 1596. reg. le 11. Mars de la même année. 2. *vol. des Ord. d'Henri IV. fol.* 180. *Fontanon t.* 4. *p.* 361. *Ioly t.* 1. *p.* 47.

Edit sur la reduction du Duc de Joyeuse, de la ville de Tholose, &c. à l'obeissance du Roy. A Folembray en Janvier 1596. reg. au Parlement de Tholose le 14. Mars suivant. *Font. t.* 4. *p.* 820. 3. *vol. des Ord. d'Henri IV. fol.* 363.

Edit sur la reduction du Duc de Mayenne à l'obeïssance du Roy. A Folembray en Janvier 1596. reg. le 9. Avril suivant. 2. *vol. des Ord. d'Henri IV. fol.* 181. *Fontanon t.* 4. *p.* 813.

Edit sur la réünion du Duc de Nemours à l'obeïssance du Roy. A Folembray en Janvier 1596. reg. au Parlement le dernier May, & en la Chambre des Comptes le 15. Juillet de la même année. 2. *vol. des Ord. d'Henri IV. fol.* 253. *Fontanon t.* 4. *p.* 818.

Lettres patentes portant jussion à la Cour des Aydes pour la verification de la Declaration du dernier Novembre 1595. concernant les Huissiers Audianciers des Elections. A Folembray le 26. Janvier 1596. registrées le 2. Avril suivant.

Edit portant rétablissement des Offices de Controlleurs, Visiteurs, Marqueurs, Gardes des halles, & marteaux des cuirs en chacune Ville, &c. supprimez par celuy du mois de May 1588. A Folembray en Janvier 1596. regist. le 21. May 1597. *3. vol. des Ord. d'Henry IV. fol. 15. Fontanon t. 1. p. 1168. V. l'Edit du mois de Fevrier* 1627.

Edit portant que celuy du mois de Juillet 1572. sera executé dans les Provinces d'Anjou, Maine, Duché de Beaumont, haut & bas Vandosmois; & en consequence création des Offices de Procureurs postulans dans tous les Sieges desdites Provinces, pour estre exercez separément de la Charge d'Avocat. A Folembray en Janvier vier 1596. reg. le 21. May 1597. *3. vol. des Ord. d'Henry IV. fol. 7. Fontanon t. 1. p. 86. Joly t. 1. p. 180. Filleau part. 2. tit. 7. chap. 16. p. 327.*

Edit portant attribution aux Receveurs, &c. des Gabelles de France, de sept deniers pour minot de sel. A Folembray en Janvier 1596. reg. le 20. Mars suivant. *Fontanon t. 2. p. 1087.*

Edit portant création d'un Greffier de l'impost du sel en chacune Paroisse. A Folembray le 11. Fevrier 1596. reg. en la Cour des Aydes le 14. Janvier 1598. *Fontanon t. 2. p. 1089.*

Declaration portant que les Assesseurs créez par l'Edit du mois de Decembre 1594. seront receus au Siege de la Maréchaussée, &c. A Fontainebleau le 12. Fevrier 1596. reg. en la Cour des Aydes le 18. Juin de la même année. *Montarlot p. 368.*

Declaration portant confirmation des Statuts des Maîtres Lapidaires à Paris. A Paris en Fevrier 1596. reg. le 20. Decembre 1600. *4. vol. des Ord. d'Henry IV. fol. 188.*

Edit portant suppression des Offices de Jaugeurs, Marqueurs, & Mesureurs de vins, &c. créez par Edits des mois d'Octobre 1550. & Avril 1578. & création nouvelle desdits Offices, &c. A Folembray en Fevrier 1596. reg. en la Cour des Aydes le 15. Mars de la même année. *Fontanon t. 1. p. 1144.*

Declaration en consequence du precedent Edit. Au Camp devant la Fére le dernier Fevrier 1596. reg. en la Cour des Aydes le 9. Avril de la même année. *Fontanon t. 1. p. 1146.*

Edit portant suppression des Offices de Presidens, & Tresoriers de France, quand ils viendront à vacquer par mort, forfaiture, ou autrement, jusqu'à ce qu'ils soient reduits à deux en chacun Bureau. Au Camp de Tours en Mars 1596. registré le 20. du même

HENRY IV. mois. 2. *vol. des Ordonn. d'Henry IV. fol.* 219.

1596. Lettres patentes portant jussion pour l'enregistrement & verification de l'Edit fait au mois de Janvier precedent, sur la reduction du Duc de Mayenne à l'obeïssance du Roy. Au Camp de S. Seny le 20. Mars 1596. reg. le 29. du même mois. 2. *vol. des Ord. d'Henry IV. fol.* 198.

Declaration portant rétablissement des Offices de Commissaires-Examinateurs en toutes les, &c. qui avoient esté supprimez par l'Edit du mois de May 1588. A Paris en Mars 1596. registrée le 21. May 1597. 3. *vol. des Ord. d'Henry IV. fol.* 17. *Font. t.* 1. *p.* 438. *Ioly t.* 2. *p.* 1319. *Filleau part.* 3. *tit.* 3. *ch.* 4. *p.* 160.

Declaration portant nouveau delay de cinq ans aux Ecclesiastiques pour racheter leurs biens, &c. A Paris le 2. Avril 1596. regist. le 25. May suivant. 2. *vol. des Ord. d'Henry IV. fol.* 212. *Fontanon t.* 4. *p.* 1020.

Declaration portant assignation du Duché de Berry à la Reine Loüise de Lorraine, veuve d'Henry III. pour son Doüaire. Au Camp de Travercy le 6. Avril 1596. reg. le 20. du même mois. 2. *vol. des Ord. d'Henry IV. fol.* 243.

Edit portant suppression des œconomats spirituels établis dans le Royaume. Au Camp devant la Fére le 1. May 1596. reg. au grand Conseil le 20. du même mois. *Fontanon t.* 4. *p.* 1013.

Declaration portant exemption en faveur des Ecclesiastiques de loger aucuns gens de guerre, ny contribuer aux munitions, fortifications, &c. Au Camp de Travercy le 1. May 1596. reg. le 13. du même mois. *Fontanon t.* 4. *p.* 1014.

Declaration portant exemption en faveur des Ecclesiastiques, des francs-fiefs & nouveaux acquests, &c. Au Camp de Travercy le 1. May 1596. reg. le 13. du même mois. 2. *vol. des Ord. d'Henry IV. fol.* 206. *Fontanon t.* 4. *p.* 1015.

Declaration pour l'établissement des Juges des decimes dans les villes de Paris, Lyon, &c. Au Camp de Travercy le 1. May 1596. *Fontanon t.* 4. *p.* 953.

Edit pour l'établissement des Grands-Jours dans la ville de Lyon, &c. Au Camp devant la Fére le 4. May 1596. reg. le 20. du même mois. 2. *vol. des Ord. d'Henri IV. fol.* 269. *Fontanon t.* 4. *p.* 712. *Ioly t.* 1. *addit. p.* 171.

Declaration portant reglement pour les Privileges des Officiers domestiques & commensaux du Prince de Condé, premier Prince du Sang. Au Camp devant la Fére le 16. May 1596. regist. au Parlement le 28. Juin, en la Chambre des Comptes le 29. Juillet, & en la Cour des Aydes le 5. Aoust de la même année. *2. vol. des Ord. d'Henry IV. fol.* 283. *Fontanon t. 2. p.* 1153. HENRY IV. 1596.

Declaration portant que les affaires qui concernent les Aydes, Tailles, & autres Finances du Roy, ne sont point comprises dans les Declaration & Edit des 24. Janvier, & 4. May de la presente année; portant établissement des Chambres de l'Edit, & des Grands Jours de Lyon. A Paris le 6. Juin 1596. reg. au grand Conseil le 14. en la Cour des Aydes le 26. du même mois. *Fontanon t. 2. p.* 727. *Ioly t.* 1. *p.* 48.

Edit portant suppression de deux Offices de Conseillers au Châtelet de Paris, &c. A Paris en Juin 1596. reg. le 8. Juillet de la même année. *2. vol. des Ord. d'Henri IV. fol.* 284.

Edit portant rétablissement des Offices de Lieutenans particuliers Assesseurs Criminels en tous les Sieges Presidiaux, Bailliages, Senéchaussées, &c. créez par celuy du mois de Juin 1586. & supprimez par celuy du mois de May 1588. A Paris en Juin 1596. reg. le 10. Juillet 1597. 3. *vol. des Ord. d'Henri IV. fol.* 67. *Fontanon t.* 4. *p.* 648. *Ioly t.* 2. 1121. *Filleau part.* 2. *tit.* 2. *ch.* 10. *p.* 56.

Lettres d'adresse aux Officiers de la Connestablie, pour registrer l'Edit du mois de Decembre 1594. portant création d'un Office d'Assesseur en chacune Jurisdiction des Prevosts des Maréchaux. A Paris le 20. Juin 1596. *Montarlot p.* 372.

Declaration sur l'Edit du mois d'Aoust 1595. portant création d'un Office de Lieutenant en chacun Grenier à sel du Royaume. A Abbeville le 2. Juillet 1596. regist. en la Cour des Aydes le 9. Juin 1597. *Filleau part.* 3. *tit.* 2. *ch.* 3. *p.* 126. *Fontanon t.* 2. *p.* 1092.

Lettres patentes pour l'enregistrement des facultez du Cardinal de Florence, Legat *à latere* du S. Siege Apostolique dans le Royaume de France. A Abbeville le 3. Juillet 1596. reg. le 26. du même mois. *Font. t.* 4. *p.* 1028.

Edit sur la reduction de la ville de Marseille à l'obeïssance du Roy. A Amiens en Juillet 1596. reg. le 14. Aoust de la même année. *2. vol. des Ord. d'Henry IV. fol.* 300.

• Edit pour la revente des Offices de Receveurs des decimes. A Monceaux le 18. Juillet 1596. reg. le 3. Aoust suivant. 1. *vol. des Ord. d'Henry IV. fol.* 296.

Declaration portant confirmation des Privileges de l'Ordre de Cisteaux. A Meaux en Septembre 1596. reg. le 4. Mars 1597. 3. *vol. des Ord. d'Henry IV. fol.* 39.

HENRY IV. Declaration en faveur du Duc de Montmorency, portant qu'il aura rang & séance du jour & datte de l'érection de la Baronnie de Montmorency en Duché & Pairie, nonobstant les Lettres patentes des mois d'Aoust & Novembre 1581. portant érection des Duchez & Pairies de Joyeuse & d'Espernon, par lesquelles il est dit que les Ducs de Joyeuse & d'Espernon auront séance immediatement aprés les Princes du Sang. A Roüen en Septembre 1596. reg. le 14. Mars 1597. *3. vol. des Ord. d'Henry IV. fol.* 45.

1595. Declaration portant confirmation des Privileges des Habitans de la ville d'Avignon. A Roüen en Octobre 1596. *2. vol. des Ord. d'Henry IV. fol.* 314.

Declaration portant confirmation de l'Edit du mois de Fevrier 1585. pour les places de Religieux Laïcs, &c. A Roüen en Novembre 1596. reg. le 4. Mars 1597. *3. vol. des Ord. d'Henry IV. fol.* 41.

Declaration en interpretation de l'Edit du mois de Decembre 1581. portant érection du Presidial de Beauvais, pour les Prevôtez de Milly, Bulles, de la Neufville en Hez, & autres du Bailliage de Clermont. A Roüen le 7. Decembre 1596. reg. le 23. Janvier 1597. *2. vol. des Ord. d'Henry IV. fol.* 233.

Declaration portant reglement pour la Jurisdiction des Baillifs & Juges de Beauvais & Gerberoy, & les Presidiaux de la même Ville. A Roüen le 12. Decembre 1596. reg. le 23. May 1597. *Joly t. 2. p.* 1442.

Lettres patentes portant érection de la Terre de la Bosse en Baronnie, en faveur de René du Bec Chevalier, Seigneur de Vardes, &c. A Roüen en Decembre 1596. reg. le 22. Janvier 1599. *3. vol. des Ord. d'Henry IV. fol.* 269.

Declaration portant que la ville de Romorantin n'est point comprise dans la vente & alienation du Domaine du Roy. A Roüen en Decembre 1596. reg. le 15. Janvier 1597. *3. vol. des Ord. d'Henry IV. fol.* 88.

Declaration portant confirmation des Privileges de l'Ordre de S. Jean de Jerusalem. A Roüen en Decembre 1596. reg. le 21. Fevrier 1597. *2. vol. des Ord. d'Henry IV. fol.* 338.

1597. Lettres patentes portant érection de la Seigneurie de Gesvres en Baronnie, en faveur de Loüis Potier Seigneur de Gesvres, Secretaire d'Etat. A Roüen en Janvier 1597. reg. le 6. Fevrier de la même année. *2. vol. des Ord. d'Henry IV. fol.* 333.

Edit portant reglement pour l'administration de la Justice dans les Cours Souveraines, contenant 32. articles. A Roüen en Janvier

vier 1597. reg. au Parlement de Rennes le 21. May 1598. *Joly t. 1. p. 15. Fontanon t. 1. p. 4.* HENRY IV. 1597.

Edit portant suppression de tous les Offices des Eaux & Forests, créez depuis le decez du Roy Charles IX. A Roüen en Janvier 1597. reg. au Parlement de Roüen le 29. du même mois. & en celuy de Paris le 15. Avril 1598. *Filleau part. 2. tit. 8. ch. 9. p. 377.*

Edit portant suppression de l'Office de President au Parlement de Paris, dont le sieur de Villeray estoit pourvû. A Roüen le 1. Fevrier 1597. reg. le 12. du même mois. *2. vol. des Ord. d'Henry IV. fol. 336.*

Declaration portant défenses aux gens de guerre de courir les champs. A Paris le 24. Fevrier 1597. reg. le 3. Mars de la même année. *Fontanon t. 3. p. 143.*

Declaration portant que les Officiers du Duché de Mayenne joüiront de tous les droits attribuez aux Officiers de Duché & Pairie. A Paris le 8. Mars 1597. reg. le 20. Juin suivant. *3. vol. des Ord. d'Henry IV. fol. 28.*

Edit portant confirmation de la Chambre de l'Edit, &c. A Paris le 12. Mars 1597. reg. le 26. du même mois. *2. vol. des Ord. d'Henry IV. 361.*

Lettres Patentes portant surannation de l'Edit du 11. Fevrier 1596. pour la création des Offices de Greffiers de l'impost du sel. A Paris le 12. Mars 1597. reg. en la Cour des Aydes le 14. Janvier 1598. *Fontanon t. 2. p. 1090.*

Edit portant reglement pour la levée des droits d'entrée appellée Pancharte, sur toutes les denrées & marchandises, suivant l'avis de l'Assemblée tenuë à Roüen, contenant 17. articles. A Paris en Mars 1597. reg. en la Cour des Aydes le dernier du même mois. *Fontanon t. 2. p. 531. Corbin p. 261.*

Edit portant établissement des chevaux de relais dans toutes les Villes, &c. du Royaume. A Paris en Mars 1597. reg. le 23. Janvier 1598. *Fontanon t. 4. p. 857.*

Lettres patentes portant jussion à la Cour des Aydes pour l'enregistrement de l'Edit du mois de Mars precedent, pour la levée des droits d'entrée, &c. A Paris le 14. Avril 1597. reg. le 28. du même mois.

Declaration portant que les grands Maîtres des Eaux & Forests demeureront en possession, jusqu'à leur remboursement actuel, nonobstant l'Edit de suppression du mois de Janvier precedent. A Paris le 24. Avril 1597. reg. le 15. Avril 1598.

HENRY IV. 1597.

Declaration portant confirmation des Privileges de l'Université d'Angers. A Paris en Avril 1597. reg. le dernier Juin de la même année. 3. *vol. des Ord. d'Henry IV. fol.* 33.

Edit portant que celuy du mois de Decembre 1581. sera executé, & reglemens nouveaux pour les arts & métiers du Royaume, &c. contenant 8. articles. A S. Germain en Laye en Avril 1597. reg. le 3. Juillet de la même année. *Fontan. t.* 1. *p.* 1101. *V. celuy du mois de Mars* 1673.

Edit pour l'établissement d'une Chambre pour la recherche des abus & malversations commises dans l'administration des Finances. A S. Germain en Laye le 8. May 1597. reg. en la Chambre Royale le 23. du même mois. *Font. t.* 2. *p.* 690.

Edit portant création de deux Offices de Conseillers en chacun Siege Presidial du Royaume, &c. A S. Germain en Laye en May 1597. reg. le 21. du même mois. 3. *vol. des Ord. d'Henry IV. fol.* 6. *Ces Offices sont supprimez par l'art.* 30. *de la Declaration du* 22. *Iuillet* 1610.

Edit portant création des Offices de Greffiers pour recevoir les affirmations de voyage dans toutes les Cours & autres Jurisdictions du Royaume, &c. A S. Germain en Laye en May 1597. reg. le 21. du même mois. 3. *vol. des Ord. d'Henry IV. fol.* 13. *Fontanon t.* 1. *p.* 48. *Ioly t.* 1. *p.* 91. *Filleau part.* 3. *tit.* 4. *ch.* 10. *p.* 253.

Edit portant rétablissement de l'Office de President au Parlement de Paris, supprimé par celuy du 1. Fevrier precedent; & création de dix Offices de Conseillers Laïcs au même Parlement, & de deux aux Requestes du Palais, &c. A S. Germain en Laye en May 1597. reg. le 21. du même mois. 3. *vol. des Ord. d'Henry IV. fol.* 5.

Edit portant reglement general pour les Eaux & Forests, contenant 40. articles. A Paris en May 1597. reg. au Siege des Eaux & Forests le 27. Janvier 1610. *Neron p.* 1019.

Edit portant suppression de tous les Offices de Notaires Royaux du Royaume, & de ceux de Tabellions & Gardenottes, qui sont reünis au Domaine, pour estre vendus à faculté de rachat perpetuel, conformément à celuy du mois de Mars 1580. A Paris en May 1597. reg. au Parlement le 21. du même mois, & en la Chambre des Comptes le 3. Juin suivant. 3. *vol. des Ord. d'Henry IV fol.* 8. *Fontanon t.* 1. *p.* 731. *Ioly t.* 2. *p.* 1729. *Neron p.* 403.

Declaration portant surséance de toutes poursuites pendant deux ans, pour la garantie des rentes. A Paris le 10. May 1597. reg. le 21. du même mois. 3. *vol. des Ord. d'Henry IV. fol.* 1. *Font. t.* 1. *p.* 781.

Edit portant établissement de la Jurisdiction de la Varenne du Louvre pour le fait des Chasses. A Paris le 15. May 1597. *V. la Declaration du mois de Fevrier* 1611. HENRY IV. 1597.

Declaration portant que dorénavant la verification, & publication de tous les Edits, Declarations, & Lettres patentes du Roy, sera faite par les Presidens & Conseillers de la Grand-Chambre du Parlement, où assisteront le plus ancien des Presidens, & le plus ancien Conseiller de chacune Chambre des Enquestes & Requestes, &c. A Paris le 20. May 1597. reg. le 21. du même mois. 3. *vol. des Ord. d'Henry IV. fol.* 20.

Lettres patentes portant surannation de celles du mois d'Aoust 1595. portant érection du Duché de Thoüars en Pairie. A Paris le 3. Juin 1597. reg. le 4. Decembre 1599.

Declaration portant défenses de rechercher les Huissiers & Sergens qui ont usurpé le titre de Juré-Priseur, &c. A Paris le 15. Juin 1597. *Ioly t. 2. p.* 1615.

Declaration portant confirmation des Substituts du Procureur General du Roy au Parlement de Paris en leurs Offices. A Paris le 21. Juin 1597. reg. le 11. Decembre 1599. 4. *vol. des Ord. d'Henry IV. fol.* 69. *Ioly t.* 1. *p.* 69. *Fontanon t.* 1. *p.* 38.

Edit portant création d'un Office de Greffier en chacune Election particuliere du Royaume. A Paris en Juin 1597. reg. en la Cour des Aydes le 26. Janvier 1598. *Fontanon t.* 2. *p.* 972.

Edit portant revocation de celuy du 8. May precedent, pour l'établissement d'une Chambre Royale pour la recherche des Financiers, &c. A Paris en Juin 1597. reg. au Parlement le 24. Juillet, en la Chambre des Comptes le 19. Aoust, & en la Cour des Aydes le 5. Septembre de la même année. 3. *vol. des Ord. d'Henry IV. fol.* 51. *Fontanon t.* 2. *p.* 692.

Edit portant création de plusieurs Offices Comptables triennaux, & entr'autres d'un de Receveur general des Finances dans chacune Generalité, &c. A Paris en Juin 1597. reg. en la Chambre des Comptes le 28. du même mois. *Fontanon t.* 4 *p.* 1173. *Fournival p.* 795.

Lettres patentes portant érection du Comté de Beaufort en Champagne, & de la Baronnie de Jaucourt en Duché & Pairie, en faveur de Dame Gabrielle d'Estrées Marquise de Monceaux, & de Cesar Monsieur fils naturel du Roy; à la charge que cette Pairie precedera tous ceux qui sont precedez par les Ducs & Pairs de Montmorency, &c. Au Camp devant Amiens en Juillet 1597. reg. au Parlement le 10. du même mois, & en la Chambre des Com-

HENRY IV.

1597.

ptes le 1. Aoust suivant. 3. *vol. des Ord. d'Henry IV. fol.* 56.

Ducs de Beaufort.

Gabrielle d'Estrées Duchesse de Beaufort, Marquise de Monceaux, Pair de France.

Cesar Duc Vendosme, de Beaufort, &c. Pair de France. Chevalier des Ordres du Roy, &c.

Loüis Cardinal Duc de Vendosme, de Mercœur, d'Estampes, & de Penthievre, Pair de France, Chevalier des Ordres du Roy, &c. mort le 6. Aoust 1669.

François de Vendosme Duc de Beaufort, Pair de France, Chevalier des Ordres du Roy, Grand-Maître, Chef, & Sur-Intendant de la Navigation, & du Commerce de France, tué en Candie le 25. Juin 1669.

Loüis-Joseph Duc de Vendosme, de Beaufort, de Mercœur, de Penthievre, & d'Estampes, Pair de France, Prince de Martigues, &c.

Edit portant création de plusieurs Offices triennaux, & entr'autres de ceux de Receveurs des Aydes, & Tailles, Payeurs des gages des Cours Souveraines, & des Sieges Presidiaux, Controlleurs generaux des Finances, & des Receptes particulieres, aux mêmes gages, fonctions, & privileges que les anciens & alternatifs. Au Camp devant Amiens en Juillet 1597. reg. en la Chambre des Comptes le 11. Aoust de la même année. *Fournival p.* 398. *V. les Lettres du* 16. *Aoust suivant.*

Declaration portant rétablissement des Offices de Rapporteurs, & Certificateurs des Criées, créez par l'Edit du mois de Septembre, nonobstant celuy du mois de May 1588. Au Camp devant Amiens en Juillet 1597. *Ioly t.* 2. *p.* 1357. *Fontanon t.* 4. *p.* 875. *Filleau part.* 2. *tit.* 7. *ch.* 29. *p.* 336.

Declaration portant exemption en faveur du Clergé des nouvelles impositions, &c. A Paris le dernier Juillet 1597. *Fontanon t.* 4. *p.* 1023.

Declaration touchant le pouvoir donné aux Juges & Consuls de la ville de Bordeaux, de decerner mandement de partie formée.

A Paris le 8. Aoust 1597. *Joly t. 2. p. 1294.*

Lettres patentes portant relief d'adresse à la Cour des Aydes de Paris, pour l'enregistrement de l'Edit du mois de Juillet precedent, portant création des Offices de Receveurs des Aydes, &c. triennaux. A Paris le 16. Aoust 1597. reg. le 11. Septembre suivant. *Fournival p.* 400. *Fontanon p.* 1175.

Edit portant création d'un Office de Prevost general des Maréchaux, d'un de Lieutenant, &c. dans la Generalité de Languedoc, qui est au païs d'Auvergne haut & bas, & de la Marche, &c. Au Camp devant Amiens en Aoust 1597. reg. le 29. Aoust 1598. 3. *vol. des Ord. d'Henri IV. fol.* 201. *Pinson p.* 579.

Lettres patentes portant jussion au Parlement pour verifier l'Edit, par lequel il estoit ordonné que tous les Officiers seroient tenus de faire supplément de Finance, à raison du denier huit de leurs gages ordinaires, même ceux qui ont esté pourvûs par le Duc de Mayenne, pendant les troubles, & confirmez par le Roy. Au Camp devant Amiens le 30. Aoust 1597. reg. le 5. Septembre de la même année. 3. *vol. des Ord. d'Henry IV. fol.* 73.

Declaration concernant les Privileges du premier Barbier du Roy. Au Camp devant Amiens le 3. Septembre 1597. registrée au grand Conseil le 19. du même mois. *Joly t.* 1. *addit. p.* 329.

Edit portant que les Avocats & Procureurs des Jurisdictions de la Province d'Anjou, continuëront d'exercer les deux Charges conjointement, nonobstant celuy du mois de Janvier 1596. Au Camp devant Amiens le 7. Septembre 1597. reg. le 16. du même mois. 3 *vol. des Ord. d'Henri IV. fol.* 73. *Joly t.* 1. *p.* 183. *Filleau part.* 2. *tit.* 7. *ch.* 17. *p.* 328.

Declaration portant que les Officiers triennaux créez par les Edits des mois de Juin & Juillet precedens entreront en exercice le 1. jour de Janvier 1597. Au Camp devant Amiens le 10. Septembre 1597. *Fontanon t.* 4. *p* 1174. *Fournivol p.* 403.

Declaration portant reglement pour la Jurisdiction de la Chambre du Tresor du Palais à Paris. A Paris le 18. Septembre 1597. *Font. t.* 4. *p.* 1462. *Bacquet de la Jurisdiction du Tresor p.* 127.

Edit portant création de cinq Offices de Vendeurs de poisson de mer à Paris. A en Octobre 1597. *V. celui du* 17 *Juin* 1598.

Declaration portant exemption en faveur des Orfévres de la ville de Paris, des Edits de création des Maîtrises. Au Camp de Beauvais le 15. Octobre 1597. registrée le 13. Novembre suivant. 3. *vol. des Ord. d'Henri IV. fol.* 80.

HENRY IV. 1597.

Edit portant création des Offices de Lieutenans generaux Civils, Lieutenans generaux Criminels & particuliers, &c. dans toutes les Jurisdictions du Royaume, pour exercer par ceux qui en seront pourvûs alternativement d'an en an, avec les anciens qui sont établis, &c. A Paris en Novembre 1597. *V. celui du mois de Decembre suivant.*

Edit portant reglement general pour les Privileges des Habitans de la ville d'Amiens, l'établissement des Echevins, la Justice, & la Police de ladite ville. A Paris en Novembre 1597. registré au Parlement le 28. Mars 1598. en la Chambre des Comptes le 14. Janvier 1599. & en la Cour des Aydes le 20. Mars 1601. *3. vol. des Ord. d'Henry IV. fol. 356. Chenu p. 344.*

Reglement pour la création, le pouvoir, l'autorité, & le devoir du premier, & des six Echevins, Conseillers, & Officiers de la ville d'Amiens, en execution de l'Edit precedent. Fait au Conseil du Roy le 23. Novembre 1597. registré au Parlement, Chambre des Comptes, & Cour des Aydes les mêmes jour & an que ledit Edit. *Chenu p. 352. 3. vol. des Ord. d'Henry IV. fol. 356.*

Declaration portant rétablissement de la qualité d'Elû aux Controlleurs des Elections, qui leur estoit attribuée par l'Edit du mois de May 1587. nonobstant qu'il ait esté revoqué par celuy du mois de May 1588. A S. Germain en Laye le 11. Decembre 1597. reg. en la Cour des Aydes le 23. du même mois. *Font. t. 2. p. 969. Neron p. 915.*

Declaration portant que les Avocats & Procureurs du Parlement de Paris, leurs veuves, enfans, heritiers, & autres ayans droit d'eux, ne pourront estre poursuivis, inquietez, ny recherchez directement ny indirectement, soit par action principale de sommation, ou autrement, en quelque sorte & maniere que ce soit, pour la restitution des sacs, pieces, procez, instances, & productions des parties, dont ils sont & se trouveront chargez sur les registres des Huissiers, ou autres, ou par leurs recepissez, cinq ans auparavant que l'action soit mûë & intentée contr'eux, leursdites veuves, enfans, heritiers, ou ayans droit d'eux : lesquels cinq ans passez, à compter du jour & datte de leurs recepissez, ladite action sera & demeurera nulle, éteinte, & prescrite, &c. A S. Germain en Laye le 11. Decembre 1597. reg. le 14. Mars 1603. *5. vol. des Ord. d'Henry IV. fol. 32 Font. t. 4 p. 926. Ioly t. 7. addit. p. 137. Filleau part. 2 tit. 7. chap. 14. p. 324.*

Declaration pour l'execution des Edits des mois de Juin & de

Juillet, & la Declaration du 10. Septembre precedens, concernant la création des Offices de Receveurs des Aydes, &c. triennaux. A S. Germain en Laye le 19. Decembre 1597. *Fontanon t. 4. p. 1176. Fournival p. 405.* HENRY IV. 1597.

Declaration portant jussion à la Cour des Aydes pour verifier celle du dernier Novembre 1595. pour l'établissement de deux Huissiers Audianciers en chacune Election du Royaume. A S. Germain en Laye le 20. Decembre 1597. registrée le 18. Fevrier 1598. *Font. t. 2. p. 967.*

Edit portant revocation de celuy du mois de Novembre precedent, portant création des Offices de Lieutenans generaux Civils, Criminels, &c. alternatifs. A S. Germain en Laye en Decembre 1597. registré le 10. Fevrier 1598. *3. vol. des Ord. d'Henry IV. fol.* 103. *Ioly t. 2. p.* 1835.

Edit portant création des Offices de Procureurs postulans és Elections ordinaires, & particulieres, & Greniers à sel du Royaume, &c. A S. Germain en Laye en Decembre 1597. registré en la Cour des Aydes le 23. Octobre 1601. *Neron p.* 943. *Filleau part. 2. tit. 7. ch. 32. p. 338. V. la Declaration du 2. Octobre* 1617.

Declaration portant confirmation des Privileges des Habitans de la ville de Laon. A S Germain en Laye en Decembre 1597. reg. le 18. Juillet 1598. *3. vol. des Ord. d'Henry IV. fol.* 167.

Declaration portant confirmation des Privileges & exemptions accordez aux Ecclesiastiques, & exemption de payer aucune somme de deniers, à laquelle ils auroient esté taxez pour la confirmation de leurs droits d'usages, pâturages, &c. A Paris le 14. Janvier 1598. reg. le 20. Avril de la même année. *3. vol. des Ord. d'Henry IV. fol.* 138. *Fontanon t. 4. p.* 1024. 1598.

Declaration pour l'execution de celuy du mois de Decembre 1597. portant revocation de celuy du mois de Novembre precedent, par lequel les Lieutenans Generaux, Civils, Criminels, &c. alternatifs avoient esté établis. A Paris le 22. Janvier 1598. reg. en la Chambre des Comptes le 21. Fevrier de la méme année. *Fontanon t. 1. p. 213. Ioly t. 2. p.* 908.

Lettres patentes portant relief d'adresse à la Cour des Aydes, pour l'enregistrement du precedent Edit. A Paris en Janvier 1598. reg. le 20. Fevrier suivant. *Fontan. t. 1. p.* 214.

Edit portant rétablissement des Offices des Elections particulieres, créez par celuy du mois de Novembre 1587. qui avoient esté supprimez, & reglement pour leur pouvoir, Jurisdiction, fonction,

HENRY IV. & droits. A Paris en Janvier 1598. reg. en la Cour des Aydes le 20. du même mois. *Filleau part. 3. tit. 1. ch. 52. p. 60.*

1598. Declaration portant confirmation de l'Edit du 15. May 1597. qui porte établissement de la Jurisdiction de la Varenne du Louvre. A Paris le 20. Janvier 1598. *V. la Declaration du mois de Fevrier* 1611.

Declaration sur le rétablissement des Offices de Clercs & Commissaires des Fermes, des huitiéme, vingtiéme, & quatriéme, & pour la perception des droits du Roy és entrées des Villes, &c. en execution des Edits des mois de Decembre 1581. Decembre 1585. & Mars 1586. A Paris le 23. Janvier 1598. registrée en la Cour des Aydes le 29. Avril de la même année. *Fontanon t. 4. p.* 1153.

Edit portant création de deux Offices de Commissaires en chacune Ville, où il y a Election & Grenier à sel, pour taxer les dépens des procez jugez, examiner les comptes des Procureurs des Fabriques, &c. A Paris en Janvier 1598. reg. en la Cour des Aydes le 26. Septembre 1609. *Fontanon t. 2. p.* 983. *Filleau part. 3. tit. 3. ch. 13. p. 166. supprimé par celuy du mois de Fevrier* 1622.

Declaration portant que les Offices de Notaires du Comté d'Auvergne ne sont pas compris dans l'Edit de réünion des Offices de Notaires au Domaine. A Paris le 29. Janvier 1598. reg. le 22. Decembre de la même année. 3. *vol. des Ord. d'Henri IV. fol.* 259.

Edit portant reglement sur les exemptions de la Taille, & revocation de tous les annoblissemens faits à prix d'argent. A Paris en Janvier 1598. registré en la Cour des Aydes le 27. du même mois. *Fontanon t. 2. p.* 876. *Neron p.* 848. *Corbin t. 2 p.* 77. *&* 423.

Declaration portant reglement pour l'âge, la qualité, & capacité de ceux qui veulent estre receus Maîtres des Requestes ordinaires de l'Hôtel du Roy. A Paris le 5. Fevrier 1598. reg. le 9. Mars 1602. 4. *vol. des Ord. d'Henry IV. fol.* 360. *Filleau part. 3. tit. 11. chap. 4. p.* 506.

Lettres patentes portant érection de la Châtellenie de Dampierre en Baronnie, en faveur de François Cugnac, Chevalier de l'Ordre du Roy, & permission de se qualifier premier Baron du Comté de Gien, s'il paroît qu'il en fust le premier Châtelain. A Paris le 9. Fevrier 1598. reg. le 7. May de la même année. 3. *vol. des Ord. d'Henry IV. fol.* 144.

Declaration pour l'execution de l'Edit du 15. May 1597. pour l'établissement de la Jurisdiction de la Varenne du Louvre. A Paris le 12. Fevrier 1598. *V. la Declaration du mois de Fevrier* 1611.

Declaration portant reglement pour les Chancelleries Presidiales. A Paris

A Paris le 13. Fevrier 1598. *Joly t. 1. p.* 807. *Filleau part. 1. tit. 5. ch. 10. p.* 228.

Declaration portant confirmation des articles accordez au sieur du Plessis-de-Cosme, Commandant en la Ville, Château, & Baronnie de Craon, &c. A Toury en Fevrier 1598. reg. au Parlement, Chambre des Comptes, & Cour des Aydes le 28. Mars suivant. 3. *vol. des Ord. d'Henry IV. fol.* 327. *Fontanon t.* 4. *p.* 828.

Edit sur la reduction du Duc de Mercœur, & de la Province de Bretagne à l'obeïssance du Roy, contenant 33. articles. A Angers en Mars 1598. registré au Parlement le 26. en la Chambre des Comptes le 27. & en la Cour des Aydes le 28. du même mois. 3. *vol. des Ord. d'Henry IV. fol.* 324. *Fontanon t.* 4. *p.* 834.

Lettres patentes portant jussion au Parlement de Paris, pour la verification de l'Edit du mois d'Octobre 1594. pour la vente du Domaine. A Angers le 8. Avril 1598. reg. le 26. May 1599. *Fontanon t.* 2. *p.* 394.

Declaration en faveur du Clergé pour la Jurisdiction sur le fait des decimes. A Angers le 9. Avril 1598. reg. le 3. Juin suivant. 3. *vol. des Ord. d'Henry IV. fol.* 152. *Fontanon t.* 4. *p.* 1025.

Declaration portant confirmation de la donation du Duché & Pairie de Vendosme, faite par le Roy à Cesar Monsieur son fils naturel, le 3. du present mois d'Avril pardevant Guillot & Norry Notaires Royaux à Angers, pour en joüir par luy, & de tous les droits, autoritez, & preéminences attribuées à ladite Pairie de Vendosme, tout ainsi que les predecesseurs du Roy Ducs de Vendosme en ont joüy: & en outre à la charge que ledit Cesar, ses enfans, & leurs descendans venans tous à défaillir, la fille & les autres enfans que le Roy pourroit avoir de Madame la Duchesse de Beaufort, y succederont, &c. A Nantes le 15. Avril 1598. reg. le 24. Juillet de la même année. 3. *vol. des Ord. d'Henry IV. fol.* 179. *V. les Lettres des mois de Fevrier* 1514. 27. *Decembre* 1601. *& Aoust* 1607.

Declaration portant revocation des decimes extraordinaires en la Province de Dauphiné. A Nantes le 22. Avril 1598. *Fontanon t.* 4. *p.* 999.

Edit pour la pacification des troubles du Royaume, portant reglement general pour ce qui doit estre observé par ceux qui font profession de la Religion Pretenduë Reformée, contenant 92. articles. A Nantes en Avril 1598. reg. au Parlement le 25. Fevrier, en la Chambre des Comptes le dernier Mars, & en la Cour des Aydes le 30. Aoust 1599. 4. *vol. des Ord. d'Henry IV. fol.* 1. *Fontanon t.* 4.

HENRY IV. 1598. *p. 361. Corbin p. 43. Neron p. 728. Cet Edit, & tous ceux qui ont esté donnez en consequence, ont esté revoquez par celuy du mois d'Octobre 1685.*

Declaration pour l'enregistrement des 58. articles secrets de l'Edit precedent. A Nantes le dernier Avril 1598. *Corbin p. 79.*

Edit portant suppression des Offices de Sergens des Tailles, & attribution aux Receveurs des Aydes, Tailles, & Taillon, des mêmes droits que prenoient lesdits Sergens pour le port des Commissions, Sentences, &c. Au Bois de Malesherbes en Juin 1598. regist. en la Cour des Aydes le 6. Septembre 1599. *Neron p. 908.*

Lettres patentes portant érection des Baronnies de Biron, saint Blancart, & Chefboutonne, & des terres de Montault, Montferrant, Cleraut, Labaut, Brizambourg, & Vervent, en Duché & Pairie, en faveur de Charles de Gontaut, Baron de Biron, Maréchal de France, pour estre tenu, &c. A Paris en Juin 1598. regist. le dernier du même mois. *3. vol. des Ord. d'Henry IV. fol. 162. Cette Pairie est éteinte par la mort dudit Charles de Gontaut, qui eut la teste coupée le 31. Juillet 1602. pour crime de leze-Majesté.*

Edit portant suppression de cinq Offices de Vendeurs de poisson de mer sec & sallé en la ville de Paris, créez par celuy du mois d'Octobre 1597. & réünion desdits Offices aux dix anciens Offices de Vendeurs de poisson. A Paris le 17. Juin 1598. reg. le 30. Decembre suivant. *3. vol. des Ord d'Henry IV. fol. 314*

Declaration portant attribution de la qualité de Conseiller du Roy, aux Prevosts des Maréchaux & leurs Lieutenans, & qu'ils auront séance, & voix deliberative aprés les Lieutenans Civils & Criminels. A Paris le 18. Juin 1598. reg. au grand Conseil le 3. Avril 1599. *Montarlot p. 517. Joly t. 2. p. 1187. Filleau part. 2. tit. 3. ch. 16. p 87.*

Declaration pour l'execution de l'Edit du mois de Fevrier 1596. portant création des Offices de Jaugeurs & Mesureurs de vins. A Paris le 24. Juin 1598 *Fontanon t. 1. p 1147.*

Declaration portant revocation de toutes survivances. A S. Germain en Laye le dernier Juin 1598. *Fontanon t. 2. p. 574.*

Lettres patentes portant jussion pour la verification des Edits pour la vente du Domaine. A S. Germain en Laye le 12. Juillet 1598. reg. le 26. May 1599. *Fontanon t. 2. p. 395.*

Declaration pour la revente des Offices de Receveurs des Consignations. A S. Germain en Laye le 13. Juillet 1598. reg. le 19. Fevrier 1600. *4. vol. des Ord. d'Henry IV. fol. 117.*

Lettres patentes portant érection de la terre de Croy en Duché, en faveur de Charles de Croy Duc d'Arschot. A S. Germain en Laye en Juillet 1598. reg. le 18. du même mois. 3. *vol. des Ord. d'Henry IV. fol.* 163.

Edit portant attribution de la Prevosté d'Anjou, & de ce qui en dépend, au Presidial de la Fléche. A Monceaux le dernier Juillet 1598. reg. le 4. Mars 1599. 3. *vol. des Ord. d'Henri IV. fol.* 279. *Corbin p.* 543. *Ioly t.* 2. *p.* 1047. *Fontanon t.* 1. *p.* 378.

Edit portant défenses de porter des armes à feu, &c. A Monceaux le 4. Aoust 1598. reg. le 13. du même mois. 3. *vol. des Ord. d'Henri IV. fol.* 196.

Lettres patentes portant jussion à la Cour des Aydes de Paris, pour l'enregistrement de la Declaration du 24. Juin precedent, touchant les Mesureurs de vins. A Paris le 12. Aoust 1598. *Fontanon t.* 1. *p.* 1148.

Lettres patentes portant jussion au Parlement pour l'enregistrement de l'Edit du mois d'Aoust 1597. portant création d'un Prevost des Maréchaux dans la Generalité de Languedoc, &c. A S. Germain en Laye le 19. Aoust 1598. reg. le 29. du même mois. 3. *vol. des Ord. d'Henri IV. fol.* 203.

Declaration pour l'enregistrement du Traité de paix conclu à Vervins le 2. May precedent, entre le Roy & celuy d'Espagne. A Paris le 23. Aoust 1598. reg. le dernier du même mois. 3. *vol. des Ord. d'Henri IV. fol.* 210.

Lettres patentes portant jussion à la Cour des Aydes de Paris, pour verifier la Declaration du 24. Juin precedent, concernant les Jaugeurs & Mesureurs de vins. A Paris le 19. Octobre 1598. reg. le 27. du même mois. *Fontanon t.* 1. *p.* 1149.

Edit portant suppression des Bureaux des Tresoriers generaux de France, &c. A en Decembre 1598. reg. le 7. Septembre 1599. 4. *vol. des Ord. d'Henri IV. fol.* 40.

Declaration portant défenses aux Prevosts des Maréchaux, &c. de faire aucune poursuite contre ceux qui ont porté les armes pendant les troubles, &c. A S. Germain en Laye le 14. Decembre 1598. regist. le 4. Fevrier 1599. *Fontanon t.* 1. *p.* 418. *Ioly t.* 2. *p.* 1175.

Declaration portant confirmation des anciens Statuts, & addition de quelques articles nouveaux pour les Ceinturiers d'estain travaillans en menus ouvrages d'estain à Paris. A Saint Germain en Laye en Decembre 1598. registrée le 13. Decembre

HENRY IV. 1599. 4. *vol. des Ordonn. d'Henry I V. fol.* 72.

1599. Edit portant reglement pour les Decimes, contenant 39. articles. A Paris le 20. Janvier 1599. reg. le 8. Mars de la même année. 3. *vol. des Ordonn. d'Henry I V. fol.* 280. *Fontanon t.* 4. *p.* 1004. *Neron p.* 524.

Declaration portant que Madame Catherine sœur du Roy, joüira de tous les Privileges des Filles de France. A Paris le 27. Janvier 1599. regist. le 16. Fevrier suivant. 3. *vol. des Ord. d'Henri IV. fol.* 278.

Edit portant défenses d'apporter en France aucunes marchandises de Manufactures d'or, d'argent, & de soye, &c. A Paris en Janvier 1599. reg. le 15. Mars de la même année. 3. *vol. des Ord. d'HenryIV. fol.* 289. *Font. t.* 1. *p.* 1046.

Lettres patentes portant jussion au Parlement pour la verification des Edits pour la vente du Domaine. A Paris le 17. Fevrier 1599. registrées le vingt-sixiéme May de la même année. *Fontanon t.* 2. *p.* 396.

Declaration portant confirmation & reglement de la Jurisdiction des Juges & Consuls de la ville d'Orleans. A Paris le 22. Fevrier 1599. *Ioly t.* 2. *p.* 1303. *Filleau part.* 2. *tit.* 9. *ch.* 4. *p.* 416.

Edit portant suppression des qualitez de Presidens, Lieutenans, & Conseillers dans les Elections; reduction des Elûs, & reglement pour leurs fonctions. A Paris en Fevrier 1599. reg. en la Chambre des Comptes le 28. Septembre suivant, & en la Cour des Aydes le 29. Novembre 1601. *Filleau part.* 3. *tit.* 1. *ch.* 28. *p.* 37. *V. celuy du mois de May* 1605.

Edit portant reduction des quatre Messageries de Tours à Paris, à trois. A Monceaux le 4. Mars 1599. reg. le 2. Avril suivant. 3. *vol. des Ord. d'Henry IV. fol.* 300.

Edit du Roy portant reglement pour le dessechement des marais, contenant 21. articles. A Fontainebleau le 8. Avril 1599. reg. au Parlement le 15. Novembre de la même année, & en la Chambre des Comptes le 2. Avril 1600. *Font. t.* 2. *p.* 398.

Declaration pour la distraction de ce qui a esté accordé aux Officiers des Compagnies souveraines sur chacun minot de sel, &c. A Fontainebleau le 20. Avril 1599. regist. en la Chambre des Comptes le 28. & en la Cour des Aydes le 29. du même mois. *Ioly addit. t.* 1. *p.* 162.

Lettres patentes portant legitimation d'Alexandre Monsieur Fils naturel du Roy. A Fontainebleau en Avril 1599. reg. le 5. May de la même année. 3. *vol. des Ord. d'Henry IV. fol.* 385.

Edit portant reglement general pour les Greniers à sel du Royaume, contenant 26. articles. A Paris le 28. Avril 1599. regist. en la Cour des Aydes le 22. Septembre suivant. *Fontanon t. 2 p.* 1104.

Lettres patentes portant jussion au Parlement de Paris pour l'enregistrement des Edits concernans la vente du Domaine. A Fontainebleau le 12. May 1599. registrées le 26. du même mois. *Fontanon t. 2. p.* 397.

Declaration portant confirmation des Privileges des Habitans de la ville d'Avignon. A Fontainebleau en May 1599. reg. le 5. Juin suivant. 3. *vol. des Ord. d'Henry IV. fol.* 321.

Edit portant suppression des Offices de Prevosts des Maréchaux, &c. créez depuis vingt ans. A Fontainebleau en May 1599. reg. le 26. Juillet suivant. 3. *vol. des Ord. d Henry IV. fol.* 361.

Edit portant création de l'Office de Grand-Voyer de France, en faveur de Messire Maximilian de Bethune Baron de Rosny. A Fontainebleau en May 1599. reg. le 25. Septembre de la même année. 4. *vol. des Ord. d'Henry IV. fol.* 34.

Declaration portant confirmation des Privileges des Maîtres Chandeliers à Paris. A Paris en May 1599. regist. le 2. Juillet suivant. 4. *vol. des Ord. d'Henry IV. fol.* 31.

Declaration portant suppression de l'Office de Lieutenant Criminel de Robe courte au Bailliage de Soissons. A Paris le 27. May 1599. reg. le 23. Juillet suivant. 4. *vol. des Ord. d'Henri IV. fol.* 32. *Pinson p.* 642.

Declaration portant confirmation des Statuts & Privileges des Maîtres Fripiers à Paris. A Paris en Juin 1599. reg. le 21. du même mois. 4 *vol. des Ord. d'Henri IV. fol.* 25.

Edit portant pouvoir aux Receveurs des Tailles des Elections du Royaume, de faire faire le port & envoy des Commissions, & Mandemens desdites Tailles & crûës, avec attribution de certains droits, &c. A Paris en Juin 1599. *V. celuy du mois de Iuillet* 1619.

Declaration en faveur des Habitans de Calais, & païs reconquis, & de ceux qui viendront s'y habituer. A Orleans en Juillet 1599. regist. le 6. Septembre de la même année. 4. *vol. des Ord. d'Henry IV. fol.* 46.

Provisions de l'Office de Chancelier de France en faveur de Pompone de Bellievre Conseiller d'Estat, vacant par la mort du Comte de Cheverny. A Blois le 2. Aoust 1599. reg. le 7. Septembre sui-

HENRY IV. vant. 4. *vol. des Ord. d'Henri IV. fol.* 39. *Duchesne hist. des Chanceliers de France p.* 688.

1599. Declaration sur l'Edit du mois de Juin 1598. portant suppression des Offices de Sergens des Tailles, & attribution aux Receveurs, &c. A Blois le 27. Aoust 1599. regist. en la Cour des Aydes le 6. Septembre de la même année. *Neron p.* 909.

Declaration en interpretation de l'Edit fait à Nantes au mois d'Avril 1598. portant que la Declaration du 6. Juin 1596. sera executée, & en consequence que les Chambres de l'Edit ne connoîtront des matieres d'Aydes, &c. & autres qui sont attribuées à la Cour des Aydes. A Blois le 29. Aoust 1599. reg. au grand Conseil le 20. Septembre, & en la Cour des Aydes le 29. Novembre de la même année. *Fontanon t.* 2. *p.* 728. *Ioly t.* 1. 48.

Lettres patentes portant érection des Baronnies d'Aiguillon, Montpezat, saint Leuvrade, Madaillan, & Delmirat, en Duché & Pairie, en faveur d'Henry de Lorraine fils aîné de Charles de Lorraine Duc de Mayenne, Pair de France, & de ses successeurs, & ayans cause perpetuellement, pour le tenir à une seule foy & hommage du Roy & de la Couronne de France, à cause du Château du Louvre; attribution de ressort immediatement des appellations du Bailly, ou Senéchal Ducal dudit Duché d'Aiguillon, & terres y annexées, au Parlement de Bordeaux, fors pour les causes de la Pairie, qui seront portées par appel, ou en premiere instance au Parlement de Paris, &c. A Blois en Aoust 1599. reg. le 2. Mars 1600. 4. *vol. des Ord. d'Henry IV. fol.* 134. *V. les Lettres du mois de Ianvier* 1638.

Declaration portant confirmation des Privileges des Sergens à verge du Châtelet de Paris. A Paris en Septembre 1599. reg. le 15. Janvier 1600. 4. *vol. des Ord. d'Henry IV. fol.* 97.

Declaration concernant les Notaires de la ville de Melun. A Paris en Octobre 1599. reg. le 10. Avril 1600. 4. *vol. des Ord. d'Henry IV. fol* 139.

Declaration portant confirmation des Statuts des Maîtres Esguilliers-Alesmiers à Paris. A Paris en Octobre 1599. regist. le 23. Mars 1600. 4. *vol. des Ord. d'Henri IV. fol.* 128.

Declaration portant confirmation des Privileges des Maîtres Tonneliers Déchargeurs de vins à Paris. A Paris en Octobre 1599. reg. le 27. du même mois. 4. *vol. des Ord. d'Henry IV.*

Declaration portant que la ville de Genéve est comprise dans l'article 34. du Traité de paix conclu à Vervins le 2. May

1598. A Monceaux le 11. Novembre 1599.

Declaration portant confirmation des Statuts & Privileges des Maîtres Raquetiers à Paris. A Paris le 15. Novembre 1599. regist. le premier Decembre suivant. 4. *vol. des Ordonnan. d'Henry IV. fol.* 58. 1599.

Declaration portant confirmation des Statuts des Jardiniers à Paris. A Paris en Novembre 1599. reg. le 17. Avril 1600. 4. *vol. des Ord. d'Henry IV. fol.* 122.

Declaration sur l'Edit du mois de Juin 1598. portant suppression des Offices de Sergens des Tailles, & attribution aux Receveurs, &c. A Paris le 22. Novembre 1599. reg. en la Cour des Aydes le 2. Decembre suivant. *Neron p.* 912.

Declaration pour les prérogatives de Madame Marguerite de France, Reine, Duchesse de Valois, &c. A Paris le 29. Decembre 1599. reg. le 28. Fevrier 1600. 4. *vol. des Ord. d'Henry IV. fol.* 119.

Declaration sur l'Edit du mois de Juin 1598. portant suppression des Offices de Sergens des Tailles, & attribution aux Receveurs, &c. A Paris le 20. Janvier 1600. reg. en la Cour des Aydes le 24. Fevrier de la même année. *Neron p.* 913. 1600.

Lettres patentes portant érection de la Baronnie d'Olonne en Comté, en faveur de Messire Gilbert de la Tremoille, Marquis de Royan. A Paris en Janvier 1600. reg. le 6. Mars 1602. 4. *vol. des Ord. d'Henry IV. fol.* 364.

Declaration en faveur des Referendaires de la Chancellerie du Parlement de Roüen. A Paris le 28. Janvier 1600. *Joly t.* 1. *p.* 763.

Lettres patentes portant jussion au Parlement pour la verification de la Declaration du 13. Juillet 1598. touchant les Receveurs des Consignations. A Paris le 7. Fevrier 1600. reg. le 19. du même mois. 4. *vol. des Ord. d'Henry IV. fol.* 117.

Declaration portant confirmation des Statuts & Privileges des Maîtres Tourneurs en bois de la ville de Paris. A Paris en Fevrier 1600. regist. le 17. Fevrier 1601. 4. *vol. des Ord. d'Henry IV. fol.* 194.

Edit portant défenses de porter or & argent sur les habits. A Paris le 24. Mars 1600. regist. le 4. May suivant. 4. *vol. des Ordonn. d'Henry IV. fol.* 147.

Declaration concernant les Maîtres Verriers à Paris. A Paris en Mars 1600. reg. le 12. May de la même année. 4. *vol. des Ord. d'Henry IV.*

Edit portant reglement general sur le fait des Tailles, contenant

HENRY IV. 1600.

40. articles. A Paris en Mars 1600. reg. en la Cour des Aydes le 21. Avril suivant. *Fontanon t.* 2. *p.* 878. *Neron p.* 850. *Corbin p.* 400.

Edit portant confirmation d'un Prevost General en la Connestablie & Maréchaussée de France. A Paris en Mars 1600. regist. au Parlement le 29. Avril suivant, & en la Chambre des Comptes le 2. Aoust 1602. 4. *vol. des Ord. d'Henry IV. fol.* 152. *Pinson p.* 503.

Declaration en interpretation de l'Edit fait à Nantes au mois d'Avril 1598. pour la Jurisdiction de la Cour des Monnoyes sur ceux de la Religion Pretenduë Reformée. A Paris le 22. Avril 1600. reg. au grand Conseil le 25. May, & en la Chambre des Monnoyes le 28. Juin suivant. *Fontanon t.* 4 *p.* 854. *Constans Preuves p.* 150.

Edit portant suppression des Offices de Lieutenans des Greniers à sel, créez par celuy du mois d'Aoust 1595. réünion, &c. A Paris en Avril 1600. reg. en la Cour des Aydes le 17. May de la même année. *Font. t.* 2. *p.* 1109.

Declaration portant confirmation des Privileges des Maîtres Peigniers, ou Faiseurs de Peignes à Paris. A Paris en Avril 1600. reg. le 18. Juillet audit an. 4. *vol. des Ord. d'Henry IV. fol.* 194.

Lettres patentes portant jussion à la Cour des Aydes de Paris, pour verifier l'Edit du mois d'Avril precedent, portant suppression des Offices de Lieutenans des Greniers à sel. A Fontainebleau le 10. May 1600. reg. en la Cour des Aydes le 27. du même mois. *Fontanon t.* 2. *p.* 1111.

Edit portant reglement pour les séances du Parlement de Bretagne. A Lyon en Juillet 1600. reg. au Parlement de Rennes le 12. Octobre de la même année. *Fontanon t.* 1. *p.* 122. *Ioly t.* 1. *p.* 587.

Lettres patentes portant érection de la Baronnie de Houlefort en Boulonnois, & autres Terres en Duché, sous le nom de Duché de Bournonville, en faveur d'Alexandre de Bournonville Comte de Hennin; à la charge qu'en defaut d'hoirs mâles en directe, il demeurera uni au Domaine de la Couronne. A Grenoble en Septembre 1600. *V. celles des* 4. *Avril* 1602. 22. *Octobre* 1608. *& Septembre* 1652.

Declaration portant ratification du contrat de mariage passé à Florence le 25. Avril precedent, entre le Roy & la Princesse Marie de Medicis. A Chambery le 21. Octobre 1600. reg. le 16. Juin 1601. 4. *vol. des Ord. d'Henry IV. fol.* 226.

Declaration portant confirmation de l'Edit du mois de Janvier 1586. concernant les Offices de Courtiers, &c. de toilles. A

le

le dernier Octobre 1600. *V. l'Edit du mois de Iuin 1627.* HENRY IV. 1600.

Declaration portant confirmation des Privileges des Archers Arbalestriers, & Arquebusiers de la ville de Paris. A Lyon en Decembre 1600. *V. celle du mois de Fevrier 1615.*

Edit portant création de deux Lettres de Maîtrises pour chacun métier en toutes les Villes, &c. en faveur du mariage du Roy. A Lyon en Decembre 1600. reg. le dernier Fevrier 1601. 4. *vol. des Ord. d'Henri IV. fol.* 197. *Font. t.* 1. *p.* 1104.

Déclaration pour les Privileges de la Chancellerie du Parlement de Bordeaux. A Lyon le 27. Decembre 1600. *Ioly t.* 1. *p.* 765.

Declaration portant que les Officiers de la Maréchaussée residens dans le païs de Rethelois, ne sont pas compris dans la disposition de l'Edit du mois de May 1599. portant suppression des Prevosts des Maréchaux, &c. créez depuis vingt ans. A Paris le 22. Fevrier 1601. reg. le 14. Decembre de la même année. 4. *vol. des Ord. d'Henri IV. fol.* 292. 1601.

Edit portant confirmation de ceux des mois de Juin 1578. & Aoust 1594. & en tant que besoin seroit création nouvelle des Offices de Receveurs des Consignations, &c. A Paris en Fevrier 1601. regist. au Parlement de Roüen le 19. Decembre 1606. *Ioly t.* 2. *p.* 1642.

Edit portant création de deux Maîtres de chacun métier dans toutes les Villes, &c. en faveur de la Reine. A Paris en Fevrier 1601. reg. le 16. Mars suivant. 4. *vol. des Ord. d'Henri IV. fol.* 209.

Declaration pour la revente du Domaine même des Greffes, Clercs d'iceux, Seaux & Tabellionnages par plusieurs fois, se presentans personnes qui les veulent acheter, pourvû que ce soit par tiercement d'encheres, & non autrement. A Paris le 16. Mars 1601. registré le 10. Juillet suivant. 4. *vol. des Ord. d'Henri IV. fol.* 245.

Declaration portant revocation de tous les Privileges de ceux qui se disent estre issus d'Eudes le Maire, dit Chalo S. Mas, & qu'ils seront imposez aux Tailles, &c. A Paris en Mars 1601. reg. le 3. Juillet 1602. 4. *vol. des Ord. d'Henri IV* 425.

Declaration portant défenses à tous Marchands d'apporter, ny user de la drogue appellée Inde ou Anil. A Fontainebleau le 15. Avril 1601. registrée le 20. Juillet suivant. 4. *vol. des Ord. d'Henri IV. fol.* 244.

Declaration portant reglement pour les Monnoyes. A Paris le 24. May 1601. reg. en la Cour des Monnoyes le 2. Juin de la même année. *Fontanon t.* 2. *p.* 2255.

HENRY IV. 1601. Edit portant établissement d'un Siege Presidial dans la ville de Bourg, auquel ressortiront toutes les appellations des Bailliages, & Jurisdictions du païs de Bresse, & des Comtez de Baugey, Valromey, & Baronnie de Gex : création d'un Office de President Presidial, d'un de Lieutenant General, d'un de Lieutenant Criminel, dix de Conseillers, d'un d'Avocat, d'un de Procureur du Roy, d'un de Greffier, & quatre d'Huissiers ; le tout sous le ressort du Parlement de Dijon, &c. A Fontainebleau en May 1601. reg. au Parlement de Dijon le Juin de la même année. *Joly t. 2. p.* 1050. *Guichenon en son histoire de Bresse preuves p. 72. rapporte le même Edit, mais il le datte du mois de Juillet.*

Declaration pour l'enregistrement du contrat de mariage du 27. Octobre 1533. passé entre Henry de France Duc d'Orleans, & Catherine de Medicis Duchesse d'Urbin. A Fontainebleau le 27. May 1601. reg. le 13 Juillet suivant. 4. *vol. des Ord. d'Henri IV. fol.* 239.

Lettres patentes portant jussion à la Cour des Aydes, pour verifier l'Edit du mois de Novembre 1597. pour les Echevins d'Amiens. A Fontainebleau le 6. Juin 1601. *Chenu p.* 362.

Declaration portant défenses aux Marchands Drapiers de se servir de presses de fer, &c. A Fontainebleau le 8. Juin 1601. reg. le 22. Septembre de la même année. 4. *vol. des Ord. d'Henri IV. fol.* 285.

Edit portant reglement general sur le fait des Chasses, contenant 28. articles. A Paris en Juin 1601. reg. le 10. Juillet de la même année. 4. *vol. des Ord. d'Henri IV. fol.* 246. *Neron p.* 1049.

Declaration portant que l'on ne pourra élire aucun Prevost des Marchands ou Echevins de la ville de Lyon, qui ne soit natif de la même Ville. A Fontainebleau en Juin 1601. reg. le 7. Decembre de la même année. 4. *vol. des Ord. d'Henri IV. fol.* 290.

Edit portant défenses à toutes personnes de porter aucuns habits de draps ou toilles d'or, ou d'argent, &c. A Paris en Juillet 1601. reg. le 6. Aoust suivant. 4. *vol. des Ord. d'Henri IV. fol.* 252. *Fontanon t.... p.* 996.

Lettres patentes portant confirmation des Privileges des Marchands Grossiers, Merciers, Joüailliers à Paris. A Paris en Juillet 1601. reg. le 11. Septembre de la même année. 4. *vol. des Ord. d'Henry IV. fol.* 276.

Lettres patentes portant confirmation des Statuts des Maîtres Espingliers à Paris. A Paris en Juillet 1601. regist. le 28. Juin 1602. 4. *vol. des Ord. d'Henry IV. fol.* 418.

Edit portant reduction des rentes constituées à prix d'argent, au denier seize, &c. A Paris en Juillet 1601. reg. le 18. Fevrier 1602. 4. *vol. des Ord. d'Henry IV. fol.* 321. *Fontanon t.* 1. *p.* 783. *Neron p.* 423. *Corbin p.* 775 HENRY IV. 1601.

Edit portant permission aux Officiers ancien & alternatif, tant Comptables, qu'autres, de rembourser le triennal créé par celuy du mois de Juin 1597. &c. A Paris en Juillet 1601. *Fontanon t.* 4. *p.* 1177.

Edit portant création d'un Office de Senéchal de Robe courte au Siege Presidial de la ville de la Fléche. A Paris le 7. Aoust 1601. reg. le 10. Janvier 1602. 4. *vol. des Ord. d'Henry IV fol.* 302.

Declaration portant que la ville de Genéve est comprise dans le Traité fait entre le Roy & le Duc de Savoye. A S. Germain en Laye le 13. Aoust 1601. reg. le 10. Janvier 1602.

Lettres patentes portant érection de la Baronnie de Rosny en Marquisat, en faveur de Messire Maximilian de Bethune, Baron de Rosny, Grand-Voyer de France. A Paris en Aoust 1601. reg. le 20. du même mois. 4. *vol. des Ord. d'Henry IV. fol.* 268.

Edit portant établissement d'une Chambre Royale pour juger, & decider en dernier ressort les appellations qui seront interjettées des Jugemens, &c. des Commissaires envoyez dans les Provinces pour la recherche des Financiers. A Paris le 25. Aoust 1601. reg. le 6. Septembre de la même année. 4. *vol. des Ord. d'Henry IV. fol.* 273.

Declaration pour faire payer par les acquereurs du Domaine les Charges, &c. A Fontainebleau le 12. Octobre 1601. reg. le 29. Mars 1602. 4. *vol. des Ord. d'Henry IV. fol.* 367. *Fontanon t.* 2. *p.* 405. *Neron p.* 176.

Edit portant création de quatre Maîtres de chacun métier dans toutes les Villes, &c. en faveur de la naissance de Monseigneur le Dauphin. A Paris en Novembre 1601. reg. le 27. Avril 1602. 5. *vol. des Ord. d'Henry IV. fol.* 20. *Font. t.* 1. *p.* 1105.

Edit portant suppression nouvelle des Offices de Jaugeurs & Mesureurs de vins, créez par celuy du mois de Fevrier 1596. pour estre vendus en heredité à faculté de rachat perpetuel, &c. A Paris en Novembre 1601. reg. en la Cour des Aydes le 29. Janvier 1602. *Fontanon t.* 1. *p.* 1150.

Edit portant suppression des Offices de Changeurs, & réünion d'iceux aux Fermes & Maîtrises des Monnoyes. A Paris en Decembre 1601. *V. celuy du mois d'Aoust* 1607.

HENRY IV. — 1601. Lettres patentes portant confirmation de la donation du Duché & Pairie de Vendosme, faite par le Roy le 3. Avril 1598. à Cesar Monsieur son fils naturel, confirmée par la Declaration du 15. du même mois, & ce nonobstant la naissance de Monseigneur le Dauphin. A Paris le 27. Decembre 1601. reg. le 22. Fevrier 1602. 4. *vol. des Ord. d'Henry IV. fol.* 345.

Declaration portant pouvoir à la Chambre de l'Edit de juger, &c. jusqu'à la S. Martin 1602. A Paris le 29. Decembre 1601. regist. le 2. Janvier 1602. 4. *vol. des Ord. d'Henry IV. fol.* 299.

Edit portant création de deux Maîtres de chacun métier en toutes les Villes, pour la venuë & entrée de la Reine. A Paris en Decembre 1601. reg. le 25. Janvier 1602. 4. *vol. des Ord. d'Henry IV. fol.* 315.

Edit portant reglement sur le fait de l'artillerie, poudres, & salpestres, contenant 8. articles. A Paris en Decembre 1601. reg. le 13. May 1602. 4. *vol. des Ord. d'Henri IV. fol.* 380. *Fontanon t.* 4. *p.* 843.

Declaration portant confirmation des Statuts des Maîtres Cordiers à Paris. A Paris en Decembre 1601. reg. le 24. May 1602. 4 *vol. des Ord. d'Henri IV. fol.* 408.

1602. Declaration portant confirmation des Privileges de la ville de Calais. A Paris le 3. Janvier 1602. reg. le 25. du même mois. 4. *vol. des Ord. d'Henri IV. fol.* 307.

Lettres patentes portant érection de la Baronie de Sablé en Marquisat, en faveur d'Urbain de Laval Seigneur de Boisdauphin, Maréchal de France. A Paris le 7. Janvier 1602. reg. le 15. Mars de la même année. 4. *vol. des Ord. d'Henry IV. fol.* 360.

Lettres patentes portant jussion à la Cour des Aydes de Paris, pour verifier purement & simplement l'Edit du mois de Novembre 1601. touchant les suppressions des Offices de Jaugeurs, &c. A Paris le 7. Janvier 1602. regist. le 29. du même mois. *Fontanon t.* 1. *p.* 1151.

Declaration portant confirmation des Privileges des Marchands des villes d'Ausbourg, Nuremberg, &c. A Paris en Janvier 1602. reg. le 5. Fevrier de la même année. 4. *vol. des Ord. d'Henry IV. fol.* 317.

Declaration sur l'Edit du mois de Juin 1601. portant reglement pour les appellations sur le fait des Chasses, & permission aux Gentils-hommes de chasser sur leurs Terres. A Paris le 16. Fevrier 1602. reg. le 28. Avril 1604. *Fontanon t.* 2. *p.* 340.

Declaration portant jussion à la Cour des Aydes pour verifier purement & simplement l'Edit du mois de Novembre 1597. concernant la ville d'Amiens. A Paris le 20. Fevrier 1602. regist. le 13. Mars de la même année. *Chenu p. 365.* HENRY IV. 1602.

Edit portant suppression des Offices de Payeurs des Prevosts des Maréchaux de France, Vicesenéchaux, Viguiers, & Lieutenans de Robe courte du Royaume. A Paris en Fevrier 1602. reg. en la Chambre des Comptes le 19. Juillet de la même année. *Ioly t. 2. p. 1223.*

Lettres patentes portant érection de la Seigneurie de Mislée, relevant du Duché de Montmorency, en Baronnie, en faveur du sieur President Forget. A en Mars 1602. reg. le 14. May suivant. 4. *vol. des Ord. d'Henry IV. fol.* 405.

Edit portant exemption de tutelle en faveur des Officiers domestiques & commensaux de la Maison du Roy. A S. Germain en Laye le 22. Mars 1602. *La Martiniere p.* 51.

Edit pour la défense & prohibition des duels. A Blois en Avril 1602. reg. le 7. Juin de la même année. 1. *vol. des Ord. de Loüis XIII. fol.* 371. *Fontanon t.* 1. *p.* 665.

Declaration portant confirmation de l'art. 161. de l'Ord. du mois de May 1579. touchant l'honoraire des Avocats du Parlement de Paris. A Poitiers le 25. May 1602. reg. le 3. Juin de la même année. 4. *vol. des Ord. d'Henry IV. fol.* 406. *Ioly t.* 1. *addit. p.* 137.

Edit portant réünion des Offices de Payeurs des Prevosts des Maréchaux, supprimez par celuy du mois de Fevrier precedent, aux Offices de Receveurs du Taillon, en chacune Election où il y a Siege de Maréchaussée. A Paris en Juin 1602. reg. en la Chambre des Comptes le 12. Aoust de la même année. *Fontanon t.* 4. *p.* 856. *Ioly t.* 2. *p.* 1224

Lettres patentes portant jussion au Parlement de Paris pour la verification de l'Edit du mois de Novembre 1601. portant création de quatre Lettres de Maîtrises, &c. A Paris le 22. Juin 1602. *Font. t.* 1. *p.* 1107.

Declaration portant que l'Office de Vicesénechal de Civray n'est point compris dans l'Edit du mois de May 1599. portant suppression des Offices de Maréchaussées, creez depuis vingt ans. A Paris en Juillet 1602. reg. le 20. du même mois. 4. *vol. des Ord. d'Henry IV. fol.* 432.

Declaration portant confirmation des Privileges des Notaires de la ville de Paris. A Paris le 23. Aoust 1602. reg. le 6. Septembre

HENRY IV. suivant. *4. vol. des Ord. d'Henry IV. fol.* 454. *Joly t.* 2 *p.* 1940.

1602. Edit portant établissement des Consuls pour le gouvernement de la ville de Limoges. A S. Germain en Laye en Aoust 1602. reg. au Parlement de Bordeaux le 7. Septembre de la même année. *Chenu p.* 477.

Declaration portant confirmation & approbation des Ordonnances faites pour la vente du poisson de mer. A Paris en Aoust 1602. reg. le 30. du même mois. *4. vol. des Ord. d'Henry IV. fol.* 436.

Edit portant suppression des relais, &c. établis & créez par celuy du mois de Mars 1597. & réünion aux Charges de Maîtres des Postes. A Paris en Aoust 1602. reg. le 3. Juillet 1603. *5. vol. des Ord. d'Henry IV. fol.* 61. *Font. t.* 4. *p.* 859.

Declaration portant que ceux de la Religion Pretenduë Reformée ne se pourront pourvoir à la Chambre de l'Edit, pour les procez de reformation des Eaux & Forests; mais que lesdits procez seront jugez en dernier ressort au Siege de la Table de Marbre. A Paris le 2. Septembre 1602. reg. le 6. du même mois. *Joly t.* 1. *addit. p.* 110.

Edit pour les Monnoyes. A Monceaux en Septembre 1602. reg. au Parlement le 16. en la Chambre des Comptes le 19. & en la Cour des Monnoyes le 20. du même mois. *4. vol. des Ord. d'Henry IV. fol.* 456. *Fontanon t.* 2. *p.* 227.

Declaration sur le precedent Edit. A Paris le 27. Septembre 1602. reg. en la Cour des Monnoyes le 30. Septembre de la même année. *Fontanon t.* 2. *p.* 239.

Autre Declaration sur le même Edit. A Paris le 22. Octobre 1602. *Fontan. t.* 2. *p.* 241.

Edit portant abolition de l'imposition du sol pour livre, appellée Pancharte. A Fontainebleau le 10. Novembre 1602. reg. en la Cour des Aydes le 27. du même mois. *Font. t.* 4. *p.* 1185.

Lettres patentes portant jussion au Parlement pour l'enregistrement de l'Edit du mois de Novembre 1601. portant création de quatre Maîtres de chacun métier. A Paris le 23. Decembre 1602. reg. le 7. Fevrier 1603. *Font. t.* 1. *p.* 1107.

1603. Lettres patentes portant érection de la Vicomté de Rohan en Duché & Pairie, en faveur d'Henry Vicomte de Rohan, Prince de Leon, & de ses successeurs mâles; à la charge que la ligne masculine venant à faillir, la qualité de Duc & Pair demeurera éteinte, &c. A   en Avril 1603. registré au Parlement de Paris le 7. Aoust, en celuy de Bretagne le 16. Octobre de la même année,

& en la Chambre des Comptes de Paris le 28. May 1604. 5. *vol. des Ord. d'Henry IV. fol.* 95. *V. celles du mois de Decembre* 1648.

Ducs de Rohan.

Henry II. du nom Duc de Rohan, Pair de France, Prince de Leon, &c. mort en l'Abbaye du Cunefeld dans le Canton de Berne en Suisse, des blessures qu'il avoit reçûës à la premiere bataille de Rheinfeld en Suisse, le 13. Avril 1638.

Marguerite Duchesse de Rohan, Pair de France, Princesse de Leon, &c. mariée à Henry Chabot sieur de S. Aulaye, Gouverneur d'Anjou.

Loüis Chabot Duc de Rohan, Pair de France, Prince de Leon, &c.

Declaration portant confirmation des Privileges des deux cens vingt Sergens à cheval au Châtelet de Paris. A Paris en Juin 1603. reg. le 19. Juillet de la même année. 5. *vol. des Ord. d'Henry IV. fol.* 91. *Ioly t.* 2. *p.* 1560.

Declaration portant injonction tant aux Audianciers des Chancelleries établies prés les Cours de Parlement, qu'aux Clercs commis à l'Audiance des Chancelleries Presidiales, de compter par état du revenu desdites Chancelleries pardevant les grands Audianciers de France. A Paris le 12. Juillet 1603. reg. en la Chambre des Comptes le 18. Decembre suivant. *Ioly t.* 1. *p.* 755.

Declaration portant défenses de chasser avec l'arquebuse, ny le pistolet. A S. Germain en Laye le 14. Aoust 1603. reg. le 6. Septembre suivant. *Fontanon t.* 2. *p.* 341.

Edit portant exemption à quelques personnes en chacune Paroisse de toutes Commissions, &c. A Caën en Septembre 1603. reg. en la Chambre des Comptes le 2. & en la Cour des Aydes le 12. Avril 1604. *Fontanon t.* 2. *p.* 1188.

Declaration portant exemption des droits de Doüanne, en faveur des Libraires & Imprimeurs de la ville de Roüen. A Caën le 14. Septembre 1603. *Corbin p.* 783.

Edit pour le rétablissement des Jesuites. A Caën en Septembre 1603. reg. le 2. Janvier 1604. 5. *vol. des Ord. d'Henry IV. fol.* 116.

Declaration concernant les Referendaires de la Chancellerie

HENRY IV. d'Aix en Provence. A Caën le 17. Septembre 1603. *Ioly t. 2. p. 766.*

1603. Edit portant confirmation de celuy du mois de Mars 1592. & entant que besoin seroit rétablissement des Offices de Prevost General des Maréchaux dans la Province de Normandie, &c. A Fontainebleau en Octobre 1603. reg. au grand Conseil le 18. Novembre suivant. *Ioly t. 2. p. 1180.*

1604. Declaration en faveur des Prevosts des Maréchaux, portant que leurs gages, ne peuvent estre saisis. A Paris le 5. Janvier 1604. *Ioly t. 2. p. 1872.*

Declaration sur le commerce & trafic des Sujets du Roy dans les pais du Roy d'Espagne, & des Archiducs de Flandres. A Paris le 8. Fevrier 1604. *Fontanon t. 4. p. 1027.*

Declaration portant revocation de celle du 14. Aoust 1603. & permission aux Nobles de porter harquebuses, & chasser sur leurs terres. A Paris le 3. Mars 1604. reg. le 28. Avril suivant. *Fontanon t. 2. p. 342.*

Declaration en explication de l'art. 21. de l'Edit du mois de Mars 1600. pour la translation de domicile des Contribuables aux Tailles. A Paris le 9. Mars 1604. reg. en la Cour des Aydes le 24. du même mois *Neron p. 859.*

Edit portant création des Offices de Voyers Jurez dans chacun Siege du Royaume. A Paris en Mars 1604. *Revoqué par l'article 20. de la Declaration du 21. Iuillet* 1610.

Declaration pour l'execution des Edits & Declarations concernans les Regratiers & Revendeurs de sel à petites mesures. A Paris le 6. Juillet 1604. reg. en la Cour des Aydes le 26. Avril 1606. *Fontanon t. 2. p. 1114.*

Edit portant revocation de la Chambre Royale, établie par celuy du mois d'Aoust 1601. &c. A Fontainebleau en Octobre 1604. registré au Parlement le 26. du même mois, en la Chambre des Comptes le 1. & en la Cour des Aydes le 23. Decembre suivant. 5. *vol. des Ord. d'Henry IV. fol.* 188. *Fontanon t. 1. p. 696.*

Declaration portant reglement pour la recherche des Financiers. A Fontainebleau le 23. Octobre 1604. reg. au Parlement le 26. du même mois, & en la Chambre des Comptes le 2. Decembre de la même année. 5. *vol. des Ord. d'Henri IV. fol.* 190. *Fontanon t. 2. p. 697.*

Declaration portant confirmation des Privileges des villes de la Hanse Teutonique. A Fontainebleau en Novembre 1604. reg. le 2. Decembre

Decembre suivant. 5. *vol. des Ordonn. d'Henri IV. fol.* 192. *Servin vol.* 2.

Declaration pour le rétablissement du commerce avec les Espagnols, & les Sujets des Archiducs de Flandres. A Fontainebleau en Novembre 1604. reg. le 22. du même mois. 5. *vol. des Ord. d'Henry IV. fol.* 184. *Fontanon t.* 1. *p.* 1029.

Declaration portant dispense des quarante jours en faveur des Officiers de Judicature, Finances, & autres qui en voudront joüir en payant par chacun an quatre deniers pour livre de la valeur de leurs Offices entre les mains de Maître Charles Paulet Secretaire de la Chambre du Roy, &c. A Paris le 12. Decembre 1604. *Fontanon t.* 2. *p.* 576. *Ioly t.* 1. *addit. p.* 87.

Edit portant création de l'Office de Garde des Seaux de France, en faveur de Nicolas Bruslard Seigneur de Sillery, President au Parlement de Paris. A S. Germain en Laye en Decembre 1604. reg. le 14. Mars 1605. 5. *vol. des Ord. d'Henry IV. fol.* 213. *Ioly t.* 1. *addit. p.* 270.

1605. Declaration portant reglement pour les interests payez volontairement dans la Province de Berry, en consequence de simples obligations pour argent presté. A Paris le 17. Fevrier 1605. reg. le 30. Juillet de la même année. *Fontanon t.* 1. *p.* 685.

Declaration pour le rang entre les Valets de Chambre, & de Garderobe, &c. du Roy. A Paris le dernier Fevrier 1605. reg. au grand Conseil le 22. Mars de la même année. *La Mariniere p.* 53.

Edit portant création de 26. Offices de Secretaires du Roy, &c. A Paris en Mars 1605. reg. le 16. Septembre de la même année. 5. *vol. des Ord. d'Henry IV. fol.* 290. *Fontanon t.* 1. *p.* 143. *Ioly t.* 1. *p.* 713.

Declaration sur l'Edit du mois d'Octobre 1603. portant rétablissement d'un Prevost des Maréchaux, &c. dans la Province de Normandie. A Paris en Mars 1605. *Ioly t.* 2. *p.* 1183.

Declaration portant confirmation des Privileges & exemptions des Officiers des Maisons Royales. A Fontainebleau en May 1605. reg. en la Cour des Aydes le 27. du même mois. *Fontanon t.* 2. *p.* 1154. *Fournival p.* 624.

Edit portant création des Offices de Chauffecires hereditaires dans les Chancelleries estans prés les Cours de Parlement. A Paris en May 1605. *Ioly t.* 1. *p.* 769.

Edit portant rétablissement des qualitez de Presidens, Lieutenans, & Conseillers du Roy aux Officiers des Elections, &c. A Fontaine-

HENRY IV. bleau en May 1605. reg. en la Chambre des Comptes le 11. Juillet, & en la Cour des Aydes le 20. Septembre de la même année. *Fontanon t. 2. p. 976. Filleau part. 3. tit. 1. ch. 31. p. 41.*

1605. Lettres patentes portant jussion à la Cour des Aydes pour verifier la Declaration du dernier Novembre 1595. en ce qui regarde le second Huissier Audiancier en chacune Election. A Paris le 7. Juin 1605. *V. celles du 9. Fevrier 1606.*

Lettres patentes portant jussion à la Chambre des Comptes pour verifier l'Edit du mois de May precedent, portant rétablissement des qualitez de Presidens, &c. aux Elûs, &c. A Paris le 15. Juin 1605. reg. le 11. Juillet de la même année. *Fontanon t. 2. p. 978. Filleau part. 3. tit. 1. ch 31. p. 43.*

Declaration portant que les Officiers domestiques & commensaux de Monsieur le Prince de Condé, & de Madame la Duchesse d'Angoulesme, sont compris dans la Declaration du mois de May precedent. A Paris le 2. Juillet 1605. reg. en la Cour des Aydes le 20. du même mois. *Fontan. t. 2. p. 1155.*

Lettres Patentes portant jussion à la Cour des Aydes de proceder à la verification de l'Edit du mois de May precedent, portant rétablissement des qualitez de Presidens, &c. aux Elûs. A S. Germain en Laye le 6. Aoust 1605. *Font. t. 2. p. 979. Filleau part. 3. tit. 1. ch. 31. p. 44.*

Declaration sur l'Edit du mois de May precedent portant rétablissement des qualitez de Presidens, &c. aux Elûs. A Paris le 1. Septembre 1605. reg. en la Cour des Aydes. *Fontanon t. 2. p. 979. Filleau part. 3. tit. 1. ch. 32. p. 44.*

Lettres patentes portant jussion à la Cour des Aydes de proceder à la verification dudit Edit du mois de May precedent, nonobstant les Vacations. A Paris le 6. Septembre 1605. reg. le 20. du même mois. *Fontanon t. 2. p. 980. Filleau part. 3. tit. 1. chap. 32. p. 45.*

Edit portant création des Offices de Vendeurs de bestail à pied fourché, dans les Villes, Bourgs, & Bourgades où il y a Foire ou Marché, &c. A Fontainebleau en Septembre 1605. reg. le 5. Juillet 1607. *6. vol. des Ord. d'Henry IV. fol. 26. Fontanon t. 1. p. 1165.*

Edit pour le plan des Meuriers blancs, & la nourriture des Vers à soye. A Paris le 16. Novembre 1605. *Fontanon t. 1. p. 1011.*

Lettres patentes portant jussion à la Chambre des Comptes de verifier l'Edit du mois de Mars precedent, portant création de 26. Offices de Secretaires du Roy. A Paris le 18. Novembre 1605. registrées le 23. du même mois. *Fontanon t. 1. p.* 144. *Joly t. 1. p.* 714.

HENRY IV.

1605.

Declaration portant reglement pour la Chancellerie du Parlement d'Aix en Provence. A Paris le 28. Novembre 1605. *Jolyt.* 1. *p.* 766.

Lettres patentes portant jussion à la Chambre des Comptes de verifier purement & simplement l'Edit du mois de Mars precedent, portant création de 26. Offices de Secretaires du Roy. A Paris le 1. Decembre 1605. reg. le 9. du même mois. *Fontanon t. 1. p.* 145. *Joly t. 1. p.* 715.

Lettres patentes portant relief d'adresse au grand Conseil pour l'enregistrement de l'Edit du mois de Mars precedent, portant création de 26. Offices de Secretaires du Roy. A Paris le 29. Decembre 1605. registrées le 5. Janvier 1606. *Fontanon t. 1. p.* 146.

1606.

Declaration portant reglement pour les interests des obligations dans le païs de Masconnois. A Paris le 15. Janvier 1606. registrée le 15. Juillet de la même année. *5. vol. des Ord. d'Henry IV. fol.* 359.

Lettres patentes portant jussion à la Cour des Aydes de verifier l'Edit du dernier Novembre 1595. pour l'établissement d'un second Huissier Audiancier dans les Elections. A Paris le 9. Fevrier 1606. registrées le 3. Mars de la même année. *Fontanon t. 2. p.* 966.

Lettres patentes portant érection de la Baronnie de Suilly, &c. en Duché & Pairie, en faveur de Maximilian de Bethune, Marquis de Rosny, pour en joüir par luy & ses successeurs mâles, tant que la ligne masculine durera, & le tenir en foy & hommage de la Couronne de France; à la charge que défaillant la lignée masculine, la qualité de Duc & Pair demeurera éteinte, &c. A Paris en Fevrier 1606. reg. au Parlement le 9. & en la Chambre des Comptes le 15. Mars de la même année. *5. vol. des Ord. d'Henry IV. fol.* 324. *Filleau part. 3. tit. 7. chap. 5. p.* 317.

HENRY IV.

1606.

Ducs de Suilly.

Maximilian de Bethune I. du nom, Duc de Suilly, Pair, Maréchal, & Grand-Maître de l'Artillerie de France, &c. deceda le 21. Decembre 1641.

Maximilian de Bethune II. du nom, Marquis de Rosny, Grand-Maître de l'Artillerie, mourut le 1. Septembre 1634.

Maximilian-François de Bethune III. du nom, Duc de Suilly, Pair de France, &c. est mort le 11. Juin 1661.

Maximilian-Pierre-François de Bethune, Duc de Suilly, Pair de France, &c.

Lettres patentes portant relief de suramnation sur la Declaration du 6. Juillet 1604. concernant les Regratiers, & Revendeurs de sel à petites mesures. A Paris le 4. Mars 1606. le 26. Avril de la même année. *Fontanon t. 2. p.* 1115.

Declaration portant reglement pour les interests des obligations, personnelles dans la Province d'Anjou. A Paris le 14. Mars 1606. reg. le 27. Juin de la même année. *5. vol. des Ord. d'Henry IV. fol.* 348. *Fontanon t. 1. p.* 686.

Declaration portant ratification des articles arrestez entre le Roy & celuy d'Angleterre, pour le commerce des François & Anglois trafiquans dans les païs de leur obeïssance. A Fontainebleau le 26. May 1606. *5. vol. des Ord. d'Henry IV. fol.* 393. *Mercure François année* 1623. *in fine.*

Edit portant reglement des mesures à sel, & établissement des Officiers desdites mesures dans les Provinces de Xaintonge, Poitou, Angoumois, païs d'Aunis, haut & bas Limosin. A en Juillet 1606. *Revoqué par l'art.* 27. *de la Declaration du* 22. *Juillet* 1610.

Declaration pour la verification & enregistrement des facultés du Cardinal de Joyeuse Legat *à latere.* A Paris le 3. Aoust 1606. reg. le du même mois. *5. vol. des Ord. d'Henry IV. fol.* 365.

Declaration portant défenses aux Notaires & Tabellions du Royaume, d'inserer dans les Brevets, Contrats, Obligations, &c. aucunes renonciations au Senatusconsulte Velleian, l'Authentique *Si qua mulier*, & autres droits introduits en faveur des femmes, à peine de suspension de leurs Charges, d'amende arbitraire, & des dépens, dommages, & interests des parties : lesquelles femmes demeureront bien & valablement obligées sans lesdites renonciations, &c. A Paris en Aoust 1606. reg. le 22. May 1607. *6. vol. des Ord. d'Henry IV. fol.* 10. *Fontanon t.* 1. *p.* 737. *Neron p.* 407. *Ioly t.* 2. *p.* 1739. *V. la Declaration du mois d'Avril* 1664.

Edit portant défenses de porter sur les habits aucuns draps, ny toille d'or ou d'argent. A Fontainebleau en Novembre 1606. reg. le 9. Janvier 1607. *5. vol. des Ord. d'Henry IV. fol.* 381. *Fontanon t.* 1. *p.* 995.

Declaration portant confirmation des Privileges des Habitans de la ville de Montargis. A Montargis en Octobre 1606. *5. vol. des Ord. d'Henry IV. fol.* 401. *Privil. de Montargis p.* 111.

Edit sur les plaintes & remontrances du Clergé generalement assemblé en la ville de Paris, contenant 31. articles. A Paris en Decembre 1606. reg. le dernier Fevrier 1608. *6. vol. des Ord. d'Henry IV. fol.* 85. *Fontanon t.* 4. *p.* 1033. *Neron p.* 536. *Corbin t.* 2. *p.* 110.

Edit pour l'établissement des Juges des decimes dans les Villes de Paris, Lyon, Roüen, &c. A Paris le 9. Decembre 1606. *Recueil des Edits du Clergé p.* 11.

Edit portant pouvoir aux Ecclesiastiques de racheter leurs biens alienez depuis 44. ans, en remboursant les acquereurs, leurs heritiers, & ayans cause, du sort principal, meliorations, frais, & loyaux cousts. A Paris en Decembre 1606. *V. la Declaration du mois de Iuillet* 1616.

Declaration contre les fraudes des Indultaires, contenant 6. articles. A Paris le 9. Decembre 1606. *Ioly t.* 1. *p.* 212. *Fontanon t.* 4. *p.* 1039.

Declaration portant exemption en faveur des Ecclesiastiques, de bailler par declaration, aveu, & dénombrement leurs terres, &c. A Paris le 9. Decembre 1606. *Fontanon t.* 4. *p.* 1040.

Edit portant établissement des Manufactures de Tapisseries dans la ville de Paris, & autres villes du Royaume. A Paris en Janvier 1607. *V. celuy du mois de Novembre* 1667. 1607.

Declaration du Roy pour l'execution de l'Edit du 8. Avril 1599. pour le desseichement des Marais. A Paris en Janvier 1607. reg. le 23. Aoust 1613. *1. vol. des Ord. de Loüis XIII. fol.* 441. *Fontan. t.* 2. *p.* 407.

Declaration portant permission aux Substituts des Procureurs du Roy dans les Bailliages, créez par Edit du mois de May 1586. d'é-

HENRY IV. 1607.

crire, plaider, & consulter dans les causes où le Roy n'a point d'interest. A Paris le 22. Fevrier 1607. *Fontanon t. 1. p. 438. Ioly t. 2. p. 1261. Filleau part. 2. tit. 6. ch. 16. p. 249.*

Edit portant création de deux Maîtres de chacun métier dans toutes les Villes, &c. en faveur de la naissance de Monsieur Duc d'Orleans, second Fils de France. A Fontainebleau en Avril 1607. reg. le 23. Juin de la même année. *6. vol. des Ord. d'Henri IV. fol. 20. Fontanon t. 1. p. 1108.*

Declaration concernant les Offices des Receveurs des Consignations. A Fontainebleau le dernier May 1607. *Ioly t. 2. p. 1636.*

Declaration sur l'Edit du mois de Janvier 1598. portant création des Offices de Commissaires Examinateurs dans les Elections. A Paris le 16. Juillet 1607. reg. en la Cour des Aydes le 26. Septembre 1609. *Fontanon t. 2. p. 984. Filleau part. 3. tit. 3. ch. 13. p. 167.*

Edit portant revocation de la Declaration du 13 Avril 1590. & en conséquence que les Duchez, Comtez, Vicomtez, Baronnies, & autres Terres du patrimoine du Roy, mouvantes de la Couronne ou des parts & portions du Domaine, y sont accrûës & réünies de plein droit, lors qu'il est parvenu à la Royauté. A Paris en Juillet 1607. reg. au Parlement de Tholose le 17. Decembre audit an. *6. vol. des Ord. d'Henry IV. fol. 44. Fontanon t. 4. p. 1205. Corbin t. 2. p. 18. Maynard p. 2061.*

Edit portant reglement pour le fait des Chasses, & port d'harquebuses, contenant 15. articles. A Paris en Juillet 1607. reg. le 5. Septembre de la même année. *6. vol. des Ord. d'Henri IV. fol. 49. Fontanon t. 2. p. 343. Neron p. 1053.*

Edit portant rétablissement des Offices de Changeurs qui avoient esté supprimez par celuy du mois de Decembre 1601. A Paris en Aoust 1607. reg. en la Cour des Monnoyes le 22. Juin 1608. *Fontanon t. 1. p 1017.*

Declaration portant que le Duché & Pairie de Vendosme n'est point compris dans l'Edit du mois de Juillet dernier, par lequel l'ancien patrimoine du Roy a esté réüny au Domaine de la Couronne. A S. Maur en Aoust 1607. reg. le dernier du même mois. *6. vol. des Ord. d'Henry IV. fol. 43.*

Edit portant réünion de l'Office de Garde des Seaux de France, créé par celuy du mois de Decembre 1604. à celuy de Chancelier, en faveur de Messire Nicolas Brussard Seigneur de Sillery, Garde des Seaux de France. A Paris le 19. Septembre 1607. *Ioly t. 1. addit. p. 270.*

Declaration portant reglement pour les interests des obligations personnelles dans la Province du Maine. A Paris le 24. Decembre 1607. reg. le 16. Fevrier 1608. *6. vol. des Ord. d'Henri IV. fol. 71.* HENRY IV.

Declaration portant reglement pour les appellations des Maîtres particuliers, Capitaines, Gruyers, & leurs Lieutenans, pour raison des Chasses. A Paris le 27. Decembre 1607. reg. le 16. Avril 1608. *Neron p. 1056. Font. t. 2. p. 345.* 1607.

Edit portant création de 20. Offices de Secretaires du Roy, Maison, & Couronne de France, en faveur de 20. Secretaires du Roy du Domaine de Navarre. A Paris en Decembre 1607. reg. au Parlement le 14. en la Chambre des Comptes le 21. Juillet, & en la des Aydes le 21. Aoust 1608. *6. vol. des Ord. d'Henri IV. fol. 102. Fontanon t. 1. p. 147. Joly t. 1. p. 718.*

Edit concernant l'Office de Grand-Voyer de France. A Paris en Decembre 1607. reg. le 14. Juillet 1608. *6. vol. des Ord. d'Henry IV. fol. 96.*

Lettres patentes portant érection du Marquisat de Fronsac en Duché & Pairie, en faveur de François d'Orleans Comte de saint Paul, Chevalier les Ordres du Roy, &c. A en Janvier 1608. reg. le 18. Fevrier suivant. *6. vol. des Ord. d'Henry IV. fol. 77. Vo celles du mois de Ianvier 1634.* 1608.

Edit portant reglement pour l'execution de celuy du mois de Juin 1598. portant création des Offices de Receveurs des Consignations. A Paris le 26. Janvier 1608. *Joly t. 2. p. 1643.*

Edit pour l'établissement de la Religion Catholique, Apostolique, & Romaine, & des Religieux de la Compagnie de Jesus, dans le païs & Souveraineté de Bearn. A Paris le 19. Fevrier 1608. *Fontanon t. 4. p. 1049. Mercure François t. 1. p. 230.*

Lettres patentes portant relief d'adresse à la Cour des Aydes de Paris, pour verifier la Declaration du 23. Decembre 1586. en faveur des Tresoriers de France. A Paris le 18. Fevrier 1608. reg. le 31. Mars de la même année. *Fournival p. 730.*

Lettres patentes portant confirmation des Statuts des Maîtres Feures-Coûteliers, Graveurs & Doreurs sur fer & acier à Paris. A Paris en Mars 1608.

Edit portant création des Offices de Conseillers du Roy, Receveurs Provinciaux, & Payeurs des rentes constituées sur les Receptes generales & particulieres. A Paris en May 1608. reg. en la Chambre des Comptes le 6. May 1609. *Fontanon t. 1. p. 784. Fournival. p. 412.*

HENRY IV. Edit portant création de deux Maîtres de chacun métier dans toutes les Villes, &c. en faveur de Monseigneur le Duc d'Anjou
1608. troisiéme fils de France. A Paris en May 1608. reg. le 3. Juin de la même année. *6. vol. des Ord. d'Henri IV. fol. 135.*

Declaration addressée au Parlement de Tholose, pour faire lire les Privileges des Secretaires du Roy. A Paris le 18. Juin 1608. *Fournival p. 657.*

Edit portant revocation de toutes les Lettres de Maîtrises, créées auparavant l'avenement du Roy à la Couronne. A Fontainebleau le 8. Juillet 1608. *Fontanon t. 1. p. 1111.*

Declaration en faveur de la Nation Germanique de l'Université d'Orleans. A Fontainebleau le 15. Juillet 1608. *Lemaire des Antiq. de l'Université d'Orleans p. 93.*

Declaration sur le droit de nomination à une Prebende de chacune Eglise Cathedrale, & Collegiale, qui appartient au Roy, à cause de son avenement à la Couronne. A Monceaux le 8. Septembre 1608. reg. au grand Conseil le 30. Mars 1609. *Joly t. 1. add. p. 325.*

Lettres patentes portant érection de la terre de Bournonville en Duché, & union de la Baronnie de Houlefort, qui avoit esté érigée en Duché sous le nom de Bournonville, par les Lettres patentes du mois de Septembre 1600. en faveur d'Alexandre Duc de Bournonville, Comte de Hennin, avec derogation expresse à la condition portée par lesdites Lettres, que ce Duché seroit réüny au Domaine de la Couronne en defaut de mâles, &c. A Fontainebleau le 22. Octobre 1608.

Edit portant revocation de celuy du mois de Decembre 1598. & en consequence que les Tresoriers de France, tant anciens, qu'alternatifs, exerceront leurs Charges conjointement, &c. A Paris en Novembre 1608. reg. au Parlement le 12. Decembre audit an, & en la Chambre des Comptes le 14. Janvier 1609. *6. vol. des Ord. d'Henri IV. fol. 226. Font. t. 2. p. 98. Fournival p. 415.*

Edit portant confirmation du College des 66. Secretaires du Roy. A Paris le 9. Decembre 1608. *Joly t. 1. p. 711.*

Edit portant rétablissement des qualitez de President en faveur des Tresoriers de France, nonobstant l'Edit de suppression du mois de Decembre 1598. A Paris en Decembre 1608. reg. au Parlement
1609. le 30. May, & en la Chambre des Comptes le 3. Aoust 1609. *6. vol. des Ord. d'Henry IV. fol. 317. Fournival p. 1126.*

Edit portant que dans la Province de Touraine il n'y aura qu'un seul Prevost Provincial: suppression des qualitez de Prevosts attribuées

buées à ceux des villes de Chinon, & autres, pour demeurer Lieutenans dudit Prevost, &c. A Paris en Janvier 1609. 1. *vol. des Ordonnances de Loüis XIII. fol.* 58. *Montarlot p.* 334.

Declaration portant reglement sur l'élection de domicile qu'on est obligé de faire dans les decrets. A Paris le 26. Janvier 1609. reg. le 9. Fevrier de la même année. 6. *vol. des Ord. d'Henry IV. fol.* 273. *Font. t.* 1. *p.* 639. *Neron p.* 492. *Corbin p.* 758. *Lemaistre des Criées p.* 154.

Lettres patentes portant jussion à la Chambre des Comptes, pour verifier l'Edit du mois de Novembre 1608. touchant les Tresoriers de France. A Paris le 10. Fevrier 1609. reg. le 8. May suivant. *Fontanon t.* 2. *p.* 100. *Fournival p.* 419.

Declaration portant défenses de transporter les reales d'Espagne, & autres especes tant d'or que d'argent, hors du Royaume, &c. A Paris le 15. Fevrier 1609. reg. en la Cour des Monnoyes le 16. du même mois. *Fontanon t.* 2. *p.* 243.

Declaration en consequence de celle du 26. Janvier precedent, concernant l'élection de domicile dans les decrets. A Paris le 23. Fevrier 1609. *Lemaistre des Criées p.* 156.

Declaration portant confirmation du droit que les Evêques, &c. ont de connoître des comptes des revenus des Fabriques, par l'Edit du 3. Octobre 1571. A Paris le 16. Mars 1609. reg. le 18. Decembre de la même année. 6. *vol. des Ord. d'Henry IV. fol.* 373. *Bibliotheque du Droit Franç. t.* 3 *V. Visitation.*

Declaration sur l'Edit du mois de Novembre 1608. touchant les Tresoriers de France. A Paris le 7. Avril 1609. reg. en la Chambre des Comptes le 8. May suivant. *Font. t.* 2. *p.* 101 *Fournival p.* 420.

Declaration portant confirmation des Privileges que les Habitans de la ville de Montargis ont, de ne plaider qu'au Parlement, pour la conservation de leurs Privileges. A Paris le 12. Avril 1609. reg. le 5 May de la même année. 6. *vol. des Ord. d'Henry IV. fol.* 301. *Privil. de Mont. p.* 128.

Declaration portant que ceux qui fourniront leurs deniers aux debiteurs des rentes constituées au denier 12. avec stipulation expresse de pouvoir succeder aux hypotheques des creanciers qui seront acquittées de leurs deniers, & desquels iceux deniers se trouveront avoir esté employez à l'acquit d'icelles rentes, arrerages d'icelles, & autres sommes, par declaration qui sera faite par les debiteurs lors de l'acquit, & rachat, soient & demeurent subrogez de droit aux droits, hypotheques, noms, raisons, & actions desdits anciens creanciers, sans autre cession & transport d'iceux. A Paris

HENRY IV. en May 1609. regist. le 4. Juin de la même année. 6. *vol. des Ord. d'Henry IV. fol.* 315. *Neron p.* 448. *Lemaistre des Criées p.* 157.

1609. Edit en faveur des Officiers tant de la grande que des petites Chancelleries. A Paris en May 1609. *Fontanon t.* 4. *p.* 924.

Edit pour la survivance des Secretaires du Roy. A Paris en May 1609. *Font. t.* 4. *p.* 925.

Edit portant peine de mort contre les Banqueroutiers frauduleux, &c. A Paris en May 1609. reg. le 4. Juin suivant. 6. *vol. des Ord. d'Henri IV. fol.* 310. *Fontanon t.* 1. *p.* 763. *Neron p.* 445.

Edit touchant les droits des Referendaires en Chancellerie. A Fontainebleau en May 1609. *Ioly t.* 1. *p.* 767.

Declaration portant revocation de la clause inserée dans les Lettres patentes des mois de Fevrier 1578. Juin 1589. & Arrests de verification, par laquelle le Duché de Vantadour est reversible au Domaine de la Couronne en defaut d'hoirs mâles. A le 19. Juin 1609. reg. le 30. Juillet de la même année. 6. *vol. des Ord. d'Henry IV. fol.* 335.

Edit portant reglement pour la défense & punition des duels, contenant 20. articles. A Fontainebleau en Juin 1609. reg. le 26. du même mois. 6. *vol. des Ord. d'Henry IV. fol.* 324. *Font. t.* 1. *p.* 667. *Maynard p.* 2037.

Declaration portant attribution d'une somme de deux cens livres aux Officiers de la Connestablie, pour les menuës necessitez du Siege. A Fontainebleau le dernier Juin 1609. reg. en la Chambre des Comptes le 15. Septembre suivant. *Pinson p.* 98.

Declaration portant défenses à toutes personnes de porter des petits pistolets, &c. A Paris le 12. Septembre 1609. reg. le 15. du même mois. 6. *vol. des Ord. d'Henry IV. fol.* 352. *Font. t.* 2. *p.* 658.

Declaration portant surséance pour un an de la poursuite des instances de Regale. A Paris le 26. Octobre 1609. *Recueil des Edits du Clergé, p.* 258.

Edit portant création de quatre Offices de Clercs commis au Greffe du Conseil Privé. A Paris en Decembre 1609. *Ioly t.* 1. *p.* 637.

1610. Declaration portant que le Duc de Vendosme, & ses enfans nez en loyal mariage, precederont tous les autres Princes & Seigneurs du Royaume, excepté les Princes du sang, &c. A Paris le 18. Avril 1610. reg. le 4. May de la même année. 6. *vol. des Ord. d'Henry IV. fol.* 414.

Louis XIII. 1610.

LOUIS XIII. Roy de France, & de Navarre, ſurnommé le Juſte.

A regné depuis le 14. May 1610. juſqu'au 14. May 1643.

Arreſt rendu au Parlement de Paris le 14. May 1610. toutes les Chambres aſſemblées, qui declare la Reine Mere du Roy Regente en France, pour avoir l'adminiſtration des affaires du Royaume pendant le bas âge du Roy, avec toute puiſſance & autorité. *Font. t. 4. p.* 1206. *Ioly t.* 1. *addit. p.* 89. *Mercure François t.* 1. 426.

Arreſt rendu au Parlement de Paris le 15. May 1610. le Roy y ſéant en ſon lit de Juſtice, qui declare conformément à l'Arreſt precedent, la Reine ſa Mere Regente en France, pour avoir ſoin de l'éducation & nourriture de ſa perſonne, & l'adminiſtration des affaires de ſon Royaume pendant ſon bas âge; qu'il ſera publié, & enregiſtré en tous les Bailliages, Senéchauſſées, & autres Sieges Royaux du reſſort de ladite Cour, & en toutes les autres Cours de Parlement de ſondit Royaume. *Fontanon t.* 4. *p.* 1207. *Ioly t.* 1. *addit. p.* 89. *Mercure François t.* 1. *p.* 426.

Declaration portant confirmation de l'Edit fait à Nantes en Avril 1598. des articles ſecrets, & des Reglemens & Declarations faites en conſequence; en faveur de ceux de la Religion Pretenduë Reformée. A Paris le 22. May 1610. reg. le 3. Juin de la même année. *Fontanon t.* 4. *p.* 1207. *Mercure François t.* 1. *p.* 462.

Edit portant création de deux Maîtres de chacun métier dans toutes les Villes, &c. en faveur de l'avenement du Roy à la Couronne. A Paris en May 1610. reg. le 21. Aouſt ſuivant 1. *vol. des Ord. de Loüis XIII. fol.* 35.

Edit portant défenſes à toutes perſonnes de prendre les armes, &c. A Paris le 27. May 1610. reg. le 7. Juin ſuivant. *Mercure François t.* 1. *p.* 464. *Fontanon t.* 4. *p.* 1208.

Declaration portant confirmation des Privileges des Habitans de la ville de Montargis. A Paris en Juin 1610. reg. le 21. Fevrier 1611. 1. *vol. des Ord. de Loüis XIII. fol.* 112. *Privil. de Mont. p.* 113.

Declaration portant revocation de pluſieurs Commiſſions extraordinaires, & Edits de création d'Office, & ſurſéance pour l'execution de pluſieurs autres. A Paris le 22. Juillet 1610. regiſtrée

LOUIS XIII. 1610.

au Parlement le 23. Aoust, en la Chambre des Comptes le 1. & en la Cour des Aydes le 17. Septembre de la même année. 1. *vol. des Ord. de Loüis XIII. fol.* 32. *Fontanon t.* 4. *p.* 1449.

Declaration portant défenses au Parlement de Bordeaux, & à tous autres Juges de troubler les Juges & Consuls de la même Ville, en la Jurisdiction qui leur est attribuée par l'Edit de leur création du mois de Decembre 1563. A Paris le 26. Juillet 1610. *Ioly t.* 2. *p.* 1298.

Lettres patentes portant reglement pour le rang & séance des Bourgeois de la ville de Bordeaux, qui ont esté Jurats, Juges de la bourse, Consuls, Tresoriers de l'Hôpital, & Avitailleurs des Châteaux. A Paris en Juillet 1610. *Ioly t.* 2. *p.* 1299.

Lettres patentes portant confirmation des Privileges des Habitans de la ville d'Aix en Provence. A Paris en Aoust 1610. *Chenu p.* 448.

Declaration portant qu'aucun Officier des Maisons Royales ne sera exempt de Tailles, s'il ne sert actuellement, & n'est couché sur l'Etat. A Paris le 8. Septembre 1610. reg. en la Cour des Aydes le 22. du même mois. *Neron p.* 865.

Declaration portant confirmation des Privileges des Habitans de la ville d'Orleans. A Paris le 9. Septembre 1610. 1. *vol. des Ord. de Loüis XIII. fol.* 11.

Lettres patentes portant érection de la Baronnie de Dampville, & des Seigneuries de Cornueil, grandes & petites Minieres, en Duché & Pairie, en faveur de Charles de Montmorency Baron de Dampville, Admiral de France, & Colonel general des Suisses, Chevalier des Ordres du Roy, pour en joüir par luy, & aprés son decez par ses enfans mâles procreez en loyal mariage; & au cas qu'il decede sans enfans, par Henry de Montmorency son neveu, & aprés luy par ses hoirs mâles, issus de luy, pour estre tenu à foy & hommage de la grosse Tour du Louvre: & à la charge que les appellations du Juge d'iceluy ressortiront nuëment au Parlement de Roüen, fors & excepté les causes civiles, criminelles, personnelles, mixtes, & réelles, qui concerneront tant ledit Duc de Dampville, que le droit dudit Duché, qui seront traitées en premiere instance au Parlement de Paris: & en outre qu'en defaut d'hoirs mâles, ladite qualité de Duc & Pair demeurera éteinte, & supprimée, &c. A Paris en Septembre 1610. reg. le 30. Decembre suivant. 1. *vol. des Ord. de Loüis XIII. fol.* 73. *Hist. de Montmor. preuves liv.* 5. *chap.* 5. *p.* 309.

Ducs de Dampville.

Anne Duc de Montmorency, Pair, Connestable, & Grand-Maître de France, &c.

Henry Duc de Montmorency, Pair & Connestable de France, &c. decedé le 1. Avril 1614.	Charles de Montmorency, Duc de Dampville, Pair, & Admiral de France, mort sans enfans l'an 1612.

Henry Duc de Montmorency, & de Dampville, Pair, Admiral, & Maréchal de France, Chevalier des Ordres du Roy, decedé sans enfans le 30. Octobre 1632.

Edit sur les plaintes & remontrances du Clergé assemblé par la permission du Roy en la ville de Paris, contenant onze articles, portant reglement contre les crimes de simonie & de confidence; les reserves des Benefices; sur les appellations comme d'abus; la Jurisdiction Ecclesiastique; les Conciles Provinciaux; le respect qui est dû aux Ecclesiastiques; le rang des Pairs Ecclesiastiques, les Offices de Presidens aux Enquêtes, & Conseillers és Cours de Parlement, & Sieges Presidiaux qui sont affectez aux personnes Ecclesiastiques: confirmation des exemptions accordées aux Ecclesiastiques, de bailler par declaration, aveu, & denombrement, les biens, & heritages de leurs Benefices, &c. A Paris en Septembre 1610. reg. le 30. May 1612. *1. vol. des Ord. de Loüis XIII. fol.* 286. *Neron p.* 542. *Corbin t. 2. p.* 121.

Declaration portant reglement pour la Jurisdiction des Juges & Consuls, & les matieres dont la connoissance leur est attribuée. A Paris le 2. Octobre 1610. reg. le 18. Juillet 1611. *Neron p.* 332. *Corbin p.* 730. *Ioly t. 2. p.* 1305. *Filleau part. 2. tit. 9. ch. 8. p.* 418.

Lettres patentes portant confirmation des Privileges des Notaires du Châtelet de Paris. A Paris en Novembre 1610. reg. le 1. Decembre de la même année. *1. vol. des Ord. de Loüis XIII. fol.* 63. *Ioly t. 2. p.* 1941.

Declaration pour l'enregistrement du Traité conclu avec les Archiducs de Flandres. A Paris le 10. Decembre 1610. reg. le 13. Decembre 1611. *1. vol. des Ord. de Loüis XIII. fol.* 484

Declaration en faveur de la Compagnie des Chevaux Legers ordinaires de la garde du Roy. A Paris en Decembre 1610. reg. le 11. May 1611.

Loüis XIII.

1611.

Declaration portant confirmation des Privileges des Officiers des Chasses, pour en joüir de même que les Officiers domestiques & commensaux de la Maison du Roy. A Paris en Fevrier 1611. reg. en la Cour des Aydes le 26. du même mois. *Neron p.* 1057.

Lettres patentes portant confirmation du titre de Duché & Pairie à la terre d'Halluyn, sous le nom de Candale, en faveur d'Henry de Nogaret de la Valette, Comte de Candale, & d'Anne d'Haluyn son épouse. A Paris en Fevrier 1611. reg. le 18. Mars suivant. 4. *vol. des Ord. de Loüis XIII. fol.* 137. *V. celles des mois de May* 1587. *&* 9. *Octobre* 1620.

Edit portant création de deux Maîtres de chacun métier dans toutes les Villes, &c. en faveur du Sacre & Couronnement du Roy. A en Mars 1611. reg. le 6. Juillet 1629. 5. *vol. des Ord. de Loüis XIII. fol.* 160.

Declaration portant confirmation des Privileges des Habitans du païs & Duché de Bretagne. A Paris en Mars 1611. *Argentré.*

Declaration pour l'execution d'un reglement du 23. Decembre 1609. concernant la grande Chancellerie. A Fontainebleau le 13. Avril 1611. *Joly t.* 1. *p.* 785.

Lettres patentes portant érection du Comté de Brissac en Duché & Pairie, en faveur de Charles de Cossé II. du nom, Comte de Brissac, Chevalier des Ordres du Roy, Maréchal de France, &c. A Fontainebleau en Avril 1611. reg. le 8. Juillet 1620. 3. *vol. des Ord. de Loüis XIII. fol.* 280. *V. celles du mois de Septembre* 1616. *&* 18. *Septembre* 1619.

Ducs de Brissac.

Charles de Cossé II. du nom, Duc de Brissac, Pair & Maréchal de France, Chevalier des Ordres du Roy, &c.

François de Cossé Duc de Brissac, Pair & grand Pannetier de France, &c.

Loüis de Cossé Duc de Brissac, Pair de France, &c.

Henry-Albert de Cossé à present Duc de Brissac, Pair de France, &c.

Lettres patentes portant érection des Terres de Lesdiguieres, & de Champsaur, en Duché & Pairie, en faveur de Messire François de Bonne, sieur de Lesdiguieres, Maréchal de France, & de Charles Sire de Crequy son gendre, &c. A en May 1611. reg. le 14. Novembre 1619. 3. *vol. des Ord. de Loüis XIV. fol.* 246. *V. celles du* 14. *Septembre* 1619.

Ducs de Lesdiguieres.

François de Bonne Duc de Lesdiguieres, Pair & Connestable de France, Chevalier des Ordres du Roy, &c.

Magdelaine de Bonne Duchesse de Lesdiguieres, Pair de France, épousa Charles Sire de Crequy, & de Canaples, Prince de Poix, Maréchal de France, Chevalier des Ordres du Roy, &c.

François de Bonne de Crequy, Duc de Lesdiguieres, Pair de France, Chevalier des Ordres du Roy, &c.

François-Emmanuel de Bonne de Crequy, Duc de Lesdiguieres, Pair de France, &c.

Jean-François-Paul de Bonne de Crequy, Duc de Lesdiguieres, Pair de France, &c.

Declaration addressée au Parlement de Tholose, pour proceder à l'enregistrement des Privileges des Secretaires du Roy. A Paris le 29. May 1611. *Fournival p.* 658.

Edit portant défenses de tenir berlans pour joüer aux cartes & aux dez. A Paris le 30. May 1611. reg. le 23. Juin de la même année. 1. *vol. des Ord. de Loüis XIII. fol.* 170.

Edit portant que toutes amendes, chablis, forfaitures, confiscations, interests, & restitutions de bois, outrepasses, & surmesures, & tous autres profits & émolumens quelconques, &c. seront censez domaniaux, & de même nature que le fonds desdits bois de haute fustaye, &c. A Fontainebleau en Juin 1611. reg. le 4. Septembre 1615. 2. *vol des Ord. de Loüis XIII. fol.* 235.

Declaration portant reglement pour le fait des duels. A Paris le 1. Juillet 1611. reg. le 11. du même mois. 1. *vol. des Ord. de Loüis XIII. fol.* 194.

Declaration portant confirmation des Privileges des Chirurgiens de la ville de Paris. A Paris en Juillet 1611. reg. au grand Conseil le 2. Septembre suivant.

LOÜIS XIII. 1611.

Declaration portant confirmation des Privileges des Chanoines de la sainte Chapelle du Bois de Vincennes. A en Aoust 1611. reg. le 19. Novembre de la même année. 1. *vol. des Ord. de Loüis XIII. fol.* 238.

Autre Declaration en faveur des mêmes. A en Septembre 1611. reg. le 19. Novembre suivant. 1. *vol. des Ord. de Loüis XIII. fol.* 239.

Declaration portant confirmation des Privileges des Habitans de Sedan & Raucourt: & permission de vendre leurs marchandises sans payer aucunes impositions. A en Septembre 1611. reg. le 23. Janvier 1612. 1. *vol. des Ord. de Loüis XIII. fol.* 255.

Declaration portant confirmation des Privileges des cinquante-cinq Porteurs de grains à Paris. A Paris en Septembre 1611. reg. le 29. Novembre audit an. 1. *vol. des Ord. de Loüis XIII. fol.* 241.

Lettres patentes portant que dans la Province de Touraine les serviteurs & servantes ne pourront se loüer qu'au jour & Feste de Toussaints, sur peine de perdre leurs gages. A Paris le 3. Octobre 1611. reg. le 16. Janvier 1612. 1. *vol. des Ord. de Loüis XIII. fol.* 254.

Declaration portant reglement pour la Jurisdiction des Juges & Consuls, en interpretation de celle du 2. Octobre 1610. A Paris le 4. Octobre 1611. reg. le 16. Janvier 1612. 1. *vol. des Ord. de Loüis XIII. fol.* 247. *Neron p.* 333. *Corbin p.* 732.

Edit portant défenses de porter à la campagne aucuns pistolets, harquebuses, & autres armes à feu. A Paris le 16. Decembre 1611. reg. le 20. Janvier 1612. 1. *vol. des Ord. de Loüis XIII. fol.* 248.

Declaration portant confirmation des Statuts des Miroitiers à Paris. A Paris en Decembre 1611. reg. le 17. du même mois. 1. *vol. des Ord. de Loüis XIII. fol.* 243.

Lettres patentes portant érection des Terres de Seaux, le Bourg-la-Reine, & autres en Châtellenie, en faveur de Messire Loüis Potier Baron de Gesvres, Secretaire d'Etat. A Paris en Decembre 1611. regist. le 10. Janvier 1612. 1. *vol. des Ord. de Loüis XIII. fol.* 245.

Declaration portant confirmation des Privileges des 24. Courtiers de chevaux à Paris. A Paris en Decembre 1611. reg. le dernier Janvier 1612. 1. *vol. des Ord. de Loüis XIII. fol.* 256.

Declaration portant confirmation des Privileges des Officiers domestiques & commensaux de la Maison du Roy, & de celle de la Reine, &c. A Paris en Decembre 1611. reg. en la Cour des Aydes le 14. Janvier 1612. *Ioly t.* 1. *p.* 822.

Lettres

Louis XIII. 1612.

Lettres patentes portant érection du Comté de Châteauneuf en Marquisat sous le nom de Valromey, en faveur de Messire Honoré d'Urfé. A Paris en Fevrier 1612. *Guichenon preuves de l'hist. de Bresse, p. 193.*

Edit portant création d'un Office d'Exempt en chacune Compagnie de Prevosts Generaux Provinciaux, Vicesenéchaux, leurs Lieutenans, & Lieutenans Criminels de Robe courte, dans toute l'étenduë du Royaume. A Paris en Fevrier 1612. reg. au grand Conseil le 15. Mars 1615. *Ioly t. 2. p. 1878.*

Declaration portant que les appellations des Officiers des Doyen, Chanoines, & Chapitre de la ville de Toul, seront portées au Parlement de Paris, & jugées en la quatriéme Chambre des Enquêtes. A Paris en Fevrier 1612. reg. le 2. Juin de la même année. *1. vol. des Ord. de Loüis XIII fol. 291.*

Lettres patentes portant érection du Duché de Chevreuse en Pairie, en faveur de Claude de Lorraine Duc de Chevreuse, &c. A Paris en Mars 1612. reg. le 21. Aoust 1627. *V. celles des mois de Decembre 1545. Avril 1555. Avril 1664. & Decembre 1667.*

Declaration portant abolition en faveur de ceux qui ont convoqué, ou se sont trouvez aux Assemblées tenuës par ceux de la Religion Pretenduë Reformée, sans permission du Roy. A le 23. Avril 1612. reg. le 25. May de la même année. *1. vol. des Ord. de Loüis XIII.*

Edit portant défenses à tous Imprimeurs d'imprimer aucuns Livres sans la permission du Roy, & sans y mettre leurs noms. A Paris le 11. May 1612. reg. le 5. Juillet suivant. *1. vol. des Ord. de Loüis XIII. fol. 305.*

Declaration portant confirmation des Privileges & exemptions des Officiers des Maisons Royales, en execution de celle du mois de Decembre precedent. A Paris le 20. Juillet 1612. reg. en la Cour des Aydes le 30. Aoust suivant. *Fournival p. 627.*

Lettres patentes portant confirmation des Privileges des Religieux de la Trinité & Redemption des Captifs. A Paris en Juillet 1612. reg. le 29. Juillet 1613. *1. vol. des Ord. de Loüis XIII. fol. 427.*

Declaration portant pouvoir aux Maire, Echevins, & Capitaines de la ville d'Orleans, de condamner à l'amende de 60. sols ceux qui contreviendront à leurs ordres pour le guet de ladite Ville, &c. A Paris en Septembre 1612. reg. le 6. dudit mois. *1. vol. des Ord. de Loüis XIII. fol. 315. Filleau part. 3. tit. 7. ch. 18. p. 347.*

LOÜIS XIII. 1612. Edit portant création de deux Lettres de Maîtrises, en faveur de l'avenement de la Reine-Mere du Roy à la Regence du Royaume. A en Septembre 1612. reg. le 29. Aoust 1613. 1. *vol. des Ord. de Loüis XIII. fol.* 445.

Lettres patentes portant jussion à la Cour des Aydes de Paris, pour verifier la Declaration du 20. Juillet precedent, touchant les Officiers des Maisons Royales. A Paris le 26. Septembre 1612. reg. le 14. Decembre suivant. *Fournival p.* 630.

Declaration portant confirmation des Privileges des Paticiers à Paris. A Paris en Octobre 1612. reg. le 11. May 1613. 1. *vol. des Ord. de Loüis XIII. fol.* 398.

Declaration portant que dans le Duché de Berry les serviteurs & servantes ne pourront se loüer que, &c. A Paris en Octobre 1612. reg. le 10. Janvier 1613. 1. *vol. des Ord. de Louis XIII. fol.* 345. *Chenu p.* 168.

Declaration pour la reformation des Hôpitaux, Hôtels-Dieu, Maladeries, Leproseries, & autres lieux pitoyables du Royaume; & attribution de Jurisdiction par appel au grand Conseil. A Paris le 24. Octobre 1612. reg. au grand Conseil le 12. Novembre suivant. *Ioly t.* 1. *addit. p.* 318.

Declaration en faveur de ceux de la Religion Pretenduë Reformée. A Paris le 15. Decembre 1612. reg. le 2. Janvier 1613. 1. *vol. des Ord. de Louis XIII. fol.* 307.

Declaration portant confirmation de toutes les insinuations, de contrats, de dispositions sujettes à icelles par les Ordonnances, faites aux Greffes des Justices ordinaires, sans distinction du premier ou second degré de Jurisdiction estant en même Ville, pourvû qu'elles soient faites aux Sieges des Justices Royales, établies aux lieux plus prochains de l'assiette des choses données, & du domicile des parties, suivant lesdites Ordonnances, &c. & que dorénavant les insinuations seront faites aux Sieges des Bailliages & Senéchaussées, & en ceux des Prevôtez indifferemment, sans aucune distinction: & que les donations & autres dispositions sujettes à insinuation, ne pourront estre débatuës pour le defaut de ladite insinuation; pourvû qu'elles ayent esté insinuées en l'un ou en l'autre desdits Greffes de Bailliage, Senéchaussée, ou Prevôté estans en même Ville. A Paris le 17. Decembre 1612. reg. le 26. Juillet 1613. 1. *vol. des Ord. de Louis XIII. fol.* 419. *Ioly t.* 2. *p.* 1407.

Edit portant défenses de tenir berlans, &c. A Paris le 20. Decembre 1612. reg. le 24. Janvier 1613. 4. *vol. des Ord. de Louis XIII. fol.* 346.

Declaration portant confirmation des Ordonnances, Statuts, Reglemens, Privileges, franchises, libertez, donnez, concedez, & octroyez à tous les Marchands Merciers, Grossiers, Joüailliers à Paris, contenant 34. articles. A Paris en Janvier 1613. reg. le 7. Mars suivant.

Declaration pour le crime de duel. A Paris le 18. Janvier 1613. reg. le 2. Octobre de la même année. 1. *vol. des Ord. de Louis XIII. fol.* 371.

Declaration portant attribution de la qualité de Secretaire de la Chambre du Roy, à cent des Secretaires du Roy, Maison, & Couronne de France. A le 13, Fevrier 1613.

Edit portant défenses de porter des passemens d'or & d'argent. A Paris en Mars 1613. reg. le 29. du même mois. 1. *vol. des Ord. de Louis XIII. fol.* 382.

Edit portant augmentation de cinq sols sur chacun minot de sel qui se distribuë par impost, pour estre partagez suivant qu'il est porté audit Edit entre les Grenetiers, Controlleurs, Avocats & Procureurs du Roy dans les Greniers, & Chambres à sel: pour l'expedition & port des Commissions, droits de verification, & signature de rôlles, droits de quittances, & enregistremens d'icelles. A Paris le dernier Mars 1613. reg. en la Cour des Aydes le 4. Juillet de la même année.

Declaration portant confirmation des Statuts des Maîtres Potiers d'étain à Paris. A en May 1613. reg. le 18. Janvier 1614. 1. *vol. des Ord. de Louis XIII. fol.* 478.

Declaration portant reglement pour la preséance entre les Maréchaux des Logis, &c. A Paris le 27. Juillet 1613. reg. le 2. Aoust suivant. *La Marniere p.* 87.

Edit portant translation du Presidial de la ville de Nismes en celle de Beaucaire. A Paris le 3. Aoust 1613. reg. au Parlement de Tholose le 9. Septembre suivant. *Mercure François t. 3. p.* 159.

Edit portant attribution & augmentation de gages aux Grenetiers, Controlleurs, Procureurs & Avocats du Roy aux Greniers à sel du ressort des Cours des Aydes de Paris, Roüen, & Province de Bourgogne. A Paris le 4. Aoust 1613. reg. en la Chambre des Comptes le 30. Decembre de la même année.

Lettres patentes portant jussion à la Chambre des Comptes pour verifier le precedent Edit. A Paris le 9. Aoust 1613.

Loüis XIII. Declaration concernant le College des Secretaires du Roy. A Paris le 9. Septembre 1613. reg. au grand Conseil le 23. du même mois. *Joly t. 1. p. 712.*

1613. Declaration portant prolongation pour deux ans de la faculté accordée par l'Edit du mois de Decembre 1606. aux Ecclesiastiques de racheter leurs biens, &c. A en Septembre 1613. reg. le Juillet 1614. *V. celle du mois de Iuillet 1616.*

Declaration pour l'execution de l'Edit du mois de May 1596. portant attribution aux Receveurs des Tailles, & Controlleurs des Elections du Royaume, de trois deniers pour livre de taxations des quatre millions de livres du principal de la Taille & Crûës de trois cens à six cens mil livres, en l'année de leur exercice seulement. A en Septembre 1613. *V. la Declaration du 7. Fevrier 1631.*

Declaration portant confirmation des Statuts des trente-deux Courtiers de Vins à Paris. A Fontainebleau en Septembre 1613. reg. le 15. Novembre de la même année. *1. vol. des Ord. de Louis XIII. fol. 454.*

Edit portant union des deux qualitez de President au corps du Bureau des Finances de la Generalité de Montpellier. A Fontainebleau en Septembre 1613. *Fournival p. 1129.*

Edit portant revocation de la Declaration du 13. Fevrier precedent, & création de cent Offices de Conseillers du Roy & Secretaires de sa Chambre, pour en joüir à pareils honneurs, autoritez, privileges & exemptions que font les Officiers domestiques & commensaux, conformément à la Declaration du mois de Decembre 1611. &c. A Fontainebleau en Octobre 1613. reg. en la Chambre des Comptes le 16. du même mois, & en la Cour des Aydes le 23. Decembre suivant. *Joly t. 1. p. 820.*

Lettres patentes portant relief d'adresse à la Cour des Aydes de Paris, pour l'enregistrement du precedent Edit. A Paris le 5. Decembre 1613. reg. le 23. du même mois.

Declaration pour l'execution des reglemens des petits Seaux. A Paris le 5. Decembre 1613. reg. le 21 du même mois. *6. vol. des Ord. de Louis XIII. fol. 423.*

Declaration portant confirmation des Privileges des Habitans de la ville de Compiegne. A Paris en Decembre 1613. reg. le 3. Decembre 1614. *2. vol. des Ord. de Louis XIII. fol. 127.*

Lettres patentes portant jussion à la Chambre des Comptes de Paris, pour verifier l'Edit du 4. Aoust precedent, portant augmentation de gages aux Grenetiers, &c. A Paris le 13. Decembre 1613. Loüis XIII. 1613.

Autres Lettres Patentes portant jussion à ladite Chambre des Comptes, pour verifier ledit Edit. A Paris le 17. Decembre 1613. reg. le 30. du même mois.

Edit portant rétablissement de deux Offices de Greffiers aux Bureaux des Finances, dans le ressort des Chambres des Comptes de Paris, Normandie & Bourgogne, nonobstant la suppression portée par celuy du mois de Decembre 1598. A Paris en Decembre 1613. reg. en la Chambre des Comptes le 6. Octobre 1616. *Fournival p.* 1174.

Declaration portant permission aux Substituts des Avocats, & Procureurs du Roy de plaider dans les causes où le Roy n'a pas d'interest. A Paris le 20. Decembre 1613. reg. le 6. Septembre 1616. 2. *vol. des Ord. de Louis XIII. fol.* 306. *Neron p.* 363. *Ioly t.* 2. *p.* 1279.

Declaration portant confirmation des Edits faits en faveur des Gentilshommes estropiez au service du Roy, pour les places d'Oblats, ou Religieux Laïcs. A Paris en Decembre 1613. reg. le 22. Janvier 1614. 1. *vol. des Ord. de Louis XIII. fol.* 476.

Declaration en consequence de l'Edit du mois de Mars precedent, portant attribution de cinq sols sur chacun minot de sel aux Officiers des Elections. A Paris le dernier Decembre 1613. *V. celle du* 4. *Octobre* 1621.

Declaration portant défenses aux Habitans de la Province de Bretagne, de reconnoître le Duc de Vendosme pour leur Gouverneur. A [illegible] le 21. Fevrier 1614. 1614.

Declaration portant confirmation des Statuts des Cordonniers à Paris. A Paris en Mars 1614. reg. le 23. Juillet de la même année. 2. *vol. des Ord. de Louis XIII. fol.* 95.

Declaration en faveur des Officiers de la Maréchaussée d'Anjou, portant confirmation de leurs Privileges, exemptions de Tailles, subsides, & autres exemptions. A Paris en May 1614. reg. en la Cour des Aydes le 27. Septembre suivant. *Ioly t.* 2. *p.* 1873 *Montarlot p.* 527. *Fill. au part.* 2. *tit.* 3. *ch.* 49. *p.* 312.

Edit portant reglement pour les exemptions de Tailles, contenant 31. articles. A Paris en Juin 1614. reg. en la Cour des Aydes le dernier Decembre suivant. *Corbin p.* 391. *Neron p.* 878.

Declaration portant suppression de toutes les recherches qui pourroient estre faites pour les mouvemens de l'année 1614. A S.

Loüis XIII. Germain en Laye en Juillet 1614. reg. le 4. du même mois. 2. *vol. des Ordonn. de Louis XIII. fol.* 43. *Mercure François année* 1614. *p.* 462.

1614. Declaration portant revocation de l'augmentation de gages, faite au profit des Officiers des Greniers à sel, par celle du 4. Aoust 1613. en ce qu'elle reste à executer: & attribution de ce qui restera du fonds de cent un mil livres par forme d'augmentation de gages aux Secretaires du Roy, & autres Officiers nommez & compris au Rolle arresté au Conseil, &c. A Paris le 4. Juillet 1614. reg. en la Cour des Aydes le dernier Decembre suivant.

Declaration portant rétablissement du Duc de Vendosme dans le Gouvernement de Bretagne, nonobstant celles du 21. Fevrier precedent. A Orleans le 14. Juillet 1614. *Mercure François année* 1614. *p.* 467.

Lettres patentes portant confirmation des Privileges du Chapitre de la ville de Poitiers. A Poitiers en Aoust 1614. reg. le 27. Janvier 1615. 2. *vol. des Ord. de Louis XIII. fol.* 149.

Declaration touchant les Monnoyes, qui se fabriquent dans la Principauté de Dombes aux armes & au coin de Mademoiselle de Montpensier. A le 10. Aoust 1614. reg. le 5. Decembre 1615. 2. *vol. des Ord. de Louis XIII. fol.* 192.

Declaration portant abolition en faveur du Duc de Vendosme, &c. de ce qui s'est passé en Bretagne depuis celle du 14. Juillet precedent. A Nantes le 13. Aoust 1614. reg. au Parlement de Rennes le 18. du même mois. *Mercure François année* 1614. *p.* 472.

Declaration portant reglement contre les duels, & confirmation des Edits de pacification. A Paris le 1. Octobre 1614. reg. le 2. du même mois. *Mercure François année* 1614. *p.* 579. *Corbin p.* 4.

Acte de majorité de Loüis le Juste, fait au Parlement de Paris le 2. Octobre 1614. 2. *vol. des Ord. de Louis XIII. fol.* 114. *Corbin p.* 4 *Mercure François année* 1614. *p.* 579.

Declaration portant confirmation des Privileges des Habitans de la ville de Fontenay le Comte. A Paris en Octobre 1614. reg. le 28. Mars 1615. 2. *vol. des Ord. de Louis XIII. fol.* 169.

Declaration portant confirmation des Statuts des Maîtres Poissonniers à Paris. A Paris en Novembre 1614. reg. le 28. Avril 1615. 2. *vol. des Ord. de Louis XIII. fol.* 178.

Lettres patentes portant jussion à la Cour des Aydes pour l'enregistrement de la Declaration du 4. Juillet precedent, portant augmentation de gages en faveur des Secretaires du Roy. A Paris le 26. Novembre 1614.

1614. Declaration portant confirmation des droits des Controlleurs des Forests de Meaux, Crecy, Valois, & Coucy. A Paris le 3. Decembre 1614. reg. le 22. Janvier 1615. *2. vol. des Ord. de Louis XIII. fol.* 144.

Edit portant reglement general pour les Monnoyes. A Paris le 5. Decembre 1614. reg. le 21. Janvier 1615. *2. vol. des Ord. de Louis XIII. fol.* 145.

Edit portant suppression de la Prévosté de Blois, & réünion d'icelle au Bailliage de la même Ville. A Paris en Decembre 1614. reg. le 5. Decembre 1615. *2. vol. des Ord. de Louis XIII. fol.* 153.

Lettres patentes portant jussion à la Cour des Aydes de Paris pour verifier l'Edit du mois de Juin precedent, pour les exemptions des Tailles. A Paris le 16. Decembre 1614.

Lettres patentes portant jussion à la Cour des Aydes de Paris pour verifier la Declaration du 4. Juillet precedent, portant augmentation de gages en faveur des Secretaires du Roy. A Paris le 18. Decembre 1614.

Autres Lettres patentes portant jussion à la Cour des Aydes de Paris, pour verifier ladite Declaration du 4. Juillet. A Paris le 24. Decembre 1614.

Declaration en faveur des Tresoriers de France du Bureau des Finances à Amiens. A Paris le dernier Decembre 1614. *Fournival p.* 732.

Lettres patentes portant jussion au Parlement de Paris, pour la verification de l'Edit du 5. Decembre 1614. touchant les Monnoyes. A Paris le 15. Janvier 1615. reg. le 21. du même mois. *2. vol. des Ord. de Louis XIII fol.* 148. 1615.

Declaration portant confirmation des Privileges des Habitans de la ville de Tours. A Paris en Janvier 1615. reg. le 12. Fevrier de la même année. *2. vol. des Ord. de Louis XIII. fol.* 155.

Declaration portant confirmation des Privileges & exemptions des Capitaines, Arbalestriers, Archers, & Arquebusiers de la ville de Paris, & particulierement de ceux qui leur sont octroyez par celles des 4. Novembre 1594. & Decembre 1600. A Paris en Fevrier 1615. regist. au Parlement le 4 Juillet de la même année, & en la Chambre des Comptes le 28. Avril, & en la Cour des Aydes le 30. Juin 1616. *2. vol. des Ord. de Louis XIII. fol.* 197.

Edit portant union d'un Office de Conseiller à Angers à celuy de Prevost de la même Ville. A Paris en Fevrier 1615. reg. le 12. Mars suivant. *2. vol. des Ord. de Louis XIII. fol.* 163.

Loüis XIII. 1615.

Declaration portant confirmation des Edits de pacification. A Paris le 12. Mars 1615. reg. le 29. Avril suivant. 2. *vol. des Ord. de Louis XIII. fol.* 175. *Mercure François t.* 4. *année* 1615. *p.* 44.

Declaration qui ordonne que les Juifs sortiront du Royaume. A Paris le 23. Avril 1615. reg. le 15. May de la même année.

Declaration portant confirmation des Privileges de la ville de Bourges. A Paris en May 1615. reg. au Parlement le 13. Juin, & en la Cour des Aydes le 5. Aoust de la même année. 2. *vol. des Ord. de Louis XIII. fol.* 191. *Chenu p.* 191.

Declaration portant permission aux Marchands Florentins & Genois, de trafiquer aux Foires de la ville de Lyon. A Paris en Juin 1615. reg. le 31. Juillet de la même année. 2. *vol. des Ord. de Louis XIII. fol* 209.

Declaration portant exemption du droit d'aubeine pour les Sujets du Roy de la grand-Bretagne. A Paris en Juin 1615. *Bacquet de la jurisd. du Tresor p.* 169.

Declaration sur l'Edit du mois de Juin 1611. portant que les amendes des bois sont affectez au rachat du Domaine, sans qu'ils puissent estre détournez, ny divertis ailleurs; & relief d'adresse à la Chambre des Comptes pour l'enregistrement dudit Edit. A Paris le 10. Juillet 1615. reg. au Parlement le 4. & en la Chambre des Comptes le 23. Septembre audit an. 2. *vol. des Ord. de Louis XIII. fol.* 235.

Declaration portant confirmation des Privileges des quatre Chauffecires de France. A Paris en Juillet 1615. reg. le 5. Aoust suivant. 2. *vol. des Ord. de Louis XIII. fol.* 216.

Declaration portant reglement pour le Vicesenéchal de Robecourte, & autres Officiers de Fontenay le Comte. A Paris le 13. Juillet 1615. reg. le 20. du même mois. 2. *vol. des Ord. de Louis XIII. fol.* 205.

Lettres patentes portant surannation de l'Edit du mois de Decembre 1613. par lequel les Charges de Greffiers aux Bureaux des Finances sont rétablies. A Paris le 13. Juillet 1615. reg. en la Chambre des Comptes le 6. Octobre 1616.

Edit portant union des deux Offices de Commissaires établis dans la ville de Tours, à ceux de Lieutenant general, & du Presidial de la même Ville. A Paris en 1615. reg. le 16. Decembre suivant. 2. *vol. des Ord. de Louis XIII. fol.* 244.

Declaration portant permission aux Huissiers, Sergens à cheval, fieffez, & à verge du Châtelet de Paris, & tous autres Huissiers & Sergens

Sergens Royaux de porter harquebuses, & pistolets allans à la campagne executer tous Arrests, Mandemens, & autres Actes de Justice. A Paris le 18. Juillet. 1615.

Declaration de la volonté du Roy sur son voyage de Bordeaux. A Paris le 30. Juillet 1615.

Edit portant réünion des qualitez de Presidens, aux Offices des plus anciens Tresoriers de France de chacun Bureau, sans qu'il leur soit permis d'en disposer, les resigner, &c. revocation de celuy du mois de Decembre 1608. en ce qu'il permet aux pourvûs desdites qualitez de les pouvoir resigner, & autres reglemens pour leurs droits, &c. A Paris en Aoust 1615. reg. en la Chambre des Comptes le 26. Janvier 1616. *Fournival p. 968.*

Declaration contre le Prince de Condé, & autres qui l'ont suivy. A Poitiers le 10. Septembre 1615. reg. le 18. du même mois. *Mercure François t. 4. année 1615. p. 226.*

Edit portant création de deux Maîtres de chacun métier en faveur du mariage du Roy avec l'Infante d'Espagne. A Bordeaux en Octobre 1615. reg. le 20. Avril 1616. *2. vol. des Ord. de Louis XIII. fol. 256.*

Edit portant création de deux Maîtres de chacun métier en faveur du mariage de Madame Elizabeth de France avec le Prince d'Espagne. A Bordeaux en Octobre 1615. reg. le 10. Decembre 1621. *3 vol. des Ord. de Louis XIII. fol. 225.*

Edit portant création de trois Offices de Conseillers du Roy, Tresoriers & Receveurs generaux ancien, alternatif & triennal des ponts, passages, chemins, voiries, chaussées, quais, tallus, & autres ouvrages publics de toutes les Provinces du Royaume, reglement pour leurs fonctions & droits; & création d'un Office de Conseiller, Controlleur general des ponts, passages, chemins, &c. en chacune des Generalitez de Paris, Amiens, &c. A Bordeaux en Octobre 1615. reg. en la Chambre des Comptes le 10. Decembre suivant.

Edit portant abolition de ce qui a esté fait par les Sujets du Roy faisans profession de la Religion Pretenduë Reformée, & confirmation de l'Edit de pacification fait à Nantes en Avril 1598. & autres donnez en consequence. A Bordeaux le 10. Novembre 1615. reg. le 7. Decembre audit an. *Mercure François t. 4. année 1615. p. 321.*

Edit portant création de plusieurs Offices de Finances triennaux, où il y en a d'anciens & d'alternatifs, & rétablissement de tous les Offices créez par ceux des mois de Juin & de Juillet 1597. & qui

LOUIS XIII. ont esté supprimez par remboursement, mort, forfaiture, ou autrement, &c. A Bordeaux en Novembre 1615. reg. en la Chambre des Comptes le 28. Mars, & en la Cour des Aydes le 20. Juillet 1616. *Fournival p. 432.*

1615. Declaration portant mainlevée de la surséance prononcée par celle du 12. Juillet 1610. en ce qui concerne l'Edit des Substituts des Procureurs & Avocats du Roy, & Adjoints aux Enquestes, & les Offices d'Huissiers Audianciers en toutes les Cours & Jurisdictions, & en consequence que ces Edits seront executez. A Bordeaux le 16. Decembre 1615. reg. au Parlement de Bordeaux le 6. Septembre 1616. *Joly t. 2. p. 1541.*

Lettres patentes portant jussion à la Chambre des Comptes de Paris, pour l'enregistrement de l'Edit du mois d'Aoust precedent, touchant les Tresoriers de France. A la Rochefoucaud le dernier Decembre 1615. reg. le 26. Janvier 1616.

1616. Lettres patentes portant érection de la Terre de Montfort le Rotrou en Marquisat. A Tours en Fevrier 1616. reg. le 7. Juillet 1667. 9. *vol. des Ord. de Louis XIV. fol.* 114.

Lettres patentes portant jussion à la Chambre des Comptes, pour verifier l'Edit du mois de Novembre 1615. portant rétablissement des Offices de Finances triennaux, &c. A Tours le 27. Fevrier 1616.

Autres Lettres patentes portant jussion pour l'enregistrement du même Edit. A Tours le 21. Mars 1616.

Edit portant que les Edits de création de Lettres de Maîtrises n'auront pas lieu pour les Maîtres Ecrivains. A   le 30. Mars 1616. reg. le 21. Avril suivant 2. *vol. des Ord. de Loüis XIII. fol.* 259.

Edit portant création de certain nombre de Maîtres de chacun métier dans toutes les Villes, &c. en faveur du mariage du Roy. A Tours en Avril 1616. reg. le 6. Avril 1623. 4. *vol. des Ord. de Loüis XIII. fol.* 58.

Lettres patentes portant surannation pour l'enregistrement de la Declaration du 20. Decembre 1613. donnée en faveur des Substituts des Avocats & Procureurs du Roy. A Tours le 19. Avril 1616. reg. le 6. Septembre de la même année. 2. *vol. des Ord. de Loüis XIII. fol.* 207. *Joly t. 2. p.* 1279. *Neron p.* 364.

Declaration en faveur des Habitans de la ville de Blois, portant pouvoir de tenir des fiefs. A Blois le 24. Avril 1616. reg. le 6. Fevrier 1617. 2. *vol. des Ord. de Loüis XIII. fol.* 347.

Edit sur le traité fait à Loudun pour la pacification des troubles du Royaume, contenant 54. articles. A Blois en May 1616. reg.

au Parlement le 13. & en la Chambre des Comptes le 28. Juin de la même année. *2. vol. des Ord. de Loüis XIII. fol. 261. Mercure François t. 4. année 1616. p. 84. Neron p. 754. Corbin p. 96.*

Articles particuliers qui ne sont point compris dans le precedent Edit. A Blois le 6. May 1616. *Corbin p. 119. Neron p. 767.*

Lettres patentes portant erection du Marquisat de Châteauroux, de la Baronnie, Justice, & Ressort de la ruë d'Indre, des Baronnie & ville de la Chastre, & de celles de Boumiers, saint Chartier, Cors, & le Bourg de Deols, en Duché & Pairie, sous le nom de Chasteauroux, en faveur d'Henry de Bourbon Prince de Condé, premier Prince du Sang, premier Pair de France, & de ses hoirs & successeurs, tant mâles que femelles, des nom, famille, & Maison de Bourbon; pour le tenir à une seule foy & hommage du Roy & de la Couronne, sous le ressort du Parlement de Paris: & à la charge que s'il advient que par defaut d'hoirs & successeurs, tant mâles que femelles, desdits nom, famille, & Maison de Bourbon, la Pairie demeurera éteinte, subsistant seulement les nom, titre, & qualité de Duché de Chasteauroux, &c. A Blois en May 1616. reg. au Parlement le 4. & en la Chambre des Comptes le 12. Aoust de la même année. *2. vol. des Ord. de Loüis XIII. fol. 293. Corbin p. 536. Filleau part. 3. tit. 7. ch. 6. p. 318.*

Ducs de Chasteauroux.

1. Henry de Bourbon II. du nom, Prince de Condé, Duc de Montmorency, Chasteauroux, &c. decedé le 26. Decembre 1646.

Loüis de Bourbon II. du nom, Prince de Condé, Duc de Bourbonnois, Montmorency, Chasteauroux, &c. mort le 11. Decembre 1686.

Henry de Bourbon III. du nom, Prince de Condé, Duc de Bourbonnois, Montmorency, Chasteauroux, &c.

Edit portant création d'un Office de Garde des Seaux de France, en faveur de Guillaume du Vair premier President au Parlement de Provence, à la charge que vacation avenant de celuy de Chancelier possedé par Messire Nicolas Brustart, Seigneur de Sillery, ils demeureront réünis en la personne dudit du Vair, &c. A en May 1616. reg. au Parlement le 18. Juin suivant, & en la Chambre des Comptes le 16. Janvier 1617. *2. vol. des Ord. de Loüis XIII. fol. 316.*

Loüis XIII.

1616.

Declaration portant confirmation des Privileges de la Nation Germanique en l'Université d'Orleans. A Paris en Juin 1616. reg. le 19. Avril 1625. 4. *vol. des Ord. de Loüis XIII. fol.* 227. *Lemaire des Antiquitez de l'Université d'Orleans*, *p.* 96.

Lettres patentes portant érection de la Terre de Varennes en Marquisat. A Paris en Juin 1616. reg. le 22. Aoust 1659. 7. *vol. des Ord. de Louis XIV. fol.* 211.

Declaration portant confirmation des Privileges & exemptions accordées aux Ouvriers, & Monnoyeurs du serment de France. A Paris en Juin 1616.

Declaration en interpretation de l'Edit du mois de Novembre 1615. portant création de plusieurs Offices de Finances triennaux. A Paris le 21. Juin 1616. reg. en la Cour des Aydes le 20. Juillet suivant.

Rolle des Offices de Finances triennaux, qui ne sont pas exprimez particulierement par l'Edit du mois de Novembre 1615. & qui sont neanmoins compris sous la clause generale de tous Offices de la Generalité. A Paris le 25. Juin 1616. reg. en la Cour des Aydes le 20. Juillet de la même année.

Lettres patentes portant jussion à la Cour des Aydes pour l'enregistrement de l'Edit du mois de Novembre 1615. & de la Declaration du 21. Juin precedent, touchant les Offices de Finances triennaux. A Paris le 3. Juillet 1616. reg. le 20. du même mois.

Autres Lettres patentes portant iterative jussion pour l'enregistrement desdits Edit & Declaration. A Paris le 19. Juillet 1616. reg. le 20. du même mois.

Declaration portant que le Roy n'a point entendu comprendre dans le serment qu'il a fait lors de son Sacre, ses Sujets de la Religion Pretenduë Reformée, vivans en son Royaume, & sous la faveur de ses Edits. A Paris le 21. Juillet 1616. reg. le 4. Aoust suivant. *Mercure François t.* 4. *année* 1616. *p.* 134.

Declaration portant prolongation pour cinq ans du delay accordé aux Ecclesiastiques, par l'Edit du mois de Decembre 1606. à commencer du jour que le delay de la verification de la Declaration du mois de Septembre 1613. sera expiré, &c. A Paris en Juillet 1616. reg. au grand Conseil le 2. Juillet 1620.

Edit portant revocation de la Commission du 27. Juillet 1613. & Arrest du Conseil du 29. Novembre 1614. pour la recherche des Officiers des Elections; & en consequence nouvelle augmentation & attribution de leurs droits de verification, & signature de rolle, pour en joüir par lesdits Officiers en chacune desdites Elections du Royaume. A Paris en Aoust 1616. reg. en la Cour des Aydes le 16. Decembre de la même année.

Declaration sur l'Edit du mois d'Octobre 1615. portant création des Offices de Tresoriers des ponts & chaussées. A Paris le 10. Aoust 1616. reg. en la Chambre des Comptes le 21. Decembre de la même année.

Lettres patentes portant jussion à la Cour des Aydes pour l'enregistrement pur & simple de l'Edit du mois de Novembre 1615. portant création des Offices de Finance triennaux, nonobstant l'Arrest du 21. Juillet precedent. A Paris le 12. Aoust 1616.

Lettres patentes portant jussion à la Cour des Aydes de Paris, pour vuider toutes les oppositions à la verification de l'Edit du mois de Decembre 1597. touchant les Procureurs postulans és Sieges des Elections. A Paris le 16. Aoust 1616. reg. en la Cour des Aydes le 26. Septembre de la même année. *Filleau part. 2. tit. 7. ch. 37. p. 341.*

Lettres patentes portant confirmation de celles du mois d'Avril 1611. par lesquels le Comté de Brissac a esté érigé en Duché & Pairie, &c. A Paris en Septembre 1616. reg. le 8. Juillet 1620. *3. vol. des Ord. de Loüis XIII. fol. 280.*

Declaration touchant la detention du Prince de Condé. A Paris le 6. Septembre 1616. reg. le 7. du même mois. *Mercure Franç. t. 4. année 1616. p. 217.*

Declaration portant prolongation pour cinq ans du delay accordé aux Ecclesiastiques pour racheter leurs biens alienez. A Paris en Septembre 1616. *V. celle du 17. Janvier 1633.*

Edit pour le rachat & revente de tous les Greffes civils, criminels, & des presentations, affirmations, & insinuations, en toutes les Cours & Jurisdictions du Royaume, ensemble des places de Clercs, Tabellionages, droits de parisis, de petits Seaux, doublemens d'iceux, des presentations, cy-devant vendus & engagez à faculté de rachat perpetuel. A Paris en Septembre 1616. reg. au Parlement le 7. en la Chambre des Comptes le 27. du même mois, & en la Cour des Aydes le 16. Decembre audit an. *2. vol. des Ord. de Loüis XIII. fol. 304. Joly t. 1. p. 97.*

Declaration portant que les Greffes des Bureaux des Finances rétablis par l'Edit du mois de Decembre 1613. ne sont pas compris dans celuy du present mois, portant réünion au Domaine de tous les Greffes. A Paris le 24. Septembre 1616. reg. en la Chambre des Comptes le 6. Octobre suivant. *Fournival p. 1176.*

Loüis XIII.

1616.

Declaration portant que les Princes, Ducs & Pairs, &c. qui se sont retirez de la Cour, ne sont point compris dans celle du 6. du present mois. A Paris le dernier Septembre 1616. reg. le 25. Octobre de la même année. *2. vol. des Ord. de Loüis XIII. fol.* 308. *Mercure Franç. t.* 4. *année* 1616. *p.* 264.

Lettres patentes portant jussion à la Chambre des Comptes pour verifier l'Edit du mois de Decembre 1613. & la Declaration du 24. du present mois, concernant les Greffiers des Bureaux des Finances. A Paris le dernier Septembre 1616. registrées le 6. Octobre audit an.

Declaration sur ce qui s'estoit passé à Peronne. A Paris le 16. Octobre 1616. reg. le 25. du même mois. *2. vol. des Ord. de Loüis XIII. fol.* 309. *Merc. Franç. t.* 4. *ann.* 1616. *p.* 267.

Declaration portant confirmation des Privileges des quatre Aulneurs de toilles, canevats, & treillis à Paris. A Paris en Octobre 1616. reg. le dernier May 1617. *2. vol. des Ord. de Louis XIII. fol.* 387.

Edit portant défenses de lever gens de guerre, &c. A Paris le 19. Novembre 1616. reg. le 24. du même mois. *2. vol. des Ord. de Loüis XIII. fol.* 311.

Lettres patentes portant érection de la Terre de la Flocellere en Marquisat. A Paris en Novembre 1616. reg. le 17. Mars 1629. *5. vol. des Ord. de Louis XIII. fol.* 151.

Provisions de l'Office de Garde des Seaux de France en faveur de Claude Mangot Secretaire d'Etat, au lieu de Guillaume du Vair. A Paris le 24. Novembre 1616. reg. le 20. Decembre audit an. *2. vol. des Ord. de Louis XIII. fol.* 325. *Duchesne hist. des Chanc. p.* 721.

Edit portant suppression des Offices de Greffiers des Paroisses & création de ceux de Commissaires à faire les rolles des Tailles, & autres deniers, tant ordinaires qu'extraordinaires ; & de l'impost du sel. A Paris en Novembre 1616. reg. en la Cour des Aydes le 16. Decembre de la même année. *Neron p.* 956.

Declaration portant confirmation des Privileges des Habitans de la ville de Doullens. A Paris en Novembre 1616. reg. le 2. Decembre suivant. *2. vol. des Ord. de Louis XIII. fol.* 317.

Edit pour la vente & alienation à faculté de rachat perpetuel des Aydes, huitiéme, &c. A Paris en Decembre 1616. *V. l'Edit du mois de Septembre* 1632.

Declaration portant exemption de loger des gens de guerre, en faveur de tous les Officiers de la ville de Paris. A Paris le 20. Decembre 1616. *Rec. des Ord. de la ville de Paris fol.* 253.

Louis XIII. 1617.

Declaration contre le Duc de Nevers, & ceux qui l'assistent. A Paris en Janvier 1617. reg. le 17. du même mois. *Merc. Franç. t. 4. ann.* 1617. *p.* 44.

Edit portant suppression de certain nombre des Secretaires de la Chambre du Roy, créez par celuy du mois d'Octobre 1613. A Paris le 8. Fevrier 1617. *V. la Declaration du* 7. *Octobre* 1623.

Declaration contre les Ducs de Vendosme, de Mayenne, Maréchal de Boüillon, Marquis de Cœuvres, President le Jay, & ceux qui les assistent. A Paris en Fevrier 1617. reg. le 13. du même mois. *Merc. Franç. t. 4. ann.* 1617. *p.* 44.

Edit portant défenses de faire aucune lévée de gens de guerre, &c. A Paris en Fevrier 1617. reg. le 9. du même mois.

Edit portant reduction de cent Secretaires de la Chambre du Roy, créez par celuy du mois d'Octobre 1613. au nombre de 54. A Paris le 20. Fevrier 1617. *V. la Declaration du* 7. *Octobre* 1623.

Declaration portant réünion au Domaine de la Couronne, des Duchez, Pairies, Comtez, &c. appartenans aux Ducs de Vendosme, de Nevers, de Mayenne, &c. A Paris le 10. Mars 1617. reg. le 16. du même mois. *Merc. Franç. t.* 4 *ann.* 1617. *p.* 152.

Declaration portant rétablissement de Messire Guillaume du Vair en l'Office de Garde des Seaux de France. A Paris le 26. Avril 1617. reg. le 26. Juillet de la même année. 2. *vol. des Ord. de Louis XIII. fol.* 401.

Declaration en faveur des Princes qui s'estoient absentez le 1. Septembre 1616. A Vincennes en May 1617. reg. le 12. du même mois. 2. *vol. des Ord. de Louis XIII. fol.* 380. *Neron p.* 769. *Merc. Franç. t.* 4. *ann.* 1617. *p.* 218.

Declaration concernant la Prebende Preceptoriale de l'Eglise Cathedrale d'Orleans. A en May 1617. reg. le 27. Decembre suivant. 3. *vol. des Ord. de Louis XIII. fol.* 47.

Declaration portant défenses de porter or ny argent. A Paris en May 1617. reg. le 3. Juin suivant. 2. *vol. des Ord. de Loüis XIII. fol.* 288.

Lettres patentes portant érection de la Terre & Seigneurie d'Amanzé en Vicomté, en faveur de Jean Seigneur d'Amanzé. A Paris en May 1617. reg. au Parlement de Paris le 18. Juillet 1625. & en la Chambre des Comptes de Dijon le 28. Novembre 1644. 4. *vol. des Ord. de Loüis XIII. fol.* 267.

Loüis XIII. Declaration portant confirmation des Privileges des Huissiers Sergens à cheval du Châtelet de Paris. A Paris en Juin 1617. *Joly t. 2. p.* 1566.

1617. Declaration contre les duels. A Vincennes le 14. Juillet 1617. registrée le 24. du même mois. *2. vol. des Ord. de Louis XIII. fol.* 294.

Declaration qui fait défenses de porter des armes, &c. A Paris le 24. Juillet 1617. reg. le 3. Aoust de la même année. *2. vol. des Ord. de Louis XIII. fol.* 403.

Edit portant qu'il sera mis en la Bibliotheque du Roy deux Exemplaires de tous les Livres que l'on imprimera. A Paris en Aoust 1617. registré le 7. Septembre suivant. *3. vol. des Ordonn. de Loüis XIII. fol.* 6.

Edit portant attribution du demy parisis du prix du sel aux Regratiers, & Revendeurs de sel à petites mesures, créez par celuy du mois de Novembre 1576. pour tous frais de voitures, dechets, &c. & reglement pour la vente & revente desdits Offices. A Paris en Aoust 1617. reg. en la Cour des Aydes le 11. Octobre de la même année. *Supprimez par celuy du mois de Septembre 1634.*

Edit portant suppression de l'Office d'Assesseur en la Maréchaussée de la ville de Troyes. A Paris en Aoust 1617. regist. le 15. May 1618. *3. vol. des Ord. de Loüis XIII. fol.* 73.

Edit portant rétablissement de la Religion Catholique, Apostolique, & Romaine, dans les Villes, Bourgs, Bourgades, &c. de la Principauté de Bearn, & main-levée aux Ecclesiastiques de leurs biens meubles, immeubles, &c. A Paris en Septembre 1617. *Corbin t. 2. p. 23. Mercure François t. 5. ann. 1617. p.* 326.

Declaration en interpretation de l'Edit du mois de Decembre 1597. portant création des Offices de Procureurs postulans dans les Sieges des Elections. A Paris le 2. Octobre 1617. reg. en la Cour des Aydes de Montferrand le dernier Janvier 1618. *Neron p.* 950.

Declaration pour la convocation des Notables dans la ville de Roüen. A Paris le 4. Octobre 1617. reg. le 12. du même mois. *3. vol. des Ord. de Loüis XIII. fol. 15. Mercure François t. 5. année 1617. p.* 230.

Declaration portant confirmation des Privileges du Chapitre de Nostre-Dame de Paris. A Paris en Octobre 1617. reg. le 18. Decembre de la même année. *3. vol. des Ord. de Louis XIII. fol.* 60.

Edit touchant les Consignations. A Paris en Octobre 1617. reg. le 15. Decembre suivant. *3. vol. des Ord. de Louis XIII. fol.* 48.

Edit

Edit contre les Jureurs & Blasphemateurs du saint nom de Dieu. A Paris le 10. Novembre 1617. reg. le 21. du même mois. *3. vol. des Ord. de Louis XIII. fol. 26.* Louis XIII. 1617.

Declaration pour la Jurisdiction du Siege de la Connestablie & Maréchaussée de France établie à Paris. A Paris le 15. Novembre 1617. regist. au Parlement le 13. Fevrier, & en la Chambre des Comptes le 30. Mars 1518. *3. vol. des Ord. de Louis XIII. fol. 62. Pinson p. 19.*

Declaration concernant les Gardes du Corps du Roy. A Roüen le 20. Decembre 1617. reg. au grand Conseil le 12. Fevrier 1618. *La Marniere p. 103.*

Edit portant défenses d'apporter des armes dans le Royaume. A Paris le 3. Fevrier 1618. reg. le 14. du même mois. *3. vol. des Ord. de Louis XIII. fol. 73.* 1618.

Edit portant suppression de l'un des Offices de Certificateur des criées au Siege de Poitiers. A Paris en Fevrier 1618. reg. le 27. Mars suivant. *3. vol. des Ord. de Louis XIII. fol. 71.*

Declaration portant confirmation des Privileges des Quarteniers de la ville de Paris. A Paris en Fevrier 1618. *Recueil des Ord. de la Ville de Paris p. 318.*

Edit pour l'établissement, vente, revente, & engagement des Offices de Gardes de petits Seaux, & places de Maîtres Clercs en chacune Election en chef du Royaume ; & reglement pour leurs droits. A Paris en Mars 1618. reg. en la Cour des Aydes le 7. May de la même année, & en la Chambre des Comptes le 19. Mars 1622.

Edit portant défenses aux Marchands de chevaux à Paris, d'aller acheter sur les chemins les chevaux qui viennent d'Allemagne. A Paris en Avril 1618. reg. le 22. Aoust de la même année. *3. vol. des Ord. de Louis XIII. fol. 107.*

Declaration portant confirmation des Statuts des Marchands Foureurs & Pelletiers à Paris. A Paris en Avril 1618. reg. le 26. Juillet 1621. *3. vol. des Ordonn. de Louis XIII. fol. 401.*

Declaration portant pouvoir aux Capitaines des Chasses de juger en dernier ressort, jusques à 40. livres; & au dessus, à la charge de l'appel au grand Conseil. A Paris le 20. May 1618. reg. au grand Conseil le 15. Juin suivant. *Neron p. 1059.*

Declaration portant confirmation des Statuts des Libraires & Imprimeurs à Paris. A Paris en Juin 1618. reg. le 9. Juillet de la même année. *3. vol. des Ord. de Louis XIII. fol. 84.*

LOUIS XIII. Declaration portant confirmation des Statuts des Teinturiers du petit teint à Paris. A Paris en Juin 1618. reg. le 2. Juillet de la même année. *3. vol. des Ord. de Louis XIII. fol.* 81.

1618. Declaration portant confirmation des Privileges des Prevost des Marchands & Echevins de la ville de Lyon. A Paris en Juin 1618. reg. le 14. Juillet suivant. *3. vol. des Ord. de Louis XIII. fol.* 94.

Declaration portant qu'il n'y aura aucuns Tapissiers privilegiez suivans la Cour, que ceux des Maisons Royales. A Lesigny le dernier Juin 1618. reg. le 12. Decembre suivant. *3. vol. des Ord. de Louis XIII. fol.* 133.

Declaration portant confirmation des Privileges & Statuts de l'Ordre de saint Antoine de Viennois. A Paris en Juillet 1618. reg. le 5. Decembre suivant. *3. vol. des Ord. de Louis XIII. fol.* 130.

Lettres patentes portant jussion au Parlement de Pau, pour verifier l'Edit du mois de Septembre 1617. portant rétablissement de la Religion Catholique, Apostolique, & Romaine dans la Principauté de Bearn. A S. Germain en Laye le 25. Juillet 1618. *Mercure François t.* 5. *année* 1618. *p.* 219.

Declaration pour l'execution des Arrests du Conseil d'Etat donnez sur l'entretenement, observation, & execution des Edits des Lieutenans particuliers, Assesseurs criminels, Commissaires-Examinateurs, Greffiers d'affirmations, métiers, heredité de Notaires, & Controlleurs-Marqueurs de cuirs. A Paris le 8. Aoust 1618. *Ioly t.* 2. *p.* 1138.

Edit portant réünion de l'Office de Substitut aux Eaux & Forests de Montmorillon, à celuy de Substitut du Comté de Poitou. A Paris le 20. Aoust 1618. reg. le 6. Septembre suivant. *3. vol. des Ord. de Loüis XIII. fol.* 114.

Declaration pour la connoissance des Contrats militaires, portant défenses à tous Chefs de guerre de vendre leurs places. A Paris le 4. Novembre 1618. *Pinson p.* 179.

Declaration portant reglement pour la Jurisdiction des Officiers de la Connestablie, sur tous les Officiers & Archers des Maréchaussées du Royaume. A Paris le 8. Novembre 1618. reg. le 16. May 1628. 4. *vol. des Ord. de Louis XIII. fol.* 354. *Pinson. p.* 21. *Neron p.* 1090. *Montarlot p.* 32.

Declaration en faveur des Suisses qui sont au service du Roy, & de leurs veuves. A Paris le dernier Decembre 1618. reg. le 25. Janvier 1619. *3. vol. des Ord. de Louis XIII. fol.* 144.

1619. Declaration portant confirmation des Privileges des Chevaliers de l'Ordre de S. Jean de Jerusalem. A en Janvier 1619. reg. le 5. Mars de la même année. 3. *vol. des Ord. de Loüis XIII, fol.* 171.

Edit portant que les deux Offices de Greffiers des Bureaux des Finances, dans le ressort des Chambres des Comptes de Paris, Normandie, & Bourgogne, rétablis par celuy du mois de Decembre 1613. ensemble les deux places de Clercs joints ausdits Offices, sont compris dans la disposition de celuy du mois de Septembre 1616. & réünis au Domaine de la Couronne; & en consequence qu'ils seront revendus, &c. A Paris en Fevrier 1619. reg. en la Chambre des Comptes le 22. Aoust de la même année. *Fournival p.* 1180.

Edit portant que les Terres, Seigneuries, &c. dépendans du Domaine du Roy, alienez à faculté de rachat perpetuel, seront retirées, &c. pour estre de nouveau venduës & alienées, & que tous les bois assis tant és Forests, Gardes, & Buissons du Duché d'Orleans, & autres Provinces, & lieux du Royaume qui sont en Grurie, Grairie, Segrairie, tiers & danger, seront déchargez à jamais de tous lesdits droits, en quittant par les proprietaires la moitié desdits bois, tant en fonds, que superficie, &c. laquelle moitié sera baillée à titre de fief mouvant du Roy, ou à cens, &c. A Paris en Mars 1619. reg. au Parlement le 12. du même mois, & en la Chambre des Comptes le 30. Avril suivant. 3. *vol. des Ord. de Loüis XIII. fol.* 173. *Neron p.* 1067.

Edit portant que les Offices de Gardes des petits Seaux, seront revendus; & augmentation des droits qui leur sont attribuez par les Edits, par lesquels ils ont esté établis. A Paris en Mars 1619. reg. le 12. dudit mois. 3. *vol. des Ord. de Loüis XIII. fol.* 176. *Neron p.* 1071. *Ioly t.* 1. *addit. p.* 363.

Edit pour l'alienation à faculté de rachat perpetuel des Aydes, huitiéme, &c. A Paris en Avril 1619. *V. l'Edit du mois de Septembre* 1632.

Edit portant réünion de l'Office de Commissaire-Examinateur au Siege d'Orleans, à ceux de Lieutenant General, & de Prevost de la même Ville. A Paris le 30. Avril 1619. reg. le 2. Juillet suivant. 3. *vol. des Ord. de Loüis XIII. fol.* 207.

Declaration portant abolition en faveur de ceux qui ont suivy la Reine-Mere du Roy, lors qu'elle est sortie de la ville de Blois. A S. Germain en Laye le 2. May 1619. reg. le 20. Juin suivant. 3. *vol. des Ord. de Loüis XIII. fol.* 204. *Mercure François t.* 5. *année* 1619. *p.* 205.

LOUIS XIII. 1619. Lettres patentes portant confirmation des Privileges des Religieux de l'Ordre des Capucins. A S. Germain en Laye en May 1619. reg. le 5. Fevrier 1620. *3. vol. des Ord. de Louis XIII. fol. 273.*

Declaration portant abolition de ce qui s'est fait par ceux de la Religion Pretenduë Reformée, dans les Assemblées de la Rochelle & d'Orthes. A le 24. May 1619. reg. le 4. Juillet de la même année. *3. vol. des Ord. de Louis XIII. fol. 208.*

Declaration portant que les Beneficiers seront tenus d'obtenir des provisions de Cour de Rome, six mois aprés qu'ils auront esté nommez. A le 4. Juin 1619. reg. le 6. Juillet suivant. *3. vol. des Ord. de Louis XIII. fol. 211.*

Declaration portant concession aux Habitans de la ville d'Amboise, des mêmes Privileges dont joüissent les Maire & Echevins de celle de Tours. A Tours en Juin 1619. reg. le 24. Mars 1625. *4. vol. des Ord. de Louis XIII. fol. 217.*

Declaration portant octroy de certains deniers aux Habitans de la ville de Mascon, à prendre sur le bled, fer, bois, & charbon. A Tours le 26. Juin 1619. reg. le 8. Juillet 1620. *3. vol. des Ord. de Louis XIII. fol. 279.*

Edit portant création de 20. Offices de Commissaires, & 19. de Controlleurs, à faire les montres des Prevosts des Maréchaux, Vicebaillifs, Vicesenéchaux, & Prevosts de Robe courte du Royaume, outre ceux qui sont créez par celuy du mois de Mars 1587. &c. Au Plessis lés Tours en Juillet 1619. reg. en la Chambre des Comptes le 10. May, & en la Cour des Aydes le 28. Juillet 1620. *Montarlot p. 482. Ioly t. 2. p. 1873.*

Edit portant que les droits reglez par celuy du mois de Juin 1599. pour le port des Commissions, & Mandemens des Tailles, & attribuez aux Receveurs des Tailles, seront tenus & possedez hereditairement, tant par lesdits Receveurs des Tailles, qu'autres Porteurs des quittances de la Finance payée pour la joüissance desdits droits, &c. A Tours en Juillet 1619. reg. en la Cour des Aydes le 18. May 1620.

Edit portant réünion de l'Office de Juge des Portes & Fauxbourgs de la ville de Tours, à celuy de Juge-Majeur Royal de la même Ville. A Tours en Juillet 1619. reg. le 18. Novembre suivant. *3. vol. des Ord. de Louis XIII. fol. 231.*

Lettres patentes portant érection du Comté de Maillé en Duché & Pairie, sous le nom de Luynes, en faveur de Messire Charles d'Albert, Seigneur de Luynes, Grand Fauconnier de France. A en Aoust 1619. reg. le 30. du même mois. *V. celles du mois de Fevrier 1663. & Aoust 1670.*

Ducs de Luynes Pairs de France.

Charles d'Albert Duc de Luynes, Pair, Connestable, & Grand-Fauconnier de France, Chevalier des Ordres du Roy, premier Gentilhomme de sa Chambre.

Loüis-Charles d'Albert Duc de Luynes, Pair de France, Marquis d'Albert, Comte de Jours, Chevalier des Ordres du Roy.

Lettres patentes par lesquelles le Roy exhorte tous les Archevêques & Evêques du Royaume, de faire une recherche exacte de ceux qui joüissent indûëment des Benefices. A Tours le dernier Aoust 1619.

Lettres patentes portant attribution de Jurisdiction au grand Conseil, pour la verification de l'Edit du mois de Juillet 1616. touchant le rachat des biens des Ecclesiastiques. A Tours le 4. Septembre 1619. regist. au grand Conseil le 22. May 1620. *Ioly t. 1. add. p. 321.*

Lettres patentes pour contraindre les Receveurs des decimes à mettre dans trois mois és mains des Evêques Diocesains, ou leurs Vicaires, l'état dûëment certifié des Benefices qui ne se trouvent plus, & qui neanmoins sont chargez de decimes. A Tours le 4. Septembre 1619.

Declaration portant confirmation des Edit & Declaration des 3. Octobre 1571. & 16. Mars 1609. par lesquels il est ordonné que les Marguilliers & Paroissiens rendront compte des revenus des Eglises & Fabriques, pardevant les Archevêques, Evêques, &c. A Tours le 4. Septembre 1619. reg. au grand Conseil le 22. May 1609. *Ioly t. 1. addit. p. 320.*

Lettres patentes portant confirmation de celles du 11. May 1609. par lesquelles les Terres de Lesdiguieres, & de Champsaur, ont esté érigées en Duché & Pairie, en faveur de Messire François de Bonne Maréchal de France. A le 14. Septembre 1619. reg. le 14. Novembre suivant. 3. *vol. des Ord. de Louis XIII. fol. 246.*

Lettres patentes portant érection du Marquisat de Sevre en Bourgogne en Duché & Pairie, sous le nom du Duché de Bellegarde, en faveur de Roger de S. Lary grand Escuyer de France,

LOUIS XIII. Chevalier des Ordres du Roy, &c. A en Septembre 1619. reg. le 8. Juillet 1620. 3. *vol. des Ord. de Louis XIII. fol.* 282.

1619. Lettres patentes portant surannation de celles du mois d'Avril 1611. par lesquelles le Comté de Brissac est érigé en Duché & Pairie. A le 18. Septembre 1619. reg. le 8. Juillet 1620. 3. *vol. des Ord. de Louis XIII. fol.* 280.

Declaration sur la délivrance de Monsieur le Prince de Condé. A Fontainebleau le 9. Novembre 1619. reg. le 26. du même mois. 3. *vol. des Ord. de Louis XIII. fol.* 232. *Mercure François t.* 6. *année* 1619. *p.* 337.

1620. Edit portant attribution aux Grenetiers & Controlleurs triennaux des Greniers à sel, créez par celuy du mois de Novembre 1615. de pareils & semblables droits, que ceux dont joüissent lesdits Officiers anciens & alternatifs: que lesdits droits sont hereditaires, tant aux anciens & alternatifs, qu'aux triennaux, &c. A Paris en Fevrier 1620. reg. en la Chambre des Comptes, & en la Cour des Aydes le 24. du même mois.

Edit portant que le droit de créer des Procureurs dans toutes les Cours Souveraines, & Jurisdictions Royales du Royaume, appartient au Roy seul; & en consequence création des Offices de Procureurs postulans dans toutes les Cours de Parlement, grand Conseil, Chambres des Comptes, Cours des Aydes, Bailliages, Senéchaussées, Sieges Presidiaux, &c. A Paris en Fevrier 1620. reg. au Parlement le 18. en la Chambre des Comptes, & en la Cour des Aydes le 24. du même mois. 3. *vol. des Ord. de Louis XIII. fol.* 352. *Filleau part.* 2. *tit.* 7. *ch.* 43. *p.* 357. *Mercure François t.* 6. *ann.* 1620. *p.* 257. *Neron p.* 366. *Joly t.* 1. *p.* 189.

Edit portant attribution d'heredité aux Offices de Courtiers de vins, laines, cuirs, & toute autre marchandise; Aulneurs, & Visiteurs de draps & toilles; Vendeurs de poisson de mer, frais, sec, & salé; Vendeurs de bestail à pied fourché; Mesureurs & Porteurs de bleds, & autres grains; Jurez Messagers ordinaires des Villes; Jurez Massons, Charpentiers, & Clercs de l'Ecritoire; Controlleurs des plastres à Paris; Controlleurs aux portes de ladite Ville; & Arpenteurs, & Mesureurs Jurez des Terres, Bois, Eaux & Forests, à la charge, &c. A Paris en Fevrier 1620. reg. au Parlement le 18. & en la Chambre des Comptes le 24. du même mois. 3. *vol. des Ord. de Louis XIII. fol.* 255. *Neron p.* 1074.

Edit portant attribution aux Greffiers des Presentations, de quatre sols parisis pour chacune Presentation, y compris l'ancien droit qui se paye à present. A Paris en Fevrier 1620. reg. au Parlement le 18. en la Chambre des Comptes, & en la Cour des Aydes le 24. dudit mois. *3. vol. des Ord. de Louis XIII. fol. 256. Ioly t. 1. p. 86. Filleau part. 3. tit. 4. ch. 19 p. 265.*

Declaration contre ceux de la Religion Pretenduë Reformée, qui sont assemblez dans la ville de Loudun. A Paris le 26. Fevrier 1620. reg. le 27. du même mois. *Mercure François t. 6. année 1620. p. 45.*

Lettres patentes portant confirmation de celles du mois de Novembre 1566. pour le Duché de Rouannois. A le 8. Avril 1620.

Declaration portant que les Offices de Controlleurs des ports de la ville de Paris, ceux des Gardes des portes, &c. sont compris dans la disposition de l'Edit du mois de Fevrier precedent, par lequel ceux de Courtiers de laines, ont esté declarez hereditaires, quoy qu'ils n'y soient pas exprimez particulierement, &c. A Paris le 29. Avril 1620. publié au Seau le 5. Juin de la même année.

Lettres patentes portant érection de la Baronnie de Fougeres, &c. A Paris en May 1620. reg. le 1. Juillet 1623. *4. vol. des Ord. de Louis XIII. fol. 78.*

Declaration portant que le Greffe des Juges & Consuls n'est pas compris dans la disposition de l'Edit du mois de Fevrier precedent. A en Juin 1620. reg. le 26. du même mois. *3. vol. des Ord. de Louis XIII. fol. 300.*

Lettres patentes portant mandement au Parlement, de recevoir au serment de Duc & Pair Leon d'Albert Seigneur de Brantes, à cause de son mariage avec Marie-Charlotte de Luxembourg Duchesse de Piney, Pair de France. A le 10. Juillet 1620. reg. le 8. Fevrier 1621.

Edit portant création des Offices de Chargeurs, Déchargeurs, & Emballeurs sous corde dans la ville de Roüen. A en Juillet 1620. *V. les Lettres patentes du 27. Iuillet 1662.*

Edit portant attribution à chacun Greffier des Elections du Royaume, de six deniers pour livre, à prendre sur tous les deniers qui s'imposeront, & leveront sur les Contribuables aux Tailles. A Caën en Juillet 1620. reg. en la Cour des Aydes le 4 May 1621.

Declaration sur les mouvemens arrivez dans le Royaume pendant l'année 1620. A Mortagne le 28. Juillet 1620. reg. le 6. Aoust suivant. *Merc. Franç. t. 6. ann. 1620. p. 320.*

Declaration portant abolition en faveur de ceux qui s'estoient

LOUIS XIII. retirez auprés de la Reine-Mere du Roy. A Brissac le 6. Aoust 1620. reg. le 27. du même mois. 3. *vol. des Ord. de Louis XIII. fol.* 303. *Merc. Franç. t. 6. ann.* 1620. *p.* 342.

1620. Lettres patentes portant confirmation de l'érection du Marquisat de Magnelez en Duché & Pairie, sous le nom d'Halluyn, en faveur de Charles de Schomberg Comte de Nanteüil-le-Haudoüin, & d'Anne Duchesse d'Halluyn, &c. A le 9. Octobre 1620. reg. le 20. Fevrier 1621. 3. *vol. des Ord. de Louis XIII. fol.* 337. *V. celles des mois de May* 1587. *& Fevrier* 1611.

Declaration portant défenses à ceux de la Religion Pretenduë Reformée de tenir l'Assemblée qu'ils avoient convoquée dans la ville de la Rochelle, &c. A le 22. Octobre 1620. reg. le 14. Novembre audit an. 3. *vol. des Ord. de Louis XIII. fol.* 306. *Merc. Franç. t. 6. ann.* 1620. *p.* 455.

Edit portant union des Royaume de Navarre, & Principauté de Bearn, au Royaume de France; & création du Parlement de Pau. A Pau en Octobre 1620. reg. au Parlement de Pau le 21. du même mois. *Joly t.* 1. *p.* 594. *Filleau part.* 2. *tit.* 10. *ch.* 3. *p.* 426.

Edit portant que les places de Clercs de Greffe du Parlement de Paris, ne sont pas compris dans la disposition de celuy du mois de Septembre 1616. A Paris le 20. Novembre 1620. *Joly t.* 1. *p.* 123.

Declaration portant reglement pour l'établissement des Etrangers dans le Royaume. A en Decembre 1620. reg. le 18. du même mois. 3. *vol. des Ord. de Louis XIII. fol.* 312.

1621. Edit portant que les Offices de Commissaires à faire les rolles des Tailles, & autres levées de deniers, & de l'impost du sel, créez par celuy du mois de Novembre 1616. seront vendus, &c. A Paris en Janvier 1621. regist. en la Cour des Aydes le 9. Fevrier de la même année.

Lettres patentes portant érection du Comté de Chaunes en Duché & Pairie, en faveur de Messire Honoré d'Albert Seigneur de Cadenet, Maréchal de France, Chevalier des Ordres du Roy, & de Charlotte Dailly Comtesse de Chaunes, &c. son épouse, &c. A Paris en Janvier 1621. reg. le 9. Mars de la même année. 3. *vol. des Ord. de Louis XIII. fol.* 372.

Ducs de Chaunes.

Honoré d'Albert Duc de Chaunes, Pair, & Maréchal de France, Chevalier des Ordres du Roy, épousa en l'année 1619. Charlotte Dailly Comtesse de Chaunes, Dame de Piquigny, &c.

Henry-Loüis d'Albert, dit Dailly, Duc de Chaunes, Pair de France, est mort sans enfans le 21. May 1653.

Charles d'Albert, dit Dailly, Duc de Chaunes, Pair de France, Chevalier des Ordres du Roy, &c.

Edit portant union des Offices d'Enquesteurs d'Angers, à ceux de Juges ordinaires de la même Ville. A Paris le 6. Fevrier 1621. reg. le 6. Mars suivant. 3. *vol. des Ord. de Loüis XIII. fol.* 348.

Declaration sur les levées de deniers qui se font par ceux de la Religion Pretenduë Reformée. A Paris le 14. Fevrier 1621. regist. le 22. du même mois. *Merc. Franç. t.* 6. *ann.* 1621. *p.* 24.

Declaration pour le rétablissement du droit annuel. A Paris le 22. Fevrier 1621. publié au Seau le même jour. *Merc. Franç. t.* 6. *ann.* 1621. *p.* 32.

Edit portant que les Offices de Gardes des petits Seaux aux Greniers à sel, seront vendus & revendus, avec attribution de trois deniers de la valeur du prix du sel, &c. A Paris en Fevrier 1621. reg. en la Cour des Aydes le 3. Avril suivant.

Provisions de l'Office de Connestable de France, en faveur de Charles d'Albert Duc de Luynes, Pair, & grand Fauconnier de France, Chevalier des Ordres du Roy. A Paris le 2. Mars 1621. regist. le 2. Avril suivant. 3. *vol. des Ord. de Loüis XIII. fol.* 404.

Lettres patentes portant confirmation de celles du mois de May 1616. par lesquelles le Comté de Chasteauroux est érigé en Duché & Pairie, en faveur d'Henry de Bourbon Prince de Condé, premier Prince du Sang. A Paris le 5. Mars 1621. *Corbin p.* 542.

Lettres patentes portant jussion au grand Conseil pour verifier purement & simplement la Declaration du mois de Juillet 1616. & les Lettres Patentes du 4. Septembre 1619. touchant le rachat des biens des Ecclesiastiques. A Paris le 19. Mars 1621. reg. le 28. May audit an.

Edit en faveur des Secretaires du Roy. A Paris en Mars 1621. *V. la Declaration du* 7. *Fevrier* 1623.

LOÜIS XIII. 1621. Declaration portant attribution des mêmes Privileges aux Gardes des Livres de la Chambre des Comptes, dont joüissent les Officiers d'icelle. A Paris en Mars 1621. reg. le 12. May suivant. *3. vol. des Ord. de Louis XIII. fol. 377.*

Edit pour l'alienation de 400000 livres de rentes sur l'Hôtel de Ville de Paris. A Paris en Mars 1621. reg. le 3. Avril suivant. *3. vol. des Ord. de Louis XIII. fol. 362. Mercure François t. 7. ann. 1621. p. 268.*

Declaration en faveur des Presidens des Bureaux des Finances, &c. A Paris le dernier Mars 1621. *V. l'Edit du mois de Fevrier 1633.*

Declaration portant confirmation des Privileges des Foires de la ville de Lyon. A Paris le 8. Avril 1621. reg. le 1. May de la même année. *3. vol. des Ord. de Louis XIII. fol. 375.*

Edit portant création d'un Office de Questeur de vins en chacun Bourg ou Paroisse du ressort de la Cour des Aydes de Normandie, & Reglement pour leurs droits & fonctions, &c. A Fontainebleau en Avril 1621. reg. en la Cour des Aydes de Roüen le 20. Aoust de la même année.

Declaration portant confirmation des Edits de pacification en faveur des Sujets du Roy faisans profession de la Religion Pretenduë Reformée, qui demeureront dans le devoir. A Fontainebleau le 24. Avril 1621. reg. le 27. du même mois. *3. vol. des Ord. de Louis XIII. fol. 369. Merc. Franç. t. 7. ann. 1621. p. 286.*

Edit portant qu'en consequence de celuy du mois de May 1597. il sera étably un Greffier des Affirmations en chacune des Elections du Royaume, & Reglement pour ses fonctions, &c. A Fontainebleau le 27. Avril 1621. reg. en la Cour des Aydes le 4. May suivant.

Declaration contre les Habitans des villes de la Rochelle, & de S. Jean d'Angely, & de leurs adherens. A Niort le 27. May 1621. reg. le 7. Juin la même année. *3. vol. des Ord. de Louis XIII. fol. 389. Merc. Franç. t. 7. ann. 1621. p. 354.*

Edit portant translation du Presidial de la ville de la Rochelle, en celle de Marans. Au Camp devant S. Jean d'Angely le 1. Juin 1621. reg. le 7. Aoust suivant. *3. vol. des Ord. de Louis XIII fol. 406.*

Edit portant rétablissement de celuy du mois d'Octobre 1581. qui avoit esté revoqué par celuy du mois de May 1588. & création de trois Offices de Receveurs des deniers communs patrimoniaux, & d'octroy, en chacune Ville du Royaume; sçavoir un ancien, un alternatif, & un triennal; & reglement pour leurs droits & fonctions. Au Camp devant S. Jean d'Angely en Juin 1621. reg. en la Chambre des Comptes le dernier Decembre 1629. Loüis XIII. 1621.

Edit portant création de trois Offices de Conseillers du Roy, Controlleurs Generaux des rentes constituées sur les Gabelles & Greniers à sel; & augmentation de gages aux Controlleurs generaux desdites Gabelles. A Coignac en Juin 1621. reg. en la Chambre des Comptes le 19. Mars 1622.

Declaration portant que les murailles de S. Jean d'Angely seront rasées, les fossez comblez, les Habitans imposez à la Taille, & déchûs de tous leurs Privileges. A Coignac en Juillet 1621. reg. au Parlement de Bordeaux le 6. du même mois. *Mercure François t. 7. ann. 1621. p. 572.*

Edit portant création du nombre d'Offices de Tresoriers Generaux de France en chacun Bureau des Finances necessaires, pour qu'il y en ait jusqu'à douze, &c. Au Camp devant Clerac en Aoust 1621. reg. au Parlement le 15. en la Chambre des Comptes le 27. Septembre suivant, & en la Cour des Aydes le 8. Avril 1622. *3. vol. des Ord. de Loüis XIII. fol.* 419.

Declaration portant que le droit de cinq sols sur chacun minot de sel, attribué aux Officiers des Elections par les Edit & Declaration des mois de Mars & de Decembre 1613. est hereditaire, de même que ceux qui sont specifiez dans l'Edit du mois de Fevrier 1610. Au Camp devant Montauban le 4. Octobre 1621. reg. en la Cour des Aydes le 6. Avril 1622.

Edit portant création de 30. Offices de Procureurs postulans au Presidial de Nismes. A Tholose le 20. Novembre 1621. *Ioly t. 2. p.* 1917.

Edit portant confirmation d'un Contrat fait entre le Roy & le Clergé le 2. Octobre precedent; & création d'Offices de Receveurs des decimes, semblables à ceux qui sont créez par celuy du mois de Juin 1573. A en Decembre 1621. *V. la Declaration du 4. Mars 1623.*

Provisions de l'Office de Garde des Seaux de France, vacant par la mort de Guillaume du Vair, en faveur de Mery de Vic Seigneur d'Hermenouville, Conseiller d'Etat. A Bordeaux le 24. Decembre 1621.

Edit portant création d'un Office de Receveur General Provincial alternatif, & deux de Controlleurs generaux Provinciaux anciens, & alternatifs des decimes, & subventions du Clergé, en

Loüis XIII. chacune des 17. Generalitez du Royaume, où il y en a qui sont établis : d'un de Receveur particulier alternatif ; deux de Controlleurs particuliers des decimes, anciens, & alternatifs en chacun Diocese du Royaume : deux de Receveurs, & deux de Controlleurs particuliers desdites decimes, anciens & alternatifs en chacun des Dioceses dépendans du Royaume de Navarre, Souveraineté de Bearn, & païs de Bresse, Bugey, Valromey, & Gex : & reglement pour leurs droits, &c. A Bordeaux en Decembre 1621. reg. le 18. Mars 1622. 3. *vol. des Ord. de Loüis XIII. fol.* 442.

1621. Declaration contre le Duc de Rohan. A Bordeaux le 27. Decembre 1621. reg. le 4. Juillet 1622. 3. *vol. des Ord. de Loüis XIII. fol.* 474. *Merc. Franç. t* 8. *ann.* 1622. *p.* 611.

1622. Edit portant confirmation de la Declaration du 29. Avril 1620. en ce qu'elle attribuë le droit d'heredité aux Offices de Mesureurs-Porteurs de sel : & augmentation de leurs droits, &c. A Poitiers le 15. Janvier 1622. reg. en la Cour des Aydes le 19. Mars de la même année.

Edit portant confirmation des Privileges des Officiers de l'Artillerie. A Paris en Janvier 1622. reg. au grand Conseil le 20. Juillet 1623.

Edit portant attribution aux Gardes des Seaux, & Maîtres Clercs de chacune Election en chef de l'étenduë des Chambre des Comptes, & Cours des Aydes de Paris & de Montferrand, de quatre deniers pour livre de toutes les Tailles, &c. outre les quatre deniers qui leur sont attribuez par celuy du mois de Mars 1618. &c. A Paris en Fevrier 1622. reg. en la Chambre des Comptes, & en la Cour des Aydes de Paris le 19. Mars suivant.

Edit portant création de deux Offices de Conseillers en chacun Siege Presidial, Senéchaussée, Bailliage, & Prevôté des Villes principales du Royaume : reglement pour leurs droits, &c. & que celuy du mois d'Aoust 1578. par lequel les Avocats du Roy esdits Sieges auroient esté créez Conseillers, sera executé nonobstant celuy du mois de May 1588. & la Declaration du 22. Juillet 1610. A Paris en Fevrier 1622. reg. au Parlement le 18. & en la Chambre des Comptes le 19. Mars suivant. 3. *vol. des Ord. de Louis XIII. fol.* 448 *Joly t.* 2. *p.* 1043.

Edit portant création d'un Office de Conseiller du Roy, & premier Elû Assesseur, & d'un autre Office de Conseiller Elû en chacune Election en chef du Royaume, outre, & pardessus le nombre des Presidens, Lieutenans, Elûs, & Controlleurs-Elûs qui y sont établis : que celuy du mois de Juillet, & la Declaration du 27. Novembre 1578. seront executez en ce qui concerne les Offices d'Avocats & de Procureurs du Roy : & suppression des Offices de Commissaires-Examinateurs, créez en chacune Election par l'Edit du mois de Janvier 1598. A Paris en Fevrier 1622. reg. en la Chambre des Comptes, & en la Cour des Aydes le 19. Mars audit an.

Louis XIII.

1622.

Edit portant augmentation de gages, & reglement des taxations, & droits de chevauchées, attribuez aux Presidens, Lieutenans, Elûs, Avocats, & Procureurs du Roy des Elections du Royaume. A Paris en Fevrier 1622. reg. en la Chambre des Comptes le 19. Mars de la même année.

Declaration pour l'execution des Edits de création des Lieutenans Particuliers Assesseurs-Criminels, premiers Conseillers, &c. A Paris le 24. Fevrier 1622. *Joly t. 1. p. 96 & t. 2. p.* 1870.

Edit portant création de deux Offices de Conseillers du Roy, & Commissaires particuliers des vivres en chacune Election du Royaume, pour les tenir & exercer alternativement, & avoir entrée & séance aux Bailliages, Prevôtez, Vicomtez, & Bureaux des Elections, lors qu'ils y entreront pour le fait de leurs Charges, &c. A Paris en Mars 1622. reg. en la Chambre des Comptes le 19. du même mois.

Edit portant rétablissement des Offices de Receveurs particuliers des Greniers à sel, Receveurs & Controlleurs Generaux Provinciaux des Gabelles. A Paris en Mars 1622. *V. celuy du mois de Mars* 1624. *supprimé par celuy du mois de Septembre* 1634.

Edit portant attribution aux Receveurs des Tailles, d'un denier pour livre sur les deniers des Tailles, équivalent, crûës ordinaires & extraordinaires, outre les trois deniers qui leur ont esté cy-devant attribuez. A Paris en Mars 1622. reg. en la Chambre des Comptes le 19. du même mois.

Lettres patentes portant relief d'adresse à la Chambre des Comptes, pour verifier l'Edit du mois de Juin 1620. portant attribution de six deniers pour livre, &c. A Paris le 13. Mars 1622. reg. le 19. du même mois.

Edit portant création de trois Offices de Tresoriers Provinciaux de l'extraordinaire des guerres en la Souveraineté de Bearn, & de trois Offices de Controlleurs dudit extraordinaire. A Paris en Mars 1622. reg. en la Chambre des Comptes le 19. du même mois.

Lettres patentes portant jussion à la Chambre des Comptes pour verifier purement & simplement l'Edit du mois de Fevrier prece-

LOUIS XIII. 1622. dent, portant création d'un Office de Conseiller du Roy, & premier Elû, &c. nonobstant l'Arrest du 16. du present mois. A Paris le 18. Mars 1622. reg. le 19. du même mois.

Lettres patentes portant érection de la Terre de Villebois en Duché & Pairie, &c. en faveur de Bernard de Nogaret de la Valette, &c. A Paris en Mars 1622. reg. le 4. Septembre 1631. *5. vol. des Ord. de Loüis XIII. fol. 325.*

Lettres patentes portant érection du Comté de la Rochefoucault en Duché & Pairie, en faveur de François V. du nom, Comte de la Rochefoucault, Chevalier des Ordres du Roy, &c. A Niort en Avril 1622. reg. le 24. Juillet 1637.

Ducs de la Rochefoucault.

François V. du nom, Duc de la Rochefoucault, Pair de France, Chevalier des Ordres du Roy, Gouverneur de Poitou, &c. mourut le 8. Fevrier 1650.

François VI. du nom, Duc de la Rochefoucault, Pair de France, Chevalier des Ordres du Roy, &c.

François VII. du nom, à present Duc de la Rochefoucault, Pair, & Grand-Veneur de France.

Declaration portant confirmation des Traitez faits avec les Marchands Suisses. Au Camp devant Royan le 4. May 1622. reg. le 21. du même mois. *3. vol. des Ord. de Loüis XIII. fol. 463.*

Edit portant création des Elections de Condomois, Bazadois, Armagnac, Agenois, &c. du nombre d'Offices dont elles doivent estre composées: & reglement pour leur pouvoir, jurisdiction, & autorité. A en Juin 1622. *V. ceux des mois de Novembre 1625. & Mars 1627.*

Edit portant création des Offices de Commissaires pour la confection des inventaires, tant des biens meubles, & immeubles qui tomberont en succession, ou discution, que de tous autres; des Offices de Greffiers pour servir sous lesdits Commissaires, pour estre établis en chacune Ville où il y a Parlement, Senéchal, &c. & autres Jurisdictions du Parlement de Tholose, & en joüir par ceux qui en seront pourvûs aux mêmes droits, &c. qui sont attribuez aux Commissaires du Châtelet de Paris. A Tholose en Juin 1622. reg. au Parl. de Tholose le 1. Juillet suivant. *Iolyt. 1. add. p. 182.*

Declaration par laquelle les Controlleurs Provinciaux de l'extraordinaire des guerres, sont maintenus en la joüissance de 600. livres à eux attribuez pour droit de registre en l'année de leur exercice. A Tholose le 30. Juin 1622. reg. en la Chambre des Comptes le dernier Janvier 1624.

Provisions de l'Office de Connestable de France en faveur de Messire François de Bonne Duc de Lesdiguieres, Pair & Maréchal de France, Chevalier des Ordres du Roy, Gouverneur de Dauphiné. A Castelnaudary le 6. Juillet 1622. reg. le 7. Fevrier 1623. *4. vol. des Ord. de Louis XIII. fol.* 34.

Declaration contre le sieur de Soubise. A Carcassonne le 15. Juillet 1622. reg. le 4. Aoust suivant. *4. vol. des Ord. de Louis XIII. fol.* 476. *Mercure Franç. t.* 8. *année* 1622. *p.* 659.

Edit portant défenses aux Sujets du Roy qui font profession de la Religion Pretenduë Reformée, de quitter leurs maisons. A Besiers le 25. Juillet 1622. reg. le 5. Aoust audit an. *3. vol. des Ord. de Louis XIII. fol.* 477.

Edit portant création de certain nombre d'Offices de Secretaires du Roy, Maison, & Couronne de France, &c. A Besiers en Juillet 1622. *V. celuy du mois de Fevrier* 1623. *Ioly t.* 1. *p.* 719.

Edit portant attribution d'augmentations de gages aux Officiers du Parlement, de la Chambre des Comptes, du grand Conseil, & de la Cour des Aydes. A Besiers en Juillet 1622. reg. en la Chambre des Comptes le 15. Octobre de la même année.

Provisions de l'Office de Garde des Seaux de France, vacant par la mort de Mery de Vic, en faveur de Loüis le Fevre, Seigneur de Caumartin, Conseiller d'Etat. Au Camp devant Montpellier le 23. Septembre 1622. *Duchesne hist. des Chancel. de France p.* 755.

Declaration portant que l'art. 58. de l'Ordonn. faite à Moulins en Fev. 1566. sera exactement observé dans toute l'étenduë du Royaume, même dans la Province de Poitou, nonobstant l'art. 213. de la Coûtume de ladite Province; & en consequence que les donations qui seront faites entre maris & femmes, en quelques termes qu'elles puissent estre conçûës, seront insinuées dans les quatre mois; sans que ladite Declaration puisse préjudicier à ceux de ladite Province, qui se trouveront avoir des dons mutuels non insinuez, faits avant la publication d'icelle; lesquels en tant que besoin seroit sont confirmez: & neanmoins que les Arrests du Parlement de Paris, rendus avant ladite publication, sur le sujet desdites donations, seront executez. Au Camp devant Montpellier le dernier Septem-

LOUIS XIII. bre 1622. reg. le 5. Decembre de la même année. 4. *vol. des Ord. de Loüis XIII. fol.* 9.

1622. Declaration portant confirmation des Edits accordez à ceux de la Religion Pretenduë Reformée. Au Camp devant Montpellier le 19. Octobre 1622. reg. le 21. Novembre audit an. 4. *vol. des Ord. de Louis XIII. fol.* 1. *Merc. Franç. t.* 8. *ann.* 1622. *p.* 837.

Lettres patentes en faveur des Jesuites de la ville de Tournon. A Lyon en Decembre 1622. reg. au Parlement de Thoul le 9. Mars 1623. *Merc. Franç. t.* 10. *ann.* 1624. *p.* 412.

1623. Lettres patentes portant érection de la Terre de Montgauger en Marquisat, en faveur de Roger de Gast. A Paris en Janvier 1623. reg. le 18. Mars 1624. 4. *vol. des Ord. de Louis XIII. fol.* 130.

Declaration portant confirmation de celles qui défendent le port d'armes. A Paris le 29. Janvier 1623. reg. le 11. Fevrier de la même année. 4. *vol. des Ord. de Louis XIII fol.* 22.

Lettres patentes portant érection du Comté de Pontdevaux en Duché, en faveur de Charles-Emmanuel de Gorrevod Comte de Pontdevaux, Marquis de Marnay. A Paris en Fevrier 1623. reg. au Parlement de Dijon le 15. Decembre 1623. *Guichenon preuv. de l'hist. de Bresse p.* 131.

Declaration en consequence de l'Edit du mois de Mars 1621. pour la survivance accordée aux Secretaires du Roy. A Paris le 7. Fevrier 1623. publiée au Seau le dernier du même mois. *Joly t.* 1. *add. p.* 349.

Edit qui revoque celuy du mois de Juillet 1622. portant création de certain nombre d'Offices de Secretaires du Roy, &c. A Paris en Fevrier 1623. reg. le 23. Mars suivant. 3. *vol. des Ord. de Loüis XIII. fol.* 49. *Joly t.* 2. *p.* 721.

Declaration en faveur des Secretaires du Roy, en consequence du precedent Edit. A Paris le 8. Fevrier 1623. publiée au Seau le 15. du même mois. *Joly t.* 1. *p.* 724. & *add. p.* 357.

Lettres patentes portant érection de la Terre d'Autry en Baronnie, en faveur du sieur de Genicourt. A Paris en Fevrier 1623. reg. le 5. Janvier 1624. 4. *vol. des Ord. de Loüis XIII. fol.* 121

Edit portant création d'un Office de Greffier hereditaire & triennal; de trois Offices de Maîtres Clercs en chacun Grenier à sel du Royaume: & reglement pour leurs fonctions & droits. A Paris en Fevrier 1623. reg. en la Chambre des Comptes le 27. Mars, & en la Cour des Aydes le 10. Avril de la même année.

Lettres patentes pour l'enregistrement de la Bulle du Pape, portant

tant érection de l'Evêché de Paris en Archevêché. A Paris en Fevrier 1623. reg. le 8. Aoust de la même année. 4. *vol. des Ord. de Louis XIII. fol.* 98. LOUIS XIII. 1623.

Edit portant création de deux Offices de Greffiers, & deux de Maîtres Clercs en chacune Election du Royaume, outre ceux qui y sont établis; pour exercer successivement l'un aprés l'autre; & reglement pour leurs droits. A Paris en Fevrier 1623. reg. en la Chambre des Comptes le 20. Juin, & en la Cour des Aydes le 6. Juillet suivant.

Declaration portant pouvoir aux Archevêque, Evêque, Clergé, & Deputez de chacun Diocese, de rembourser, quand bon leur semblera, les Offices de Receveurs & Controlleurs des decimes, créez par les Edits des mois de Juin 1573. & Decembre 1621. sans qu'il soit besoin d'Edit de suppression, ny d'autre pouvoir particulier, &c. A Paris le 4. Mars 1623.

Edit qui fait défenses de porter aucunes étoffes d'or & d'argent, &c. A Paris le 10. Mars 1623. reg. le 7. Avril suivant. 4. *vol. des Ord. de Louis XIII. fol.* 56.

Edit portant création de certain nombre de Lettres de Maîtrises en chacune Ville, &c. en faveur du mariage de Madame sœur du Roy, Princesse de Piémont, &c. A Paris en Avril 1623. reg. le 31. May 1623. 4. *vol. des Ord. de Louis XIII. fol.* 246.

Lettres patentes portant jussion à la Cour des Aydes, pour verifier purement & simplement l'Edit du mois de Fevrier precedent, portant création d'un Office de Greffier triennal, &c. A Fontainebleau le 7. Avril 1623. reg. le 10. du même mois.

Declaration portant défenses à ceux de la Religion Pretenduë Reformée, de traiter dans leurs Assemblées d'autres affaires que de celles qui leur sont permises par les Edits, &c. A Fontainebleau le 17. Avril 1623. reg. le 20. May suivant. 4. *vol. des Ord. de Louis XIII. fol.* 70. *Merc. Franç. t. 9. ann.* 1623. *p.* 462.

Edit portant création d'un Office de Commissaire Collecteur des Tailles en chacune Paroisse, &c. A   en Juin 1623. *V. celuy du mois de May* 1624.

Edit portant défenses de faire aucune levée de gens de guerre, &c. A Paris le 28. Juin 1623. reg. le 1. Juillet suivant. 4. *vol. des Ord. de Loüis XIII. fol.* 79.

Edit portant création de deux Offices de Gardes Controlleurs des mesures à sel, & deux de Conseillers du Roy, & Lieutenans de Robe-longue en chacun Grenier à sel du Royaume; & reglement

LOUIS XIII. 1623. pour leurs droits, fonctions & autoritez. A S. Germain en Laye en Juillet 1623. reg. en la Chambre des Comptes le dernier Aoust, & en la Cour des Aydes le 6. Octobre audit an. *Supprimez par celuy du mois de Septembre* 1634.

Lettres patentes portant jussion à la Chambre des Comptes pour verifier le precedent Edit. A S. Germain en Laye le 17. Aoust 1623. reg. le dernier du même mois.

Autres Lettres patentes portant jussion à la Chambre des Comptes pour verifier ledit Edit. A S. Germain en Laye le 29. Aoust 1623. reg. le dernier du même mois.

Lettres patentes portant jussion à la Cour des Aydes pour l'entregistrement pur & simple dudit Edit. A S. Germain en Laye le 28. Septembre 1623. reg. le 6. Octobre audit an.

Declaration portant attribution de la qualité de Conseillers du Roy, tant aux Officiers des Greniers à sel, créez par l'Edit du mois de Juillet precedent, qu'aux Grenetiers & Controlleurs des Greniers à sel du Royaume. A S. Germain en Laye le 1. Octobre 1623. reg. en la Cour des Aydes le 6. du même mois.

Declaration pour l'execution de l'Edit du mois d'Octobre 1613. portant création de 100. Secretaires de la Chambre du Roy, &c. A S. Germain en Laye le 7. Octobre 1623. *Joly t. 1. p.* 824.

Edit portant exemption du droit des francs-fiefs, & nouveaux acquets, en faveur des Habitans de la Province d'Auvergne. A S. Germain en Laye en Octobre 1623. reg. le 6. Septembre 1624. 4. *vol. des Ord. de Loüis XIII. fol.* 178.

Declaration portant reglement pour le rang & séance des Conseillers du Roy, & Lieutenans de Robe longue des Greniers à sel, créez par l'Edit du mois de Juillet precedent, &c. A S. Germain en Laye le 14. Octobre 1623. reg. en la Cour des Aydes le 24. du même mois.

Declaration pour l'execution des Edits accordez à ceux de la Religion Pretenduë Reformée. A Paris le 20. Novembre 1623. reg. le 27. du même mois. 4. *vol. des Ord. de Loüis XIII. fol.* 114. *Merc. Franç. t. 9. année* 1623. *p.* 693.

1624. Edit portant création de l'Office de Garde des Seaux de France, en faveur d'Estienne d'Haligre Conseiller d'Etat. A Paris en Janvier 1624. *Duchesne hist. des Chanc. de France p.* 763.

Lettres patentes portant concession de la haute Justice dans la Terre de Vaugrigneuse, en faveur du sieur Heroüard premier Medecin du Roy. A Paris en Janvier 1624. reg. le 29. Mars de la même année. *4. vol. des Ord. de Loüis XIII. fol. 144.*

Loüis XIII. 1624.

Edit portant reglement general pour la levée & perception du droit du sol pour livre, sur la draperie & manufacture de laines, vins, mercerie, bois, & autres denrées, & marchandises sujettes audit droit: & sur les exemptions & privileges des Officiers de l'Université de Paris, Capitaines, Lieutenans, Enseignes, Archers, Arbalestriers, & Harquebusiers de ladite Ville, &c. contenant 18. articles. A Paris le 5. Fevrier 1624. reg. en la Cour des Aydes le 7. Octobre suivant. *Filleau part. 3. tit. 1. ch. 62. p. 71.*

Edit portant attribution à chacun des trois Controlleurs & Receveurs generaux Provinciaux des Gabelles, créez par celuy du mois de Mars 1622. de quatre deniers pour minot de sel, &c. A Paris en Mars 1624. reg. en la Cour des Aydes le 29. Aoust suivant.

Declaration portant que toutes les Abbayes du Royaume payeront chacune 100. liv. pour la nourriture & entretien d'un Soldat estropié. A Paris en Mars 1624. *V. l'Edit du mois de Novembre 1633.*

Edit portant réünion des Chambre des Comptes de Nerac, à celle de Pau, pour estre appellée la Chambre des Comptes de Navarre, &c. A Compiegne en Avril 1624. *Merc. Franç. t. 10. ann. 1624. p. 764.*

Lettres patentes portant érection des Terres de Chilly, Longjumeau, &c. en Marquisat, en faveur du Marquis d'Effiat. A Compiegne en May 1624. reg. le 14. Decembre 1626. 4. *vol. des Ord. de Loüis XIII. fol.* 410.

Edit portant suppression des Offices de Commissaires Collecteurs des Tailles, créez par celuy du mois de Juin 1623. & de ceux de Sergens & Collecteurs desdites Tailles: & création d'un Office de second Commissaire des Tailles dans toutes les Paroisses des Generalitez du Royaume, pour en joüir, &c. A Compiegne en May 1624. reg. en la Cour des Aydes le 8. Juillet suivant.

Edit portant création des Offices de Conseillers du Roy, Commissaires ordinaires, & Conducteurs des gens de guerre, &c. A Compiegne en May 1624. reg. en la Chambre des Comptes le 18. Decembre de la même année.

Edit portant confirmation de celuy du mois d'Octobre 1620. par lequel le Royaume de Navarre, & la Principauté de Bearn ont esté unis au Domaine de la Couronne de France, & le Parlement de Pau a esté étably, &c. A Compiegne en Juin 1624. *Ioly t.*

LOUIS XIII. 1624. 1. addit. p. 217. *Mercure François t.* 10. *année* 1624. *p.* 732.

Edit sur le fait des duels. A Compiegne le 25. Juin 1624. reg. le 1. Juillet suivant. 4. *vol. des Ord. de Louis XIII. fol.* 154.

Declaration portant que l'Edit du mois de May 1605. par lequel les qualitez de Presidens, & de Lieutenans des Elections, ont esté rétablies, sera executé : suppression des qualitez de second President des Elections, où il n'y en a à present qu'un, &c. A S. Germain en Laye le 7. Aoust 1624. reg. en la Cour des Aydes le 29. du même mois.

Edit portant suppression de l'Office de Garde des Seaux de France, créé par celuy du mois de Janvier precedent, & provisions de celuy de Chancelier de France, vacant par la mort de Messire Nicolas Brusfard Seigneur de Sillery, en faveur de Messire Estienne d'Haligre. A S. Germain en Laye en Octobre 1624. reg. au Parlement le 5. en la Chambre des Comptes le 16. au grand Conseil le 30. Decembre, & en la Cour des Aydes le 21. Fevrier suivans. 4. *vol. des Ord. de Louis XIII. fol.* 185. *Duchesne hist. des Chanc. p.* 765.

Lettres patentes portant érection des Baronnies de Montbron & la Grilliere en Comté, en faveur du sieur de Lomenie. A S. Germain en Laye en Octobre 1624. reg. le 30. Decembre 1626. 4. *vol. des Ord. de Louis XIII. fol.* 418.

Edit portant création d'une Chambre de Justice pour la recherche des abus, & malversations commises dans les Finances. A S. Germain en Laye en Octobre 1624. reg. le 21. du même mois. 4. *vol. des Ord. de Louis XIII. fol.* 180. *Merc. Franç. t.* 01. *ann.* 1624. *p.*695.

Lettres patentes portant commission pour les Juges qui doivent composer la Chambre de Justice. A S. Germain en Laye le 24 Octobre 1624. *Merc. Franç. t.* 10. *ann.* 1624. *p.* 701.

Lettres patentes portant commission au President Gayant pour estre des Juges de la Chambre de Justice. A S. Germain en Laye le 29. Octobre 1624.

Declaration portant reglement pour la maniere, & l'ordre que le Roy veut estre observé pour la recherche des abus, & malversations commises au fait des Finances. A Paris le 11. Novembre 1624. *Merc. Franç. t* 10. *ann.* 1624. *p.* 774.

Edit portant alienation de 500000. livres de rente sur les Gabelles, &c. A Paris en Novembre 1624. reg. le 10. Janvier 1625. 4. *vol. des Ord. de Louis XIII. fol.* 194.

Edit portant création de trois Offices de Conseillers du Roy, Receveurs, & Payeurs des rentes constituées sur l'Hôtel de Ville de Paris, tant en consequence de celuy du mois de Mars 1621. que du precedent; & de trois Offices de Conseillers du Roy, & Controlleurs au payement desdites rentes, &c. A Paris en Novembre 1624.

LOUIS XIII. 1624.

Declaration portant exemption des recherches de la Chambre de Justice, établie par l'Edit du mois d'Octobre precedent, en faveur de ceux qui ont traité avec le Roy des moyens extraordinaires, prests, & avances, remises, &c. A Paris le 14. Novembre 1624. reg. en la Chambre de Justice le 16. du même mois. *Merc. Franç. t. 10. ann. 1624. p. 725.*

Edit portant création de Lettres de Maîtrises dans toutes les Villes, &c. en faveur de Madame Henriette de France, &c. A Paris en Decembre 1624. reg. le 27. Aoust. 1625. 4. *vol. des Ord. de Louis XIII. fol. 276.*

Lettres patentes portant jussion au Parlement pour verifier l'Edit du mois de Novembre precedent, portant alienation de 500000. livres de rente, &c. A Paris le 27. Decembre 1624. reg. le 10. Janvier 1625. 4. *vol. des Ord. de Louis XIII. fol. 194.*

Autres Lettres patentes portant iterative jussion. A Paris le 9. Janvier 1625. reg. le 10. du même mois. 4. *vol. des Ord. de Louis XIII. fol. 194.* 1625.

Declaration contre le sieur de Soubise. A Paris le 25. Janvier 1625. reg. le 18. Fevrier suivant. 4. *vol. des Ord. de Louis XIII. fol. 211. Merc. Franç. t. 10. p. 861.*

Lettres patentes portant érection de la Terre de Vizily en Baronnie, en faveur du sieur de Conflans. A Paris en Fevrier 1625 reg. le 6. Juillet 1627. 5. *vol. des Ord. de Louis XIII. fol. 50.*

Declaration portant réglement pour les Officiers domestiques, & commensaux de la Maison du Roy, de celles des Reines, &c. A Paris le 8. Mars 1625. regist. en la Cour des Aydes le 8. Aoust 1628.

Edit portant attribution de gages aux Greffiers civils, criminels, des presentations, insinuations, & affirmations, ensemble aux Clercs desdits Greffes, des Cours Souveraines, Requestes de l'Hôtel, Requestes du Palais, Tresor, &c. comme aussi à tous les Receveurs des Consignations, Gardes des petits Seaux, & autres Officiers domaniaux & hereditaires. A Paris en Mars 1625. reg. en la Chambre des Comptes le 17. Avril de la même année. *Ioly t. 2. p. 1602.*

Edit portant attribution & augmentation de gages aux Baillifs,

Loüis XIII. 1625. Senéchaux, Prevosts, Presidens, Lieutenans generaux, & particuliers, civils & criminels, Assesseurs, Conseillers, Enquesteurs, Commissaires, Examinateurs, Avocats, & Procureurs du Roy, de tous les Bailliages, Senéchaussées, Sieges Presidiaux, Prevostez, & autres Officiers des Justices Royales, & à leur refus à tous les autres Officiers du Royaume. A Paris en Mars 1625. regist. en la Chambre des Comptes le 15. Avril audit an.

Edit portant pouvoir aux Receveurs Provinciaux & particuliers des Gabelles, pour la recepte & maniment des droits qui se levent à la vente du sel, à cause des octrois des Villes, Hôpitaux, &c. A Paris en Mars 1625. reg. en la Chambre des Comptes le de la même année. *V. la Declaration du 9. Iuillet suivant.*

Edit portant création de deux Offices de Procureurs postulans dans les Elections ordinaires, particulieres, & greniers à sel, outre le nombre cy-devant étably. A Paris en Avril 1625. reg. en la Cour des Aydes le 6. Mars 1626. *Filleau part. 3. tit. 1. ch. 75. p. 98.*

Lettres patentes pour l'enregistrement des facultez du Cardinal François Barberin Legat *à latere* du saint Siege Apostolique. A Paris le 21. Avril 1625. reg. le 10. May de la même année.

Lettres patentes portant érection de la Chastellenie de Vibraye en Marquisat, &c. A Paris en Avril 1625. reg. le 17. Mars 1629. 5. *vol. des Ord. de Louis XIII. fol.* 149.

Edit portant création de deux Maîtres de chacun métier dans toutes les villes, &c. en faveur du titre de Reine de la grande Bretagne, acquis à Madame Henriette de France sœur du Roy. A Paris en Avril 1625. reg. le 1. Juin 1630. 5. *vol. des Ord. de Louis XIII. fol.* 256.

Edit portant reglement pour les degrez de Licence & de Doctorat és Droits, dans toutes les Universitez de France. A Paris en Avril 1625. regist. le 13. May audit an. 4. *vol. des Ord. de Louis XIII. fol.* 237.

Edit portant revocation de la Chambre de Justice établie par celuy du mois d'Octobre 1624. & abolition en faveur des Financiers, & gens d'affaires comptables. A Paris en May 1625. reg. au Parlement le 2. en la Chambre des Comptes le 10. Juin, & en la Cour des Aydes le 2. Juillet de la même année. 4. *vol. des Ord. de Louis XIII. fol.* 241. *Merc. Franç. t.* 11. *ann.* 1625. *p.* 554.

Edit portant union de deux Offices de Conseillers au Siege du Dorat, à la Charge de Lieutenant au même Siege. A Paris en May 1625. reg. le 24. du même mois. 4. *vol. des Ord. de Louis XIII. fol.* 240.

Declaration portant revocation de l'Edit du mois de Mars precedent, par lequel il estoit donné pouvoir aux Receveurs Provinciaux & particuliers des Gabelles, de faire la recepte des deniers qui se levent sur le sel pour les octrois des Villes, &c. & en consequence que les Grenetiers continuëront à faire ladite recepte, &c. A Fontainebleau le 9. Juillet 1625. reg. en la Chambre des Comptes le 27. Septembre suivant.

Lettres patentes portant confirmation des Privileges de la sainte Chapelle de la ville de Bourges. A Fontainebleau en Juillet 1625. reg. le 23. Janvier 1626. *4. vol. des Ord. de Louis XIII. fol. 297.*

Edit portant attribution en heredité de trois deniers pour livre aux Receveurs des Tailles, & de six deniers aux Receveurs du Taillon. A Fontainebleau en Juillet 1625. reg. en la Chambre des Comptes le 6. Mars 1626.

Edit portant reglement pour la deduction qui doit estre faite aux Hôteliers, Cabaretiers, Taverniers, & autres vendans vin en détail dans les Generalitez de Paris, Orleans, Tours, Lyon, Châlons, Amiens, Soissons, Moulins, & Bourges, pour leurs dechets & boissons. A Fontainebleau le 19. Juillet 1625. regist. en la Cour des Aydes le 11. Octobre de la même année. *Filleau part. 3. tit. 1. ch. 63. p. 75.*

Declaration portant que les adjudicataires des Fermes du Roy, & ceux qui sont entrez & interessez aux partis faits avec le Roy, &c. ne sont point compris dans la disposition de l'Edit du mois d'Octobre 1624. & la Declaration du 11. Novembre suivant, pour l'établissement de la Chambre de Justice. A Fontainebleau le 27. Aoust 1625. rég. en la Chambre des Comptes le 7. Octobre de la même année.

Edit portant création d'un Office de Conseiller du Roy, & Receveur general des Consignations, dans le ressort des Chambres des Comptes de Paris & de Roüen, des deniers procedans des debets de quittances dûës par les Receveurs & Payeurs des rentes assignées sur le sel, &c. A Fontainebleau en Septembre 1625. reg. en la Chambre des Comptes le 6. Mars 1626.

Lettres patentes portant jussion à la Chambre des Comptes pour verifier purement & simplement la Declaration du 9. Juillet precedent, portant pouvoir aux Grenetiers de continuer à faire la recepte des deniers qui se levent sur le sel pour les octrois, &c. A Fontainebleau le 3. Octobre 1625. reg. le 29. Decembre de la même année.

Loüis XIII.

1625.

Edit portant union des Offices d'Assesseur, & de Commissaire, à celuy de Lieutenant des Eaux & Forests de Poitiers. A S. Germain en Laye en Octobre 1625. reg. le 27. Novembre de la même année. 4. *vol. des Ord. de Louis XIII. fol.* 287.

Lettres patentes portant évocation & renvoy au Parlement de Dijon, des oppositions formées à l'enregistrement de celles du mois de May 1616. par lesquelles le Marquisat de Chasteauroux a esté érigé en Duché & Pairie. A S. Germain en Laye le 22. Octobre 1625. *Corbin t. 2. p.* 545.

Lettres patentes pour l'enregistrement du contrat de mariage de la Reine d'Angleterre, du 8. May de la presente année. A saint Germain en Laye le 22. Octobre 1625. reg. le 29. Decembre suivant.

Declaration portant commutation des droits de vente, & controlle dû aux Vendeurs & Controlleurs de vins de la ville de Paris; sçavoir, celuy de vente à quatre deniers pour livre, &c. A le 2. Novembre 1625. *V. la Declaration du mois de Fevrier* 1644.

Edit portant création en chacune des Elections de Condomois, Bazadois, & autres établies par celuy du mois de Juin 1622. d'un Office de Conseiller du Roy Lieutenant, d'un de Conseiller du Roy, & premier Elû Assesseur, deux de Conseillers du Roy, & Controlleurs Elûs; d'un de Conseiller & Avocat du Roy; d'un de Maître Clerc hereditaire en chacun Greffe ancien, tant desdites Elections nouvelles, que des Elections anciennes de Bordeaux & de Perigueux: d'un de Garde du petit sel pour chacune desdites Elections, tant anciennes que nouvelles: & reglement pour leurs droits & fonctions. A S. Germain en Laye en Novembre 1625. reg. en la Chambre des Comptes le 6. Mars 1626. *Filleau part. 3. tit. 1. ch. 74. p.* 97.

Edit portant création d'un Bureau des Finances dans chacune des Villes d'Angers, Chartres, & Troyes, &c. A en Novembre 1625. *V. celuy du mois de Fevrier* 1626.

Edit portant création d'un Bureau des Finances dans la ville d'Alençon, &c. A , en Novembre 1625. *V. celuy du mois de Fevrier* 1626.

Edit portant suppression des Offices de Substituts des Procureurs du Roy, dans les Elections & Greniers à sel du Royaume: & création au lieu d'iceux d'un Office de Procureur du Roy alternatif, & d'un de second Avocat du Roy esdits Sieges, &c. A Paris en Decembre 1625. reg. en la Chambre des Comptes, & en la Cour des Aydes

Aydes le 6. Mars 1626. *Filleau part. 3. tit. 1. ch. 76. p. 99. Supprimez par celuy du mois de Septembre 1634.* Louis XIII.

Declaration portant que l'Edit du mois de Mars 1597. sera executé, & en consequence qu'il sera étably pour toûjours des relais de chevaux de courbe pour le tirage des batteaux, le long des Rivieres de Seine, Marne, Oyse, & autres Fleuves y descendans. A Paris le 17. Decembre 1625. reg. le 6. Mars 1626. *4. vol. des Ord. de Louis XIII. fol.* 340. 1625.

Edit portant attribution de deux deniers pour livre aux Receveurs, & Payeurs des rentes constituées sur les Aydes, Receptes generales, & Clergé, & d'un denier aux Receveurs Provinciaux desdites rentes. A Paris en Decembre 1625. regist. en la Chambre des Comptes le 6. Mars 1626.

Edit portant création de dix Offices de Secretaires du Roy, Maison, & Couronne de France, &c. A Paris en Decembre 1625. reg. au Parlement, Chambre des Comptes, & Cour des Aydes le 6. Mars 1626. *4. vol. des Ord. de Louis XIII. fol.* 334. *Ioly t. 1. addit. p.* 349.

Edit portant suppression des Offices d'Elûs, & Lieutenans particuliers, créez par ceux du mois de Novembre 1543. Mars 1587. & Janvier 1598. création d'un Office de Conseiller du Roy, Lieutenant particulier Elû; & d'un autre de Conseiller du Roy Elû en chacune Election en chef du Royaume, outre le nombre des Presidens, Lieutenans, Assesseurs, Elûs, & Controlleurs Elûs, qui doivent y estre établis: reglement pour leurs droits, gages, privileges, & fonctions: & réünion des Sieges d'Elections particuliers, aux Sieges d'Elections en chef. A Paris en Decembre 1625. regist. en la Chambre des Comptes, & en la Cour des Aydes le 6. Mars 1626. *Filleau part. 3. tit. 1. ch. 73. p.* 95.

Edit portant suppression des Offices de Secretaires ordinaires de la Chambre du Roy, créez par celuy du mois d'Octobre 1613. & création de trente-deux Offices de Greffiers des Commissions extraordinaires, &c. A Paris en Decembre 1625. reg. en la Chambre des Comptes le 6. Mars 1626. *Ioly t. 1. addit. p.* 368.

Edit qui revoque celuy du mois de Novembre 1624. portant création de trois Offices de Payeurs, & trois de Controlleurs des rentes, &c. A Paris en Decembre 1625. reg. en la Chambre des Comptes le 6. Mars 1626.

Edit portant création des Offices de Controlleurs & Visiteurs des bieres, &c. A Paris en Decembre 1625. *V. la Declar. du 16. Fev.* 1635.

Loüis XIII. Edit portant que le Corps de la marchandise de Grosserie, Mercerie, & Joüaillerie de la ville de Paris, n'est point compris dans

1625. la disposition des Edits de création de Lettres de Maîtrises. A Paris le dernier Decembre 1625. reg. le 2. Mars 1626. 4. *vol. des Ord. de Louis XIII. fol.* 346.

Declaration portant prorogation de cinq ans du delay accordé aux Ecclesiastiques, pour racheter les biens de leurs Benefices, qui ont esté alienez : & reglement pour les meliorations. A Paris le dernier Decembre 1625. reg. le 5. Septembre 1626. 4. *vol. des Ord. de Louis XIII. fol.* 400. *Neron p.* 558.

Declaration sur l'Edit de création des Greffiers des Insinuations Ecclesiastiques, & reglement pour leurs droits. A Paris le dernier Decembre 1625. *Ioly t.* 2. *p.* 1911.

1626. Edit portant défenses d'imprimer aucun Livre, qu'il n'ait esté vû au Conseil du Roy. A Paris en Janvier 1626. reg. le 17. du même mois. 4. *vol. des Ord. de Louis XIII. fol.* 295.

Lettres patentes portant jussion à la Chambre des Comptes, pour l'enregistrement de l'Edit du mois de Juillet 1625. portant attribution de trois deniers pour livre aux Receveurs des Tailles, &c. A Paris le 16. Janvier 1626.

Edit pour l'établissement du Jardin Royal du Fauxbourg S. Victor, pour la culture des Plantes Medicinales. A Paris en Janvier 1626. reg. le 6. Juillet audit an. 4. *vol. des Ord. de Louis XIII. fol.* 383. *V. les Declarations des mois de May & Iuin* 1635. *Decembre* 1671. & 20. *Ianvier* 1673.

Edit portant exemption en faveur des Drapiers de la ville de Paris, de recevoir aucuns Maîtres en consequence des Lettres de Maîtrises. A Paris le 19. Janvier 1626. reg. le 9. Fevrier de la même année. 4. *vol. des Ord. de Louis XIII. fol.* 306.

Edit portant vente & alienation aux Prevost des Marchands & Echevins de la ville de Paris, jusques à la somme de 300000. livres de rente, &c. A Paris en Fevrier 1626. reg. au Parlement, & en la Chambre des Comptes le 6. Mars suivant. 4. *vol. des Ord. de Louis XIII. fol.* 338.

Edit portant suppression des Bureaux des Finances d'Angers, Chartres, &c. créez par celuy du mois de Novembre 1625. création de deux Offices de Conseillers du Roy, Tresoriers de France, & Generaux des Finances; & d'un Office de premier Huissier Garde-meuble en chacune Generalité : ensemble suppression des Offices de Grand-Voyer, Voyer particulier de la ville de Paris, &

Capitaine des Canaux, &c. A Paris en Fevrier 1626. reg. au Parlem. Chambre des Comptes, & Cour des Aydes le 6. Mars suivant. 4. *vol. des Ord. de Louis XIII. fol.* 335.

Edit portant attribution d'augmentation de gages, & taxations aux Controlleurs generaux des Finances, & du Taillon: Controlleurs Provinciaux des rentes; Controlleurs generaux des bois; Greffiers des Bureaux; Receveurs generaux des Finances & du Taillon, Receveurs generaux des bois. A Paris en Fevrier 1626. reg. en la Chambre des Comptes le 6. Mars audit an.

Lettres patentes portant confirmation des Privileges des Doyen, Chanoines, & Chapitre de l'Eglise Cathedrale de Poitiers, avec cette restriction neanmoins que leurs causes, tant en chef qu'en membres, ne seront point portées en premiere instance au Parlement, mais aux Requestes du Palais, & par appel au Parlement. A Paris en Fevrier 1626. reg. le 5. Mars de la même année. 4. *vol. des Ord. de Loüis XIII. fol.* 345. *Filleau part.* 1. *tit.* 5. *ch.* 45. *p.* 271.

Edit portant création des Offices de Commissaires aux saisies réelles. A Paris en Fevrier 1626. reg. au Parlement de Paris le 6. Mars de la même année, en la Cour des Aydes le 28. Juin 1627. & au Parlement de Bordeaux le 25. Octobre 1628. 4. *vol. des Ord. de Loüis XIII. fol.* 315. *Filleau part.* 2. *tit.* 7. *ch.* 43. *p.* 355. *Neron p.* 451. *Ioly t.* 2. *p.* 1946.

Edit portant reglement pour la punition du crime de duel, contenant 18. articles. A Paris en Fevrier 1626. reg. le 24. Mars suivant.

Edit portant reglement pour les mines de fer: & création de deux Offices de Maîtres Experts; d'un Office de Controlleur Visiteur en chacun Bailliage & Senéchaussée, & d'un Office de Controlleur general en chacune Generalité, pour connoître & distinguer le fer doux d'avec le fer aigre, &c. A Paris en Fevrier 1626. reg. le 6. Mars suivant. 4. *vol. des Ord. de Louis XIII. fol.* 329.

Edit portant confirmation de ceux qui ont esté accordez aux Sujets du Roy faisans profession de la Religion Pretenduë Reformée. A Paris en Mars 1626. reg. le 6. Avril suivant. *Mercure Franç. t.* 11. *année* 1626. *p.* 127.

Declaration portant que les Exempts & Archers de la Connestablie, Prevosts des Maréchaux, &c. joüiront du droit de survivance de leurs Charges, &c. A Paris le 26. Mars 1626. publiée au Seau le 2. Avril. de la même année. *Ioly t.* 2. *p.* 1880.

Edit portant création des Offices de Commis des Maîtres de la

Louis XIII. 1626. Chambre aux deniers, & reglement pour leurs droits, gages, & fonctions. A Fontainebleau en May 1626. reg. en la Chambre des Comptes le dernier Decembre 1629.

Edit portant création de l'Office de Garde des Seaux de France, en faveur de Michel de Marillac Surintendant des Finances, & Conseiller d'Etat. A Paris en Juin 1626. *Duchesne hist. des Chancel. de France, p.* 778.

Edit portant suppression de l'Office de Receveur des Consignations des deniers procedans des debets des quittances, dûs par les Receveurs & Payeurs des rentes, &c. & union dudit Office à ceux desdits Receveurs & Payeurs des rentes, &c. A Nantes en Juillet 1626.

Edit portant création des Offices pour les Gabelles de la Province de Dauphiné. A Nantes en Juillet 1626.

Edit portant attribution de la Jurisdiction pour le fait des Aydes en Souveraineté à la Chambre des Comptes de Bourgogne: & création de plusieurs Offices pour servir par ceux qui en seront pourvûs par semestre avec les anciens Officiers, &c. A Nantes en Juillet 1626. reg. en la Chambre des Comptes de Dijon le 26. Aoust suivant. *Merc. Franç. t* 13. *p.* 533.

Edit portant suppression des Offices de Receveurs des Epices, créez par ceux des mois de Juillet 1581. & Juin 1586. & réünion desdits Offices à ceux de Greffiers, & de Maîtres Clercs des Greffes, &c. A Nantes en Juillet 1626. reg. au Parlement, Chambre des Comptes, Cour des Aydes le 28. Juin 1627. *Filleau part.* 3. *tit.* 4. *ch* 17. *p.* 261. *Ioly t.* 1. *addit. p.* 128

Lettres patentes portant don à Monsieur Gaston-Jean Baptiste Fils de France, Frere unique du Roy, des Duchez d'Orleans, & Chartres, & du Comté de Blois, pour en joüir par appanage, & les tenir en Pairie, &c. A Nantes en Juillet 1626. reg. au Parlement le 27. Aoust suivant, en la Chambre des Comptes, & en la Cour des Aydes le 26. Mars 1627. 4. *vol. des Ord. de Louis XIII. fol.* 420. *Corbin t* 2. *p.* 509. *Lemaire des Antiq. de la ville d'Orleans, p.* 148. *Mercure François t.* 12. *ann.* 1626.

Lettres patentes portant pouvoir à Monsieur Duc d'Orleans, Frere unique du Roy, de nommer aux Benefices & Offices de son appanage. A Nantes le dernier Juillet 1626. reg. au Parlement le 27. Aoust de la même année, en la Chambre des Comptes le 6. & en la Cour des Aydes le 26. Mars 1627. 4. *vol des Ord. de Louis XIII. fol.* 424. *Corbin t.* 2. *p.* 516. *Lemaire des Antiquit. de la ville d'Or-*

leans, p. 154. Mercure François t. 12. année 1626.

Declaration portant que toutes les Villes & Châteaux qui ne sont point frontieres seront rasez. A Nantes le dernier Juillet 1626. reg. le 7. Septembre suivant. 4. *vol. des Ord. de Louis XIII. fol. 397. Mercure François t. 12. année 1626.*

Contrat du mariage d'entre Monsieur Duc d'Orleans, Frere unique du Roy, & Mademoiselle Marie de Bourbon, Duchesse de Montpensier, &c. A Nantes le 5. Aoust 1626. reg. le dernier du même mois. 4 *vol. dês Ord. de Louis XIII. fol. 391. Corbin t. 2. p. 530. Lemaire des Antiq. de la ville d'Orleans, p. 196. Merc. Franç. t. 13. ann. 1626.*

Edit portant création d'une Chambre Criminelle dans la ville de Nantes, pour faire le procez aux factieux. A Nantes en Aoust 1626. reg. au Parlement de Bretagne le 5. du même mois. *Mercure François t. 12. ann. 1626.*

Edit portant création des Offices de Greffiers hereditaires des insinuations des contrats de vente, échange, &c. en chacune Jurisdiction de la Province de Bretagne. A Nantes en Aoust 1626. reg. au Parlement de Bretagne le 27. du méme mois. *Ioly t. 1. add. p. 212.*

Edit portant création de la Charge de Grand-Maître, Chef, & Surintendant general de la Navigation & Commerce de France, & reglement pour ses fonctions, droits, & privileges. A S. Germain en Laye en Octobre 1626. reg. le 18. Mars 1627. 4. *vol. des Ord. de Louis XIII. fol. 447. Merc. Franç. t. 13. p. 359. Supprimé par celuy du mois de Novembre 1669.*

Lettres patentes portant confirmation des Privileges des Ecclesiastiques. A S. Germain en Laye en Octobre 1626. reg. le 19. Juin 1630. 5. *vol. des Ord. de Louis XIII. fol. 77.*

Lettres patentes portant érection de la Terre d'Everly en Marquisat, en faveur, &c. A S. Germain en Laye en Octobre 1626. reg. le 14. Decembre suivant. 4. *vol. des Ord. de Louis XIII. fol. 413.*

Lettres patentes portant jussion au Parlement pour verifier purement & simplement celles du mois de Juillet precedent, pour l'appanage de Monsieur Duc d'Orleans. A S. Germain en Laye le 7. Novembre 1626. reg. le 7. Decembre suivant. *Merc. Franç. t. 13. p. 466. Lemaire des Antiq. de la ville d'Orleans, p. 157.*

Declaration sur la plainte des Evêques de France, touchant un Decret de l'Université. A S. Germain en Laye le 13. Decembre 1626. *Merc. Franç. t. 12. ann. 1627. p. 14.*

Loüis XIII. 1626. Edit portant revocation de celuy du mois de Decembre 1625. par lequel les Offices de Payeurs, & de Controlleurs des rentes, créez par celuy du mois de Novembre 1624. avoient esté supprimez; & création de trois Offices de Conseillers du Roy, Receveurs & Payeurs generaux des rentes constituées sur les Gabelles, & Aydes, Receveurs depositaires des debets de quittances des rentes: & trois Offices de Conseillers du Roy, Controlleurs generaux desdites rentes, &c. A Paris en Decembre 1626. reg. en la Chambre des Comptes le 28. Juin 1627.

Edit portant création de trois Offices de Conseillers du Roy, Tresoriers & Receveurs Provinciaux des ponts & chaussées, & autres ouvrages publics en chacune Generalité du ressort des Chambres des Comptes de Paris & Roüen, & reglement pour leurs droits, &c. A Paris en Decembre 1626. reg. le 14. May 1627.

Edit portant création de trois Offices de Conseillers du Roy, Receveurs-Payeurs des gages & droits des Tresoriers de France; & trois Offices de Conseillers du Roy, Receveurs & Payeurs des gages & droits des Officiers des Elections: avec attribution, &c. A Paris en Decembre 1626. reg. en la Chambre des Comptes le 23. du même mois.

1627. Edit portant suppression des Charges de Connestable, & d'Admiral de France. A Paris en Janvier 1627. reg. le 13. Mars de la même année. *4. vol. des Ord. de Loüis XIII. fol. 452. Merc. Franç. t. 13. p. 354. Celle d'Admiral de France est rétablie par celuy du mois de Novembre 1669.*

Lettres patentes portant jussion à la Chambre des Comptes pour verifier celles du mois de Juillet 1626. par lesquelles le Roy a donné à Monsieur Duc d'Orleans son frere, les Duchez d'Orleans, &c. A Paris le 17. Janvier 1627. reg. le 3. Mars de la même année.

Edit en execution de ceux des mois de Mars 1577. & Decembre 1581. portant que dorénavant tous Hôteliers, Cabaretiers, Taverniers, & Marchands de vin en gros, qui faisoient trafic és Villes, joüiront à l'avenir de cette faculté en heredité, &c. A Paris en Janvier 1627. *V. celuy du mois de Decembre 1632.*

Lettres patentes portant jussion à la Chambre des Comptes pour verifier l'Edit du mois de Juillet 1626. par lequel l'Office de Receveur des Consignations des deniers procedans des debets des quittances, &c. est supprimé. A Paris le 23. Janvier 1627. reg. le 28. Juin de la même année.

Declaration portant abolition en faveur du Duc de Vendosme. A Paris en Fevrier 1627. reg. le 23. Mars 1629. *Mercure Franç. t.* 15. *p.* 165.

Edit portant union des deux Offices de Commissaires à celuy de Lieutenant General d'Angoumois. A Paris en Fevrier 1627. reg. le 26. du même mois. 4. *vol. des Ord. de Louis XIII. fol.* 428.

Edit portant création de deux Offices de Conseillers du Roy Elûs, & trois Offices de Controlleurs dans chacune Election, pour en joüir par ceux qui en seront pourvûs, aux mêmes gages & droits dont joüissent les autres Officiers: & reglement pour leurs fonctions; à la charge que tous les Officiers exerceront dorénavant leurs Offices par semestre. A Paris en Fevrier 1627. *V. ceux des mois de Mars & de Iuin suivans.*

Declaration sur la bonne intention que le Roy a de soulager son Peuple. A Paris le 16. Fevrier 1627. reg. le 1. Mars suivant. 4. *vol. des Ord. de Louis XIII. fol.* 441.

Edit portant création d'un Office hereditaire de Preudhomme élû pour la visite des cuirs en chacune Ville, &c. du Royaume. A Paris en Fevrier 1627. reg. en la Cour des Aydes le 28. Juin suivant.

Edit portant création d'un Office hereditaire de Greffier des dépris des vins en chacune Ville, &c. du Royaume. A Paris en Fevrier 1627. reg. en la Cour des Aydes le 28. Juin suivant.

Edit portant création de douze Offices de Conseillers du Roy, Generaux des Finances des Camps, Armées, & Garnisons de France, &c. A Paris en Fevrier 1627. reg. en la Chambre des Comptes le 19. Mars suivant. *Mercure François t.* 13. *p.* 331.

Lettres patentes portant jussion à la Chambre des Comptes pour verifier purement & simplement celles du mois de Juillet 1626. pour l'apanage de Monsieur Frere unique du Roy. A Paris le 8. Mars 1627. reg. le 15. du même mois. *Merc. Franç. t.* 13. *p.* 478. *Lemaire des Antiq. de la ville d'Orleans p.* 162.

Declaration en faveur des Habitans de la ville de Vitry-le-François, pour le payement des lots & ventes. A Paris le 10. Mars 1627. reg. le 6. May suivant. 5. *vol. des Ord. de Louis XIII. fol.* 3.

Edit portant rétablissement d'un Siege d'Election en chacune des Receptes de Rodez, & Milhau en Roüergue, Figeac & Montauban en Quercy, qui sera composé d'un Conseiller du Roy President, d'un Lieutenant particulier, &c. & en outre que l'Office de Conseiller du Roy, Lieutenant particulier, & celuy de Conseiller

Loüis XIII.

1627.

du Roy Elû, créez par celuy du mois de Decembre 1625. seront établis dans les Elections de Bordeaux, Perigueux, &c. le tout suivant les Edits des mois de Juillet 1581. Juin 1622. Novembre & Decembre 1625. A Paris en Mars 1627. regist. en la Chambre des Comptes le 28. Juin de la même année. *Filleau part. 3. tit. 1. ch. 78. p. 102.*

Declaration pour le port des armes à feu. A Paris le 15. Mars 1627. reg. le 12. Avril suivant. *Merc. Franç, t. p. 374.*

Declaration portant exemption en faveur des Habitans des Provinces de Guyenne, Poitou, Xaintonge, & païs d'Aulnis, d'aucune imposition nouvelle sur le sel. A Paris le 17. Mars 1627. reg. le 12. Avril suivant.

Edit portant suppression de deux Offices d'Elûs, & de trois de Controlleurs és Sieges des Elections, créez par celuy du mois de Fevrier predecent : & création d'un Office de Conseiller du Roy, & Lieutenant Criminel aux mêmes Sieges. A Paris en Mars 1627. *V. celuy du mois de Iuin suivant.*

Declaration sur l'Edit du mois de Fevrier 1626. portant création des Offices de Commissaires aux saisies réelles. A Paris le 24. Mars 1627. reg. le 17. May suivant. *5. vol. des Ord. de Louis XIII. fol. 16. Ioly t. 2. p. 1950.*

Declaration en consequence de l'Edit du mois de Fevrier 1620. pour la vente des Offices de Courtiers de vins, &c. A Paris le 27. Mars 1627. reg. en la Cour des Aydes le 28. Juin audit an.

Declaration portant attribution à chacun des Officiers des Greniers à sel du Royaume, de deux minots de sel pour leur provision, francs & exempts de tous droits & frais : & trente sols pour leur droit de descente, & relevement. A Paris le 27. Mars 1627. reg. en la Cour des Aydes le 28. Juin de la même année. *Filleau part. 3. tit. 2. ch. 18. p. 145.*

Declaration concernant les Controlleurs Provinciaux de l'Artillerie. A Paris en Mars 1627. *V. l'Edit du mois de Ianvier 1634.*

Lettres patentes portant union des Comtez de Limours & de Montlhery, au Duché de Chartres. A Paris en Avril 1627. regist. 23. Juillet suivant. *5. vol. des Ord. de Louis XIII. fol. 51.*

Edit portant revocation de celuy fait à Cremieu le dix-neuf Juin 1536. & que les Officiers de chacun Bureau des Finances, excepté celuy de Bretagne, connoîtront de toutes les matieres concernant le Domaine, avec même pouvoir que celuy qui est attribué à la Chambre du Tresor, par celuy du mois de Fevrier 1543.

1543. &c. & création de quatre Offices de Conseillers du Roy, Tresoriers generaux des Finances, de deux Offices de Presidens, &c. A Paris en Avril 1627. reg. au Parlement, Chambre des Comptes, & Cour des Aydes le 28. Juin de la même année. 5. *vol. des Ord. de Louis XIII. fol.* 43. LOÜIS XIII. 1627.

Declaration portant que les Presidens, Conseillers, Avocats, & Procureurs generaux du Roy en la Cour des Aydes de Paris, qui auront esté examinez & receus en icelle, seront aussi receus au Parlement de Paris, aux Offices dont ils seront pourvûs; même à ceux de Maîtres des Requestes, tout ainsi que les Officiers des autres Parlemens. A Paris le 27. Avril 1627. reg. le 20. Decembre 1635. 6. *vol. des Ord. de Loüis XIII. fol.* 495.

Declaration portant attribution de Jurisdiction pour la connoissance des cas Royaux, aux Juges de l'apanage de Monsieur Duc d'Orleans. A Paris le 27. Avril 1627. reg. le 15. Juin suivant. 5. *vol. des Ord. de Loüis XIII. fol.* 24.

Declaration pour le rétablissement de 50. livres de taxations ordinaires attribuées aux Officiers des Elections de Guyenne, créez par l'Edit du mois de May 1622. &c. A Paris le 4. May 1627. reg. en la Chambre des Comptes le 29. Decembre 1628.

Declaration portant défenses aux Sujets du Roy de faire aucun commerce avec ceux du Roy de la grand'Bretagne. A Paris le 8. May 1627. reg. le 17. du même mois. *Merc. Franç. t.* 13. *p.* 201. 5. *vol. des Ord. de Loüis XIII. fol.* 12.

Edit portant établissement d'un Grenier à sel dans la ville de Gannat en Bourbonnois; & création de trois Offices de Conseillers du Roy Grenetiers; trois Offices de Controlleurs, &c. A Paris en May 1627. reg. en la Cour des Aydes le 16. Septembre suivant, & en la Chambre des Comptes le dernier May 1628.

Declaration pour le retour des Ducs d'Halluyn & de Liancourt. A Paris le 14. May 1627. *Merc. Franç. t.* 13. *p.* 381.

Lettres patentes portant jussion à la Chambre des Comptes pour lever toutes les restrictions faites par son Arrest du 14. du present mois, à l'Edit du mois de Decembre 1626. touchant les Tresoriers Provinciaux des ponts & chaussées. A Paris le 18. May 1627. reg. le 28. Juin suivant.

Lettres patentes portant jussion à la Cour des Aydes pour verifier purement & simplement l'Edit du mois de Decembre 1626. portant création des Offices de Payeurs des gages des Tresoriers de France. A Paris le 14. Juin 1627. reg. le 28. du même mois.

LOUIS XIII. 1627.

Declaration portant reglement entre les Commissaires-Enquêteurs, & les Adjoints. A Paris le 16. Juin 1627. *Filleau part. 3. tit. 3. ch. 35. p. 211.*

Edit portant qu'il sera levé la somme de 6. livres par augmentation du prix du Marchand sur chacun minot de sel, qui sera vendu & distribué dans les Greniers à sel du Royaume, outre, & pardessus ce qui se leve, tant pour les anciens droits du Roy, que pour le prix du Marchand, & autres droits imposez pour le sel, pour estre lesdits deniers employez au rachat des droits alienez sur les Gabelles, & aprés le rachat diminuez. A Paris en Juin 1627. reg. en la Cour des Aydes le 28. du même mois. *Filleau part. 3. tit. 2. chap. 17. p 145.*

Declaration portant que nonobstant celle du 24. Mars precedent, les Commissaires aux saisies réelles, joüiront de tous les droits qui leur sont attribuez par l'Edit de création de leurs Offices du mois de Fevrier 1626. à la reserve du mont de pieté ; & à la charge qu'ils ne prendront que 30. sols pour l'enregistrement des saisies réelles au dessous de cent livres. A Paris le 22. Juin 1627. reg. le 28. dudit mois. *Ioly t. 2. p. 1950.*

Edit portant création de trente Offices de Vendeurs de cuirs, qui se déchargent, & vendent en la halle de la ville de Paris; de dix Offices de Déchargeurs, & dix Offices de Lotisseurs, &c. A Paris en Juin 1627. reg. au Parlement, & en la Cour des Aydes le 28. du même mois.

Edit portant suppression des Offices créez és Sieges des Elections, par ceux des mois de Fevrier & Mars de la presente année ; & attribution en heredité aux autres Officiers de six deniers pour livre, de tous les deniers ordinaires qui se leveront dans le ressort desdites Elections, sur les Contribuables aux Tailles : & création en chacune Election de deux Offices d'Elûs, &c. A Paris en Juin 1627. reg. en la Chambre des Comptes, & Cour des Aydes le 28. du même mois. *Filleau part. 3. tit. 1. ch. 79. p. 103.*

Edit portant création de quatre Offices de Conseillers du Roy, Sur-Intendans & Commissaires generaux des vivres des Camps & Armées, munitions, avitaillemens, & magazins de France, &c. A Paris en Juin 1627. reg. en la Chambre des Comptes le 28. du même mois.

Edit portant reglement sur le fait de la Justice, & création des Offices de Certificateurs Preudhommes : Greffiers Controlleurs hereditaires de tous registres, & papiers journaux : Gardes des petits Seaux, avec attribution de nouveaux droits: Greffiers Gardesacs & productions: Controlleurs des productions : Greffiers des Arbitres: Clercs de l'Audiance: rétablissement de ceux de Greffiers des Notifications, créez par celuy du mois de Decembre 1581. &c. contenant 20. articles. A Paris en Juin 1627. reg. le 28. du même mois. *5. vol. des Ord. de Loüis XIII. fol. 39. Filleau part. 1. tit. 2. ch. 15. p. 122. Iolyt. 2. p. 1906.*

Edit portant création de deux Lettres de Maîtrises en faveur de la naissance de Mademoiselle. A Paris en Juin 1627. reg. le 14. Decembre 1629. *5. vol. des Ord. de Louis XIII. fol. 195.*

Declaration portant reduction du nombre des Offices de Procureurs postulans, en execution de l'Edit du mois de Fevrier 1620. A Paris le 23. Juin 1627. reg. le 28. du même mois. *5. vol. des Ord. de Louis XIII. fol. 36. Filleau part. 2. tit. 7. ch. 45. p. 359. Ioly t. 1. addit. p. 143.*

Edit portant création des Offices de Controlleurs des Actes, & expeditions des Greffiers, Clercs de Greffes, Notaires, Tabellions, Receveurs des Consigntions en toutes les Cours & Jurisdictions du Royaume, tant souveraines que subalternes. A Paris en Juin 1627. reg. au Parlement, Chambre des Comptes, & Cour des Aydes le 28. du même mois. *5. vol. des Ord. de Loüis XIII. fol. 29. Filleau part. 3. tit. 4. ch. 16. p. 259. Ioly t. 2. p. 1932.*

Edit portant défenses de laisser entrer dans le Royaume aucunes sortes de Draperies, & Manufactures de laines étrangeres; & reglement pour les droits, &c. A Paris en Juin 1627. reg. au Parlement, & en la Cour des Aydes le 28. du même mois. *5. vol. des Ord. de Loüis XIII. fol. 34.*

Edit portant reglement sur l'ordre que le Roy veut esté observé par les Tresoriers de sa Maison en la distribution de ses Finances: & création en titre d'Office, formé de trois Conseillers du Roy Intendans, & trois Conseillers du Roy Controlleurs en chacune des Charges de Tresoriers, & Controlleurs de sa Maison, où il n'y en a point, &c. A Paris en Juin 1627. reg. en la Chambre des Comptes, & en la Cour des Aydes le 28. du même mois.

Edit portant création des Offices de Conseillers du Roy, Tresoriers, Payeurs, des Regimens dans les Camps & Armées: des vivres: des Regimens & Compagnies de gens de pied: des Gardes Suisses: de la Cavalerie Legere: & des Conseillers du Roy Controlleurs Provinciaux ordinaires desdits Regimens, tant François, qu'Etrangers, &c. A Paris en Juin 1627. registré en la Chambre

LOUIS XIII. 1627. des Comptes le vingt-huitiéme dudit mois.

Edit portant création des Offices de Tresoriers, & Controlleurs Provinciaux des Fortifications, és Provinces où il n'y en a point d'établis : & augmentation de gages, de taxations, & droits de chevauchées à ceux qui en sont pourvûs. A Paris en Juin 1627. reg. en la Chambre des Comptes le 28. dudit mois.

Lettres patentes portant surannation pour la verification en la Chambre des Comptes, & Cour des Aydes, de l'Edit du mois de Fevrier 1626. touchant la marque du fer. A Paris le 25. Juin 1627. reg. le 28. du même mois.

Edit portant création de trois Offices de Conseillers du Roy Tresoriers, & trois Conseillers du Roy Controlleurs generaux du Domaine, pour recevoir tous les deniers qui proviendront de la vente, revente, & alienations des parts & portions du Domaine, Greffes, Aydes, rentes hereditaires, & autres droits & revenus, qui estoient ordinairement receus par des particuliers pour ce commis. A Paris en Juin 1627. reg. en la Chambre des Comptes le 28. du même mois. *Filleau part. 2. tit. 10. ch. 5. p. 430.*

Edit portant création en titre d'Office formé, & hereditaire des Controlleurs, Visiteurs, & Marqueurs de toilles, canevats, coutils, futaines, & treillis en chacune Ville, Bourg, Bourgade, & lieux du Royaume ; en execution de celuy du mois de Janvier 1586. & de la Declaration du dernier Octobre 1600. &c. A Paris en Juin 1627. reg. en la Cour des Aydes le 28. dudit mois.

Declaration portant reglement sur les interventions & évocations en la Chambre de l'Edit. A Villeroy le 22. Juillet 1627. reg. le dernier Aoust suivant. *5. vol. des Ord. de Loüis XIII. fol. 56. Ioly t. 1. addit. p. 109.*

Declaration portant défenses de bâtir és environs de la ville de Paris. A Villeroy le 29 Juin 1627. reg. le dernier Aoust suivant.

Declaration portant confirmation de tous Testamens passez dans la Coûtume d'Amiens, dans lesquels les mots (*sans suggestion*) ne se trouvent point, &c. A Villeroy le dernier Juillet 1627. reg. le 27. Aoust suivant.

Declaration contre le sieur de Soubise. A Villeroy le 5. Aoust 1627. reg. le 11. dudit mois 5. *vol des Ord. de Loüis XIII. fol. 71.*

Declaration portant défenses de faire aucun bâtiment nouveau dans les Fauxbourgs de la ville de Paris. A le dernier Aoust 1627. *V. celle du 20. Mars 1633.*

Declaration portant défenses de faire le commerce de mer. A

S. Germain en Laye le 9. Septembre 1627. reg. le 20. dudit mois. *Merc. Franç. t. 14. p. 30.* Louis XIII. 1627.

Declaration portant rétablissement d'un Siege d'Election en la ville de Bar-sur-Aube, créé par Edit du mois de Decembre 1581. & supprimé par celuy du mois de Decembre 1583. &c. A S. Germain en Laye le 12. Septembre 1627. reg. en la Cour des Aydes le 12. Decembre 1628.

Declaration sur les cassations des Traitez faits avec les Grisons. A S. Germain en Laye le 14. Septembre 1627. *Merc. Franç. t. 13. p. 329.*

Declaration en faveur des Officiers des Elections, en consequence de l'Edit du mois de Juin precedent. A Paris le 22. Septembre 1627. publiée au Seau le 8. Novembre audit an. *Filleau part. 3. tit. 11. ch. 116. p. 566.*

Declaration portant que nonobstant l'Edit du mois d'Avril precedent, les Tresoriers de France exerceront leurs Charges conjointement. A Paris le 23. Septembre 1627. reg. au grand Conseil le 21. Aoust 1628.

Edit portant création de plusieurs Offices aux Bureaux des Finances de Montpellier, & de Thoulouse. A Paris en Septembre 1627.

Lettres patentes portant érection du Marquisat de Villars en Duché, en faveur de Georges de Brancas. A Paris en Septembre 1627. reg. au Parlement de Provence le 24. Juillet 1628.

Declaration contre le Duc de Rohan, & ses complices. Au Camp d'Etrée le 14. Octobre 1627. reg. au Parlement de Tholose le 29. dudit mois. *Merc. Franç. t. 14. ann. 1627. p. 319.*

Edit portant attribution de gages aux Officiers domaniaux jusques à quatre cens mille livres. Au Camp devant la Rochelle en Decembre 1627. reg. le 7. Avril 1628. 5. *vol. des Ord. de Louis XIII. fol.* 108.

Edit portant álienation de 300000. livres de rente sur les Gabelles. A en Decembre 1627. *V. celuy du mois d'Octobre* 1634.

Lettres patentes portant don à Monsieur Duc d'Orleans, de la ville de Montargis & de ses dépendances, pour en jouyr par augmentation d'apanage. A Paris en Mars 1628. regist. le 30. Aoust 1629. 5. *vol. des Ord. de Louis XIII. fol.* 177. 1628.

Edit portant suppression des Offices de Gouverneur & Lieutenant en la Ville de Rheims. A Paris en Mars 1628. registré le 23. Janvier 1629. 5. *vol. des Ord. de Louis XIII. fol.* 135.

Loüis XIII. 1628.

Edit concernant les Procureurs du Parlement & Cour des Aydes de Grenoble. A Paris en Mars 1628.

Edit portant établissement de dix Sieges d'Elections dans la Province de Dauphiné & creation des Officiers qui les doivent composer. A Paris en Mars 1628. *V. celuy du mois de Septembre 1635.*

Declaration portant rétablissement du droit de douze deniers pour livre sur chacun tonneau de cendres communes, & ordinaires, & sur chacun tonneau ou boisseau de gravelées qui entreront dans la Ville de Paris, &c. A Paris le dernier Mars 1628. regist. en la Cour des Aydes le 31. Decembre 1629.

Declaration portant attribution de Jurisdiction pour le fait des chasses dans la Forest de Carnelles, &c. à Messire Antoine Nicolaï premier President en la Chambre des Comptes, Capitaine des chasses dans lesdites Forests, &c. A Paris le 2. Avril 1628. reg. au Parlement le 25. May, & en la Cour des Aydes le 8. Aoust de la même année.

Declaration portant reglement pour le payement des droits attribuez aux deux Elûs creez par l'Edit du mois de Juin 1627. A Paris le 3. Avril 1628. reg. en la Chambre des Comptes le 13. Juillet de la même année.

Edit portant revocation de celuy du mois d'Avril 1627. en ce qu'il attribuë aux Officiers des Bureaux des Finances la connoissance des receptions des foys & hommages des fiefs relevans de la Couronne; Lettres de souffrances & de conforte-main, & en consequence qu'il en sera usé envers la Chambre des Comptes, comme avant ledit Edit, & conformément aux Edits, Declarations & Ordonnances. A Paris en Avril 1628. reg. en la Chambre des Comptes le 27. Septembre suivant.

Edit portant création d'un Office de Greffier hereditaire triennal en chacun des Bureaux des Finances, pour en joüir aux mêmes gages, &c. dont joüissent ceux qui sont pourvûs des anciens & alternatifs, & à eux attribuez par ceux des mois de Decembre 1613. & Fevrier 1626. A Paris en Avril 1628. *V. celuy du mois de Janvier 1629.*

Lettres patentes portant jussion à la Cour des Aydes, pour verifier la Declaration du 12. Septembre 1627. portant rétablissement de l'Election de la ville de Bar-sur-Aube. Au Camp devant la Rochelle le 10. Juin 1628. reg. le 12. Decembre suivant.

Edit portant création d'un Office de Receveur, & d'un de Controlleur particuliers triennaux hereditaires des decimes en chacun

Diocese du Royaume, & reglement pour leurs droits & gages. Au Camp devant la Rochelle en Juin 1628. reg. le 4. Septembre de la même année. 5. *vol. des Ord. de Louis XIII. fol.* 123.

Lettres patentes portant surannation de l'Edit du mois de Juillet 1626. portant création des Offices des Gabelles de la Province de Dauphiné. Au Camp devant la Rochelle le 6. Juillet 1628.

Declaration portant que l'Edit du mois d'Avril 1627. concernant le Domaine sera executé, nonobstant celuy du mois d'Avril de la presente année; & attribution de Jurisdiction au grand Conseil, pour la connoissance des contraventions qui y seront faites, même pour les appellations qui seront interjettées, tant en matiere civile que criminelle, des Sentences renduës par les Juges ordinaires, pour ou contre les Officiers des Bureaux des Finances, &c. Au Camp devant la Rochelle le 10. Aoust 1628. reg. au grand Conseil le 21. dudit mois.

Edit portant création de trois Offices de Conseillers du Roy & Controlleurs des Receveurs & Payeurs anciens, alternatifs, & triennaux des gages, droits, & amendes, des Cours de Parlement, Chambres des Comptes, &c. & autres Charges comptables, où il n'y en a point d'établis dans le ressort des Chambres des Comptes de Paris & de Roüen: & augmentation de gages hereditaires attribuez aux Receveurs desdites Compagnies. Au Camp devant la Rochelle en Aoust 1628. regist. en la Chambre des Comptes le 13. Octobre suivant. *Joly t. 1. add. p.* 165.

Edit pour l'alienation de 100000. livres de rente sur les Gabelles. Au Camp devant la Rochelle en Aoust 1628. reg. au Parlement le 27. Juillet, en la Chambre des Comptes, & Cour des Aydes le 31. Decembre 1629.

Edit portant alienation de 120000. livres de rentes à prendre sur les huitiéme & vingtiéme du vin qui se vend & debite en gros & en détail en la Ville & Fauxbourgs de Paris, &c. A Paris en Aoust 1628. reg. en la Chambre des Comptes le 14. Octobre de la même année.

Lettres patentes portant commission à Messieurs de Champigny, &c. pour la vente & alienation desdits 120000. livres de rente. Au Camp devant la Rochelle le 28. Aoust 1628. reg. le 14. Octobre de la même année.

Lettres patentes portant jussion à la Cour les Aydes pour la verification de la Declaration du 12. Septembre 1627. portant rétablissement de l'Election de la ville de Bar-sur-Aube. Au Camp devant

LOUIS XIII. la Rochelle le 28. Aoust 1628. reg. le 12. Decembre de la même année.

1628. Autres Lettres patentes portant troisiéme jussion, &c. Au Camp devant la Rochelle le 24. Octobre 1628. regist. le 12. Decembre audit an.

Lettres patentes portant jussion au Parlement de Bordeaux pour verifier l'Edit du mois de Fevrier 1626. portant création des Offices de Commissaires aux saisies réelles. Au Camp devant la Rochelle le 30. Octobre 1628. reg. le 25. du même mois.

Declaration portant reglement pour le Gouvernement & la Police de la ville de la Rochelle : revocation de tous les Privileges accordez aux Habitans d'icelle ; création d'Officiers pour y administrer la Justice, &c. contenant 26. articles. A la Rochelle en Novembre 1628. reg. le 15 Janvier 1629. 5. *vol. des Ord. de Louis XIII. fol.* 130. *Mercure François t.* 14. *année* 1628. *p.* 720. *Joly t.* 2. *p.* 1853.

Lettres patentes portant jussion au Parlement de Bordeaux, pour verifier l'Edit du mois de Fevrier 1626. portant création des Offices de Commissaires aux saisies réelles. A la Rochelle le 6. Novembre 1628. reg. le 9. Decembre suivant.

Declaration contre les Rebelles faisans profession de la Religion Pretenduë Reformée. A Paris le 15. Decembre 1628. reg. le 15. Janvier 1629. 5. *vol. des Ord. de Louis XIII. fol.* 129. *Merc. Franç. t.* 15. *année* 1629. *p.* 28.

Edit portant union de la Charge de Prevost des Maréchaux de la ville de Provins, à celle de Lieutenant de Robe courte au Bailliage du même lieu. A Paris en Decembre 1628. reg. le 22. Decembre 1629. 5. *vol. des Ord. de Louis XIII. fol.* 198.

Edit portant création en chacune Election du Royaume de deux Offices de Conseillers du Roy, & Intendans particuliers des deniers communs, & d'octroy des Villes & Communautez du Royaume : reparations des murs, & grands chemins ; & d'un Office de Conseiller du Roy, & Intendant general desdits deniers, &c. A Paris en Decembre 1628. reg. en la Chambre des Comptes le 30. du même mois, & en la Cour des Aydes le 3. Fevrier 1629. *Filleau part.* 3, *tit.* 7. *ch.* 22. *p.* 353.

Declaration portant que la ville de Paris, & le ressort d'icelle, n'est pas comprise dans la disposition de l'Edit cy dessus. A Paris le 29. Decembre 1628. reg. en la Cour des Aydes le 3. Fevrier 1629. *Filleau part.* 3. *tit.* 7. *chap.* 22. *p.* 355.

Edit

Edit qui permet aux Presidens & Conseillers du Parlement de Paris, de faire pourvoir un de leurs enfans d'un Office audit Parlement, pourvû qu'il n'y ait point d'autre empêchement; & à la charge que le pere & le fils ne pourront estre en même Chambre, ny en même deliberation. A Paris le 4. Janvier 1629. reg. le 9. Fevrier de la même année. 5. *vol. des Ord. de Louis XIII. fol.* 142.

Declaration portant attribution & augmentation de gages hereditaires aux Prevosts generaux, Provinciaux, & particuliers des Maréchaussées, Vicebaillifs, Vicesenéchaux, Chevaliers du Guet, Lieutenans Criminels de Robe courte, leurs Lieutenans, Assesseurs, & Procureurs du Roy, Commissaires, & Controlleurs, à faire les montres des Officiers desdites Maréchaussées de France: avec la survivance de leurs Offices en faveur de leurs veuves, enfans, & heritiers: & confirmation de leurs Privileges & exemptions. A Paris le 10. Janvier 1629. reg. en la Chambre des Comptes le 19. Novembre suivant. *Filleau part.* 2. *tit.* 3. *chap.* 57. *p.* 139. *& chap.* 58 *p.* 140.

Ordonnance sur les plaintes & doleances faites par les Deputez des Etats du Royaume, convoquez & assemblez en la ville de Paris en l'année 1614. & sur les avis donnez au Roy par les Assemblées des Notables tenuës à Roüen en l'année 1617. & à Paris en l'année 1626. contenant 461. articles. A Paris en Janvier 1629. reg. le 15. du même mois.

Edit portant union des Offices de Prevost & de Lieutenant à Creil. A Paris en Janvier 1629. reg. le 1. Fevrier suivant. 5. *vol. des Ord. de Loüis XIII. fol.* 137.

Edit portant attribution aux Jaugeurs & Mesureurs de vaisseaux, &c. où se mettent & debitent toutes sortes de breuvages, de quatre sols outre les droits qui leur sont attribuez par celuy de leur création du mois de Fevrier 1596. & des Declarations des 24. Juin 1598. & Novembre 1601. A Paris en Janvier 1629. reg. en la Cour des Aydes le 7. Mars de la même année.

Edit portant revocation de celuy du mois d'Avril 1628. par lequel l'Office de Greffier triennal hereditaire des Bureaux des Finances a esté créé: & création d'un Office de Greffier triennal, & place de Clerc y jointe, pour en joüir par ceux qui en seront pourvûs aux mêmes droits dont joüissent les anciens & alternatifs, & conformément aux Edits des mois de Decembre 1613. & Fevrier 1626. &c. A Paris en Janvier 1629. regist. en la Chambre des Comptes le 9. Aoust suivant.

Loüis XIII. 1629. Edit portant décharge en faveur des Commissaires des Tailles de la confection des rosles des Tailles, & de la fourniture, &c. création de trois Offices de Greffiers hereditaires des rolles des Tailles des Paroisses en chacune Election du Royaume ; sçavoir un ancien, un alternatif, & un triennal : & attribution, &c. A Paris en Janvier 1629. reg. en la Chambre des Comptes, & en la Cour des Aydes le 14. May suivant. *Filleau part. 3. tit. 4. ch. 18. p. 263.*

Edit portant création de trois Offices de Conseillers du Roy, Receveurs & Payeurs des gages & augmentations, & autres droits des Presidens, & Tresoriers de France en chacune des Generalitez de Tholose & Besiers, &c. & d'un Office de Greffier hereditaire triennal, & d'un Office de Maître Clerc à chacun Greffier dans chacun des Bureaux des Finances desdites Generalitez, &c. A Paris en Janvier 1629. reg. en la Chambre des Comptes le 18. Juin suivant.

Edit portant suppression des Offices de Tresoriers & Controlleurs generaux ; Tresoriers & Controlleurs Provinciaux des ponts & chaussées, créez par ceux des mois d'Octobre 1615. & Decembre 1626. & union de leurs fonctions à celles des Receveurs & Controlleurs generaux des Finances, &c. A Paris en Janvier 1629. reg. en la Chambre des Comptes le dernier Decembre audit an. *Filleau part. 2. tit. 9. ch. 14. p. 422.*

Edit portant attribution en heredité aux Receveurs des Tailles, Receveurs du Taillon, & aux Greffiers anciens, alternatifs, & triennaux des Elections du Royaume, des mêmes droits de signature, & verification de rolles, &c. A Paris en Janvier 1629. reg. en la Cour des Aydes le 20. Aoust suivant.

Declaration portant nouvelle imposition de dix sols sur chacun muid de vin entrant dans les Villes & Bourgs du Royaume. A Paris le 15. Janvier 1629. *V. l'Edit du mois de Ianvier 1632.*

Lettres patentes portant jussion au Parlement de Bordeaux, pour verifier l'Edit du mois de Fevrier 1626. portant création des Offices de Commissaires aux saisies réelles. A Paris le 15. Janvier 1629. reg. le 9. Mars suivant.

Lettres patentes portant jussion à la Chambre des Comptes pour la verification pure & simple de l'Edit du mois de Decembre 1628. portant création des Offices d'Intendans des deniers d'octroy. A le 24. Janvier 1629. reg. le 7. Mars suivant. *V. celles du 10. Iuillet suivant.*

Edit portant rétablissement de tous les Receveurs des Epices, qui ont esté receus & instalez, & qui n'ont point esté remboursez nonobstant la suppression faite par celuy du mois de Juillet 1626. A en Fevrier 1629. *V. celuy du mois de May* 1646.

Lettres patentes portant jussion à la Chambre des Comptes pour verifier l'Edit du mois de Janvier precedent, concernant les Offices de Greffiers triennaux des Bureaux des Finances. Au Camp de Suze le 16. Avril 1629. reg. le 9. Aoust suivant.

Declaration contre les Habitans de la ville de Privas. Au Camp devant Privas en Juin 1629. reg. au Parlement de Tholose le 27. Aoust de la même année. *Mercure François t. 15. année* 1629. *p.* 483.

Provisions de l'Office de Maréchal de France en faveur du sieur de Marillac. Au Camp devant Privas le Juin 1629. *Mercure Franç. t.* 15. *année* 1629. *p.* 487.

Declaration pour le rétablissement du commerce avec l'Angleterre. Au Camp d'Alez le 23. Juin 1629. reg. le 9. Aoust de la même année. 5. *vol. des Ord. de Louis XIII. fol.* 164. *Merc. Franç. t.* 15. *ann.* 1629. *p.* 615.

Lettres patentes portant seconde jussion à la Chambre des Comptes de Paris, pour verifier purement & simplement l'Edit du mois de Decembre 1628. portant création des Offices d'Intendans des deniers d'octroy. A Beaucaire le 10. Juillet 1629. reg. le 20. Decembre audit an. *Filleau part.* 3. *tit.* 7. *ch.* 22. *p.* 356.

Edit pour l'enregistrement des articles accordez tant au Duc de Rohan, & au sieur de Soubise, qu'à tous ses autres Sujets rebelles des Villes, &c. des Provinces des haut & bas Languedoc, Sevennes, &c. contenant 22. articles. A Nismes en Juillet 1629. reg. au Parlement de Tholose le 27. Aoust suivant. *Mercure Franç. t.* 15. *ann.* 1629. *p.* 505. *V. celuy du mois d'Octobre* 1685.

Edit portant établissement de 22. Sieges d'Elections dans la Province de Languedoc : & création des Offices dont ils doivent estre composez. A Nismes en Juillet 1629. reg. en la Chambre des Comptes, & Cour des Aydes de Montpellier le 23. dudit mois. *Merc. Franç. t.* 15. *ann.* 1629. *p.* 522.

Lettres patentes portant érection de la Terre de la Force en Duché & Pairie, en faveur de Jacques Nompar-de-Caumont, Seigneur de la Force, Maréchal de France, &c. A le 29. Juillet 1629. reg. le 3. Aoust 1637.

Loüis XIII.

1629.

Ducs de la Force Pairs de France.

Jacques Nompar-de-Caumont, Duc de la Force, Pair, & Maréchal de France, mourut le 10. May 1652.

Armand Nompar-de-Caumont, Duc de la Force, Pair & Maréchal de France, decedé sans enfans.

Henry Nompar-de-Caumont, Marquis de Castelnau.

Jacques Nompar-de-Caumont, Marquis de Castelnau & de Boesse, tué au siege de la Mothe l'an 1634.

Jacques Nompar-de-Caumont, Duc de la Force, Pair de France, Marquis de Boesse.

Lettres patentes portant jussion à la Cour des Aydes de Paris, pour verifier l'Edit du mois de Janvier precedent, portant attribution en heredité aux Receveurs des Tailles, &c. A Paris le 8. Aoust 1629. reg. le 20. dudit mois.

Lettres patentes pour l'enregistrement des Bulles de secularisation de l'Eglise Cathedrale de S. Pons de Thomiers A Fontainebleau le 5. Octobre 1629.

Declaration en consequence de celle du dernier Mars 1628. portant rétablissement du droit de douze deniers sur les cendres, &c. A Fontainebleau le 14. Octobre 1629. reg. en la Cour des Aydes le 31. Decembre suivant.

Edit portant attribution en heredité d'un denier pour livre aux Receveurs des Tailles és années hors d'exercice, avec l'heredité de leurs taxations casuelles : d'un denier par chacun an aux Receveurs du Taillon ; & reduction de toutes les taxations desdits Receveurs des Tailles & du Taillon, à trois deniers annuels perceptibles par leurs mains. A Fontainebleau en Octobre 1629. reg. en la Cour des Aydes le dernier Decembre suivant. *Filleau part. 3. tit. 1. ch. 8. p. 105.*

Lettres patentes portant jussion à la Chambre des Comptes de Paris, pour verifier l'Edit du mois de Janvier precedent, concernant les Receveurs des gages des Officiers des Bureaux des Finances, &c. A Paris le 10. Novembre 1629. reg. le 20. Decembre de la même année. *V. celles du 30. dudit mois de Decembre.* Loüis XIII. 1629.

Declaration portant qu'il sera payé 30. s. sur chacune liv. de petun ou tabac, qui sera apporté des païs étrangers dens le Royaume, excepté pour celuy qui viendra de l'Isle de S. Christophe, la Barbade, & autres Isles qui appartiennent à la Compagnie, &c. A Paris le 17. Novembre 1629. reg. en la Cour des Aydes le dernier Decembre suivant.

Declaration portant défenses de faire aucun établissement de Monasteres, Maisons, & Communautez Regulieres & Religieuses, en quelque Ville & lieu du Royaume que ce soit, sans la permission expresse du Roy. A Paris le 21. Novembre 1629. reg. le 13. Decembre suivant. *Filleau part. 1. tit. 1. ch. 71.*

Declaration portant attribution d'heredité aux Offices d'Huissiers Audianciers, & autres Huissiers, &c. A Paris le 28. Novembre 1629. publié au Seau le 14. Decembre suivant. *Filleau part. 1. tit. 6. ch. 18. p. 311.*

Declaration portant que le Roy n'a point dérogé aux Privileges des Habitans de la ville de Montargis, par ses Lettres patentes du mois de Mars 1628. par lesquelles il a donné cette Ville à Monsieur Duc d'Orleans son Frere unique. A Paris le 11. Decembre 1629. reg. le 9. Mars 1630. *5. vol. des Ord. de Loüis XIII. fol.* 224.

Lettres patentes addressées à la Cour des Aydes de Paris, portant surannation de l'Edit du mois de Juin 1627. pour le reglement de la Justice, & création de plusieurs Offices. A Paris en Decembre 1629. regist. le dernier du même mois. *Filleau part. 1. tit. 20. ch. 15. p. 126.*

Edit portant union de l'Office de Lieutenant du Prevost des Maréchaux de Provins, à celuy de Lieutenant Criminel de Robe courte de la même Ville, &c. A Paris en Decembe 1629. regist. au Parlement le 22. du même mois, & en la Chambre des Comptes le 2. Juin 1631. 5. *vol. des Ord. de Louis XIII. fol.* 198.

Edit portant établissement des Elections en chef des villes d'Issoire, Brioude, Aurillac, Roüanne, Salers, Sarlat, Thiers, & Château-du-Loir: & création du nombre d'Offices dont elles doivent estre composées, &c. A Paris en Decembre 1629. regist. en la Chambre des Comptes, & Cour des Aydes le dernier du même mois. *Filleau part. 5. tit. 1. ch. 82.*

Edit portant établissement d'une Cour Souveraine des Aydes dans la ville d'Agen: & création des Offices dont elle doit estre composée. A Paris en Decembre 1629. registré en la Chambre

LOUIS XIII. des Comptes le dernier dudit mois. *Filleau part.* 1. *tit.* 2. *ch.* 16. *p.* 126.

1629. Edit portant suppression des Offices de Tresoriers Provinciaux des Garnisons, & des Regimens & Compagnies des gens de pied, tant François qu'Etrangers, même ceux des Regimens des Gardes du Roy François & Suisses, & création de trois Offices de Controlleurs des deniers communs, & d'octroy en chacune Ville & Communauté du Royaume : avec attribution, &c. A Paris en Decembre 1629. regist. en la Chambre des Comptes, & Cour des Aydes le dernier du même mois. *Filleau part.* 3. *tit.* 7. *ch.* 26. *p.* 363.

Edit portant création de trois Offices hereditaires de Receveurs-Collecteurs, ancien, alternatif, & triennal, en chacune Election du ressort des Cours des Aydes de Paris, Roüen, & Montferrand, des droits alienez sur les Tailles, &c. avec attribution ausdits Receveurs d'un denier pour livre, &c. A Paris en Decembre 1629. reg. en la Cour des Aydes le 31. du même mois. *Filleau part.* 3. *tit.* 1. *ch.* 81. *p.* 106. *&* *ch.* 84. *p.* 111.

Edit portant création d'un Office de Conseiller du Roy, & President en chacun des Greniers à sel du ressort des Chambres des Comptes, & Cours des Aydes de Paris, Roüen, & Bourgogne, pour avoir même pouvoir, & préeminence que les Presidens des Elections du Royaume : attribution de sept sols pour muid de sel aux descentes & relevemens, &c. A Paris en Decembre 1629. reg. en la Chambre des Comptes, & en la Cour des Aydes le dernier dudit mois. *Filleau part.* 3. *tit.* 2. *ch.* 19. *p.* 147.

Edit portant création de trois Offices de Conseillers du Roy & Lieutenans generaux Provinciaux hereditaires, ancien, alternatif, & triennal en chacune des Generalitez dépendantes de la Ferme generale des Gabelles de France : & d'un Office de Greffier hereditaire pour estre en exercice sous lesdits Lieutenans generaux Provinciaux, &c. A Paris en Decembre 1629. reg. en la Chambre des Comptes, & Cour des Aydes le dernier du même mois. *Filleau part.* 3. *tit.* 2. *ch.* 20. *p.* 149.

Declaration portant confirmation des droits d'habillemens d'Hyver & d'Esté des Argentiers, & Controlleurs de l'argenterie du Roy. A Paris le 22. Decembre 1629. reg. en la Chambre des Comptes le 27. Avril 1630.

Lettres patentes portant jussion à la Chambre des Comptes de Paris, pour verifier l'Edit du mois de Juin 1621. portant création de trois Offices de Receveurs des deniers communs, & d'octroy, &c.

A Paris le 26. Decembre 1629. reg. le dernier du même mois. Louis XIII. 1629.

Lettres patentes addressées à la Chambre des Comptes de Paris, portant surannation de l'Edit du mois de May 1626. par lequel les Offices de Commis des Maîtres de la Chambre aux deniers ont esté créez. A Paris le 29. Decembre 1629. regist. le dernier dudit mois.

Lettres patentes portant troisiéme jussion à la Chambre des Comptes de Paris, pour verifier purement & simplement l'Edit du mois de Decembre 1628. portant création des Offices d'Intendans des deniers d'octroy, &c. A Paris le 29. Decembre 1629. reg. le dernier dudit mois. *Filleau part. 3. tit 7. ch. 22. p. 357.*

Lettres patentes portant jussion à la Chambre des Comptes de Paris, pour proceder conformément à celles du 10. Novembre precedent, à l'enregistrement pur & simple de l'Edit du mois de Janvier de la presente année, concernant les Receveurs & Payeurs des gages des Officiers des Bureaux des Finances, &c. A Paris le 30. Decembre 1629. reg. le dernier dudit mois.

Declaration portant attribution aux Avocats du Roy és Greniers à sel, de pareils droits de descente & relevement, dont joüissent les Grenetiers. A Paris le 30. Decembre 1629. *V. l'Edit du mois de May 1633.*

Declaration en consequence de l'Edit du mois d'Aoust 1578. de la Declaration du 25. Mars 1582. & de l'Edit du mois de Fevrier 1622. pour l'attribution de la qualité de Conseillers du Roy, & de la fonction d'Elûs, & de Grenetiers aux Avocats du Roy des Elections & Greniers à sel, &c. A Paris le 30. Decembre 1629. reg. en la Chambre des Comptes, & Cour des Aydes le dernier du même mois. *Filleau part. 2. tit. 6. ch. 82. p. 308. & part. 3. tit. 1. ch. 83. p. 110.*

Declaration portant attribution d'heredité à tous les Offices de Procureurs postulans, ou Avocats faisant lesdites Charges de Procureurs postulans, conjointement és Cours de Parlement, Chambres des Comptes, & Cours des Aydes, à l'exception de celles de Paris; & à ceux des Bailliages, Senéchaussées, &c. A Paris le 2. Janvier 1630. publiée au Seau le 7. dudit mois. *Filleau part. 2. tit. 7. ch. 47. p. 362.* 1630.

Lettres patentes portant don à Monsieur Duc d'Orleans, Frere unique du Roy, du Duché de Valois par accroissement d'apanage, pour en joüir par luy, tout ainsi qu'il joüit des Duchez d'Orleans, & de Chartres, & Comté de Blois, & le tenir en Pairie, &c.

Loüis XIII. A Paris en Janvier 1630. reg. le 6. Fevrier suivant. *5. vol. des Ord. de Louis XIII. fol. 221. Lemaire des Antiq. de la ville d'Orleans p.* 1630. 184. *Merc. Franç. t. 16. ann. 1630. p. 21.*

Declaration portant pouvoir à Monsieur Duc d'Orleans, Frere unique du Roy, de nommer aux Benefices & Offices dans le Duché de Valois. A Paris le 25. Janvier 1630. reg. le 6 Fevrier audit an. *5. vol. des Ord. de Louis XIII. fol. 223. Lemaire loco cit. p. 189. Merc. Franç. loco cit p. 51.*

Edit portant suppression des Offices de Conseillers du Roy, & Controlleurs generaux des postes & relais de France, ancien, alternatif, & triennal: & création de trois Offices de Conseillers du Roy, Surintendans generaux des postes & relais de France, & Chevaucheurs de l'Ecurie du Roy, ancien, alternatif, & triennal, &c. A Paris en Janvier 1630. publié au Seau le 1. Fevrier suivant.

Declaration portant rétablissement du droit annuel, &c. A Paris le 27. Janvier 1630. publiée au Seau le 1. Fevrier de la même année. *Merc. Franç. t 16. ann. 1630. p. 218.*

Edit portant alienation de 50000. livres de rente sur les huit & vingtiéme du vin qui se vend en gros & en détail dans la Ville & Fauxbourgs de Paris. A Paris en Fevrier 1630. reg. en la Chambre des Comptes le 3. Juin de la même année.

Declaration portant que le Fermier du droit qui se leve sur le bétail à pied fourché, entrant en la Ville & Fauxbourgs de Paris, prendra 25. sols pour chacun bœuf, & 3. sols pour chacun veau & mouton, conformément à celle du 17. Mars 1567. A le 28. Fevrier 1630. *V. celle du 2. Ianvier* 1634.

Edit portant établissement d'un Siege Presidial dans la ville de Montauban: création des Offices necessaires pour le composer, & reglement pour leur Jurisdiction. A Troyes en Avril 1630. regist. au grand Conseil le 18. May 1632.

Edit portant revocation de celuy du mois de Juillet 1626. & union de la Jurisdiction des Aydes dans la Province de Bourgogne, au Parlement de Dijon, &c. A Dijon en Avril 1630. reg. au Parlement de Dijon le 29. dudit mois. *Ioly t. 1. addit. p. 194.*

Declaration en consequence de celle du mois du Mars 1624. pour la nourriture des Soldats estropiez. A le 20. May 1630. *V. l'Edit du mois de Novembre* 1633.

Edit portant création des Offices hereditaires de Conseillers du Roy, Maîtres des Couriers, & du Bureau general des depêches de la Poste la Poste de Paris, Controlleurs Provinciaux des Postes, &c. A Grenoble en May 1630. publié au Seau le 25. du même mois. LOUIS XIII.

Declaration concernant le droit annuel. A le 21. Juin 1630. *V. celle du 21. Decembre suivant.* 1630.

Edit portant défenses de transporter les bleds hors du Royaume. A Lyon le 23. Aoust 1630. reg. le 30. du même mois. 5. *vol. des Ord. de Louis XIII. fol. 269.*

Edit portant création de l'Office de Garde des Seaux de France, en faveur de Charles de Laubespine, Marquis de Châteauneuf. A Versailles en Novembre 1630. *Duchesne hist. des Chancel. de France p. 786.*

Edit portant création de deux Offices de Maîtres des Requestes, cinq de Conseillers aux Enquestes, & deux de Conseillers aux Requestes du Palais du Parlement de Paris. A Paris en Decembre 1630.

Edit portant qu'il sera levé à l'avenir un nouveau huitiéme, faisant avec l'ancien huitiéme, le quatriéme du vin vendu en détail, pour estre employez, &c. A en Decembre 1630. *V. la Declaration du 10. Mars 1631.*

Declaration portant moderation des conditions du droit annuel, contenuës dans celles des 27. Janvier, & 21. Juin precedens. A S. Germain en Laye le 21. Decembre 1630. publiée au Seau le même jour.

Declaration portant qu'il sera diminué trois livres sur chacun minot de sel, faisant moitié de six livres imposées par l'Edit du mois de Juin 1627. A en Decembre 1630. *V. l'Edit du mois de May 1633.*

Edit en consequence de ceux des mois de Mars 1618. Juillet 1620. 1631. Avril 1621. Mars 1622. & Fevrier 1623. portant que les proprietaires des Offices de Greffiers, & Maîtres Clercs anciens, alternatifs, & triennaux, Greffiers des Affirmations, Gardes des petits Seaux, Maîtres Clercs, & doublement d'iceux, & Commissaires des vivres des Elections du Royaume, joüiront chacun des droits qui leur sont attribuez par lesdits Edits, &c. A Paris le 18. Janvier 1631. reg. en la Chambre des Comptes le 10. & en la Cour des Aydes le 22. Fevrier audit an.

Edit portant création d'un troisiéme Office de Conseiller du Roy, & Commissaire particulier des vivres hereditaire en chacune Election du Royaume: & augmentation de droits aux deux anciens, créez par celuy du mois de Mars 1622. A Paris en Janvier 1631. reg.

LOUIS XIII. en la Chambre des Comptes le 10. Fevrier, & en la Cour des Aydes le 16. Juin de la même année.

1631. Edit portant création d'un Office de Commissaire triennal des Tailles, en toutes les Paroisses des Generalitez du Royaume, & reglement pour ses droits & fonctions. A Paris en Janvier 1631. reg. en la Chambre des Comptes le 10. Fevrier, & en la Cour des Aydes le 21. Juin de la même année.

Declaration portant attribution aux Lieutenans, & Gardes Controlleurs des mesures des Greniers à sel, dépendans des Generalitez d'Orleans, Tours, Bourges, Moulins, Châlons, Soissons, Amiens, Roüen, & Caën, créez par l'Edit du mois de Juillet 1623. aux Procureurs du Roy alternatifs, & seconds Avocats du Roy és Greniers à sel, créez par celuy du mois de Decembre 1625. & aux autres Officiers des Greniers à sel, de l'impost seulement des droits de signature, &c. A Paris le 2. Fevrier 1631. reg. en la Chambre des Comptes le 10. du même mois.

Declaration portant attribution aux Receveurs particuliers des Gabelles, d'un denier pour livre de taxation en heredité, tant en l'année de leur exercice, qu'hors d'icelle; & en outre de la recepte de tous les droits hereditaires alienez sur le sel: avec attribution de six deniers pour livre, à prendre sur lesdits droits. A Paris le 3. Fevrier 1631. reg. en la Chambre des Comptes le 10. dudit mois.

Declaration portant attribution en heredité aux Controlleurs anciens, alternatifs, & triennaux des Elections du Royaume, & aux Presidens, Lieutenans, & Elûs des Elections esquelles lesdits Controlleurs ont pris le titre & la qualité d'Elû, en consequence des Edits & Declaration des mois de May 1587. &c. de trois deniers pour livre, &c. A Paris le 7. Fevrier 1631. reg. en la Chambre des Comptes le 10. du même mois.

Edit portant création d'un Office de Controlleur hereditaire du regalement & assiette des Tailles en chacune Paroisse du Royaume, avec attribution de la fonction de Voyer chacun en sa Paroisse: & reglement pour leurs droits, privileges, & exemptions. A Paris en Fevrier 1631. reg. en la Chambre des Comptes le 10. dudit mois, & en la Cour des Aydes le 27. May suivant.

Edit portant création d'un Office de Conseiller du Roy, & President alternatif en chacun des Greniers à sel dépendans des Chambres des Comptes de Paris, Roüen, & Dijon, esquels celuy créé par l'Edit du mois de Decembre 1629. n'a point esté étably pour en joüir par ceux qui en seront pourvûs, aux mêmes privileges, &c.

portez audit Edit : avec attribution audit Office de la moitié des gages, &c. & permission à une seule personne de se faire pourvoir des deux. A Paris en Fevrier 1631. registré en la Chambre des Comptes le 10 du même mois, & en la Cour des Aydes le 18. Aoust suivant.

Edit portant création des Offices de Receveurs hereditaires des droits d'entrée aux ports, portes & avenuës de la ville de Paris. A Paris en Fevrier 1631. *V. celuy du mois de Decembre 1632.*

Edit portant revocation de celuy du mois de Decembre 1630. par lequel il estoit ordonné qu'il seroit levé un nouveau huitiéme sur le vin. A Paris le 10. Mars 1631. reg. en la Cour des Aydes le 18. du même mois.

Declaration portant que les proprietaires & acquereurs des terres du Domaine, & augmentations de gages, seront tenus incessamment, & dans six mois pour tout délay, d'obtenir des Lettres de ratification, &c. A Paris le 10. Mars 1631. publiée au Seau le même jour.

Edit portant création de deux Offices de Conseillers du Roy, & Greffiers des Presentations & Affirmations du Conseil Privé, & des parties. A Paris en Mars 1631. publié au Seau le 10. du même mois.

Edit portant création de quatre Offices de Commis, & Gardes des registres au Controlle general des Finances, &c. A Paris en Mars 1631. publié au Seau le 10. du même mois.

Edit portant création de quatre Offices de Conseillers du Roy, & Gardes des rolles des Offices de France, &c. A Paris en Mars 1631. publié au Seau le 10. dudit mois. *Ioly t. 1. add. p. 277.*

Edit portant création de deux Offices de Conseillers du Roy, & Gardes des registres de la Chancellerie de France, du Conseil d'Etat, & Controlle general des Finances. A Paris en Mars 1631. publié au Seau le 10. dudit mois. *Ioly t. 1. addit. p. 281.*

Edit portant création de trois Offices de Conseillers du Roy Controlleurs des restes, & bons d'Etats du Conseil, & Solliciteurs generaux des affaires du Roy, &c. A Paris en Mars 1631. publié au Seau le 10. du même mois.

Declaration portant augmentation des droits du Seau, des Lettres qui se séellent en la grande Chancellerie de France. A Paris en Mars 1631. publiée au Seau le 10. du même mois. *Ioly t. 1. add. p. 357.*

Edit portant création de quatre Offices de Clercs Commis à l'Au-

LOUIS XIII. diance de la Chancellerie de France. A Paris en Mars 1631. publié au Seau le 10. du même mois. *Ioly t. 1. addit. p. 281.*

1631. Edit portant suppression des Offices de Commissaires des caves, &c. & attribution aux Presidens, Lieutenans, Elûs, Controlleurs, Avocats, & Procureurs du Roy des Elections du ressort des Cours des Aydes de Paris, & de Roüen, de cinq sols en heredité à chacun d'iceux par chacun an, sur chacune Paroisse de leur Election, au lieu du sol pour bail, & huit sols pour bordereau, qu'ils avoient accoûtumé de prendre. A Fontainebleau en Mars 1631. reg. en la Cour des Aydes le 2. Aoust suivant.

Edit portant création de quatre Offices de Conseillers du Roy, & Controlleurs des Greffes des Conseils d'Etat, des Finances, Privé, & des parties, des productions, & Gardes des sacs desdits Conseils, & des Greffes des Commissions extraordinaires. A Dijon en Mars 1631. publié au Seau le dernier Avril suivant.

Declaration contre ceux qui ont suivy Monsieur hors du Royaume. A Dijon le 30. Mars 1631. reg. au Parlement de Dijon le dernier dudit mois. *Mercure François t. 17. année 1631. p. 146.*

Declaration portant reglement pour les droits des Greffiers des Presentations, & autres Officiers créez par les Edits du present mois. A Dijon le dernier Mars 1631. publié au Seau le dernier Avril suivant.

Edit portant reglement pour la fonction des Gardes des rolles, & autres Officiers créez par les Edits du mois precedent, &c. A Fontainebleau en Avril 1631. publié au Seau le dernier dudit mois. *Ioly t. 1. addit. p. 279*

Edit portant attribution de la qualité de Chevaliers, de Lieutenans, & d'Exempts du guet aux Prevosts generaux, Provinciaux, Vicebaillifs, pour faire la garde és Villes & Fauxbourgs de leurs Maréchaussées. A en May 1631. *V. celuy du mois de May 1633.*

Edit portant union des Offices de Controlleurs des Greffes des Conseils du Roy, & de ceux de Greffiers des Affirmations, créez par les Edits du mois de Mars precedent, aux Offices de Greffiers du Conseil, &c. A Fontainebleau en May 1631. publié au Seau le 26. dudit mois.

Declaration en faveur du Cardinal de Richelieu. A Fontainebleau le 26. May 1631. *Merc. Franç. t. 17 ann. 1631. p. 187.*

Edit pour l'établissement d'une Chambre de Justice pour la recherche du crime de fausse Monnoye. A S. Germain en Laye le 14. Juin 1631. reg. le 9. Juillet de la même année. *5. vol. des Ord. de*

Louis XIII. fol. 298. *Merc. Franç. t.* 17. *ann.* 1631 *p.* 714. Louis XIII.

Declaration portant reglement sur le fait des impositions, & levées de deniers. A S. Germain en Laye le 6. Juillet 1631. publiée au Seau le dix-huitiéme du même mois. *Mercure François t.* 17. *année* 1631. *p.* 336. *Ioly t.* 1. *addit. p.* 353. 1631.

Edit portant attribution de trois livres tournois sur chacune Lettre d'Office, &c. aux quatre Gardes-rolles, & Controlleurs de l'augmentation du Seau. A S. Germain en Laye en Juillet 1631. *Ioly t.* 1. *add. p.* 280.

Edit portant revocation de celuy du mois de Decembre 1630. & création de deux Offices de Maîtres des Requestes, trois de Conseillers aux Enquestes, & d'un aux Requestes du Palais, & continuation du droit annuel pour huit années. A Paris en Aoust 1631. reg. le 13. du même mois. 5. *vol. des Ord. de Louis XIII. fol.* 308.

Declaration sur la sortie de la Reine Mere du Roy & de Monsieur hors du Royaume. A Paris le 12. Aoust 1631. reg. le 13. dudit mois. 5. *vol. des Ord. de Louis XIII. fol.* 309. *Merc. Franç. t.* 17. *année* 1631. *p.* 377.

Lettres patentes portant érection de la Terre de Richelieu, & des Baronnies, Terres, & Seigneuries de Mirebeau, l'Isle-Bouchard, Foix-la-vineuse, &c. en Duché & Pairie, sous le nom du Duché de Richelieu, en faveur d'Armand-Jean du Plessis de Richelieu, Cardinal du saint Siege Apostolique, Grand-Maître, Chef, & Surintendant general de la Navigation & Commerce de France, pour en user & joüir perpetuellement, & le tenir à une seule foy & hommage du Roy & de la Couronne de France, & aprés son decez par ses heritiers, successeurs, & ayans cause, mâles & femelles, &c. A Monceaux en Aoust 1631. reg. le 5. Septembre suivant 5. *vol. des Ord. de Louis XIII. fol.* 323. *Ioly t.* 1. *add. p.* 102. *Merc. Franç. t.* 17. *année* 1631. *p.* 706.

Loüis XIII.

1631.

Ducs de Richelieu Pairs de France.

François du Plessis IV. du nom, Seigneur de Richelieu, Chevalier des Ordres du Roy, & Capitaine des Gardes du Corps du Roy, mourut le 10. Juillet 1590.

Armand-Jean du Plessis, Cardinal Duc de Richelieu, Pair de France, Commandeur des Ordres du Roy, &c. deceda le 4. Decembre 1642.

Françoise du Plessis épousa René de Vignerot, Seigneur du Pont-Courlay, dont

François de Vignerot Marquis du Pont-Courlay, Chevalier des Ordres du Roy, & General des Galeres de France, &c.

Armand de Vignerot du Plessis, Duc de Richelieu, Pair de France, &c.

Edit portant création de deux Offices de Conseillers du Roy & Generaux en la Cour des Aydes de Paris, & d'un Office d'Huissier en ladite Cour. A Monceaux en Aoust 1631. reg. en la Chambre des Comptes le 27. Septembre 1633.

Declaration portant que par provision il sera déliberé par les Conseillers de la grand'Chambre, sur la verification des Lettres portant érection de quelques Terres en Duché & Pairie, sans y appeller les Conseillers servans aux Enquestes, jusques à ce qu'autrement par le Roy il en ait esté ordonné. A le 30. Aoust 1631. reg. le 2. Septembre suivant. 5. *vol. des Ord. de Loüis XIII. fol.* 314.

Declaration pour l'execution de l'Edit du 14. Juin precedent, portant établissement d'une Chambre de Justice pour la punition du crime de fausse Monnoye. A Compiegne le 16. Septembre 1631. reg. en ladite Chambre le 2. Septembre suivant. *Merc. Franç. t.* 17. *année* 1631. *p.* 719.

Declaration en faveur des Commissaires Examinateurs dans les Bailliages & Senéchaussées, créez par l'Edit du mois de Juin 1586. A Compiegne le 18. Septembre 1631. publié en l'Audiance de la grande Chancellerie le 12. Novembre suivant.

Edit portant établissement d'une Chambre du Domaine à la suite de la Cour, pour la verification des dons des biens des Officiers de la Reine Mere du Roy, & de ceux de Monsieur. A Troyes le 26. Septembre 1631. reg. le 8. Octobre suivant. LOUIS XIII.

Declaration pour l'execution du reglement du Conseil du 6. du present mois, concernant les droits & émolumens attribuez aux Greffiers des Bureaux des Finances. A Fontainebleau le 15. Octobre 1631. publiée au Seau le 16. du même mois. 1631.

Declaration portant reglement pour les droits des Greffiers des Bureaux des Finances. A Fontainebleau le 16. Octobre 1631. *V. celle du mois d'Octobre* 1636.

Declaration en execution de l'Edit du mois de Mars precedent, portant augmentation des droits du Seau dans toutes les Chancelleries du Royaume. A Fontainebleau le 16. Octobre 1631. publiée au Seau le même jour. *Joly t. 1. add. p.* 358.

Edit portant attribution des droits de chevauchées aux Greffiers & Maîtres Clercs anciens, alternatifs, & triennaux des Elections du Royaume. A Fontainebleau en Octobre 1631. reg. en la Chambre des Comptes le 10. May 1632.

Edit en consequence de celuy du mois de May precedent, par lequel la qualité de Chevalier du guet, &c. est attribuée aux Prevosts, &c. portant création de cinquante Offices d'Exempts, & trois cens Offices d'Archers. A en Octobre 1631. *V. celuy du mois de May* 1633.

Edit portant attribution en heredité aux trois Receveurs Collecteurs des droits alienez sur les Tailles, de pareil droit de verification, & signature de rolle & de quittance, qu'aux Receveurs desdites Tailles : avec pouvoir d'assister, &c. A Château-Thierry en Octobre 1631. reg. en la Cour des Aydes le 4. Mars 1632.

Lettres patentes portant jussion à la Cour des Aydes pour verifier l'Edit precedent. A Vic le 12. Janvier 1632. reg. le 4. Mars suivant. 1632.

Edit portant suppression des Offices de Greffiers des dépôts créez par celuy du mois de Fevrier 1627. de ceux de Courtiers & Jaugeurs, & des droits qui leur sont attribuez par l'Edit du mois de Janvier 1629. & la Declaration du 27. Mars suivant, ensemble de la nouvelle imposition de dix sols sur muid de vin établie par la Declaration du 15. Janvier de la même année, fors & excepté ceux qui se levent sur le vin entrant dans la ville de Paris, &c. A Mets en Janvier 1632. reg. en la Cour des Aydes le 5. Fevrier audit an.

Lettres patentes portant jussion à la Chambre des Comptes, pour verifier l'Edit du mois d'Octobre 1631. portant attribution du droit

LOÜIS XIII.

1632.

de chevauchées aux Greffiers & Maîtres Clercs, &c. A Mets le 21. Janvier 1632. reg. le 10. May de la même année.

Edit portant attribution de douze deniers pour livre, en heredité, aux Presidens, Lieutenans, Elûs, Controlleurs, Avocats, & Procureurs du Roy, Receveurs des Tailles, &c. au lieu des droits de verification, & signature des rolles, tant ordinaires qu'extraordinaires, qui se levent & leveront cy-aprés. A Mets en Fevrier 1632. reg. en la Cour des Aydes le 3. Avril suivant.

Edit portant création des Offices de Tresoriers, & Collecteurs Provinciaux de l'extraordinaire des guerres pour les montres & payemens des gens de guerre estant és garnisons de Pignerol, & autres places d'Italie & de Piémont, & des Offices de Tresoriers, & Controlleurs Provinciaux des Regimens & Compagnies particulieres estant esdites places. A en Fevrier 1632. *V. celuy du mois de Iuin 1633.*

Lettres patentes portant jussion à la Cour des Aydes, pour verifier l'Edit d'attribution de 12. deniers pour livre, &c. A Ruel le 24. Mars 1632. reg. le 3. Avril audit an.

Edit portant création des Offices de Receveurs & Controlleurs des Fermes, de neuf livres pour tonneau de vin, &c. entrant & passant és Villes de Roüen, Dieppe, le Havre-de-Grace, & 60. sols pour tonneau de mer entrant és Ports & Havres de la Province de Normandie, &c. A en Mars 1632. *V. celuy du mois de Decembre suivant.*

Edit portant augmentation de gages tant aux anciens que nouveaux Conseillers du Roy, & Generaux en la Cour des Aydes, outre les gages anciens. A S. Germain en Laye en Mars 1632 reg. en la Chambre des Comptes le 22. Aoust 1634.

Lettres patentes portant seconde jussion à la Cour des Aydes, pour verifier l'Edit du mois de Fevrier precedent, portant attribution de 12. deniers, &c. A S. Germain en Laye le 31. Mars 1632. reg. le 3. Avril audit an.

Lettres patentes portant relief d'adresse au grand Conseil pour la verification de l'Edit du mois d'Avril 1630. portant érection du Siege de la Senéchaussée de Montauban en Siege Presidial. A S. Germain en Laye le 22. Avril 1632. reg. le 18. May suivant.

Edit portant attribution de six sols sur chacun minot de sel aux Lieutenans Controlleurs des petites mesures, Greffiers, Maîtres Clercs, & Garde des petits Seaux des Greniers à sel, pour le droit de signature du billet qui doit estre donné à ceux qui achetent du du sel, &c. A S. Germain en Laye en May 1632. reg. en la Cour des Aydes le 13. Aoust suivant.

Edit portant union aux Offices de Conseillers Surintendans generaux des Postes, de tous les pouvoirs, & fonctions dont joüissoient les Controlleurs generaux, Maîtres des Couriers Controlleurs Provinciaux desdites Postes, & autres. A S. Germain en Laye en May 1632. reg. au Parlement le 2. Aoust, & en la Chambre des Comptes le 5. Septembre 1533.

Edit portant création de certain nombre de Sieges d'Elections dans le Royaume de Navarre, païs de Bearn, Foix, &c. pour connoître des Aydes, Tailles, Taillons, Subsides, Impositions, & levées de deniers, à l'*instar* des autres Elections établies dans le Royaume. A   en May 1632. *V. celuy du mois de Septembre* 1633.

Edit portant qu'il sera étably une Cour des Aydes de Navarre, composée de certain nombre d'Officiers tirez des Cours de Parlement, & Chambre des Comptes de Pau, & de quelques autres, qui sont créez pour juger souverainement de tous procez & differends qui naîtront à cause des Aydes & Subsides. A   en May 1632. *V. celuy du mois de Septembre* 1633.

Declaration portant permission de lever un droit de trois pour cent, sur toutes les marchandises qui sortiront des ports d'Egypte sous la Banniere de France, & ce pour payer les dettes de l'Echelle d'Egypte, montans à cent mille piastres. A S. Germain en Laye le dernier Juillet 1632.

Lettres patentes portant premiere jussion à la Cour des Aydes, pour la verification pure & simple de l'Edit du mois de May dernier, portant attribution de six sols sur chacun minot de sel à quelques Officiers des Greniers à sel. A S. Germain en Laye le 4. Aoust 1632. reg. en la Cour des Aydes le 13. dudit mois.

Lettres patentes portant seconde jussion à la Cour des Aydes, pour la verification du même Edit. A Versailles le 9. Aoust 1632. regist. en la Cour des Aydes le 13. du même mois.

Edit portant suppression des Offices de Commissaires triennaux des Tailles, créez par celuy du mois de Janvier 1631. & de douze deniers pour livre à eux attribuez: rétablissement des fonctions desdits Commissaires anciens & alternatifs: création d'un Office hereditaire de Controlleur en chacune Paroisse, pour assister annuellement à l'assiette desdites Tailles, & tenir registre & controlle des taxes: & attribution ausdits Controlleurs de quatre deniers pour

LOUIS XIII. 1632.

livres; & des mêmes privileges & exemptions qui sont attribuez ausdits Commissaires des Tailles par les Edits des mois de Novembre 1616. Janvier 1611. & May 1624. & d'autres quatre deniers par augmentation de droit aux Controlleurs du regalement des Tailles, créez par l'Edit du mois de Fevrier 1631. de deux deniers aux Receveurs Collecteurs des droits alienez, créez par l'Edit du mois de Decembre 1629. & de deux autres aux Officiers & Controlleurs des Greffes des Bureaux des Tresoriers de France, & des Elections, &c. A Paris en Aoust 1632. reg. en la Cour des Aydes le 17. dudit mois.

Edit portant augmentation de droits aux Commissaires des Tailles, Greffiers, Maîtres Clercs, Gardes des petits Seaux, Greffiers des Affirmations, Commissaires anciens & alternatifs des vivres, avec le reglement pour l'imposition desdits droits, contenant 8. articles. A Paris en Aoust 1632. reg. en la Cour des Aydes le 19. Mars 1633.

Declaration sur la reduction des portions congruës, faite par l'art. 13. de l'Ordonnance du mois de Janvier 1629. A Fontainebleau le 17. Aoust 1632. reg. au grand Conseil le 23. Mars 1633. *Ioly t. 1. addit. p. 322.*

Edit pour la revente des Aydes alienées en consequence des mois de Decembre 1616. & Avril 1619. pour en joüir par les nouveaux acquereurs, suivant le droit reglé par le present Edit. Au Pont S. Esprit en Septembre 1632. reg. en la Cour des Aydes le 19. Mars 1633.

Edit portant reglement pour l'Assemblée des Etats de la Province de Languedoc, & des sommes de deniers qui seront imposées par chacun an: suppression & revocation des 22. Bureaux d'Election, créez par celuy du mois de Juillet 1629. des Offices de Collecteurs des Tailles, créez au mois d'Octobre 1631. création en titre d'Office formé de trois Offices de Conseillers du Roy, Receveurs & Tresoriers de la Bourse dudit païs aux gages de 2000. livres par an, avec attribution de six deniers pour livre de taxations en l'année d'exercice seulement: & autres remises & décharges faites en faveur des Villes & Communautez dudit païs. A Beziers en Octobre 1632. publié en la presence du Roy aux Etats de Languedoc tenus à Beziers le 11. du même mois.

Edit portant création d'un Office de Conseiller du Roy second President, & d'un de Conseiller du Roy Lieutenant Criminel dans toutes les Elections du Royaume: avec pareils gages, droits, préeminences, privileges, & exemptions dont joüissent les autres Officiers desdites Elections : suppression des Offices de Receveurs & Payeurs des gages & droits des Bureaux des Finances & Elections, créez par celuy du mois de Decembre 1626. ausquels il n'a point esté pourvû, &c. A Paris en Decembre 1632. reg. en la Cour des Aydes le 14. Avril, & en la Chambre des Comptes le 22. Juin 1633. 1632.

Edit portant attribution de trois deniers pour livre de taxation aux Receveurs generaux du Taillon. A S. Germain en Laye en Decembre 1632. reg. en la Chambre des Comptes le 22. Juin 1633.

Edit portant création d'un Office de Receveur des Fermes, de neuf livres dix-huit sols sur chacun tonneau de vin entrant és Villes & Bourgs de la Generalité de Picardie, sol pour pot de vin vendu, & débité en détail en ladite Generalité; & des 60. sols sur chacun muid sortant des Generalitez de Picardie, Champagne, & Soissons : d'un Office de Controlleur general desdites Fermes, &c. & reglement pour leurs droits & fonctions. A S. Germain en Laye en Decembre 1632. registré en la Cour des Aydes le 23. Avril 1633.

Edit portant confirmation des permissions de tenir Hôtelleries, Tavernes, Cabarets, & vendre vin en gros en toutes les Villes, Bourgs, Villages, Paroisses, Havres, & Ports du Royaume, & revocation de l'heredité cy-devant attribuée aux Hôteliers, Cabaretiers, &c. par celuy du mois de Janvier 1627. ensemble des taxes que chacun doit payer annuellement. A S. Germain en Laye en Decembre 1632. publié au Seau le 8. Fevrier 1633.

Edit portant création & établissement d'une Cour de Parlement en la ville de Metz. A S. Germain en Laye en Janvier 1633. publié au Seau le 15. dudit mois, & reg. au Parlement le 20. Decembre 1635. *6. vol. des Ord. de Louis XIII. fol.* 482. *Joly t.* 1. *addit. p.* 225. 1633.

Edit portant création d'une Chancellerie pour servir auprés du Parlement de Metz. A S. Germain en Laye en Janvier 1633. publié au Seau le 15. dudit mois. *Joly t.* 1. *addit. p.* 226.

Declaration en execution de l'Edit du mois de Decembre 1606. portant pouvoir aux Ecclesiastiques & Beneficiers du Royaume, de racheter pendant cinq années leurs domaines, biens, rentes & revenus cy-devant vendus, & alienez, & reglement pour les meliorations. A S. Germain en Laye le 17. Janvier 1633. reg. au grand Conseil le 23. Mars de la même année.

Declaration pour l'execution de l'Edit du mois de Mars 1583.

LOUIS XIII. 1633. portant création de trente Offices de Maîtres Visiteurs & Vendeurs de bois, foin, & charbon, &c. A S. Germain en Laye le 28. Janvier 1633. *V. l'Edit du mois de May suivant.*

Edit portant création de nouveaux Offices en l'Hôtel de Ville de Paris; sçavoir, onze Jurez-Mouleurs, Visiteurs, & Compteurs de bois, neuf Jurez Vendeurs & Controlleurs de vin, &c. & dispense tant aux anciens que nouveaux, de se transporter audit Hôtel de Ville, pour resigner leursdits Offices. A S. Germain en Laye en Fevrier 1633. regist. en la Cour des Aydes le 10. Decembre suivant.

Lettres patentes portant attribution de Jurisdiction à la Cour des Aydes, pour la connoissance des differends qui pourroient survenir en execution du precedent Edit. A S. Germain en Laye le 14. Fevrier 1633. reg. le 10. Decembre de la même année.

Edit en faveur des Presidens Tresoriers de France, Avocats, & Procureurs du Roy des Generalitez du Royaume, pour estre receus à payer le droit annuel, comme les Officiers des Cours Souveraines: avec attribution d'augmentations de gages en heredité: & création d'un Office de Receveur de leurs épices, & droits en chacun Bureau, nonobstant l'Edit de suppression desdits Offices du mois de Juillet 1626. A S. Germain en Laye en Fevrier 1633. reg. en la Chambre des Comptes le 22. Juin de la même année.

Declaration portant reglement pour l'Art militaire, & le soulagement des Sujets du Roy. A S. Germain en Laye le 14. Fevrier 1633.

Lettres patentes portant jussion à la Cour des Aydes, pour verifier l'Edit du mois de Decembre 1632. portant création d'un second President en chacune Election, &c. A Paris le 21. Fevrier 1633.

Edit portant création de l'Office de Garde des Seaux de France, en faveur de Messire Pierre Seguier President au Parlement de Paris. A Paris en Fevrier 1633. *Duchesne hist. des Chanc. p. 791.*

Lettres patentes portant jussion au grand Conseil, pour la verification pure & simple de la Declaration du 17. Aoust 1632. concernant les portions congruës. A Paris le dernier Fevrier 1633. reg. le 23. Mars suivant. *Joly t. 1. addit. p. 323.*

Declaration portant confirmation des Privileges, préséances, droits, &c. attribuez aux Offices de Presidens anciens, & alternatifs des Greniers à sel du Royaume, créez par les Edits des mois de Decembre 1629. & Fevrier 1631. A Paris le 2. Mars 1633. publiée au Seau le cinquiéme du même mois. Loüis XIII. 1633.

Lettres patentes portant nouvelle érection du Duché de Montmorency, &c. en Pairie, en faveur d'Henry de Bourbon Prince de Condé, premier Prince du Sang, &c. A Paris en Mars 1633. reg. le 9. dudit mois. *6. vol. des Ord. de Loüis XIII. fol.* 114. *V. celles du mois de Juillet* 1551.

Declaration portant revocation & diminution de la moitié des droits du Seau, établis par celle du 16. Octobre 1631. A S. Germain en Laye le 8. Mars 1633. publiée au Seau le 17. dudit mois. *Ioly t.* 1. *add. p.* 360.

Edit portant revocation de celuy du 3. Fevrier 1631. qui attribuë aux Receveurs particuliers des Gabelles, la recepte des droits hereditaires alienés sur le sel: création de trois Offices de Receveurs Collecteurs hereditaires des droits alienez en chacun Grenier à sel du ressort des Cours des Aydes de Paris, Roüen, & Dijon: avec attribution de cinq sols pour minot de sel qui se vend esdits Greniers, & six deniers pour livre pour droit de recepte, à prendre sur les droits des proprietaires, & Officiers non residens. A S. Germain en Laye en Mars 1633. reg. en la Cour des Aydes le 9. Juillet audit an.

Declaration portant confirmation de celle du dernier Aoust 1627. & défenses de bâtir tant en la Ville qu'és Fauxbourgs de Paris: avec revocation de tous Brevets & Lettres patentes portans don de places, & défenses à tous Maçons & Charpentiers d'y contrevenir, sur peine de quinze cens livres d'amende pour ceux qui la pourront payer, & du foüet pour ceux qui n'en auront le moyen, avec reglement pour cet effet. A Paris le 20. Mars 1633. reg. le 27. Juin suivant.

Declaration portant abolition en faveur des Rebelles de la Province de Languedoc, & leurs adherans. A Paris en Mars 1633. reg. au Parlement de Tholose le 8. Aoust suivant. *Merc. Franç. t.* 19. *p.* 61.

Lettres patentes portant seconde jussion à la Cour des Aydes, pour verifier l'Edit du mois de Decembre 1632. portant création d'un second Office de President en chacune Election, &c. A saint Germain en Laye le 28. Mars 1633.

Edit portant suppression de l'Office de President à mortier au Parlement de Paris, que possedoit le President le Coigneux, & reglement pour les Officiers atteints & convaincus du crime de leze Majesté, en explication des articles 28. de l'Ordonnance du mois

Loüis XIII. 1633.

de Fevrier 1566. & 183. de celle du mois de May 1579. A Paris en Avril 1633. reg. le 12. dudit mois. *6. vol. des Ord. de Louis XIII. fol.* 119. *Merc. Franç. t. 19. p.* 68.

Edit portant création d'un Office de President à mortier au Parlement de Paris, en faveur de Messire Chrestien de Lamoignon, Conseiller en la Cour, & d'un Office de Conseiller en faveur de Monsieur de la Haye Ventelay. A Paris en Avril 1633. reg. le 12. dudit mois. *6. vol. des Ord. de Louis XIII. fol.* 122. & 141.

Edit portant création d'un Office de Conseiller du Roy, Tresorier de France General des Finances, & Garde-séel en chacun Bureau des Finances, en execution des Edits & Declaration des mois de Decembre 1557. Juin 1568. & 8. Fevrier 1571. & reglement pour ses droits & fonctions. A Fontainebleau en May 1633. regist. au Parlement le 20. Novembre 1635. & en la Chambre des Comptes le 22. Juin 1633. *6. vol. des Ord. de Louis XIII. fol.* 503.

Edit portant suppression des droits de descente & franc-salé, attribuez aux Officiers des Greniers à sel, par les Declarations des 27. Mars 1627. 30. Decembre 1630. & l'Edit dudit mois de Decembre 1630. A Fontainebleau en May 1633. reg. en la Cour des Aydes le 30. Aoust de la même année.

Edit portant augmentation de seize sols sur chacun minot de sel. A Fontainebleau en May 1633. regist. en la Cour des Aydes le 30. Juillet suivant.

Edit portant que les Offices de Grenetiers, Controlleurs, Lieutenans, Avocats, & Procureurs du Roy des Greniers à sel de France, sont hereditaires, &c. A Fontainebleau en May 1633. publié au Seau le 27. Juin suivant.

Edit portant attribution de trois deniers hereditaires aux Receveurs des Tailles: pouvoir de desunir & separer, si bon leur semble, leurs Offices de Receveurs des Tailles, & d'en faire trois Offices de Receveurs anciens, alternatifs, & triennaux de la crûë des garnisons: attribution ausdits Offices de la moitié des gages, & des droits de leursdits Offices de Receveurs des Tailles qui seront desunis: rétablissement des ports & voitures des deniers de leurs receptes, & décharge entiere ausdits Receveurs des Tailles, & à leurs successeurs de tout supplément de Finance, pour l'attribution de leurs trois premiers deniers sur ladite crûë des garnisons. A Fontainebleau en May 1633. reg. en la Chambre des Comptes le 22. Juin suivant.

Edit portant revocation de ceux des mois de May & d'Octobre

1631. création de deux cens Offices de Chevaliers du guet, deux cens Lieutenans, deux cens Exempts, & six cens Archers dudit guet : outre les cinquante Exempts, & trois cens Archers cy-devant créez par ledit Edit du mois d'Octobre 1631. lequel demeure à cet égard en sa force & vertu, pour estre établis és Villes du ressort des Chambres des Comptes, & Cours des Aydes de Paris, avec survivances pour les pourvûs desdits Offices, & leurs successeurs : & aux gages, droits, privileges, prérogatives, & exemptions portez par ledit Edit : suppression des qualitez de Chevaliers, de Lieutenans, & d'Exempts du guet, attribuez aux Prevosts des Maréchaux, leurs Lieutenans, & leurs Exempts, par celuy du mois de May 1631. en les remboursant actuellement, & en un seul payement de la Finance qu'ils ont payée pour lesdites qualitez : suppression de tous les Offices d'Huissiers, & de Sergens Royaux vacans par mort seulement aux parties casuelles, &c. A Fontainebleau en May 1633. reg. en la Chambre des Comptes le 22. Juin, au grand Conseil le dernier Septembre de la même année, & en la Cour des Aydes le 8. May 1634.

Louis XIII. 1633.

Edit portant suppression des trente Vendeurs de foin, bois, & charbon à Paris, créez par celuy du mois de Mars 1583 & revocation de la Declaration du 28. Janvier precedent, & imposition de douze deniers sur la buche, outre les anciens. A Fontainebleau en May 1633. reg. en la Cour des Aydes le 14. Janvier 1634.

Lettres patentes portant jussion à la Cour des Aydes, pour la verification pure & simple de l'Edit du mois de Mars precedent, portant création de trois Offices de Receveurs Collecteurs des droits alienez sur les Gabelles. A S. Germain en Laye le 13. Juin 1633. reg. en la Cour des Aydes le 9. Juillet suivant.

Edit portant permission hereditaire à cent Marchands Taverniers, Cabaretiers, Hôteliers, de la Ville & Fauxbourgs de Paris, ou autres, d'acheter chacun an cent soixante muids de vin, & les faire mener, vendre, & debiter, où bon leur semblera, soit en gros, en détail, ou assiette, exempts de tous droits d'Aydes, même des cinq sols anciens, quatre sols, deux, & dix deniers qui se levent sur chacun muid de vin, &c. A S. Germain en Laye en Juin 1633. reg. le 5. Decembre suivant.

Edit portant création de trois Offices de Conseillers du Roy, & Tresoriers Provinciaux de l'extraordinaire des guerres, pour les montres & payemens des Garnisons des Villes, Places fortes, & Gouvernemens de Vic, Moyenvic, Clermont, Stenay, Jamets,

LOUIS XIII. 1633.

Marsal, & autres Places & Villes de Lorraine & d'Allemagne ; & encore en la campagne desdits Gouvernemens & Païs ; de trois Offices de Conseillers du Roy, & Tresoriers des Regimens desdits lieux : trois Offices de Conseillers du Roy, & Controlleurs Provinciaux dudit extraordinaire, & trois autres Offices de Conseillers du Roy, & Controlleurs desdits Regimens. A S. Germain en Laye en Juin 1633. regist. en la Chambre des Comptes le 22. dudit mois.

Edit portant rétablissement, & création de trois Offices de Conseillers Tresoriers, & Receveurs generaux & Provinciaux des ponts, chemins & chaussées, & autres qui avoient esté supprimez par celuy du mois de Janvier 1629. aux gages, droits, taxations, privileges, honneurs, & exemptions y mentionnées. A S. Germain en Juin 1633. reg. en la Chambre des Comptes le 22. dudit mois.

Edit portant création d'un Office de Conseiller du Roy au Conseil d'Etat, & Surintendant general des poudres & salpestres ; un de Commissaire : deux de Sergens en chacun des trente magazins y specifiez : deux cens de Faiseurs & Compositeurs de poudres : mil de Vendeurs : & cinq cens de Salpestriers. A en Juin 1633. *V. celuy du mois de Ianvier 1634.*

Edit portant création d'un Office de Controlleur-Visiteur, & Marqueur de papier en chaque Ville, Bourg, Bourgade & Hameau, où il s'en forme, fabrique, vend, & debite, avec exemption de tutelles, curatelles, & garde de biens. A Forges en Juin 1633. regist. en la Cour des Aydes le 8. May 1634.

Declaration portant pouvoir & ampliation aux Huissiers & Sergens, tant des Cours Souveraines, que de toutes autres Jurisdictions, d'exploiter par tout le Royaume, en execution de l'Edit du mois de Janvier 1586. & nonobstant la revocation prononcée par la Declaration du 22. Juillet 1610. A Chantilly le 17. Juillet 1633. publié au Seau le 27. Avril 1634.

Lettres patentes portant jussion à la Cour des Aydes, pour verifier purement & simplement l'Edit du mois de Mars precedent, portant création de trois Receveurs Collecteurs des droits alienez sur le sel. A Chantilly le 17. Juillet 1633. reg. en la Cour des Aydes le 4. Aoust suivant.

Commission pour l'établissement de la Chambre sur la recherche des droits des francs-fiefs, & nouveaux acquests dûs au Roy depuis le mois de Fevrier 1609. jusques au dernier Decembre 1633. A Monceaux le 13. Aoust 1633. registrée au Parlement le 5. Septembre

bre, & en la Chambre des Comptes le 28. Novembre audit an. Loüis XIII. 1633.

Declaration pour l'enregistrement de la Commission precedente, tant au Parlement, qu'en la Chambre des Comptes. A Monceaux le 13. Aoust 1633. reg. au Parlement le 5. Septembre, & en la Chambre des Comptes le 28. Novembre de la même année.

Lettres patentes portant jussion à la Cour des Aydes pour la verification de l'Edit du mois de Juin precedent, portant permission à cent personnes de vendre 160. muids de vin par an. Au Camp devant Nancy le 8. Septembre 1633. reg. en la Cour des Aydes le 5. Decembre suivant.

Edit pour la convocation & assemblée des Etats du Royaume de Navarre, païs de Bearn, Foix, Bigorre, Nebousan, Aure, & Morsan: & reglement portant confirmation de leurs privileges: moderation des sommes de deniers qui sont levées & imposées par chacun an audit Royaume, &c. revocation & suppression de la la Cour des Aydes & Bureaux des Elections établis audit Royaume de Navarre, & païs de Bearn, par les Edits du mois de May 1632. Au Camp devant Nancy en Septembre 1633. reg. en la Chambre des Comptes de Navarre établie à Pau le 27. Octobre suivant.

Edit portant création d'un nouvel Office de President en chacun des Sieges Presidiaux du ressort des Cours de Parlement de Paris & Roüen, excepté en ceux des villes de Paris & Roüen, pour en joüir aux mêmes honneurs, &c. que ceux qui sont créez par celuy du mois de Juin 1557. &c. Au Camp devant Nancy en Septembre 1633. reg. en la Chambre des Comptes le 8. May 1634.

Edit portant alienation de 250000. livres de rente sur les Gabelles. A en Octobre 1633. *V. celuy du mois d'Octobre 1634.*

Lettres patentes portant jussion à la Cour des Aydes, pour la verification de l'Edit du mois de Fevrier precedent, portant création d'Officiers en l'Hôtel de Ville de Paris. A Chasteau Thierry le 15. Octobre 1633. regist. en la Cour des Aydes le 10. Decembre suivant.

Lettres patentes portant jussion à la Cour des Aydes, pour la verification d'un Edit du mois de May precedent, portant suppression des trente Offices de Visiteurs-Vendeurs de bois à brûler, merien, &c. A S. Germain en Laye le 17. Novembre 1633. reg. en la Cour des Aydes le 14. Janvier 1634.

Declaration portant défenses de porter aucunes decoupures, broderies de fil, &c. A S. Germain en Laye le 18. Novembre 1633.

LOUIS XIII. 1633. reg. au Parlement le 12. Decembre suivant.

Edit portant création des Offices de Controlleurs-Conservateurs, &c. des Aydes. A en Novembre 1633. *V. la Declar. du 19. Decembre 1643*

Edit portant établissement d'une Communauté & Ordre de Chevalerie, sous le nom & titre de Commanderie de S. Loüis, pour la nourriture & entretien de tous les Soldats estropiez à la guerre pour le service du Roy: reglement tant pour la perception des deniers qui seront à cet effet levez sur toutes les Abbayes & Prieurez du Royaume, en execution des Declarations des mois de Mars 1624. & 20. May 1630. que pour l'ordre & bâtiment de ladite Commanderie, qui sera fait au lieu & place du Château de Bicestre. A S. Germain en Laye en Novembre 1633. reg. au grand Conseil le 29. Decembre audit an.

Lettres patentes portant jussion à la Chambre des Comptes pour la verification de l'Edit du mois d'Aoust 1631. portant création de deux Conseillers, & un Huissier en la Cour des Aydes. A S. Germain en Laye le 16. Decembre 1633. reg. le 22. Aoust 1634.

Declaration pour l'enregistrement des Traitez faits entre le Roy & le Duc de Lorraine, les 6. & 20. Septembre precedent. A S. Germain en Laye le 17. Decembre 1633. reg. le 20. dudit mois. *6. vol. des Ord. de Louis XIII. fol. 245. Merc. Franç. t. 19. p. 155.*

Declaration portant reglement pour les droits des Controlleurs, & Receveurs des Consignat. A S. Germain en Laye en Decemb. 1633.

Edit portant reglement pour la levée de treize millions huit cens mil livres, au lieu de vingt millions qu'on levoit ordinairement pour les droits alienez aux particuliers acquereurs, sans qu'ils puissent estre augmentez, nonobstant tous Edits, Arrests, & autres titres que les proprietaires en peuvent avoir obtenus à vie. A S. Germain en Laye en Decembre 1633. reg. en la Cour des Aydes le 26. Janvier 1634.

Edit portant création d'un Office de Commissaire Examinateur, un de second Avocat, & un de Procureur du Roy alternatif en chacune des Elections du Royaume, & reglement pour leurs droits & fonctions. A S. Germain en Laye en Decembre 1633. reg. en la Chambre des Comptes, & Cour des Aydes le 8. May 1634.

Edit portant création des Offices de Conseillers du Roy, Controlleurs-Conservateurs particuliers, ancien, alternatif, & triennal en chacun des Greniers à sel des Generalitez de Paris, Amiens, &c. des Offices de Conseillers du Roy Controlleurs & Conservateurs particuliers, ancien, alternatif, & triennal, en chacune des Elections où les Aydes ont cours : des Offices de Conseillers du Roy Controlleurs & Conservateurs particuliers, ancien, alternatif, & triennal en chacun des Bureaux des cinq grosses Fermes, & autres. A S. Germain en Laye en Decembre 1633. reg. en la Chambre des Comptes, & Cour des Aydes le 8. May 1634. 1633.

Lettres patentes portant seconde jussion à la Cour des Aydes, pour l'enregistrement de l'Edit du mois de May precedent, portant suppression des Offices de Visiteurs de bois. A S. Germain en Laye le 26. Decembre 1633. reg. le 14. Janvier 1634.

Declaration portant que les Controlleurs des Elections joüiront des trois deniers de taxations à eux cy-devant attribuez sur les sommes principales de la Taille, sur tous les droits alienez ; & que les Presidens, Lieutenans, Elûs, & Controlleurs desdites Elections joüiront des quatre ou six deniers à eux attribuez par l'Edit du mois de Juin 1627. sur les droits alienez sur lesdites Tailles depuis le 10. Novembre 1629. avec décharge de la restitution de ce qu'ils ont pris & receu desdits droits, en payant les taxes qui seront pour ce faites au Conseil. A S. Germain en Laye le dernier Decembre 1633. reg. en la Cour des Aydes le 8. May 1634.

Declaration portant défenses aux Fermiers du pied-fourché, de plus à l'avenir s'immiscer de lever sur chaque bœuf vingt-cinq sols, 1634. & trois sols pour veau & mouton, à peine de concussion : & revocation de celle du 28. Fevrier 1630. & Arrests du Conseil donnez en consequence ; & en consequence qu'il ne sera dorénavant levé que vingt sols pour bœuf, & deux sols pour veau & mouton, conformément à celle du 3. Septembre 1567. A S. Germain en Laye le 2. Janvier 1634. reg. en la Cour des Aydes le 14. dudit mois.

Lettres patentes portant troisiéme jussion à la Cour des Aydes, pour la verification de l'Edit du mois de May 1633. portant suppression des Offices de Visiteurs & Vendeurs de bois à bâtir. A S. Germain en Laye le 2. Janvier 1634. reg. en la Cour des Aydes le 14. du même mois.

Edit portant reglement pour les salpestres & poudres : suppression de l'Office de Surintendant general des poudres & salpestres, & autres, créez par celuy du mois de Juin 1630. création d'un Office de Surintendant general des poudres & salpestres de France ; d'un de Commissaire Provincial en chacun des dix-huit départemens de Provinces declarez par iceluy : deux de Conseillers du Roy, & Controlleurs Provinciaux, alternatifs & triennaux de l'ar-

Loüis XIII. tillerie, pour faire avec l'ancien créé par les Edits du 1573. & 1582. & Declaration du 4. Mars 1627. trois

1634. Controlleurs Provinciaux de l'artillerie : avec attribution de gages sur les Receptes generales, taxations, droits, honneurs, exemptions de Tailles, & autres Privileges. A S. Germain en Laye en Janvier 1634. regist. en la Chambre des Comptes, & en la Cour des Aydes le 8. May suivant.

Lettres patentes portant nouvelle érection de la Terre de Fronsac en Duché & Pairie, en faveur d'Armand-Jean du Plessis, Cardinal, Duc de Richelieu, Pair de France, &c. A en Janvier 1634. reg. le 5. Juillet de la même année. *6. vol. des Ord. de Loüis XIII. fol.* 307. *V. celles du mois de Janvier* 1608.

Declaration sur le retour de Monsieur Duc d'Orleans, Frere unique du Roy. A Paris le 16. Janvier 1634. reg. le 18. du même mois. *6. vol. des Ord. de Louis XIII. fol.* 264.

Edit portant reglement sur le fait des Tailles, & injonction d'y imposer tous ceux qui ont prétendu en estre exempts par le passé, s'ils ne sont exceptez par le present Edit, contenant 65. articles. A Paris en Janvier 1634. regist. en la Cour des Aydes le 8. Avril suivant.

Edit portant décharge de dix millions de livres sur les quinze millions de livres de taxes faites sur les proprietaires de droits alienez sur les Tailles, pour l'attribulion de quinze cens mille livres de revenu à eux faite par Edit du mois de Decembre precedent, & moderation desdits quinze millions à cinq millions de livres, pour joüir de cinq cens soixante & dix mille huit cens livres de revenu : constitution & alienation de 970833. liv. - 6- 8. de rente aux Prevost des Marchands & Echevins de la ville de Paris : sçavoir, 505000. livres sur le revenu general des Aydes de France, & 465833. liv. - 6 - 8. sur les 1500000. liv. ordonnées estre imposées annuellement sur tous les contribuables ausdites Tailles, par ledit Edit du mois de Decembre dernier : & création de trois Offices de Conseillers du Roy, Receveurs & Payeurs : trois de Controlleurs generaux hereditaires, & trois de Receveurs depositaires des debets de quittances desdites 465833. liv. - 6 - 8. de rente. A Paris en Janvier 1634. registré en la Chambre des Comptes, & Cour des Aydes le 8. May suivant.

Edit portant établissement de la Cour & Jurisdiction des grands-Jours en la ville de Poitiers. A Chantilly le 11. Fevrier 1634. reg. le 3. Avril suivant. *6. vol. des Ord. de Louis XIII. fol.* 332.

Lettres patentes portant nouvelle érection de la Terre de Rets en Duché & Pairie, en faveur de Françoise de Gondy Duchesse de Rets, & de Pierre de Gondy son mary. A en Fevrier 1634. reg. le Mars suivant. 6. *vol. des Ord. de Louis XIII. fol.* 263. *V. celles du mois de Novembre* 1581.

Edit portant suppression de tous les droits alienez tant sur les Tailles que Gabelles, & reduction d'iceux en rentes constituées au denier dix-huit: création de six Offices de Conseillers du Roy Receveurs generaux, & Payeurs des rentes de l'Hôtel de Ville de Paris, Receveurs des Consignations, &c. trois Offices de Receveurs & Payeurs, &c. A Paris en Fevrier 1634. reg. en la Chambre des Comptes, & Cour des Aydes le 8 May de la même année.

Declaration portant desunion des Offices de Conseillers joints & unis aux Charges des Avocats du Roy és Sieges Presidiaux, Bailliages, Senéchaussées, & autres Justices Royales, par les Edits des mois d'Aoust 1578. & Fevrier 1622. avec faculté ausdits Avocats de se démettre de l'un ou l'autre desdits Offices. A Chantilly le 15. Mars 1634. reg. au Parlement le 22. Aoust suivant. 6. *vol. des Ord. de Louis XIII. fol.* 349.

Edit portant défenses de faire dorénavant aucune constitution de rente qui excede le denier dix-huit par an, & à tous Notaires & Tabellions du Royaume, de passer aucuns Contrats qu'à raison de ce denier, sur peine de privation de leurs Offices, & de pure perte des sommes principales contre les creanciers au profit des constituans. A Chantilly en Mars 1634. reg. le 16. Juin suivant. 6. *vol. des Ord. de Loüis XIII. fol.* 326.

Declaration portant preference aux Presidens, Lieutenans generaux des Sieges Presidiaux du ressort des Cours de Parlement de Paris & Roüen, d'acquerir & joüir des nouveaux Offices de Presidens ausdits Sieges, créez par Edit du mois de Septembre 1633. en payant par eux dans deux mois les sommes ausquelles lesdits Offices ont esté taxez. A S. Germain en Laye en Mars 1634. reg. en la Chambre des Comptes le 8. May suivant.

Declaration portant reglement general sur la reformation des habits. A S. Germain en Laye le 16. Avril 1634. regist. le 9. May suivant.

Lettres patentes portant jussion à la Cour des Aydes, pour la verification pure & simple de l'art. 18. de l'Edit du mois de Janvier dernier, portant exemption de Tailles en faveur des Commissaires des guerres. A Paris le 16. Avril 1634. reg. en la Cour des Aydes le 13. May suivant.

LOÜIS XIII.

1634.

Declaration en faveur du Prevost de la Connestablie, & ses Archers, pour la décharge & exemption de toutes Tailles, & autres subsides, nonobstant l'art. 19. de l'Edit du mois de Janvier precedent sur le reglement des Tailles. A Fontainebleau le 6. May 1634. reg. en la Cour des Aydes le 8. du même mois.

Declaration sur le fait des duels, & rencontres. A Fontainebleau en May 1634. reg. le 29. du même mois. *4. vol. des Ord. de Louis XIII. fol. 297.*

Declaration sur l'Edit du mois de Janvier dernier, pour l'exemtion des Tailles, en faveur des Officiers commensaux de la Maison du Roy, de la Reine, & autres. A Fontainebleau le 27. May 1634. reg. le 13. Juillet suivant.

Lettres patentes portant jussion au Parlement, pour la verification de l'Edit du mois de Mars precedent, concernant la reduction des rentes constituées au denier dix-huit. A Courance le 2. Juin 1634. reg. le 16. du même mois.

Commission pour tenir les grands-Jours à Poitiers. A Fontainebleau le 2. Juin 1634. reg. le 2. Aoust suivant.

Declaration portant reglement & confirmation des droits, tant des anciens Jurez Mesureurs de grains de la ville de Paris, créez par l'Edit du mois de Janvier 1569. que des quatorze qui ont esté nouvellement créez par celuy du mois de Fevrier 1633. A Fontainebleau en Juin 1634. reg. en la Cour des Aydes le 4. Juillet suivant.

Declaration pour l'execution d'un Arrest du Conseil du 17. du present mois, portant reglement pour les Monnoyes. A S. Germain en Laye le 25. Juin 1634. reg. en la Cour des Monnoyes le 1. Juillet suivant.

Edit portant défenses d'attaquer les Espagnols & Portugais en deça du premier Meridien pour l'Occident, & au deça du Tropique du Cancer pour le Midy. A S. Germain en Laye le 1. Juillet 1634.

Declaration pour l'execution de l'Arrest du Conseil du 12. Juillet 1634. portant défenses aux Marchands, & autres, d'exposer les Monnoyes d'or & d'argent, tant de France, qu'étrangeres, à plus haut prix que celuy porté par les Edits & Declarations du Roy. A Chantilly de 12. Juillet 1634. reg. en la Cour des Monnoyes le 2. Aoust suivant.

Edit portant suppression des Offices de Commissaires des caves, Questeurs des Aydes, Controlleurs sur lesdits Questeurs, Controlleurs, Visiteurs, & Marqueurs, Courtiers de toilles, & Aulneurs de la Draperie; à la charge par l'adjudicataire du bail general des Aydes, de payer la rente à raison du denier quatorze aux acquereurs desdits Offices, &c. A Chantilly en Juillet 1634. reg. en la Cour des Aydes le 26. Fevrier 1635. *V. la Declaration du 13. May* 1635.

Louis XIII. 1634.

Edit portant attribution nouvelle en heredité aux trois Receveurs du Taillon en chacune Election, de trois deniers pour livre sur tous les deniers de leurs Receptes du Taillon, avec pareils droits de quittances que les Receveurs des Tailles: & exemption desdites Tailles, & autres privileges, nonobstant l'Edit du mois de Janvier precedent. A Chantilly en Juillet 1634. regist. en la Chambre des Comptes, & Cour des Aydes le 16. May 1635.

Declaration portant exemption des Tailles, & autres subsides & impositions, en faveur des deux cens hommes d'armes de la Compagnie de la Reine, nonobstant l'Edit du mois de Janvier de la presente année. A Chantilly le 8. Aoust 1634. reg. en la Cour des Aydes le 14. du même mois.

Edit portant création de trois Offices de Conseillers du Roy Intendans, & Controlleurs generaux des Messagers, Voituriers, & Roulliers de France. A Chantilly en Aoust 1634. reg. au grand Conseil le dernier Septembre suivant.

Declaration portant attribution de la Province de Limosin aux grands-Jours de Poitiers. A Chantilly le 19. Aoust 1634. regist. le 11. Septembre suivant.

Edit portant création des Offices de Receveurs generaux Provinciaux des gages des Presidiaux. A Chantilly en Aoust 1634. regist. en la Cour des Aydes le 16. May 1635. *Ioly t. 2. add. p.* 1851.

Declaration pour la Jurisdiction de la Connestablie. A Paris en Aoust 1634.

Edit portant réünion d'un Office de Secretaire de Navarre, qui estoit tenu par Antoine de Labbat, à ceux de la Maison & Couronne de France, &c. A Monceaux en Septembre 1634. reg. en la Cour des Aydes le 16. May 1635.

Provisions de la Charge de grand Maître de l'Artillerie de France, en faveur de Messire Charles de la Porte sieur de la Meilleraye, Chevalier des Ordres du Roy, & son Lieutenant general en la Province de Bretagne. Au Plessis-les-bois le 26. Septembre 1636. reg. au Parlement le 23. Avril 1635. & en la Chambre des Comptes le 14. Decembre 1637.

Edit portant reglement sur toutes les impositions & droits qui se

LOUIS XIII. 1634.

levent sur le sel : suppression des Offices de Lieutenans & Controsleurs des grandes & petites mesures, créez par celuy du mois de Juillet 1623 de ceux de Regratiers créez par les Edits des mois de Novembre 1576. &c. d'aucuns desdits droits de Gabelles : & ordre pour la vente du sel, tant en gros qu'en détail. A S. Germain en Laye en Septembre 1634. reg. en la Chambre des Comptes le 16. May 1635.

Declaration pour le retour de Monsieur Duc d'Orleans, Frere unique du Roy. A Versailles en Octobre 1634. reg. le 27. Novembre suivant.

Lettres patentes portant jussion à la Chambre des Comptes pour enregistrer l'Edit du mois de Mars 1632. portant augmentation de gages aux Conseillers de la Cour des Aydes. A Versailles le 14. Octobre 1634. reg. le 4. Decembre suivant.

Edit portant création de trois Offices de Conseillers du Roy Receveurs generaux, & Payeurs hereditaires de 300000, 100000, & 250000. livres de rentes constituées sur les Gabelles, à l'Hôtel de Ville de Paris, suivant les Edits des mois de Decembre 1627. Aoust 1628. & Octobre 1633. & des autres constitutions, si aucunes se font à l'avenir, Receveur des Consignations, Dépositaires des deniers procedans des debets de quittances, & Greffiers des immatricules, décharges de quittances, registremens des Arrests, saisies, & mainlevées; & trois Offices de Conseillers du Roy, Controlleurs generaux aussi hereditaires desdites rentes. A S. Germain en Laye en Octobre 1634. reg. en la Chambre des Comptes le 11. Decembre audit an.

Edit portant rétablissement & confirmation des Officiers des Gabelles en la joüissance des droits qui leur avoient esté ostez par ceux des mois de Fevrier & de Septembre de la presente année, avec attribution des droits de chevauchées, exemption de Tailles, Aydes, & autres subsides, logemens de gens de guerre, décharge de tutelles, curatelles, & autres charges publiques, droit de *Committimus* aux Requestes du Palais : création & rétablissement d'un Greffier en chacun desdits Greniers, avec attribution de gages, & desdites exemptions & privileges, & faculté de commettre à l'exercice desdits Offices de Greffiers, lesquels Commis joüiront pareillement, au lieu desdits Greffiers, desdits privileges & exemptions de Tailles. A S. Germain en Laye en Novembre 1634. reg. en la Chambre des Comptes, & en la Cour des Aydes le 16. May 1635.

Declaration

Declaration en consequence de l'art. 13 de l'Ordonnance du mois de Janvier 1629. & de la Declaration du 17. Aoust 1632. qui modere les pensions & portions congruës des Vicaires perpetuels, & Curez estant au deça de la Riviere de Loire, à la somme de 200. livres par an pour les Curez des Eglises Paroissiales qui n'ont point de Vicaires, & 300. livres pour ceux qui en ont eu cy-devant, & sont obligez d'en avoir : qui ordonne en outre qu'outre lesdites sommes les offrandes, & droits casuels des Eglises, ensemble les fondations des Obits demeureront ausdits Curez & Vicaires perpetuels, & non les petites disines, les revenus des fonds & domaines des Cures, & autres revenus ordinaires qui seront précomptez sur lesdites portions congruës, nonobstant ledit article de ladite Ordonnance à laquelle il est dérogé. A S. Germain en Laye le 18. Decembre 1634. reg. au grand Conseil le 11. Janvier 1635. 1634.

Edit portant établissement d'une Election en chef en la ville de Mayenne-la-Juhée ; & création du nombre d'Officiers dont elle doit estre composée. A S. Germain en Laye en Decembre 1634. reg. en la Chambre des Comptes, & Cour des Aydes le 16. May 1635.

Edit portant rétablissement des Elections particulieres, &c. A S. Germain en Laye en Decembre 1634. *V. celuy du mois de May* 1635.

Edit portant augmentation de la qualité de Conservateur, aux Lieutenans generaux des Gabelles, créez par celuy du mois de Decembre 1629. création nouvelle de trois Offices de Conseillers du Roy, Lieutenans generaux, Conservateurs Provinciaux hereditaires, ancien, alternatif, & triennal des Gabelles en la Generalité de Lyon : & d'un Office de Greffier hereditaire, avec exemption de Tailles, Aydes, subsides, & autres impositions, &c. A S. Germain en Laye en Decembre 1634. reg. en la Cour des Aydes le 7. & en la Chambre des Comptes le 16. May 1635.

Edit portant alienation de 700000. livres de rente sur les Gabelles, & création des Offices de Receveurs, Payeurs d'icelles, &c. A Paris en Decembre 1634. reg. en la Cour des Aydes le 16. May 1635.

Lettres patentes pour l'établissement de l'Academie Françoise, & reglement pour les privileges & exemptions accordez aux Academiciens. A Paris en Janvier 1635. reg. le 10. Juillet 1637. *Hist. de l'Academie Françoise par Monsieur Pelisson.* 1635.

Edit portant création d'un Bureau des Finances en la ville de

Loüis XIII. Montauban, & des Officiers qui y sont necessaires. A Paris en Janvier 1635.

1635. Lettres patentes pour l'érection de la Terre de S. Simon en Duché & Pairie, en faveur de Messire Claude de Rouvroy, Seigneur de S. Simon, &c. A Paris en Janvier 1635. reg. le 9. Fevrier suivant. *6. vol. des Ord. de Louis XIII. fol. 391.*

Edit portant création de 100000. livres de rente sur les Gabelles de Lyonnois, outre les 34360. livres cy-devant créées: création de trois Offices de Receveurs generaux, & Payeurs desdites rentes, Receveurs des Consignations, Dépositaires de debets de quittances, & Greffiers des immatricules: & de trois Offices de Controlleurs generaux, avec les Charges de Commis y jointes: & reglement pour leurs droits, fonctions, & privileges. A Paris en Janvier 1635. reg. en la Chambre des Comptes, & Cour des Aydes le 20. Decembre suivant.

Edit portant création & établissement d'un Siege Presidial en la ville de Gueret; & création des Officiers dont il doit estre composé, &c. A Paris en Janvier 1635. reg. en la Chambre des Comptes le 16. May suivant.

Edit portant création de trois Offices de Conseillers du Roy Receveurs generaux, & Payeurs, & trois de Controlleurs generaux anciens, alternatifs, & triennaux hereditaires des rentes constituées sur les Fermes. A Paris en Janvier 1635. reg. en la Chambre des Comptes, & Cour des Aydes le 16. May audit an.

Edit portant création d'un Office de Conseiller du Roy Notaire, & Secretaire, d'un de Conseiller Audiancier, d'un de Conseiller Controlleur, Secretaire, d'un de Conseiller Chaufecire hereditaire, & d'un d'Huissier en chacune des Chancelleries des Presidiaux du Royaume; à l'exception de ceux qui sont établis és Villes où il y a Parlement: avec pouvoir de signer, controller, & rapporter seuls, toutes les Sentences, Jugemens Presidiaux, & autres Actes & Lettres dépendans desdites Chancelleries: création de quatre Offices de Conseillers du Roy Notaires, & Secretaires au grand Conseil; & de pareil nombre en la Cour des Aydes de Paris, à l'*instar* de quatre semblables Offices établis en la Cour de Parlement, pour aussi signer par chacun d'eux les Arrests, expeditions, & autres Actes desdites Cours, préferablement à tous autres Officiers, & faire le meme exercice que ceux dudit Parlement: avec exemption de toutes Tailles, Aydes, subsides, huitiéme & vingtiéme, & de toutes Charges publiques, droit de survivance pour les premiers pourvûs, & leurs resignataires, leurs causes commises aux Requestes du Palais à Paris, & autres droits & fonctions reglez par ledit Edit. A Paris en Fevrier 1635. reg. en la Chambre des Comptes, & Cour des Aydes le 16. May suivant. LOUIS XIII. 1635.

Declaration portant liquidation des droits que le Roy veut estre levez sur les cuirs, poisson de mer, pied fourché, pied rond, papiers, & bieres, au lieu de ceux attribuez aux Offices de Vendeurs de poisson, Controlleurs, Marqueurs, Visiteurs, Preudhommes, Vendeurs, Déchargeurs, & Lotisseurs de cuirs & peaux, Vendeurs de bétail, Controlleurs-Visiteurs des bieres & papiers par toutes les Villes, Bourgs, Havres, Ports, & Terres de son obéïssance, & en toutes les Foires, marchez, & apports, exempts & non exempts, privilegiez & non privilegiez. A Paris le 16. Fevrier 1635. reg. en la Cour des Aydes le 16. May de la même année.

Declaration en faveur des proprietaires des droits alienez sur les Tailles & Gabelles, supprimez par les Edits des mois de Fevrier & Septembre 1634. A Paris le 17. Fevrier 1635. regist. en la Chambre des Comptes le 12. May suivant.

Declaration pour l'établissement de nouvelles Galeres, & injonction aux Officiers de se saisir des vagabons, &c. A Paris le 7. Mars 1635.

Edit portant reglement pour le nombre des Asséeurs, & Collecteurs des Tailles en chacune Paroisse, & leurs droits, nonobstant celuy du mois de Janvier 1634. A S. Germain en Laye en Mars 1635. regist. en la Cour des Aydes le 16. May suivant.

Edit portant établissement d'une Election en chef en la ville de Coignac: création des Officiers qui la doivent composer, & reglement pour leur Jurisdiction. A Paris en Mars 1635. reg. en la Chambre des Comptes le 8. May, & en la Cour des Aydes le 20. Decembre de la même année.

Edit portant union des Offices de Surintendans, Commissaires, & Controlleurs generaux des Coches, & Carosses publics du Royaume, créez par celuy du mois d'Avril 1594. à ceux d'Intendans & Controlleurs generaux des Messagers, Voituriers, & Roulliers de France, créez par celuy du mois d'Aoust 1634. &c. A en Mars 1635. *V. celuy du mois de May suivant.*

Edit portant établissement d'un Siege Presidial dans la ville de Milhau, & création des Officiers dont il doit estre composé. A en Mars 1635. *V. celuy du mois de Juillet suivant.*

Edit portant création des Offices de Conseillers du Roy, &

LOUIS XIII. 1635. Commis au Controlle du payement des rentes constituées sur l'Hôtel de Ville de Paris. A Senlis en Mars 1635. reg. en la Chambre des Comptes, & Cour des Aydes le 16. May suivant.

Declaration portant confirmation des immunitez, & privileges des Ecclesiastiques, avec défenses de les comprendre aux rôlles des Tailles, eux, leurs Commis, & Fermiers, pour raison des biens, domaines, & autres revenus de leurs Benefices; & en cas qu'ils y eussent esté compris, qu'ils en seront rayez, nonobstant les art. 32. 33. & 34. de l'Edit du mois de Janvier 1634. A Paris en Mars 1635. reg. au grand Conseil le 29. Juillet suivant.

Declaration en faveur du Procureur du Roy du Bureau des Finances de Champagne. A Paris le dernier Mars 1635.

Edit portant création d'un Conseiller honoraire en chacun Bailliage, Senéchaussée, & Siege Presidial. A Paris en Avril 1635. reg. au Parlement, en la Chambre des Comptes, & Cour des Aydes le 20. Decembre suivant. *6. vol. des Ord. de Louis XIII. fol. 509. Ioly t. 2. p. 1838.*

Edit portant décharge en faveur des Officiers comptables traitans, &c. de l'établissement d'une Chambre de Justice, & de toutes recherches, &c. A S. Germain en Laye en Avril 1635. reg. en la Chambre des Comptes le 21. Juin de la même année.

Declaration en faveur des Fermiers, & Traitans, pour n'estre compris en la taxe de la Chambre de Justice, & recherche des malversations commises au fait des Finances, ny en la disposition de l'Edit precedent, en payant par eux les sommes ausquelles ils sont taxez au Conseil. A S. Germain en Laye le 9. Avril 1635. reg. en la Chambre des Comptes le 16. May suivant.

Lettres patentes portant jussion à la Chambre des Comptes, en faveur des Conseillers Tresoriers de France, & Generaux des Finances, Gardes-séels aux Bureaux desdites Finances, créez par l'Edit du mois de May 1633. A S. Germain en Laye le 16. Avril 1635. reg. le 16. May audit an.

Edit portant augmentation de droits de la fonction des Offices de Controlleurs des Receptes des Consignations, créez par celuy du mois de Juin 1627. A S. Germain en Laye en Avril 1635. reg. au Parl. le 30. Juin, & en la Cour des Aydes le 20. Decembre de la même année. *6. vol. des Ord. de Louis XIII. fol. 447. Ioly t. 2. p. 1933.*

Declaration portant confirmation des exemptions, & privileges des Controlleurs ordinaires des guerres, nonobstant l'Edit du mois de Janvier 1634. A Paris le 16. Avril 1635. registrée en la Cour des Aydes le 16. May de la même année.

Declaration portant confirmation de l'Edit du mois de Janvier 1626. pour l'établissement d'un Jardin Royal au Fauxbourg S. Victor de la ville de Paris, pour la culture des Plantes medicinales. A en May 1635. *V. celle du 20. Ianvier 1673.*

Declaration portant jussion à la Cour des Aydes, pour verifier purement & simplement l'Edit du mois de Juillet 1634. portant suppression des Commissaires des caves, Controlleurs des toilles, & autres. A Neufchastel le 13. May 1635. reg. en la Cour des Aydes le 16. dudit mois.

Declaration portant suppression de six Offices de Surintendans, & Commissaires des vivres, créez par les Edits des mois d'Octobre 1573. & Juin 1627. & création de trois Offices de Conseillers du Roy Commissaires generaux des vivres, ancien, alternatif, & triennal des Camps, Armées, & Garnisons, Magazins, &c. A Neufchastel en May 1635. regist. en la Cour des Aydes le 16. du même mois.

Edit portant desunion des quatre Offices & qualitez de Presidens aux Bureaux des Finances de chacune Generalité du Royaume, créez par ceux des mois de Decembre 1608. & Avril 1627. d'avec les Offices de Tresoriers de France esdits Bureaux: création en titre d'Office formé desdites Charges, avec la qualité de Conseillers du Roy Presidens, & Intendans generaux en chacun desdits Bureaux: création d'un Office d'Avocat, & d'un de Procureur du Roy sur le fait des Finances en iceux : avec attribution tant de la petite voirie, que de plusieurs épices & droits à tous les Officiers en corps esdits Bureaux. A Neufchastel en May 1635. reg. au Parlement le 20. Decembre suivant, en la Chambre des Comptes, & Cour des Aydes le 16. dudit mois de May. *6. vol. des Ord. de Louis XIII. fol.* 488.

Edit touchant le Bureau des Finances de Provence. A Neufchastel en May 1635.

Edit portant établissement d'un Siege & Bureau d'Election en chef en chacune des Villes de sainte Menehout, la Charité, S. Sever, Libourne, Riom, & Montmorillon : création des Officiers dont elles doivent estre composées, & reglement pour leur Jurisdiction. A Neufchastel en May 1635. reg. en la Chambre des Comptes, & Cour des Aydes le 16. dudit mois.

Edit portant création de trois Offices de Tresoriers, & trois de Controlleurs generaux hereditaires des fortifications, repara-

LOUIS XIII. 1635. tions, munitions, & avitaillemens de France, anciens, alternatifs, & triennaux: suppression de trois Offices de Controlleurs generaux, ancien, alternatif des fortifications de Picardie, & Isle de France: création de trois Offices de Conseillers du Roy, & Controlleurs Provinciaux des reparations, fortifications, &c. ancien, alternatif, & triennal dans la Province de Picardie, Calais, Boulonnois, & Païs reconquis: de trois semblables Offices, &c. A Neufchâtel en May 1635. reg. en la Cour des Aydes le 16. dudit mois.

Edit portant création de trois Offices de Conseillers du Roy, Notaires, & Secretaires de la Cour des Aydes de Roüen, & de deux pareils Offices en chacune des Cours des Comptes, des Aydes, & Finances de Montpellier, & aux Cours des Aydes de Clermont, Ferrand, & Libourne, à l'*instar* de quatre semblables Offices, créez au Parlement, & Cour des Aydes de Paris. A Neufchastel en May 1635. reg. en la Chambre des Comptes le 16. du même mois.

Edit portant suppression de six Offices de Tresoriers generaux de l'extraordinaire des guerres, six de Tresoriers generaux de la Cavalerie Legere; six de Tresoriers des Camps & Armées; six de Tresoriers des vivres, les Tresoriers Provinciaux des Regimens de Cavalerie Legere, créez par les Edits des mois de Juin 1627. Fevrier 1632. & Juin 1633. & création de trois Offices de Tresoriers generaux des guerres, ancien, alternatif, & triennal, & de trois Offices de Commis generaux desdits Tresoriers, &c. A Neufchâtel en May 1635. reg. en la Cour des Aydes le 16. dudit mois.

Edit portant création de deux Offices de Conseillers du Roy, & Controlleurs generaux, alternatif, & triennal des mines & minieres de France, outre celuy déja créé par l'Edit du mois de Juin 1601. A Neufchastel en May 1635. reg. en la Chambre des Comptes le 16. du même mois.

Edit pour la revente des anciennes Aydes, sans que les nouveaux acquereurs soient tenus d'entretenir les baux, & sousbaux faits par les precedens acquereurs. A Neufchastel en May 1635. reg. en la Cour des Aydes le 16. du même mois.

Edit portant création des Offices de Conseillers-Controlleurs generaux Provinciaux hereditaires des Fermes, autres que les Gabelles, &c. A Neufchastel en May 1635. reg. en la Chambre des Comptes, & Cour des Aydes le 16. dudit mois.

Edit portant revocation de l'Edit du mois de Decembre 1634. par lequel les Elections particulieres avoient esté rétablies: suppression de toutes lesdites Elections particulieres de France, tant anciennes que nouvelles : & attribution de gages & droits aux Officiers des Elections. A Neufchastel en May 1635. reg, en la Chambre des Comptes, & Cour des Aydes le 16. du même mois.

Edit portant suppression des Offices d'Intendans, & Controlleurs generaux des Messagers, Voituriers, &c. créez par ceux des mois d'Aoust 1634. & Mars de la presente année, & neanmoins que par le Fermier des cinq grosses Fermes, & autres y jointes, les droits, & proprietez des Coches, Messageries, &c. parisis d'icelles : ensemble la faculté des roullages & voitures par eau & par terre, avec le même droit de parisis, & aussi le parisis du revenu des postes seront levez. A Neufchastel en May 1635. reg. en la Cour des Aydes le 16. dudit mois.

Edit portant injonction aux Greffiers des Justices Royales de garder soigneusement les registres des Baptêmes, Mariages, & Mortuaires, pour en délivrer des Extraits, & Certificats à ceux qui en auront besoin, toutes fois & quantes qu'ils en seront requis : avec attribution d'un sol sur chacun feu de toutes les Paroisses taillables, &c. A Neufchastel en May 1635. reg, en la Cour des Aydes le 16. dudit mois.

Edit portant alienation de 300000. livres de rente sur les Aydes. A Neufchastel en May 1635. reg. en la Cour des Aydes le 16. du même mois.

Edit portant création d'un Office de Procureur du Roy, & d'un de Greffier en chacune Ville & Communauté, aux mêmes honneurs & fonctions que ceux de l'Hôtel de Ville de Paris. A Chasteau-Thierry en Juin 1635. reg. au Parlement, Chambre des Comptes, & Cour des Aydes le 20. Decembre suivant. *6. vol. des Ord. de Loüis XIII. fol.* 501.

Edit portant rétablissement de la Cour des Monnoyes, selon son ancienne création, qui oste les restrictions & modifications apposées à la verification de l'Edit du mois de Janvier 1551. avec création d'un Office de President de Robe-longue, dix Conseillers generaux ; sçavoir, six de Robe-longue, quatre de Robe-courte, d'un de Substitut des Avocats & Procureurs generaux en ladite Cour ; d'un de Prevost general des Monnoyes ; d'un de Lieutenant ; trois d'Exempts ; d'un de Greffier ; quarante d'Archers ; un de Trompette, & douze d'Huissiers Audianciers, tous lesdits Officiers hereditaires, excepté ceux de President, Conseillers, & Substitut. A Chasteau-Thierry en Juin 1635. reg. au Parlement le 20. De-

LOUIS XIII. cembre de la même année. 6. *vol. des Ord. de Louis XIII. fol.* 506.

1635. Edit portant rétablissement d'un quartier de gages cy-devant retranché aux Officiers des cinq grosses Fermes, Doüanne de Lyon, Patente & Foraine de Languedoc : création d'un Office de Tresorier general triennal des Tailles, & Impositions foraines & domaniales : attribution d'heredité tant à leurs Offices, qu'à ceux des Traites de Provence, Traites anciennes & nouvelles, Imposition d'Anjou, droits d'entrée au Bureau d'Ingrande, & de la Prévôté de Nantes, &c. A Château-Thierry en Juin 1635. reg. en la Chambre des Comptes le 20. Decembre audit an.

Edit portant suppression de l'Office de Controlleur general des Fermes des entrées, & issuës des portes de la ville de Paris, & de celuy de Controlleur de la recepte des droits qui se levent sur le bestail à pied fourché : création de trois Offices de Receveurs, & trois de Controlleurs anciens, alternatifs, & triennaux des droits qui se levent sur le bestail à pied fourché du Marché de la Place aux Veaux : pareils Offices pour les droits qui se levent au Marché du bestail, & des porcs de la Ville, Fauxbourgs, & Banlieuë de Paris : six Offices de Receveurs des droits qui se levent aux portes & avenuës de ladite Ville, tant sur ledit bétail, que sur le vin, buche, & bois merien, &c. A Chasteau-Thierry en Juin 1635. reg. en la Chambre des Comptes, & Cour des Aydes le 20. Decembre suivant.

Declaration portant reglement pour les Tailles. A Monceaux le 16. Juin 1635. registrée en la Cour des Aydes le 14. Juillet audit an.

Declaration portant que l'un des trois Docteurs instituez pour faire les demonstrations au Jardin Royal des Plantes medicinales, sera employé à faire les demonstrations oculaires & manuelles des operations de Chirurgie. A   en Juin 1635. *V. celle du 20. Ianvier 1673.*

Edit portant création de trois Offices de Receveurs generaux, & Payeurs des rentes qui se payent par le Fermier general des Aydes, sans diminution du prix de son bail aux proprietaires des Aydes alienées auparavant l'année 1619. revenduës és années 1621. 1633. 1634. & réüniës à ladite Ferme generale, Receveurs des consignations, Depositaires des debets de quittances, & Greffiers des immatricules, & trois de Controlleurs generaux desdites rentes. A Fontainebleau en Juin 1635. registré en la Chambre des Comptes pres le vingt Decembre de la même année.

Edit portant établissement d'une Senéchaussée, & Siege Presidial dans la ville du Puy en Velay : création des Officiers dont il doit estre composé, & reglement pour sa Jurisdiction. A en Juillet 1635. *V. celuy du mois d'Octobre 1636.*

Edit portant suppression du Siege Presidial de Milhau, étably par celuy du mois de Mars de la presente année ; établissement d'un Siege Presidial en la ville de Rhodez, & création des Officiers pour le composer. A Chantilly en Juillet 1635. regist. en la Chambre des Comptes le 20. Decembre audit an.

Declaration portant qu'au 1. Octobre la levée par doublement de six deniers pour livre, & cinq sols pour minot, ordonnée par l'Edit du mois de Novembre 1634. cessera, & attribution en heredité de trois deniers pour minot de sel aux Officiers des Greniers. A Chantilly le 30. Juillet 1635. regist. en la Cour des Aydes le 20. Decembre suivant.

Declaration portant permission d'exposer durant six mois les especes d'or & d'argent étrangeres, suivant les prix contenus dans ladite Declaration. A Chantilly le dernier Juillet 1635. regist. au Parlement le 13. Aoust suivant.

Declaration par laquelle les Officiers & Chefs des troupes du Roy qui sont nobles, & qui desertent, sont declarez roturiers : les autres de condition roturiere, sont condamnez aux galeres : & les simples Soldats à la mort. A Chantilly le 8. Aoust 1635. reg le 7. Septembre suivant. *V. celle du 18. Decembre suivant.*

Edit portant suppression de l'imposition d'un sol pour chacun feu taillable, attribuée aux Greffiers, Clercs de Greffes, &c. par celuy du mois de May precedent : & au lieu d'icelle, attribution de 210000. livres de gages hereditaires ausdits Greffiers, Clercs de Greffes, proprietaires des droits de parisis, & Controlle des Jurisdictions Royales, & autres attributions y declarées. A Chantilly en Aoust 1635. reg. en la Chambre des Comptes le 20. Decembre de la même année.

Edit portant création de deux Offices de Maîtres des Requestes ordinaires de l'Hôtel, trois de Conseillers aux Enquêtes du Parlement de Paris, & un de Conseiller aux Requestes du Palais du même Parlement. A Paris en Aoust 1635. reg. en la Chambre des Comptes le 20. Decembre audit an. *Ioly t. 1. addit. p. 339.*

Declaration en faveur des Domestiques de Monsieur Duc d'Orléans, & de Mademoiselle. A Monceaux le 28. Aoust 1635. reg. en

Louis XIII. 1635. la Cour des Aydes le 12. Decembre de la même année.

Declaration portant attribution en heredité de vingt mille liv. d'augmentation de gages aux Receveurs & Payeurs des gages du Parlement, Chambre des Comptes, grand Conseil, & Cour des Aydes à Paris. A Monceaux en Septembre 1635. reg. en la Chambre des Comptes le 20. Decembre audit an. *Ioly t. 1. add. p.* 164.

Edit portant suppression des Elections d'Ambrun, Briançon, Crest & Dye, créées par celuy du mois de Mars 1628. A en Septembre 1635. *V. celuy qui suit.*

Edit portant alienation aux Prevost des Marchands & Echevins de la ville de Lyon, jusques à la somme de 34360. livres de rente sur les Gabelles de Lyonnois: avec suppression des Elections créées en la Province de Dauphiné par celuy du mois de Mars 1628. A Monceaux en Septembre 1635. reg. en la Chambre des Comptes le 16. May 1636.

Declaration portant attribution de 80000. livres d'augmentation de gages, tant aux Receveurs & Controlleurs generaux des Finances, & du Taillon, qu'aux Officiers des Maréchaussées: avec pouvoir ausdits Receveurs & Controlleurs generaux des Finances de desunir de leurs charges de chacune desdites Receptes, trois Offices de Receveurs generaux, & trois de Controlleurs de la crûë des Garnisons, avec moitié de leurs gages & taxations, &c. A Vitry en Septembre 1635. reg. en la Chambre des Comptes le 20. Decembre audit an.

Edit portant attribution de 12000. livres d'augmentation de gages hereditaires aux trois Tresoriers de la Maison du Roy, pour tenir lieu de caution de leur maniment. Au Camp de S. Michel le 1. Octobre 1635. reg. en la Chambre des Comptes le 20. Decembre de la même année.

Edit portant suppression du Parlement de S. Mihiel, & attribution de sa Jurisdiction au Conseil Souverain de Nancy. A S. Dizier en Octobre 1635. reg. au Conseil Souverain de Nancy le 19. du même mois. *Ioly t. 1. add. p.* 231.

Declaration pour la levée de quarante boisseaux de sel sur chacun batteau & gabarre montant sur la riviere de Charante, depuis Taillebourg & au dessus, jusques à Angoulesme & au dessous, chargée de cinq cens boisseaux de sel: du plus, plus, & du moins, moins à proportion. A S. Dizier en Octobre 1635. reg. en la Cour des Aydes le 20. Decembre audit an.

Declaration portant attribution en heredité de 42500. liv. d'augmentation de gages à tous les Officiers comptables, & autres. A S. Germain en Laye en Octobre 1635. reg. en la Chambre des Comptes le 20. Decembre suivant. Louis XIII. 1635.

Edit pour la constitution de 400000. livres de rente sur les cinq grosses Fermes de France, & augmentation de droits y joints : & création en heredité de trois Offices de Receveurs generaux, & Payeurs desdites rentes, Receveurs des consignations, & Depositaires des debets de quittances ; trois de Controlleurs generaux desdites rentes : & trois de Commis desdits Controlleurs. A S. Germain en Laye en Novembre 1635. regist. en la Chambre des Comptes le 20. Decembre de la même année.

Declaration portant exemption de Tailles, & attribution d'augmentation de gages en heredité aux Officiers de Judicature des Presidiaux, Bailliages, Senéchaussées, Prevôtez, Vicomtez, Châtellenies, & autres Justices & Jurisdictions Royales, Receveurs & Payeurs de leurs gages, & Controlleurs desdits Payeurs. A S. Germain en Laye en Novembre 1635. regist. en la Chambre des Comptes, & en la Cour des Aydes le 20. Decembre suivant. *Joly t. 2. p.* 1852.

Declaration portant exemption de Tailles aux Maîtres des Postes. A S. Germain en Laye en Novembre 1635. reg. en la Cour des Aydes le 20. Decembre audit an.

Declaration en interpretation de l'Edit du mois de Mars 1619. pour la revente du Domaine, & choses censées Domaine, même de celuy retiré & retourné au Roy, par le moyen du Traité des 16. années, ensemble d'autres droits nouvellement établis & affermez. A S. Germain en Laye le dernier jour de Novembre 1635. regist. au Parlement le 20. Decembre audit an. *6. vol. des Ord. de Louis XIII. fol.* 486.

Edit portant création d'un Office de huitiéme President au Parl. de Paris, dix de Conseillers Clercs, & dix de Laïcs ; quatre de Conseillers aux Requestes du Palais ; deux de Substituts du Procureur General ; quatre d'Huissiers, & huit Offices de Maîtres des Requêtes ordinaires de l'Hôtel. A S. Germain en Laye en Decembre 1635. reg. au Parlement, & en la Chambre des Comptes le 20. dudit mois. *6. vol. des Ord. de Loüis XIII. fol.* 500. *Joly t. 1. add. p.* 92.

Edit portant création & augmentation en la Chambre des Comptes de Paris, de huit Maîtres ordinaires, sept Correcteurs, & dix Auditeurs : un Controlleur hereditaire des Greffes : un premier

LOUIS XIII. 1635.

Huissier : deux Controlleurs generaux des restes : trois Controlleurs Relieurs de comptes : quatre Huissiers : un Audiancier : un Controlleur : un Chauffecire : un Clerc d'Audiance de la Chancellerie qui sera établie en ladite Chambre. A S. Germain en Laye en Decembre 1635. reg. le 20. du meme mois.

Edit portant création de plusieurs Offices au grand Conseil. A S. Germain en Laye en Decembre 1635. reg. en la Chambre des Comptes le 20. dudit mois. *Ioly t. 1. add. p. 317.*

Edit portant création d'une troisiéme Chambre en la Cour des Aydes de Paris, & de deux Offices de Presidens, & douze de Conseillers pour la composer. A S. Germain en Laye en Decembre 1635. reg. en la Chambre des Comptes, & Cour des Aydes le 20. du même mois.

Edit portant revocation de la création des Procureurs, faite par celuy du mois de Fevrier 1620. pour ce qui est du Parlement, & autres Cours & Jurisdictions estant dans l'enclos du Palais à Paris : & création en heredité de trente Offices de tiers Referendaires, Gardes des Declarations de dépens, & états de frais, dommages, & interests adjugez audit Parlement, & autres Cours & Jurisdictions dudit enclos, avec pouvoir de postuler, & huit de Controlleurs desdits tiers : & comme aussi de toutes les places de Clercs, Gardes des sacs, & huit Controlleurs desdits tiers : création en titre d'Office formé & hereditaire de toutes les places de Clercs, Gardes des sacs, & toutes autres Charges qui s'exercent par commission audit enclos : ensemble de pareils Offices de tiers Referendaires, & Controlleurs hereditaires, & d'un premier Huissier Audiancier en tous les Presidiaux, Senéchaussées, Bailliages, & autres Jurisdictions Royales. A S. Germain en Laye en Decembre 1635. reg. au Parlement, & en la Cour des Aydes le 20. du même mois. *6. vol. des Ord. de Louis XIII. fol.* 498. *Ioly t. 1. add. p.* 147.

Edit portant création de plusieurs Officiers en tous les Sieges, & des Notaires & Commissaires au Chastelet de Paris. A S. Germain en Laye en Decembre 1635. reg. le 20. dudit mois. *6. vol. des Ord. de Loüis XIII. fol.* 494. *Ioly t. 2. p.* 1839.

Edit portant création d'un Office de grand Maître Enquesteur, & general Reformateur triennal, & hereditaire des Eaux & Forests, & trois de Controlleurs en chacun département des grandes Maîtrises, d'un de Maître particulier triennal, & de trois autres de Controlleurs en chacune Maîtrise particuliere, &c. A S. Germain en Laye en Decembre 1635. registré le 20. du même mois.

6. vol. des Ord. de Louis XIII. fol. 486. Loüis XIII. 1635.

Edit portant création de quatre-vingt-quatre Offices de Conseillers Secretaires du Roy, Maison, & Couronne de France, & de ses Finances, joints & incorporez avec les 36. pour composer un College de six-vingts, trois de Payeurs & Controlleurs de leurs gages, & trois de Tresoriers de l'emolument du Seau. A S. Germain en Laye en Decembre 1635. reg. au Parlement, en la Chambre des Comptes, & en la Cour des Aydes le 20. du même mois. *Ioly t. 1. add. p. 350. 6. vol. des Ord. de Loüis XIII. fol. 511.*

Edit portant création d'un Office de Commis à chacun Controlleur des consignations du Conseil, Cour de Parlement, Requestes du Palais, Requestes de l'Hôtel, Cour des Aydes, Bailliage du Palais, grand Conseil, & Châtelet de Paris; & reglement pour leurs droits, &c. A S. Germain en Laye en Decembre 1635. regist. en la Chambre des Comptes le 20. dudit mois.

Edit portant attribution jusques à six cens mille livres d'augmentation de gages aux Officiers des Cours Souveraines, Judicature, Finances, & autres. A S. Germain en Laye en Decembre 1635. reg. en la Chambre des Comptes le 20. dudit mois. *Ioly t. 1. addit. p. 164.*

Edit portant création en heredité de trois Offices de Receveurs generaux Payeurs, trois de Controlleurs generaux, & trois de Commis des rentes, à raison du denier quatorze; payables aux pourvûs, ou proprietaires des Offices supprimez de Controlleurs, Visiteurs, Marqueurs, Preudhommes, Vendeurs, Déchargeurs, & Lotisseurs de cuirs, Controlleurs, Visiteurs, Marqueurs de papier & biere, & Vendeurs de bestail, poisson de mer, frais, sec & salé, établis, & restant à établir. A S. Germain en Laye en Decembre 1635. reg. en la Chambre des Comptes le 20. du même mois.

Edit portant création d'un Siege Presidial en la ville de Brioude, & des Officiers qui le doivent composer. A S. Germain en Laye en Decembre 1635. reg. en la Chambre des Comptes le 20. dudit mois.

Edit portant création en chacune des seize parties divisées des rentes constituées sur les Gabelles, & Aydes, Clergé, Receptes generales, & autres, tant anciennes, que nouvelles; de trois Offices de Receveurs generaux & Payeurs desdites rentes, Receveurs des consignations, & Dépositaires des debets de quittances; trois de Controlleurs generaux, & trois de Commis desdits Controlleurs des rentes. A S. Germain en Laye en Decembre 1635. regiſtré en la Chambre des Comptes le 20. dudit mois.

1635. Declaration portant attribution en heredité de 75000. liv. de taxations aux Receveurs des Tailles, & du Taillon des Elections dépendantes des Cours des Aydes de Paris, Roüen, Dijon, Clermont-Ferrand, & Agen, avec confirmation de la joüiſſance de leurs droits de quittances. A S. Germain en Laye en Decembre 1635. reg. en la Cour des Aydes le 20. du même mois.

Declaration en faveur des Officiers veterans de la Maiſon du Roy. A S. Germain en Laye le 10. Decembre 1635. reg. le 7. Aouſt. 1636. *V. celle du 11. Iuillet* 1678.

Edit portant ſuppreſſion de l'Office de Garde des Seaux de France, dont eſtoit pourvû Meſſire Pierre Seguier, & Proviſions de l'Office de Chancelier de France en faveur du même. A S. Germain en Laye en Decembre 1635. reg. au Parlement le 10. Janvier, au grand Conſeil le 19. Fevrier, & en la Cour des Aydes le 14. Mars 1636. *Ducheſne hiſt. des Chancel. de France p.* 791.

Lettres patentes portant ſurannation de l'Edit du 27. Avril 1627. portant que les Preſidens, Conſeillers, Avocats, & Procureurs generaux de la Cour des Aydes ſeront receus és Offices du Parlement, & és Charges de Maîtres des Requeſtes ſans examen. A S. Germain en Laye le 15. Decembre 1635. reg. le 20. dudit mois. 6. *vol. des Ord. de Louis XIII. fol.* 495.

Lettres patentes en faveur du Procureur du Roy du Bureau des Finances de Lyon. A S. Germain en Laye le 15. Decembre 1635.

Declaration portant attribution de quatre ſols pour Paroiſſe, d'augmentation de droits de ſignatures de rolles aux Commiſſaires Examinateurs des Elections. A S. Germain en Laye en Decembre 1635. reg. en la Cour des Aydes le 20. du même mois.

Declaration portant reglement pour la peine des Deſerteurs des Armées du Roy, en conſequence de celle du 3. Aouſt precedent. A S. Germain en Laye le 18. Decembre 1635. reg. au Parlement le 20. dudit mois. 6. *vol. des Ord. de Louis XIII. fol.* 487.

1636. Edit portant reglement ſur le cours & prix des Monnoyes, tant de France, qu'étrangeres. A Paris en Mars 1636. reg. en la Cour des Monnoyes le 5. dudit mois.

Declaration portant exemption de loger des gens de guerre, en faveur des Officiers domeſtiques de la Maiſon du Roy & de la Reine. A S. Germain en Laye le 17. May 1636.

Declaration portant attribution de voix déliberative au Prevoſt des Maréchaux de Sens. A S. Germain en Laye le 17. Mars 1636.

Declaration en faveur des Officiers de la Maison & Couronne de Navarre. A S. Germain en Laye le 2. Avril 1616. reg. en le 14. Aoust suivant. Louis XIII. 1636.

Declaration portant confirmation des Privileges des Apotiquaires de l'artillerie. A Chantilly le 10. Avril 1636. reg. au grand Conseil le 2. May suivant.

Declaration portant reglement general sur la Jurisdiction & fonction des Prevosts, Vicebaillifs, Vicesenéchaux, & leurs Lieutenans. A Chantilly le 22. Avril 1636. reg. au Parlement le 8. Juillet de la même année.

Edit portant translation du Parlement de Mets en la ville de Toul. A Chantilly le 10. May 1636. *Joly t. 1. addit. p.* 230.

Edit portant établissement d'un Bureau des Finances en la ville d'Alençon, & création des Officiers dont il doit estre composé. A Versailles en May 1636. reg. au Parlement de Roüen le 14. & en la Chambre des Comptes le 28. Mars 1637.

Edit portant création d'une Cour des Aydes en la ville de Lyon. A en Juin 1636.

Declaration portant nouveau reglement general sur le fait des Monnoyes, tant de France, qu'étrangeres. A Fontainebleau le 25. Juin 1636. reg. en la Cour des Monnoyes le 28. dudit mois.

Edit portant suppression de la Cour des Aydes, créée en la ville de Lyon par celuy du mois de Juin precedent, & confirmation d'une troisiéme Chambre en celle de Paris. A Paris en Juillet 1636. regist. en la Cour des Aydes le 30. Aoust suivant.

Declaration portant confirmation des Privileges attribuez aux Officiers domestiques & commensaux de la Maison du Roy & de la Reine, employez & compris és états envoyez & receus en la Cour des Aydes. A Paris le 5. Aoust 1636. reg. en la Cour des Aydes le 4. Janvier 1638.

Edit portant création de plusieurs Offices és Bureaux des Finances. A Paris en Aoust 1636.

Lettres patentes portant premiere jussion à la Cour des Aydes, pour la verification de la Declaration du 5. Aoust precedent, en faveur des Officiers des Maisons Royales. A Senlis le 16. Septembre 1636. reg. en la Cour des Aydes le 24. Septembre 1637.

Edit portant revocation du droit de parisis accordé aux Controlleurs des Messageries, par celuy de leur création du mois d'Aoust 1634. A en Septembre 1636. *V. celuy du mois de Septembre* 1645.

LOUIS XIII. 1636. Edit portant suppression du Presidial du Puy en Velay, estably par celuy du mois de Juillet 1635. création d'une Senéchaussée, & Siege Presidial en la ville de Valence, & des Officiers dont il doit estre composé, & reglement pour sa Jurisdiction. Au Camp d'Amvain en Octobre 1636.

Edit portant union aux Offices de Greffiers, & Maîtres Clercs des Bureaux des Tresoriers de France, & à ceux de Greffiers des Elections des Offices de Controlleurs des Actes, & Expeditions desdits Greffes; Maîtres Clercs, & parisis, créez par celuy du mois d'Aoust 1632. avec confirmation en la joüissance des privileges, exemptions, gages, droits, & émolumens attribuez à leurs Offices. Au Camp d'Amvain en Octobre 1636. publié au Seau le 13. Fevrier 1637.

Edit portant augmentation de quatre livres sur chacun minot de sel dans les Greniers de la Generalité de Paris, & trois livres sur chacun minot dans les Greniers des autres Generalitez du ressort de la Cour des Aydes, fors ès païs de grand impost. A Noisy en Decembre 1636. reg. en la Cour des Aydes le 14. Janvier 1637.

Declaration portant défenses à toutes personnes d'exposer, ny recevoir aucunes especes d'or & d'argent, tant de France, qu'étrangeres, à plus haut prix que celuy porté par la Declaration du 28. Juin precedent. A S. Germain en Laye le 29. Decembre 1636. reg. en la Cour des Monnoyes le 7. Janvier 1637.

1637. Declaration pour le payement du fonds des gages anciens, & de nouvelle augmentation des Officiers des quatre Compagnies Souveraines. A Versailles le 13. Fevrier 1637. reg. au Parlement le 16. en la Chambre des Comptes le 18. & en la Cour des Aydes le 20. dudit mois.

Declaration portant décharge des taxes faites sur les Officiers domestiques de la Maison du Roy, qui ont servy dans les Armées pendant l'année derniere. A Paris le 20. Fevrier 1637.

Edit portant augmentation de gages aux Tresoriers Payeurs de la Gendarmerie, Tresoriers, Gardes, & Controlleurs generaux des vivres, & autres Officiers, & confirmation de leurs privileges & exemptions. A S. Germain en Laye en Mars 1637.

Declaration en faveur des Officiers des Eaux & Forests, créez par Edit du mois de Decembre 1635. A S. Germain en Laye en Mars 1637. *V. celle du mois de Septembre 1645.*

Edit portant pouvoir à tous les Tresoriers generaux de France, de faire département entr'eux des Elections de leur Generalité, assister

assister au département des Tailles, & de l'impost du sel; presider sur les Officiers desdites Elections & Greniers; prendre connoissance des Etapes; recevoir toutes plaintes des malversations dans les Paroisses; injonction aux Receveurs particuliers de representer les registres de leurs Receptes, aux Receveurs generaux des Finances & du Taillon: & reglement pour l'envoy des deniers; avec attribution de gages & droits, tant ausdits Tresoriers de France, qu'aux Receveurs & Controlleurs generaux des Finances, du Taillon, des bois, du Domaine, des rentes, ponts & chaussées. A S. Germain en Laye en Mars 1637. reg. en la Chambre des Comptes le dernier Septembre suivant.

Declaration sur l'Edit du mois de Decembre 1635. portant création des Offices de tiers Referendaires des dépens au Parlement. A Versailles le 26. May 1637. reg. le 15. suivant.

Declaration sur l'Edit du mois de Decembre 1635. portant création des Presidens des Bailliages, Senéchaussées, Prevostez, & autres Justices Royales. A Fontainebleau en Juin 1637.

Edit portant établissement de la Cour des Aydes de Guyenne en la ville de Bordeaux: & création & augmentation d'Officiers. A en Aoust 1637. *V. celuy du mois de Iuillet 1659.*

Declaration concernant les Tresoriers de France. A Chantilly le 15. Aoust 1637.

Declaration concernant les Bureaux des Finances de Montpellier & de Tholose. A Chantilly le 15. Aoust 1637.

Declaration en faveur des Tresoriers de France pour le droit annuel. A Chantilly le 25. Aoust 1637.

Declaration en faveur des Officiers de Monsieur, pour l'exemption de tous logemens & nourriture de gens de guerre. A S. Maur des Fossez le 13. Septembre 1637.

Lettres patentes portant seconde jussion à la Cour des Aydes, pour la verification de la Declaration du 5. Aoust 1636. touchant les Officiers des Maisons Royales. A S. Maur des Fossez le 7. Octobre 1637.

Lettres patentes portant troisiéme jussion à la Cour des Aydes, pour la verification de ladite Declaration. A S. Germain en Laye le 17. Novembre 1637. regist. le 11. Decembre suivant.

Edit portant création des Offices de Controlleurs de procurations pour resigner, presentations, collations, & autres actes concernans les Benefices, l'impetration & possession d'iceux, & les capacitez requises pour les posseder: avec le reglement des charges de Ban-

LOUIS XIII. quiers en Cour de Rome, & établissement des regles & maximes generales, tant pour la décision des principales questions sur le fait desdits Benefices, que pour le retranchement des fraudes & abus qui s'y sont cy-devant introduits, contenant 27. articles. A S. Germain en Laye en Nov. 1637. reg. au grand Conseil le 7. Sept. 1638. & au Parl. le 2. Aoust 1649. 2. *vol. des Ord. de Louis XIV. fol.* 408. *Neron p.* 545.

1637. Lettres patentes portant quatriéme jussion à la Cour des Aydes, pour verifier la Declar. du 5. Aoust 1636. touchant les Officiers des Maisons Royales. A S. Germain le 24. Dec. 1637. reg. le 4. Janv. 1638.

Declaration en faveur des domestiques & commensaux de la Maison du Roy. A S. Germain en Laye le 2. Janvier 1638.

1638. Lettres patentes portant nouvelle érection de la Terre d'Aiguillon en Duché & Pairie, en faveur de Dame Marie de Vignerod, veuve du sieur de Combalet, & ses heritiers & successeurs, tant mâles que femelles, &c. A S. Germain 1638. reg. le 19. May suivant.

Edit portant établissement d'un Siege Presidial en la ville de Crespy en Valois, & création des Officiers dont il doit estre composé. A S. Germain en Laye en Janvier 1638. *V. l'Edit qui suit.*

Edit portant établissement d'une Maréchaussée en la ville de Crespy en Valois, composée d'un Prevost, d'un Lieutenant, d'un Assesseur, d'un Procureur du Roy, &c. A S. Germain en Laye en Janv. 1638. reg. en la Chambre des Comptes le dernier Avril 1640.

Declaration portant que le Roy prend la tres-sainte & tres-glorieuse Vierge Marie pour Protectrice speciale de son Royaume. A S. Germain en Laye le 10. Fevrier 1638.

Declaration en faveur des Barbiers de Monsieur Duc d'Orleans. A S. Germain le 26. Fevrier 1638. reg. au Parl. le 7. Sept. suivant.

Edit portant création & rétablissement de tous les Offices de Regratiers & Revendeurs de sel à petites mesures, & des Collecteurs de l'impost, supprimez par ceux des mois de Fevrier & Septembre 1634. avec attribution du demy parisis sur le prix que le sel se vend, & vendra cy-aprés en l'étenduë des Greniers des Fermes generales des Gabelles de France & Lyonnois, és lieux où lesdits Regratiers sont établis, avec l'exemption aux Fermiers ou Commis des proprietaires desdits Offices, de la décharge de l'emprunt, subsistance, logement de gens de guerre, collecte, curatelle, pouvoir de vendre & debiter toutes sortes de denrées, & marchandises, en faisant le debit & vente dudit sel, & autres privileges, & exemptions declarez par ledit Edit. A S. Germain en Laye en Fevrier 1638. reg. en la Cour des Aydes le 17. Juillet de la même année.

Edit portant augmentation de gages & droits aux Receveurs & Controlleurs des barrages de la Ville, & Fauxbourgs de Paris; création d'un second Office de Maître general des œuvres du Pavé; six de Jurez Paveurs; un de Greffier Clerc de l'Ecritoire; un de second Maître des œuvres de Charpenterie; deux de Jurez Charpentiers; un de Greffier Clerc de l'Ecritoire de ladite Charpenterie, & deux de Jurez Maçons, &c. A S. Germain en Laye en Fevrier 1638. reg. en la Chambre des Comptes le dernier Avril 1640.

Declaration en faveur des Officiers domestiques & commensaux de la Maison de Monsieur. A Chantilly le 8. Mars 1638. regist. en la Cour des Aydes le 12. Aoust 1639.

Declaration en faveur des Officiers domestiques & commensaux de la Maison de la Reine. A S. Germain en Laye le 19. Mars 1638. reg. le 20. Juillet de ladite année.

Edit portant création d'un Bureau des Finances en la ville d'Angers. A S. Germain en Avril 1638. *V. celuy du mois de Decemb.* 1643.

Lettres patentes portant jussion à la Chambre des Comptes de Roüen, pour lever les modifications faites à l'Edit du mois de May 1636. portant création d'un Bureau des Finances en la ville d'Alençon. A S. Germain en Laye le 15. Avril 1638.

Declaration touchant le Bureau des Finances de Provence. A Amiens en Juillet 1638.

Declaration contre les Officiers des Maisons Royales. A S. Germain le 19. Aoust 1638. reg. en la Cour des Aydes le 28. du même mois.

Lettres patentes portant jussion au grand Conseil, pour la verification de l'Edit du Controlle du mois de Novembre 1637. A S. Germain en Laye le 25. Aoust 1638.

Lettres patentes portant jussion à la Cour des Aydes, pour la verification de l'Edit du mois de Fevrier precedent, portant création des Offices de Regratiers & Collecteurs de l'impost du Royaume. A S. Germain en Laye le 30. Aoust 1638. reg. le 31. dudit mois.

Edit portant réünion à la Ferme gener. des Gabelles de France, des droits attribuez aux Offic. de Regratiers & Revendeurs de sel à petites mesures. A S. Germain en Aoust 1639. *V. celuy du 1. Aoust 1679.*

Declaration pour le rachat des biens des Ecclesiastiques. A S. Germain en Laye le 7. Septembre 1638.

Edit portant création d'un Office de Conseiller du Roy, Intendant en chacune des Elections ressortissantes és Cours de Parlement de Paris, Roüen, Guyenne, Clermont-Ferrand, pour faire toutes les fonctions que font les Presidens des Presidiaux. A

LOUIS XIII. 1638.

en Septembre 1638. *V. celuy du mois d'Aoust 1646.*

Commission au grand Conseil pour l'enregistrement d'un Arrest du Conseil du 18. du present mois, rendu pour l'execution de l'Edit du mois de Novembre 1637. touchant le Controlle des Benefices. A Paris le 18. Septembre 1638. regist. au grand Conseil le 13. Octobre suivant.

Declaration pour la levée des droits de Massicault dans les Provinces d'Anjou, Duché de Beaumont, &c. A , en Septembre 1638. *V. celuy du mois de Decembre 1652.*

Declaration portant défenses d'apporter vendre en ce Royaume les biens & marchandises prises en mer, & dépredées sur les Sujets du Roy. A Chantilly le 22. Septembre 1638.

Declaration portant reglement pour les droits, & autres choses concernantes le Canal de la Riviere de Loire, venant dans celle de Seine. A S. Germain en Laye en Septembre 1638. regist. au Parlement le 15. Avril 1639.

Declaration contenant l'ordre & reglement qui sera gardé & observé dorénavant és parties casuelles, portant continuation de la dispense de quarante jours, accordée pour neuf années à tous les Officiers des Cours Souveraines, & autres Officiers, tant de Finance, Judicature, Police, & autres, de quelque nature & qualité qu'ils soient, qui entrent aux parties casuelles, en payant par eux le prest, & le droit annuel, suivant la nouvelle évaluation du quart en sus de la valeur des Offices, & autres reglemens sur ce sujet. A S. Germain en Laye le 6. Octobre 1638. publié au Seau le 22. du même mois. *V. celle du 18. Fevrier 1669.*

Provisions du Gouvernement de la Province de Guyenne, en faveur de Monsieur le Prince de Condé. A S. Germain en Laye le 6. Octobre 1638. reg. au Parlement de Bordeaux le 16. du même mois.

Declaration portant exemption de la subsistance des gens de guerre, en faveur des Officiers du Roy & de la Reine, des Archers du Corps, des Gendarmes, & Chevaux Legers de la garde du Roy. A S. Germain en Laye le 15. Octobre 1638. regist. en la Cour des Aydes le 23. Novembre suivant.

Edit portant création des Offices de Commis en chacune Recepte generale des Finances, Taillon, & Ponts & Chaussées du Royaume. A en Novembre 1638. *V. l'Edit du mois de Decembre 1644.*

Declaration en forme de jussion au grand Conseil, pour l'entiere execution de l'Edit du mois de Novembre 1637. pour le controlle des Benefices. A S. Germain en Laye le 29. Novembre 1638. reg. le 18. Decembre suivant. Loüis XIII. 1638.

Declaration en faveur des Officiers de Monsieur Duc d'Orleans, Frere unique du Roy. A S. Germain en Laye le 9. Decembre 1638. reg. en la Cour des Aydes le 18. dudit mois.

Declaration en faveur des Presidens des Sieges des Elections. A S. Germain en Laye en Decembre 1638. *V. celle du mois d'Aoust* 1644.

Declaration en faveur des Officiers de Monsieur le Prince de Condé. A S. Germain en Laye le 20. Decembre 1638. reg. en la Cour des Aydes le 12. Fevrier 1639.

Edit portant confirmation de celuy du mois de Janvier 1551. & autres subsequens, & attribution des pouvoirs & Jurisdictions octroyez par le Roy aux Officiers de la Cour des Monnoyes mentionnez en cet Edit. A S. Germain en Laye en Decembre 1638.

Edit sur le fait des Gabelles. A S. Germain en Laye en Janvier 1639. reg. en la Cour des Aydes le 14. Avril suivant. 1639.

Declaration portant reduction des Procureurs de la Cour à quatre cens. A S. Germain en Laye le 8. Janvier 1639.

Edit portant établissement d'un Bureau des Finances en la ville de Clermont-Ferrand. A S. Germain en Laye en Janvier 1639.

Declaration en faveur des Chirurgiens de Monsieur le Prince de Condé. A S. Germain en Laye le 29. Janvier 1639. reg. en la Cour des Aydes le 23. Mars suivant.

Edit portant suppression de deux Offices d'Huissiers des decimes en chacun Diocese du Royaume. A S. Germain en Laye en Mars 1639.

Edit portant création de 17. Offices de Jurez Vendeurs & Controlleurs de vins, tant muscats, qu'autres, cidres, & boissons dans la ville de Paris: union d'iceux aux quarante-trois anciens: & attribution tant aux anciens, que nouveaux, &c. A   en Mars 1639. *V. celuy du mois de Fevrier* 1644.

Edit portant rétablissement d'une Election en chef en la ville de Bellac capitale de la basse Marche, créée par celuy du mois de Mars 1578. & supprimée par autre du mois de Decembre 1583. ensemble des Officiers dont elle doit estre composée, & reglement pour leur Jurisdiction. A S. Germain en Laye en Mars 1639. reg. en la Chambre des Comptes le 22. Aoust de la même année, en la Cour des Aydes de Paris le 6. Fevrier 1640. & en celle de Clermont-

Loüis XIII. 1639.

Ferrand le vingt-neuviéme Novembre 1639.

Declaration pour la levée & perception des droits d'amortissement dans le Royaume. A S. Germain en Laye le 19. Avril 1639.

Declaration en faveur des Gentilshommes & Nobles du Royaume, portant surséance pour un an à toutes poursuites qui pourroient estre faites contr'eux, &c. A S. Germain en Laye le 29. Avril 1639. reg. au Parlement le 16. May suivant.

Edit portant création de plusieurs Officiers en chacune Jurisdiction Ecclesiastique du Royaume. A S. Germain en Laye en May 1639.

Edit portant revocation de celuy du mois de Janvier precedent, & confirmation du Bureau des Finances à Riom. A S. Germain en Laye en May 1639.

Edit portant création des Offices de Gardeséels, pour enregistrer & séller tous exploits, &c. A en May 1639. *V. la Declaration du mois de May* 1645.

Edit portant création des Offices de Tresoriers, & Controlleurs generaux Provinciaux des Domaines en chacune Generalité, & de ceux de Receveurs & Controlleurs en chacun Bailliage, Senéchaussée, Bureau, ou Tablier de Recepte ordinaire desdits Domaines : suppression de ceux de Conservateurs, &c. créez par celuy du mois de May 1582. A S. Germain en Laye en May 1639.

Lettres patentes portant jussion à la Cour des Aydes, pour verifier purement & simplement l'Edit des Gabelles du mois de Janvier precedent. A Amiens le 15. Juin 1639.

Edit portant union de la Maréchaussée de Crespy en Valois, nouvellement créée par celuy du mois de Janvier 1638. à l'ancienne Maréchaussée dudit lieu. A Paris en Juillet 1639. reg. en la Chambre des Comptes le dernier Avril 1640.

Edit portant suppression de 27. Offices de Notaires au Châtelet de Paris, créez par celuy du mois de Decembre 1635. A Lyon en Octobre 1639. reg. au Parlement le 24. Novembre suivant. 8. *vol. des Ord. de Loüis XIII. fol.* 7.

Edit pour la reformation des habits. A S. Germain en Laye le 14. Novembre 1639. reg. au Parlement le 2. Decembre de la même année. 8. *vol. des Ord. de Louis XIII. fol.* 19.

Edit portant création des Offices de Controlleurs-Conservateurs, &c. des Aydes. A en Novembre 1639. *V. la Declar. du* 19. *Decembre* 1643.

Declaration portant qne les especes d'or ne seront exposées que pour le prix de leur juste poids. A S. Germain en Laye le 17. Novembre 1639. reg. en la Cour des Monnoyes le 18. dudit mois.

Declaration portant reglement sur l'ordre qui doit estre observé en la celebration des Mariages, & contre ceux qui commettent le crime de rapt, pour l'execution de l'Edit du mois de Fevrier 1556. & les art. 40. 41. 42. 43. & 44. de l'Ord. du mois de May 1579. contenant 7. articles. A S. Germain en Laye le 26. Novembre 1639. reg. le 19. Decembre suivant. 8. *vol. des Ord. de Loüis XIII. fol.* 28. *Le Prestre en son Traité des Mariages clandestins.*

Declaration pour la vente des balliveaux estant en tous les taillis des Forests de France. A S. Germain en Laye le 8. Decembre 1639. reg. le 16. Janvier 1640. 8. *vol. des Ord. de Louis XIII. fol.* 59.

Declaration portant reglement pour les droits des Greffiers des notifications des Contrats. A S. Germain en Laye le 10. Decembre 1639. reg. au Parlement le 17. Janvier 1640. 8. *vol. des Ordonn. de Louis XIII. fol.* 64.

Edit portant création des Offices de Greffiers alternatifs & triennaux en toutes les Jurisdictions du Royaume. A S. Germain en Laye en Decembre 1639. reg. le 9. Janvier 1640. 8. *vol. des Ord. Louis XIII. fol.* 55.

Declaration en faveur des Commis des Greffes du Parlement, & Requestes du Palais, pour l'exemption des triennaux. A S. Germain en Laye le 16. Decembre 1639. reg. au Parlement le 9. Janvier 1640. 8. *vol. des Ord. de Louis XIII. fol.* 37.

Declaration portant interdiction contre les Officiers du Parlement de Roüen. A S. Germain en Laye le 17. Decembre 1639. *V. l'Edit du mois de Ianvier* 1641.

Declaration portant reglement pour les condamnations d'amendes. A S. Germain en Laye en Decembre 1639. 8. *vol. des Ord. de Louis XIII. fol.* 47. *V. l'Edit du mois d'Aoust* 1669.

Edit portant création de deux Offices alternatif & triennal de Commissaires aux saisies réelles. A S. Germain en Laye en Decembre 1639. reg. au Parlement le 5. Mars 1640. 8. *vol. des Ord. de Loüis XIII. fol.* 64.

Edit portant création de douze Offices de Maîtres des Requêtes ordinaires de l'Hôtel du Roy. A S. Germain en Laye en Decembre 1639. reg. au Parlement le 23. Janvier 1640. 8. *vol. des Ord. de Loüis XIII. fol.* 54.

Edit portant création des Offices de Gardes-séels, &c. A S. Germain en Laye en Decembre 1639. registré le 5. Mars 1640.

LOÜIS XIII. 8. *vol. des Ordonnan. de Loüis XIII. fol.* 60.

1639. Edit portant création de deux Offices hereditaires & domaniaux de Receveurs, & deux Contrelleurs des Consignations, alternatifs, &c. A S. Germain en Laye en Decembre 1639. reg. le 5. Mars 1640. 8. *vol. des Ord. de Loüis XIII. fol.* 69.

Declaration pour les Tresoriers de France. A saint Germain en Laye le dernier Decembre 1639.

1640. Declaration portant Commission à certain nombre de Presidens & Conseillers du Parlement de Paris, pour tenir le Parlement de Roüen, qui avoit esté interdit par celle du 17. Decembre precedent. A S. Germain en Laye le 4. Janvier 1640. *V. l'Edit du mois de Ianvier 1641.*

Declaration portant reglement pour les droits d'amortissement. A S. Germain en Laye le 7. Janvier 1640.

Edit portant attribution aux Officiers des Greniers à sel de l'étenduë des Fermes generales des Gabelles de France & Lyonnois, de 10. livres sur chacune Paroisse dépendante desdits Greniers, pour droit de billet, & collation des rolles des Tailles, & de l'impost du sel, &c. A   en Mars 1640. *V. celuy du mois de Decembre* 1644.

Declaration portant que toutes Monnoyes d'or legeres des païs étrangers, seront converties en especes d'or de poids portans le nom du Roy, que la fabrication des écus d'or sera continuée, & que toutes especes d'or legeres seront décriées dans trois mois, avec défenses d'en exposer aprés ledit temps, sous les peines y contenuës. A S. Germain en Laye le 31. Mars 1640. reg. en la Cour des Monnoyes le 3. Avril suivant.

Edit portant création d'un Bureau des Finances en la ville de Nismes. A S. Germain en Laye en Avril 1640.

Commission pour l'execution de l'Edit du mois de May 1636. portant création d'un Bureau des Finances dans la ville d'Alençon. A S. Germain en Laye le 20. Avril 1640. reg. en la Chambre des Comptes de Roüen le 15. May de la même année.

Edit portant que les douzains auront cours pour quinze deniers chacun, les pieces de quinze deniers pour dix-huit deniers, & celles de deux sols six deniers pour trois sols; à la charge de les porter dans deux mois és Hôtels des Monnoyes, pour estre marquez d'un côté d'une petite fleur-de-lys, sur peine de confiscation des pieces qui ne se trouveront marquées aprés ledit temps. A Varennes en Juin 1640. reg. en la Cour des Monnoyes le 3. Juillet suivant.

Edit

Edit portant reglement pour le seau des Contrats & Actes de Notaires. A Amiens en Juin 1640. registré le 4. Septembre suivant. LOUIS XIII.

Declaration portant faculté à tous Officiers, tant de Judicature, Finances, qu'autres, d'entrer au droit annuel de leurs Offices, durant les sept années qui restent à expirer des neuf portées par la Declaration du sixiéme Octobre 1638. sans pour ce payer aucun prest, ny avance, avec dispense du droit annuel pour les années 1639. & 1640. & décharge des taxes qui ont esté ou pourront estre faites sur eux, comme riches & aisez. A Corbie le 3. Juillet 1640. publiée au Seau le 28. dudit mois. 1640.

Edit portant création d'un Provost general des Maréchaux en la Province de Limosin. A en Aoust 1640. *V. l'Edit du mois de Novembre* 1641.

Declaration portant prolongation du terme pour la conversion des especes d'or legeres, en especes d'or de poids, jusques au dernier Decembre 1640. A Chantilly le 27. Septembre 1640. reg. en la Cour des Monnoyes le 11. Octobre suivant.

Declaration portant que les Monnoyes d'argent legeres ne seront exposées que pour leur juste prix, selon leur poids & titre, & que tous les poids dont on se servira pour les Monnoyes, seront ajustez & estalonnez sur ceux de la Cour des Monnoyes dans un mois. A Monceaux le 18. Octobre 1640. reg. en la Cour des Monnoyes le 24. du même mois.

Declaration concernant les decimes, & le droit d'amortissement. A S. Germain en Laye le 24. Octobre 1640.

Declaration portant reglement pour le nouveau prix donné aux especes d'argent legeres & rognées, ensemble pour l'observation des prix de l'or, & argent employez aux ouvrages d'Orféverie, & défenses de fondre les Monnoyes, & les transporter, ny autres matieres d'or & d'argent, hors du Royaume. A Versailles le 29. Octobre 1640. reg. en la Cour des Monnoyes le 30. dudit mois.

Edit portant revocation des annoblissemens accordez depuis 30. ans, ensemble des privileges & exemptions de Tailles des Officiers commensaux de la Maison du Roy, & autres generalement quelconques. A S. Germain en Laye en Novembre 1640. reg. en la Cour des Aydes le 26. dudit mois.

Edit portant suppression du Bureau des Finances de la ville de Nismes, créé par celuy du mois d'Avril 1640. A S. Germain en Laye en Janvier 1641. 1641.

LOUIS XIII. 1641.

Edit portant augmentation d'Officiers dans la Cour des Aydes de Guyenne établie à Bordeaux. A en Janvier 1641. *V. celuy du mois de Iuillet 1659.*

Declaration portant que les Officiers des Bureaux des Finances, ne sont compris en l'Edit du mois de Novembre 1640. & qu'ils ne pourront estre imposez à la Taille. A S Germain en Laye le 18. Janvier 1641.

Edit portant rétablissement des Officiers du Parlem. de Roüen, en tous les privileges dont ils joüissoient avant l'interdiction prononcée le 17. Decembre 1639. à la charge qu'il sera tenu en deux séances & ouvertures semestres; création de quatre Offices de Presidens à mortier, tant au Parlement que Requestes du Palais: attribution de la connoissance des procez & differends d'entre les Habitans du Comté d'Eu, &c. A S. Germain en Laye en Janvier 1641. reg. audit Parlement le 16. Avril suivant.

Declaration portant que les appellations du Conseil Souverain d'Artois ressortiront en matiere civile au Parlement de Paris. A S. Germain en Laye le 15. Fevrier 1641. reg. le 18. Avril suivant.

Declaration portant défenses au Parlement de prendre connoissance des affaires d'Etat: suppression de plusieurs Offices, & reglement pour les Commissaires. A S. Germain en Laye en Fevrier 1641. reg. le 21. du même mois. 8. *vol. des Ord. de Louis XIII. fol.* 197.

Lettres patentes portant jussion au Parlement de Roüen pour la verification de l'Edit du mois de Janvier precedent, portant rétablissement des Officiers dudit Parlement. A S. Germain en Laye le 21. Mars 1641. reg. le 13. Avril suivant.

Edit portant attribution aux Receveurs des Tailles des Elections, de la Recepte des droits, & taxations des Officiers desdites Elections, & de douze deniers pour livre pour leurs taxations du maniment desdits droits; & création des Offices de Conseillers-Receveurs-Payeurs desdits droits. A Abbeville en Juin 1641. reg. en la Cour des Aydes le 11. Juillet 1643.

Edit portant revocation des Edits de création des Charges de Procureurs & Avocats du Roy és Officialitez, &c. A Rheims en Juillet 1641.

Declaration en faveur du Duc de Boüillon, & de ceux qui se sont retirez à Sedan, à l'exception des Duc de Guise & Baron du Bec. A Maizieres en Aoust 1641. registrée le 2. Septembre suivant.

Edit portant création de 46. Offices de Secretaires du Roy, à mil livres de gages, augmentation de gages aux anciens, & des droits du Seau, & que les Offices des Gardes des Rolles de France sont créez Conseillers-Notaires & Secretaires, &c. A Amiens en Octobre 1641. reg. le 1, Septembre 1642. 8. *vol. des Ord. de Loüis XIII. fol.* 389. LOUIS XIII. 1641.

Edit portant revocation des Privileges des Aydes touchant les Officiers de la Maison du Roy & de la Reine. A Amiens en Octobre 1641. reg. en la Cour des Aydes le 24 Octobre 1642.

Edit portant revocation de l'heredité, & survivance de tous Offices, tant de ceux qui sont créez hereditaires, ou avec droit de survivance, que de ceux ausquels ladite heredité auroit esté accordée; ensemble de l'heredité des gages, & augmentation de gages, taxations, & droits attribuez ausd. Offices hereditaires, & autres non hereditaires. A en Octobre 1641. *V. la Decl. du* 25. *Ianv.* 1642.

Edit portant suppression d'une Charge de Prevost des Maréchaux en la Province de Limosin, créée par celuy du mois d'Aoust 1640. & création d'un Prevost des Maréchaux en la Generalité de Limoges, & Provinces où elle a son étenduë: ensemble de deux Lieutenans, quatre Exempts, un Assesseur, un Procureur du Roy, un Avocat du Roy, trois Greffiers, ancien, alternatif, & triennal, 50. Archers, un Commissaire ou Controlleur, & trois Receveurs & Payeurs, & reglement pour leurs fonctions, pouvoir & Jurisdiction. A Chantilly en Novembre 1641. reg. au Parlement le 31. Decembre 1652. 4. *vol. des Ord. de Louis XIV. fol.* 105. *V. celuy du mois de Iuin* 1650.

Edit portant création des Offices de Greffiers des Rolles des Tailles ordinaires & extraordinaires, subsistances, & autres impositions. A en Novembre 1641. *V. celuy du mois de Decembre* 1643.

Edit portant revocation du don fait à la sainte Chapelle de Paris, du revenu des Regales, & en recompense don de l'Abbaye de saint Nicaise de Rheims. A S. Germain en Laye en Decembre 1641. registré le 7. Fevrier 1642. 8. *vol. des Ordonn. de Louis XIII. fol.* 303.

Edit portant création d'un Prevost general des Maréchaux de France en chacune des Generalitez d'Orleans, Bourges, Tours, Poitiers, Moulins, & en la Generalité de Champagne, & aux Provinces de Mets, Toul & Verdun, & en la Province d'Anjou, aux Elections d'icelles, & en l'Election de Laval, avec chacun

Loüis XIII. deux Lieutenans, un Asseseur Commissaire des montres desdits Prevosts generaux, un Procureur du Roy, Controlleur desdites
1641. montres, un Greffier ancien, alternatif, & triennal, deux Exempts, & neuf-vingt Archers; sçavoir, trente Archers à chacun desdits Prevosts generaux de Champagne, Touraine, d'Anjou & de Poitou; & vingt Archers à chacun desdits Prevosts generaux d'Orleans, Bourges & Moulins, avec la survivance desdits Offices, & les mêmes honneurs, préséances & Jurisdictions, pouvoirs, profits, taxations, privileges, exemptions de Tailles, subsistances, & de toutes autres impositions, dont joüissent les Prevosts generaux de Normandie, Bretagne, & d'Auvergne, & leurs Officiers. A S. Germain en Laye en Decembre 1641. reg. au grand Conseil le 20. en la Chambre des Comptes le 22. Aoust 1642. & au Parlement le 31. Decembre 1652. 4. *vol. des Ord. de Louis XIV. fol.* 109. *V. celuy du mois de Iuin* 1650.

1642. Declaration en faveur des Apotiquaires des Maisons Royales. A S. Germain en Laye en Janvier 1642. reg. au grand Conseil le 20. May de la même année.

Edit portant moderation de celuy du mois de Decembre 1639. portant création de douze Offices de Maîtres des Requestes. A S. Germain en Laye en Janvier 1642. reg. le 7. Fevrier suivant. 8. *vol. des Ord. de Loüis XIII. fol.* 300.

Edit portant que les appellations des Officiers de la Ferté-Bernard ressortiront au Parlement de Paris. A S. Germain en Laye en Janvier 1642. reg. le 15. Fevrier de la même année. 8. *vol. des Ord. de Loüis XIII. fol.* 304.

Declaration qui revoque l'Edit du mois d'Octobre precedent, & rétablit les hereditez, & droit de survivance; à la charge neanmoins de payer par les Titulaires desdits Offices, & par les possesseurs des gages, taxations, & droits hereditaires, un droit Royal annuel & perpetuel, & lors des démissions & mutations, le dixiéme denier de l'évaluation d'iceux. A de 25. Janvier 1642. *V. l'Edit du mois de Iuin* 1644.

Lettres patentes portant don à Madame la Duchesse de Guise, de tous les biens de Monsieur le Duc de Guise son fils; à la charge que les Pairies de Guise, Joinville, & Eu, & les titres de Duché & Principauté demeureront éteints, sauf à accorder de nouvelles Lettres d'érection. A Fontainebleau en Fevrier 1642. reg. le 10. Mars suivant. 8. *vol. des Ord. de Loüis XIII. fol.* 310.

Lettres patentes portant jussion au Parlement pour la verification pure & simple de la Declaration du mois de Decembre 1641. touchant les fruits de la Regale appartenans à la sainte Chapelle de Paris. A Narbonne le 15. Mars 1642. reg. le 4. Avril suivant. 8. *vol. des Ord. de Loüis XIII. fol.* 316.

Loüis XIII. 1642.

Edit de création d'une Charge de Maréchal de France, en faveur de Messire Jean de Budes Comte de Guiebriant. A Narbonne le 22. Mars 1642.

Lettres patentes portant érection des Seigneuries de Crest, Baronnies de Bins, &c. en Duché & Pairie, pour estre appellez le Duché de Valentinois, en faveur de Messire Honoré Grimaldi, Prince de Monaco. Au Camp devant Perpignan en May 1642. reg. le 18. Juillet de ladite année. 8. *vol. des Ord. de Louis XIII. fol.* 442.

Ducs de Valentinois.

Honoré Grimaldi Prince de Monaco, Duc de Valentinois Pair de France, Chevalier des Ordres du Roy, deceda le 10. Janvier 1662.

Hercules Grimaldi Marquis de Baux.

Loüis Grimaldi Prince de Monaco, Duc de Valentinois, Pair de France, &c.

Edit portant création d'une Cour des Aydes, & Finances en la ville de Cahors. A en Juillet 1642. *V. celuy du mois de Juin* 1659.

Declaration portant que les Officiers de la Souveraineté de Dombes, qui tiennent des Offices Royaux au Presidial de Lyon, &c. seront tenus d'opter dans trois mois. A Fontainebleau le 1. Aoust 1642. reg. le 18. du même mois. 8. *vol. des Ord. de Loüis XIII. fol.* 361.

Edit pour l'établissement des Maîtrises & Jurandes dans le Faux-bourg saint Antoine. A en Octobre 1642. *V. la Declarat. du mois de Fevrier* 1657.

Edit portant que conformément à celuy du mois de May 1575. les Offices de Gardenottes seront établis separément en toutes les Villes où il y a Cour Souveraine, &c. union d'iceux Offices à ceux de Controlleurs des Notaires & Tabellions, créez par celuy du mois de Juin 1627. &c. A en Decembre 1642. *V. celuy du* 1. *Mars* 1645.

Loüis XIII. 1643. Declaration portant suppression de la subvention du vingtiéme, & de la fonction des Controlleurs Conservateurs des Fermes de France, créez par Edits des mois de Novembre 1633. & Novembre 1639. A S. Germain en Laye le 25. Fevrier 1643. *V. celle du 19. Decembre suivant.*

Lettres patentes pour l'érection de la Terre de la Rocheguyon en Duché & Pairie, en faveur de Messire Charles du Plessis, Seigneur de Liancourt, & de Messire Roger du Plessis, Comte de la Rocheguyon son fils, &c. A S. Germain en Laye en Mars 1643. reg. le 15. Decembre 1663. 9. *vol. des Ord. de Louis XIII. fol.* 464.

Declaration portant reglement sur le fait des Tailles, contenant 33. articles. A S. Germain en Laye le 16. Avril 1643. regist. en la Cour des Aydes le 21. Juillet suivant.

Edit portant création de plusieurs Officiers en la Cour des Aydes de Cahors, établie par celuy du mois de Juillet 1642. A S. Germain en Laye en Avril 1643. *V. celuy du mois de Iuin* 1659.

Edit portant suppression de l'Office de Colonel general de l'Infanterie Françoise. A S. Germain en Laye en Avril 1643. reg. au Parlement le 8. *vol. des Ord. de Louis XIII. fol.* 464.

Declaration du Roy sur la Regence du Royaume aprés son decez. A S. Germain en Laye en Avril 1643. reg. le 20. dudit mois. 8. *vol. des Ord. de Loüis XIII. fol.* 458.

Lettres patentes portant le consentement du Roy au mariage de Monsieur Duc d'Orleans son Frere unique, avec la Princesse Marguerite de Lorraine. A S. Germain en Laye le 5. May 1643. reg. le 27. Avril 1644. 8. *vol. des Ord. de Louis XIII. fol.* 464.

Declaration portant que le Duc de Longueville sera du Conseil de la Regence. A S. Germain en Laye en May 1643. reg. le 8. dudit mois. 8. *vol. des Ord. de Loüis XIII. fol.* 461.

Edit portant création de deux Maîtrises en faveur du Baptême de Monseigneur le Dauphin. A S. Germain en Laye en May 1643. regist. le 12. Juin de la même année. 1. *vol. des Ord. de Loüis XIV. fol.* 2.

1643.

LOUIS LE GRAND Roy de France, & de Navarre.

Arrest rendu le Roy séant en son lit de Justice, qui declare la Reine sa Mere Regente en France, conformément à la volonté du défunt Roy, pour avoir le soin de l'éducation & nourriture de sa Personne, & l'administration absoluë, pleine & entiere des affaires du Royaume pendant sa minorité, &c. du 18. May 1643. *Neron p.* 485.

Edit portant annoblissement de deux personnes en chacune Generalité du Royaume, en faveur de l'heureux avenement du Roy à la Couronne. A Paris en May 1643. reg. en la Cour des Aydes le 26. Aoust, & en la Chambre des Comptes le 30. Decembre de la même année.

Edit portant création de quatre Lettres de Maîtrises de tous arts & métiers en chacune Ville, &c. du Royaume, en faveur de l'heureux avenement du Roy à la Couronne. A Paris en May 1643. regist. le 26. Juin de la même année. 1. *vol. des Ord. de Loüis XIV. fol.* 8.

Edit portant création de deux Lettres de Maîtrises de tous arts & métiers en chacune Ville, &c. du Royaume, en faveur de la Regence de la Reine Mere du Roy. A Paris en May 1643. reg. le Aoust audit an. 1. *vol. des Ord. de Louis XIV. fol.* 17.

Edit portant création de deux Lettres de Maîtrises de tous arts & métiers, en faveur du titre & qualité de Monsieur frere du Roy, Duc d'Anjou. A Paris en May 1643. reg. le 7. May 1644. 1. *vol. des Ord. de Loüis XIV. fol.* 199.

Lettres patentes portant surannation de l'Edit du mois de Juin 1641. portant attribution aux Receveurs des Tailles des Elections, &c. A Paris le 5. Juin 1643. reg. en la Cour des Aydes le 11. Juillet suivant.

Lettres patentes portant confirmation de la Declaration du 16. Avril precedent, portant reglement pour les Tailles, & mandement à la Cour des Aydes pour la verifier. A Paris le 18. Juin 1643. reg. le 21. Juillet de la même année.

Edit portant suppression de l'Office de President au Parlement, dont estoit pourvû le sieur de Bullion, & rétablissement du sieur

LOUIS XIV. le Coigneux dans le sien. A Paris le 21. Juin 1643. reg. le 26. du même mois. 1. *vol. des Ord. de Loüis XIV. fol.* 6.

1643. Declaration portant confirmation des Privileges des Habitans de la ville d'Angers. A Paris en Juin 1643. reg. le 18. Juillet de la même année. 1. *vol. des Ord. de Loüis XIV. fol.* 14.

Lettres patentes portant confirmation des Privileges des Racoûtreurs de bas de soye & d'estame à Paris. A Paris en Juin 1643. reg. le 9. Juillet audit an. 1. *vol. des Ord. de Loüis XIV. fol.* 7.

Edit portant revocation de celuy du mois de Juin 1609. & de tous ceux donnez en consequence, & reglement nouveau sur le fait des duels & rencontres, & la punition de ceux qui seront convaincus de ce crime, contenant 34. articles. A Paris en Juin 1643. reg. le 11. Aoust de la même année. *Neron p.* 474.

Declaration portant confirmation des Privileges des Habitans de la ville d'Orleans. A Paris en Juin 1643. reg. le 8. Aoust suivant. 1. *vol. des Ord. de Louis XIV. fol.* 19.

Edit en faveur des Officiers des Finances & Comptables, portant revocation de la Chambre de Justice, abolition & décharge de toutes recherches. A Paris le 3. Juillet 1643. reg. le 3. Septembre audit an. 1. *vol. des Ord de Louis XIV. fol* 31.

Edit portant décharge de la moitié des arrerages des rentes constituées, &c. en faveur des Ecclesiastiques, Gentilshommes, & autres Habitans du Duché de Lorraine, & des Evêchez de Mets, Toul, & Verdun. A Paris le 7. Juillet 1643. *V. la Declaration du 6. Decembre* 1663.

Declaration portant pouvoir aux Habitans de la ville d'Angers de commettre huit Sergens, &c. A Paris en Juillet 1643. reg. le 18. du même mois. 1. *vol. des Ord. de Loüis XIV. fol.* 15.

Lettres patentes portant jussion à la Cour des Aydes, pour verifier l'Edit du mois de Juin 1641. touchant les Receveurs des Tailles. A Paris le 7. Juillet 1643. regist. en la Cour des Aydes le 11. dudit mois.

Declaration portant confirmation des Edits & Declarations accordez à ceux qui font profession de la Religion Pretenduë Reformée. A Paris le 8. Juillet 1643. reg. le 3. Aoust suivant. 1. *vol. des Ord. de Loüis XIV. fol.* 79. *Neron p.* 788.

Edit portant abolition de toute recherche contre les Officiers de Finances & Comptables. A Paris en Juillet 1643. reg. le 7. Septembre suivant. 1. *vol. des Ord. de Loüis XIV. fol.* 103.

Declaration portant reglement pour la Jurisdiction de l'Evêque de de Châlons dans ladite Ville. A Paris le 28. Juillet 1643. regist. le 11. Aoust suivant. 1. *vol. des Ord. de Loüis XIV. fol.* 55.

Louis XIV. 1643.

Declaration portant confirmation des Privileges des Habitans de la ville de Montargis. A Paris en Aoust 1643. reg. le 2. Mars 1657. 6. *vol. des Ord. de Loüis XIV. fol.* 51.

Edit portant rétablissement de l'Office de Colonel general de l'Infanterie Françoise, supprimé par celuy du mois d'Avril precedent. A Paris en Aoust 1643. reg. le 26. du même mois.

Lettres patentes portant homologation d'un Contrat passé entre le Prince de Monaco Duc de Valentinois, Pair de France, & les Officiers de Montelimart. A Paris en Aoust 1643. reg. le 30. Avril 1644. 1. *vol. des Ord. de Loüis XIV. fol.* 211.

Edit portant création de certain nombre de Lettres de Maîtrises de tous arts & métiers en chacune Ville, &c. du Royaume, en faveur du mariage de Monsieur Duc d'Orleans. A Paris en Aoust 1643. reg. le 20. Juin 1644. 1. *vol. des Ord. de Loüis XIV. fol.* 231.

Edit portant création de 160. Offices d'Avocats és Conseils du Roy, & reglement pour leurs fonctions. A Paris en Septembre 1643. publié au Seau le 7. Novembre suivant.

Edit portant suppression de la Cour Souveraine des Salines, établie dans la ville de la Rochelle. A Paris en Septembre 1643. reg. le 30. du même mois. 1. *vol. des Ord. de Loüis XIV. fol.* 60.

Declaration en faveur des Maîtres en fait d'armes de la ville de Paris. A Paris en Septembre 1643. reg. le 14. Decembre suivant. 1. *vol. des Ord. de Loüis XIV. fol.* 86.

Declaration pour le Doüaire de la Reine Regente Mere du Roy. A Paris le 12. Octobre 1643 reg. le 11. Fevrier 1644. 1. *vol. des Ord. de Loüis XIV. fol.* 124.

Edit portant attribution en heredité aux Officiers des Elections d'un denier pour livre du principal de la Taille, Taillon, & crûës y jointes, subsistance, & autres deniers qui s'imposeront par chacun an : décharge du droit de confirmation dû au Roy pour son heureux avenement à la Couronne, & de toutes recherches, & taxes faites, ou à faire en conséquence de l'Edit du 3. Juillet precedent, portant revocation de la Chambre de Justice. A Paris en Octobre 1643. reg. en la Cour des Aydes le 6. Juillet 1644.

Declaration portant attribution aux Officiers des Gabelles, &c. de 95000. livres d'augmentation de gages, décharge du droit de confirmation à cause de l'avenement du Roy à la Couronne, & de toutes recherches aux Chambres de Justice, &c. A Paris en

Louis XIV. 1643.

Octobre 1643. *V. celuy du mois de Fevrier* 1644.

Edit portant création de trois Offices de Greffiers Gardesacs, & trois de Controlleurs de taxes de dépens en la Cour de Parlement de Roüen, & toutes les Jurisdictions Royales de son ressort. A Paris en Octobre 1643. *V. celuy du mois d'Aoust* 1644.

Lettres patentes portant don à Monsieur le Prince & à Madame la Princesse des Terres de Chantilly & Dammartin. A Paris en Octobre 1643. reg. le 24. Novembre de la même année. 1. *vol. des Ord. de Louis XIV. fol.* 80.

Declaration pour la confirmation des Offices de Judicature, Police, & autres Offices hereditaires non domaniaux, à l'exception des Officiers des Compagnies Souveraines, &c. ensemble pour la confirmation des Privileges des Communautez des Villes, Bourgs, Bourgades, Arts & Métiers, & Privilegiez du Royaume, &c. en payant le droit dû au Roy pour son avenement à la Couronne. A Paris le 24. Octobre 1643. publiée au Seau le 28. du même mois. *Fournival p.* 742.

Edit portant rétablissement des Privileges des Officiers des Maisons Royales. A Paris le 26. Novembre 1643. reg. en la Cour des Aydes le 30. Decembre suivant. *La Mariniere p.* 377.

Declaration sur le mariage de Monsieur Duc d'Orleans, oncle du Roy, avec la Princesse Marguerite de Lorraine. A Paris le 12. Decembre 1643. reg. au Parlement le 27. Avril 1644. 1. *vol. des Ord. de Louis XIV. fol.* 186. *La Mariniere p.* 392.

Declaration portant que les possesseurs des Domaines, & droits domaniaux, demeureront déchargez, à commencer du premier Octobre precedent, du payement des gages, droits, & autres charges qu'ils sont obligez de payer, ou en consequence de leurs Contrats, ou en vertu de la Declaration du 21. Octobre 1601. &c. A Paris en Decembre 1643. reg. en la Chambre des Comptes le 7. May 1644. *Neron p.* 183.

Declaration portant confirmation des Privileges de la ville de Lyon. A Paris en Decembre 1643. reg. le 4. Janvier 1644. 1. *vol. des Ord. de Louis XIV. fol.* 94.

Declaration portant confirmation du droit de composition aux Habitans de la ville de Lyon. A Paris en Decembre 1643. reg. le 4. Janvier 1644. 1. *vol. des Ord. de Louis XIV. fol.* 95.

Declaration portant confirmation de quatre Foires franches dans la ville de Lyon. A Paris en Decembre 1643. reg. le 4. Janvier 1644. 1. *vol. des Ord. de Loüis XIV. fol.* 96.

Edit portant revocation de l'etebliſſement d'un Bureau des Treſoriers de France dans la ville d'Angers, fait par celuy du mois d'Avril 1638. A Paris en Decembre 1643. reg. le 17. Juin 1644. 1. *vol. des Ord de Louis XIV. fol.* 239. *V. celuy du mois de May* 1645. Louis XIV. 1643.

Declaration portant attribution aux Mouſquetaires à cheval de la garde du Roy, des mêmes Privileges dont joüiſſent les Officiers domeſtiques & commenſaux de la Maiſon du Roy. A Paris en Decembre 1643. reg. en la Cour des Aydes le 4. Juin 1644. *La Mariniere p.* 421.

Declaration portant qu'il ſera levé deux ſols pour livre ſur tous les droits de la Ferme generale des Aydes, au lieu des droits cy-devant attribuez aux Offices de Controlleurs Conſervateurs, & Lieutenans deſdites Aydes, créez par les Edits des mois de Decembre 1633. & Novembre 1639. deux autres ſols pour livre par augmentation ſur tous leſdits droits d'Aydes; enſemble pour la levée de dix ſols ſur chacun muid de vin vendu en gros, &c. A Paris en Decembre 1643. reg. en la Cour des Aydes le 1. Septembre 1644.

Edit portant attribution en heredité de quatre deniers pour livre aux Greffiers des Rolles des Paroiſſes Taillables des Elections dépendantes des Cours des Aydes de Paris, Roüen, Clermont-Ferrand, & Guyenne, créez par celuy du mois de Novembre 1641. tant ſur les deniers qui s'impoſent ſur les droits des Officiers des Elections; que ſur tous les deniers qui s'impoſeront, contenus és Rolles deſdites Paroiſſes; à la reſerve de ceux de la ſubſiſtance, dont ils ne joüiront que de deux deniers pour livre, outre les ſommes contenuës és Commiſſions des Tailles: décharge du payement du droit Royal; de la confirmation à cauſe de l'avenement du Roy à la Couronne, des recherches de la Chambre de Juſtice, de faire leſdits Rolles, &c. A Paris en Decembre 1643. reg le 30. May 1644.

Declaration portant reglement pour le fait des Chaſſes, & attribution aux Gardes des Chaſſes des mêmes privileges, exemptions, prérogatives, droits, franchiſes, &c. dont joüiſſent les Officiers commenſaux de la Maiſon du Roy. A Paris le 1. Janvier 1644. *Neron p.* 1065. 1644.

Declaration portant confirmation des Privileges du College de Chirurgie de cette ville de Paris. A Paris en Janvier 1644. regiſt. au Parlement le 17. Mars de la même année. 1. *vol. des Ord. de Loüis XIV. fol.* 153.

LOUIS XIV. 1644.

Edit portant création d'un Office de Juge des Conventions, stil de rigueur, &c. des Habitans du haut & bas Vivarez, d'un de Lieutenant dudit Juge; augmentation de deux Conseillers, & de plusieurs autres Officiers en la Senéchaussée, & Siege Presidial de Valence: nouvelle attribution & augmentation de gages aux Officiers dudit Siege: confirmation de tous les ressorts dudit païs de Vivarets. A Paris en Janvier 1644. regist. au grand Conseil le 28. Avril de la même année.

Declaration portant exemption des Tailles en faveur de la Compagnie des Gendarmes de la Reine. A Paris le 15. Mars suivant. *La Marniere p.* 407.

Edit portant création de quarante Offices d'Avocats aux Conseils du Roy, pour avec les huit-vingt créez par celuy du mois de Septembre 1643. faire le nombre de deux cens, & demeurer à perpetuité reduits & fixez audit nombre. A Paris en Janvier 1644. publié au Seau le 30. du même mois, reg. aux Requestes de l'Hôtel le 27. Novembre 1646.

Edit portant confirmation des anciens Reglemens sur le fait de la marchandise de vin, cidres, & autres boissons, & augmentation de droits aux Jurez, Vendeurs-Controlleurs de vins en la ville de Paris. A Paris en Fevrier 1644. reg. en la Cour des Aydes le 7. May de la même année.

Edit portant création de quarante-neuf Offices de Commissaires-Controlleurs-Jurés-Mouleurs, Compteurs-Cordeurs-Mesureurs, & Visiteurs de toutes sortes de bois, tant neuf que flotté, à brûler, à bâtir, en poutres, solives, poteaux, chevrons, sciage, charronnage, de toutes sortes d'échalats, lattes, osiers, perches, merien, goberges, & autres qui seront amenez par eau & par terre, & déchargez aux ports & places de ladite ville de Paris, Fauxbourgs, & Banlieuë d'icelle: création de quarante-six Offices de Jurez-Chargeurs de bois en charette és ports de la Tournelle, le Plastre, la Gréve, l'Escole, S. Germain, & Malaquais de ladite Ville, avec les mêmes facultez dont joüissent les anciens pourvûs de semblables Offices, & union à iceux, ausquels anciens le Roy a de nouveau attribué & augmenté les mêmes droits, qualitez, & fonctions, qu'aux Officiers créez par ledit Edit. A Paris en Fevrier 1644. reg. en la Cour des Aydes le 6. Juillet suivant.

Edit portant que tous les Officiers des Gabelles, Greniers à sel, mesurages, & contremesurages du Royaume, joüiront de la confirmation de leurs Offices, à cause de l'avenement du Roy à la Couronne, de la décharge du payement du droit Royal, annuel & perpetuel, que lesdits Officiers estoient tenus de payer pour l'heredité de leurs Offices, gages, & droits; ensemble du benefice de la Declaration du 3. Juillet 1643. portant revocation de la Chambre de Justice, & outre que les Presidens Grenetiers, Controlleurs, Avocats & Procureurs du Roy des Greniers à sel de l'étenduë des Fermes generales des Gabelles de France, & Lyonnois, joüiront par augmentation de droits, de trois sols pour minot, de tout le sel qui sera vendu ausdits Greniers, tant par impost, que vente volontaire; & les autres susdits Officiers de 95000. livres d'augmentation de gages attribuez par la Declaration du mois d'Octobre 1643. A Paris en Fevrier 1644. reg. en la Cour des Aydes le 1. Septembre audit an.

Louis XIV. 1644.

Edit portant que tous les proprietaires, acquereurs, détempteurs, possesseurs, & joüissans des biens vendus, alienez, engagez à cens, rentes, ou donnez à vie par baux emphiteotiques, payables en grains, ou argent, par les Maires, Echevins, Consuls, Syndics, Capitoux, Jurats, Manans & Habitans des Villes, Bourgs, Bourgades, Villages, Hameaux de son Royaume, depuis l'année 1555. jusqu'à present, payeront le huitiéme denier du prix de leurs acquisitions, avec les deux sols pour livre; à quoy faire ils seront contraints comme pour deniers Royaux. A Paris en Mars 1644. publié au Seau le 25. Avril suivant.

Edit portant confirmation des Privileges des Bouchers à Paris. A Paris en Mars 1644. reg. le 23. May suivant. 1. *vol. des Ord. de Loüis XIV. fol.* 218.

Edit portant confirmation de tous les Privileges des Tresoriers de France. A Paris en Mars 1644. reg. en la Chambre des Comptes le 28. Juin de la même année. *Fournival p.* 660.

Edit portant création & établissement en chacune Monnoye du Royaume, d'un Ouvrier & d'un Monnoyeur du serment de France, en faveur du joyeux avenement du Roy à la Couronne. A Paris en Mars 1644. *V. celuy du mois de Mars* 1656.

Lettres patentes portant érection des Seigneuries de Bereins & de Banains en Vicomté, en faveur de Pierre de Corsant, Seigneur de Bereins. A Paris en Mars 1644. *Guichenon preuves de l'Histoire de Bresse p.* 62.

Edit portant confirmation des Privileges des Pêcheurs de poisson à Paris. A Paris en Avril 1644. reg. le 23. dudit mois. 1. *vol. des Ord. de Louis XIV. fol.* 180.

Loüis XIV.

1644.

Declaration sur l'Edit du mois de May 1639. portant création des Tresoriers & Controlleurs generaux Provinciaux des Domaines, & des Receveurs & Controlleurs en chacun Bailliage, Senéchaussée, Bureau ou Tablier de Recepte ordinaire desdits Domaines. A Paris en May 1644.

Declaration sur l'Edit des duels & rencontres. A Paris le 11. May 1644. reg. le Juin suivant. 1. *vol. des Ord. de Loüis XIV. fol.* 231.

Edit portant création de quarante Offices de Commissaires Controlleurs generaux de la Police de l'Hôtel de Ville de Paris, tant sur la Riviere, Ports, & Quais de ladite Ville & Fauxbourgs d'icelle, que sur les autres ports d'amont & d'aval l'eau, lesquels porteront Robe courte: ensemble de cent Aydes aux Jurez-Mouleurs, Compteurs, Cordeurs, & Visiteurs de bois audit Paris, avec dispense à tous lesdits Officiers d'aller en personne resigner leurs Offices audit Hôtel de Ville. A Paris en May 1644. regist. en la Cour des Aydes le 7. Juin suivant.

Lettres patentes portant érection de la Baronnie de Montausier en Marquisat. A Paris en May 1644. *V. celles du mois d'Aoust* 1664.

Edit portant suppression d'un President en la Justice de Montmorillon. A Paris en May 1644. reg. le 20. Juin de la même année. 1. *vol. des Ord. de Louis XIV. fol.* 248.

Edit qui fait défenses de porter des passemens d'or & d'argent. A Paris le dernier May 1644. reg. le 9. Aoust audit an. 1. *vol. des Ord. de Louis XIV. fol.* 280.

Lettres patentes portant jussion à la Cour des Aydes, pour la verification pure & simple de l'Edit du mois de Fevrier precedent, concernant les Officiers des Gabelles. A Paris le 8. Juin 1644. reg. le 1. Septembre de la meme année.

Lettres patentes portant jussion à la Cour des Aydes, pour la verification pure & simple de l'Edit du mois de Fevrier precedent, portant création des Mouleurs de bois. A Paris le 13. Juin 1644. reg. le 6. Juillet suivant.

Declaration en interpretation de l'Edit du mois de Fevrier precedent, touchant les boissons. A Paris le 19. Juin 1644. reg. en la Cour des Aydes le 6. Juillet de la même année.

Edit portant décharge & extinction du droit Royal, annuel & perpetuel, que tous possesseurs d'Offices hereditaires, & en survivance, & proprietaires de gages, droits, & taxations hereditaires, estoient tenus & obligez de payer, suivant la Declaration du 25. Janv. 1642. A Ruel en Juin 1644. publié au Seau le 5. Aoust suivant.

Declaration en faveur de la Compagnie des deux cens Chevaux Legers de la garde de la Reine. A Paris le 23. Juillet 1644. registrée en la Cour des Aydes le 5. Aoust suivant. *La Mariniere p. 427.*

Edit portant attribution & confirmation aux Presidens, Conseillers, Avocats, & Procureur General, Greffier en chef, Notaires & Secretaires de la Cour de Parlement de Paris, eux, leurs veuves, posterité & lignée, du titre & qualité de Nobles; avec exemption & décharge du droit de Gabelle du sel qu'ils prendront pour leurs provisions, en consequence de la Declaration du 12. Decembre 1520. de tous droits seigneuriaux & feodaux. A Paris en Juillet 1644. reg. le 19. Aoust de la même année. *1. vol. des Ord. de Louis XIV. fol. 269.*

Edit portant alienation de 150000. livres de rente sur l'entrée du vin. A Paris en Aoust 1644. reg. le 1. Septembre suivant. *1. vol. des Ord. de Loüis XIV. fol. 276.*

Edit portant suppression des Offices de Juges, Avocats & Procureurs du Roy des traites d'Anjou, & des Receveurs & Controlleurs generaux, & particuliers, anciens, & alternatifs. A Paris en Aoust 1644.

Declaration portant attribution à ceux qui seront pourvûs des Offices d'Intendans des Elections, créez par l'Edit du mois de Septembre 1638. dans les Generalitez de Roüen, Caën, & Alençon, de la connoissance des passages & logemens des gens de guerre, garnisons, & fournitures d'étapes, en l'absence des Intendans de Justice, Police, & Finance: de la verification & signature de tous les Rolles, &c. & faculté de rembourser les Presidens des Elections de la Finance par eux payée, pour la joüissance des fonctions & droits à eux attribuez par celle du mois de Decembre 1638. A Paris en Aoust 1644. reg. en la Cour des Aydes de Normandie le 22. Novembre suivant. *V. l'Edit du mois de May* 1646.

Edit portant création en titre d'Office formé & hereditaire, de trois Greffiers Gardesacs, Controlleurs de taxes de dépens, états de frais, mises d'execution, dommages & interests, anciens, alternatifs, & triennaux en la Cour des Aydes de Roüen, & en chacun Siege d'Election, & Grenier à sel de la Province de Normandie. A Paris en Aoust 1644. reg. en la Cour des Aydes de Roüen le 22. Novembre suivant.

Declaration portant rétablissement des Privileges des Gardes du Corps de la feuë Reine ayeule du Roy. A Paris le 22. Aoust 1644.

LOUIS XIV. 1644.

reg. en la Cour des Aydes le 2. Mars 1645. *La Mariniere p.* 436.

Lettres patentes portant seconde jussion à la Cour des Aydes, pour la verification pure & simple de l'Edit du mois de Fevrier precedent, concernant les Officiers des Gabelles. A Paris le dernier Aoust 1644. reg. le 1. Septembre suivant.

Lettres patentes portant jussion à la Cour des Aydes, pour la verification de la Declaration du 22. Aoust precedent, concernant les Gardes de la feuë Reine ayeule du Roy. A Paris le 3. Septembre 1644. reg. le 2. Mars 1645. *La Mariniere p.* 438.

Lettres patentes portant Commission à pour le regalement de 1500000. de rente sur les Bourgeois de Paris. A Paris le 5. Septembre 1644. reg. le 6. dudit mois. *1. vol. des Ord. de Loüis XIV fol.* 284.

Declaration portant décharge des recherches de la Chambre de Justice pour les Tresoriers de la Maison du Roy. A Paris en Septembre 1644. reg. le 14. Mars 1659. *7. vol. des Ord. de Loüis XIV. fol.* 58.

Edit portant création de deux Lettres de Maîtrises de toutes sortes d'arts & métiers, en chacune Ville, Bourgs, Fauxbourgs, & lieux du Royaume, où ils sont Jurez; en faveur de l'heureux retour de la Reine de la grande Bretagne, & de ses entrées faites ou à faire. A Paris en Novembre 1644. reg. le 2. Mars 1657. *6. vol. des Ord. de Louis XIV. fol.* 115.

Edit portant création de huit Offices de Commissaires-Controlleurs, Jurez Visiteurs & Priseurs, & de deux Offices de Jurez-Jaugeurs des cendres, soutes, gravelées de la Ville, Fauxbourgs, & Banlieuë de Paris. A Paris en Novembre 1644. reg. en la Cour des Aydes le 24. Mars 1646.

Lettres patentes portant seconde jussion à la Cour des Aydes, pour la verification de la Declaration du 22. Aoust precedent, en faveur des Gardes du Corps de la feuë Reine ayeule du Roy. A Paris le 9. Decembre 1644. reg. le 2. Mars 1645. *La Mariniere p.* 440.

Edit portant attribution de huit sols pour minot aux Officiers des Greniers à sel de vente volontaire, au lieu de dix livres pour Paroisse, qui leur estoit accordée par celuy du mois de Mars 1640. avec attribution de quatre sols pour minot aux Officiers du Grenier à sel de Paris, & des Greniers d'impost, & des Officiers des Greniers à sel de Bourgogne, Bresse, haut Vivarets, & Languedoc, & d'autre attribution aux Officiers des mesurages. A Paris en Decembre 1644. reg. en la Cour des Aydes le 14. Octobre suivant.

Edit

Edit portant rétablissement des Offices de premiers Commis en chacune Recepte generale des Finances, Taillon, Ponts & Chaussées, créez par celuy du mois de Novembre 1638. &c. création des Offices de Conseillers du Roy, premiers & principaux Commis des Tresoriers, Receveurs, & Comptables cy-aprés, sçavoir, six des Tresoriers de l'ordinaire des guerres: trois, &c. rétablissement des Privileges des Receveurs, & Controlleurs generaux des Finances, Taillon, Ponts & Chaussées: attribution ausd. Controlleurs de huit mille livres de taxations pour droit de vacations; ensemble autre attribution de neuf mille livres d'augmentation de gages hereditaires aux Officiers des Cours Souveraines, & Secretaires du Roy. A Paris en Decembre 1644. registré en la Chambre des Comptes le 15. May 1645. LOÜIS XIV. 1644.

Edit portant rétablissement des Privileges des Officiers des Elections, & en l'exercice & fonction entiere de leurs Charges, pour en joüir conformément aux Edits de création d'icelles, nonobstant tous autres à ce contraires, portant attribution entre autres choses de cinq sols hereditaires pour Paroisse d'augmentation de droits de verification, & signature de Rolle, décharge du droit Royal du dixiéme denier de la resignation ou mutation, &c. A Paris en Decembre 1644.

Lettres patentes portant jussion à la Chambre des Comptes, pour la verification de l'Edit du present mois de Decembre, touchant les Commis des Tresoriers, Receveurs & Comptables de la Cour. A Paris le 29. Decembre 1644. reg. le 15. May 1645.

Edit portant création & établissement de deux Cours Souveraines des Monnoyes és Villes de Lyon & de Libourne. A Paris en Janvier 1645. *V. celuy du mois de Mars suivant.* 1645.

Lettres patentes portant seconde jussion à la Chambre des Comptes, pour la verification de l'Edit du mois de Decembre precedent, portant rétablissement des Offices de premiers Commis, &c. création des Commis des Tresoriers & Comptables de la Cour. A Paris le 6. Fevrier 1645. reg. le 1. May suivant.

Declaration portant revocation de l'Edit du mois de Decembre 1642. & en consequence que les Offices de Notaires Royaux unis à ceux des Tabellions Gardenottes, & Controlleurs, seront revendus, &c. A Paris le 1. Mars 1645. reg. le 15. Janvier 1646. *Neron p.* 409. 1. *vol. des Ord. de Louis XIV. fol.* 562.

Lettres patentes portant troisiéme jussion à la Chambre des Comptes, pour la verification de l'Edit du mois de Decembre 1644.

LOUIS XIV. 1645. portant création des Commis des Tresoriers & Comptables de la Cour. A Paris le 13. Mars 1645. regist. le 15. May de la même année.

Edit portant création en titre d'Office formé de deux Conseillers-Secretaires du Roy, Maison, & Couronne de France, & de ses Finances, Gardes des quittances de Finance & Marc d'or des Offices de France. A Paris en Mars 1645. reg. au Parlement le 7. & en la Chambre des Comptes le 11. Septembre suivant. *1. vol. des Ord. de Loüis XIV. fol. 528.*

Edit portant création de quatre Offices de Conseillers du Roy, Greffiers des expeditions qui seront séellées en la grande Chancellerie de France, & de quatre premiers Commis desdits Greffiers, qui serviront par quartier, pour enregistrer par lesdits Greffiers en leurs registres tous Edits, Declarations, Baux, Naturalités, Sermens, & autres expeditions, avec attribution des mêmes privileges & exemptions que les Secretaires du Roy. A Paris en Mars 1645. reg. au Parlement le 7. & en la Chambre des Comptes le 11. Septembre suivant. *1. vol. des Ord. de Louis XIV. fol. 530.*

Edit portant augmentation de quarante mille livres de gages hereditaires attribuez aux Cour de Parlement, & Chambre des Comptes de Paris, & Cour des Aydes de Cahors. A Paris en Mars 1645. registré en la Chambre des Comptes le 11. Septembre audit an.

Edit portant revocation de celuy du mois de Janvier precedent, par lequel les Cours des Monnoyes de Lyon, & de Libourne ont esté créées : revocation de la fabrication des Monnoyes au marteau: établissement des moulins pour la fabrication d'icelles dans les seize principales Villes & Monnoyes du Royaume : création des Offices de Presidens, & Conseillers de la Cour des Monnoyes, Commissaires residens és Villes & département desdites Monnoyes; ensemble de quatre Lieutenans, quatre Exempts, quatre Greffiers, & vingt Archers du Prevost general des Monnoyes de France, & de cent cinquante Huissiers des Monnoyes, & mines, &c. A Paris en Mars 1645. reg. en la Chambre des Comptes, & Cour des Monnoyes le 11. Septembre suivant. *Constans preuves p. 234.*

Lettres patentes portant relief d'adresse aux Requestes de l'Hôtel, pour l'entegistrement des Edits des mois de Septembre 1643. & Janvier 1644. portant création de 20. Offices d'Avocats és Conseils. A Paris le 19. Mars 1645.

Declaration pour la perception des trente sols sur chacun muid de cidre & poiré entrant, & passant à Rouen, Dieppe, & le Havre de Grace, & pour la levée des 45. sols, & trois livres sur chacun muid de vin sortant des villes de Mantes, Meulan, & autres, parisis, & douze deniers desdits droits, &c. A Paris le 23. Mars 1645. reg. en la Cour des Aydes le 26. Mars 1646.

Edit portant création de 16. Offices de Referendaires tiers-Taxeurs, Avocats és Conseils du Roy: de quatre de Commis, & Portesacs des Greffiers Gardesacs és Conseils du Roy: de trois de Conseillers du Roy, Controlleurs des Greffiers Gardesacs, & production esdits Conseils: de six premiers Commis Maîtres Clercs des trente-deux Greffiers des Commissions extraordinaires hereditaires: de deux de Conseillers Controlleurs desdits Greffiers des Commissions extraordinaires hereditaires, alternatif & triennal, & Garde du petit séel des Commissions extraordinaires: & d'un de Greffier hereditaire, Garde general des registres & minutes des 32. Greffiers des Commissions extraordinaires, &c. A Paris en Avril 1645. publié au Seau le 6. May suivant.

Lettres patentes portant quatriéme jussion à la Chambre des Comptes, pour la verification de l'Edit du mois de Decembre precedent, portant création des Commis des Tresoriers & Comptables de la Cour, &c. A Paris le 4. May 1645. reg. le 15. dudit mois.

Edit portant rétablissement de l'Office de grand Voyer de France. A Paris en May 1645. reg. le 7. Septembre suivant. 1. *vol. des Ord. Louis XIV. fol.* 522.

Declaration portant revocation des Privileges des Veterans, & autres Officiers y dénommez. A Paris le 20. May 1645. registrée en la Cour des Aydes le 4. Septembre suivant. *La Mariniere p.* 529.

Declaration portant que tous Actes, Contrats, & Testamens portant donation, seront insinuez: confirmation des Offices de Gardeséels des Contrats, & Actes des Notaires & Tabellions: & suppression des Offices de Gardeséels des exploits créez par les Edits des mois de May 1639. & Juin 1640. A Paris en May 1645. reg. au Parlement le 7. & en la Chambre des Comptes le 11. Septembre suivant. 1. *vol. des Ord. de Louis XIV. fol.* 487.

Edit portant rétablissement d'un Bureau des Finances en la ville d'Angers, créé par celuy du mois d'Avril 1638. nonobstant la revocation faite par autre Edit du mois de Decembre 1643. A Paris en May 1645. reg. au Parlement le 7. & en la Chambre des Comptes le 11. Septemb. de la même année. 1. *vol. des Ord. de Louis XIV. fol.* 491.

Loüis XIV. 1645. Edit portant création en heredité de trois Offices de premiers & principaux Commis en chacune des Receptes des Consignations, & saisies réelles du Royaume, ensemble de trois de Controlleurs, ancien, alternatif & triennal des Commissaires Receveurs des deniers desdites saisies réelles. A Paris en May 1645. reg. au Parlement le 7. & en la Chambre des Comptes le 11. Septembre de la même année. 1. *vol. des Ord. de Louis XIV. fol* 501.

Edit portant création de trois Offices de Conseillers du Roy, Intendans generaux des Fauconnerie, Venerie, & toilles des Chasses, de trois de Directeurs generaux des Jardins, Plants & Parterres des Maisons Royales; de deux de Maîtres generaux, alternatif, & triennal; & trois de Controlleurs des œuvres de Maçonnerie des bâtimens du Roy, d'un de Maître general triennal des œuvres de Charpenterie; & trois de Controlleurs des œuvres de Couvertures desdits bâtimens; & trois de Controlleurs desdites œuvres de Couvertures; d'un de Maître general triennal des œuvres du Pavé desdits bâtimens, Ponts & Chaussées de France; & trois de Controlleurs desdites œuvres du Pavé; de deux de Greffiers-Clercs de l'Ecritoire du Pavé; trois de Greffiers-Clercs de l'Ecritoire des Couvertures; trois de Greffiers pour recevoir & rediger les adjudications, marchez, toisez, & receptions desdits Ouvrages; & de trois d'Huissiers pour les proclamations & appositions d'affiches desdits Ouvrages à faire, avec augmentation de pouvoir & droits aux Intendans, Controlleurs, & Tresoriers generaux des bâtimens du Roy, &c. A Paris en May 1645. reg. au Parlement le 7. & en la Chambre des Comptes le 11. Septembre suivant. 1. *vol. des Ord. de Louis XIV. fol.* 505.

Edit portant établissement d'un Bureau des Finances en la ville de la Rochelle: création des Officiers dont il doit estre composé; & reglement pour leurs droits, &c. A Paris en May 1645. reg. au Parlement le 7. & en la Chambre des Comptes le 11. Septembre suivant. 1. *vol. des Ordonn. de Louis XIV. fol.* 515.

Edit portant rétablissement de l'Office de grand Voyer de France, créé par celuy du mois de May 1599. pour estre exercé triennalement, & en tant que besoin seroit création de trois Offices de Conseillers du Roy, Grands-Voyers, & Surintendans generaux des Ponts & Chaussées de France, ancien, alternatif, & triennal, nonobstant les Edits de suppression des mois de Fevrier 1626. &c. A Paris en May 1645. reg. au Parlement le 7. & en la Chambre des Comptes le 11. Septembre suivant. 1. *vol. des Ord. de LoüisXIV. fol.* 522.

Edit pour l'établissement des droits seigneuriaux & feodaux sur les échanges qui se feront contre des rentes, lesquels droits seront payez au profit du Roy, tout ainsi que pour les ventes faites en deniers pour remedier aux échanges frauduleux. A Paris en May 1645. reg. au Parlement le 7. Septembre suivant. *1. vol. des Ord. de Louis XIV. fol. 517. Neron p. 490. V. les Declarations & Edit des 26. Mars 1673. Fevrier & 20. Iuillet 1674.*

Edit portant création des Offices de Lieutenans, Procureurs du Roy, Gruyers, Verdiers, & autres, alternatifs & triennaux en chacune Maîtrise, & Gruerie des Eaux & Forests du Royaume. A Paris en May 1645. reg. au Parlement le 7. & en la Chambre des Comptes le 11. Septembre de la même année. *1. vol. des Ord. de Loüis XIV. fol. 519.*

Declaration portant confirmation des Statuts des Marchands Merciers-Joüailliers de Paris. A Paris en Aoust 1645.

Declaration portant revocation de la Chambre de Justice, depuis le mois de Septembre 1643. que la derniere revocation fut verifiée, jusqu'au premier Septembre 1645. afin que la recherche des Officiers de Finance soit continuée de dix en dix ans, suivant l'Edit du mois de May 1645. A Paris en Aoust 1645. reg. au Parlement le 7. & en la Chambre des Comptes le 11. Septembre suivant. 1. *vol. des Ord. de Loüis XIV. fol. 533.*

Edit portant création des Offices de quatriennaux, où il y a anciens, alternatifs, & triennaux, & specialement d'un de Tresoriers des parties casuelles, d'un de Tresorier des deniers extraordinaires, &c. A Paris en Aoust 1645. reg. en la Chambre des Comptes le 11. Septembre de la même année.

Edit portant création des Offices de quatriennaux pour les Eaux & Forests : Receveurs & Controlleurs des Consignations : Commissaires Receveurs, & Controlleurs des saisies réelles, avec des Commis esdites Receptes, & Controlles : ensemble des Receveurs & Controlleurs des amendes, & épices en chacune Cour & Jurisdiction, &c. A Paris en Septembre 1645. reg. au Parlement le 7. & en la Chambre des Comptes le 11. dudit mois, & en la Cour des Aydes le 24. Mars 1646. 1. *vol. des Ord. de Louis XIV. fol. 534.*

Edit portant permission aux Juges subalternes, & Officiers des Seigneurs, de prendre des épices & vacations moderées pour les procez par écrit, ainsi qu'ils ont fait par le passé, avec dispense à ceux des Seigneurs de se faire recevoir par les Juges Royaux, nonobstant l'art. 55. des Ordonnances faites à Orleans en Janvier 1560.

LOÜIS XIV. 1645.

injonction ausdits Seigneurs de choisir des personnes de probité, & suffisance pour rendre la Justice dans leurs Terres, & permission de les deposseder en les remboursant, &c. A Paris en Septembre 1645. reg. le 7. dudit mois. 1. *vol. des Ord. de Louis XIV. fol.* 489.

Edit portant rétablissement en chacune Generalité du Royaume, d'un Office de Conservateur du Domaine, créé par celuy du mois de May 1582. nonobstant l'Edit de suppression du mois de May 1639. deux de Lieutenans, un de Procureur du Roy, & un de Greffier; décharge & abonnement des droits seigneuriaux & feodaux dûs au Roy lors des mutations pour les biens nobles & roturiers dépendans de son Domaine, en payant une Finance volontairement pour les Gentilshommes qui voudront joüir de la décharge dudit droit, lors qu'ils vendront leurs Terres, &c. A Paris en Septembre 1645. reg. au Parlement le 7. & en la Chambre des Comptes le 11. dudit mois. 1. *vol. des Ordonn. de Loüis XIV fol.* 510.

Edit portant création d'un Bureau des Finances en la ville de Chartres: des Offices dont il doit estre composé, & reglement pour les droits & fonctions de ceux qui en seront pourvûs. A Paris en Septembre 1645. reg. au Parlement le 7. & en la Chambre des Comptes le 11. du même mois. 1. *vol. des Ord. de Louis XIV. fol.* 525.

Declaration concernant les Senéchaussées de Roüanne, & de S. Estienne. A Paris en Septembre 1645. reg. le 7. dudit mois. 1. *vol. des Ord. de Loüis XIV. fol.* 498.

Declaration sur l'alienation des nouvelles rentes sur les entrées de la ville de Paris, pour estre distribuées en execution de l'Edit du mois d'Aoust 1644 à toutes sortes de personnes, qui les pourront acquerir commodément, excepté les Manouvriers, Artisans, Laboureurs, Vignerons, & petits Marchands. A Paris en Septembre 1645. reg. au Parlement le 7. dudit mois.

Declaration portant attribution & augmentation de fonctions & droits aux Officiers des Eaux & Forests du Royaume, créez par Edit du mois de Decembre 1635. A Paris en Septembre 1645. reg. au Parlement le 7. & en la Chambre des Comptes le 11. dudit mois. 1. *vol. des Ord. de Loüis XIV. fol.* 534.

Lettres patentes portant jussion à la Cour des Aydes, pour la verification de l'Edit du mois de Decembre 1644. touchant les Officiers des Greniers à sel. A Paris le 11. Septembre 1645. reg. le 14. Octobre suivant.

Edit portant création en heredité des Offices de Commis en chacun Bureau des Maîtres des Couriers, Messageries, Coches & Carrosses du Royaume, aux gages, droits, & immunitez portées par ledit Edit. A Paris en Septembre 1645. reg. en la Chambre des Comptes le 11. du même mois.

Edit portant attribution aux Secretaires du Roy, y compris les grands Audianciers & Controlleurs generaux de l'Audiance de la Chancellerie de France, & autres Officiers d'icelle, Tresoriers, Payeurs & Controlleurs des gages desdits Secretaires, & aux Officiers des Chancelleries prés les Cours de Parlement, & autres Cours Souveraines du Royaume, de la somme de 60000. liv. d'augmentation de gâges hereditaires. A Paris en Septembre 1645. reg. en la Chambre des Comptes le 11. dudit mois.

Edit portant attribution aux Presidens, & Tresoriers generaux de France, & autres Officiers des Bureaux des Finances des Generalitez du Royaume, de la somme de 120000. livres d'augmentation de droits de bourse, & de presence, pour les expeditions des attaches des Commissions des Tailles, & autres. A Paris en Septembre 1645. registré en la Chambre des Comptes le 11. dudit mois.

Edit portant attribution de 300000. livres d'augmentation de gages aux Officiers des Compagnies Souveraines, Judicature, & autres, à prendre sur le même fonds que leurs anciens gages. A Paris en Septembre 1645. regist. en la Chambre des Comptes le 11. du même mois.

Declaration portant revocation de celles cy-devant expediées pour le payement des droits d'amortissement, francsfiefs, taxes de la décharge du ban & arriere-ban, & franc-aleu : avec décharge aux Engagistes des Domaines des taxes qu'ils devoient payer pour estre confirmez en la taxe d'iceux. A Paris le 9. Septembre 1645. publiée au Seau le 17. dudit mois. *Fournival p. 698.*

Declaration en faveur des Maréchaux de France, & de leurs Officiers. A Paris en Septembre 1645. *Neron p. 317.*

Declaration pour la levée de deux sols pour livre, sur tout le prix & valeur des Aydes, outre les 24. deniers des Controlleurs, Conservateurs, & Lieutenans des Fermes. A Fontainebleau en Septembre 1645. reg. en la Cour des Aydes le 24. Mars 1646.

Lettres patentes portant seconde jussion à la Cour des Aydes, pour la verification de l'Edit du mois de Decembre 1644. touchant les Officiers des Greniers à sel. A Fontainebleau le dernier Septembre 1645. reg. le 14. Octobre suivant.

Louis XIV. Declaration portant que les Officiers de la Cour les Aydes de Paris joüiront du privilege de Noblesse, &c. à l'*instar* de ceux du Parlement. A Paris en Septembre 1645. reg. le 19. Aoust 1658. *6. vol. des Ord. de Loüis XIV. fol.* 522.

1645. Edit portant création de sept Offices de Conseillers Laïcs au Parlement de Roüen, aux gages de 1000. livres chacun. A Fontainebleau en Octobre 1645. reg. au Parlement de Roüen le 27. du même mois.

Edit portant création de cinquante Nobles és Villes franches de Normandie. A Fontainebleau en Octobre 1645. reg. en la Chambre des Comptes de Roüen le 14. Decembre suivant, & en la Cour des Aydes de Roüen le 19. Janvier 1646.

Declaration en execution de l'Edit du mois de Septembre precedent, concernant les Senéchaussées de Roüanne, & de S. Estienne. A Paris en Novembre 1645. reg. le 26. Mars 1660. *7. vol. des Ord. de Louis XIV. fol.* 441.

Lettres patentes portant jussion à la Cour des Monnoyes, pour la verification pure & simple de l'Edit du mois de Mars precedent, concernant la fabrication des Monnoyes. A Paris le 6. Decembre 1645. reg. le 15. dudit mois. *Constans p.* 248.

Edit portant création de 20. Offices de Controlleurs de la quantité des bois qui arrivent en la Ville & Fauxbourgs de Paris, &c. A en Decembre 1645. *V. celuy du mois d'Octobre* 1646.

Lettres patentes portant jussion à la Cour des Aydes de Normandie, pour la verification de l'Edit de création de 50. Nobles. A Paris le 29. Decembre 1645. reg. le 19. Janvier 1646.

1646. Edit portant création de deux Lettres de Maîtrises de toutes sortes d'arts & métiers en chacune Ville, Bourgs, Fauxbourgs, & lieux du Royaume : en faveur du titre de la Regence, acquis à la Reine Mere du Roy. A Paris en Janvier 1646. reg. le 7. Septem. 1654. 4. *vol. des Ord. de Loüis XIV. fol.* 579.

Declaration concernant les Receveurs, Controlleurs, & Commis des Consignations, par laquelle ils sont maintenus en tous les droits qui leur sont attribuez par les Edits des mois de Juin 1578. Aoust 1594. Fevrier 1601. Juin 1627. Decembre 1633. Decembre 1639. & Septembre 1645. A Paris le 20. Mars 1646. reg. en la Cour des Aydes le 24. dudit mois.

Edit portant revocation des francs-sallez, &c. A Paris en Mars 1646. regist. en la Cour des Aydes le 24. du même mois. *Fournival p.* 710.

Edit

Edit portant création de six Offices nouveaux de Visiteurs & Controlleurs des bieres à Paris. A Paris en Mars 1646. reg. en la Cour des Aydes le 24. dudit mois.

Declaration pour l'imposition de quarante sols pour minot de sel en tous les Greniers de la Ferme generale des Gabelles de France, fors & excepté sur le sel qui se distribuëra par impost pour six années, à commencer du 1. Avril 1646. A Paris le 20. Mars 1646. reg. en la Cour des Aydes le 24. dudit mois.

Edit portant création d'un Office de Conseiller du Roy Auditeur des Tailles en chacune Election du Royaume, & reglement pour ses droits & fonctions. A Paris en Mars 1646. reg. en la Cour des Aydes le 24. dudit mois.

Edit portant suppression des Offices de Vendeurs de bois à Paris: création de quinze Offices de Jurez Vendeurs, Controlleurs de vins en la Ville & Fauxbourgs de Paris, avec attribution de quatre deniers pour livre du prix de la vente des vins, pour estre joints, unis, & incorporez aux soixante anciens Vendeurs-Controlleurs de vins de ladite Ville; de soixante & dix Offices de Commissaires, Controlleurs Jurez, Mouleurs, Compteurs, Cordeurs, Mesureurs, & Visiteurs de toutes sortes de bois, &c. A Paris en Mars 1646. registré en la Cour des Aydes le 24. du même mois.

Declaration en faveur de tous les Officiers des Gabelles & Greniers à sel du Royaume, tant pour la réünion à leurs Offices de ceux de quatriennaux, créez par l'Edit du mois d'Aoust 1645. décharge de la Chambre de Justice, qu'augmentation de 60000. livres de gages, & attribution de trois sols pour minot de sel à départir entre tous les Officiers. A Paris le 10. Avril 1646.

Declaration sur l'Edit du mois d'Octobre 1645. portant création de 50. Nobles és Villes franches de Normandie. A Paris le 27. Avril 1646. reg. en la Chambre des Comptes de Normandie le 6. Juin, & en la Cour des Aydes le 8. May de la même année.

Declaration portant prolongation du temps accordé aux Ecclesiastiques, pour rentrer en la possession de leurs biens alienez. A Paris en May 1646. registrée au grand Conseil le 3. Septembre suivant.

Lettres patentes portant érection de la Terre de Feuquieres en Marquisat. A Paris en May 1646. reg. le 4. Avril 1659: *7. vol. des O. d. de Louis XIV. fol. 73.*

Edit portant suppression des Offices de Receveurs triennaux des

Loüis XIV. 1646. épices, créez par celuy du mois de Novembre 1615. pour estre unis & incorporez avec ceux de Receveurs anciens, & alternatifs desdites épices, &c. décharge des taxes du droit Royal de la confirmation pour l'avenement du Roy à la Couronne, & autres décharges, attributions, dispenses, & fonctions portées par le susdit Edit. A Paris en May 1646. publié au Seau le 11. Juillet suivant.

Edit portant suppression de deux Offices de Presidens, avec deux Commissions, ensemble de 8. de Conseillers, & 2. Commissions, & dix d'Huissiers en la Cour des Monnoyes, créez par celuy du mois de Mars 1645. avec attribution de 20450. livres d'augmentation de gages aux anciens Officiers de ladite Cour. A Paris en Juin 1646. reg. en la Cour des Monnoyes le 13. Aoust suivant. *Constans p.* 250.

Edit portant création d'un Bureau des Finances en la ville de Beaucaire. A Paris en Juin 1646. *V. celuy du mois de Iuillet suivant.*

Declaration portant confirmation du droit de quatre deniers pour livre de tous les decrets qui se font en tous les Bailliages, Senéchaussées, Sieges Presidiaux, & autres Justices Royales, & du benefice du reglement fait en faveur des acquereurs dudit droit, suivant la Declaration du 18. Septembre 1631. & l'Arrest du Conseil du 27. Octobre de la même année : avec attribution ausdits acquereurs, Commissaires-Examinateurs, & ceux qui en font la fonction, de pareils quatre deniers pour livre à prendre sur les decrets volontaires, comme sur les decrets forcez. A Paris le 25. Juin 1646.

Declaration portant pouvoir aux Ecclesiastiques de rentrer dans leurs biens alienez. A Paris le 9. Juillet 1646. *V. l'Edit du mois de Novembre* 1674.

Edit portant revocation des taxes faites sur les Officiers des Justices subalternes du Royaume, & portées par autre Edit du mois de Septembre 1645. pour estre conservez dans le droit de prendre des épices. A Fontainebleau en Juillet 1646. reg. le 24. dudit mois. 1. *vol. des Ord. de Loüis XIV. fol.* 664.

Edit portant revocation de celuy du mois de Juin precedent, pour l'établissement d'un Bureau des Finances en la ville de Beaucaire. A Fontainebleau en Juillet 1646. reg. au Parlement de Tholose le 9. Septembre 1647. *Fournival p.* 591.

Edit contenant augmentation de 30. Offices d'Avocats au Conseil, outre les deux cens créez par ceux des mois de Septembre 1643. & Janvier 1644. qui ne porte neanmoins aucune création desdits Offices. A Fontainebleau en Aoust 1646. publié au Seau le 27. du même mois.

Edit portant suppression des Offices d'Intendans des Elections dans les Sieges dépendans des Generalitez de Roüen, Caën, & Alençon, créez par celuy du mois de Septembre 1638. confirmez par la Declaration du mois d'Aoust 1644. ensemble de ceux de Greffiers-Gardesacs & Controlleurs de dépens esdits Sieges, créez par celuy du mois d'Aoust 1644. & réünion de tous les droits & fonctions d'iceux aux Corps desdites Elections, pour en joüir en commun (à commencer du premier Janvier prochain) par les Officiers d'icelles, suivant & conformément ausdits Edits & Declaration. A Fontainebleau en Aoust 1646. publié au Seau le 20. Aoust de la même année.

Declaration portant que les Offices de Receveurs, & Controlleurs quatriennaux des Consignations, & Commis créez par les Edits du mois de Septembre 1645. seront, & demeureront hereditaires & domaniaux, sous faculté de rachapt perpetuel. A Fontainebleau le 15. Septembre 1646. publiée au Seau le 10. Octobre suivant.

Edit portant suppression de quarante Offices de Commissaires-Controlleurs generaux de la Police sur la vente des bois à Paris, créez par celuy du mois de May 1644. ensemble de dix Offices de Commissaires-Controlleurs, Jurez-Mouleurs, &c. de bois, des soixante & dix créez par autre Edit du mois de Mars de la presente année, pour faire avec les cent anciens Mouleurs de bois un Corps de cent soixante, & reglement pour leurs droits: création de 60. Offices d'Aydes à Mouleurs de bois, pour estre joints & unis avec les cent anciens. A Fontainebleau en Septembre 1646. reg. en la Cour des Aydes le 26. dudit mois.

Declaration en consequence de l'Edit du mois de Novembre 1637. portant reglement pour le Controlle des Benefices, contenant 20. articles. A Fontainebleau en Octobre 1646. reg. le 2. Aoust 1649. 2. *vol. des Ord. de Loüis XIV. fol.* 408. *Neron p.* 552.

Edit portant création de six Offices de Controlleurs de la quantité des bois qui arrivent en la Ville & Fauxbourgs de Paris, unis aux vingt pareils Offices créez par autre Edit du mois de Decembre 1645. & aux quatre Offices de Commissaires, & Controlleurs pour le Roy des bois neufs à brûler, & deux Commissaires & Controlleurs des bois flottez, pour faire en tout le nombre de 32. Commissaires-Controlleurs, tant pour le Roy, que pour tous les Offices établis, & qui ont droits attribuez sur lesdits bois. A Fontainebleau en Octobre 1646. reg. en la Cour des Aydes le 28. Avril 1648.

Louis XIV. 1646. Edit portant revocation des hereditez & survivances des Offices, droits, gages, & taxations tenus en heredité par tous les Officiers du Royaume. A Paris en Octobre 1646. publié au Seau le 29. du même mois.

Edit portant création de 30. Offices d'Avocats au Conseil, que l'on avoit joints par Edit du mois d'Aoust precedent aux deux cens precedemment créez par ceux des mois de Septembre 1643. & Janvier 1644. A Paris en Novembre 1646. publié au Seau le 12. dudit mois.

Declaration pour l'établissement de la Ferme du tarif aux entrées de la Ville, Fauxbourgs, & Banlieuë de Paris, &c. A Paris le 17. Novembre 1646. *V. l'Edit du mois de Ianvier* 1648.

Edit portant attribution aux Presidens Tresoriers generaux de France, Avocats & Procureurs du Roy des Bureaux des Finances de 270000. livres de droits d'épices. A Paris en Novembre 1646. *V. celuy du* 27. *Ianvier* 1655.

Edit portant création de huit Offices de Conseillers du Roy, Commissaires ordinaires des guerres, Aydes à la conduite du Regiment des Gardes Suisses du Roy; de sept autres Offices de Conseillers-Commissaires ordinaires aux conduites, tant de la Compagnie generale, que de celle de Lyon, Caën, Peronne, & Regiment Suisse de Molondin, aux droits & fonctions portée par ledit Edit; avec nouvelles attributions à quelques anciens Officiers. A Paris en Novembre 1646. reg. en la Cour des Aydes le 28. Avril 1648.

Edit portant création d'une Charge de Prevost des Maréchaux en la Generalité de Paris, & Isle de France. A Paris en Decembre 1646.

1647. Declaration en faveur des Officiers de Monsieur le Prince de Condé. A Paris le 1. Janvier 1647. reg. le 2. Fevrier de la même année. 2. *vol. des Ord. de Louis XIV. fol.* 32. *La Mariniere.*

Declaration qui revoque celle du 20. May 1645. pour les Privileges des Officiers des Maisons Royales. A Paris le dernier Janvier 1647. reg. en la Cour des Aydes le 19. Mars suivant. *Fournival p.* 632.

Edit portant exemption en faveur des Ecclesiastiques de l'exemption des droits d'Aydes & Gabelles. A Paris le 8. Fevrier 1647. reg. en la Cour des Aydes le

Declaration en faveur des Domestiques du deffunt Prince de Condé. A Paris le 17. Fevrier 1647. reg. le 18. Mars suivant. *La Mariniere.*

Lettres patentes portant relief d'adresse, & de surannation pour l'enregistrement de l'Edit du mois de Novembre 1637. & de la Declaration du mois d'Octobre 1646. pour le controlle des Benefices. A Paris le 24. Avril 1647. reg. le 2. Aoust 1649. 2. *vol. des Ord. de Louis XIV. fol.* 408. *Neron p.* 556. Loüis XIV. 1647.

Declaration pour la levée de 20. sols pour muid de vin sur toutes personnes, & en tous lieux. A Paris le 1. May 1647.

Edit portant établissement d'un Siege d'Amirauté en la ville de Dunquerque. A Paris le 2. May 1647. *V. celuy du mois d'Aoust* 1671.

Declaration pour le rétablissement des Privileges des Officiers domestiques & commensaux de la défunte Reine Marie de Medicis ayeule du Roy. A Paris le 7. May 1647. reg. le 24. Septembre de la même année. *La Mariniere.*

Edit portant confirmation des privileges, exemptions, & survivances, avec attribution de la Jurisdiction ordinaire aux Prevosts generaux, Provinciaux & particuliers des Maréchaux de France, & à leurs Officiers, & aux Vicebaillifs, Vicesenéchaux, & Lieutenans Criminels de Robe courte, avec rang, séance, & voix déliberative és Sieges Presidiaux : & nouvelle création d'Officiers, Exempts, & Archers dans les Maréchaussées du Royaume, & Compagnies desdits Lieutenans Criminels de Robe courte. A Paris en Aoust 1647. reg. le 9. Septembre suivant. *V. l'Edit du mois de Iuin* 1650. 2. *vol. des Ord. de Loüis XIV. fol.* 173. *Pinson p.* 740.

Lettres patentes portant confirmation des Statuts des Marchands de vin à Paris. A Paris en Aoust 1647. reg. le 9. Aoust 1661. 1. *vol. des Ord. de Loüis XIV. fol.* 395.

Edit portant création de plusieurs Offices de toutes sortes de Marchandises, & autres Offices de Police dans la ville de Paris. A Paris en Aoust 1647. *V. l'Edit du mois de Ianvier* 1648.

Edit portant attribution aux Officiers de la Cour des Monnoyes des droits d'épices sur les Monnoyes d'or & d'argent; sçavoir, six septiémes de denier à chacun President, &c. A en Octobre 1647. *V. celuy du mois de Mars* 1657.

Edit portant que le Parlement de Provence sera tenu par deux séances, & ouvertures semestres ; suppression à perpetuité de la Chambre des Requestes dudit Parlement; commutation des Officiers desdites Requestes en Officiers dudit Parlement: création d'autres Offices pour composer avec lesdits Officiers des Requêtes

Loüis XIV. le semestre de Janvier : rétablissement aux Officiers des Senéchaussées, Vigueries, & autres Jurisdictions subalternes du ressort

1647. de ladite Cour, de leur ancien pouvoir & Jurisdiction : création de quatre Offices d'Huissiers en chacune desdites Senéchaussées, & Vigueries, & d'un de Sergent Royal en chacune des autres Jurisdictions du Comté de Provence, Forcalquier, & terres adjacentes. A Fontainebleau en Octobre 1647. publié au Seau le 27. Novembre de la même année.

Declaration en faveur des Pilotes, Mariniers, & autres qui servent dans les Armées navales. A Paris le dernier Octobre 1647. *Coûtumes de la Mer p. 392.*

Edit portant création de deux Lettres de Maîtrises en faveur du Sacre du Roy. A Paris en Novembre 1647. reg. le 9. Decembre 1654. *5. vol. des Ord de Louis XIV. fol.* 11.

Edit portant création de douze Offices de Maîtres des Requêtes ordinaires de l'Hôtel du Roy. A Paris en Decembre 1647. reg. le 15. Janvier 1648. *2. vol. des Ord. de Louis XIV. fol.* 232. *Ces Offices sont supprimez par la Declaration du dernier Iuillet* 1648.

Edit portant qu'au lieu des droits & gages retranchez aux Officiers des Greniers à sel de l'étenduë des Gabelles de France, & Lyonnois, il sera imposé la somme de 32. sols sur chacun minot de sel qui se vendra, tant par vente volontaire, qu'extraordinaire, & par impost, &c. A Paris en Decembre 1647. reg. en la Cour des Aydes le 28. Avril 1648. *V. celuy du mois de Mars* 1653.

Declaration portant que tous les deniers d'octroy, & autres, qui se levent au profit des Villes & Communautez du Royaume, seront portez à l'Epargne, à commencer du 1. Janvier 1648. & permission aux Maires & Echevins desdites Villes de lever pour doublement les mêmes droits & octrois. A le 21. Decembre 1647. *V. celle du mois de Decembre* 1663.

Edit pour la levée de dix sols sur chacun muid de vin vendu en gros, & vingt sols sur chacun muid de vin vendu en détail, cinq sols sur chacun muid de cidre, biere, ou poiré vendu en gros, & dix sols sur chacun muid de cidre, biere, ou poiré vendu en détail, à commencer au premier Janvier 1648. A Paris le dernier Decembre 1647. reg. en la Cour des Aydes le 28. Avril 1648.

1648. Edit portant revocation & suppression de la Ferme du tarif, établie par la Declaration du 17. Novembre 1646. aux entrées de la ville & Fauxbourgs de Paris ; ensemble de tous les Offices créez par Edit du mois d'Aoust 1647. & création de plusieurs Offices de

Police, pour estre incorporez aux Corps des Officiers de Police de ladite ville & Fauxbourgs de Paris. A Paris en Janvier 1648. reg. le 15. du même mois. *2. vol. des Ord. de Loüis XIV. fol.* 218.

LOÜIS XIV.

1648.

Edit pour l'execution de ceux des mois de Decembre 1641. & Aoust 1647. concernant les Offices des Maréchaussées. A Paris le 12. Janvier 1648. reg. le dernier Decembre 1652. *V. celuy du mois de Juin* 1650.

Declaration pour le payement des droits des francs-fiefs, & de quatorze années échûës, & de onze à écholr. A Paris en Janvier 1648. reg. le 15. dudit mois. *2. vol. des Ord. de Louis XIV. fol.* 225.

Edit portant revocation des taxes d'aisez, en ce qui reste à executer. A Paris en Janvier 1648. reg. le 15. du même mois. *2. vol. des Ord. de L[illegible]is XIV. fol.* 227.

Edit p[illegible] Domaine. A Paris en Janvier 1648. reg. le 15. dudit mois. *2. [illegible]es Ord. de Louis XIV. fol.* 228.

Edit portant création de plusieurs Offices dans les Maréchaussées. A Paris en Janvier 1648. reg. le 15. du même mois. *2. vol. des Ord. de Louis XIV. fol.* 231.

Edit portant création de quatre Offices de Visiteurs & Controlleurs des petites mesures, & des sels en l'étenduë de chacun Grenier de la Ferme des Gabelles de France, & Lyonnois. A Paris en Janvier 1648. reg. en la Cour des Aydes le 28. Avril suivant.

Declaration portant reduction des droits des Receveurs des Consignations. A Paris le 29. Fevrier 1648. reg. le 7. Juin 1651. *3. vol. des Ord. de Loüis XIV. fol.* 308. *Neron p.* 491. *Lemaistre des Criées p.* 188.

Edit portant suppression de plusieurs Offices créez par celuy du mois d'Aoust 1645. A Paris en Mars 1648. *V. celuy du mois de Decembre* 1663.

Declaration portant que tous les Officiers des Finances du Royaume, Officiers du Conseil, & suite de la Cour, Tresoriers de France, Officiers des Elections, Greniers à sel, Eaux & Forests, Presidiaux, Justices Royales, & de Police, Officiers des Postes, & Maîtres des Couriers, & autres Officiers de Judicature, & de Finance, pourront joüir durant neuf années de la dispense de quarante jours de leurs Offices, en payant par eux le prest & droit annuel, ainsi qu'il est contenu en ladite Declaration. A Paris le 13. Mars 1648. publiée au Seau le 17. dudit mois.

Declaration en consequence de l'Edit du present mois, portant suppression des Offices créez par celuy du mois d'Aoust

LOÜIS XIV. 1645. A Paris en Mars 1648.

Autre Declaration en consequence. A Paris en Avril 1648.

1648. Declaration en interpretation des Edits des mois de Mars 1645. Juin 1646. & Octobre 1647. concernant les Officiers des Monnoyes. A le 15. Avril 1648. *V. l'Edit du mois de Mars* 1657.

Declaration portant confirmation des Statuts des Maîtres Plombiers à Paris. A Paris en Juin 1648. reg. le 1. Mars 1660. *7. vol. des Ord. de Loüis XIV. fol.* 379.

Declaration portant revocation des Intendans de Justice, & remise du reste des Tailles jusques en 1646. inclusivement, & d'un demy quartier pour les années 1648. & 1649. & rétablissement des Officiers en la fonction de leurs Charges. A Paris le 13. Juillet 1648. reg. au Parlement, & en la Cour des Aydes le 18. du même mois. *2. vol. des Ord. de Louis XIV. fol.* 285.

Declaration pour l'établissement d'une Chambre de Justice pour la recherche, & punition des abus & malversations commises au fait des Finances. A Paris le 16. Juillet 1648. reg. le 18. dudit mois. *2. vol. des Ord. de Loüis XIV. fol.* 286.

Declaration portant que les Officiers du Parlement, Chambre des Comptes, grand Conseil, & Cour des Aydes de Paris, joüiront cy-aprés durant neuf années, commençant au premier jour de la presente année 1648. & finissant au dernier Decembre 1656. de la dispense de la rigueur de quarante jours, que chacun Officier doit survivre aprés le Controlle de la quittance de resignation de son Office, en payant le droit annuel seulement, ainsi qu'il a esté payé en consequence de la Declaration du mois d'Octobre 1638. A Paris le 30. Juillet 1648. publiée au Seau le dernier du même mois.

Declaration portant reglement sur le fait de la Justice, Police, & Finances, & soulagement des Sujets du Roy; & suppression des Offices des Maîtres des Requestes ordinaires de l'Hôtel du Roy, créez par l'Edit du mois de Decembre 1647. A Paris le dernier Juillet 1648. reg. le même jour *2. vol. des Ord. de Loüis XIV. fol.* 288. *Fournival p.* 834.

Declaration qui dispense tous les Officiers de la Cour des Monnoyes de la rigueur des quarante jours, en payant par eux le droit annuel, ainsi qu'il a esté payé en consequence de la Declaration du mois d'Octobre 1638. & ce sans aucun prest. A Paris le 1. Aoust 1648. publiée au Seau le même jour. *Constans preuves p.* 255.

Edit qui revoque celuy du mois de Decembre 1647. en ce qui concerne les Commis au Greffe du Conseil. A Paris en Aoust 1648, registré

registré le 18. May 1649. 2. *vol. des Ord. de Loüis XIV. fol.* 730. Loüis XIV. 1648.

Declaration portant moderation des conditions du prest & avance, contenuës en la Declaration du 13. Mars precedent, pour le rétablissement du droit annuel. A Paris le 15. Aoust 1648. publiée au Seau le 17. dudit mois.

Edit portant revocation de plusieurs droits qui se perçoivent sur les Cartes, sur quelques dentées, & autres marchandises: suppression du Bailliage & Siege Presidial de Dieppe, des quatre deniers pour livre attribuez aux Commissaires-Examinateurs sur les decrets; & revocation de l'Edit de l'abonnement du Domaine. A Paris en Aoust 1648. regist. au Parlement de Roüen le 27. dudit mois.

Declaration portant reglement sur le fait de la Justice, Police, & Finances, & soulagement des Sujets du Roy, contenant 15. articles. A S. Germain en Laye le 22. Octobre 1648. reg. le 24. du même mois. 2. *vol. des Ordonn. de Loüis XIV. fol.* 308. *Fournival p.* 839.

Edit portant suppression du semestre étably en la Cour de Parlement de Roüen. A S. Germain en Laye en Octobre 1648.

Traité de paix conclu à Munster entre la France & l'Empire, le 24. Octobre 1648.

Lettres patentes portant érection du Comté de Grammont en Duché & Pairie, en faveur de Messire Antoine de Grammont, Maréchal de France, &c. A Paris en Novembre 1648. reg. le 15. Decembre 1663. 9. *vol. des Ord. de Loüis XIV. fol.* 480.

Ducs de Grammont.

Antoine Duc de Grammont, Pair & Maréchal de France, Chevalier des Ordres du Roy, &c.

Antoine-Charles Duc de Grammont, Pair de France, &c.

Lettres patentes portant érection du Comté de Tresmes en Duché & Pairie, en faveur de Messire René Potier Comté de Tresmes. A Paris en Novembre 1648. reg. le 15. Decembre 1663.

Loüis XIV.

Ducs de Tresmes.

1648. René Potier Duc de Tresmes, Pair de France, Chevalier des Ordres du Roy, &c.

Leon Potier Duc de Tresmes, Pair de France, Premier Gentilhomme de la Chambre, Gouverneur de la Ville de Paris, &c.

Declaration pour la levée & perception des droits de Massicaut dans la Province d'Anjou, &c. A Paris en Novembre 1648. *V. celle du mois de Septembre 1638. & l'Edit du mois de Decembre 1652.*

Declaration portant exemption de payer aucun prest en faveur des Tresoriers de France, pour estre admis au payement du droit annuel. A Paris le 16. Novembre 1648.

Declaration portant confirmation des privileges & exemptions des Ouvriers, & Monnoyeurs du serment de France. A Paris en Decembre 1648. reg. le 4. Fevrier 1649. *2. vol. des Ord. de Loüis XIV. fol. 335.*

Lettres patentes portant érection de la Terre de Cœuvres en Duché & Pairie, en faveur de Messire François-Annibal d'Estrées, Marquis de Cœuvres, Maréchal de France, &c. A Paris en 1648. reg. le 15. Decembre 1663. *9. vol. des Ord. de Loüis XIV. fol. 469.*

Ducs d'Estrées.

François-Annibal Duc d'Estrées, Pair de France, & premier Maréchal de France, Chevalier des Ordres du Roy, &c. decedé le 5. May 1670.

François-Annibal Duc d'Estrées, Pair de France, &c. Ambassadeur extraordinaire à Rome.

Lettres patentes pour le rétablissement de la Terre de Rohan en Duché & Pairie, en faveur de Messire Henry Chabot Seigneur de S. Aulaye, & de Dame Marguerite de Rohan son épouse, &c. A Paris en Decembre 1648. reg. le 15. Juillet 1652. *4. vol. des Ord. de Loüis XIV. fol. 26. V. celles du mois d'Avril 1603.*

Lettres patentes portant don à Monsieur le Prince de Condé des Terres de Clermont, Stenay, Jamets, &c. A Paris en Decembre 1648. reg. le 4. Septembre 1660. *8. vol. des Ord. de Loüis XIV. fol. 7.*

1649. Declaration contre ceux qui vendront & acheteront des sels en

Normandie à vil prix. A S. Germain en Laye le 3. Fevrier 1649.

Declaration pour la levée des droits, nonobstant les remontrances faites par la Cour des Aydes. A S. Germain en Laye en Mars 1649.

Declaration pour faire cesser les mouvemens, & rétablir le repos & la tranquillité dans le Royaume. A S. Germain en Laye en Mars 1649. reg. le 1. Avril suivant. 2. *vol. des Ord. de Loüis XIV. fol.* 362. *Fournival p.* 847.

Lettres patentes portant relief d'adresse aux Tresoriers de France, pour l'enregistrement de la Declaration du 22. Octobre 1648. A S. Germain en Laye le 19. Avril 1649. *Fournival p.* 846.

Lettres patentes portant relief d'adresse aux Tresoriers de France, pour l'enregistrement de la Declaration du mois de Mars 1649. A S. Germain en Laye le 19. Avril 1649. *Fournival p.* 853.

Declaration en faveur du premier Huissier de la Chambre des Comptes, pour le faire joüir des Privileges contenus dans la Declaration du mois de Juillet 1645. A Paris en May 1649. reg. le 6. Aoust 1660. 7. *vol. des Ord. de Louis XIV. fol.* 543.

Lettres patentes portant jussion à la Cour des Aydes, pour la verification pure & simple de la Declaration du dernier Decembre 1647. pour la levée de dix sols, &c. A Compiegne le 19. May 1649. reg. le 21. dudit mois.

Declaration pour la levée de quatre sols pour livre, & de dix sols sur le gros. A Compiegne le 1. Juin 1649. reg. en la Cour des Aydes le 5. dudit mois.

Lettres patentes portant érection des Vicomtez de Bereins & de Banains en Comtez, en faveur de Pierre Corsant. A Compiegne en Juin 1649. *Guichenon preuves de l'Hist. de Bresse p.* 172.

Declaration pour la fabrique des liards, doubles, & deniers de cuivre fin és Monnoyes. A Amiens le 12. Juin 1649.

Declaration portant reglement pour les Presidens & Conseillers qui serviront en la Chambre de l'Edit. A Paris le 23. Aoust 1649. registrée le 7. Septembre suivant. 2. *vol. des Ord. de Louis XIV. fol.* 430.

Lettres patentes portant jussion aux Maîtres des Requestes de l'Hôtel, sur le refus de verifier les Edits des mois d'Aoust & Novembre 1646. concernant les trente nouveaux Offices d'Avocats au Conseil. A Paris le 2. Octobre 1649.

Declaration portant confirmation des Privileges des Echevins de la ville de Dreux. A Paris en Octobre 1649. regist. le 1. Decembre

Louis XIV. audit an. 2. *vol. des Ord. de Louis XIV. fol.* 451.

Declaration pour la paix de Bordeaux. A Paris le 23. Decembre

1649. 1649.

Declaration contre les Duc de Boüillon, Maréchaux de Brezé

1650. & de Turenne, & Prince de Marsillac. A Paris le 1. Fevrier 1650. reg. le 7. dudit mois. 3. *vol. des Ord. de Louis XIV. fol.* 34.

Declaration portant reglement sur le fait de la Navigation, armement de vaisseaux, & des prises qui se font en mer, contenant 14. articles. A Paris le 1. Fevrier 1650. *Coûtumes de la Mer p.* 358.

Declaration portant confirmation des Privileges des Habitans de la ville de Niort. A Blois en Mars 1650. reg. le 27. Avril 1660. 7. *vol. des Ord. de Louis XIV. fol.* 402.

Declaration portant amnistie pour ce qui s'est fait dans la ville de Paris le 11. Decembre 1649. A Dijon en Avril 1650. reg. le 12. May de la même année.

Declaration contre la Duchesse de Longueville, les Duc de Boüillon, Maréchal de Turenne, Prince de Marsillac, & leurs adherens. A Paris le 9. May 1650. reg. le 16. du même mois.

Provisions de la Charge de grand Maître, Chef & Surintendant de la Navigation & Commerce de France, en faveur de Messire Cesar Duc de Vendosme, Pair de France. A Paris le 12. May 1650. reg. le 13. Juin audit an. 3. *vol. des Ord. de Louis XIV. fol.* 118.

Declaration portant confirmation du Traité fait avec les Suisses, pour raison des sommes que le Roy veut leur estre payées. A Compiegne le 10. Juin 1650. reg. le 20. dudit mois. 3. *vol. des Ord. de Louis XIV. fol.* 125.

Edit en execution de celuy du mois d'Aoust 1647. portant création de plusieurs Offices des Maréchaussées de France: union de celuy d'Assesseur créé par ledit Edit, à un des deux Offices de Conseillers Laïcs créez par l'Edit du mois de Decembre 1635. pour estre établis en chacun Bailliage, Senéchaussée, &c. avec faculté de les desunir: suppression des Offices de Commissaires Provinciaux des guerres, créez par Edit du mois de May 1635. sans neanmoins que les Offices d'Archers, créez par cet Edit, soient supprimez, &c. A Compiegne en Juin 1650. reg. le 31. Decembre 1652. 4. *vol. des Ord. de Louis XIV. fol.* 70.

Declaration portant que les Selliers de la ville & Fauxbourgs de Paris, ne sont pas compris dans les Edits de création de Lettres de Maîtrises. A Compiegne en Juin 1650. reg. le 12. Juillet suivant. 3. *vol. des Ord. de Louis XIV. fol.* 102.

Lettres patentes portant érection de la Terre du Mesnil-Habert en Comté. A Libourne le 5. Aoust 1650. reg. le 6. Fevrier 1660. *7. vol. des Ord. de Louis XIV. fol. 359.*

Declaration portant que les Officiers des Compagnies Souveraines de Paris, ceux de Judicature, Finances, & autres du ressort d'icelles, qui sont entrez au droit annuel depuis la Declaration du 13. Mars 1648. & autres données en consequence, seront receus à payer ledit droit annuel pour l'année prochaine 1651. A Libourne le 22. Aoust 1650. publiée au Seau le 3. Septembre suivant.

Edit portant suppression de trente nouveaux Offices d'Avocats au Conseil, créez par ceux des mois d'Aoust & Novembre 1646. A Bourg en Septembre 1650. publié au Seau le 23. dudit mois.

Declaration pour la pacification des troubles de la ville de Bordeaux. A Bourg sur la Mer le 1. Octobre 1650. reg. au Parlement de Bordeaux le 2. dudit mois.

Declaration pour la confirmation des annoblis de la Province de Normandie, qui avoient esté revoquez par l'Edit du mois de Novembre 1640. A Bordeaux en Octobre 1650.

Edit concernant l'Office de Procureur du Roy à Bar-sur-Aube. A Bordeaux en Octobre 1650. reg. le 24. Mars 1651. *3. vol. des Ord. de Loüis XIV fol.* 241.

Declaration en faveur des Gentilshommes de la Province de Beausse, pour joüir de leurs privileges & exemptions de Tailles, & leurs serviteurs & domestiques. A Fontainebleau le 8. Novembre 1650. reg. le 16. Janvier 1651. *3. vol. des Ord. Louis XIV. fol.* 202.

Lettres patentes portant érection du Marquisat de Mortemar en Duché & Pairie, en faveur de Messire Gabriel de Rochechoüart, Marquis de Mortemar, Chevalier des Ordres du Roy, premier Gentilhomme de la Chambre, & de ses successeurs mâles, &c. A Paris en Decembre 1650. reg. le 15. Decembre 1665. *9. vol. des Ord. de Louis XIV. fol.* 461.

Ducs de Mortemar.

Gabriel de Rochechoüart Duc de Mortemar, Pair de France, Chevalier des Ordres du Roy, &c.

Loüis-Victor de Rochechoüart, Duc de Mortemar, Pair & Maréchal de France, &c.

Jean-Baptiste de Rochechoüart Duc de Mortemar, Pair de France.

Loüis XIV.

1651.

Declaration portant que toutes procurations *ad resignandum*, ou de permutation seront registrées és Greffes des Dioceses dans lesquelles les procurations & autres actes dont l'insinuation est ordonnée auront esté passées, & ce auparavant que d'estre envoyées en Cour de Rome, en interpretation de l'art. 16. de la Declaration du mois d'Octobre 1646. A Paris en Janvier 1651. regist. le 31. Mars suivant. 3. *vol. des Ord. de Loüis XIV. fol.* 278.

Declaration portant reglement pour le tarif des droits à lever sur le Domaine du Roy en la Ville & Faux-bourgs de Paris. A Paris le 8. Fevrier 1651. reg. le 10. Juillet 1660. 7. *vol. des Ord. de Loüis XIV. fol.* 497.

Declaration pour l'innocence de Messieurs les Princes de Condé, de Conty & Duc de Longueville. A Paris le 25. Fevrier 1651. reg. le 28. dudit mois.

Edit portant provisions de l'Office de Garde des Seaux de France en faveur de Messire Mathieu Molé Premier President au Parlement de Paris: & qu'avenant vacation de celuy de Chancelier de France, ils demeureront réünis, pour estre tenus & possedez par le même. A Paris en Avril 1651. *Duchesne Hist. des Chancel. de France, p.* 803.

Declaration du Roy pour exclure des affaires d'Etat les étrangers & les Cardinaux François. A Paris le 18. Avril 1651. reg. le 19. du même mois.

Declaration portant ratification du Contrat du 20. Mars 1651. pour l'échange fait entre le Roy & le Duc de Boüillon de la Principauté de Sedan, &c. contre les Duchez d'Albret & de Châteauthierry, &c. A Paris en Avril 1651. reg. le 20. Fevrier 1652. 3. *vol. des Ord. de Loüis XIV. fol.* 549.

Declaration pour la validité des insinuations des donations faites dans le Pays de Mâconnois. A Paris en Juin 1651. reg. le 21. Juillet suivant. 3. *vol. des Ord. de Loüis XIV. fol.* 336.

Edit portant creation de deux Lettres de Maîtrises en faveur du titre de Monsieur Duc d'Anjou & des joyeuses entrées faites ou à faire és Villes du Royaume. A Paris en Juillet 1651. reg. au Parlement le 4. Aoust suivant, & en celuy de Rennes le 4. Avril 1653. 3. *vol. des Ord. de Louis XIV. fol.* 341.

Declaration sur le precedent Edit. A Paris le 30 Aoust 1651.

Declaration portant confirmation de la Compagnie des Gens-d'Armes de la Reine. A Paris le dernier Aoust 1651. reg. en la Cour des Aydes le 5. Avril 1653.

Déclaration qui confirme les Tresoriers de France dans le droit de presider, faire les fonctions & exercice en la Chambre de la Justice du Tresor. A Paris le premier Septembre 1651. reg. au Parlement le 9. Aoust 1653. & en la Chambre des Comptes le dernier Decembre 1654. Louis XIV. 1651.

Edit contre les Duels & Rencontres, contenant vingt-quatre articles. A Paris en Septembre 1651. reg. le 7. du même mois.

Edit contre les blasphemateurs. A Paris le 7. Septembre 1651.

Lettres Patentes portant érection du Marquisat de Villeroy en Duché & Pairie, en faveur de Messire Nicolas de Neufville, Maréchal de France, & de ses successeurs mâles, &c. A Paris en Septembre 1651. reg. le 15. Decembre 1663. 9. *vol. des Ord. de Louis XIV. fol.* 476.

Ducs de Villeroy.

Nicolas de Neufville, Duc de Villeroy, Pair & Maréchal de France, Chevalier des Ordres du Roy, decedé le 26. Novembre 1685.

François de Neufville, Duc de Villeroy, Pair de France, &c.

Declaration portant confirmation des Privileges des Chevaliers de l'Ordre de S. Jean de Hierusalem. A Paris en Septembre 1651. reg. le 24. Janvier 1652. 3 *vol. des Ord. de Louis XIV. fol.* 492.

Declaration portant renvoy de tous les procez de l'Université de Paris en Corps au Parlement, & des Particuliers qui la composent devant le Prevost de Paris. A Paris en Septembre 1651. reg. le 5. Septembre 1651. 8. *vol. des Ord. de Louis XIV. fol.* 444.

Declaration portant revocation des Bureaux à Sel dans la Province de Poitou. A Paris le 13. Septembre 1651. reg. le 15. du même mois. 3. *vol des Ord. de Louis XIV. fol.* 403.

Declaration portant injonction à tous les Archevêques, Evêques, Abbez, Prieurs, Doyens, Chanoines, Chapitres, Curez, Vicaires, & autres Ecclesiastiques du Royaume, de faire publier les Indulgences accordées par nos Saints Peres les Papes aux bienfaicteurs de l'Hôtel-Dieu. A Saumur le 12. Fevrier 1652. reg. le 16. Mars de la même année. 3. *vol. des Ord. de Louis XIV. fol* 562. 1652.

Lettres patentes portant rétablissement des titres de Duché & Pairie aux Terres d'Albret & de Château-Thierry, en faveur de

LOUIS XIV. 1652. Messire Frederic-Maurice de la Tour d'Auvergne, Duc de Boüillon, ses enfans & heritiers successeurs & ses descendans, tant mâles que femelles, même d'Henry de la Tour d'Auvergne Maréchal de France son frere, pour avoir rang & séance, du 20. du present mois de Fevrier que le Contrat d'échange desdites Terres avec la Principauté de Sedan, du 20. Mars 1651. & les Lettres patentes du mois d'Avril de la même année ont esté verifiées. A Saumur en Fevrier 1652. reg. le 2. Decembre 1663. 10. *vol. des Ord. de Louis XIV. fol.* 428.

Ducs d'Albret & de Château-Thierry.

Frederic-Maurice de la Tour d'Auvergne, Duc d'Albret & de Château-Thierry, Pair de France, Vicomte de Turenne, &c. deceda le 19. Aoust 1652.

Godefroy-Maurice de la Tour d'Auvergne, Duc d'Albret & de Château-Thierry, Pair de France, &c.

Declaration en faveur des Officiers Domestiques & Commensaux de Mademoiselle. A Blois le 23. Mars 1652. reg. en la Cour des Aydes le 5. Avril 1653.

Declaration portant que toutes les especes d'or & d'argent, tant de France qu'étrangeres, soit de poids ou legeres, à la reserve des Loüis d'or & d'argent, écus d'or, & de la Pistole d'Espagne de poids sont décriées, & que durant trois mois les Loüis d'or & la Pistole seront exposez pour onze livres, les écus d'or pour cinq livres quatorze sols, & les Loüis d'argent pour trois livres six sols; aprés lequel temps lesdits Loüis d'or & Pistoles ne seront plus exposez que pour dix livres, les écus d'or pour cinq livres quatre sols, & les Loüis d'argent pour trois livres. A Blois le 23. Mars 1652. reg. en la Cour des Monnoyes le 4. Avril de la même année.

Lettres patentes portant érection de la Principauté de Poix en Duché & Pairie en faveur de Messire Charles Sire de Crequy, Premier Gentil-homme de la Chambre, &c. A Melun en Juin 1652. reg. le 15. Decembre 1663. 9. *vol. des Ord. de Louis XIV. fol.* 473.

Declaration en faveur des Prevosts, Officiers & Archers des Maréchaussées de France, Lieutenans Criminels de Robe courte, & Chevaliers du Guet, pour la survivance de leurs Offices, joüissance de leurs privileges & attribution de la Jurisdiction ordinaire.

A S. Denys en France le 2. Juillet 1652. *Pinson, p.* 748. Loüis XIV. 1652.

Lettres patentes portant érection du Marquisat de Verneüil en Duché & Pairie, en faveur de Messire Henry de Bourbon, fils naturel du Roy Henry le Grand, pour en joüir par luy, & aprés son decez par Messire Gaston de Foix de la Valette Duc de Candale, son neveu, ses successeurs mâles & ayans cause. A S. Denys en France en Juillet 1652. reg. le 15. Decembre 1663. *9. vol. des Ord. de Louis XIV. fol.* 457.

Lettres patentes portant érection du Duché de Villars en Pairie, en faveur de Messire Georges de Brancas Duc de Villars. A en Juillet 1652. reg. au Parlement de Provence le 15. Fevrier 1657.

Edit portant amnistie & abolition de tout ce qui s'est passé à l'occasion des presens mouvemens, à la charge par ceux qui en voudront joüir, de se remettre dans trois jours dans l'obeïssance du Roy. A Compiegne en Aoust 1652. reg. au Parlement seant à Pontoise le 26. dudit mois.

Lettres patentes portant confirmation de celles du mois de Septembre 1600. 4. Avril 1602. & 22. Octobre 1608. pour l'érection de la Terre de Bournonville & autres en Duché, accordées à Alexandre de Bournonville, Comte de Hennin, & érection du même Duché en Pairie en faveur d'Ambroise Duc de Bournonville, à la charge qu'en defaut d'hoirs mâles en directe, le titre de Pairie demeurera éteint, celuy de Duché subsistant. A Compiegne en Septembre 1652.

Declaration portant défences à tous Officiers du Roy de prendre soin & direction des affaires des Princes & Grands du Royaume. A Paris le 21. Octobre 1652. reg. le 22. du même mois.

Declaration contre les Princes de Condé & de Conty, la Duchesse de Longueville, les Duc de la Rochefoucault, Prince de Talmont & leurs adherans. A en Novembre 1652. reg. le 13. dudit mois. *4. vol. des Ord. de Loüis XIV. fol.* 46.

Declaration en faveur des Orlogeurs de cette Ville de Paris, portant qu'à l'avenir ils ne seront compris dans les Edits de création de Lettres de Maîtrises. A Paris en Novembre 1652. reg. le 31. Janvier 1654. *4. vol. des Ord. de Louis XIV. fol.* 330.

Edit portant translation du Bureau des Finances de la Ville de Bordeaux en celle d'Agen. A Paris le 30. Novembre 1652. *Fournival, p.* 1091.

Declaration portant confirmation des Privileges des Maîtres

LOUIS XIV. des Postes. A Paris le 20. Decembre 1652. reg. en la Cour des Aydes le 7. Janvier 1653. *Neron*, *p.* 996.

1652. Edit portant rétablissement des Offices & droits supprimez par la Declaration du 22. Octobre 1648. A Paris en Decembre 1652. reg. au Parlement le 31. dudit mois, & en la Cour des Aydes le 7. Janvier 1653. 1. *vol. des Ord. de Louis XIV. fol.* 63.

Edit pour la vente & revente des Domaines, & pour faire payer une année du revenu aux Engagistes pour la confirmation de leurs engagemens. A Paris en Decembre 1652. reg. le 31. du même mois. 4. *vol. des Ord. de Loüis XIV. fol.* 65.

Declaration pour la taxe des Francs-Fiefs & nouveaux acquests. A Paris le 29. Decembre 1652. reg. le 31. dudit mois. 4. *vol. des Ord. de Louis XIV. fol.* 75. *Lemaistre des Criées p.* 276. *V. celle du* 23. *Mars* 1672.

Commission pour l'execution de cette Declaration. A Paris le même jour, reg. le même jour. 4. *vol. des Ord. de Loüis XIV. fol.* 81.

Edit pour l'extinction de la Chambre de Justice, établie en consequence de la Declaration du 16. Juillet 1648. A Paris en Decembre 1652. reg. le 31. dudit mois. 4. *vol. des Ord. de Loüis XIV. fol.* 83.

Edit portant décharge aux Officiers de la restitution & confirmation en leurs droits, nonobstant les articles 4. & 5. de la Declaration du 22. Octobre 1648. A Paris le 30. Decembre 1652. reg. au Parlement le 31. du même mois, & en la Chambre des Comptes & Cour des Aydes le 7. Janvier 1653. 4. *vol. des Ord. de Louis XIV. fol.* 68.

Edit pour faire couper dans les Forêts du Roy jusques à la somme de 1200000. livres de bois par ventes extraordinaires. A Paris en Decembre 1652. reg. le 31. dudit mois. 4. *vol. des Ord. de Louis XIV. fol.* 89.

Edit portant augmentation de 700000. l. de gages hereditaires à tous les Officiers, soit de Judicature, Finances, & autres generalement quelconques. A Paris en Decembre 1652. reg. le dernier dudit mois. 4. *vol. des Ord. de Louis XIV. fol.* 70. *Fournival p.* 1007.

Edit portant confirmation des droits attribuez aux Jurez Vendeurs & Controlleurs de Vins en la Ville & Faux-bourgs de Paris. A Paris le 30. Decembre 1652. reg. le dernier du même mois. 4. *vol. des Ord. de Louis XIV. fol.* 92.

Edit portant confirmation des Offices de Police de la Ville de

Paris. A Paris en Decembre 1652. reg. le 31. dudit mois. 4. *vol. des Ord. de Louis XIV. fol.* 97. LOUIS XIV.

Edit pour la perception des dix sols sur chacun muid de vin vendu en gros, & de deux sols pour livre sur chacun muid de vin vendu en détail, établis par les Declarations des 19. Decembre 1643. Septembre 1645. & 1. Juin 1649. A Paris en Decembre 1652. reg. le dernier du même mois. 4. *vol. des Ord. de Louis XIV. fol.* 94. 1652.

Edit portant rétablissement du demy parisis des Regratiers. A Paris en Decembre 1652. regist. le 31. dudit mois 4. *vol. des Ord. de Louis XIV. fol.* 101.

Edit pour la perception des droits de Massicaut, établis par les Declarations des mois de Septembre 1638. & Novembre 1648. A Paris en Decembre 1652. reg. le dernier dudit mois. 1. *vol. des Ord. de Loüis XIV. fol.* 104.

Declaration en faveur des Habitans non nobles de la ville de Blois, qui leur permet de tenir francsfiefs & nouveaux acquests. 1653. A Paris le 15. Fevrier 1653. reg. le 15. Fevrier 1656. 5. *vol. des Ord. de Louis XIV. fol.* 358.

Edit portant suppression du nouveau droit de demy parisis sur le sel de regrat, & de la crûë de trente-deux sols ordonnée par l'Edit du mois de Decembre 1647. & au lieu de ce droit, imposition de trente-quatre sols sur chacun minot de sel. A Paris en Mars 1653. reg. en la Cour des Aydes le 22. Septembre de la même année.

Declaration contre les duels. A Paris en May 1653. reg. le 29. Juillet suivant. *V. celle du mois d'Aoust* 1668.

Declaration pour l'observation des reglemens des Chancelleries du Royaume, avec défenses aux Cours Souveraines, & autres Juges, de recevoir aucuns Officiers sans Lettres de Provision du Roy, séellées du grand seau: & que tous ceux qui ont esté receus sans Lettres, seront tenus d'en obtenir dans trois mois, & ledit temps passé, leurs Offices declarez vacans & impetrables. A Paris le dernier Juin 1653. publiée au Seau le même jour.

Declaration pour l'execution de la Bulle du Pape du 31. May precedent, touchant les cinq propositions de Jansenius. A Paris le 4. Juillet 1653.

Edit portant création d'un Office de Conseiller du Roy en la Cour des Monnoyes, Intendant, Controlleur general des Monnoyes de France, & œconomie d'icelles; & reglement pour ses fonctions. A en Juillet 1653. *V. celuy du mois de Mars* 1657.

Declaration portant que tous les Officiers domestiques & com-

LOUIS XIV. 1653. mensaux du Roy, presens, & à venir, joüiront pleinement & paisiblement de leurs Charges; ensemble des gages & droits y attribuez, sans qu'ils puissent estre inquietez pour quelque cause & occasion que ce soit, ou puisse estre, par leurs coheritiers, ou autres prétendant droit sur le titre, ou sur la valeur de leurs Charges, comme estant en la seule disposition du Roy, & ne pouvant lesdites Charges estre reputées de la nature des biens qui doivent entrer en partage dans les successions des familles, dont le Roy les a dispensez. A Paris en Juillet 1653. *V. l'Edit du mois de Janvier* 1678.

Lettres patentes portant jussion à la Cour des Aydes, pour la verification de l'Edit du mois de Mars precedent, concernant les droits sur le sel. A Paris le 29. Aoust 1653. reg. le 22. Septembre suivant.

Lettres patentes portant seconde jussion à la Cour des Aydes, pour la verification dudit Edit. A Paris le dernier Aoust 1653. reg. le 22. Septembre de la même année.

Lettres patentes portant troisiéme jussion à la Cour des Aydes, pour la verification du même Edit. A Amiens le 13. Septembre 1653. reg. le 22. dudit mois.

Lettres patentes portant quatriéme jussion à la Cour des Aydes, pour la verification dudit Edit. A Compiegne le 21. Septembre 1653. reg. le 22. du même mois.

Declaration en faveur des Bourgeois de la ville de Chartres, portant exemption des droits des francsfiefs, & nouveaux acquests. A Paris en Novembre 1653. reg. le 12. Decembre 1654. 5. *vol. des Ord. de Louis XIV. fol.* 14.

Edit portant érection d'une Societé nommée la Tontine Royale. A Châlons en Novembre 1653. reg. le 7. Septembre 1661. 8. *vol. des Ord. de Loüis XIV. fol.* 560.

Lettres patentes portant érection de la Terre de Givry en Marquisat. A Paris en Decembre 1653. reg. le 27. Juin 1664. 10. *vol. des Ord. de Loüis XIV. fol.* 111.

Edit portant création d'une Charge de Lieutenant de Roy au
1654. Païs & Côte d'Acadie. A Saumur en Janvier 1654. reg. le 10. Fevrier suivant. 4. *vol. des Ord. de Louis XIV. fol.* 356.

Edit portant qu'il sera tenu Controlle des exploits de premiere demande de principal & interests, saisies réelles, & mobiliaires, significations de transports, avec attribution, &c. A en Janvier 1654. *V. la Declaration du mois d'Aoust* 1655.

Declaration pour la levée d'un certain droit sur les dentelles, passemens, &c. A Paris le 26. Janvier 1654.

Declaration portant reglement pour les droits de seau des Lettres d'amortissement des Communautez, & autres personnes de main-morte, nonobstant la Declaration du 29. Decembre 1652. pour la taxe des francsfiefs & nouveaux acquests. A Paris le 4. Mars 1654. publiée au Seau le 13. Avril suivant.

Declaration portant exemption aux Habitans de la Province d'Auvergne, des droits des francsfiefs & nouveaux acquests. A Paris en Mars 1654. reg. le 31. Decembre suivant. 5. *vol. des Ord. de Louis XIV. fol.* 35.

Edit portant suppression d'ue partie des Officiers des Elections du Royaume, tant en chef que particuliers, Receveurs des Tailles & du Taillon, Payeurs des Maréchaussées, & Payeurs des gages & droits desdites Elections: tous lesquels Officiers supprimez seront remboursez; & augmentation de fonctions & émolumens à ceux qui sont retenus & conservez, avec pouvoir de juger sans appel, jusques à la somme de 20. livres pour les cottes des particuliers. A Paris en Mars 1654. reg. en la Chambre des Comptes, & Cour des Aydes le 9. dudit mois.

Edit portant reglement pour le payement des rentes de l'Hôtel de Ville de Paris. A Paris en Mars 1654. reg. en la Chambre des Comptes, Cour des Aydes le 9. dudit mois.

Edit pour la levée d'un sol pour livre sur les Fermes des Aydes, & autres, outre les deux sols pour livre établis par la Declaration du mois de Decembre 1642. & les deux autres sols établis par celle du mois de Septembre 1645. A Paris en Mars 1654. reg. en la Chambre des Comptes, & Cour des Aydes le 9. du même mois.

Edit pour la translation du Bureau des Finances de la ville de Bordeaux en celle de Blaye. A Paris le 20. Mars 1654. *Fournival p.* 1092.

Lettres patentes portant érection de la Terre de Montbron en Vicomté. A Paris en Avril 1654. reg. le 13. Aoust 1660. 7. *vol. des Ord. de Loüis XIV. fol.* 549.

Edit concernant les Hôteliers. A   en Avril 1654. reg. le 22. May suivant.

Declaration portant reglement pour le droit de sol pour livre, qui se leve sur le poisson de mer frais, sec, & sallé. A Rheims en Juin 1654. reg. le 31. Decembre suivant. 5. *vol. des Ord. de Louis XIV. fol.* 28.

Declaration pour l'enregistrement des deux Contrats de mariage ment aux gens du tiers Etat du païs & Duché de Bourbonnois. A Paris en Novembre 1655. reg. le 3. Aoust 1658. 7. *vol. des Ord. de Louis XIV. fol.* 41.

1655. Declaration pour la fabrique des lys d'or. A Paris en Decembre 1655.

1656. Declaration pour l'enregistrement des Bulles de secularisation de l'Eglise Cathedrale de S. Pons de Thomiers. A Paris le 10. Janvier 1656. reg. le 7. Septembre 1661. 8. *vol. des Ord. de Louis XIV. fol.* 542.

Lettres patentes portant érection de la Terre de Langeron en Comté. A Paris en Fevrier 1656. reg. le 30. Juillet 1660. 7. *vol. des Ord. de Louis XIV. fol.* 510.

Declaration portant reglement sur le fait des Aydes. A Paris le 1. Mars 1656.

Declaration portant confirmation des privileges & exemptions des Ouvriers & Monnoyeurs du serment de France. A Paris en Mars 1656.

Edit portant création & établissement en chacune Monnoye du Royaume, en faveur du Sacre du Roy, d'un Ouvrier & d'un Monnoyeur du serment de France, outre le nombre d'Officiers dont lesdites Monnoyes sont composées : pour joüir de tous les privileges dont joüissent les anciens pourvûs desdites Charges, conformément à l'Edit de création de pareilles Charges, du mois de Mars 1644. A Paris en Mars 1656. regist. en la Cour des Aydes le 1. Juin suivant, & en celle des Monnoyes le 21. Fevrier 1657.

Edit portant création de quatre Lettres de Maîtrises en faveur de la Reine. A Paris en Mars 1656. reg. le 16. Fevrier 1663. 9. *vol. des Ord. de Louis XIV. fol.* 237.

Edit portant rétablissement des Officiers des Elections, supprimez par celuy du mois de Mars 1654. A Paris en Avril 1656. reg. en la Cour des Aydes le 20. Juin suivant.

Edit portant établissement de l'Hôpital General pour renfermer les pauvres mandians de la ville & Fauxbourgs de Paris, contenant 83. articles. A Paris en Avril 1656. reg. au Parlement le 1. Septembre suivant, en la Cour des Aydes le 11. en la Cour des Monnoyes le 19. Decembre 1657. & au grand Conseil le 9. Janvier 1658. *V. la Declaration du 23. Mars 1680.*

Edit en faveur des Greffiers anciens de la grande Chancellerie créez par celuy du mois de Mars 1645. A Paris en Avril 1656. reg. le 2. Septembre 1661.

Declaration portant confirmation des Privileges des Maîtres en fait d'armes à Paris. A Paris en May 1656. reg. le 3. Septembre 1664. 10. *vol. des Ord. de Loüis XIV. fol.* 162.

Declaration portant exemption en faveur des Tapissiers à Paris, des Edits de création de Lettres de Maîtrises. A Paris en May 1656. regist. le 1. Juillet suivant. 5. *vol. des Ord. de Loüis XIV. fol.* 470.

Edit pour les Monnoyes. A la Fere le 21. Juin 1656. reg. le 28. du même mois. 5. *vol. des Ord. de Loüis XIV. fol.* 467.

Declaration pour le dessechement des marais. A la Fere le 1. Juillet 1656. reg. le 4. Septembre 1657. 6. *vol. des Ord. de Louis XIV. fol.* 257.

Declaration pour la vente & alienation sur les droits d'Aydes, jusques à la concurrence de 250000. livres de revenu annuel, soit par Elections, Villes, ou Paroisses du Royaume. A la Fere en Juillet 1656. reg. en la Chambre des Comptes le 4. Avril 1659.

Declaration en faveur de ceux de la Religion Pretenduë Reformée. A la Fere le 18. Juillet 1656. reg. le 7. Septembre audit an. 5. *vol. des Ord. de Loüis XIV. fol.* 552.

Declaration pour la confection du papier terrier. A la Fere le 20. Juillet 1656. reg. en la Chambre des Comptes le 29. du même mois.

Edit portant rétablissement des Offices de Jaugeurs-Mesureurs de tonneaux, &c. A en Juillet 1656. *V. celuy du mois de Fevrier* 1674.

Declaration portant confirmation d'un Decret de la Congregation des Cardinaux préposez pour les affaires des Evêques & Reguliers du 2. Juin, & d'un Bref du Pape du 10. Juillet de la presente année. A Compiegne le 4. Septembre 1656. reg. le 8. Fevrier 1657.

Edit portant reglement sur le fait tant des passemens d'or & d'argent, & dorures des carrosses, chaises, & caleches, que passemens & dentelles de fil, & autres choses, concernant la parure des habits & vétemens., contenant sept articles. A Vincennes en Octobre 1656.

Edit portant affranchissement de la recherche des droits des francs fiefs & nouveaux acquests, qui se font en consequence de la Declaration du 29. Decembre 1652. en payant par les Roturiers & non Nobles la juste valeur du revenu de deux années des fiefs, & autres biens qui y estoient sujets. A en Novembre 1656. reg.

LOUIS XIV. le 18. May 1657. 6. *vol. des Ord. de Loüis XIV. fol.* 136. *V. la Declaration du* 23. *Mars* 1672.

1656. Declaration portant que ce qui reste à lever des augmentations de gages hereditaires attribuez par les Edits des mois de Decembre 1652. & Mars 1655. seront départis aux Officiers de Judicature, Finances, & autres du Royaume, pour en joüir du premier jour de Janvier 1657. A Paris le 29. Novembre 1656.

Lettres patentes portant érection de la Terre de Courville en Marquisat. A Paris en Decembre 1656. reg. le 14. Fevrier 1659. 7. *vol. des Ord. de Louis XIV. fol.* 47.

Declaration portant pouvoir aux Ecclesiastiques de rentrer en la possession de leurs biens alienez. A le 15. Decembre 1656. *V. l'Edit du mois de Novembre* 1674.

Lettres patentes portant érection de la Baronnie de Grezieu en Comté. A Paris en Decembre 1656. reg. le 20. Janvier 1662. 9. *vol. des Ord. de Loüis XIV. fol.* 17.

Declaration portant continuation de la dispense des quarante jours en faveur des Cours Souveraines. A Paris le 30. Decembre 1656.

Declaration pour la recherche des usurpateurs de Noblesse, & de ceux qui ont induëment pris la qualité de Chevalier ou d'Ecuyer, & confirmation des annoblis par Lettres, & autres Privileges qui ont esté cy-devant accordez par le Roy dans le ressort de la Cour des Aydes. A Paris le 30. Decembre 1656. reg. en la Cour des Aydes le 11. Septembre 1657.

1657. Declaration portant continuation de la dispense de quarante jours, en faveur des Officiers des Compagnies Souveraines de la ville de Paris. A Paris le 15. Janvier 1657. *V. celle du* 8. *Mars suivant.*

Declaration portant revocation du pouvoir & faculté accordé aux Engagistes du Domaine, de nommer aux Offices. A Paris le 15. Janvier 1657.

Declaration portant défenses d'executer aucuns Arrests, benefice d'âge, benefice d'inventaire, Requeste civile, & autres Lettres de Chancellerie, qu'elles ne soient séellées. A Paris le 19. Janvier 1657. publiée au Seau le même jour.

Declaration portant confirmation des privileges & exemptions du Clergé. A Paris le 8. Fevrier 1657. reg. au grand Conseil le 6. Juin suivant.

Declaration portant confirmation des privileges & exemptions du

Clergé sur le fait des Tailles. A Paris le 8. Fevrier 1657. reg. au grand Conseil le 6. Juin de la même année. Loüis XIV. 1657.

Edit portant reglement pour la levée & perception des dixmes & novales sur toutes les terres sujettes à icelles, bien qu'elles ayent esté converties de terres labourables, ou vignobles, en prairie, herbages, ou autres fruits non sujets aux dixmes, contenant sept articles. A Paris en Fevrier 1657.

Lettres patentes portant relief de surannation de celles du mois de Juin 1616. par lesquelles la Terre de Varennes est érigée en Marquisat. A Paris en Fevrier 1657. reg. le 22. Aoust 1659. 7. *vol. des Ord. de Louis XIV. fol.* 214.

Declaration portant reglement sur le recelement des corps morts des Beneficiers, en execution des articles 54. 55. & 56. de l'Ordonnance du mois d'Aoust 1539. A Paris le 9. Fevrier 1657. reg. au grand Conseil le 30. Mars 1661.

Declaration portant revocation de l'Edit du mois d'Octobre 1642. portant qu'il y auroit Lettres de Maîtrises au Fauxbourg S. Antoine. A Paris en Fevrier 1657. reg. le 23. Avril suivant. 6. *vol. des Ord. de Loüis XIV. fol.* 95.

Edit concernant les droits seigneuriaux, les fiefs, les censives, & les rentes foncieres qui appartiennent à l'Eglise. A Paris en Fevrier 1657.

Declaration portant la continuation de la dispense des 40. jours, accordée par le Roy pour neuf années aux Officiers des Cours Souveraines, & à tous autres Officiers tant de Judicature que de Finance. A Paris le 8. Mars 1657. publiée au Seau le 13. dudit mois.

Edit portant confirmation du droit des épices, accordé à la Cour des Monnoyes par celuy du mois d'Octobre 1647. & attribution de nouveaux droits: suppression de l'Office de Conseiller en ladite Cour, Intendant & Controlleur general des Monnoyes de France, créé par celuy du mois de Juillet 1653. création de deux Offices de Conseillers-Controlleurs generaux du Comptoir, & Bureau des Monnoyes de France, & reglement pour leurs fonctions. A Paris en Mars 1657. registré en la Chambre des Comptes le 4. Avril 1659. *Constans p.* 377.

Edit portant alienation de 184000. livres de rente sur les Gabelles, au profit des Prevost des Marchands & Echevins de la ville de Paris, & création de quatre Offices de Receveurs-Payeurs-Commis y joints, & quatre Controlleurs desdites rentes. A Paris en Avril 1657. *V. celuy du* 18. *May suivant.*

LOUIS XIV. 1657. Edit portant création de quatre Lettres de Maîtrises, en faveur de la naissance de Monseigneur le Dauphin premier Fils de France, & successeur de la Couronne. A Paris en Avril 1657. reg. au Parlement de Paris le 7. Juillet 1662. en celuy de Roüen le 26. May 1664. & en la Cour des Monnoyes le 22. Decembre 1665. *9. vol. des Ord. de Louis XIV. fol.* 117.

Edit portant création de quatre Controlleurs & Conservateurs du Seau. A Paris en Avril 1657. *Revoqué par celuy du mois d'Avril* 1664.

Edit pour l'essay de l'estain. A Paris en Avril 1657. *V. la Declaration du 9. Fevrier* 1674.

Edit portant création de deux Lettres de Maîtrises en faveur de Monsieur Frere unique du Roy, Duc d'Anjou. A Paris en Avril 1657. reg. le 31. Janvier 1661.

Edit pour les Secretaires du Roy, en interpretation de celuy du mois de Mars 1655. A Paris en Avril 1657. reg. le 4. May de la même année. *Revoqué par celuy du mois d'Avril* 1664.

Declaration portant renvoy au grand Conseil pour l'enregistrement des deux Declarations du 8. Fevrier precedent, touchant les Privileges des Ecclesiastiques. A Paris le 30. Avril 1657. reg. au grand Conseil le 6. Juin suivant.

Declaration portant permission aux Quinze-vingts aveugles de Paris de quester, comme ils faisoient avant l'Edit du mois d'Avril 1656. pour l'établissement de l'Hôpital General. A Paris le 4. May 1657. reg. le 27. Juillet suivant. *6. vol. des Ord. de Louis XIV. fol.* 195.

Edit portant qu'un Habitant de chacune Paroisse du Royaume, assistera à l'assiette des Tailles, & joüira de six deniers pour livre de toutes les impositions, avec exemption de Tailles, & autres droits. A Paris en May 1657. reg. en la Chambre des Comptes le 4. Avril 1659.

Lettres patentes portant érection de la Terre d'Armois en Vicomté. A Paris en May 1657. reg. le 4. Juillet 1660. *3. vol. des Ord. de Louis XIV. fol.* 475.

Edit portant création de huit Offices de Greffiers des Commissions extraordinaires, pour faire avec les 32. créez par celuy du mois de Decembre 1625. le nombre de 40. d'un de Secretaire premier Greffier, & Intendant desdits Greffes, & d'un de premier Commis. A Paris en May 1657. reg. en la Chambre des Comptes le 4. Avril 1659.

Edit portant commutation de 184000. l. de rente sur l'Hôtel de Ville de Paris, creées par Edit du mois d'Avril precedent sur les Gabelles en pareille somme sur les entrées de Paris, suppression des Offices de Payeurs, &c. creez par ledit Edit: alienation de 200000. livres de rente sur les cinq grosses Fermes: creation des Offices de Payeurs & Contrôlleurs d'icelles. A la Fere le 18. May 1657. reg. en la Chambre des Comptes le 9. Juin suivant.

Declaration portant creation de cent Procureurs Postulans au Parlement de Paris. A la Fere le 15. Juin 1657. reg. le 30. Juillet suivant. *V. la Declaration du 31. Mars* 1674.

Edit portant que la moitié des octrois des Villes sera levé au profit du Roy & alienée. A en Aoust 1657. reg. en la Chambre des Comptes le 4. Avril 1659.

Declaration portant rétablissement & confirmation de toutes heredités & survivances en faveur de ceux qui possedent des Offices, gages, droits, & taxations hereditaires, ou de partie d'iceux, nonobstant l'Edit du mois d'Octobre 1646. lequel est revoqué: & décharge des taxes du vingtiéme denier faites tant sur les Officiers de Finances pourveus depuis ledit Edit que Porteurs de Lettres de provision, de quittance de finances en blanc. A Sedan le 16. Aoust 1657. publié au Seau le 22. Septembre suivant.

Lettres patentes portant creation de la Terre de Gomberneaux en Baronnie. A Sedan en Aoust 1657. reg. le 17. Janvier 1660. 7. *vol. des Ord. de Louis XIV. fol.* 477.

Edit accordé aux Communautez des Arts & Mêtiers, portant confirmation de leurs privileges & exemptions, avec décharge & revocation de toutes Lettres de Maîtrises. A Sedan le 20. Aoust 1657. reg. le 4. Septembre suivant. 6. *vol. des Ord. de Loüis XIV. fol.* 277.

Declaration portant qu'il sera incessamment procedé à la verification de tous les debets de Clairs, & autres procedans de radiations des debets de quittances, & generalement de tous autres emplois de deniers appartenans au Roy dans les comptes des Tresoriers, Receveurs, Fermiers, &c. A le 11. Septembre 1657. *V. celle du 3. Avril* 1659.

Declaration portant que les Proprietaires des Maisons qui sont sur le Quay de Gévres joüiront à perpetuité des places dudit Quay. A Mets le 26. Septembre 1657. reg. le 3. Avril 1658. 7. *vol. des Ord. de Loüis XIV. fol.* 39.

Lettres patentes portant érection de la Terre de Rumont en

LOUIS XIV. 1657.

Marquisat. A Peronne en Septembre 1657. reg. le 6. Fevrier 1660. 7. *vol. des Ord. de Louis XIV. fol.* 361.

Lettres patentes portant relief de surannation pour l'entregistrement de la Declaration du mois de Septembre 1644. portant décharge de la Chambre de Justice pour les Tresoriers de la Maison du Roy. A Paris le 22. Octobre 1657. reg. le 14. Mars 1659. 7. *vol. des Ord. de Louis XIV. fol.* 60.

Declaration portant que les Avocat & Procureur du Roy, ensemble le Greffier des Requestes de l'Hôtel, joüiront des mêmes privileges & exemptions dont les Officiers du Parlement joüissent. A Paris le 6. Novembre 1657. reg. le 23. du même mois. 6. *vol. des Ord. de Louis XIV. fol.* 291.

Declaration qui revoque celle du 20. Juillet 1656. & veut qu'il soit étably une Chambre souveraine du terrier du Domaine du Roy. A Paris le 7. Novembre 1657. reg. le 20. dudit mois. 7. *vol. des Ord. de Louis XIV. fol.* 299.

Edit portant suppression des Charges locales sur les Aydes: conversion d'icelles en rentes sur l'Hôtel de Ville de Paris sur lesdites Aydes, avec création d'Offices de Payeurs & Contrôleurs desdites rentes. A Paris en Novembre 1657. reg. en la Chambre des Comptes & Cour des Aydes le 6. Avril 1658.

Commission pour l'execution de la Declaration du 7. Novembre 1657. pour la confection du Papier Terrier. A Paris le premier Decembre 1657. reg. en la Chambre du Domaine le 10. du même mois.

Edit portant création de vingt-quatre Offices de Jurez Jaugeurs, Visiteurs & Marqueurs de toutes sortes de futailles & vaisseaux qui contiennent Vins, Cidres, Poirez, Bieres, & autres breuvages & Liqueurs qui entrent tant par eau que par terre, aux ports, portes, barrieres & avenuës de la Ville & Faux-bourgs de Paris. A Paris en Decembre 1657. reg. en la Cour des Aydes le 6. Avril 1658.

Edit portant décharge & affranchissement aux Proprietaires & Engagistes des Aydes aliènez de la contribution qu'ils étoient tenus pour les rentes, gages, droits & charges locales. A Paris en Decembre 1657. reg. en la Chambre des Comptes & Cour des Aydes le 6. Avril 1658.

Lettres patentes portant érection de la Terre de Chalain en Comté. A Paris en Decembre 1657. reg. le 7. Septembre 1658. 7. *vol. des Ord. de Louis XIV. fol.* 133.

Edit

Edit portant alienation aux Prevost des Marchands & Echevins de l'Hôtel de Ville de Paris d'un million de livres de rentes sur les cinq grosses Fermes, & creation de quatre Offices de Receveurs & Payeurs, & quatre Controlleurs Generaux hereditaires desdites rentes. A Paris en Janvier 1658. reg. en la Chambre des Comptes le 3. Avril de la même année.

Declaration portant confirmation des Statuts des Jurez Drapiers-Sergiers de la ville de Moulins. A Paris en Janvier 1658. reg. le 4. Janvier 1659. 7. *vol. des Ord. de Louis XIV. fol.* 5.

Declaration pour la levée de 20. sols pour muid de vin entrant en la ville & Fauxbourgs de Paris, tant par eau que par terre, destinez & affectez à la subsistance & entretien de l'Hôpital General, étably à Paris par l'Edit du mois d'Avril 1656. A Paris le 11. Fevrier 1658. reg. en la Cour des Aydes le 6. Avril suivant.

Edit portant suppression des Offices de Controlleurs-Conservateurs des Fermes, & leurs Lieutenans, créez par les Edits des mois de Decembre 1633. & Novembre 1639. avec constitution sur l'Hôtel de Ville de Paris, de la somme de six cens soixante-cinq mille quatre cens trente-six livres de rente assignées sur les deniers desdites Fermes, pour le remboursement desdits Offices; & création de quatre Offices de Tresoriers-Receveurs-Payeurs generaux, & quatre de Controlleurs generaux desdites rentes. A Paris en Fevrier 1658. reg. en la Chambre des Comptes le 6. Avril suivant.

Edit portant rétablissement & création des Offices de Commissaires des Tailles és Paroisses dépendantes des Elections du ressort des Cours des Aydes de Paris, Roüen, Clermont-Ferrand, Guyenne, Dijon, & Vienne: avec attribution de 12. deniers parisis pour livre sur toutes les sommes qui s'imposeront esdites Paroisses, & autres droits, privileges, & exemptions mentionnées audit Edit. A Paris en Fevrier 1658. reg. en la Cour des Aydes de Bordeaux le 18. Juin 1660.

Lettres patentes portant relief de surannation pour l'enregistrement de celles du mois de May 1646. par lesquelles la Terre de Feuquieres est érigée en Marquisat. A Paris le 25. Fevrier 1658. reg. le 4. Avril 1659. 7. *vol. des Ord. de Louis XIV. fol.* 75.

Edit portant création de deux Huissiers Sergens Royaux d'armes en toutes les Jurisdictions Royales du Royaume, pour l'execution des Edits des duels. A Paris en Fevrier 1658. publié au Seau le 8. Avril de la même année.

Loüis XIV. 1658. Declaration portant exemption en faveur des Chevaliers, Commandeurs, & Officiers de l'Ordre du S. Esprit, de payer aucuns droits pour les Terres qu'ils vendent & achetent, en interpretation de l'art. 66. de l'Edit du mois de Decembre 1578. portant création dudit Ordre. A Paris le 20. Mars 1658. reg. le 6. Juin suivant. *6. vol. des Ord. de Loüis XIV. fol. 625.*

Declaration portant confirmation des reglemens pour l'execution du papier terrier, recherche des usurpations, réünion des entreprises faites sur les Domaines : attribution à la Chambre du Domaine de la connoissance des oppositions aux saisies, & autres differends, &c. ensemble pour le recouvrement des droits seigneuriaux & feodaux dûs; le tout en execution de celle du 7. Novembre 1657. A Paris le 30. Mars 1658. reg. en la Chambre Souveraine du Domaine le 15. Avril suivant.

Declaration portant que les Habitans & Communautez des Provinces de Picardie, Champagne, & autres frontieres, ne payeront à leurs creanciers que la moitié de l'année courante des rentes & interests qu'ils leur doivent, & continuëront le payement de ladite moitié les années suivantes jusques à la paix generale. A Paris le 30. Mars 1658.

Lettres patentes portant jussion à la Chambre des Comptes, pour l'enregistrement de la Declaration du 11. Septembre 1657 concernant la verification des debets de Clairs, &c. A Paris le 5. Avril 1658. *V. la Declaration du 3. Avril 1659.*

Lettres patentes portant jussion à la Cour des Aydes, pour l'enregistrement pur & simple de la Declaration du 11. Fevrier precedent, portant attribution à l'Hôpital General de 20. sols sur chacun muid de vin. A Paris le 5. Avril 1658. regist. le 6. dudit mois.

Lettres patentes portant confirmation des Statuts des Tourneurs & Boisseliers à Orleans. A Paris en Avril 1658. reg. le 13. May de la même année. *7. vol. des Ord. de Loüis XIV. fol. 129.*

Edit portant que les Offices de Visiteurs Controlleurs des petites mesures des sels, créez par celuy du mois de Janvier 1648. seront établis. A Paris en Avril 1658. reg. le 6. dudit mois.

Lettres Patentes portant érection de la Chastellonie de Pezé en Marquisat, avec établissement de Foires. A Paris en Avril 1658. regist. le 3. Aoust 1663. *9. vol. des Ord. de Louis XIV. fol. 366.*

Edit portant décharge de plusieurs taxes faites sur les Officiers des Greniers à sel du ressort des Cours des Aydes de Paris & Roüen: & attribution de trois sols six deniers pour minot de sel à départir entr'eux. A Paris en Avril 1658. reg. en la Cour des Aydes le 6. du même mois. LOUIS XIV. 1658.

Edit portant rétablissement & création de quatre Offices de Tresoriers generaux, quatre de Controlleurs, & quatre de Commis en chacune des Fermes du Roy, avec attribution de six deniers pour livre des droits desdites Fermes, & de celles engagées; établissement des Offices de quatriennaux qui restent à lever; attribution du parisis des droits des Offices casuels, ou en survivance, ou hereditaires: attribution de 50000. livres d'augmentation de gages aux Officiers des Cours Souveraines: attribution aux Officiers Comptables de leurs taxations sur tous leurs manimens; & alienation d'aucuns droits sur les Aydes, Papiers, Bieres, Poisson frais, sec & sallé, avec création & établissement en la ville d'Ardres, d'un Bureau d'Election en chef pour estre composé du même nombre d'Officiers, que les autres Elections du Royaume. A Paris en Avril 1658. reg. en la Chambre des Comptes, & Cour des Aydes le 6. dudit mois.

Edit portant alienation de 400000. livres de rente sur les cinq grosses Fermes aux Prevost des Marchands & Echevins de la ville de Paris, dont les constitutions particulieres seront par eux faites à ceux qui les voudront volontairement acquerir; & particulierement à tous ceux qui ont esté interessez depuis 30. années, ou qui le sont à present dans les baux à ferme, & autres affaires de Finances du Roy: création de quatre Offices de Payeurs, &c. A Paris en Avril 1658. reg. en la Chambre des Comptes & Cour des Aydes le 6. du même mois.

Declaration en faveur des Habitans du haut & bas païs d'Auvergne, pour l'exemption du droit des francsfiefs & nouveaux acquests. A Paris en Avril 1658. reg. le 25. May suivant. *6. vol. des Ord. de Louis XIV. fol. 455.*

Declaration portant reglement pour les brevets d'apprentissage des arts & métiers de Paris, élection & nomination des Maîtres de Confrairies, &c. A Fontainebleau en Juillet 1658. reg. le 27. Mars 1668. *12. vol. des Ord. de Louis XIV. fol. 97.*

Declaration par laquelle le Roy confirme l'article 20. du Traité d'alliance fait par le sieur de la Barde son Ambassadeur en Suisse, le 1. Juin 1658. touchant les Marchands Suisses trafiquans en France. A Calais le 19. Juillet 1658. reg. le 11. Novembre 1663. *9. vol. des Ord. de Louis XIV. fol. 436.*

LOUIS XIV.

1658.

Declaration portant attribution au Tresor de la connoissance des differends mûs, & à mouvoir pour les amendes, & par appel au Parlement. A Compiegne le 1. Aoust 1658. reg. le 19. du même mois. *6. vol. des Ord. de Louis XIV. fol. 525.*

Declaration portant qu'il sera mis au Cabinet des Livres du Roy, un Exemplaire de tous ceux qui seront imprimez par privilege. A Paris en Aoust 1658. reg. le 12. Aoust 1660. *7. vol. des Ord. de Loüis XIV. fol. 545.*

Edit portant création de deux Commissions en la Cour des Monnoyes, pour estre exercées en la ville de Paris; d'un Office de Conseiller Subsidiaire Provincial dans le ressort du Parlement de Mets; douze de Greffiers ordinaires & extraordinaires de ladite Cour, & 9000. livres d'augmentation de gages aux Officiers d'icelle. A Paris en Aoust 1658. reg. en la Chambre des Comptes le 4. Avril 1659.

Lettres patentes portant confirmation des Statuts des Maîtres Vinaigriers à Paris. A Paris en Aoust 1658. reg. le 14. May 1661. *8. vol. des Ord. de Loüis XIV. fol. 285.*

Edit pour l'établissement & construction de l'Hôtel des Chartres de la Couronne; & création en titre d'Office d'un Conseiller general, Concierge, & Garde d'icelles. A Paris en Aoust 1658. reg. au Parlement le 7. Septembre de la même année, & en la Chambre des Comptes le 4. Avril 1659. *6. vol. des Ord. de Loüis XIV. fol. 617.*

Edit portant concession de plusieurs privileges aux Officiers du Parlement de Mets. A Paris en Septembre 1658. reg. le 6. Septembre 1663. *9. vol. des Ord. de Loüis XIV. fol. 419.*

Lettres patentes portant érection de la Baronnie de Buzancy en Marquisat. A Paris en Septembre 1658. reg. le 14. Fevrier 1659. *7. vol. des Ord. de Louis XIV. fol. 49.*

Declaration portant confirmation des Privileges donnez & octroyez aux Officiers de la sainte Chapelle de Paris. A Fontainebleau le 21. Septembre 1658. reg. en la Cour des Aydes le 27. May 1659.

Lettres patentes portant érection de la Terre de la Galissonniere en Marquisat. A Fontainebleau en Septembre 1658. reg. le 19. Decembre 1659. *7. vol. des Ord. de Louis XIV. fol. 333.*

Edit pour la translation de la Cour des Aydes de la ville de Cahors en celle de Montauban, portant union à icelle du Bureau des Tresoriers de France, avec augmentation d'Officiers. A en Octobre 1658. *V. celuy du mois de Iuin 1659.* Louis XIV. 1658.

Lettres patentes pour faire subsister le titre de Duché & Pairie de Penthievre, nonobstant la distraction & vente de quelques terres qui en faisoient partie. A en Octobre 1658. *V. celles du mois de Septembre 1569. & Septembre 1668.*

Edit portant desunion de l'Office de Conseiller au Presidial de Vitry-le-François, d'avec celuy de premier Assesseur audit Siege. A en Octobre 1658. reg. le 2. Janvier 1659. 7. *vol. des Ord. de Louis XIV. fol. 3.*

Edit portant suppression de la Cour des Aydes de Dauphiné, établie en la ville de Vienne, & réünion d'icelle au Parlement de Grenoble. A en Octobre 1658. *V. la Declaration du 17. Fevrier 1659.*

Edit concernant les Procureurs du Parlement & des Aydes de Grenoble. A en Octobre 1658. *V. celuy du mois de Mars 1667.*

Lettres patentes portant érection de la Terre de Sancergues en Marquisat. A Paris en Octobre 1658. reg. le 7. Aoust 1665. 10. *vol. des Ord. de Louis XIV. fol. 370.*

Declaration pour les taxes ordonnées estre faites pour le rapport des remises excedant le sixiéme, & 2. sols pour livre, & autres depuis l'année 1635. A Paris le 26. Octobre 1658. publiée au Seau le même jour.

Commission pour l'execution de la Declaration du 11. Septembre 1657. & des Lettres de jussion données en consequence le 5. Avril 1658. touchant la verification des debets de Clairs, &c. A Paris le 26. Octobre 1658. *V. la Declaration du 3. Avril 1659.*

Lettres patentes portant érection de la Terre de Maisons en Marquisat. A Paris en Octobre 1658. reg. le 7. Fevrier 1659. 7. *vol. des Ord. de Louis XIV. fol. 45.*

Edit pour l'alienation de tous les bois des Provinces de Bourgogne & Bresse, & suppression des Jurisdictions, & Officiers des Eaux & Forests dans ces Provinces. A en Novembre 1658. *V. celuy du mois de Ianvier 1672.*

Lettres patentes portant relief de surannation pour l'enregistrement de l'Edit du mois de Novembre 1645. portant translation des Senéchaussées de Roüanne, & de S. Estienne en la ville de Montbrison. A Lyon le 14. Decembre 1658. reg. le 26. May 1660. 7. *vol. des Ord. de Louis XIV. fol. 443.*

Declaration portant que les acquereurs & detempteurs de biens

LOUIS XIV. alienez par gens de mainmorte, payeront les sommes ausquelles ils seront moderément taxez, &c. A Lyon le 20. Decembre 1658.

1658. *V. l'Edit du 4. Novembre 1659.*

Declaration portant interdiction du Parlement de Bourgogne, défenses aux Officiers qui le composent, de faire aucun exercice ny fonctions de leurs Charges, & à toutes personnes de les reconnoître, &c. A Lyon le 28. Decembre 1658. *V. celle qui suit.*

Declaration portant évocation & renvoy des affaires pendantes au Parlement de Bourgogne, au grand Conseil. A Lyon le 28. Decembre 1658. reg. au grand Conseil le 10. Fevrier 1659.

1659. Declaration pour la Jurisdiction du Bailly de S. Germain des Prez. A Paris en Fevrier 1659. reg. le 30. Avril 1661. 8. *vol. des Ord. de Louis XIV. fol.* 241.

Edit portant création d'une Cour Souveraine en la ville de Bourg en Bresse, ayant Jurisdiction de Parlement, Chambre des Comptes, Cour des Aydes & de Finance, pour les Provinces de Bresse, Bugey, Valromey & Gex. A Paris en Fevrier 1659. *V. la Declaration du 17. du present mois.*

Declaration portant que pour le remboursement des Officiers de la Cour des Aydes de Vienne, supprimez par l'Edit du mois d'Octobre 1658. Lettres de Provision leur seront expediées des Offices de la Cour Souveraine de Bourg en Bresse. A Paris le 17. Fevrier 1659. publiée au Seau le 20. Fevrier suivant.

Lettres patentes portant confirmation des Statuts des Maîtres Verriers à Paris. A Paris en Fevrier 1659. reg. le 1. Juillet suivant. *7. vol. des Ord. de Louis XIV. fol.* 166.

Declaration portant que toutes les Sentences & Jugemens qui seront donnez par les Officiers des Bailliages & Chancelleries du ressort du Parlement de Dijon, seront executez souverainement jusques à la somme de 200. livres, & ce sans appel, pendant l'interdiction dudit Parlement, prononcée par la Declaration du 28. Decembre precedent. A Paris le 21. Fevrier 1659.

Lettres patentes portant confirmation des Statuts des Maîtres Savetiers à Paris. A Paris en Mars 1659. reg. le 20. du même mois. *7. vol. des Ord. de Louis XIV. fol.* 61.

Lettres patentes portant reglement pour les Ouvriers en futaine de la ville de Lyon. A Paris en Mars 1659. reg. le 27. du même mois. *7. vol. des Ord. de Louis XIV. fol.* 69.

Lettres patentes portant confirmation des Statuts des Tailleurs d'habits de la ville de Tours. A Paris en Mars 1659. reg. le 3.

May suivant. *7. vol. des Ord. de Louis XIV. fol.* 102. LOUIS XIV. 1659.

Lettres patentes portant confirmation des Statuts des Fourbisseurs à S. Estienne en Forests. A Paris en Mars 1659. reg. le 1. Juillet audit an. *7. vol. des Ord. de Louis XIV. fol.* 167.

Edit portant que les Officiers hereditaires payeront le 10. denier de l'évaluation lors de mutation & resignation de leurs Charges; & que les pourvûs d'Offices sur nomination, payeront le prest pour entrer à l'annuel, lors desdites mutations; & création de quatre Secretaires Greffiers des quittances de l'ordinaire des parties casuelles. A Paris en Mars 1659. reg. en la Chambre des Comptes le 4. Avril suivant.

Edit portant attribution à la Cour Souveraine de Bourg en Bresse, de tous les procés civils & criminels de ceux de la Religion Pretenduë Reformée; & établissement d'une Chambre à cet effet, composée d'un President & de dix Conseillers. A Paris en Mars 1659. *V. la Declaration du* 18. *Octobre suivant.*

Declaration portant reglement pour la confection du terrier general & universel du Domaine, en toute l'étenduë du Royaume, Païs, Terres & Seigneuries de l'obéissance du Roy, contenant 17. articles. A Paris le 26. Mars 1659. reg. en la Chambre Souveraine du Domaine le 27. du même mois.

Commission pour l'execution de ladite Declaration. A Paris le 26. Mars 1659. reg. en la Chambre Souveraine du Domaine le 27. dudit mois.

Lettres patentes portant confirmation des Statuts des Maîtres Boulangers au Fauxbourg S. Germain. A Paris en Mars 1659. reg. le 17. Novembre audit an. *7. vol. des Ord. de Louis XIV. fol.* 349.

Lettres patentes portant relief d'adresse à la Chambre des Comptes, pour la verification de l'Edit du mois de Mars precedent, concernant le 10. denier des Offices. A Paris le 3. Avril 1659. reg. le 4. dudit mois.

Lettres patentes portant relief d'adresse à la Chambre des Comptes, pour la verification de l'Edit du mois de Mars 1657. portant création de Greffiers des Commissions extraordinaires. A Paris le 3. Avril 1659. reg. le 4. dudit mois.

Declaration portant que le Fermier des entrées payera quatorze mille livres par chacun an au Receveur du Domaine de Paris, pour & au lieu de ce qui revenoit des censives alienées, & pour le payement des fiefs & aumônes. A Paris le 3. Avril 1659. reg. en la Chambre des Comptes le 4. dudit mois.

Declaration portant que les Officiers de la Chambre des Com-

LOUIS XIV. ptes de Bretagne joüiront du privilege de Noblesse. A Paris en Avril 1659. reg. le 26. Aoust 1661. 8. *vol. des Ord. de Louis XIV. fol.* 417.

1659. Declaration pour l'execution de celle du 11. Septembre 1657. Lettres de jussion données en consequence le 5. Avril 1658. & de la Commission du 26. Octobre suivant, portans reglement pour les debets de quittances, & autres droits dûs, & revenans bons au Roy. A Paris le 3. Avril 1659. reg. en la Chambre des Comptes le 4. du même mois.

Edit portant que les Receveurs generaux & particuliers des Tailles, Taillon, Ponts & Chaussées, & autres Officiers Comptables, joüiront de leurs taxations de tout leur maniment par leurs mains sans retranchement. A Paris en Avril 1659. reg. en la Chambre des Comptes le 4. dudit mois.

Lettres patentes portant érection de la Terre de Bruy en Baronnie. A Paris en Avril 1659. reg. le 12. Juillet de la même année. 7. *vol. des Ord. de Louis XIV. fol.* 175.

Lettres patentes portant confirmation des Privileges de l'Hôpital de la Misericorde, étably en la ville de Paris. A Paris en Avril 1659. reg. le 14. Juillet suivant. 7. *vol. des Ord. de Loüis XIV. fol.* 179.

Edit portant que les Secretaires du Roy de l'ancien College joüiront d'un troisiéme quartier de leurs gages ; & création de quatre Offices de Tresoriers Payeurs des gages dudit College. A Paris en Avril 1659. reg. en la Chambre des Comptes le 4. dudit mois.

Commission à Monsieur Duc d'Anjou frere unique du Roy, pour se transporter à la Chambre des Comptes, assisté des sieurs du Plessis-Praslain, & de Villeroy, Maréchaux de France, Dormesson, & de Priezac, Conseillers du Roy en ses Conseils, & y faire publier & registrer en sa presence les Edits & Declarations mentionnez en ladite Commission. A Paris le 3. Avril 1659. regist. le 4. dudit mois.

Declaration portant que le Roy retire à son profit les gages des Officiers des Greniers à sel, supprimez par la Declaration du mois d'Octobre 1648. A Paris en Avril 1659. *V. celle du 16. Juin suivant.*

Lettres patentes portant érection de la Terre de Blaru en Marquisat. A Paris en May 1659. reg. le 2. Decembre 1661. 9. *vol. des Ord. de Louis XIV. fol.* 570.

Declaration portant que le premier Huissier de la Chambre des Comptes est tenu pour Noble, comme les autres Officiers de ladite Chambre. A Paris en May 1659. reg. le 6. Aoust 1660. 7. *vol. des Ord. de Louis XIV. fol.* 543.

Declaration

Declaration portant suppression des Offices de Controlleurs Clercs d'eau, des Marchandises estant dans les batteaux passans sous les ponts, & aux ports, peages, & pertuis des Rivieres de Seine, Oyse, & autres y affluentes, créez par les Edits des mois de Novembre 1572. Janvier 1648. & Decembre 1652. & réünion au Domaine du Roy des droits y attribuez. A Paris le 13. May 1659. reg. le 18. Aoust 1660. 7. *vol. des Ord. de Loüis XIV. fol.* 514.

Declaration qui revoque celle du 29. May 1656. & veut que les personnes contre qui il seroit intervenu des contraintes de la Chambre des Comptes, soient emprisonnées dans la Conciergerie du Palais, aux charges & conditions y portées. A Paris le 7. Juin 1659. reg. le 2. Juillet suivant.

Declaration portant reglement pour les établissemens des Communautés Religieuses, Seminaires, Confrairies, &c. A Paris le 7. Juin 1659. reg. le 12. Juillet suivant, & au Parlement de Roüen le 15. Janvier 1664. 7. *vol. des Ord. de Louis XIV. fol.* 177.

Declaration portant que toute la Jurisdiction du Bailliage du Duché de Nemours sera exercée, tant au Civil qu'au Criminel en la Ville de Nemours. A Paris en Juin 1659. reg. le 3. Mars 1661. 8. *vol. des Ordonn. de Loüis XIV. fol.* 262.

Lettres Patentes portant confirmation des Statuts des Maîtres Cordonniers à Orleans. A Paris en Juin 1659. reg. le 21. dudit mois. 7. *vol. des Ord. de Loüis XIV. fol.* 158.

Lettres patentes portant union des Terres du Pollet, &c. au Marquisat de la Gallisonniere, érigé par celles du mois de Septembre 1658. A Paris en Juin 1659. reg. le 13. Fevrier 1660. 7. *vol. des Ord. de Louis XIV. fol.* 363.

Edit portant revocation de celuy du mois d'Octobre precedent, pour la translation de la Cour des Aydes de Cahors à Montauban; & rétablissement de ladite Cour en lad. Ville de Cahors, sans qu'elle puisse à l'avenir en estre jamais transferée ny unie à aucune Compagnie, sous quelque cause que ce soit : attribution du pouvoir de connoître par ladite Cour des causes & matieres de sa jurisdiction, dans l'étenduë des Pays de Roüergue, haute Guyenne, enclos & dépendances desdits Pays, & des onze Elections : défenses de les y troubler : creation d'Offices en ladite Cour ; augmentation de gages attribuez aux Officiers d'icelle : creation d'un Office de Prevost general, un de Lieutenant, un d'Assesseur, un de Substitut du Procureur General en ladite Cour, un de Greffier, deux d'Exempts, & trente d'Archers de ladite Prevôté, portans casaques,

Loüis XIV. 1659. avec pouvoir d'exploiter par tout le Royaume; evocation en faveur desdits Officiers de leurs procez & differends en premiere instance au Presidial de Brives; & par appel au Grand Conseil. A Paris en Juin 1659. publié au Seau le 26. du même mois.

Declaration portant rétablissement aux Officiers des Greniers à Sel des Gabelles de France de deux quartiers de leurs gages & droits que l'Adjudicataire des Gabelles leur doit payer outre & pardessus le prix de son bail, qui avoient esté unis à la ferme desdites Gabelles par Edit du mois d'Avril 1659. pour tenir lieu au Roy de la moitié, qui devoit être retranchée suivant la Declaration du mois d'Octobre 1648. de leurs autres droits dont ils perçoivent les quatre quartiers par leurs mains, & que lesdits Officiers, ensemble ceux des mesurages & contre-mesurages, & autres Officiers ou Proprietaires des droits qui se levent sur le sel, joüiront conformément audit Edit desdits quatre quartiers des droits qu'ils perçoivent par leurs mains, desquels droits ils ne devoient joüir que de moitié, suivant la Declaration du mois d'Octobre 1648. & outre de la décharge de la restitution de ce qu'ils ont receu de ladite moitié, qui devoit estre retranchée. A Paris le 16. Juin 1659. publié au Seau le 7. Octobre suivant.

Lettres patentes portant confirmation des Statuts des Maîtres Vergetiers à Paris. A Paris le 5. Septembre audit an. 7. *vol. des Ord. de Loüis XIV. fol.* 245.

Lettres patentes portant érection de la Terre de la Grange en Marquisat. A Paris en Juin 1659. reg. le 19. Decembre audit an. 7. *vol. des Ord. de Louis XIV. fol.* 326.

Lettres patentes portant union des Justices des Seigneuries de S. Saume & des Troüillieres, en faveur de Loüis de Vienne, Lieutenant Particulier au Siege de Troyes. A Paris en Juin 1659. reg. le 1. Aoust audit an. 7. *vol. des Ord. de Louis XIV. fol.* 194.

Declaration en faveur des Gardes de la Porte, portant qu'ils auront rang és Assemblées generales & particulieres immediatement aprés les Conseillers des Bailliages, Senéchaussées & Sieges Presidiaux, auparavant les Officiers des Elections, Greniers à sel, Juges non Royaux, & tous autres inferieurs en ordre ausdits Conseillers. A Paris le 17. Juin 1659. reg. au grand Conseil le 27. Juillet 1675.

Declaration portant reglement pour les droits des Receveurs des Consignations, & décharge de se faire recevoir, & rendre aucun compte de leur maniment en la Chambre des Comptes, avec attribution d'autres, privileges & exemptions. A Fontainebleau le 13. Juillet 1659. Loüis XIV. 1659.

Lettres patentes portant érection de la Terre de Fontenay en Comté. A Fontainebleau en Juillet 1659. reg. le 29. Aoust audit an. 7. *vol. des Ord. de Loüis XIV. fol.* 219.

Lettres patentes portant érection de la Terre de Muret en Comté. A Fontainebleau en Juillet 1659. reg. le 29. Aoust suivant. 7. *vol. des Ord de Louis XIV. fol.* 226.

Lettres patentes portant confirmation des Statuts des Maîtres Plumassiers à Paris. A Fontainebleau en Juillet 1659. reg. le 5. Septembre de la même année. 7. *vol. des Ord. de Louis XIV. fol.* 258.

Edit portant translation & rétablissement de la Cour des Aydes de Guyenne en la ville Bordeaux, & création de quelques Officiers pour servir en ladite Cour avec les anciens, en deux séances semestres. A Fontainebleau en Juillet 1659. publié au Seau le 18. Septembre suivant.

Edit portant rétablissement des Offices de Commissaires des alternatif & triennal, le quatriennal y joint, és Paroisses dépendantes des Elections du Royaume, creez par ceux des mois de May 1624. & Janvier 1631. avec attribution de neuf deniers pour livre sur toutes les sommes qui s'imposeront esdites Paroisses, & autres droits, privileges, & exemptions mentionnées audit Edit. A Fontainebleau en Juillet 1659. reg. en la Cour des Aydes de Bordeaux le 18. Juin 1660.

Edit portant établissement d'un Siege d'Admirauté en la ville de Gravelines. A Fontainebleau le 21. Juillet 1659. *V. celuy du mois d'Aoust* 1671.

Lettres patentes portant permission d'établir des Foires & Marchez en la Terre de Breüilpont. A Paris le 11. Aoust 1659. reg. le 12. dudit mois. 7. *vol. des Ord. de Louis XIV. fol.* 200.

Declaration portant que la Chambre qui devoit estre établie en la Cour Souveraine de Bourg, pour connoître des procez de ceux de la Religion Pretenduë Reformée, suivant l'Edit du mois de Mars dernier, ne sera point établie; & que ladite Cour connoîtra desdits differends, & que pendant les vacations de ladite Cour il y aura une Chambre des Vacations. A Tholose le 18. Octobre 1659. publiée au Seau le 29. du même mois.

Edit portant établissement d'une Chambre Souveraine pour le fait des alienations faites par les gens de mainmorte, & pour la recherche, taxe, & liquidation de ce qui doit estre payé par les

Sss ij

LOÜIS XIV. 1659. détenteurs & possesseurs des biens alienez, en consequence de la Declaration du 20. Decembre 1658. A Tholose le 4. Novembre 1659. reg. en ladite Chambre le 24. du même mois.

Declaration portant ratification du Traité de paix conclu avec l'Espagne dans l'Isle des Faisans le 7. Novembre de la presente année. A Thosose le 24. du même mois.

Lettres patentes portant don du Comté de Ferrette, Seigneurie de Bedfort, & autres Terres en Alsace, au Cardinal Mazarin. A Tholose en Decembre 1659. reg. le 6. Janvier 1660. 7. *vol. des Ord. de Loüis XIV. fol.* 341.

Lettres patentes portant confirmation des Statuts des Maîtres Papetiers à Paris. A Tholose en Decembre 1659. reg. le 26. Janvier 1660. 7. *vol. des Ord. de Louis XIV. fol.* 344.

Edit portant établissement d'un Corps & Communauté de Barbiers, Baigneurs, Etuvistes, & Perruquiers en cette ville de Paris, au nombre de 200. pour en faire profession particuliere, distincte, & separée de celle des Maîtres Chirurgiens-Barbiers, & estre ledit estat & métier exercé avec ses Statuts, Maîtrise & Jurande, ainsi que les autres métiers de la ville & Fauxbourgs de Paris. A en Decembre 1659. *V. celuy du mois de Mars* 1673.

Declaration pour le payement des Charges assignées sur les Domaines. A Tholose le 22. Decembre 1659. reg. en la Chambre des Comptes le 26. Janvier 1660.

1660. Edit portant création de deux Lettres de Maîtrises de toutes sortes d'arts & métiers en toutes les Villes, Fauxbourgs, Bourgs, & lieux du Royaume, en faveur du titre de l'heureux mariage du Roy. A Montpellier en Janvier 1660. regist. le 16. Fevrier 1663. 9. *vol. des Ord. de Loüis XIV. fol.* 239.

Declaration en faveur de la Jurisdiction de la Connestablie, portant que le privilege de *Committimus* aux Requestes de l'Hôtel & du Palais, & l'attribution du séel du Châtelet, ne peuvent avoir lieu, & autres reglemens pour sa competence. A Arles en Janvier 1660. reg. le 5. Fevrier suivant. 7. *vol. des Ord. de Louis XIV. fol.* 355. *Pinson p.* 482.

Declaration portant qu'en faveur de la paix le Roy veut annoblir deux de ses Sujets de chacune Generalité des ressorts de ses Parlemens, Chambres des Comptes, & Cours des Aydes. A Aix en Janvier 1660. reg. le 7. Septembre suivant. 8 *vol. des Ord. de Loüis XIV. fol.* 13.

Declaration portant abolition en faveur de Monsieur le Prince de Condé, & de ceux qui l'ont suivy. A Aix en Janvier 1660. reg. le 13. Fevrier suivant. 7. *vol. des Ord. de Loüis XIV. fol.* 575.

Lettres patentes pour l'établissement de deux Foires par chacun an, & un Marché toutes les semaines à Boissy, en faveur de Messire Guillaume de Lamoignon, Chevalier, premier President au Parlement de Paris. A Paris en Fevrier 1660. reg le 4. Mars suivant. 7 *vol des Ord. de Louis XIV. fol.* 381.

Declaration portant que les Officiers du Parlement de Bretagne joüiront des mêmes Privileges que les Secretaires du Roy. A Aix en Mars 1660. reg. le 18. Decembre de la même année. 8. *vol. des Ord. de Louis XIV. fol.* 52.

Declaration portant que dans la Province de Normandie les Lettres de change, & promesses entre Marchands, sans aucune distinction, vendeurs ou acheteurs en gros ou en détail, conçûës pour marchandises par eux ouvrées, & non ouvrées, ameliorées, & non ameliorées, seront exemptes du Controlle, & auront hypotheque du jour qu'elles seront reconnuës. A Bayonne en May 1660. reg. au Parlement de Roüen le 5. Juillet audit an.

Lettres patentes portant érection de la Terre de Brinvilliers en Marquisat. A Bayonne en May 1660. reg. le 30. Juillet suivant. 7. *vol. des Ord. de Loüis XIV. fol.* 517.

Lettres patentes portant confirmation du titre de Comté & Pairie à la Terre d'Eu, en faveur de Mademoiselle Marie-Loüise d'Orleans. A S. Jean de Luz le 15. May 1660. reg. le 30. Juillet audit an. 7. *vol. des Ord. de Loüis XIV. fol.* 521.

Lettres patentes portant confirmation des Statuts des Maistres Tailleurs d'habits à Paris. A Paris en May 1660. reg. le 22. dudit mois. 7. *vol. des Ord. de Loüis XIV. fol.* 446.

Lettres patentes portant confirmation des privileges & exemptions des Habitans de S. Jean de Luz. A S. Jean de Luz le 25. May 1660. reg. le 30. Decembre suivant. 8. *vol. des Ord. de Louis XIV. fol.* 55.

Edit portant reglement pour la peine des Fauxsauniers. A en Juin 1660. *V. la Declaration du 22. Fevrier* 1667.

Declaration portant confirmation des Statuts des Maîtres Graveurs à Paris. A Paris en Juin 1660. reg. le 5. May 1662. 9. *vol. des Ord. de Loüis XIV. fol.* 72.

Lettres patentes portant jussion à la Cour des Aydes de Bordeaux pour verifier les Edits des mois de Fevrier 1658. & Juillet 1659. tou-

Loüis XIV. 1660.

chant les Commissaires des Tailles. A Blois le 7. Juillet 1660. reg. le 8. Aoust suivant.

Declaration pour l'enregistrement du Traité de Paix avec l'Espagne, & du Contrat de Mariage du Roy avec l'Infante, & autres Actes. A Vincennes le 21. Juillet 1660. reg. le 27. du même mois.

Declaration pour la conservation des prests, & confirmation des revocations des Chambres de Justice, aux clauses & conditions y portées. A Paris le 25. Juillet 1660. lûë & publiée en la grande Chancellerie le même jour.

Edit portant création de deux Offices d'Huissiers Audianciers au Chastelet de Paris. A Vincennes le 4. Aoust 1660. reg. le 7. Septembre suivant. 8. *vol. des Ord. de Louis XIV. fol.* 16.

Declaration pour les droits que doivent prendre ceux qui exerceront les Offices de Controlleurs Clercs d'eau, supprimez par la Declaration du 13. May 1659. A Vincennes le 9. Aoust 1660. reg. le 18. du même mois. 7. *vol. des Ord. de Louis XIV. fol.* 552.

Lettres patentes portant que le Comté de Dunois est mouvant immediatement de la Couronne de France. A Vincennes en Aoust 1660. reg. le 3. Septembre suivant. 8. *vol. des Ord. de Loüis XIV. fol.* 2.

Declaration pour l'union de la Charge de Procureur du Roy en Cour d'Eglise, à celle de Procureur du Roy au Châtelet de Paris. A Paris en Septembre 1660. reg. le 3. Juin 1661.

Lettres patentes portant érection de la Terre d'Auteüil en Comté. A Paris en Septembre 1660. reg. le 18. Mars 1662. 9. *vol. des Ord. de Louis XIV. fol.* 51.

Edit portant création de deux Lettres de Maîtrises en faveur du titre de Reine. A Paris en Octobre 1660. reg. le 28. May 1661. 8. *vol. des Ord. de Louis XIV. fol.* 316.

Lettres patentes portant érection de la Terre de Marly la Ville en Comté. A Paris en Octobre 1660. reg. le 5. Janvier 1661. 8. *vol. des Ord. de Louis XIV. fol.* 77.

Declaration pour les habits & passemens. A Paris le 27. Novembre 1660. reg. le 13. Decembre suivant.

Declaration portant abolition en faveur des troupes qui ont commis des excez pendant la guerre. A Paris en Novembre 1660. reg. le 21. Janvier 1661. 8. *vol. des Ord. de Louis XIV. fol.* 90.

Declaration portant défenses de porter des armes à feu, pistolets de poche, poignards, & coûteaux en forme de bayonnettes, &

autres reglemens pour la seureté publique. A Paris le 18. Decembre 1660. reg. le 20. dudit mois. LOUIS XIV. 1660.

Declaration en faveur des Marchands de Florence, Lucques & Gennes, frequentans les Foires de Lyon. A Paris en Decembre 1660. reg. le 1. Fevrier 1662. 9. *vol. des Ord. de Loüis XIV. fol.* 26.

Declaration pour les privileges des Officiers de la Reine, & leurs veuves. A Paris le 29. Decembre 1660. regist. en la Cour des Aydes le 14. Janvier 1661.

Declaration portant que le Comté de la Rocheguyon, érigé en Duché & Pairie en Mars 1643. ne relevera plus du Comté de Chaumont, mais du Château du Louvre. A Paris en Decembre 1660. reg. le 27. Janvier 1661. 8. *vol. des Ord. de Louis XIV. fol.* 88.

Edit portant création de deux Lettres de Maîtrises en faveur du Baptême de Monsieur Duc d'Anjou Frere unique du Roy. A Paris en Janvier 1661. reg. au Parlement de Paris le 4. Avril suivant, & en celuy de Roüen le 22. Mars 1662. 8. *vol. des Ord. de Loüis XIV. fol.* 202. 1661.

Lettres patentes portant érection de la Baronnie de Pleurre en Marquisat. A Paris en Janvier 1661. reg. le 14. Fevrier 1664. 10. *vol. des Ord. de Louis XIV. fol.* 26.

Traité fait entre le Roy & le Duc de Lorraine. A en 1661. reg. au Parlement le 7. Decembre suivant.

Declaration pour la recherche & condamnation des usurpateurs de Noblesse. A Paris le 8. Fevrier 1661. reg. en la Cour des Aydes le 30. Aoust 1661.

Declaration portant permission aux Eglises & Fabriques de rentrer dans tous leurs biens, qui ont esté alienez sans permission du Roy. A Paris le 12. Fevrier 1661. reg. le 1. Mars 1662. 9. *vol. des Ord. de Loüis XIV. fol.* 38.

Lettres patentes portant relief d'adresse au grand Conseil, & de surannation pour l'enregistrement de la Declaration du 9. Fevrier 1657. sur le recelement des corps morts des Beneficiers. A Paris le 12. Fevrier 1661. reg. au grand Conseil le 30. Mars suivant.

Declaration pour la reparation des Eglises & Presbyteres. A Paris le 18. Fevrier 1661. reg. le 18. Juillet 1664. 10. *vol. des Ord. de Louis XIV. fol.* 128.

Lettres patentes portant érection de la Terre de Balinvilliers en Baronnie. A Paris le 22. Fevrier 1661. reg. le 4. Mars suivant. 8. *vol. des Ord. Louis XIV. fol.* 349.

Edit portant reglement entre les Lieutenans Criminels, & les

Louis XIV. Officiers des Maréchaussées. A Paris en Fevrier 1661. registré le 21. Aoust 1662. 9. *vol. des Ord. de Louis XIV. fol.* 137.

1661. Declaration en faveur des Officiers de feu Monsieur Duc d'Orleans oncle du Roy. A Vincennes le 3. Mars 1661. reg. en la Cour des Aydes le 19. Juillet suivant.

Lettres patentes pour l'établissement d'une Academie Royale pour la danse. A en Mars 1661. reg. le 30. du même mois. 9. *vol. des Ord. de Louis XIV. fol.* 55.

Lettres patentes portant confirmation du Contrat d'échange fait entre le Roy & Monsieur le Prince de Condé , du Duché d'Albret contre le celuy de Bourbonnois. A Paris le 7. Mars 1661. reg. le 5. Avril suivant. 8. *vol. des Ord. de Louis XIV. fol.* 207.

Declaration portant que la Reyne-Mere du Roy joüira durant sa vie de la nomination & presentation aux Offices de la Generalité de Chaalons. A Paris le 15. Mars 1661. reg. le 5. Avril suivant. 8. *vol. des Ord. de Louis XIV. fol.* 209.

Lettres patentes portant don à Monsieur Philippe fils de France, Frere unique du Roy, & à ses Enfans mâles descendans de luy en loyal mariage pour son Appanage & entretenement selon la nature des Appanages de la Maison de France, & la Loy du Royaume toûjours gardée, des Duchez d'Orleans, Valois, Chartres, & Seigneurie de Montargis, jusques à la concurrennce de 200000. l. de revenu par chacun an, à la reserve toutefois des Comtez de Montlhery & Limours & Domaines en dépendans unis audit Duché de Chartres par celles du mois d'Avril 1627. tenir lesdits Duchez en Pairie &c. A Paris en Mars 1661. reg. au Parlement le 10. May en la Chambre des Comptes le 1. Juin, & en la Cour des Aydes le 18. Juillet audit an. 8. *vol. des Ord. de Loüis XIV. fol.* 276.

Declaration en faveur des Receveurs & Payeurs des gages & droits des Officiers du Parlement, Chambre des Comptes, Grand Conseil & Cour des Aydes pour les saisies & arrests qui sont faits entre leurs mains. A Paris le 19. Mars 1661. reg. le 16. May suivant. 8 *vol. des Ord. de Loüis XIV. fol.* 298.

Declaration portant que Monsieur Frere unique du Roy nommera aux Benefices de son Appanage. A Paris le 2. Avril 1661. reg. le 10. Mars suivant. 8. *vol. des Ord. de Louis XIV. fol.* 275.

Lettres patentes portant erection de la Baronnie de Trion en Marquisat sous le nom de Courseulles. A Fontainebleau en May 1661. reg. le 30. Avril 1662. 9. *vol. des Ord. de Loüis XIV. fol.* 67.

Declaration en faveur des Gens-d'armes de la Reyne. A Fontainebleau

tainebleau le 13. May 1661. reg. en la Cour des Aydes le 2. Juin suiv.

Lettres patentes portant confirmation des Privileges des habitans de Chantonceaux. A Fontainebleau en May 1661. reg. le 3. Septembre suivant. 8. *vol. des Ord. de Loüis XIV. fol.* 439.

Declaration en interpretation de celle du 27. Novembre 1660. pour les dentelles & habillemens. A Paris le 27. May 1661. reg. le 30. Juin suivant. 8. *vol. des Ord. de Louis XIV. fol.* 335. *V. celle du mois de Novembre* 1667.

Lettres patentes portant permission à Messire Armand Charles de la Porte Duc de la Meilleraye de changer son nom de la Porte en celuy de Mazarin. A Fontainebleau en Juin 1661. reg. le 5. Aoust suivant 8. *vol. des Ord. de Louis XIV. fol.* 374.

Declaration pour les fonctions de la Charge de Procureur du Roy au Châtelet de Paris. A Fontainebleau en Juin 1661. reg. le premier Aoust suivant.

Lettres patentes portant érection de la Terre de Marolles en Marquisat. A Fontainebleau en Juin 1661. reg. le 10. Decembre audit an. 8. *vol. des Ord. de Louis XIV. fol.* 575.

Lettres patentes portant desunion de la Terre de Charny du Duché de S. Fargeau, en faveur de Mademoiselle. A Fontainebleau en Juin 1661. reg. le 11. May 1663. 9. *vol. des Ord. de Louis XIV. fol.* 310. *V. celles du mois d'Avril* 1575.

Edit portant suppression de la Charge de Colonel general de l'Infanterie Françoise. A Fontainebleau en Juillet 1661. reg. le 2. Septembre suivant. 8. *vol. des Ord. de Louis XIV. fol.* 435.

Edit de création d'un Office de Conseiller Clerc, & d'un de President en la quatriéme Chambre des Enquestes du Parlement de Paris, au lieu de ceux dont estoit pourvû Messire Pierre Viole, qui sont éteints & supprimés. A Fontainebleau en Juillet 1661. reg. le 20. Janvier 1662. 9. *vol. des Ord. de Louis XIV. fol.* 16.

Declaration pour l'omologation des Coûtumes de Thionville, &c. A Fontainebleau en Juillet 1661. reg. au Parlement de Mets le 3. Septembre suivant.

Lettres patentes portant que Monsieur Boucherat aura séance au Parlement de Paris, en qualité de Conseiller d'honneur. A Fontainebleau le 3. Aoust 1661. reg. le 30. dudit mois. 8. *vol. des Ord. de Louis XIV. fol.* 425.

Provisions de la Charge de Procureur General du Roy au Parlem. de Paris, en faveur de Messire Achilles d'Harlay, Maître des Requêtes ordinaire de l'Hôtel du Roy. A Fontainebleau le 8. Aoust

1661. reg. le 20. du même mois. 8. *vol. des Ord. de Louis XIV. fol.* 401.

Lettres patentes portant relief de surannation pour l'enregistrement de celles du mois de Fevrier 1616. par lesquelles la Terre de Montfort le Rotrou est érigée en Marquisat. A Fontainebleau le 10. Aoust 1661. reg. le 7. Juillet 1662. 9. *vol. des Ord. de Loüis XIV. fol.* 13.

Lettres patentes portant relief de surannation pour l'enregistrement de la Declar. du mois d'Avril 1659. en faveur des Officiers de la Chambre des Comptes de Bretagne. A Fontainebleau le 14. Aoust 1661. reg. le 26. dudit mois. 8. *vol. des Ord. de Louis XIV. fol.* 419.

Declaration portant que les Mandians valides qui auront esté menez trois fois à l'Hôpital General, seront condamnez au foüet & aux galeres. A Fontainebleau en Aoust 1661. reg. le 2. Septembre suivant. 8. *vol. des Ord. de Louis XIV. fol.* 430.

Declaration portant que les procez intentez contre les Sergens du Châtelet de Paris, pour raison des exploits, &c. faits au recouvrement des Tailles, seront jugez en premiere instance aux Sieges des Elections & Greniers à sel, & par appel en la Cour des Aydes, &c. A Fontainebleau le 17. Aoust 1661. reg. en la Cour des Aydes le 30. Aoust suivant.

Edit portant suppression de toutes les Elections, & des Officiers qui les composent, créez depuis le premier Janvier 1630. à l'exception de celle de Mayenne, ensemble des Officiers établis dans les autres Elections; à la reserve, sçavoir dans celles qui sont composées de 100. Paroisses, & au dessus, de deux Presidens, &c. & dans celles au dessous de 100. Paroisses, d'un President, &c. sans que ceux de l'Election de Paris y puissent estre compris, ny les Huissiers Sergens des Tailles de toutes les Elections qui ne joüissent pas de l'exemption desdites Tailles, &c. suppression des Offices de Tresoriers generaux & Provinciaux des ponts & chaussées, leurs Controlleurs, ceux de Controlleurs generaux des vivres, de Controlleurs des Payeurs des Garnisons & Regimens és Provinces de Lyonnois, Forests, Beaujolois, & païs de Dombes: des Commissaires & Controlleurs ordinaires des guerres, & des Payeurs de la Gendarmerie; à l'exception de 20. de chacun Corps desdits Commissaires Controlleurs & Payeurs, &c. ensemble de tous les Officiers des Greniers à sel, à l'exception d'un Grenetier, un Controlleur, un Procureur du Roy & un Greffier en chacun desdits greniers &c. A Fontainebleau en Aoust 1661. reg. en la Cour des Aydes le 27. Avril du même mois. *V. ceux du mois de Decembre* 1663. *Mars* 1667. *Aoust* 1669. *& Ianvier.* 1685.

Declaration portant défenses de donner aucuns biens à fonds perdu aux Communautez, excepté à l'Hôtel-Dieu, &c. A Fontainebleau en Aoust 1661. reg. le 2. Sept. suiv. 8. *vol. des Ord. de Loüis XIV. fol.* 433.

Edit pour l'Hôpital General & Police d'iceluy, portant que tous Mandians mariez seront enfermez avec leurs enfans, ainsi que ceux qui ne le sont pas. A Fontainebleau en Aoust 1661. reg. le 2. Septembre suivant. 8. *vol. des Ord. de Louis XIV. fol.* 437.

Lettres patentes portant érection de la Terre de la Fontaine en Châtellenie. A Fontainebleau en Aoust 1661. reg. le 9. Septembre 1662. 9. *vol. des Ord. de Louis XIV. fol.* 175.

Edit en faveur des Habitans du Comte d'Artois pour leurs biens alienez &c. A Fontainebleau en Aoust 1661. reg. le 7. Septembre suivant. 8. *vol. des Ord. de Louis XIV. fol.* 462.

Declaration touchant la fabrique des cartes, tarots & dez. A Fontainebleau en Septembre 1661. 9. *vol des Ord. de Louis XIV. fol.* 160.

Edit portant création de deux Lettres de Maîtrise en faveur du titre de Duc d'Orleans acquis à Monsieur Frere unique du Roy. A Fontainebleau en Octobre 1661. reg. au Parlement de Paris le 15. Decembre 1662. & en celuy de Roüen le 22. Juin 1669. 9. *vol. des Ord. de Loüis XIV. fol.* 178.

Lettres patentes portant don à Messire Guillaume de Lamoignon, Chevalier, premier President au Parlement de Paris, de la Justice dans le village de Sermaise. A Fontainebleau en Octobre 1661. reg. le 24. Avril 1662. 9. *vol. des Ord. de Louis XIV. fol.* 63.

Declaration pour les droits des Greffes, Tabellionnages, Controlles & Gardesels. A Fontainebleau le 5. Novembre 1661. pub. au Seau le 5. Decembre suivant.

Edit portant création d'une Chambre de Justice pour la recherche des abus & malversations commises dans les Finances depuis l'année 1625. A Fontainebleau en Novembre 1661. reg. au Parlement de Paris le 18. du même mois, & en celuy de Roüen le 24. Novembre de la même année.

Commission contenant le nom des Juges & Officiers dont doit être composée ladite Chambre de Justice. A Fontainebleau le 15. Nov. 1661. reg. en la Chambre de Justice le 3. Decembre suivant.

Commission pour les Officiers du Grand-Conseil qui doivent estre du Corps de la Chambre de Justice. A Fontainebleau le 15. Novembre 1661. reg. en ladite Chambre le 3. Novembre suivant.

Edit portant attribution au Parlement de Mets du ressort des Justices établies par le Roy dans les villes & lieux dépendans de la Provin-

LOUIS XIV. ce de Hainault, qui luy ont esté cedées par le Traité des Pirenées. A Fontainebleau en Novembre 1661. *V. celuy du mois d'Aoust.* 1678.

1661. Declaration pour l'execution de l'Edit du mois de Novembre precedent portant création de la Chambre de Justice. A Paris le 2. Decembre 1661. reg. en ladite Chambre le 3. du même mois.

Lettres patentes portant confirmation des privileges des Religieux de l'Ordre de Premonstré. A Paris en Decembre 1661. reg. le 14. May 1663. 9. *vol. des Ord. de Loüis XIV. fol.* 251

Edit portant reglement pour la vente du sel aux Comtez de Roussillon, Conflans & Cerdana. A Paris en Decembre 1661.

1662. Lettres patentes portant érection des Isles de Tabago dans l'Amerique en Baronnie. A S. Germain en Laye en Avril 1662. reg. le 25. May 1663. 9. *vol. des Ord. de Louis XIV. fol.* 321.

Declaration portant que tous les droits de Peages & Travers tant par eau que par terre accordez à temps, demeureront pleinement éteints & supprimez aprés le temps porté par les concessions; & qu'il sera procedé extraordinairement contre ceux qui continueront à les lever aprés ledit temps. A Paris le 6. May 1662. reg. le 10. Juin suivant.

Declaration portant décharge de tous les restes des Tailles, Taillon, Subsistances & autres Impositions depuis l'année 1647. jusques & compris l'année 1656. à l'exception de ce qui se trouvera deub par les Receveurs & Collecteurs desdites Tailles, &c. A Paris le 6. May. 1662. reg. en la Chambre des Comptes le 9. Juin suivant.

Declaration portant réglement pour la vente par decret des biens immeubles de ceux qui sont accusez & condamnez en la Chambre de Justice. A Paris le 14. Juin 1662. reg. en la Chambre de Justice le 28. du même mois.

Declaration pour l'établissement d'un Hôpital general dans les villes, & gros bourgs du Royaume en execution de l'art. 73. des Ord. faites à Moulins en Fevrier 1566. Declaration du 22. May 1586. & de l'Edit du mois d'Avril 1656. A S. Germain en Laye en Juin 1662. reg. au Parlement de Paris le 21. Aoust suivant, & en celuy de Roüen le 20 Aoust 1676.

Declaration portant reglement pour l'ordre, façon & debit des cuirs & droits attribuez aux Vendeurs de cuirs à Paris, &c. A S. Germain en Laye le 20. Juillet 1662. reg. le 21. Aoust de la même année. 9. *vol. des Ord. de Louis XIV. fol.* 122.

Lettres patentes portant érection de la Prevôté d'Yvoy dans le Luxembourg & de ses dépendances en Duché, sous le nom de Carignan, en faveur d'Eugene Maurice de Savoye Comte de Soissons. A S. Germain en Laye en Juillet 1662. reg. au Parlement de Mets le 26. du même mois.

Ducs de Carignan.

Eugene Maurice de Savoye, Duc de Carignan, Comte de Soissons, decedé le 8. Juin 1673.

Loüis Thomas de Savoye, Duc de Carignan, Comte de Soissons, &c.

Lettres patentes pour l'enregistrement au Parlement de Roüen d'un Arrest du Conseil du 29. Juillet 1662. portant revocation de l'Edit du mois de Juillet 1620. par lequel les Offices de Chargeurs, Dechargeurs, & Emballeurs sous corde dans la Ville de Roüen ont esté créez. A S. Germain en Laye le 27. Juillet 1662. reg. le 8. Aoust de la même année.

Lettres patentes portant jussion au Parlement de Paris pour l'enregistrement de l'Edit du mois d'Avril 1657. portant creation de quatre Maistrises en faveur de la naissance de Monseigeur le Dauphin. A S. Germain en Laye le 3. Aoust 1662. reg. le 21. dudit mois. *9. vol. des Ord. de Louis XIV. fol.* 135.

Lettres patentes portant érection de la Terre d'Aurigny en Marquisat. A S. Germain en Laye en Aoust 1662. reg. le 27. Juin 1664. *10. vol. des Ord. de Louis XIV. fol.* 112.

Lettres patentes portant confirmation de celles des mois d'Avril 1651. & Fevrier 1652. & rétablissement, entant que besoin seroit, des titres de Duché & Pairie aux Terres d'Albret & de Château-thierry en faveur de Godefroy Maurice de la Tour d'Auvergne, Duc de Boüillon, grand Chambellan de France pour en joüir par luy, ses Enfans, heritiers, successeurs & descendans, tant mâles que femelles, à perpetuité & même par Henry de la Tour d'Auvergne Maréchal General des Camps & Armées du Roy, son oncle, & ses descendans, au deffaut des heritiers mâles ou femelles dudit Duc de Boüillon, &c. A S. Germain en Laye en Aoust 1662 reg. le 2. Decembre 1665. *10. vol. des Ord. de Loüis XIV. fol.* 429.

Lettres Patentes portant érection de la Terre de saint Maxire en Chastellenie. A S. Germain en Laye en Aoust 1662. reg. le 21. dudit mois. *9. vol. des Ord. de Louis XIV. fol.* 135.

Lettres patentes portant, que la Terre de Villebon ne relevera plus du Comté de Montlhery, mais de la grosse Tour du Louvre. A S. Germain en Laye en Aoust 1662 reg. le 1. Septembre sui-

LOUIS XIV. vant. 9. *vol. des Ord. de Loüis XIV. fol.* 144.

1662. Edit portant creation de deux Maîtrises de tous arts & mestiers en chacune ville, &c. en faveur du mariage de Monsieur Frere unique du Roy Duc d'Orleans. A S. Germain en Laye en Aoust 1662. reg. au Parlement de Roüen le 2. Aoust. 1663.

Declaration portant revocation des Privileges & exemptions de Tailles accordées aux Officiers des Maréchaussées. A S. Germain en Laye en Septembre 1662. reg. en la Cour des Aydes de Normandie le 27. Octobre suivant.

Edit portant reglement entre les Officiers de la Maréchaussée & les Juges ordinaires de la ville de Lyon. A Paris le 18. Decembre 1662. reg. le 1. Fevrier 1663. 9. *vol. des Ord. de Louis XIV. fol.* 232. & 453.

Lettres patentes portant confirmation des privileges des Capucins & permission de s'établir en tous les lieux du Royaume. A Paris en Decembre 1662. reg. le 29. du même mois. 9. *vol. des Ord. de Louis XIV. fol.* 180. & 452.

Lettres patentes portant confirmation des Privileges des Chartreux. A Paris en Janvier 1663. reg. le 3. Fevrier suivant. 9. *vol. des Ord. de Louis XIV. fol.* 273.

1663. Declaration portant reglement pour l'exemption des Tailles dans la Province de Normandie à l'égard des Officiers domestiques & Commensaux des Maisons Royales. A Paris le 26. Janvier 1663. reg. en la Cour des Aydes de Roüen le 9. Fevrier de la même année.

Declaration portant union du Fauxbourg de l'Aumône & Paroisse de saint Oüen à la Ville & election Pontoise. A Paris le 27. Janvier 1663. reg. en la Cour des Aydes le 22. Decembre 1665.

Declaration servant de reglement pour la levée des droits de Peage, tant par eau que par terre, dans l'estenduë de la France & pour arrester le cours des abus qui s'y sont commis jusqu'à present, contenant 14. articles. A Paris le dernier Janvier 1663. reg. le 19. Fevrier suivant. 9. *vol. des Ord. de Louis XIV. fol.* 240.

Lettres patentes portant union de la Baronnie de Samblancay & Vicomté de Tours au Duché & Pairie de Luynes, en faveur de Messire Charles d'Albert Duc de Luynes, Pair de France. A Paris en Fevrier 1663. reg. le 17. Avril suivant. 9. *vol. des Ord. de Louis XIV. fol.* 299. *V. celles du mois d'Aoust* 1619.

Declaration portant reglement general sur le fait des Tailles. A Paris le 12. Fevrier 1663. reg. en la Cour des Aydes le 21. Juin suivant.

Declaration contre les Fauxsauniers portant reglement pour leur punition. A Paris le 17. Fevrier 1663. reg. en la Cour des Aydes le 31. Decembre de la même année. LOUIS XIV. 1663.

Lettres patentes portant érection de la Terre de Randan en Duché & Pairie, en faveur de Dame Marie Catherine de la Rochefoucaut, Marquise de Senecey, Comtesse de Randan, Dame d'atour de la Reyne mere du Roy, pour en joüir aprés elle par la Dame Comtesse de Fleix sa fille, & par Messire Gaston Jean-Baptiste de Foix de Candalle son fils & ses descendans mâles. A Paris en Mars 1663. reg. le 15. Decembre suivant.

Ducs de Randan.

Henry de Beaufremont Marquis de Senecey, Chevalier des Ordres du Roy, avoit épousé Marie Catherine de la Rochefoucaut Comtesse de Randan.

Marie Claire de Beaufremont Marquise de Senecey fut mariée avec Jean Baptiste Gaston de Foix Comte de Fleix.

Gaston Iean Baptiste de Foix Duc de Randan Pair de France decedé le 12. Decembre 1665.	Henry François de Foix Duc de Randan Pair de France	Henry Charles de Foix Duc de Randan, Pair de France.

Marie de Foix decedée en 1667.

Declaration portant confirmation des privileges des Cinquanteniers & Dixeniers de la Ville de Paris. A Paris en Mars 1663. reg. le 6. Septembre suivant. 9. *vol. des Ord. de Louis XIV*. 412.

Declaration portant reglement pour le droit de gros des vins, qui entrent & se consomment pour la provision des Bourgeois & habitans de la Ville & Fauxbourgs de Paris, & pour les coulages & boissons des vins que les Vignerons recueillent. A Paris le 16. Avril 1663. reg. en la Cour des Aydes le 31. Decembre suivant.

Declaration portant deffences à tous ceux qui aprés avoir fait abjuration de la R. P. R. auroient embrassé la R. C. A. & R. de retourner à faire profession de ladite R. P. R. comme aussi à tous Prêtres & Religieux engagez dans les Ordres sacrez de quitter la R. C. pour prendre ladite R. P. R. en explication de l'article 19. de l'Edit du mois d'Avril 1598. & du 39. des articles secrets dudit Edit. A Paris en Avril 1663. reg. au Parlement de Roüen le 5. & en celuy de Paris le 7. Juin de la même année.

Loüis XIV.

1663.

Lettres patentes portant jussion au Parlement de Paris pour la verification de celles du mois de Juin 1661. portant desunion de la Terre de Charny du Duché de S. Fargeau. A Paris le 24. Avril 1663. reg. le 11. May audit an. *9. vol des Ord. de Louis XIV. fol.* 309.

Edit portant creation de lettres de Maîtrises de tous arts & mêtiers en chacune ville, &c. en faveur du mariage de Monsieur Duc d'Orleans Frere unique du Roy. A Paris en May 1663. reg. le 17. Juillet 1664. 10. *vol. des Ord. de Louis XIV fol.* 126.

Edit portant reglement pour l'Artillerie & la poudre à canon. A Paris en Juin 1663. reg. le 7. Juillet suivant. 9. *vol. des Ord. de Louis XIV. fol.* 350.

Lettres patentes adressées à la Cour des Aydes de Normandie portant relief de surannation pour l'enregistrement de la Declaration du 8. Janvier 1655. donnée en faveur des Capitaines Lieutenans & Enseignes de la Ville de Roüen. A Paris le 24. Juin 1663. reg. le 9. Aoust de la même année. *V. la Declaration du* 29. *Mars* 1675.

Lettres patentes portant relief de surannation pour l'enregistrement de l'Edit du mois de Septembre 1658. en faveur des Officiers du Parlement de Mets. A Paris le 11 Juillet 1663. reg. le 6. Septembre audit an. 9. *vol. des Ord. de Loüis XIV. fol.* 418.

Lettres patentes portant jussion à la Cour des Aydes de Paris pour la verification de la Declaration du 12. Fevrier precedent concernant les Tailles. A Paris le 11. Juillet 1663. reg. le 20. Aoust suivant.

Declaration portant reglement pour la qualité & prix des bois qui seront vendus sur les quais de la Ville de Roüen. A Paris le le 13 Juillet 1663.

Declaration en faveur des Maistres Fourbisseurs à Paris qui les exempte des Edits de création de Lettres de Maîtrises, A Paris en Juillet 1663. reg. le 31. dudit mois. 9. *vol. des Ord. de Louis XIV. fol.* 363.

Edit portant desunion des deux Offices de Lieutenant Particulier Civil & Lieutenant Criminel Assesseur au siege de Coignac. A Paris le 23. Juillet 1663. reg. le 7. Aoust de la même année. 9. *vol. des Ord. de Louis XIV. fol.* 380.

Lettres patentes portant confirmation des Statuts des Maistres Cuisiniers à Paris. A Paris en Aoust 1663. reg. le 29. Janvier 1664. 10. *vol. des Ord. de Louis XIV. fol.* 12.

Declaration touchant l'authorité du Pape sur le temporel des Rois. A Paris le 4. Aoust 1663. reg. au Parlement de Roüen le 27. Novembre suivant.

Declaration

Declaration pour l'enregistrement du Traité fait entre le Roy & le Duc de Loraine le dernier Fevrier 1661. A Vincennes le 6. Septembre 1663. reg. le 7. Decembre suivant.

Declaration portant que ceux qui seront commis par le Procureur General de la Cour des Aydes pour exercer & faire la fonction de ses Substituts, & Substituts desdits Substituts és Sieges des Elections, Greniers à sel, Traites & autres Jurisdictions de la Cour des Aydes, pendant l'absence de ceux qui sont pourvûs par le Roy desdits Offices, seront receus & exerceront lesdites commissions & substitutions en la maniere accoûtumée. A Vincennes le 22. Septembre 1663. reg. en la Cour des Aydes le 1. Decembre de la même année.

Edit portant création des Offices de Procureurs postulans au Parlement, Chambre des Comptes, & autres jurisdictions Royales des Provinces de Bourgogne & Bresse, Bugey, Valromey & Gex. A Paris en Novembre 1663.

Lettres patentes portant surannation pour l'enregistrement de l'Edit du 19. Juillet 1658. portant exemption des peages en faveur des Marchands Suisses. A Paris le 17. Novembre 1663. reg. le 11. Decembre suivant. 9. *vol. des Ord. de Louis XIV. fol.* 437.

Declaration portant décharge en faveur des Communautez Ecclesiastiques & seculieres des Frontieres de Picardie, Champagne & du ressort du Parlement de Mets de la moitié des arrerages des rentes foncieres & constituées, deus & écheus depuis la declaration de la guerre jusques & compris l'année 1661. en payant l'autre moitiée en deux termes sçavoir le premier dans trois ans & l'autre dans trois aprés, sans préjudice des interests courans. A Paris le 6. Decembre 1663.

Lettres patentes portant relief de surannation pour l'enregistrement de celles du mois de Juillet 1652. par lesquelles le Marquisat Verneüil est erigé en Duché & Pairie. A Paris le 11. Decembre 1663. reg. le 15. du même mois. 9. *vol. des Ord. de Louis XIV. fol.* 460.

Lettres patentes portant érection de la Terre de la Meilleraye en Duché & Pairie en faveur de Charles de la Porte Seigneur de la Meilleraye, Maréchal & Grand-Maître de l'Artillerie de France, Chevalier des Ordres du Roy, &c. A Paris en Decembre 1663. reg. le 15. du même mois.

Ducs de la Meilleraye.

Charles de la Porte Duc de la Meilleraye, Pair, Mareschal & Grand-Maître de l'Artillerie de France, Chevalier des Ordres du Roy, &c. decedé le 8. Fevrier 1664.

Armand-Charles de la Porte, Duc de la Meilleraye, Rethel Mazariny, & de Mayenne, Pair de France, &c.

Lettres patentes portant érection de la Terre de Rethel &c. en Duché & Pairie sous le nom de Mazarini en faveur de Messire Armand-Charles de la Porte Grand-Maître de l'Artillerie de France & de ses descendans mâles & femelles, & de tous ceux qui sont appellez aux substitutions faites par le Cardinal Mazarini. A Paris en Decembre 1663. reg. le 15. du même mois.

Lettres patentes portant relief de surannation pour l'enregistrement de celles du mois de Decemble 1650. par lesquelles le Marquisat de Mortemar est erigé en Duché & Pairie. A Paris le 11. Decembre 1663. reg. le 15. du même mois. 9. *vol. des Ord. de Louis XIV. fol.* 463.

Lettres patentes portant relief de surannation pour l'enregistrement de celles du mois de Mars 1643. par lesquelles le Comté de la Rocheguyon est erigé en Duché & Pairie, &c. A Paris en Decembre 1663. reg. le 15. du même mois. 9. *vol. des Ord. de Louis XIV. fol.* 467.

Lettres patentes portant érection du Comté de Rendan en Duché & & Pairie en frveur de Messire Gaston-Jean-Baptiste de Foix &c. A Paris en Decembre 1663. reg. le 15. dudit mois. 9. *vol. des Ord. de Loüis XIV. fol.* 468.

Lettres patentes portant relief pour l'enregistrement de celles du 1648. par lesquelles le Marquisat de Cœuvres est erigé en Duché & Pairie. A Paris le 11. Decembre 1663. reg. le 15. du même mois. 9. *vol. des Ord. de Louis XIV. fol.* 472.

Lettres patentes portant relief de surannation pour l'enregistrement de celles du mois de Juin 1652. par lesquelles la Principauté de Poix est erigée en Duché & Pairie &c. A Paris le 11. Decembre 1663. reg. le 15. du même mois. 9. *vol. des Ord. de Louis XIV. fol.* 475.

Lettres patentes portant relief de surannation pour l'enregistrement de celles du mois de Septembre 1651. portant érection du Marquisat de Villeroy en Duché & Pairie, &c. A Paris le 11. Decembre 1663. reg. le 15. du même mois. *9. vol. des Ord. de Loüis XIV. fol.* 479. Loüis XIV. 1663.

Lettres patentes portant relief de surannation pour l'enregistrement de celles du mois de Novembre 1648. portant érection du Comté de Grammont en Duché & Pairie, &c. A Paris le 11. Decembre 1663. reg. le 15. du même mois. *9. vol. des Ord. de Loüis XIV fol.* 482.

Lettres patentes portant érection du Comté de S. Aignan en Duché & Pairie, en faveur de Messire François de Beauvilliers, Comte de S. Aignan, Chevalier des Ordres du Roy, &c. A Paris en Decembre 1663. reg. le 15. du même mois. *9. vol. des Ord. de Loüis XIV. fol.* 483.

Ducs de S. Aignan.

François de Beauvilliers Duc de S. Aignan, Pair de France, Chevalier des Ordres du Roy, premier Gentilhomme de la Chambre, &c.

Paul de Beauvilliers Duc de S. Aignan, Pair de France, &c.

Lettres patentes portant érection du Comté d'Ayen en Duché & Pairie sous le nom de Noailles, en faveur de Messire Anne de Noailles, Comte d'Ayen, &c. A Paris en Decembre 1663. reg. le 15. du même mois. *9. vol des Ord. de Louis XIV. fol.* 486.

Ducs de Noailles.

Anne Duc de Noailles, Pair de France, Chevalier des Ordres du Roy, &c. decedé le 15. Fevrier 1678.

Anne-Jules de Noailles, Pair de France, Capitaine des Gardes du Corps du Roy, &c.

Lettres patentes portant érection du Duché & Pairie de Coislin, en faveur de Messire Armand du Cambout, Marquis de Coislin, &c. A Paris en Decembre 1663. reg. le 15. du même mois. *9. vol. des Ord. de Louis XIV. fol.* 488.

Declaration portant que les Officiers des Bureaux des Finances,

LOUIS XIV. 1663. Eaux & Forests, Elections, Greniers à sel, Maréchaussées, & autres, seront obligez de resider és lieux de leur établissement ; & que les Comptables ne pourront estre admis à l'exercice de leurs Charges, qu'ils n'ayent compté de leur maniment, payé leurs debets de Clair, & fourni les actes de caution, &c. A Paris le 29. Decembre 1663. reg. en la Chambre des Comptes, & Cour des Aydes le 31. du même mois.

Declaration portant reglement pour la recherche des debets de comptes, & debets de quittances. A Paris le 29. Decembre 1663. reg. le 31. dudit mois.

Lettres patentes portant seconde jussion à la Cour des Aydes, pour l'enregistrement de la Declaration du 12. Fevrier precedent, portant reglement sur le fait des Tailles. A Paris le 29. Decembre 1663. reg. en la Cour des Aydes le 31. dudit mois.

Lettres patentes portant jussion à la Chambre des Comptes de Paris, pour lever les modifications apportées à l'enregistrement de l'Edit du mois d'Aoust 1661. pour la suppression des Officiers des Elections, &c. A Paris le 29. Decembre 1663. reg. le 31. dudit mois.

Edit portant suppression des Offices quatriennaux créez par celuy du mois d'Aoust 1645. à l'exception des Receveurs des Consignations, & Commissaires aux saisies réelles, &c. A Paris en Decembre 1663. reg. en la Chambre des Comptes, & Cour des Aydes le 31. dudit mois. *Ce même Edit est verifié au Parlement, & datté du mois d'Avril* 1664.

Lettres patentes portant érection du Marquisat de Vandenesse. A Paris en Decembre 1663. reg. le 17. May 1664. 10. *vol. des Ord. de Louis XIV. fol.* 88.

Lettres patentes portant confirmation des Statuts des Maîtres Taillandiers à Paris. A Paris en Decembre 1663. reg. le 25. Janvier 1664. 10. *vol. des Ord. de Loüis XIV. fol.* 6.

Edit portant revocation des hereditez & survivances accordées à tous Offices, &c. A Paris en Decembre 1663. reg. en la Chambre des Comptes, & Cour des Aydes le 31. dudit mois.

Edit portant suppression des Offices de Commissaires des Tailles ; des deux sols pour livre qui leur estoient attribuez : des rentes constituées depuis l'année 1656. réünion à la Ferme generale des Aydes de la moitié des octrois des Villes, &c. A Paris en Decembre 1663. reg. en la Chambre des Comptes, & Cour des Aydes le 31. dudit mois.

Declaration portant que conformément à celle du 21. Decembre 1647. & à l'Edit du mois de Decembre 1652. par lequel les droits supprimez par la Declaration du 22. Octobre 1648. sont rétablis au lieu du revenu total de tous les dons, concessions, & octrois des Villes & Communautez, il en sera seulement levé la moitié au profit du Roy, &c. A Paris en Decembre 1663. reg. en la Chambre des Comptes, & Cour des Aydes le 31. dudit mois. LOUIS XIV. 1663.

Edit portant suppression des Offices créez dans les Maîtrises generales & particulieres des Eaux & Forests, depuis le 1. Janvier 1635. &c. A Paris en Decembre 1663. reg. en la Chambre des Comptes le 31. dudit mois. *Cet Edit est aussi verifié au Parlement, mais il est datté du mois d'Avril 1664.*

Edit portant rétablissement des Officiers des Greniers à sel, supprimez par celuy du mois d'Aoust 1661. &c. A Paris en Decembre 1663. reg. en la Chambre des Comptes, & Cour des Aydes le 31. dudit mois.

Lettres patentes portant confirmation des Statuts de l'Academie Royale de Peinture & Sculpture. A Paris en Decembre 1663. reg. le 14. May 1664. 10. *vol. des Ord. de Louis XIV. fol.* 80.

Lettres patentes portant jussion au Parlement de Roüen, pour l'enregistrement de l'Edit du mois d'Avril 1657. portant création de quatre Lettres de Maîtrises en faveur de la naissance de Monseigneur le Dauphin. A Paris le 30. Decembre 1663. regist. le 26. May 1664.

Declaration qui confirme le resultat fait par les Juges & Consuls de la ville de Paris, sur le fait & negoce des Lettres & Billets de change. A Paris le 9. Janvier 1664. reg. le 31. du même mois. 10. *vol. des Ord. de Louis XIV. fol.* 22. 1664.

Declaration concernant les Isles, Islots, & atterrissemens, &c. A Paris en Mars 1664. *V. celle du mois d'Avril* 1668.

Edit portant que les Bulles des Papes Innocent X. & Alexandre VII. au sujet des cinq propositions extraites du Livre de Jansenius, intitulé *Augustinus*, seront publiées dans tout le Royaume; que tous les Ecclesiastiques Seculiers & Reguliers, seront tenus de souscrire & signer le formulaire dressé par l'Assemblée generale du Clergé de France le 17. Mars 1657. dans le temps & sur les peines mentionnées audit Edit. A Paris en Avril 1664. reg. au Parlement de Paris le 29. du même mois, & en celuy de Roüen le 20. Juin suivant. 10. *vol. des Ord. de Louis XIV. fol.* 46.

Lettres patentes portant union des Terres de Chevrigny, Aigre-

LOUIS XIV. 1664. foin, & autres, au Duché de Chevreuse. A Paris en Avril 1664. *V. celles du mois de Decembre 1667.*

Edit portant suppression de 84. Offices de Secretaires du Roy, créez par celuy du mois de Decembre 1635. de 45. Offices de Secretaires du Roy, faisant partie des 46. créez par autre Edit du mois d'Octobre 1641. ensemble ceux créez par les Edits des mois de Mars 1655. & Avril 1657. des quatre Controlleurs Conservateurs du Seau, créez par celuy du mois d'Avril 1657. de deux Offices des quatre de Greffiers des expeditions de la Chancellerie, créez par celuy du mois de Mars 1645. deux des quatre Offices de Gardes des quittances, créez par autre Edit dudit mois de Mars 1645. &c. reduction des Notaires, Tabellions, Procureurs, Huissiers, & Sergens, &c. A Paris en Avril 1664. reg. au Parlement le 29. & en la Chambre des Comptes le 30. du même mois. 10. *vol. des Ord. de Loüis XIV. fol.* 51.

Edit portant suppression des Offices créez dans les Maîtrises generales & particulieres des Eaux & Forests, depuis le 1. Janvier 1635. &c. A Paris en Avril 1664. reg. le 29. du même mois. 10. *vol. des Ord de Loüis XIV. fol.* 42. *V. pareil Edit en Decembre 1663.*

Edit portant suppression des Offices de quatriennaux, créez par celuy du mois d'Aoust 1645. &c. à l'exception de ceux de Receveurs des Consignations, & Commissaires aux saisies réelles, &c. A Paris en Avril 1664. reg. le 29. dudit mois. 10. *vol. des Ord. de Louis XIV. fol.* 44. *V. pareil Edit en Decembre 1663.*

Declaration portant que toutes les obligations cy-devant passées, & qui se passeront à l'avenir sans aucune force ny violence par les femmes mariées dans la ville de Lyon, païs de Lyonnois, Masconnois, Forests, & Beaujollois, sur lesquelles aucun Arrest n'est encore intervenu, seront bonnes & valables: & que par icelles les femmes ayent pû par le passé, & puissent à l'avenir obliger valablement sans aucune distinction tous & chacuns leurs biens dotaux & paraphernaux, mobiliaires & immobiliaires, sans avoir égard à la disposition de la Loy Julie, qui est abrogée à cet égard, &c. A Paris en Avril 1664. reg. le 20. Aoust de la même année. 10. *vol. des Ord. de Loüis XIV. fol.* 150.

Edit portant établissement de la Compagnie des Indes Occidentales, contenant 43. articles. A Paris en May 1664. regist. au Parlement le 11. & en la Chambre des Comptes le dernier Juillet audit an.

Lettres patentes portant érection du Marquisat de Rochefort. A

Paris en May 1664. reg. le 17. du même mois. 10. *vol. des Ord. de Louis XIV. fol.* 91. LOÜIS XVI.

Declaration pour l'execution des Bulles du Pape, par lesquelles l'Evêché de Maillezais est transferé dans la ville de la Rochelle. A Paris le 20. May 1664. reg. le 4. May 1665. 10. *vol. des Ord. Louis XIV. fol.* 309. 1664.

Lettres patentes portant érection du Marquisat de Saignieres. A Fontainebleau en May 1664. reg. le 28. Mars 1665. 10. *vol. des Ord. de Loüis XIV. fol.* 303.

Declaration portant reglement pour les privileges & exemptions des Officiers domestiques & commensaux des Maisons Royales, & qui sont ceux qui sont en droit d'en joüir. A Fontainebleau le 30. May 1664. reg. en la Cour des Aydes le 20. Juin de la même année.

Declaration pour l'enregistrement des Bulles & facultez du Cardinal Chigi Legat *à latere*, dans le Royaume. A Fontainebleau le 15. Juin 1664. reg. le 2. Juillet suivant. 10. *vol. des Ord. de Louis XIV. fol.* 114.

Lettres patentes portant érection de la Terre de Bonnivet en Châstellenie. A Fontainebleau en Juin 1664. reg. le 17. dudit mois. 10. *vol. des Ord. de Loüis XIV. fol.* 109.

Declaration pour l'execution de celle du 8. Fevrier 1661. contre les usurpateurs de Noblesse. A Fontainebleau le 22. Juin 1664. reg. en la Cour des Aydes le 5. Juillet suivant.

Lettres patentes addressées à la Cour des Aydes de Normandie, pour l'enregistrement d'un Arrest du Conseil, portant reglement pour les Tailles dans la Province de Normandie, & le devoir des Huissiers & Sergens: défenses d'executer les lits, habits, pain, chevaux & bœufs servans au labour, ny les outils des Artisans & Manouvriers, contenant 20. articles. A Fontainebleau le 2. Aoust 1664. registrées en la Cour des Aydes de Roüen le 14. du même mois.

Edit portant revocation des Lettres de Noblesse expediées depuis le 1. Janvier 1630. & reglement general pour les Tailles dans la Province de Normandie, contenant 44. articles. A Fontainebleau en Aoust 1664. reg. en la Cour des Aydes de Normandie le 14. du même mois.

Lettres patentes portant érection du Marquisat de Montausier en Duché & Pairie, en faveur de Charles de sainte Maure, Marquis de Montausier, Chevalier des Ordres du Roy, Gouverneur

Loüis XIV. 1664. & Lieutenant general és Provinces de Xaintonge & Angoumois, Lieutenant general en la basse & haute Alsace, & Commandant pour le service du Roy en la Province de Normandie, & de ses hoirs mâles procréez en loyal mariage, &c. A Fontainebleau en Aoust 1664. reg. le 2. Decembre 1665. 10. *vol. des Ord. de Louis XIV. fol.* 221.

Edit portant reglement pour la reduction des Notaires, Huissiers & Sergens dans le ressort du Parlement de Roüen. A Vincennes en Aoust 1664. reg. au Parlement de Roüen le 9. Septembre suivant.

Edit portant reglement pour l'établissement d'une Compagnie pour le Commerce des Indes Orientales, contenant 48. articles. A Vincennes en Aoust 1664. regist. au Parlement de Paris le 1. Septembre de la même année, & en celuy de Roüen le 5. dudit mois.

Declaration en faveur des Officiers tant du Conseil du Roy, que des Cours & Compagnies Souveraines, qui seront interessez és Compagnies des Indes Occidentales & Orientales établies par les Edits des mois de May precedent & present mois d'Aoust. A Vincennes le 27. Aoust 1664. registrée au Parlement de Paris le 1. Septembre, en celuy de Roüen le 5. en la Chambre des Comptes de Paris le 11. & en la Cour des Aydes de la même Ville le 22. dudit mois.

Edit portant revocation des Lettres de Noblesse accordées aux particuliers depuis l'année 1614. A Vincennes en Septembre 1664. reg. en la Cour des Aydes le 11. Decembre suivant.

Lettres patentes portant confirmation des Statuts des Maîtres Fripiers à Paris. A Vincennes en Septembre 1664. reg. le 9. Fevrier 1665. 10. *vol. des Ord. de Louis XIV. fol.* 272.

Declaration pour la diminution des droits du Roy, sur les Marchandises dans les Villes maritimes, & pour l'établissement du transit & de l'entrepost. A Vincennes en Septembre 1664. *V. celle du mois de Fevrier* 1670.

Declaration portant que les Sagesfemmes seront dorénavant receuës à S. Cosme, par le Corps de Chirurgie, en presence de la Faculté de Medecine, sur la presentation & instruction qui en sera faite par la Jurée Sagefemme, en titre d'Office és Châtelets. A Vincennes en Septembre 1664. reg. le 19. Aoust 1666.

Edit portant reglement sur l'état de Barberie & de Chirurgie. A en Novembre 1664. *V. la Declar. du* 22. *Decembre* 1667.

Lettres

Lettres patentes portant confirmation des Statuts des Maîtres Peaussiers à Paris. A Paris en Novembre 1664. reg. le 9. Janvier 1665. *10. vol. des Ord. de Louis XIV. fol.* 225.

1664. Declaration portant reduction & moderation des restitutions dûës au Roy, à cause des remboursemens des rentes, Offices, droits, & dettes remboursées par sa Majesté depuis le 1. Janvier 1630. avec confirmation desdits remboursemens, & décharge de toutes recherches pour raison d'iceux. A Paris le 4. Decembre 1664. reg. en la Chambre des Comptes le 14. Janvier 1665.

Declaration portant reglement pour les rentes de l'Hôtel de Ville de Paris, assignées sur les deniers des Fermes, &c. A Paris le 9. Decembre 1664. *V. celle du 13. Janvier 1665.*

1665. Declaration en faveur des proprietaires des rentes cy-devant assignées sur les Tailles, en consequence de celle du 9. Decembre 1664. & rétablissement de l'heredité des Offices de Receveurs & Payeurs des rentes de l'Hôtel de Ville de Paris. A Paris le 13. Janvier 1665. registrée en la Chambre des Comptes le 14. du même mois.

Edit portant création de deux Lettres de Maîtrises, en faveur du titre de premier Prince du Sang acquis à Monsieur le Duc de Valois. A Paris en Janvier 1665. reg. le 30. Juin 1666.

Declaration pour l'enregistrement de la Bulle du Pape Alexandre VII. contenant le formulaire qui doit estre souscrit par tous les Ecclesiastiques Seculiers & Reguliers, & même les Religieuses, au sujet des cinq propositions extraites du Livre de Jansenius, intitulé *Augustinus.* A Paris en Avril 1665. reg. au Parlement de Paris le 29. du même mois, & en celuy de Roüen le 21. May suivant.

Declaration sur le renouvellement d'alliance avec les Etats Generaux des Provinces unies des Païs-bas. A S. Germain en Laye le 30. May 1665. reg. le 7. Juillet suivant.

Lettres patentes portant érection du Marquisat de Payen. A S. Germain en Laye en Juin 1665. reg. le 7. Aoust de la même année. *10. vol. des Ord. de Louis XIV. fol.* 367.

Declaration en consequence de celle du mois d'Avril 1663. portant que les relaps seront bannis à perpetuité. A S. Germain en Laye le 20. Juin 1665. reg. au Parlement de Roüen le 2. Juillet audit an, & en celuy de Paris le 23. Janvier 1666.

Declaration portant reglement pour l'élection des Echevins, & autres Officiers de l'Hôtel de Ville de Roüen. A S. Germain

LOUIS XIV. en Laye en Juin 1665. reg. au Parlement de Roüen le 2. Juillet suivant.

1665. Declaration portant défenses aux Pages & Laquais de porter des armes. A S. Germain en Laye le 25. Juin 1665. reg. le 12. Aoust suivant.

Lettres patentes portant jussion à la Cour des Monnoyes, pour l'enregistrement de l'Edit du mois d'Avril 1657. portant création de quatre Lettres de Maîtrises en faveur de la naissance de Monseigneur de Dauphin. A S. Germain en Laye le 2. Juillet 1665. reg. le 22. Decémbre de la même année.

Edit portant amnistie & abolition aux Comptables, Traitans, Presteurs, & gens d'affaires. A Paris en Juillet 1665. reg. au Parlement, en la Chambre des Comptes, & Cour des Aydes le 22. Decembre audit an. 10. *vol. des Ord. de Loüis XIV. fol.* 432.

Edit portant suppression de la Prevôté de Baugé. A S. Germain en Laye le 30. Juillet 1665. reg. le 5. Septembre de la même année. 10. *vol. des Ord. de Louis XIV. fol.* 387.

Edit pour l'établissement de la nouvelle Halle en franchise, au quartier des anciennes Halles de Paris, contenant 24. art. A Paris en Aoust 1665. reg. le 12. Aoust 1671.

Declaration pour l'établissement des Grands-Jours en la ville de Clermont en Auvergne. A Paris le dernier Aoust 1665. regist. le 5. Septembre audit an.

Commission contenant le nom des Juges qui doivent tenir les Grands-Jours en la ville de Clermont en Auvergne. A Paris le 3. Septembre 1665. reg. le 5. du même mois.

Declaration portant qu'il sera permis aux enfans de ceux de la Religion Pretenduë Reformée, qui se seront convertis, de retourner chez leurs pere & mere, ou de leur demander une pension. A Paris le 24. Octobre 1665. reg. au Parlement de Paris le 27. Novembre de la même année, & en celuy de Roüen le 20. Fevrier 1681. 10. *vol. des Ord. de Louis XIV. fol.* 413. *V. celle du 17. Iuin* 1681.

Declaration portant confirmation & prorogation des Grands-Jours en la ville de Clermont en Auvergne. A Paris le 6. Novembre 1665. reg. le 12. du même mois.

Lettres patentes portant relief de surannation pour l'enregistrement de celles des mois de Fevrier 1652. & Aoust 1662. pour l'érection & rétablissement des Terres d'Albret & de Château-Thierry, en Duché & Pairie. A Paris le 27. Novembre 1665. reg.

le 2. Decembre audit an. 10. *vol. des Ord. de Louis XIV. fol.* 430. Loüis XIV. 1665.

Lettres patentes portant relief de surannation pour l'enregistrement de celles du mois d'Aoust 1664. pour l'érection du Marquisat de Montausier en Duché & Pairie. A Paris le 27. Novembre 1665. reg. le 2. Decembre audit an. 10. *vol. des Ord. de Louis XIV. fol.* 224.

Lettres patentes portant érection de la Terre de Polisy en Duché & Pairie, sous le nom de Choiseul, en faveur de Messire Cesar de Choiseul, Comte du Plessis-Praslin, Maréchal de France, &c. A Paris en Novembre 1665. reg. le 2. Decembre de la même année. 10. *vol. des Ord. de Loüis XIV. fol.* 422.

Ducs de Choiseul.

Cesar Duc de Choiseul, Pair & Maréchal de France, Chevalier des Ordres du Roy.

Alexandre de Choiseul, Comte du Plessis, tué à la prise d'Arnhem le 14. Juin 1672.	Auguste Duc de Choiseul, Pair de France par la mort de son neveu.
Cesar-Auguste Duc de Choiseul, Pair de France, tué au siege de Luxembourg en 1684.	

Lettres patentes portant érection du Marquisat d'Isles en Duché & Pairie, sous le nom d'Aumont, en faveur de Messire Antoine d'Aumont de Rochebaron, Maréchal de France, Chevalier des Ordres du Roy, &c. A Paris en Novembre 1665. reg. le 2. Decembre de la même année. 10. *vol. des Ord. de Loüis XIV. fol.* 414.

Ducs d'Aumont.

Antoine d'Aumont de Rochebaron, Duc d'Aumont, Pair & Maréchal de France, Chevalier des Ordres du Roy, Gouverneur de la ville de Paris, &c.

Loüis-Marie d'Aumont de Rochebaron, Duc d'Aumont, Pair de France, premier Gentilhomme de la Chambre, &c.

LOÜIS XIV. 1665. Lettres patentes portant érection de la Baronnie de la Ferté-Senneterre en Duché & Pairie, en faveur de Messire Henry de la Ferté-Senneterre, Maréchal de France, Chevalier des Ordres du Roy, &c. A Paris en Novembre 1665. reg. le 2. Decembre audit an. 10. *vol. des Ord. de Louis XIV. fol.* 418.

Ducs de la Ferté-Senneterre.

Henry de Senneterre Duc de la Ferté-Senneterre, Pair & Maréchal de France, Chevalier des Ordres du Roy, &c.

Henry de Senneterre, Duc de la Ferté-Senneterre, Pair de France, &c.

Edit portant continuation du droit annuel pendant trois années, & reglement pour le prix des Charges & Offices de Judicature. A Paris en Decembre 1665. reg. au Parlement, en la Chambre des Comptes, & Cour des Aydes le 22. du même mois, & au Parlement de Roüen le 12. Janvier 1666. 10. *vol. des Ord. de Loüis XIV. fol.* 438.

Edit portant suppression des rentes Provinciales assignées sur les Receptes generales & particulieres des Tailles, des Offices de Payeurs & Controlleurs d'icelles; des droits hereditaires attribuez aux Officiers des Elections supprimées; des Offices de Procureurs du Roy des Villes & Communautez; de ceux d'Intendans-Controlleurs des deniers communs, & Receveurs des Aydes: & reglement pour le payement des gages & droits des Officiers desdites Elections reservez. A Paris en Decembre 1665. reg. en la Chambre des Comptes le 22. dudit mois.

Edit portant reduction des Constitutions des rentes du denier 18. au denier 20. A Paris en Decembre 1665. regist. le 22. dudit mois. 10. *vol. des Ord. de Louis XV. fol.* 435.

1666. Declaration portant permission à Pierre Rigat de fabriquer, vendre, & debiter du savon. A S. Germain en Laye le 11. Mars 1666.

Declaration en consequence de l'art. 13. de l'Ordonnance du mois de Janvier 1629. & des Declarations des 17. Aoust 1632. & 18. Decembre 1634. qui ordonne que les portions & pensions congruës des Vicaires perpetuels, & Curez estant au deça de la Riviere de Loire, soient & demeurent reglées & moderées à la somme de 200. livres par an, pour les Curez des Eglises Paroissiales qui n'ont point de Vicaires, & 300. livres pour ceux qui en ont eu cy-devant, & sont encore obligez à present d'en avoir : qu'outre lesdites sommes, les offrandes & droits casuels desdites Eglises, ensemble les fondations des Obits demeurent ausdits Curez ou Vicaires perpetuels, & non les petites dismes, les revenus des fonds & domaines des Cures, & autres revenus ordinaires qui seront précomptez sur lesdites portions congruës, nonobstant ledit article 13. des Ordonnances du mois de Janvier 1629. A S. Germain en Laye le 30. Mars 1666. reg. au grand Conseil le 26. Avril suivant.

Declaration portant pouvoir aux Ecclesiastiques de rentrer en possession de leurs biens alienez. A S. Germain en Laye le dernier Mars 1666. *V. celle du mois de Novembre* 1674.

Declaration pour l'execution de celles des mois d'Avril 1663. & 20. Juin 1665. qui ordonne que tous accusez & prévenus du crime de relaps, ou apostasie, seront jugez par les Parlemens, chacun dans son ressort, & le procez par eux fait & parfait conformément à ladite Declaration du 20. Juin 1665. comme pareillement ceux qui sont prévenus de blasphêmes & impietez proferées contre les Mysteres de la Religion Catholique, avec défenses aux Chambres de l'Edit d'en connoître, sous quelque pretexte & occasion que ce soit, directement, ny indirectement, à peine de nullité, cassation de procedures, dépens, dommages & interests des parties, & de plus grands, s'il y échoit. A S. Germain en Laye le 2. Avril 1666. reg. au Parlement de Roüen le 13. Decembre audit an.

Declaration qui regle ce qui doit estre observé par ceux de la Religion Pretenduë Reformée. A S. Germain en Laye le 2. Avril 1666. reg. au Parlement de Roüen le 16. Decembre audit an.

Lettres patentes portant érection de la Terre de Roüannois en Duché & Pairie, en faveur de Messire François d'Aubusson, Comte de la Feüillade, &c. A S. Germain en Laye en Avril 1666. reg. le 30. Aoust suivant.

Edit portant création de deux Lettres de Maîtrises en faveur du titre de Dauphin, acquis au premier Fils de France. A S. Germain en Laye en Avril 1666. reg. au Parlement de Paris le 30. Avril, & en celuy de Roüen le 1. Juin audit an.

Declaration en faveur des Officiers domestiques & commensaux de la feuë Reine Marie de Medicis ayeule du Roy. A S. Ger-

LOUIS XIV. main en Laye le 11. May 1666. reg. en la Cour des Aydes le 10. Juin suivant.

1666. Edit portant création de deux Lettres de Maîtrises de tous arts & métiers en chacune Ville, &c. en faveur du mariage de la Reine, & de son heureux avenement à la Couronne. A S. Germain en Laye en May 1666. reg. au Parlement de Roüen le 27. Juillet 1668.

Edit portant création de deux Lettres de Maîtrises de tous arts & métiers en chacune Ville, &c. en faveur du titre de premier Prince du Sang, acquis à Monsieur le Duc de Valois. A S. Germain en Laye en Juin 1666. reg. au Parlement de Roüen le 8. Fevrier 1667.

Declaration en faveur des Officiers domestiques & commensaux de la feuë Reine Anne d'Autriche Mere du Roy. A Fontainebleau le 26. Juin 1666. reg. en la Cour des Aydes le 23. Septembre suivant.

Edit portant reduction des Officiers de la Cour des Aydes de Montauban. A Fontainebleau en Juillet 1666.

Declaration contre les jureurs & blasphemateurs du saint nom de Dieu, de la Vierge & des Saints. A Fontainebleau le 30. Juillet 1666. reg. au Parlement de Paris le 6. Septembre, & en celuy de Roüen le 13. Decembre de la même année.

Declaration en faveur des Officiers, Archers, & Gardes du Corps de la feuë Reine. A Vincennes le 6. Septembre 1666. regist. en la Cour des Aydes le 23. du même mois.

Declaration portant reduction des Charges de Procureurs postulans au Parlement, & Chambre des Comptes de Dijon. A S. Germain en Laye en Octobre 1666.

Declaration portant que ceux qui sont mariez avant, ou dans la vingtiéme année de leur âge, seront exempts de toutes contributions aux Tailles, impositions, & charges publiques, sans y pouvoir estre compris & employez, qu'ils n'ayent vingt-cinq ans revolus & accomplis, & qu'à l'égard de ceux, &c. A S. Germain en Laye en Novembre 1666. reg. en la Cour des Aydes le 9. Decembre suivant.

Edit portant reglement pour l'établissement des Maisons Religieuses ou autres Communautez. A S. Germain en Laye en Decembre 1666. reg. au Parlement de Roüen le 28. & en celuy de Paris le 31. Mars 1667.

1667. Declaration en interpretation de l'Edit du mois de Juin 1660. & de la Declaration du 17. Fevrier 1663. portans reglement pour la peine des Fauxsauniers. A S. Germain en Laye le 22. Fevrier 1667. reg. en la Cour des Aydes de Paris le 20. Avril, & en celle de Normandie le 23. Juin suivans.

Edit portant reduction des Procureurs postulans en la Chambre de l'Edit de Guyenne, au nombre de 20. dont 10. feront profession de la Religion Catholique, Apostolique & Romaine, & les 10. autres seront de la Religion Pretenduë Reformée. A S. Germain en Laye en Fevrier 1667.

Edit portant suppression des Offices de Commissaires Controlleurs ordinaires des guerres : des Payeurs de la Gendarmerie de France, &c. revocation des privileges de Noblesse accordez aux Maires, Echevins, & Conseillers des Villes de Poitiers, Niort, Bourges, Angoulesme, Tours, Angers, Abbeville, & Cognac : reglement pour le nombre des charuës que les Ecclesiastiques, Gentilshommes, Chevaliers de Malthe, Officiers privilegiez, & Bourgeois de Paris peuvent faire labourer, tenir, & faire valoir par leurs mains ; établissement d'une Election particuliere à Marennes : création d'un Office d'Elû particulier, d'un de Lieutenant, d'un de Procureur du Roy, d'un de Receveur, & d'un de Greffier : reglement pour leur jurisdiction : suppression de l'élection de francaleu, &c. A S. Germain en Laye en Mars 1667. reg. en la Chambre des Comptes, & Cour des Aydes le 20. Avril suivant.

Edit portant suppression de l'Office de Lieutenant Civil au Châtelet de Paris : création de deux Offices, l'un de Lieutenant Civil, & l'autre de Lieutenant General de Police au même Siege, & reglement pour leurs fonctions & droits. A S. Germain en Laye en Mars 1667. reg. le 15. du même mois.

Edit portant reduction des Procureurs postulans du Parlement de Grenoble à 70. A S. Germain en Laye en Mars 1667.

Lettres patentes portant érection de la Terre de Soubise en Principauté, en faveur de Messire François de Rohan Comte de Rochefort. A S. Germain en Laye en Mars 1667. reg. le 1. Juillet suivant.

Edit portant suppression des Officiers de la Ferme des Gabelles de Lyonnois, à la reserve des Huissiers ; & création des Offices de Visiteurs generaux, leurs Lieutenans, Procureurs du Roy, Greffiers, & Controlleurs, pour estre, &c. A S. Germain en Laye en Mars 1667. reg. en la Chambre des Comptes, & Cour des Aydes le 20. Avril audit an.

Edit portant suppression de plusieurs Offices des Traites Forai-

LOUIS XIV. 1667. nes. A S. Germain en Laye en Mars 1667. reg. en la Chambre des Comptes, & Cour des Aydes le 20. Avril suivant.

Edit portant suppression de la Senéchaussée & Siege Presidial de Marennes, & de tous les Officiers qui les composent : réünion des lieux dépendans de leur jurisdiction au Siege Royal de S. Jean d'Angely, & Presidial de Xaintes : reglement pour la jurisdiction de la Maréchaussée de Marennes, &c. A S. Germain en Laye en Mars 1667. reg. en la Chambre des Comptes le 20. Avril de la même année.

Lettres patentes portant jussion à la Chambre des Comptes, pour l'enregistrement du bail des droits de sortie & entrée du Royaume, & autres Fermes unies, fait le 22. Octobre 1664. à Maître Jean Martinant Fermier General des Gabelles. A S. Germain en Laye le dernier Mars 1667. reg. en la Chambre des Comptes le 20. Avril suivant.

Declaration portant reglement pour les droits qui se levent sur les marchandises qui entrent & sortent du Royaume, par les Bureaux des cinq grosses Fermes, & par ceux de la Doüanne de Lyon. A S. Germain en Laye le 18. Avril 1667. reg. en la Chambre des Comptes, & Cour des Aydes le 20. du même mois.

Edit portant établissement d'une nouvelle Chambre d'Audiance au Parlement de Paris, pour estre tenuë pendant le cours de la presente année, & la suivante tous les Lundis, Mercredis, Jeudis & Samedis de chaque semaine, par les trois & quatriéme Presidens du Parlement, qui serviront chacun six mois alternativement, huit Conseillers de la grand' Chambre, qui changeront de trois en trois mois, & quatre de chacune Chambre des Enquestes, qui changeront aussi de trois en trois mois, pour juger toutes les causes où il sera question seulement de la somme de mil livres, ou de cinquante livres de rente, & au dessous, &c. A S. Germain en Laye le 18. Avril 1667. reg. le 20. dudit mois.

Ordonnance pour la reformation de la Justice, contenant 35. titres.

Tit. 1. de l'observation des Ordonnances.
Tit. 2. des ajournemens.
Tit. 3. des delais sur les assignations & ajournemens.
Tit. 4. des Presentations.
Tit. 5. des congez & defauts en matiere civile.
Tit. 6. des fins de non proceder.
Tit. 7. des delais pour deliberer.

Tit. 8.

Tit. 8. des garants.

Tit 9. des exceptions dilatoires, & de l'abrogation des veuës & montrées.

Tit. 10. des interrogatoires sur faits & articles.

Tit. 11. des delais & procedures és Cours de Parlement, grand Conseil, & Cours des Aydes, en premiere instance, & cause d'appel.

Tit. 12. des compulsoires & collations de pieces.

Tit. 13. de l'abrogation des enquestes d'examen à futur, & des enquestes par turbes.

Tit. 14. des contestations en cause.

Tit. 15. des procedures sur le possessoire des Benefices, & sur les Regales.

Tit. 16. de la forme de proceder pardevant les Juges & Consuls des Marchands.

Tit. 17. des matieres sommaires.

Tit. 18. des complaintes & reintegrandes.

Tit. 19. des Sequestres, & des Commissaires & Gardiens des fruits, & choses mobiliaires.

Tit. 20. des faits qui gisent en preuve vocale ou litterale.

Tit. 21. des descentes sur les lieux, taxe des Officiers qui iront en commission, nomination, & rapports d'Experts.

Tit. 22. des Enquestes.

Tit. 23. des reproches des témoins.

Tit. 24. des recusations des Juges.

Tit. 25. des prises à partie.

Tit. 26. de la forme de proceder aux Jugemens, & des prononciations.

Tit. 27. de l'execution des Jugemens.

Tit. 28. des receptions de caution.

Tit. 29. de la reddition des comptes.

Tit. 30. de la liquidation des fruits.

Tit. 31. des dépens.

Tit 32. de la taxe & liquidation des dommages & interests.

Tit. 33. des saisies & executions, & vente des meubles, grains, bestiaux, & choses mobiliaires.

Tit. 34. de la décharge des contraintes par corps.

Tit. 35. des Requestes civiles.

A S. Germain en Laye en Avril 1667. reg. au Parlement, Chambre des Comptes, & Cour des Aydes de Paris le 20. du même

LOÜIS XIV. mois, & au Parlement de Roüen le 26. Aoust suivant.

1667. Lettres patentes portant érection de la Terre de Masclas en Baronnie. A S. Germain en Laye en Avril 1667. reg. le 11. May 1668. 12. *vol. des Ord. de Loüis XIV. fol.* 114.

Edit portant décharge de l'impost du sel dans les Greniers de Tours, Amboise, Chaumont, &c. suppression des Offices qui composent le Grenier à sel de Dun-le-Roy. A S. Germain en Laye en Avril 1667. reg. en la Chambre des Comptes, & Cour des Aydes le 20. du même mois.

Edit portant reglement general pour le Domaine de la Couronne. A S. Germain en Laye en Avril 1667. reg. au Parlement, Chambre des Comptes, & Cour des Aydes de Paris le 20. du même mois, & au Parlement de Roüen le 9. Aoust de la même année.

Edit portant pouvoir aux Habitans des Paroisses & Communautez dans toute l'étenduë du Royaume, de rentrer dans les fonds, prez, pâturages, bois, terres, usages, communes, communaux, droits, & autres biens communs par eux vendus, ou baillez à baux, &c. & défenses à tous Sergens & Huissiers de proceder pendant le temps de quatre années, par voye de saisie, ny de vendre aucuns bestiaux, soit pour dettes des Communautez, ou des particuliers, à peine d'interdiction de leurs Charges, &c. sans préjudice du privilege des creanciers qui auront donné leurs bestiaux à cheptel, qui les auront vendus, ou qui auront payé le prix, même des proprietaires des Fermes & Terres, pour leurs loyers & fermages sur les bestiaux qui seront sur leurs terres, appartenans à leurs Fermiers, ausquels il sera loisible de faire proceder par voye de saisie sur les bestiaux, nonobstant lesdites défenses. A S. Germain en Laye en Avril 1667. reg. au Parlement, & en la Cour des Aydes de Paris le 20. dudit mois, & au Parlement de Roüen le 16. Aoust suivant.

Declaration portant reglement pour l'indemnité des Seigneurs pour les fiefs, terres, maisons, & domaines que le Roy achete dans l'étenduë de leurs Justices & censives. A S. Germain en Laye en Avril 1667. regist. au Parlement, Chambre des Comptes, & Cour des Aydes le 20. du même mois.

Edit portant suppression des Offices de Grands-Maîtres, Enquêteurs, & generaux Reformateurs des Eaux & Forests du Royaume, anciens & alternatifs : reduction des Officiers de chacune des Maîtrises particulieres à un Maître particulier, un Lieutenant, un Procurcur du Roy, un Garde-marteau, un Greffier, & tel nombre de Gardes qu'il sera étably par le Roy : suppression de tous les Officiers qui excederont ce nombre : & qu'il sera étably un Gruyer dans les forests & buissons éloignez des Maîtrises particulieres. A S. Germain en Laye en Avril 1667. reg. au Parlement, & en la Chambre des Comptes le 20. du même mois. Loüis XIV. 1667.

Lettres patentes portant érection de la Baronnie de Courcelles en Marquisat. A S. Germain en Laye en May 1667. reg. le 31. Aoust 1668. 11. *vol. des Ord. de Louis XIV. fol.* 195.

Lettres patentes portant érection des Terre de Vaujours, & Baronnie de S. Christophe en Duché & Pairie, sous le nom de Vaujours, en faveur de Damoiselles Loüise-Françoise de la Baume-le-Blanc-de la Valliere, & Marie-Anne legitimée de France fille naturelle du Roy, & de ses descendans mâles & femelles, &c. A S. Germain en Laye en May 1667. reg. le 14. du même mois.

Lettres patentes portant érection de la Terre de Landretau en Baronnie. A Compiegne en Juillet 1667. reg. le 9. Juin 1668. 12. *vol. des Ord. de Loüis XIV. fol.* 144.

Declaration portant confirmation des 21. articles en forme de reglement, pour la place des changes de la ville de Lyon. A Compiegne le 8. Juillet 1667. reg. le 18. May 1668. 12. *vol. des Ord. de Louis XIV. fol.* 129.

Edit par lequel le Roy accorde aux Gentilshommes de Normandie, qui auront dix enfans, 1000 liv. de pension, à ceux qui en auront douze 2000 liv. & aux Bourgeois des Villes franches, qui auront pareil nombre d'enfans, la moitié desdites pensions. A Amiens en Juillet 1667. reg. au Parlement de Roüen le 18. Aoust de la même année.

Lettres patentes portant érection de la Terre de Maules en Marquisat. Au Camp devant l'Isle en Aoust 1667. reg. le 15. Mars 1668. 12 *vol. des Ord. de Loüis XIV. fol.* 56.

Edit portant suppression des Offices de Grands-Maîtres, Enquêteurs, & generaux Reformateurs des Eaux & Forests dans la Province de Normandie, &c. A S. Germain en Laye en Octobre 1667. reg. au Parlement de Roüen le 22. Novembre suivant. *Cet Edit est semblable à celuy du mois d'Avril precedent.*

Edit portant reduction des constitutions de rente dans la Province de Normandie au denier 18. A Paris en Novembre 1667. reg. au Parlement de Roüen le 13. Janvier 1668.

Edit portant défenses de porter des étoffes & passemens d'or &

LOUIS XIV. d'argent, ny même des dentelles de fil des païs étrangers. A Paris le 17. Novembre 1667. reg. le 23. du même mois.

1667. Edit portant établissement de la Manufacture Royale des meubles de la Couronne aux Gobelins, & reglement pour les privileges des Ouvriers, contenant 17. articles. A Paris en Novembre 1667. reg. le 21. Decembre de la même année. 12. *vol. des Ord. de Louis XIV. fol.* 1.

*Declaration portant confirmation des privileges de la Manufacture des Tapis de Turquie, établie en la maison de la Savonnerie. A Paris le 20. Novembre 1667. reg. le 17. Avril 1668. 12. *vol. des Ord. de Louis XIV. fol.* 110.

Declaration portant reglement pour les droits qui se levent sur le savon venant des païs étrangers. A Paris en Novembre 1667.

Declaration en faveur des Chirurgiens des Ecuries du Roy, portant qu'ils joüiront des mêmes privileges dont joüissent ceux de la Maison du Roy. A Paris le 22. Decembre 1667. reg. le 4. Septembre 1669. 13. *vol. des Ord. de Louis XIV. fol.* 380.

Lettres patentes portant confirmation du titre de Duché à la Terre de Chevreuse, en faveur de Charles-Honoré Marquis d'Albert, & de ses enfans mâles nez & à naître, heritiers, successeurs, & ayans cause, pour en joüir suivant & conformément aux Lettres d'érection des mois de Decembre 1545. & d'Avril 1555. &c. A Paris en Decembre 1667. reg. le 16. Mars 1668. 12. *vol. des Ord. de Loüis XIV. fol. 66. V. celles des mois de Mars* 1612. *& Avril* 1664.

1668. Declaration portant Commission pour la recherche & condamnation des usurpateurs de Noblesse dans le païs & Duché de Bretagne. A Paris le 20. Janvier 1668. reg. au Parlement de Bretagne le 14. May de la même année.

Lettres patentes portant union au Duché & Pairie de Villeroy, du fief de la Mothe situé au Fauxbourg de Corbeil, du côté de la Brie, & de la Maîtrise de l'eau en la riviere de Seine, depuis le Ruisseau du port S. Assisse, au dessus des ponts de Corbeil, en descendant, jusqu'à la Ruelle du tour de Villeneuve-saint-Georges; en faveur de Messire Nicolas de Neufville Duc de Villeroy, Pair & Maréchal de France, l'un des Ministres d'Etat, Chef du Conseil Royal, & cy-devant Gouverneur de la personne du Roy. A Paris en Janvier 1668. reg. le 14. du même mois. 12. *vol. des Ord. de Louis XIV. fol.* 16.

Declaration pour l'exercice de la Justice au Bourg de S. Estienne, en execution de l'Edit du mois de Septembre 1645. A Paris en Janvier 1668. reg. le 16. Fevrier suivant. 12. *vol. des Ord. de Loüis XIV. fol.* 28.

Lettres patentes pour l'enregistrement des facultez du Cardinal Duc de Vendosme Legat *à latere* du S. Siege Apostolique. A S. Germain en Laye le 3. Mars 1668. reg. le 12. du même mois. 12. *vol. des Ord. de Loüis XIV. fol.* 40.

Edit portant suppression de l'Office de Bailly du Comté de Limours, & création de l'Office de Bailly d'épée. A Paris le 14. Mars 1668. reg. le 15. dudit mois. 12. *vol. des Ord. de Loüis XIV. fol.* 54.

Lettres patentes portant confirmation des Statuts des Maîtres Charons à Paris. A S. Germain en Laye le 14. Mars 1668. regist. le 20. Novembre suivant. 12. *vol. des Ord. de Louis XIV. fol.* 283.

Edit portant reglement pour les saisies, executions, &c. qui se font pour la perception des Tailles, impost du sel, & autres affaires du Roy, contenant 6. articles. A S. Germain en Laye en Mars 1668. reg. en la Cour des Aydes de Roüen le 13. Avril, & en celle de Paris le 16. Avril suivant.

Edit portant que les détempteurs des Isles, Islots, &c. qui en sont, ou leurs auteurs en possession au delà de cent années, payeront le vingtiéme denier du revenu, pour estre maintenus en la joüissance, &c. A S. Germain en Laye en Avril 1668.

Edit portant création de deux Lettres de Maîtrises de chacun art & métier, en chacune Ville, Bourg, &c. du Royaume, en faveur du Baptême de Monseigneur le Dauphin. A S. Germain en Laye en Avril 1668. reg. le 14. Fevrier 1669. 13. *vol. des Ord. de Loüis XIV. fol.* 54.

Edit portant établissement d'un Conseil Souverain dans la ville de Tournay, & création des Officiers dont il doit estre composé. A S. Germain en Laye en Avril 1668. *V. celuy du mois d'Aoust* 1678.

Lettres Patentes portant érection de la Baronnie de Seignelay en Marquisat. A S. Germain en Laye en Avril 1668. reg. le 31. Aoust de la même année. 12. *vol. des Ord. de Loüis XIV. fol.* 199.

Declaration en consequence de l'art. 32. de l'Edit du mois de Mars 1600. pour les Tailles, & des Declar. des mois de Novembre 1635. 20. Decembre 1652. & 30. May 1664. portant que les Maîtres des Postes qui seront nommez dans les Etats que le Roy envoye en la Cour des Aydes, seront taxez d'office en procedant aux départemens de la Taille, par les Commissaires départis dans les Provin-

LOÜIS XIV. 1668. ces, & les Officiers des Elections selon leurs biens, facultez & trafic: sur lesquelles taxes d'Office sera neanmoins déduit la somme de 30. livres, à laquelle leur exemption est fixée: qu'ils pourront tenir hôtellerie pour les Couriers seulement, & exploiter jusques à cinquante arpens de terres labourables, tant de leur propre, que de ce qu'ils tiendront à ferme d'autruy; sans qu'à cause de ce ils soient tenus payer la Taille, ny estre, &c. A S. Germain en Laye le 14. May 1668. reg. en la Cour des Aydes de Roüen le 1. & en celle de Paris le 14. Juin suivant.

Lettres patentes portant ratification du Traité de paix conclu entre la France & l'Espagne à Aix la Chapelle le 2. May 1668. A S. Germain en Laye le 26. du même mois.

Declaration portant reglement pour les alimens des Prisonniers. A S. Germain en Laye le 22. Juin 1668. registrée le 2. Juillet suivant.

Lettres patentes portant relief d'adresse pour l'enregistrement de l'Edit du mois de May 1666. portant création de deux Lettres de Maîtrises en faveur du mariage de la Reine. A S. Germain en Laye le 24. Juin 1668. reg. au Parlement de Roüen le 27. Juillet de la même année.

Declaration portant attribution de la qualité de Conseiller du Roy aux Offices de Commissaires-Enquesteurs & Examinateurs au Châtelet de Paris; permission de se couvrir à l'*instar* des Avocats, en faisant leurs rapports, &c. A S. Germain en Laye en Juin 1668. reg. au Parlement le 11. & en la Cour des Aydes le 19. Juillet de la même année. *12. vol. des Ord. de Loüis XIV fol. 164.*

Declaration en consequence de l'Edit du mois de Septembre 1651. & de la Declaration du mois de May 1653. portant que tant pour le passé qu'à l'avenir, entre les parens de ceux qui auront esté tuez en duel, qui seront dans les trois premiers mois parties aux procez, les plus proches parens & habiles à succeder suivant les Coûtumes, seront preferez, & joüiront seuls du don & remise de la confiscation, quoyque les poursuites faites par les plus éloignez eussent precedé, & continué jusques à la condamnation; à la charge toutefois de rembourser lesdits parens plus éloignez, de tous les frais necessaires par eux faits esdites poursuites: & ce nonobstant tous Jugemens à ce contraires, & sans que pour entrer en joüissance du bien de leurs parens, pour le passé, il leur soit besoin d'autres Lettres que les presentes, pourvû que lesdits plus proches & habiles à succeder soient intervenus dans les trois mois; autrement la confiscation appartiendra aux parens qui auront fait les poursuites; & pour l'avenir que lesdits heritiers ne pourront entrer en joüissance, que le Jugement de condamnation contre l'homicide n'ait esté rendu : jusques auquel temps le revenu demeurera confisqué, & appliqué au plus proche Hôpital du lieu. A S. Germain en Laye au mois d'Aoust 1668. reg. le 22. Janvier 1669. 13. *vol. des Ord. Loüis XIV. fol.* 34.

Edit portant union du Comté d'Auxerre au Duché de Bourgogne, pour ne faire cy-aprés qu'un seul & même Corps, & joüir respectivement des privileges & prérogatives à eux appartenans, &c. A S. Germain en Laye en Aoust 1668. *V. celuy qui suit.*

Edit en consequence du precedent, portant création de quatre Offices de Conseillers honoraires au Bailliage & Siege Presidial de la ville d Auxerre, un de Procureur du Roy, & un de Greffier, pour connoître privativement aux autres Officiers dudit Bailliage, & Presidial dans l'étenduë du Comté d'Auxerre, du fait des Tailles, Aydes, équivalent, surtaux, & de toutes autres matieres concernant la levée des deniers, fermes, & droits du Roy, &c. A S. Germain en Laye en Aoust 1668. regist. au Parlement le 5. Juin, & en la Cour des Aydes le 18. Juillet 1669. 13. *vol. des Ord. de Loüis XIV. fol.* 167.

Lettres patentes portant érection du Marquisat de Piennes. A S. Germain en Laye en Aoust 1668. reg. le 16. Avril 1669. 13. *vol. des Ord. de Louis XIV. fol.* 134.

Edit portant création de deux Lettres de Maîtrises de tous arts & métiers en chacune Ville, Bourg, &c. du Royaume, en faveur de la naissance de Monsieur second fils de France Duc d'Anjou. A S. Germain en Laye en Aoust 1668. reg. le 1. Decembre 1670.

Lettres patentes portant confirmation du Contrat passé pardevant de Beauvais & son Compagnon, Notaires au Châtelet de Paris le 28. May 1666. entre les sieurs Daligre, de Seve & Colbert, au nom & comme Commissaires, & Procureurs du Roy d'une part, & Dame Françoise de Lorraine, Duchesse de Vendôme d'autre part, portant delaissement des Terres de Lamballe, Guingamp, Moncontour &c. à ladite Dame Duchesse de Vendôme, pour demeurer réuniës au Duché de Penthievre, comme elles étoient avant le Contrat du 18. May 1657. & les Lettres patentes du mois d'Octobre 1658. pour en joüir par elle, & ses Enfans mâles, sous le nom & titre du Duché de Penthievre & Pairie de France, sui-

Loüis XIV. 1668. vant & conformement aux premieres Lettres d'érection du mois de Septembre 1569. sans aucune innovation en ladite qualité, tant pour l'ancienneté de l'érection, que pour les rangs, séances &c. à la charge neanmoins qu'à defaut d'enfans mâles nais de ladite Dame Duchesse de Vandôme, ou des mâles descendans d'iceux mâles, la dignité de Duc & Pair de Penthievre demeurera éteinte, sans pouvoir estre transmise, ny passer à leurs enfans, ou ayans cause, ausquels appartiendra seulement la proprieté de ladite Terre qui retournera en son premier état de Comté, &c. A S. Germain en Laye en Septembre 1668. reg. le 7. du même mois. 12. *vol. des Ord. de Loüis XIV. fol.* 238.

Edit portant création de deux Lettres de Maîtrises de tous arts & métiers en chacune ville &c. en faveur du titre de Duc d'Anjou acquis au second Fils de France. A S. Germain en Laye en Octobre 1668. reg. au Parlement de Paris le 16. Juillet 1670. & en celuy de Rouen le 27. Juillet 1671.

Edit portant suppression de l'ancien droit de l'imposition du sol pour livre sur les marchandises & denrées venduës en gros ou en détail; avec le Parisis douze & six deniers dudit droit qui se levent en la Generalité de Picardie, & dans les Villes de Rheims, Chaalons, Tours, Meaux, Melun, & autres villes & endroits du Royaume: à l'exception neanmoins desdits droits sur les vins & boissons venduës en gros, poisson de mer frais, sec, & sallé, & pied fourché es villes, & lieux où lesdits droits ont cours; comme aussi à l'exception des droits qui se levent à l'entrée des villes sur le bois; suppression du Controlle parisis, douze & six deniers des poids & mesures, dont joüit à present le Fermier General des Aydes en la Province de Normandie. A Paris en Novembre 1668.

Lettres patentes pour l'enregistrement d'un Bref du Pape, & d'une commission du General des Freres Prêcheurs aux Peres Jean le Pul Exprovincial de la Province de Toulouse, & Jean André Faure Provincial de la même Province Thoulousaine, pour visiter & réformer les Convents & lieux reguliers dudit Ordre, situez en la partie du Royaume, qui est bornée de la Loire, de la Saone, de l'Ocean, des Pays-bas, & du Rhin. A Paris le 4. Decembre 1668. 13. *vol. des Ord. de Louis XIV. fol.* 10.

Lettres patentes pour l'enregistrement d'un Bref du Pape portant commission au Pere Jerôme Vavasseur, Superieur General des Hermites de l'Ordre de S. Augustin, pour la reforme des Convents

Convents de son Ordre. A Paris le 6. Decembre 1668. reg. le 7. Janvier 1669. 13. *vol. des Ord. de Louis XIV. fol.* 7. Loüis XIV. 1668.

Lettres patentes pour l'enregistrement d'un Bref du Pape portant commission au Pere Matthieu de Deland Superieur General de l'Ordre de Nôtre-Dame du Mont-Carmel pour la reforme des Convents de son Ordre. A Paris le 6. Decembre 1668. reg. le 8. Janvier 1669. 13. *vol. des Ord. de Louis XIV. fol.* 19.

Lettres patentes pour l'enregistrement d'un Bref du Pape portant commission au Pere André Bino Hispello, Superieur General des Freres mineurs de S. François, appellez Conventuels, pour la reforme des Convents de son Ordre. A Paris le 12. Decembre 1668. reg. le 8. Janvier 1669. 13. *vol. des Ord. de Louis XIV. fol.* 19.

Lettres patentes pour l'enregistrement d'un Bref du Pape du 28. Septembre precedent, & d'une Commission du General des Freres Prêcheurs au Pere Antoine Mousset, Provincial de la Province de S. Loüis, pour la reforme des Convents de son Ordre, qui sont entre le Rhône, les Alpes & la Mediterranée. A Paris le 15. Decembre 1668. reg. le 7. Janvier 1669. 13. *vol. des Ord. de Louis XIV. fol.* 2.

Declaration portant rétablissement des privileges des Aydes en faveur des Officiers domestiques, & commensaux de la maison de Monsieur & de Madame, Duc & Duchesse d'Orleans, nonobstant l'Edit du mois d'Octobre 1641., & la Declation du 1. Mars 1656. A Paris le 24. Decembre 1668. reg. en la Cour des Aydes le 5. Janvier 1669.

Declaration portant confirmation des privileges des Sergens à verge du Châtelet de Paris. A Paris en Decembre 1668. *V. celle du mois de May* 1674.

Declaration portant confirmation des privileges & exemptions accordez aux Maîtres des Postes du Royaume par celles des mois de Novembre 1635. 20. Decembre 1652. & 14. May 1668. A Paris le 19 Janvier 1669. reg. en la Cour des Aydes le 24. du même mois. 1669.

Edit portant suppression des Chambres de l'Edit établies és Cours de Parlement de Paris & Roüen; ensemble des places de Clercs & Commis des Greffes desdites Chambres; reglement pour le jugement & expedition des affaires qui y sont pendantes, & qui y pouvoient être portées. A Paris en Janvier 1669. reg. au Parlement de Paris le 4. Fevrier, & au Parlement de Roüen le 12. Mars de la même année.

Loüis XIV.

1669.

Declaration portant reglement pour ce qui doit estre observé par ceux de la Religion pretenduë reformée contenant 49. articles, & revocation de celle du 2. Avril 1666. en ce qu'elle n'est point conforme à la presente. A Paris le 1. Fevrier 1669. reg. au Parlement de Paris le 28. May, & en celuy de Roüen le 29. Juillet audit an.

Lettres patentes portant legitimation de Loüis, Comte de Vermandois, Fils naturel du Roy, & de Madame la Duchesse de la Valliere. A Paris en Fevrier 1669. reg. le 20. du même mois. 13. *vol. des Ord. de Louis XIV. fol. 62.*

Lettres patentes portant union de la Terre de Chataigneraye au Duché & Pairie de Luynes. A Paris en Fevrier 1669. reg. le 11. Avril 1670.

Declaration pour la continuation du droit annuel aux Officiers du Royaume pendant trois années, qui finiront au dernier Decembre 1671. & reglement pour le payement d'iceluy. A Paris le 28. Fevrier 1669. publié au Seau le 18. Mars suivant. *V. celle du 27. Novembre* 1671.

Declaration en execution de l'Edit du mois de Decembre 1665 portant reglement pour l'âge & la capacitté des Officiers de judicature ; le prix & la fixation des Offices, la maniere d'en obtenir des provisions ; confirmation des anciens privileges, honneurs, immunitez & prerogatives attribuez aux Officiers des Cours Souveraines, sans neanmoins qu'eux, ny leurs descendans puissent joüir des privileges de Noblesse, & autres droits, franchises, exemptions & immunitez qui leur ont esté accordées par Edits, & Declarations, pendant & depuis l'année 1644. lesquels sont révoquez ; comme aussi toutes autres concessions de Noblesse, privileges, exemptions, & droits, de quelque nature & qualité qu'ils puissent estre, qui ont esté accordez en consequence aux Officiers servans dans lesdites Compagnies, lesquels sont pareillement declarez nuls. A Paris en Mars 1669. publié au Seau le 3. Avril suivant. *Il y a un Edit semblable à celuy-cy qui est datté à S. Germain en Laye en Iuillet 1669. & est adressé au Parlement.*

Declaration portant rétablissement des Substituts du Procureur General du Roy en la fonction de leurs Charges, comme ils estoient avant les Arrests du Conseil du 3. May, 23. Novembre 1662. & 21. Juillet 1668. A Paris le 12. May 1669. reg. le 9. Juillet de la même année. 13. *vol. des Ord. de Louis XIV. fol.* 177.

Declaration portant confirmation des privileges accordez aux

Prevost des Marchands, Echevins, Procureur du Roy, Greffier, Conseillers, Quarteniers, Bourgeois & Habitans de la ville de Paris. A Paris en Mars 1669. reg. le 4. Avril de la même année. 13. *vol. des Ord. de Louis XIV. fol.* 118.

Declaration en execution de celle du mois de Mars precedent, qui regle la forme du remboursement du prix des Offices de Judicature. A S. Germain en Laye le 23. May 1669. pub. au Seau le dernier du même mois.

Edit portant établissement d'une Compagnie pour le Commerce du Nord. A S. Germain en Laye en Juin 1669. reg. le 9. Juillet suivant. 13. *vol. des Ord. de Louis XIV. fol.* 178.

Edit portant reglement pour le payement des interests des promesses & obligations dans le ressort du Parlement de Mets. A en Juin 1669. reg. au Parlement de Mets le 1. Aoust de la même année.

Declaration portant reglement pour la Jurisdiction civile & criminelle des Prevost des Marchands, Echevins, President, Juges, Gardiens, Conservateurs des privileges des Foires de la ville de Lyon: & pouvoir de juger souverainement & en dernier ressort, jusques à la somme de 500 liv. contenant 17. articles. A S. Germain en Laye en Juillet 1669. reg. le 13. Aoust de la même année. 13. *vol. des Ord. de Louis XIV. fol.* 260. *V. l'Edit du mois de May* 1655.

Edit portant reglement pour l'âge & la capacité des Officiers de Judicature: le prix des Offices de Judicature: la maniere d'en obtenir des provisions: confirmation des anciens privileges, &c. A S. Germain en Laye en Juillet 1669. reg. au Parlement de Paris le 13. Aoust, & en celuy de Roüen le 29. Novembre suivans. 13 *vol. des Ord. de Louis XIV. fol.* 225. *V. les Declarations des mois de Mars precedent*, 30. *Decembre* 1679. *& Janvier* 1681.

Declaration portant reglement pour la fonction des Receveurs des Consignations, contenant vingt articles. A S. Germain en Laye le 16. Juillet 1669 reg. le 28. Aoust suivant. 13. *vol. des Ord. de Louis XIV. fol.* 362. *V. celle du* 1. *Septembre* 1674.

Edit portant suppression de 8. Offices de Procureurs postulans en l'Election de la ville de Laon, & réünion d'iceux à ceux du Bailliage & Presidial de la même Ville. A S. Germain en Laye en Juillet 1669. reg. le 9. Aoust de la même année. 13. *vol. des Ord. de Louis XIV. fol.* 199.

Declaration portant reglement sur les differends d'entre les par-

LOUIS XIV. 1669. ticuliers qui se retirent dans la ville de Lyon, & les Habitans des lieux taillables d'où ils sortent. A S. Germain en Laye le 6. Aoust 1669. reg. en la Cour des Aydes le 13. du même mois.

Edit portant reglement sur l'âge & la capacité des Officiers de Judicature, &c. A S. Germain en Laye en Aoust 1669.

Ordonnance portant reglement pour la reformation de la Justice, pour la continuation de celle du mois d'Avril 1667. contenant six articles.

Tit. 1. des Evocations.

Tit. 2. des Reglemens de Juges en matiere civile.

Tit. 3. des Reglemens de Juges en matiere criminelle.

Tit. 4. des *Committimus* & Gardes Gardiennes.

Tit. 5. des Lettres d'état.

Tit. 6. des Répys.

A S. Germain en Laye en Aoust 1669. reg. au Parlement, en la Chambre des Comptes, & Cour des Aydes le 13. du même mois. 13. *vol. des Ord. de Loüis XIV. fol.* 204. *V. les Declarations des mois de Juin, & Septembre* 1672. *May* 1674. 20. *Juillet* 1680. *& Septembre* 1683.

Edit portant reglement pour les matieres dont la connoissance appartient à la Chambre des Vacations du Parlement de Paris. A S. Germain en Laye en Aoust 1669. reg. le 13. du même mois. 13. *vol. des Ord. de Louis XIV. fol.* 244.

Edit portant que les amendes de douze livres, & six livres, seront consignées avant qu'aucun puisse estre receu appellant, &c. que la Declaration du mois de Decembre 1639. sera executée dans tous les Parlemens, & autres Cours, en ce qui concerne l'amende des appellations: ce faisant que conformément aux articles 115. 118. & 128. de l'Ordonnance du mois d'Aoust 1539. les Juges seront tenus de condamner les appellans qui succomberont en l'amende de soixante & quinze livres, ou du moins en celle de douze livres, &c. A S. Germain en Laye en Aoust 1669. reg. au Parlement, Chambre des Comptes, & Cour des Aydes de Paris le 13. du même mois, & au Parlement de Roüen le 29. Novembre suivant. 13. *vol. des Ord. de Loüis XIV. fol.* 240. *V. la Declaration du* 24. *Mars* 1671.

Edit portant création d'un Office de Greffier dans toutes les Cours & Sieges du Royaume, pour recevoir & expedier les actes d'affirmations mentionnez en l'art. 14. du titre 31. de l'Ordonnance du mois d'Avril 1667. & reglement pour ses droits. A S. Germain en Laye en Aoust 1669. reg. au Parlement, & en la Cour des Aydes de Paris le 13. dudit mois. & au Parlement de Roüen le 29. Novembre de la même année. 13. *vol. des Ord de Louis XIV. fol.* 252. LOUIS XIV. 1669.

Edit portant que tous les exploits (à l'exception de ceux qui concernent la procedure & instruction des procez) seront registrez, &c. & en consequence que les Huissiers & Sergens ne seront plus obligez de se faire assister de deux témoins & recors, suivant l'art. 2. du tit. 2. de l'Ordonnance du mois d'Avril 1667. A S. Germain en Laye en Aoust 1669. reg. au Parlement, Chambre des Comptes, & Cour des Aydes de Paris le 13. du même mois, & au Parlement de Roüen le 29. Novembre suivant. 13. *vol. des Ord. de Loüis XIV. fol.* 250. *V. les Declarations des* 21. *Mars* 1671. *&* 23. *Fevrier* 1677.

Declaration pour l'execution des art. 9. & 11. du titre des delais & procedures de l'Ordonnance du mois d'Avril 1667. portant défenses d'ordonner que les parties contesteront pardevant les Rapporteurs, sauf à ordonner qu'elles contesteront plus amplement en la forme portée par ladite Ordonnance: d'appointer aucunes causes civiles au Conseil, en droit, ny à mettre par defaut, ou autrement, que sur les playdoiers des parties, & à la pluralité des voix: & de requerir, instruire, ny ordonner aucun parler sommaire, ny de faire aucunes autres instructions que celles qui sont prescrites par la même Ordonnance, sous les peines portées par icelles. A S. Germain en Laye le 10. Aoust 1669. reg. au Parlement, Chambre des Comptes, & Cour des Aydes de Paris le 13. du même mois, & au Parlement de Roüen le 29. Novembre de la même année. 13. *vol. des Ord. de Louis XIV. fol.* 243.

Declaration portant établissement de la Chambre de la Tournelle Civile du Parlement de Paris: & reglement pour sa competence & jurisdiction. A S. Germain en Laye le 11. Aoust 1669. reg. au Parlement, & en la Chambre des Comptes le 13. du même mois. 13. *vol. des Ord. de Louis XIV. fol.* 246.

Edit portant reglement general pour les Eaux & Forests, contenant 32. titres:

De la jurisdiction des Eaux & Forests.

Officiers des Maîtrises.

Grands-Maîtres.

Des Maîtres particuliers.

Lieutenans.

Procureur du Roy.

Gardemarteau.

Louis XIV.

1669.

Greffiers.

Gruyer.

Des Huissiers Audianciers, Gardes generaux, Sergens, & Gardes des Forests, & des Bois tenus en Grurie, Grairie, Segrairie, tiers & danger, & par indivis.

Arpenteurs.

Table de Marbre, & Juges en dernier ressort.

Des appellations.

De l'Assiette, Baillivage, Martelage, & ventes de bois.

Recollemens.

Vente de chablis, & menus marchez.

Des ventes & adjudications de panages, glandées, & paissons.

Des droits de pâturage & panage.

Des chauffages, & autres usages de bois, tant à bâtir qu'à reparer.

Des bois à bâtir pour les Maisons Royales, & bâtimens de mer.

Des Eaux & Forests, Bois & Garennes tenus à titre de doüaire, concession, engagement, & usufruit.

Des bois en Grurie, Grairie, tiers & danger.

Des bois appartenans aux Ecclesiastiques, & gens de main-morte.

Des bois, prez, marais, landes, pâtis, pêcheries, & autres biens appartenans aux Communautez, & Habitans des Paroisses.

Des bois appartenans aux particuliers.

De la police & conservation des Forests, Eaux & Rivieres.

Des routes & chemins Royaux des Forests, & marchepieds.

Des Rivieres.

Droits de peages, travers, & autres.

Des Chasses.

De la Pêche.

Peines, amendes, restitutions, dommages, interests, & confiscations.

A S. Germain en Laye en Aoust 1669. reg. au Parlement de Paris le 13. du même mois, & en celuy de Roüen le 29. Novembre de la même année.

Edit portant suppression des Maîtrises particulieres des Eaux & Forests de Romorantin, Mont-Richard, Beaufort, Civray, Montmorillon, Fontenay-le-Comte, Aulnay, Essoye, Vassy, & Espernay: création des Offices de Gruyers, Procureurs du Roy, &

Greffier és Gruries de Romorantin, & reglement pour leurs fonctions & jurisdiction. A S. Germain en Laye en Aoust 1669. reg. le 13. du même mois. 13. *vol. des Ord. de Louis XIV. fol.* 285.

Edit portant suppression des Verderies & Sergenteries fieffées établies dans les Forests des Provinces de Normandie, Touraine, Bretagne, & autres, & qu'en leur place il sera étably tel nombre de Gardes qu'il sera jugé à propos, &c. A S. Germain en Laye en Aoust 1669. reg. le 13. dudit mois. 13. *vol. des Ord. de Louis XIV. fol.* 289.

Edit pour le demembrement de la Maîtrise des Eaux & Forests de Moulins : portant érection d'une Maîtrise des Eaux & Forests à Montmarault; d'une autre à Cerilly : d'une Grurie à Cosne : suppression de la Maîtrise de Mehun-sur-Yevre : & établissement d'une Grurie à Allongny. A S. Germain en Laye en Aoust 1669. reg. le 13. dudit mois. 13. *vol. des Ord. de Louis XIV. fol.* 280.

Edit portant suppression des Maîtrises particulieres des Eaux & Forests de Chaumont en Vexin, Laon, Chaulny, Calais, Nemours, Provins, Châteauneuf en Thimerais, Champrond, Mante, Meulan, & Pontoise, & des Gruries de Creil, Melun, Livry, la Ferté-Aleps, & Neauphle, &c. A S. Germain en Laye en Aoust 1669. reg. le 13. dudit mois. 13. *vol. des Ord. de Louis XIV. fol.* 275.

Edit portant suppression de la Chambre de Justice, établie par ceux des mois de Novembre 1661. & Juillet 1665. & reglement pour ce qui concerne les Traitans, gens d'affaires, & Comptables. A S. Germain en Laye en Aoust 1669. reg. au Parlement, Chambre des Comptes, & Cour des Aydes de Paris le 13. dudit mois, & au Parlement de Roüen le 29. Novembre suivant. 13. *vol. des Ord. de Loüis XIV. fol.* 229.

Edit portant suppression des Offices de Chevaliers du Guet, leurs Lieutenans, Exempts, & Archers, créez par ceux des mois de May 1631. & May 1633. avec reserve seulement de ceux qui estoient créez & établis avant ledit temps. A S. Germain en Laye en Aoust 1669. reg. le 13. du même mois. 13. *vol. des Ord. de Loüis XIV. fol.* 256.

Edit portant que les Gentils-hommes pourront faire le commerce de mer sans déroger à Noblesse. A S. Germain en Laye en Aoust 1669. reg. le 13. dudit mois. 13. *vol. des Ord. de Louis XIV. fol.* 257.

Edit portant défenses aux Sujets du Roy, de s'habituer dans les pays étrangers à peine de confiscation de corps & de biens, & d'être reputez étrangers &c. & à tous Pilots, Calfaiteurs, Canoniers,

Louis XIV. — 1669. &c. d'aller servir hors du Royaume &c. A S. Germain en Laye en Aoust 1669. reg. au Parlement de Paris le 13. du même mois, & en celuy de Roüen le 29. Novembre de la même année. 13. *vol. des Ord. de Louis XIV. fol.* 258.

Edit portant suppression des Offices de Secretaires du Roy, dont étoient pourveus Nicolas Monnerot, Claude Girardin, François Passart, Claude Boisleve, Jacques Hervé, & Adrian Bance, & de ceux qui vacqueront cy-aprés, jusqu'à ce qu'ils ayent esté reduits à l'ancien nombre. Confirmation des privileges desdits Secretaires du Roy, même de celuy de Noblesse à eux attribuez par ceux des mois de Novembre 1482. Fevrier 1484. & Septembre 1549. le tout à condition que les pourveus desdits Offices qui s'en demettront, ou qui decederont avant vingt années de service actuel dans les Chancelleries, & qui n'auront aprés les vingt années obtenu des Lettres de Veteran, demeureront privez, ensemble leurs veuves, & enfans des privileges de Noblesse: & sans pareillement que ceux qui auront obtenus des Lettres de Veterans, & Honoraires, sans avoir servi vingt années, puissent prendre la qualité de Secretaires du Roy, Veterans ou Honoraires, ny joüir du privilege de Noblesse. A S. Germain en Laye en Aoust 1669. reg. au Parlement de Paris le 13. du même mois, & en celuy de Roüen le 29. Novembre de la même année. 13. *vol. des Ord. de Louis XIV. fol.* 253.

Edit portant suppression des Offices de Chevalier du Guet, leurs Lieutenans, Exempts & Archers créez par les Edits des mois de May 1631. & May 1633. à la reserve de ceux qui estoient créez avant ces Edits; rétablissement de l'élection particuliere de la Charité supprimée par celuy du mois d'Aoust 1661. création d'un Office d'Eleu particulier, d'un de Procureur du Roy, & d'un de Greffier: deffences aux Officiers des Elections d'avoir égard aux certificats de dispense de service des Officiers des Maisons Royales, si ce n'est pour cause de maladie attestée par les Medecins & Officiers des lieux en presence des Procureurs du Roy: Révocation des exemptions des Tailles accordées aux bas Officiers des Compagnies superieures qui ne resideront actuellement, au moins sept mois de chacune année és Villes de leur établissement: sçavoir les Receveurs Payeurs, & Controlleurs des gages &c. que les oppositions en surtaux seront jugez souverainement à l'Audience sans appointer les parties ny prendre des épices: & pouvoir aux Elus de juger souverainement à l'Audience les taux de vingt livres & au dessous

dessous. A S. Germain en Laye en Aoust 1669. reg. au Parlement, Chambre des Comptes, & Cour des Aydes le 13. du même mois 13. *vol des Ord. de Louis XIV. fol.* 265.

Edit portant suppression des Offices de Receveurs, & Controlleurs particuliers des Domaines, Anciens, Alternatifs & Triennaux: de Controlleurs Generaux des Domaines créez par les Edits des mois d'Octobre 1581. & 23. Mars 1583. Ceux de Tresoriers & Controlleurs Generaux Provinciaux d'iceux en chacune Generalité: & ceux de Receveurs & Controlleurs en chacun Bailliage, Senéchaussée, Bureau, ou Tablier de recepte créés par celuy du mois de May 1639. & la Declaration du mois de May 1644. ensemble de l'Office de Controlleur Clerc du Tresor en la Chambre des Comptes: Création de deux Offices de Conseillers du Roy Tresoriers Generaux des Domaines, Anciens, & Alternatifs, en chacune Chambre des Comptes de Paris, Roüen, Dijon, Grenoble, Aix, Montpellier & Nantes: & de deux de Controlleurs Generaux desdits Tresoriers, aussi Anciens & Alternatifs: & reglement pour l'administration des Domaines du Roy. A S. Germain en Laye en Aoust 1669. reg. au Parlement, & en la Chambre des Comptes de Paris le 13. dudit mois, & au Parlement de Roüen le 29. Novembre de la même année. 13. *vol. des Ord. de Louis XIV. fol. 267. V. la Declation du* 10. *Iuin. suivant, & l'Edit du mois de Mars* 1673.

Edit portant reglement pour les Chambres des Comptes contenant 56. articles. A S. Germain en Laye en Aoust 1669. reg. en la Chambre des Comptes le 13. du même mois.

Edit portant suppression de trois Offices de Tresoriers Generaux de l'Ordinaire des guerres, & leurs Controlleurs: de ceux de Payeurs de la Gendarmerie, & leurs premiers Commis: de ceux de Receveurs & Controlleurs generaux du Taillon des dix-huit Generalités des Païs d'Election: de Receveurs Particuliers du Taillon: de Receveurs des Aydes de l'Election de Paris: celuy de Controlleur du Tresor de la Chambre des Comptes: de trente quatre de Greffiers des Commissions extraordinaires, & leurs Controlleurs & Commis: de ceux de Controlleurs & Receveurs des droits de Barrage de la Ville de Paris: ceux de Receveurs & Controlleurs des deniers destinez au nettoyement des boües, anciens, alternatifs, & triennaux: & ceux de Chevaliers du Guet, Lieutenans, Exempts & Archers créez par les Edits des mois de May 1631 & May 1633. A S. Germain en Laye en Aoust 1669. reg. en la

LOUIS XIV.

1669.

Chambre des Comptes, & Cour des Aydes le 13. du même mois.

Edit portant reglement pour les Hypotheques du Roy sur les biens des Officiers comptables, & pour les procedures qui se doivent faire dans les Cours des Aydes pour la vente des Offices, & la distribution du prix d'iceux, contenant 24. articles. A S. Germain en Laye en Aoust 1669. reg. en la Chambre des Comptes, & en la Cour des Aydes de Paris le 13 du même mois, & en la Cour des Aydes de Roüen le 26. Juin 1670. *V. ceux des mois de Juillet 1665. & la Declaration du 11. Novembre 1673.*

Declaration portant attribution de jurisdiction aux Maires, & Echevins des Villes ou autres, faisans pareille fonction pour la connoissance des procés & differends concernant les Manufactures A S. Germain en Laye en Aoust 1669.

Declaration portant reglement pour la connoissance des procés & differends qui concernent les droits des entrées & sorties, traites de Charante, & Doüanne de Lyon. A S. Germain en Laye le 27. Aoust 1669. reg. en la Cour des Aydes le 10. Septembre de la même année.

Declaration en faveur des Officiers des Chasses du Comté de Blois. A Chambort le 3. Octobre 1669. reg. au Parlement le 24. Janvier, & en la Cour des Aydes le 1. Fevrier 1670.

Declaration en faveur des Prevost des Marchands & Echevins de la ville de Paris, pour la fabrique de la mesure des grains. A S. Germain en Laye en Octobre 1669. reg. le 29. Avril 1670. *V. l'Ord. de la ville de Paris du mois de Decembre 1672. ch. 24.*

Edit portant suppression de la Charge de Grand-Maître, Chef & Surintendant General de la Navigation & Commerce de France, créée par celuy du mois d'Octobre 1626. & création nouvelle de celle d'Admiral de France, supprimée par celuy du mois de Janvier 1627. pour estre exercée, &c. A S. Germain en Laye en Novembre 1669. regist. le 27. Janvier 1670.

Declaration en faveur des Officiers des Chasses de Monceaux. A S. Germain en Laye le 3. Novembre 1669. reg. le 10. Mars 1670.

Declaration portant confirmation des Statuts pour les longueurs, largeurs, & qualitez des draps, serges, & autres étoffes de laine & de fil, qui seront fabriquées dans les Manufactures du Royaume. A S. Germain en Laye en Decembre 1669. reg. au Parlement de Roüen le 7. Juin 1670.

Declaration portant confirmation des Statuts des Marchands-Maîtres Teinturiers en soye, laine, & fil des Villes & Bourgs du

Royaume. A S. Germain en Laye en Decembre 1669. reg. au Parlement de Roüen le 4. Juin 1670. LOUIS XIV.

Declaration portant confirmation des Statuts des Marchands-Maîtres Teinturiers en grand & bon teint, des draps, serges, & autres étoffes de laine, de toutes les Villes & Bourgs du Royaume. A S. Germain en Laye en Decembre 1669. reg. au Parlement de Roüen le 7. Juin 1670. 1669.

Edit portant reglement pour l'enrollement des Matelots dans la Province de Bretagne, exemption en leur faveur de logemens de gens de guerre, guet, & garde de portes des Villes & Châteaux, tutelles & curatelles, de la collecte, des foüages, &c. pendant les années qu'ils seront employez, & se trouveront à la solde du Roy: & défenses à tous les Officiers, Matelots, & autres gens de marine d'abandonner le service du Roy, pendant l'année qu'ils seront à sa solde, sans congé en bonne forme, à peine de la vie. A S. Germain en Laye en Janvier 1670. reg. au Parlement de Bretagne le 5. Mars de la même année. 1670.

Edit portant qu'à l'avenir, & à commencer du jour de l'enregistrement dudit Edit és Cours des Aydes de Paris & Roüen, tous Marchands, tant Sujets du Roy, qu'étrangers, qui feront entrer des marchandises dans les ports & Villes maritimes, desquelles ils n'auront point fait leur declaration, pour joüir de l'entrepost portée par la Declaration du mois de Septembre 1664. pourront pendant le temps des baux des Fermes du Roy, & un an aprés l'expiration de chacun d'iceux, recharger lesdites marchandises pour les transporter dans les païs étrangers, sans payer aucuns droits de sortie: auquel cas les Fermiers seront tenus de leur rendre & restituer les droits d'entrée qu'ils justifieront avoir payez. A S. Germain en Laye en Fevrier 1670. reg. en la Cour des Aydes le 6. Mars suivant.

Declaration portant pouvoir au Procureur du Roy du Châtelet de Paris, de choisir quatre Sergens pour servir à sa Chambre, & porter ses ordres. A S. Germain en Laye en Mars 1670. reg. le 29. du même mois.

Declaration en interpretation de l'Edit du mois d'Aoust 1668. portant création de quatre Offices de Conseillers au Presidial d'Auxerre. A S. Germain en Laye en Mars 1670. reg. le 19. May suivant.

Declaration portant reglement general pour les Chancelleries du Royaume. A l'Isle en Flandres le 23. May 1670. publiée au Seau le 28. du même mois.

LOUIS XIV. 1670.

Declaration portant établissement de l'Hôpital des Enfans-trouvez de cette ville de Paris, & union d'iceluy à l'Hôpital General. A S. Germain en Laye en Juin 1670. reg. le 18. Aoust suivant.

Edit portant suppression de l'un des Offices de Receveurs, & de Controlleurs generaux des Finances des Generalitez du Royaume: ensemble de l'un des trois Offices de Receveurs des Tailles de l'Election de Paris, qui avoient esté exceptez de la suppression faite par celuy du mois d'Aoust 1661. pour exercer alternativement par ceux qui seront reservez, & sans qu'un desdits Receveurs generaux des Finances, & Receveurs des Tailles puisse estre proprietaire directement ou indirectement de plus d'un Office, &c. A S. Germain en Laye en Juillet 1670. reg. en la Chambre des Comptes le dernier du même mois.

Declaration par laquelle, en ce qui concerne les années precedentes celle de 1663. les Receveurs des Tailles & Taillon sont déchargez de rapporter aucuns certificats *de non soluto*, pour la location de leurs reprises, qui seront passées purement & simplement en vertu des états par le menu de leurs restes, dûëment certifiez veritables aux peines du quatruple, sans qu'elles puissent estre moderées pour quelques causes que ce soit, en cas qu'elles se trouvent fausses en tout, ou partie, &c. A S. Germain en Laye le 14. Juillet 1670. reg. en la Chambre des Comptes le dernier du même mois.

Lettres patentes portant que les Justices de Samblançay, Tours, &c. ressortiront au Siege du Duché & Pairie de Luynes. A S. Germain en Laye en Aoust 1670. reg. le 4. Septembre suivant.

Ordonnance portant reglement general pour l'instruction & Jugement des affaires criminelles, contenant 28. titres.

Tit. 1. de la competence des Juges en matiere criminelle.

Tit. 2. des procedures particulieres aux Prevosts des Maréchaux de France, Vicebaillifs, Vicesenéchaux, & Lieutenans Criminels de Robe-courte.

Tit. 3. des plaintes, denonciations, & accusations.

Tit. 4. des procez verbaux des Juges.

Tit. 5. des Rapports des Medecins & Chirurgiens.

Tit. 6. des Informations.

Tit. 7. des Monitoires.

Tit. 8. de la reconnoissance des écritures & signatures en matiere criminelle.

Tit. 9. du crime de faux tant principal qu'incident. Loüis XIV. 1670.

Tit. 10. des decrets, de leur execution, & des élargissemens.

Tit. 11. des excuses ou exoines des accusez.

Tit. 12. des Sentences de provision.

Tit. 13. des Prisons, Greffiers des Geoles, Geoliers, Guichetiers.

Tit. 14. des interrogatoires des accusez.

Tit. 15. des recollemens & confrontations des témoins.

Tit. 16. des Lettres d'abolition, remission, pardon, pour ester à droit, rappel de ban de galeres, commutation de peine, rehabilitation, & revision de procez.

Tit. 17. des defauts & contumaces.

Tit. 18. des muets & sourds, & de ceux qui refusent de répondre.

Tit. 19. des Jugemens & procez verbaux de question & de torture.

Tit. 20. de la conversion des procez civils en criminels, & de la reception en procez ordinaires.

Tit. 21. de la maniere de faire le procez aux Communautez des Villes, Bourgs, & Villages, Corps & Compagnies.

Tit. 22. de la maniere de faire le procez à un Cadavre, ou à la memoire d'un défunt.

Tit. 23. de l'abrogation des appointemens, écritures, & forclusions en matiere criminelle.

Tit. 24. des conclusions diffinitives de nos Procureurs, ou de ceux des Justices Seigneuriales.

Tit. 25. des Sentences, Jugemens, & Arrests.

Tit. 26. des appellations.

Tit. 27. des procedures à l'effet de purger la memoire d'un défunt.

Tit. 28. des faits justificatifs.

A S. Germain en Laye en Aoust 1670. reg. au Parlement de Paris le 26. du même mois, & en celuy de Roüen le 18. Decembre suivant.

Declaration portant pouvoir aux Ecclesiastiques de rentrer dans leurs biens alienez en vertu de la Bulle de Pie V. du 25. Juillet 1568. & des Lettres patentes expediées en consequence, & ce pour le temps de cinq ans, sans esperance d'autre delay, sous quelque pretexte, cause, & occasion que ce puisse estre. A S. Germain en Laye le 11. Novembre 1670.

Loüis XIV.

1670. Declaration portant continuation de la Chambre de la Tournelle Civile pour un an, aux clauses, conditions, pouvoirs, & attributions portées par celle du 11. Aoust 1669. A S. Germain en Laye le 20. Novembre 1670. reg. le 27. du même mois.

Declaration portant reglement general pour les peages qui se levent tant par eau que par terre, contenant 14. articles. A Paris le dernier Novembre 1670. reg. au Parlement de Roüen le 10. Mars 1671.

Lettres patentes portant érection des Terres de Baville, Boissy, S. Yon, &c. en Marquisat, sous le nom du Marquisat de Baville, en faveur de Messire Guillaume de Lamoignon, Chevalier, Conseiller du Roy en tous ses Conseils, & premier President au Parlement de Paris. A Paris en Decembre 1670. reg. en la Chambre des Comptes le 20. Janvier 1671.

Lettres patentes portant érection des Terres de Cincehour-Launay-Courson, &c. en Comté, sous le nom du Comté de Launay-Courson, en faveur de Messire Guillaume de Lamoignon, Chevalier, Conseiller du Roy en tous ses Conseils, & premier President au Parlement de Paris. A Paris en Decembre 1670. reg. en la Chambre des Comptes le 20. Janvier 1671.

1671. Declaration portant défenses de saisir pendant le temps de six années, à compter du jour de l'expiration du delay porté par celuy du mois d'Avril 1667. aucuns bestiaux, soit pour dettes de Communautez, &c. A Paris le 25. Janvier 1671. reg. le 19. Fevrier de la même année. *Ces defenses sont renouvellées par celle du dernier Janvier* 1678.

Declaration portant revocation du changement d'octroy dans la Province de Normandie, & reglement pour la translation de domicile des Contribuables aux Tailles, à l'égard desquels il en sera usé comme au ressort de la Cour des Aydes de Paris. A S. Germain en Laye le 3. Mars 1671. registrée en la Cour des Aydes de Roüen le 19. du même mois.

Declaration en interpretation de l'Edit du mois d'Aoust 1669. pour l'établissement du controlle des exploits, dans laquelle tous les exploits sujets à controlle sont specifiez, & entr'autres les exploits de retrait lignager, ou feodal, de sequestres, saisies feodales, & réelles, significations d'icelles, criées & appositions (sans neanmoins dispenser les exploits desdites saisies feodales, réelles, criées, & appositions d'affiches, des autres formalitez de témoins & recors, prescrites par les Coûtumes & anciennes Ordonnances. A S. Germain en Laye le 21. Mars 1671. reg. au Parlement de Paris le 26. Avril, en la Cour des Aydes le 6. Juin de la même année, & au Parlement de Roüen le 15. Janvier 1672.

Declaration portant reglement pour les consignations, condamnations, & recouvrement des amendes. A S. Germain en Laye le 24. Mars 1671. reg. en la Cour des Aydes de Paris le 6. Juin de la même année, & au Parlement de Roüen le 17. May 1673. *V. celle du mois de Ianvier* 1685.

Edit portant que le Siege des Eaux & Forests de la Maîtrise particuliere de Thoulouse, sera fixe à l'avenir dans la ville de Villemur; celuy de Lauragois, en la ville de Castelnaudarry; celuy de Castres, en la ville de S. Pons; celuy de Commenge, en la ville de S. Gaudens: diminution du ressort du Siege de la Maîtrise particuliere de Montpellier; & augmentation de celuy de la Maîtrise de l'Isle-Jourdain: création des Maîtrises particulieres de Quellan, Villeneuve de Berc, Rhodez, Pamiers, & Tarbes, & des Gruries d'Alby sous le ressort de la Maîtrise de Villemur: Mandé sous le ressort de Montpellier: S. Girons & Aren sous le ressort de la Maîtrise de S. Gaudens: Nogaro sous le ressort de la Maîtrise de Tarbes: & conservation de la Grurie établie à Fleurence, sous le ressort de la Maîtrise de l'Isle-Jourdain. A S. Germain en Laye en Mars 1671.

Edit portant création des Offices de Payeurs & Controlleurs des rentes constituées & assignées sur l'Hôtel de Ville de Paris. A S. Germain en Laye en Avril 1671. *V. celuy du mois de Ianvier* 1682.

Declaration pour l'execution de l'art. 1. du titre des Requestes Civiles de l'Ordonnance du mois d'Avril 1667. & des art. 6. & 7. du titre des Informations de celle du mois d'Aoust 1670. portant défenses de se pourvoir contre les Arrests autrement que par Requeste Civile; & à tous Juges de commettre d'autres personnes que les Greffiers, pour écrire les Informations. A S. Germain en Laye le 21. Avril 1671. *Il y en a une pareille adressée au Parlement de Roüen du* 8. *Octobre suivant.*

Lettres patentes portant jussion à la Cour des Monnoyes, pour verifier l'Edit du mois d'Avril 1657. pour la création de quatre Lettres de Maîtrises, en faveur de la naissance de Monseigneur le Dauphin. A S. Germain en Laye le 23. Avril 1671. reg. le 2. Juin suivant.

Lettres patentes portant jussion au Parlement de Roüen, pour proceder à l'enregistrement de la Declaration du 25. Janvier pre-

LOUIS XIV. 1671.

dent pour la saisie des bestiaux, nonobstant ses remontrances. A S. Germain en Laye le 23. Avril 1671. reg. le 1. Juin de la même année.

Declaration portant confirmation des Brefs & Bulles des Papes, Lettres patentes, Arrests, & Jugemens qui s'en sont ensuivis pour la reforme & le rétablissement de la discipline reguliere dans divers Ordres, Abbayes, & Monasteres du Royaume, & neanmoins que cy aprés les Religieux desdits Ordres & Congregations ne pourront estre établis dans les Monasteres non-reformez qui en dépendent, ny aucunes unions y estre faites sans la permission expresse du Roy, & avoir obtenu ses Lettres patentes. A Tournay en Juin 1671. reg. au Parlement de Paris le 26. Juin & en celuy de Roüen le 11. Aoust. de la même année.

Declaration portant reglement pour les pensions sur les Cures & autres Benefices qui requierent residence. A Ath en Juin 1671. reg. au Grand-Conseil le 13. & au Parlement de Paris le 21. Juillet & en celuy de Roüen le 8. Aoust de la même année. *V. celle du 9. Decembre 1673.*

Declaration portant reglement pour empescher les abus qui se commettent dans les Pelerinages. A Fontainebleau en Aoust 1671. reg. au Parlement de Paris le 27. du même mois, & en celuy de Roüen le 26. Novembre suivant. *V. celle du* 8. *Ianvier* 1686.

Declaration en interpretation de l'art. 3. du tit. 5. de l'Ord. du mois d'Aoust 1670. portant que les Chirurgiens & Commis par les premiers Medecins du Roy joüyront des droits & privileges à eux attribuez par les Edits & declarations dont ils ont joüy, & comme ils auroient pû faire avant ladite Ordonnance, & sans que sous pretexte de contenu audit article, il soit par le premier Medecin, ny par les Chirurgiens par luy commis rien changé, ny innové à l'ancien usage qui sera gardé & observé. A Fontainebleau le 22. Aoust 1671. reg. le 1. Septembre de la même année.

Edit pour l'execution de celuy du 2. May 1647. portant établissement d'un Siege d'Admirauté dans la ville de Dunquerque qui sera composé d'un Conseiller du Roy, Lieutenant General, Civil & Criminel, d'un Procureur du Roy &c. & reglement pour les droits, fonctions, & jurisdiction desdits Officiers, & suppression du Siege d'Admirauté étably dans celle de Gravelines par celuy du 21. Juillet 1659. A Fontainebleau en Aoust 1671. reg. le 5. Septembre suivant.

Declaration pour l'execution de l'art. 1. du titre des Requestes Civiles

Civiles de l'Ordonnance du mois d'Avril 1667. & des articles 6. & 7. du titre des Informations de celle du mois d'Aoust 1670. &c. A S. Germain en Laye le 8. Octobre 1671. reg. au Parlement de Roüen le 5. Fevrier 1672. *V. celle du 21. Avril precedent qui est semblable.* LOUIS XVI. 1671.

Declaration pour la continuation du droit annuel pendant trois années & reglement pour les conditions, & ceux qui en sont exceptez. A S. Germain en Laye le 27. Novembre 1671, publiée au Seau le dernier du même mois. *V. celle du 27. Octobre 1674.*

Declaration pour l'execution des Edits des mois de Decembre 1665. & Juillet 1669. portans reglement pour le prix des Offices du Judicature, par laquelle il est ordonné que ceux qui poursuivront des provisions desdits Offices, seront tenus de se retirer pardevers le Roy pour en avoir l'agrément, en consequence duquel ils déposeront entre les mains du Tresorier des revenus casuels le prix des Offices pour lesquels ils auront esté agréez &c. A S. Germain en Laye le 27. Novembre 1671. publiée au Seau le même jour.

Declaration portant reglement pour l'administration du Jardin Royal des plantes medicinales étably au Faux-bourg S. Victor de la Ville de Paris. A S. Germain en Laye en Decembre 1671. *V. celle du 20. Ianvier 1673.*

Edit portant rétablissement, & entant que besoin seroit, création des Maîtrises particulieres de Dijon, Chastillon, Chalon, Authun & Avalon avec les mêmes Jurisdictions & ressorts qu'ils avoient avant la suppression faite par celuy du mois de Novembre 1658. à l'exception d'Avalon qui aura sous son ressort tous les bois de la Maîtrise de Semur en Auxois qui demeurera supprimée : reglement pour le nombre d'Officiers dont ils doivent estre composez, & création des Gruries de Sagy & de Bourg en Bresse sous le ressort de la Maîtrise d'Authun. A S. Germain en Laye en Janvier 1672. *V. celuy du mois de Decembre suivant.* 1672.

Declaration portant que les Offices cy-devant créez par dispense des 40. jours, & non levez, & ceux qui vacqueront cy-aprés faute de payement du droit annuel, seront taxez pour estre lesdits Offices préferablement levez en faveur des Veuves, heritiers, & ayans cause de l'Officier decedé. A S. Germain en Laye en Fevrier 1671. publié au Seau le 6. du même mois.

Edit portant réduction du nombre des Tresoriers de France en chacun Bureau, à celuy de quatorze & un Procureur du Roy :

Louis XIV. 1672. suppression des Offices de Tresoriers de France, Avocats & Procureurs du Roy au dessus dudit nombre, &c. A S. Germain en Laye en Fevrier 1672. publié au Seau le 8. du même mois, & registré au Parlement de Roüen le 2. Juin de la même année. *V. ceux des mois de Iuin suivant, & Mars 1673.*

Edit portant reglement pour l'âge & le service requis pour estre pourvû des Offices de Judicature, en execution de ceux des mois de Decembre 1665. & Juillet 1669. & que les Curez ou Vicaires des Paroisses seront tenus de rapporter au Greffe du Siege principal du ressort, dans lequel elles sont situées, les registres des Baptêmes, Mortuaires, &c. en interpretation des articles 8. 9. 10. & 11. du titre 20. de l'Ordonnance du mois d'Avril 1667. A S. Germain en Laye en Fevrier 1672. publié le 28. registré au Parlement de Paris le 29. du même mois, & en celuy de Roüen le 4. Avril suivant.

Edit portant création de la Manufacture des bas, canons, camisolles, & autres ouvrages de soye qui se font au métier, en titre de métier, & confirmation des Statuts & reglemens dudit métier. A S. Germain en Laye en Fevrier 1672.

Declaration qui regle les interests des sommes qui seront prestées au Roy au denier dix-huit. A S. Germain en Laye en Fevrier 1672. reg. le 7. Avril de la même année.

Edit portant suppression des Officiers des Greniers à sel de la Ferme generale des Gabelles de France, à l'exception d'un President, deux Greneriers, deux Controlleurs, un Procureur du Roy, & un Greffier, faisant en tout sept Officiers en chacun desdits Greniers où il y a des Chambres: & un President, un Grenetier, un Controlleur, un Procureur du Roy, & un Greffier, faisant cinq Officiers en chacun des autres Greniers de la Ferme generale des Gabelles: & reglement pour leurs fonctions & droits. A S. Germain en Laye en Fevrier 1672. reg. en la Chambre des Comptes le 11. Avril suivant. *V. la Declaration du 4. Iuin suivant.*

Declaration portant que l'Edit du mois de Novembre 1656. sera executé, par lequel les Roturiers du ressort des Parlemens de Paris & Roüen ont esté affranchis du droit de francs-fiefs, & nouveaux acquests: & reglement pour le recouvrement du droit d'affranchissement porté par le même Edit. A Versailles le 23. Mars 1672. reg. le 7. Avril de la même année.

Edit portant que tous les Notaires, Procureurs, Huissiers, & Sergens du Royaume, reservez en consequence de celuy du mois d'Avril 1664. demeureront confirmez en l'exercice de leurs Charges, & qu'à l'avenir les Offices de Notaires, Gardenottes, Tabellions Royaux, & les Procureurs des Cours & Justices Royales, sont & demeureront hereditaires pour en joüir par les pourvûs, leurs successeurs, & ayant cause hereditairement, à toûjours, & perpetuellement, en faire & disposer par contrats de vente volontaires, ainsi que de leurs propres, sans que lesdits Offices puissent estre declarez domaniaux, &c. A Versailles le 23. Mars 1672. reg. au Parlement le 7. & en la Chambre des Comptes le 11. Avril suivant.

Edit portant affranchissement du droit de francs-fiefs, & nouveaux acquests dans les Provinces du Royaume, où celuy du mois de Novembre 1656. n'est point observé, &c. A Versailles en Mars 1672.

Declaration pour l'établissement du droit de marque sur l'or & l'argent, qui est fabriqué, & mis en œuvres par les Orfévres, Bateurs & Tireurs d'or, & autres Ouvriers en or & en argent. A Versailles le dernier Mars 1672. reg. au Parlement de Roüen le 23. Decembre suivant.

Edit portant suppression des Offices de Gardes & Depositaires des quittances du marc d'or, Greffiers des Chartres, & Controlleurs des Offices, & de leurs Commis: ensemble de deux Offices de Tresoriers-Payeurs des Secretaires du Roy du College des trente-six, cy-devant nommez des six-vingt des Finances: reduction de tous les Offices de Secretaires du Roy à deux cens quarante, qui seront choisis des cinq Colleges, pour ne composer à l'avenir qu'un seul & même Corps & College: suppression du surplus desdits Offices: rétablissement desdits 240. Secretaires du Roy reservez dans tous leurs privileges de Noblesse, exemptions, &c. nonobstant la clause portée par l'Edit du mois d'Aoust 1669. & neanmoins que ceux qui acheteront des terres relevans du Roy, & qui se déferont de leurs Offices sans en avoir joüy dix années, seront tenus de payer tous les droits dûs pour raison desdites acquisitions: confirmation des privileges des Secretaires du Roy qui servent dans les Chancelleries, &c. A Versailles en Avril 1672. reg. au Parlement le 7. & en la Chambre des Comptes le 11. du même mois.

Edit pour l'alienation des petits Domaines du Roy, jusques à la concurrence de la somme de 400000. livres de rente, en execution des Edits des mois d'Avril 1667. & Aoust 1669. A Versailles

LOUIS XIV. le 8. Avril 1672. reg. en la Chambre des Comptes le 11. du même mois.

1672. Edit portant création de l'Office de Garde des Seaux de France, en faveur de Messire Estienne d'Aligre Conseiller d'Etat. A S. Germain en Laye en Avril 1672. reg. au Parlement le 19. Decembre suivant, & en la Chambre des Comptes le 4. Juin 1673. *Duchesne hist. des Chancel. de Fr. p.* 804.

Pouvoir donné par le Roy à la Reine pour commander dans le Royaume pendant qu'il sera absent. A S. Germain en Laye le 23. Avril 1672.

Declaration portant reglement pour la nouvelle enceinte de la ville de Paris, & pour la construction de plusieurs édifices publics, pour l'ornement & la decoration de ladite Ville, & la commodité des Habitans. A S. Germain en Laye le 26. Avril 1672. reg. le 30. du même mois.

Declaration portant confirmation des Statuts de l'Hôpital de la Misericorde de cette ville de Paris. A S. Germain en Laye en Avril 1672. reg. le 18. May de la même année.

Edit portant rétablissement des Sieges des Maîtrises particulieres des Eaux & Forests d'Arques & Argentan : érection d'un Siege de Maîtrise particuliere à Dompfront, pour y estre étably le nombre d'Officiers porté par l'Edit du mois d'Avril 1667. suppression des Sieges des Maîtrises particulieres du Ponteau-de-mer, Neufchâtel, Caën, Orbec, Verneüil & Falaise ; ensemble des Officiers qui les composent : création d'un Gruyer pour la Forest de Brotonne, &c. & reglement pour leur pouvoir & jurisdiction. A S. Germain en Laye en Avril 1672.

Declaration portant reglement pour la qualité & le poids de la vaisselle d'or & d'argent. A S. Germain en Laye le 26. Avril 1672. reg. le 6. May de la même année. *V. celle du* 10. *Fevrier* 1687.

Declaration portant confirmation des Officiers du Bureau des Finances de la Generalité de Paris en leurs Charges, nonobstant l'Edit du mois de Fevrier precedent, à l'exception des Offices de Tresoriers de France, vacans aux parties casuelles par le decez de Claude Chaü & Jean Regnault, lesquels demeureront supprimez ; confirmation de tous leurs privileges & exemptions, même du droit de *Committimus*, pour en joüir comme ils faisoient avant l'année 1669. nonobstant la restriction portée par l'art. 14. du titre des *Committimus* de l'Ordonnance du mois d'Aoust de ladite année, &c. A S. Germain en Laye en Juin 1672. reg. au Parlement le 6.

& en la Chambre des Comptes le 21. Juillet audit an. *V. celuy du mois de Mars* 1673.

Declaration en faveur des Officiers des Greniers à sel, par laquelle ils sont conservez en la joüissance de leurs Offices, gages, & droits ; admis au payement du droit annuel ; avec attribution de franc-sallé, &c. A S. Germain en Laye le 4. Juin 1672. publiée au Seau le 21. Juillet suivant. *V. celle du* 28. *Mars* 1684. 1672.

Declaration en faveur des Sergens à cheval du Châtelet de Paris, par laquelle ils sont maintenus dans le privilege de Garde-Gardienne, &c. A en Septembre 1672. *V. celle du mois de May* 1674.

Declaration portant confirmation des Brevets de don des places où sont & seront bâties les maisons de Versailles ; & que les maisons bâties dans lesdites places, ne pourront estre sujettes à aucunes hypotheques, ny même saisies réellement, & adjugées par decret ou autrement, pour le payement de quelque dette que ce puisse estre, nonobstant toutes Ordonnances, Edits, Declarations, Loix, Coûtumes, Arrests, & Reglemens à ce contraires ; à la reserve neanmoins des droits de cens, lots & ventes, & autres droits seigneuriaux ; & du privilege de ceux qui auront vendu, ou auront presté des deniers pour l'achat, bâtimens, reparations, &c. A Versailles le 24. Novembre 1672. reg. le 10. Decembre suivant.

Edit portant reglement pour les gages & droits des Officiers des Eaux & Forests des Maîtrises particulieres du département de Bourgogne & Bresse, rétablis & créez par celuy du mois de Janvier precedent : création en chacune desdites Maîtrises de deux Offices d'Arpenteurs ordinaires, deux d'Huissiers Audianciers, & Commis ; deux de Gardes à cheval pour les Bois & Rivieres, & du nombre des Sergens à garde necessaires : rétablissement d'un Office de Receveur general des deniers des ventes des bois, &c. A Versailles en Decembre 1672.

Declaration portant permission d'établir une Manufacture d'huile de Sardines & de Haran dans l'étenduë de la côte de Normandie, depuis Honnefleur jusqu'en Bretagne. A Versailles le 17. Decembre 1672. *V. les Lettres Patentes du* 22. *May* 1672.

Edit portant confirmation des Ordonnances & Reglemens de la ville de Paris. A Versailles en Decembre 1672. reg. le 20. Fevrier 1673.

Declaration portant que conformément aux Edit & Declarations 1673.
des mois de Janvier 1626. May & Juin 1635. & Decembre 1671. les

Louis XIV. 1673. Demonstrateurs établis au Jardin Royal pourront continuer leurs leçons & exercices sur la vertu des plantes medicinales, & Pharmacie tant ancienne que nouvelle, comme aussi qu'ils pourront faire audit Jardin toutes operations chirurgicales, dissections & demonstrations anatomiques; & qu'à cet effet le premier corps executé leur sera delivré par preference à tous autres, même au Doyen & Docteurs de la Faculté de Medecine de la Ville de Paris, nonobstant tous privileges à ce contraires, & ensuite alternativement, à la charge que lesdites demonstrations & leçons seront faites par les Professeurs gratuitement. A S. Germain en Laye le 20. Janvier 1673. publié au Seau le 26. du même mois.

Declaration portant que le droit de Regale appartient au Roy universellement dans tous les Archevêchez, & Evêchez du Royaume, Terres & Païs de son obeissance, à la reserve seulement de ceux qui en sont exempts à titre onereux: que le litige ne pourra donner à l'avenir aucune atteinte à la Regale s'il n'est formé, & s'il n'ya entre les parties contestation en cause six mois auparavant le decés des Archevêques & Evêques; & en consequence que les Archevêques & Evêques seront tenus dans deux mois du jour de leur serment de fidelité d'obtenir des Lettres patentes de main-levée, de les faire entegistrer en la Chambre des Comptes de Paris; que ceux qui ont presté serment de fidelité, & n'ont pas obtenu des Lettres de main-levée, seront tenus de les obtenir, & de les faire enregistrer dans deux mois en la Chambre des Comtes à Paris, lesquels & faute d'y satisfaire dans ledit temps & iceluy passé, les Benefices sujets au droit de Regale, dépendans de leur collation à cause desdits Archevêchez & Evêchez seront declarez vacans & impetrables en Regale: neanmoins que ceux qui sont en possession & joüissance paisible des Benefices dont ils ont esté pourvus en Regale, ou qui ont esté maintenus par Arrests du Conseil contradictoires, ou sur Requeste, & des Cours de Parlement & Grand-Conseil dans l'etenduë des Archevêchez & Evêchez des Provinces de Languedoc, Guyenne, Provence, & Dauphiné, comme aussi ceux qui sont en possession en consequence des provisions de Cour de Rome, ou des Archevêques & Evêques desdites Provinces de Languedoc, Guyenne, Provence, & Dauphiné depuis leur serment de fidelité, ou des Chapitres le Siege vacant & qui en ont joüy jusqu'au jour de la presente Declaration, y soient & y demeurent diffinitivement maintenus: & que la connoissance de toutes les contestations & differens meus, & à mouvoir pour raison dudit droit de Regale, circonstances & dépendances demeurera & appartiendra à la Grand-Chambre du Parlement de Paris. A S. Germain en Laye le 10. Fevrier 1673. reg. le 18. Avril suivant. *V. celle du 2. Avril 1675. & l'Edit du mois de Ianvier 1682.*

Declaration qui regle les droits que doivent payer à la Chambre des Comptes de Paris les Archevêques & Evêques des Provinces de Languedoc, Guyenne, Provence & Dauphiné pour l'engistrement des Lettres de main-levée qu'ils obtiennent du Roy pour clorre la Regale dans leurs Dioceses. A S. Germain en Laye le 10. Fevrier 1673. reg. en la Chambre des Comptes le 27. Juillet de la même année.

Declaration portant reglement pour la forme de l'enregistrement dans les Cours, des Edits, Declarations, & Lettres patentes expediées pour affaires publiques, soit de Justice ou de Finance, émanées de la seule authorité & propre mouvement du Roy sans partie, en interpretation des Articles 2. & 5. du Titre premier de l'Ordonnance du mois d'Avril 1667. A Versailles le 24. Fevrier 1673. reg. au Parlement, Chambre des Comptes & Cour des Aydes de Paris le 23. Mars, & au Parlement de Roüen le 17. Mars de la même année.

Edit portant creation des Offices de Greffiers au Parlement de Roüen, & aux Cours qui y ressortissent. A S. Germain en Laye en Mars 1673. registré au Parlement de Roüen le 17. Mars suivant.

Edit servant de reglement pour le commerce des Negocians & Marchands, tant en gros qu'en détail, contenant douze titres.

Tit. 1. des Apprentifs, Negocians, & Marchands, tant en gros qu'en détail.

Tit. 2. des Agens de Banque, & Courtiers.

Tit. 3. des Livres & Registres des Negocians, Marchands & Banquiers.

Tit. 4. des Societez.

Tit. 5. des Lettres & Billets de change & promesse d'en fournir.

Tit. 6. des interests de change & rechange.

Tit. 7. des contraintes par corps.

Tit. 8. des separations de biens.

Tit. 9. des deffences & des Lettres de répy.

Loüis XIV.

1673.

Tit. 10. des cessions de biens.

Tit. 11. des faillites & banqueroutes.

Tit. 12. de la Jurisdiction des Consuls.

A Versailles en Mars 1673. reg. au Parlement & en la Cour des Aydes de Paris le 23. du même mois, & au Parlement de Roüen le 17. May de la même année.

Edit servant de reglement pour les épices & vacations des Commissaires & autres frais de Justice contenant 30. articles. A Versailles en Mars 1673. reg. au Parlement, en la Chambre des Comptes & en la Cour des Aydes de Paris le 23. des même mois & an, & au Parlement de Roüen le 17. May suivant.

Edit portant établissement des Greffes pour l'enregistrement des oppositions pour conserver la preference aux hypotheques, contenant 78. articles. A Versailles en Mars 1673. reg. au Parlement le 23. des mêmes mois & an. *Revoqué par celuy du mois d'Avril 1674.*

Edit portant reglement pour la conservation des hypoteques sur les rentes qui ont esté & seront constituées sur les Domaines du Roy, Tailles, Gabelles, &c. & autres revenus du Roy. A Versailles en May 1673. reg. au Parlement, en la Chambre des Comptes de Paris le 23. du même mois, & au Parlemeent de Roüen le 17. May suivant. *V. les Declarations des 30. Iuin suivant & 4. Novembre* 1680.

Edit portant création de certain nombre d'Offices de Banquiers expeditionaires de Cour de Rome, & de la Legation, tant dans la Ville de Paris, que dans celles où il y a Parlement & Siege Presidial, comme aussi des Offices de Greffiers des Arbitrages, & Compromissions, Syndicats, & Direction de Creanciers dans toute l'etenduë du Royaume avec la qualité & fonction de Notaires, Gardenotes, & Tabellions, & reglement pour leurs droits & fonctions. A Versailles en Mars 1673. reg. au Parlement de Paris le 23. du même mois, & en celuy de Roüen le 17. May suivant.

Edit portant création des Offices de Greffiers au Parlement de Paris & autres Cours superieures & inferieures du ressort dudit Parlement. A Versailles en Mars 1673. reg. au Parlement & en la Chambre des Comptes le 23. dudit mois.

Edit portant alienation de 200000. livres de rente sur les Gabelles à raison du denier dixhuit, nonobstant la reduction des rentes au denier 20. faite par celuy du mois de Decembre 1665. création

tion de deux Offices de Conseillers du Roy, Tresoriers, Receveurs Generaux & Payeurs desdites rentes, leurs Commis joints, & d'un Controlleur &c. reglement pour leurs droits & fonctions. A Versailles en May 1673. reg. au Parlement, Chambre des Comptes & Cour des Aydes le 23. dudit mois. *V. la Declaration du* 30. *Novembre* 1675.

Loüis XIV. 1673.

Edit pour l'execution de ceux des mois de Decembre 1581. Avril 1597. & Decembre 1659. portant qu'en consequence tous ceux qui font profession de commerce de marchandises & denrées & d'arts de toutes sortes & mêtiers, tant dans la Ville de Paris, que dans les autres villes du Royaume où il y a Maîtrise & Jurande qui ne sont d'aucun Corps & Communauté, seront établis en Corps, Communauté & Jurande &c. & fixation des Barbiers & Perruquiers à 200. pour la Ville de Paris, &c. A Versailles en Mars 1673. reg. au Parlement & en la Chambre des Comptes de Paris le 23. du même mois, & au Parlement de Roüen le 17. May suivant.

Edit portant rétablissement des Officiers des Bureaux des Finances en l'exercice de leurs Charges, confirmation du droit de *Committimus* en leur faveur, pour en joüir comme ils faisoient avant l'Edit du mois de Fevrier 1672. & la restriction portée par l'article 14. du titre des *Committimus* de l'Ordonnance du mois d'Aoust 1669. &c. A Versailles en Mars 1673. reg. au Parlement & en la Chambre des Comptes le 23. du même mois.

Edit portant création de deux Offices de Conseillers du Roy, Receveurs Generaux, Provinciaux: & deux de Conseillers du Roy Controlleurs Generaux, Provinciaux, Anciens, & Alternatifs de tous les Domaines, en chacune Generalité du ressort de la Chambre des Comptes de Paris, & reglement pour leurs fonctions, privileges & droits. A Versailles en Mars 1673. reg. au Parlement & en la Chambre des Comptes le 23. du même mois. *V. la Declaration du* 10. *Iuin* 1679.

Edit portant création de 24. Offices de Vendeurs de volailles, gibier, œufs, beurre, fromage, cochons de lait, agneaux, chevreaux dans la Ville de Paris, lesquels feront leurs fonctions pour la vente & le Payement desdites marchandises, ainsi qu'il se pratique par les Vendeurs de marée, &c. conformement aux Edits des mois de Janvier 1583. & Mars 1586. A Versailles en Mars 1673. reg. le 23. du même mois.

Edit portant reglement pour les Rolles des causes, qui se plaident en la Grand-Chambre du Parlement de Paris, les Audiances

LOUIS XIV. 1673.

qui s'y doivent donner; la qualité des affaires qui y peuvent estre jugées, & les appointemens sur les appellations, &c. contenant 10. articles. A Versailles le 15. Mars 1673. reg. le 24. du même mois.

Declaration pour l'impression & l'usage des Formules dressées en execution des Ordonnances des mois d'Avril 1667. & Aoust 1669. & Aoust 1670. A Versailles le 19. Mars 1673. reg. au Parlement, & en la Chambre des Comptes le 23. du même mois. *V. celles des 2. Iuillet suivant, & Avril* 1674.

Declaration en execution de l'Edit du mois de May 1645. portant que les droits de quints & requints, lots & ventes, & autres droits de mutation établis par les Coûtumes, seront payez pour les échanges de Terres, Seigneuries, maisons & heritages contre des rentes constituées à prix d'argent, comme pour des ventes faites en argent, nonobstant l'usage contraire: & neanmoins que l'exemption des droits de mutation demeurera seulement pour les échanges qui seront faites d'heritages contre heritages, lesquels droits, tels qu'ils sont reglez par les Coûtumes, seront payez par les parties qui auront passé lesdits Contrats d'échange contre des rentes, &c. A Versailles le 20. Mars 1673. reg. au Parlement, & en la Chambre des Comptes de Paris le 23 dudit mois, & au Parlement de Roüen le 17. May suivant. *V. l'Edit du mois de Fevrier* 1674. *& la Declaration du* 20. *Iuillet de la même année.*

Edit portant remise de toutes les condamnations d'amendes renduës au profit du Roy par tous les Officiers des Eaux & Forests du Royaume, jusques & compris l'année 1662. même aux Collecteurs desdites amendes, Receveurs des bois, & autres d'en rendre compte. A Versailles le 20. Mars 1673. reg. en la Chambre des Comptes de Paris le 23. du même mois, & au Parlement de Roüen le 17. May de la même année..

Edit portant reglement general pour les Tailles, contenant 19. articles. A Versailles le 20. Mars 1673. reg. en Cour des Aydes le 23. dudit mois. *V. les Declarations des* 4. *Novembre* 1682. 16. *Aoust* 1683. *&* 28. *Aoust* 1685.

Edit portant reglement pour le tiers & danger sur les bois de la Province de Normandie. A S. Germain en Laye en Avril 1673. reg. au Parlement de Roüen le 17. May de la même année. *V. la Declaration du* 7. *Novembre* 1674.

Lettres patentes portant jussion au Parlement de Roüen, pour verifier & enregistrer la Declaration du 17. Decembre 1672. par laquelle il est permis d'établir une Manufacture d'huile d'Harans & de Sardines, &c. A Courtray le 22. May 1673. Loüis XIV. 1673.

Declaration en interpretation de l'Edit du mois de Mars precedent, pour la conservation des hypotheques sur les rentes dûës par le Roy. Au Camp devant Mastrik le 2. Juillet 1673. reg. le 10. Juillet suivant.

Declaration portant reglement pour l'usage des Formules, en execution de celle du 19. Mars precedent. Au Camp devant Mastrik le 2. Juillet 1673. reg. au Parlement de Paris le 10. & en celuy de Roüen le 21. Juillet de la même année. *V. celle du mois d'Avril 1674.*

Edit portant création de trois Maîtres de chacun métier en chacune des Villes, Bourgs, &c. du Royaume. A Nancy en Aoust 1673. reg. au Parlement de Paris le 6. Juin 1674. & en celuy de Roüen le 21. Fevrier 1680.

Edit pour l'enrollement des Matelots dans toutes les Provinces maritimes du Royaume. A Nancy au mois d'Aoust 1673.

Edit portant reglement general pour les Tailles dans la Province de Normandie, contenant 30. articles. A Nancy en Aoust 1673. reg. en la Cour des Aydes de Roüen le 20. Octobre suivant.

Edit portant reglement pour les Audiances de la Cour des Aydes de Paris, & rétablissement des appointemens au Conseil. A Versailles le 17. Novembre 1673. reg. en la Cour des Aydes le 7. Decembre suivant.

Declaration pour les dispenses d'âge, de service & de parenté, nonobstant les Edits des mois de Decembre 1665. & Juillet 1669. A Versailles le dernier Novembre 1673. publiée au Seau le 7. Decembre suivant.

Declaration portant que l'Edit du mois de Juin 1671. portant reglement pour les pensions sur les Cures, aura lieu pour tous les Benefices qui requierent residence. A S. Germain en Laye le 9. Decembre 1673. reg. au grand Conseil le 23. du même mois.

Declaration en interpretation de l'Edit du mois d'Aoust 1669. portant que l'hypotheque du Roy sur les biens des Comptables, ne s'étendra que sur les debets de Clair, &c. nonobstant celuy du mois de Juillet 1665. A S. Germain en Laye le 11. Decembre 1673. reg. en la Chambre des Comptes le 6. Mars 1674.

Lettres patentes portant legitimation de Loüis-Auguste Duc du Maine, Loüis-Cesar Comte du Vexin, & Loüise-Françoise de Nantes, enfans naturels du Roy. A S. Germain en Laye en De-

Loüis XIV. cembre 1673. reg. le 20. du même mois.

1674. Edit portant suppression de l'Office de Garde des Seaux de France, dont estoit pourvû Messire Estienne d'Aligre, créé par celuy du mois d'Avril 1672. & provisions de l'Office de Chancelier de France en faveur du même. A S. Germain en Laye en Janvier 1674. reg. en la Chambre des Comptes le 26. du même mois, au Parlement le 8. Mars, au grand Conseil le 12. & en la Cour des Aydes le 27. Avril de la même année. *Duchesne hist. des Chanceliers de France p. 824.*

Edit portant création de huit Offices de Maîtres des Requestes ordinaires de l'Hôtel du Roy pour en joüir par ceux qui en seront pourveus, aux mêmes honneurs, privileges, préeminences, prerogatives, &c. dont joüissent les autres Maîtres des Requestes &c. A S. Germain en Laye en Janvier 1674. reg. en la Chambre des Comptes le 16. & en la Cour des Aydes le 22. Fevrier suivant.

Edit portant création & attribution à tous les Officiers des Compagnies Souveraines & autres de la somme de 500000. livres d'augmentation de gages hereditaires. A S. Germain en Laye en Janvier 1674. reg. en la Chambre des Comptes le 16. & en la Cour des Aydes le 22. Fevrier audit an. *V. les Declarations des 3. Mars 1674. & 30. Novembre 1675.*

Edit portant création de 600000. livres de rentes faisant 800000. livres de rentes avec les 200000. livres de rentes créées par celuy du mois de Mars 1673. ensemble de deux Offices de Receveurs Payeurs, & deux de Controlleurs. A S. Germain en Laye en Janvier 1674. reg. le 9. Mars de la même année. *V. la Declaration du 30. Novembre 1675.*

Declaration portant reglement pour la marque de la vaisselle d'étain., A Versailles le 9. Fevrier 1674. reg. en la Chambre des Comptes le 6. Mars suivant.

Declaration portant que les Gardes-du-Corps de Monsieur Duc d'Orleans, Frere unique du Roy joüiront des mêmes privileges dont joüissent les autres Officiers domestiques & commensaux des maisons Royales. A Versailles le 13. Fevrier 1674. reg. en la Cour des Aydes de Paris le 17. du même mois, & en celle de Roüen le 31. Juillet 1676.

Edit portant suppression de tous les Offices de Jaugeurs & Courtiers: & creation nouvelle de ceux de Jaugeurs de futailles, & de Courtiers de vins, cidre, eau de vie, bierres, huiles & autres boissons & liqueurs: & reglement pour leurs fonctions. A Versailles en Fevrier 1674. reg. en la Chambre des Comptes le 6. & en la Cour des Aydes le 8. Mars de la même année.

Edit portant que les Officiers des Sieges Presidiaux, Bailliages, Senéchaussées, Prevôtez, Vigueries, Eaux, & Forests, Traites foraines, Elections, Greniers à sel & de toutes les autres Justices & Jurisdictions Royales du Royaume, seront exempts de la contribution aux Tailles &c. & rétablissement des Offices d'Adjoints aux Enquestes qui avoient esté supprimez par l'article 12. du titre de l'Ordonnance du mois d'Avril 1667. A Versailles en Fevrier 1674. reg. en la Chambre des Comptes le 6. Mars suivant.

Declaration portant augmentation du droit de marque sur l'or, & sur l'argent étably par celle du dernier Mars 1672. A Versailles le 17. Fevrier 1674. reg. en la Chambre des Comptes le 6. Mars suivant.

Edit portant réunion à la Justice du Châtelet de Paris, de celle du Bailliage du Palais & de toutes sortes de Justices des Seigneurs qui sont dans la Ville & Fauxbourgs de Paris, à l'exception du dedans & enclos du Palais, & des Galleries: érection d'un nouveau Siege Presidial de la Prevôté & Vicomté de Paris, avec même pouvoir, authorité & Jurisdiction que celuy qui est presentement étably: création d'un Office de Prevôt, d'un de Lieutenant General Civil, d'un de Lieutenant General de police &c. à la charge que ces Officiers nouvellement établys ne feront qu'un même Corps avec les anciens; & reglement pour les fonctions des uns & des autres. A Versailles en Fevrier 1674. reg. en la Chambre des Comptes le 12. Mars suivant. *V. les Edits & Declarations des mois d'Aoust* 1674. *Fevrier* 1679. 6. *Juillet* 1683. *Septembre* 1684. *Janvier & Avril* 1685.

Declaration en execution des Edits & Declarations des mois de May 1645. & 20. Mars 1673. portant reglement pour le payement des droits Seigneuriaux, pour les échanges d'heritages contre heritages &c. A Versailles en Fevrier 1674. reg. au Parlement de Roüen le 18. Janvier 1677. *V. celle du 20. Juillet suivant.*

Edit portant suppression de soixante Offices de Commissaires Jurez Mouleurs de toutes sortes de bois à brusler, soixante Aydes desdits Mouleurs, dix-sept Chargeurs & autres Officiers de la Ville de Paris. A Paris en Fevrier 1674. *V. celuy du mois de Mars suivant.*

Declaration en interpretation de l'Edit du mois de Janvier precedent portant attribution de 50000. d'augmentation de ga-

Loüis XIV. gages aux Officiers. &c. A Versailles le 3. Mars 1674. reg. le 9. du même mois. *V. celle du 30. Novembre. 1675.*

1674. Edit portant rétablissement de cent soixante Commissaires & Jurez Mouleurs & Visiteurs de toutes sortes de bois dans la Ville de Paris, cent soixante Aydes ausdits Mouleurs, trente Commissaires &c. en l'exercice de leurs Offices, confirmation de leurs fonctions & droits, nonobstant l'Edit du mois de Fevrier precedent &c. A Versailles en Mars 1674. reg. au Parlement le 9. du même mois & en la Cour des Aydes le 10. Avril suivant.

Declaration portant suppression de cent Offices de Procureurs postulans au Parlement de Paris créez par celle du 15. Juin 1657. réduction desdits Procureurs postulans au nombre de 400. & reglement, &c. A Versailles le 31. Mars 1674. reg. le 16. Avril suivant.

Lettres patentes portant érection de la Seigneurie de S. Cloud &c. en Duché & Pairie, en faveur de Messire François de Harlay Archevêque de Paris, Commandeur des Ordres du Roy & de ses Successeurs Archevêques de Paris. A Versailles en Avril 1674. *Synodicon Ecclesiæ Parisiensis in fine.*

Declaration portant que les maisons & heritages situez en Francaleu, & Franche-bourgeoisie de Roüen seront exempts des treiziémes & autres droits Seigneuriaux. A Versailles le 12. Avril. 1674. reg. au Parlement de Roüen le 24. du même mois.

Edit portant suppression des Greffes des enregistrements des oppositions pour la conservation des hypoteques créez par celuy du mois de Mars 1673. A Versailles en Avril 1674. reg. au Parlement de Paris le 16. & en la Cour des Aydes le 17. du même mois, & au Parlement de Roüen le 30. Avril de la même année.

Declaration pour la fabrique des pieces de deux, trois, & quatres sols. A Versailles le 8. Avril 1674. reg. en la Cour des Monnoyes le 12. Septembre de la même année. *V. les Lettres patentes du 2. Octobre suivant.*

Edit portant révocation des Declarations des 19. Mars & 2. Juillet 1673. pour l'usage & impression des formules : & en consequence qu'il sera levé un droit generalement sur tout le parchemin & papier qui se fabriquent & debitent dans le Royaume. A Versailles en Avril 1674. reg. au Parlement de Roüen le dernier du même mois.

Edit portant établissement d'un Greffe & depost des Minuttes de toutes sortes de Lettres, & expeditions qui seront scellées dans la Grande-Chancellerie de France, de quelque nature, titre & qualité quelles soient : création de quatre Offices de Conseillers du Roy, Greffiers, Gardes, & Depositaires des Minuttes des expeditions de la Grande-Chancellerie de France, & douze de Commis dudit Greffe : & reglement pour leurs droits & fonctions. Au Camp devant Besançon le 20. May 1674. publié au Seau le 13. Septembre suivant.

Lettres patentes en faveur des Sergens à verge du Châtelet de Paris, par lesquelles la connoissance de tous leurs procés & differends, tant en demandant qu'en deffendant en matiere civile & criminelle est attribuée aux Prevôts de Paris, ou leurs Lieutenans & par appel au Parlement de Paris. Au camp devant Besançon en Mars 1674. reg. le 18. Juillet de la même année.

Declaration portant reglement pour la Jurisdiction de chacun des deux Sieges Presidiaux &c. établis au Châtelet de Paris contenant 19. articles. A Versailles en Aoust 1674. reg. le 27. du même mois.

Edit portant suppression de l'Office de Prevôt de la Ville, Prevôté & Vicomté de Paris : création d'un Office de Prevôt de la Ville de Paris de l'ancien Siege du Châtelet, outre celuy créé par l'Edit du mois de Fevrier precedent : ensemble d'un de Conseiller du Roy, Garde du petit Scel : deux de Conseiller du Roy Juges Auditeurs, deux de Rapporteurs Certificateurs de Criées, un de Conseiller du Roy & Receveur des amendes, quatre de Sergens fieffez, un de Chirurgien, deux de jurées Sages-femmes : établissement de deux Chancelleries Presidiales desdits deux Sieges : création de deux Offices de Conseillers du Roy, Gardes-scels desdites Chancelleries Presidiales &c. pour joüir desdits Offices par ceux qui en seront pourvus, des mêmes privileges, honneurs, prerogatives, &c. dont joüissent ceux qui sont pourveus de pareils Offices audit Siege, &c. A Versailles en Aoust 1674. reg. le 27. du même mois.

Declaration en interpretation de l'Edit du 22. Aoust 1673. pour les Tailles de la Province de Normandie. A Versailles le 22. Aoust 1674. reg. en la Cour des Aydes de Roüen le 30. du même mois.

Edit portant révocation de celuy du mois d'Avril precedent & du droit étably sur tout le papier & parchemin qui se fabriquent & distribuent dans le Royaume ; établissement d'un nouveau droit & reglement pour la perception d'iceluy. A Versailles en Aoust 1674. reg. en la Cour des Aydes le 31. du même mois.

Loüis XIV. 1674. Declaration portant confirmation des Edits & Declarations donnez sur le fait des Consignations, & reglement pour la Consignation des prix des ventes qui se font dans les directions, pour les deposts, contenant 6. articles. A Versailles le premier Septembre 1674. reg. le 27. Novembre suivant.

Edit portant établissement des Bureaux pour deposer les meubles & autres effets mobiliers. A Versailles en Septembre 1674. *V. la Declaration du 24. Octobre 1682. cet Edit est revoqué par un Arrest du Conseil du 5. May 1685.*

Edit portant reglement pour la vente & distribution du tabac dans le Royaume. A Versailles le 27. Septembre 1674. reg. en la Cour des Aydes le 29. Novembre de la même année. *V. les Declarations des 20. Fevrier 1677. & 27. Septembre 1678.*

Lettres patentes portant jussion à la Cour des Monnoyes pour l'enregistrement de l'Arrest du Conseil du même jour, portant révocation de la fabrique des pieces de trois sols, ordonnée par la Declaration du 8. Avril precedent. A Versailles le 2. Octobre 1674. reg. en la Cour des Monnoyes le 5. du même mois.

Declaration portant continuation du droit annuel pour neuf années aux Officiers de Finances & de Judicature. A S. Germain en Laye le 27. Octobre 1674. publié au Seau le 8. Novembre suivant. *V. celles du 18. Decembre 1675. & 30. Octobre 1684.*

Declaration pour l'execution de l'Edit du mois d'Avril 1673. pour le tiers & danger sur les bois de la Province de Normandie. A S. Germain en Laye le 7. Novembre 1674. reg. au Parlement de Roüen le 27. du même mois. *V. celle du 15. Ianvier 1675.*

Edit portant que ceux qui possedent des biens qui ont appartenu & ont esté alienez par des Ecclesiastiques, seront maintenus en payant une taxe qui sera arrestée au Conseil, & qui ne pourra exceder le huitiéme denier du prix des alienations. A S. Germain en Laye en Novembre 1674. reg. au Grand-Conseil le 5. Decembre suivant.

Edit pour l'alienation d'un million de rentes & attribution d'augmentation de gages, &c. A S. Germain en Laye en Decembre 1674. reg. le 20. du même mois.

Declaration portant attribution de cinq cens mille livres d'augmentation de gages anx Officiers de Judicature. A S. Germain en Laye en Decembre 1674.

Declaration portant reglement pour les Declarations que les Ecclesiastiques, & gens de main-morte sont obligez de fournir à la Chambre

Chambre des Comptes de leur temporel. A S. Germain en Laye le 29. Decembre 1674. reg. en la Chambre des Comptes le 9. Janvier 1675.

Declaration portant commission aux Officiers de la Chambre de la reformation du Parlement de Roüen pour l'execution de l'Arrest du Conseil du même jour donné en consequence de la Declaration du 7. Novembre 1674. pour le tiers & danger sur les bois de la Province de Normandie : avec attribution de Jurisdiction à ladite Chambre. A S. Germain en Laye le 15. Janvier 1675. reg. en la Chambre de la reformation le 4. Fevrier suivant.

Declaration portant que le nombre de Banquiers expeditionaires en Cour de Rome créez par l'Edit du mois de Mars 1673. est réduit pour la Ville de Paris au nombre de douze: pour celles de Tholose & Bordeaux à celuy de trois pour chacune desdites villes: pour celles de Roüen, Aix, Grenoble, Dijon, Metz & Pau, à celuy de deux pour chacune desdites villes: & quatre pour celle de Lyon : & reglement pour leurs droits & fonctions. A S. Germain en Laye le 30. Janvier 1675.

Declaration portant jussion au Parlement de Roüen pour l'enregistrement & l'execution de l'Arrest du Conseil du même jour rendu en faveur des Capitaines, Lieutenants & Enseignes des Bourgeois de la ville de Roüen. A Versailles le 29. Mars 1675. reg. le 26. Aoust de la même année.

Declaration portant que ceux qui seront pourveus par le Roy des Benefices vacquans en Regale, comme estans à la collation & provision des Archevêqurs de Bourges, Bourdeaux, Auch, Thoulouse, Narbonne, Arles, Aix, Avignon, Authun, Vienne & Evêques leurs suffragans qui y ont esté maintenus par Arrests cotradictoires ou sur Requestes, ou qui ont obtenu des Arrests portans renvoy en la grand'Chambre du Parlement de Paris, & cependant qu'ils joüiront desdits Benefices, y demeurent diffinitivement maintenus, & au surplus que la Declaration du 10. Fevrier 1673. sera executée en tous ses points. A Versailles le 2. Avril 1675. reg. le 13. May de la même année.

Lettres patentes adressées au grand Conseil portant relief de surannation pour l'enregistrement de la Declaration du 17. Juin 1659. donnée en faveur des Gardes de la porte du Roy. A Versailles le 3. May 1675. registrées au grand Conseil le 27. Juillet suivant.

Declaration touchant la Compagnie des Indes Orientales, éta-

Loüis XIV. blic par l'Edit du mois de Septembre 1664. A le 13. Septembre 1675.

1675. Declaration en faveur de ceux qui se presenteront pour estre admis aux Offices de Judicature & de Finances, & qui n'auront pas l'âge & les capacitez requises par les Edits des mois de Decembre 1665. & Aoust 1669. A S. Germain en Laye le 16. Novembre 1675. publiée au Seau le 21. du même mois.

Declaration enfaveur de ceux qui ont acquis des augmentations de gages, ou des rentes constituées par les Edits & Declarations des mois de Mars 1673. Janvier, Mars, & Decembre 1674. A S. Germain en Laye le 30. Novembre 1675. reg. le 4. Decembre suivant. *V. celle du 15. Avril 1679.*

Declaration concernant le prest & le droit annuel. A S. Germain en Laye le 18. Decembre 1675. publiée au Seau le 19. du même mois.

Lettres patentes portant pouvoir au Comte d'Estrades, Maréchal de France, Chevalier des Ordres du Roy, au sieur Colbert Marquis de Croissy, Conseiller ordinaire au Conseil d'Etat, & au sieur de Mesmes Comte d'Avaux, aussi Conseiller és Conseils du Roy, pour traiter à Nimegue la paix avec les Etats Generaux des Provinces unies. A S. Germain en Laye le 23. Decembre 1675.

Declaration qui regle les départemens des Eaux & Forests. A S. Germain en Laye en Decembre 1675. reg. le 15. Juin 1676.

Declaration portant que les sommes de deniers appartenantes à des mineurs, & qui auront esté employées en l'acquisition des rentes constituées sur l'Hôtel de Ville de Paris, par les Edits des mois de Mars 1673. Janvier & Decembre 1674. seront remboursées un mois aprés la demande qui en sera esté faite. A S. Germain en Laye le 30. Decembre 1675. reg. le 31. du même mois.

Declaration portant revocation des Lettres d'honoraires qui ont esté accordées aux Officiers qui sont actuellement titulaires des mêmes Offices. A S. Germain en Laye le dernier Decembre 1675. publiée au Seau le 2. Janvier 1676. *V. celle du 8. Mars suivant.*

1676. Edit portant création des Offices de Receveurs & Payeurs des rentes constituées sur l'Hôtel de Ville de Paris. A S. Germain en Laye en Janvier 1676. *V. celuy du mois de Ianvier 1682.*

Declaration portant que jusques à la concurrence du prix d'un minot de sel, & au dessous, presté & délivré à credit par les Commis des Greniers à sel à l'Habitant particulier, & ses Adjoints, & de quatre minots au Regratier, le Fermier des Gabelles sera payé par privilege & preference à toutes autres dettes, de quelque qualité qu'elles soient, même à celles qui sont pour les propres deniers du Roy; en faisant toutefois les diligences dans l'an, à compter du jour de la délivrance à credit portée par les registres : ce qui aura lieu tant pour les prests qui ont esté faits depuis le premier Janvier de la presente année 1676. que pour ceux qui pourront estre faits à l'avenir pendant la presente guerre seulement. A S. Germain en Laye le 10. Fevrier 1676. reg. au Parlement le 24. & en la Cour des Aydes le 28. Mars suivant. Loüis XIV. 1676.

Declaration portant revocation des Lettres d'honoraires accordées aux Officiers qui sont encore actuellement pourvûs des mêmes Offices. A S. Germain en Laye le 8. Mars 1676. reg. au Parlement le 24. en la Chambre des Comptes le 27. & en la Cour des Aydes le 28. du même mois. *V. celle du dernier Decembre* 1675.

Edit pour la constitution d'un nouveau million de livres de rentes, & d'un million d'augmentations de gages. A S. Germain en Laye en Mars 1676. reg. au Parlement le 24. en la Chambre des Comptes le 27. & en la Cour des Aydes le 28. du même mois.

Edit pour l'établissement d'une Chambre Royale à l'Arsenal, pour la recherche du commerce des routes. A le 12. Avril 1676. *V. celle du 6. Octobre suivant.*

Declaration pour l'execution du tarif des droits pour les ports de Lettres. A S. Germain en Laye le 12. Avril 1676. reg. au Parlement de Roüen le 27. Juin suivant.

Lettres patentes adressées au Parlement de Roüen, portant relief de surannation pour l'enregistrement de l'Edit du mois de Juin 1662. pour l'établissement d'un Hôpital General dans les Villes & gros Bourgs du Royaume. Au Camp prés Ninove le 12. Juin 1676. reg. le 20. Aoust de la même année.

Edit portant création de trois Offices de Cordeurs-Mouleurs & Jaugeurs de bois à brûler dans la ville de Roüen. A Versailles en Aoust 1676. reg. au Parlement de Roüen le 6. Fevrier 1677.

Lettres patentes pour l'établissement d'une Manufacture des toilles dans la ville de Roüen. A Versailles en Aoust 1676. reg. au Parlement de Roüen le 20. du même mois.

Lettres patentes portant confirmation du plan de la ville de Paris, que les Prevost des Marchands & Echevins de la même Ville ont fait dresser, & en consequence que les ouvrages qui y sont marquez pour son embellissement, seront faits quand l'occasion s'en presentera, &c. A Versailles en Juillet 1676. reg. le 5. Aoust suivant.

Loüis XIV. 1676. Declaration portant revocation de la Chambre établie à l'Arsenal, pour la recherche du commerce des routes, en consequence de l'Edit du mois d'Avril 1676. A Versailles le 6. Octobre 1676.

Declaration portant augmentation du prix des Offices d'un sixiéme au dessus de la fixation portée par l'Edit du mois de Decembre 1665. A Versailles le 7. Novembre 1676. *Revoquée par celle du* 18. *Octobre* 1678.

Lettres patentes adressées au Parlement de Roüen, pour l'enregistrement des Edit & Declaration des mois de Fevrier & 20. Juillet 1674. touchant les droits seigneuriaux pour les contrats d'échanges. A S. Germain en Laye le 24. Decembre 1676. reg. au Parlement de Roüen le 18. Janvier 1677.

1677. Declaration portant que celle du 1. Novembre 1530. sera executée, & en consequence que les auteurs, coupables, & complices des vols & larcins qui seront faits dans l'enclos de la maison où le Roy sera logé, ou de celles qui serviront aux Offices & Ecuries du Roy, seront punis de mort, quoyque pour semblables cas ils n'eussent jamais esté repris ny punis, & sans avoir égard à la valeur & estimation de ce qu'ils pourront avoir volé. A S. Germain en Laye le 15. Janvier 1677. *V. celle du* 7. *Decembre* 1682.

Declaration qui modere les amendes encouruës pour les contraventions à l'Edit du 27. Septembre 1674. portant établissement de la Ferme du tabac. A S. Germain en Laye le 20. Fevrier 1677. *V. celle du* 27. *Septembre* 1678.

Declaration portant reglement pour le Controlle des exploits, en execution de l'Edit du mois d'Aoust 1669. & de la Declaration du 21. Mars 1671. A S. Germain en Laye le 23. Fevrier 1677. reg. au Parlement de Paris le 26. du même mois, & en celuy de Roüen le 22. May suivant.

Traité & Capitulation accordée par le Roy aux Prevost, Doyen & Chapitre de l'Eglise Metropolitaine, Prelats, & autres Chapitres & Communautez composans le Clergé de la Ville, Cité, & Duché de Cambray, païs & Comté de Cambresis, & aux Prevost, Echevins, Manans & Habitans de ladite Ville, lors qu'elle a esté reduite à l'obeïssance du Roy. Au Camp devant Cambray le 5. Avril 1677.

Edit pour la constitution d'un nouveau million de livres de rentes. A Versailles en Juillet 1677. reg. au Parlement le 9. & en la Chambre des Comptes le 12. du même mois.

Edit portant creation des Offices de Commissaires des saisies réelles dans la Province de Normandie. A Versailles en Juillet 1677. reg. en la Cour des Aydes de Normandie le 14. & au Parlement de Roüen le 18. Aoust suivant. Loüis XIV. 1677.

Edit portant création des Offices de Notaires Royaux, & suppression des Tabellionnages dans la Province de Normandie. A Versailles en Juillet 1677. reg. au Parlement de Roüen le 18. Aoust suivant. *V. ceux des mois de Iuin* 1685. *& May* 1686.

Declaration portant que dans la Province de Normandie les Rolles des Tailles seront executez par provision, &c. A Versailles le 11. Aoust 1677. reg. en la Cour des Aydes de Roüen le 14. du même mois.

Declaration portant que les criminels condamnez à servir sur les Galeres du Roy, comme Forçats, lesquels aprés leur Jugement auront mutilé, ou fait mutiler leurs membres, seront punis de mort pour reparation de leurs crimes. A Fontainebleau le 4. Septembre 1677. reg. en la Cour des Aydes le dernier Fevrier 1678.

Provisions de l'Office de Chancelier de France, vacant par le decez de Messire Estienne d'Aligre, en faveur de Messire Michel le Tellier Secretaire d'Etat. A Versailles le 29. Octobre 1677. reg. au Parlement le 17. Novembre suivant.

Declaration concernant ceux qui possedent des biens des Communautez. A Versailles le 6. Novembre 1677.

Declaration pour la continuation du droit annuel pendant l'année 1678. A Versailles le 13. Novembre 1677. publiée au Seau le 18. du même mois.

Declaration portant que ceux qui se presenteront pour estre admis aux Offices de Judicature & de Finances, qui n'auront pas l'âge & le service requis par les Edits des mois de Decembre 1665. & Aoust 1669. ou qui auront des parens, &c. seront pourvûs, &c. A S. Germain en Laye le 16. Novembre 1677. publiée au Seau le 18. du même mois.

Edit portant création d'un Office de Chevalier du Guet, un de Lieutenant, deux d'Exempts, un de Commissaire aux montres, & vingt-cinq Archers pour servir de Compagnie du Guet en la ville de Roüen : & reglement pour ses fonctions, privileges, & droits. A S. Germain en Laye en Janvier 1678. reg. au Parlement de Roüen le 4. Mars suivant. 1678.

Edit portant établissement d'un Siege de Maîtrise particuliere des Eaux & Forests dans la ville de Murat : création d'un Office de Maître particulier, un de Lieutenant, un de Procureur du Roy,

Loüis XIV.

1678.

un de Gardemarteau, & un de Greffier; attribution des mêmes pouvoirs, fonctions, & autorités qu'ont les autres Maîtres particuliers des Eaux & Forests, en vertu de l'Ordonnance du mois d'Aoust 1667. sur le fait des Eaux & Forests, &c. A S. Germain en Laye en Janvier 1678. reg. le 15. Fevrier de la même année.

Declaration par laquelle les défenses de saisir les bestiaux portées par les Declarations des mois d'Avril 1667. & Janvier 1671. sont renouvellées pour six années. A S. Germain en Laye le dernier Janvier 1678. reg. au Parlement de Paris le 12. Fevrier, & en celuy de Roüen le 2. May de la même année. *V. celle du 6. Novembre 1683.*

Edit en consequence de celuy du mois de Juillet 1653. portant que tous les Officiers domestiques & commensaux du Roy, presens & à venir, même ceux qui ont esté pourvûs de leurs Charges avant & depuis l'année 1653. comme vacantes par resignation, & par mort, ou qui y ont esté receus en survivance pendant la vie de leurs peres ou autres parens, depuis ladite année 1653. joüiront pleinement & paisiblement de leurs Charges, & des gages & droits y attribuez, sans qu'ils puissent y estre troublez ny inquietez, pour quelque cause que ce soit, par les creanciers, heritiers, ou autres pretendans droit sur les titres, prix, ou valeur desdites Charges; ensemble sur leurs gages & émolumens, comme estant en la seule & entiere disposition du Roy: & que lesdites Charges, ensemble les prix & recompenses d'icelles, stipulées verbalement, ou par les actes & contrats jusqu'au payement actuel, ne seront sujetes à saisies, ny à entrer en partage dans les familles, ny aucuns privileges & hypotheques: & neanmoins que les contrats, conventions, & obligations qui pourront estre faites pour le prix & recompense desdites Charges, avec l'agrément & permission du Roy par écrit, & en vertu d'icelle seront executées, & pourront valoir en Justice. A S. Germain en Laye en Janvier 1678. reg. le 26. Avril de la même année. *V. la Declaration du 24. Novembre suivant.*

Edit portant que l'art. 22. de l'Edit de Melun du mois de Fevrier 1580. concernant les procez criminels qui se font aux Ecclesiastiques, sera executé selon sa forme & teneur dans tout le Royaume; ce faisant que l'instruction des procez pour les cas privilegiez, sera faite conjointement tant par les Juges d'Eglise, que par les Juges Royaux dans le ressort desquels sont situées les Officialitez, qui seront tenus d'aller au Siege de la Jurisdiction Ecclesiastique situé dans leur ressort, sans aucune difficulté, pour y estant faire rediger les dépositions des témoins, interrogatoires, recollemens, & confrontations par leurs Greffiers, &c. A S. Germain en Laye en Fevrier 1678. reg. au Parlement de Roüen le 27. Avril suivant, & en celuy de Paris le 29. Aoust 1684. *V. l'art. 39. de l'Ordonnance du mois de Fevrier 1566. la Declaration du 10. Juillet de la même année, l'art. 11. de l'Edit fait à Amboise en Janvier 1572. l'art. 22. de l'Edit de Melun du mois de Fevrier 1580. l'art. 13. du tit. 1. de l'Ordonnance du mois d'Aoust 1670. & la Declaration du mois de Juillet* 1684.

Declaration portant reglement pour les Benefices qui sont en Patronage Laïc dans le ressort du Parlement de Guyenne. A S. Germain en Laye en Fevrier 1678.

Declaration qui casse toutes les provisions d'Offices de Sergens d'armes, & Archers de la Connestablie & Maréchaussée de France, en ce qui concerne le pouvoir de faire tous exploits & actes de Justice sous pretexte de la Declaration du Roy du 23. Mars 1672. Au Camp devant Ypres le 23. Mars 1678. publiée au Seau le 23. Avril suivant.

Declaration portant que l'art. 11. du tit. 16. de l'Ordonnance du mois d'Aoust 1670. sera executé, & en consequence qu'il ne sera expedié aucunes Lettres de remission dans les Chancelleries qui sont prés les Cours, que pour les homicides involontaires. A S. Germain en Laye en Juin 1678.

Declaration portant que les Officiers domestiques de la Maison du Roy employez dans les Etats qui auront servi le temps de vingt-cinq années consecutives en une même charge, & qui s'en seront demis & demettront en faveur de personnes qui seront agreables au Roy, joüiront, ensemble leurs veuves pendant leur viduité, des mêmes honneurs, privileges, & exemptions dont ils joüissoient pendant leur service actuel, en obtenant du Roy les Lettres de Veteran à ce necessaires, & ce sans avoir égard aux clauses portées par la Declaration du 10. Decembre 1635. A S. Germain en Laye le 11. Juillet 1678. reg. en la Cour des Aydes le 30. Aoust de la même année.

Ratification du Traité de paix avec les Etats Generaux des Provinces unies conclu à Nimegue le 10. Aoust 1678. A S. Germain en Laye le 18. du même mois

Ratification d'un article separé concernant le Prince d'Orange. A S. Germain en Laye le 18. Aoust 1678.

Loüis XIV. 1678.

Ratification d'un Traité de Commerce, Navigation, & Marine conclu avec les Etats Generaux des Provinces unies. A S. Germain en Laye le 18. Aoust 1678.

Ratification d'un article separé touchant les 50. s. par tonneau sur les navires étrangers sortans des Ports de France. A S. Germain en Laye le 18. Aoust 1678.

Edit portant distraction du Parlement de Metz des villes d'Avesnes, Philippeville, Mariembourg, Landrecy, le Quesnoy & autres lieux qui appartiennent au Roy dans la Province de Haynault &c. auquel la Jurisdiction avoit esté attribuée par les Edits des mois de Novembre 1661. & Avril 1668. & attribution de la même Jurisdiction au Conseil Souverain étably à Tournay. A Fontainebleau en Aoust. 1678.

Declaration portant reglement de la maniere dont devront estre receuës au Grand-Conseil, les cassations demandées des procedures des Prevôts des Maréchaux, & des Presidiaux. A Fontainebleau le 23. Septembre 1678.

Declaration portant deffences de moderer les amandes encouruës pour les contraventions à l'Edit du 27. Septembre 1674. pour l'établissement de la Ferme du tabac en execution de celle du 20. Fevrier 1677. A Fontainebleau le 27. Septembre 1678.

Ratification du Traité de paix conclu à Nimegue le 17. Septembre 1678. entre la France & l'Espagne. A Fontainebleau le 3. Octobre 1678.

Declaration portant que le prix de Judicature & de Finances demeurera fixé suivant & conformement à l'Edit du mois de Decembre 1665. nonobstant la Declaration du 7. Novembre 1676. qui l'avoit augmenté d'un sixiéme en sus. A Versailles le 18. Octobre 1678. publié au Seau le 28. du même mois.

Declaration portant reglement pour faire rendre compte aux comptables, qui sont en demeure de compter, & regler la forme qui sera observée pour la decharge de debets & souffrances. A Versailles le 15. Novembre 1678. reg. en la Chambre des Comptes le 19. du même mois.

Declaration portant que les transports & cessions qui seront faits à l'avenir par les Officiers du Roy, des gages attribuez à leurs charges portez par les contracts & obligations qui seront passez au profit de leurs Creanciers, ou en quelqu'autre maniere que ce soit, seront nuls & de nul effet, sans que les Tresoriers de la Maison du Roy puissent avoir aucun égard aux saisies qui seront faites entre

tre leurs mains en conſequence: & conceſſion des mêmes privileges & de ceux portez par l'Edit du mois de Janvier precedent aux Officiers employez ſur les Etas des Maiſons de la Reine & de Monſieur & de Madame Ducheſſe d'Orleans. A Verſailles le 24. Novembre 1678. reg. le 7. Decembre ſuivant. Louis XIV. 1678.

Edit portant ſuppreſſion des Maîtriſes des Fauxbourgs, & réunion à celles de la Ville de Paris, & pouvoir aux fils de Maîtres & Apprentifs deſdits Fauxbourgs de parvenir à la Maîtriſe, & aux véuves des Maîtres de joüir d'icelle. A S. Germain en Laye en Decembre 1678. reg. au Châtelet le 6. Octobre 1679.

Declaration portant que la recepte des bois ſera faite par les Receveurs Generaux des Finances. A S. Germain en Laye le dernier Decembre 1678. reg. en la Chambre des Comptes le 10. Janvier 1679.

Edit portant reglement pour la Juriſdiction de l'ancien & du nouveau Châtelet de Paris contenant 23. articles. A S. Germain en Laye en Fevrier 1679. reg. le 17. Mars de la mêm eannée. *Cet Edit eſt inutile, parce que le noveau Châtelet a eſté ſupprimé par celuy du mois de Septembre 1684.* 1679.

Declaration pour l'enregiſtrement de l'article 5. du Traité de paix conclu à Nimegue le 10. Aouſt 1678. avec les Etats Generaux des Provinces unies & des articles 21. 22. & 23. de celuy du 17. Septembre de la même année avec la Couronne d'Eſpagne. A S. Germain en Laye le 27. Fevrier 1679. reg. le 24. Mars ſuivant. *Il y a une Declaration ſemblable du 6. Mars de la même année adreſſée au Parlement de Roüen & regiſtrée le 21. du même mois.*

Declaration contre les Relaps & les Catholiques qui font profeſſion de la R. P. R. A S. Germain en Laye le 13. Mars 1679. reg. le 17. Avril ſuivant.

Edit portant reglement general pour les monnoyes. A S. Germain en Laye le 28. Mars 1679.

Declaration portant confirmation des Contacts qui ont eſté paſſés en execution de l'Edit du mois de Decembre 1674. d'un million de livres de rentes, quoyque les Rentiers n'ayent payé actuellement que le denier quatorze pour l'aquiſition deſdites rentes au lieu du denier ſeize porté par leſdits Edits & Contracts. A S. Germain en Laye le 15. Avril 1679. reg. au Parlement le 5. & en la Chambre des Comptes le 13. May ſuivant.

Edit portant reglement pour l'étude du droit civil & canoni-

LOUIS XIV. que, les Matricules des Avocats &c. contenant 20. articles. A S. Germain en Laye en Avril 1679. reg. le 8. May de la même

1679. année. *V. les Declarations des 26. Fevrier 1680. & 6. Aoust 1862.*

Edit portant création d'un million de livres de rentes au denier seize. A S. Germain en Laye en May 1679. reg. au Parlement le 18. & en la Chambre des Comptes le 19. du même mois.

* Edit portant création d'un Siege de Maîtrise particuliere des Eaux & Forests en la ville de Passy, pour les Châtellenies de Passy, Essey, & Nonancourt dans le Comté d'Evreux, & du nombre d'Officiers prescrit par l'Edit du mois d'Avril 1667. pour le composer. A S. Germain en Laye en May 1679. reg. au Parlement de Roüen le 1. Juillet de la même année.

Declaration portant confirmation de la Compagnie établie pour le commerce du Senegal, Riviere de Gambie, & autres lieux de la Côte d'Afrique, depuis le Cap vert jusqu'au Cap de Bonne-esperance. A S. Germain en Laye en Juin 1679. reg. au Parlement de Roüen le 1. Aoust de la même année.

Edit portant création d'un nouveau million de livres de rentes. A S. Germain en Laye en Juin 1679. reg. au Parlement le 27. & en la Chambre des Comptes & Cour des Aydes le 28. du même mois.

Declaration portant que les Offices des Tresoriers, Receveurs & Controlleurs des Domaines créés par les Edits des mois d'Aoust 1669. & Mars 1673. sont hereditaires. A S. Germain en Laye le 10. Juin 1679. publié au Seau le 16. Juillet suivant.

Lettres patentes pour l'enregistrement d'un Arrest du Conseil portant que les voix des Officiers des Compagnies superieures & inferieures titulaires, honoraires ou veterans qui se trouveront parens ou alliez au degré de pere & fils, de frere, d'oncle, & de neveu, de beau-pere, de gendre & de beau-frere, ne seront comptése que pour une quand ils se trouveront conformes. A S. Germain en Laye le 30. Juin 1679. reg. au Parlement de Roüen le 20. Juillet de la même année.

Edit portant suppression de la Chambre de l'Edit de Dauphiné établie à Grenoble, en consequence de l'Edit du mois d'Avril 1598. pour estre les Officiers qui la composent réunis & incorporez au Parlement de Grenoble &c. A S. Germain en Laye en Juillet 1679.

Edit portant reglement pour les matieres, dont la Chambre des Vacations du Parlement de Roüen peut connoître. A S. Germain en Laye en Juillet 1679. reg. au Parlement de Roüen le 3. Aoust suivant.

Edit portant suppression de la Chambre de l'Edit de Castelnaudary. A S. Germain en Laye en Juillet 1679.

Edit portant suppression de la Chambre de l'Edit de Guyenne. A S. Germain en Laye en Juillet 1679.

Edit portant confirmation de la Regie des sousfermes des Regrats du prix du sel en regrat, & de la forme & continence des mesures anciennes établies dans toutes les Fermes des Regrats de l'étenduë des Gabelles de France. A S. Germain en Laye le 1. Aoust 1679. reg. en la Cour des Aydes le 5. du même mois. *V. celuy du mois d'Aoust* 1638.

Edit portant ampliation de celuy du mois de Juillet precedent, par lequel la Chambre de l'Edit de Castelnaudary a esté suprimée. A S. Germain en Laye le 16. Aoust 1679.

Edit portant ampliation de celuy du mois de Juillet precedent, par lequel la Chambre de l'Edit de Guyenne est supprimée. A S. Germain en Laye le 16. Aoust 1679.

Edit portant reglement general pour la punition du crime de duel, contenant 36. articles. A S. Germain en Laye en Aoust 1679. reg. le 1. Septembre suivant. *V. la Declaration du* 14. *Decembre de la même année.*

Declaration portant reglement pour les quittances des Comptables non controllées, & pour les recepissez donnez par les Tresoriers de l'extraordinaire des guerres és années 1649. 1650. 1651. & 1652. A S. Germain en Laye le 25. Aoust 1679. reg. en la Chambre des Comptes le 2. Septembre de la même année.

Edit portant création d'un Office de Prevost general des Maréchaux en Flandres & Haynault, pour y exercer par luy, ou par ses Lieutenans, la même Jurisdiction qui est attribuée aux Prevôts des Maréchaux du Royaume, & conformément à l'art. 12. du tit. 1. de l'Ordonnance du mois d'Aoust 1670. A Fontainebleau en Septembre 1679.

Declaration portant reglement pour le recouvrement des gages, & droits payez à des porteurs de quittances de Finances, & Lettres de provisions d'Offices, le nom en blanc. A Fontainebleau le 7. Octobre 1679. reg. en la Chambre des Comptes le 20. du même mois. *V. celle du* 27. *Novembre* 1680.

Declaration portant que les actes d'abjuration que ceux de la Religion Pretenduë Reformée feront de leurs erreurs, seront mis

LOUIS XIV.

1679.

és mains du Procureur du Roy du Siege Royal où est situé le Siege de l'Archevêché ou Evêché où l'abjuration sera faite. A Fontainebleau le 10. Octobre 1679. reg. au Parlement de Roüen le 21. Novembre suivant, & en celuy de Paris le 20. Novembre 1682. *V. celle du* 20. *Aoust* 1684.

Declaration portant que ceux de la Religion Pretenduë Reformée ne pourront tenir aucun Synode sans en avoir obtenu permission du Roy, & sans l'assistance d'un Commissaire qui sera nommé par luy, &c. A Fontainebleau le 10. Octobre 1679. reg. au Parlement de Roüen le 21. Novembre suivant.

Declaration en interpretation des Edits des mois de Juillet & Aoust, portant suppression de la Chambre de l'Edit de Castelnaudary. A S. Germain en Laye le 6. Novembre 1679.

Declaration portant reglement pour l'administration de la Justice dans les hautes Sevennes & le Gevaudan. A S. Germain en Laye le 18. Novembre 1679.

Edit portant établissement d'un Siege de grand-Maître des Eaux & Forests de France, & des Juges en dernier ressort dans le Palais de la Cour du Parlement de Mets. A S. Germain en Laye en Novembre 1679. reg. au Parlement de Mets le 14. Decembre de la même année.

Declaration portant reglement pour le port d'armes. A S. Germain en Laye le 4. Decembre 1679. reg. au Parlement de Roüen le 27. Janvier 1680. *V. celle du* 18. *Decembre* 1660.

Declaration portant reglement pour la punition du crime de duel, & l'instruction des procez de ceux qui en seront prévenus, en execution de l'Edit du mois d'Aoust precedent. A S. Germain en Laye le 14. Decembre 1679. reg. le 22. du même mois.

Declaration portant relief de surannation pour l'enregistrement de l'Edit du mois d'Aoust, portant création de trois Lettres de Maîtrises, &c. A S. Germain en Laye le 21. Decembre 1679. reg. au Parlement de Roüen le 21. Fevrier 1680.

Declaration portant qu'il n'y aura point d'incompatibilité entre les Correcteurs & les Auditeurs des Comptes. A S. Germain en Laye le 27. Decembre 1679.

Declaration en interpretation de l'art. 107. de l'Ordonnance du mois de May 1579. & de l'Edit du mois de Juillet 1669. portant que ceux qui voudront se faire pourvoir des Offices de Baillifs, Senéchaux, Vicomtes, Prevosts, & Lieutenans Generaux, Civils & Criminels, ou Particuliers des Sieges des Justices qui ne

ressortissent pas nuëment aux Cours de Parlement en matiere ci- LOUIS
vile, & les Avocats & Procureurs du Roy desdits Sieges, pourront XIV.
estre pourvûs & receus esdites Charges, pourvû qu'ils ayent at- 1679.
teint l'âge de vingt-sept ans accomplis ; & qu'au surplus ledit Edit du mois de Juillet 1669. sera executé selon sa forme & teneur, à l'égard de l'âge que doivent avoir les autres Officiers de Judicature y dénommez. A S. Germain en Laye le 30. Decembre 1679. reg. au Parlement de Paris le 19. Janvier, & en celuy de Roüen le 20. Fevrier 1680.

Declaration portant reglement pour la punition du crime de duel, & l'instruction des procez de ceux qui en seront prévenus, en execution de l'Edit du mois d'Aoust precedent. A S. Germain en Laye le 31. Decembre 1679. reg. au Parlement de Roüen le 19. Janvier 1680.

Declaration portant reglement pour le Jugement des procez pendans en la Chambre de l'Edit de Guyenne, qui estoient instruits avant l'Edit de suppression de ladite Chambre du mois de Juillet precedent. A S. Germain en Laye le dernier Decembre 1679.

1680. Declaration portant reglement pour les alimens qui doivent estre fournis aux Prisonniers, en execution des art. 23. & 24. du titre 13. de l'Ordonnance du mois d'Aoust 1670. contenant 9. articles. A S. Germain en Laye le 10. Janvier 1680. reg. au Parlement de Paris le 19. du même mois, & en celuy de Roüen le 23. Fevrier suivant.

Declaration en interpretation de l'Edit du mois d'Avril 1679. portant qu'à l'avenir nul ne pourra estre receu aux Offices de Bailly, Senéchal, Prevost, Chastelain, ou autres Chefs des Justices Seigneuriales du Royaume qui sont tenuës en Pairie, ou dont l'appel ressortit nuëment aux Cours de Parlement en matiere civile, s'il n'est Licentié, & n'a fait le serment d'Avocat ; comme aussi qu'aucun Ecclesiastique ne pourra estre admis à faire la fonction d'Official, s'il n'est Licentié en Droit Canon, à peine de nullité, &c. & en outre qu'aucun ne pourra estre receu à prendre aucuns Degrez ny Licences dans les Universitez du Royaume, ny estre receu au serment d'Avocat, en vertu des certificats d'étude, ou degrez pris dans les Universitez des Royaumes & païs étrangers, &c. A S. Germain en Laye le 26. Janvier 1680. regist. au Parlement de Paris le 13. Avril, & en celuy de Roüen le 17. May de la même année. *V. l'article 45. de l'Ordonnance du mois*

LOUIS XIV. *de May 1579. & la Declaration du 22. May 1680.*

1680. Declaration portant défenses à celles de la Religion Pretenduë Reformée de faire la fonction de Sagesfemmes, nonobstant l'art. 30. de celle du 1. Fevrier 1669. A S. Germain en Laye le 20. Fevrier 1680. reg. au Parlement de Roüen le 19. & en celuy de Paris le 29. Mars suivant.

Declaration portant union de l'administration de l'Hôpital des Enfans rouges de la ville de Paris, à celle de l'Hôpital General de la même Ville. A S. Germain en Laye le 23. Mars 1680. reg. le 12. Avril suivant.

Declaration portant union de l'administration de l'Hôpital du S. Esprit de la ville de Paris, à celle de l'Hôpital General de la même Ville. A S. Germain en Laye le 23. Mars 1680. reg. le 12. Avril de la même année.

Edit portant reglement general pour l'administration de l'Hôpital General de la ville de Paris. A S. Germain en Laye le 23. Mars 1680. reg. le 12. Avril suivant.

Edit portant que celuy du mois de Mars 1531. par lequel il est ordonné que les faussaires seront punis de mort, sera executé, & y ajoûtant que tous Juges, Greffiers, Ministres de Justice, de Police, & de Finances, tant és Cours superieures, que subalternes, comme aussi ceux des Officialitez, & des Justices des Seigneurs, les Officiers & Ministres des Chancelleries, les Gardes des Livres & Registres des Chambres des Comptes, & des Bureaux des Finances, & ceux des Hôtels de Ville, les Archiviers, & generalement toutes personnes faisans fonction publique par Office, Commission & subdelegation, leurs Clercs ou Commis, qui seront atteints ou convaincus d'avoir commis fausseté dans la fonction de leurs Offices, Commissions, & Emplois, seront punis de mort, telle que les Juges l'arbitreront, selon l'exigence des cas; & à l'égard de ceux qui n'estant Officiers, & qui n'ayant aucune fonction ou ministere public, Commission ou employ de la qualité cy-dessus, auront commis quelque fausseté, ou qui estant Officiers, les auront commis hors la fonction de leurs Offices, Commissions, ou Emplois, les Juges pourront les condamner à telles peines qu'ils jugeront, même de mort, selon l'exigence des cas, & la qualité des crimes: & en outre que tous ceux qui auront falsifié les Lettres de la grande Chancellerie, & de celles qui sont établies prés les Cours de Parlement, imité, contrefait, appliqué, ou supposé les grand & petit Seaux, soit qu'ils soient Officiers, Ministres, ou Commis des Chancelleries, ou non, seront punis de mort. A S. Germain en Laye en Mars 1680. reg. au Parlement de Roüen le 11. & au grand Conseil le 12. Avril, & au Parlement de Paris le 24. May de la même année. LOUIS XIV. 1680.

Declaration portant reglement pour la séance des Presidens & Conseillers de la Chambre des Requestes du Palais du Parlement de Roüen, &c. A S. Germain en Laye le 15. Avril 1680. reg. le 3. Juin suivant.

Declaration portant que la Conventualité ne pourra estre prescrite par aucun laps de temps, quel qu'il puisse estre, lorsque les conditions requises & necessaires pour ladite Conventualité, se rencontreront dans les Prieurez ou Abbayes; & particulierement lors qu'il y aura des lieux reguliers subsistans pour y recevoir des Religieux, jusques au nombre de dix ou douze au moins, suivant les Conciles, Arrests, & Reglemens, & que les revenus desdits Benefices seront suffisans pour les y entretenir. A S. Germain en Laye le 6. May 1680. regist. au Parlement de Roüen le 6. & au grand Conseil le 21. Juin de la même année.

Ordonnance portant reglement general sur le fait des Aydes & Gabelles, contenant 20. titres.

Tit. 1. de l'achapt du sel sur les marais pour le fournissement des Greniers.

Tit. 2. du chargement & du transport du sel dans les deposts aux embouchûres des Rivieres.

Tit. 3. des mesurages & contremesurages.

Tit. 4. de la voiture, descente, & emplacement du sel dans les Greniers.

Tit. 5. des Greniers à sel de vente volontaire, & du prix du sel.

Tit. 6. de la vente volontaire du sel.

Tit. 7. des Greniers à sel d'impost, & du prix du sel.

Tit. 8. de la distribution du sel par impost.

Tit. 9. de la vente du sel à petites mesures.

Tit. 10. du droit de quart boüillon des salines de Normandie.

Tit. 11. des dechets.

Tit. 12. des peages, & autres droits pretendus sur le sel.

Tit. 13. des Corps & Communautez, & Personnes privilegiées dans les païs de Gabelles.

Tit. 14. des lieux privilegiez dans les païs de Gabelles, & des salines appartenans aux particuliers.

Louis XIV.

1680. Tit. 15. de la salaison des poissons, chairs & beurres.

Tit. 16. du commerce du sel dans le Poitou, & autres païs redimez, & des depostś établis dans les Paroisses limitrophes des païs de Gabelles.

Tit. 17. du faux-saunage.

Tit. 18. des Officiers établis pour la Jurisdiction des Gabelles.

Tit. 19. de la Police generale des Gabelles, visites, & recherches qui sont faites par les Officiers, Commis & Gardes.

Tit. 20. des confiscations, amendes, & restitutions des droits de Gabelle.

Des droits sur le sel dans le Gouvernement de Broüage, & païs adjacens.

A S. Germain en Laye en May 1680. reg. en la Cour des Aydes le 11. dudit mois.

Ordonnance portant reglement pour les Gabelles de la Province de Normandie.

Tit. 1. de l'achat du sel sur les marais, pour le fournissemens des Greniers.

Tit. 2. du chargement & du transport du sel dans les deposts aux embouchûres des Rivieres.

Tit. 3. des mesurages & contremesurages.

Tit. 4. de la voiture, descente, & emplacement du sel dans les Greniers.

Tit. 5. des Greniers à sel de vente volontaire, & du prix du sel.

Tit. 6. de la vente volontaire du sel.

Tit. 7. des Greniers à sel; & du prix du sel.

Tit. 8. de la distribution du sel par impost.

Tit. 9. de la revente du sel à petites mesures.

Tit. 10. du droit de quart boüillon des salines de Normandie.

Tit. 11. des dechets.

Tit. 12. des peages, & autres droits pretendus sur le sel.

Tit. 13. des Corps & Communautez, & Personnes privilegiées dans le païs de Gabelle.

Tit. 14. des lieux privilegiez dans le païs de Gabelle, & des salines appartenans aux particuliers.

Tit. 15. de la salaison des poissons, chairs & beurres.

Tit. 16. du commerce du sel dans le Poitou, & autres païs redimez, & des deposts établis dans les Paroisses limitrophes des païs de Gabelle.

Tit. 17. du faux-saunage.

Tit. 18. des Officiers établis pour la Jurisdiction des Gabelles.

Tit. 19. de la Police generale des Gabelles, visites & recherches qui sont faites par les Officiers, Commis & Gardes.

Tit. 20. des confiscations, amendes, & restitutions des droits de Gabelle.

Des droits sur le sel dans le Gouvernement de Broüage, & païs adjacens.

A S. Germain en Laye en May 1680. reg. en la Cour des Aydes de Roüen le 26. Fevrier 1681.

Edit portant alienation d'un million de livres de rentes au denier 20. A Fontainebleau en May 1680. reg. au Parlement le 24. en la Chambre des Comptes le 27. & en la Cour des Aydes le 28. dudit mois.

Declaration en interpretation de celle du 26. Janvier precedent, portant que les Ecclesiastiques pourront estre admis à faire les fonctions d'Officiaux, pourvû qu'ils soient Licentiez ou Docteurs en Theologie, dans la Faculté de Paris, ou dans les autres Facultez de Theologie, ou de Droit Canon du Royaume. A Fontainebleau le 22. May 1680. reg. le 29. du même mois.

Ordonnance portant reglement general sur le fait des entrées, Aydes, & autres droits.

Droits d'entrées dans la Ville & Fauxbourgs de Paris, sur le vin, & autres boissons.

Tit. 1. des droits d'entrées dans la Ville & Fauxbourgs de Paris sur le vin & autres boissons.

Tit. 2. des droits d'entrée sur les vendanges.

Tit. 3. des droits d'entrées dans le Fauxbourg de la Conference.

Tit. 4. des entreposts du barillage.

Tit. 5. du transport du vin dans la Ville & Fauxbourgs de Paris.

Tit. 6. de l'entrée du vin dans la Ville & Fauxbourgs de Paris.

Tit. 7. des declarations, & du payement des droits.

Des anciens & nouveaux cinq sols sur le vin.

Droit de gros sur le vin.

Tit. 1. des droits de gros & augmentation.

Tit. 2. des droits de gros, & augmentation sur les vendanges.

Tit. 3. des inventaires & recollemens du vin.

Tit. 4. de la vente en gros & du transport du vin.

Tit. 5. de la vente en gros dans Paris.

Tit. 6. du commerce du vin dans les trois lieuës prés des villes où il y a étape.

Loüis XIV. 1680.

Tit. 7. des declarations de prix & congez.
Tit. 8. des contraintes pour le gros.
Tit. 9. des exemptions du gros.

Des droits de sol pour livre & d'augmentation aux entrées.

Droits sur le bestial à pied-fourché dans Paris.

Des droits sur le poisson de mer frais, sec, & sallé dans la Ville de Paris.

Des droits sur le bois dans Paris.

Droits de détail sur le vin.

Tit. 1. des droits sur la vente du vin en détail.
Tit. 2. de la vente du vin en détail.
Tit. 3. des Hôteliers, Taverniers & Cabaretiers.
Tit. 4. de ceux qui logent en chambres garnies, & autres de pareille qualité.
Tit. 5. des exercices des Commis.
Tit. 6. des contraintes pour les droits de détail.
Tit. 7. des abonnemens.
Tit. 8. des droits de banvin.
Tit. 9. des exemptions du détail.

Des droits de détail dans le ressort de la Cour des Aydes de Paris, où le quatriéme a cours.

Du droit de subvention.

Tit. 1. du droit de subvention dans le ressort de la Cour des Aydes de Paris, où le huitiéme a cours.
Tit. 2. du droit de subvention dans le ressort de la Cour des Aydes de Paris, où le quatriéme a cours.

Du droit de subvention par doublement.

Du droit du Pont de Joigny.

Des droits sur l'eau de vie.

Des droits sur la bierre.

Des droits sur le cidre & poiré.

Du droit annuel des vendans vin.

Des quarante-cinq sols des Rivieres.

Des trois livres & quarante-cinq sols par charroy.

Des neuf livres dix-huit sols pour tonneau de vin, & du sol pour pot.

Des droits de marque sur le fer, acier, & mines de fer.

Des droits de marque, & de controlle du papier.

Des droits sur le papier & parchemin timbré.

A Fontainebleau en Juin 1680. regist. en la Cour des Aydes le 21. dudit mois.

Declaration portant reglement pour les futailles & mesures dont on se servira à l'avenir dans la Province de Normandie. A S. Germain en Laye en Juin 1680. regist. au Parlement de Roüen le 30. Juillet suivant. Louis XIV. 1680.

Ordonnance sur le fait des Aydes, & autres droits y joints dans la Province de Normandie.

Des droits d'entrées sur le vin dans la Ville, Fauxbourgs, & Banlieuë de Roüen.

Des neuf livres pour tonneau dans le Havre, Dieppe, & autres ports.

Des droits de subsistance & d'octroy sur le vin, dans la Ville & Fauxbourgs de Dieppe.

Des anciens & nouveaux cinq sols sur le vin.

Tit. 1. des droits de gros, & d'augmentation.

Tit. 2. de la vente en gros, & du transport du vin.

Tit. 3. du payement des droits de gros, parisis, sols & six deniers à l'entrée.

Tit. 4. du commerce du vin dans les trois lieuës prés de la ville de Roüen.

Tit. 5. des declarations, dépris, & congez.

Tit. 6. des contraintes pour le gros.

Tit. 7. des exemptions de gros.

Tit. 8. des droits de gros, parisis sols, six deniers sur les marchandises de poisson.

Pied fourché à Roüen.

Tit. 1. des droits d'Aydes sur la vente du vin, & autres boissons en détail.

Tit. 2. de la vente du vin en détail.

Tit. 3. des Hôteliers, Taverniers, & Cabaretiers.

Tit. 4. de ceux qui logent en chambres garnies, & autres de pareille qualité.

Tit. 5. des exercices des Commis.

Tit. 6. des contraintes pour les droits du détail.

Tit. 7. des abonnemens.

Tit. 8. des exemptions des droits sur les vins & boissons venduës en détail.

Tit. 9. des futailles & des mesures.

Du droit de subvention à la consommation, dans le ressort de la Cour des Aydes de Roüen.

Du droit de subvention à l'entrée, dans le ressort de la Cour des Aydes de Roüen.

FFff ij

LOUIS XIV. 1680. *Du droit de subvention par doublement.*
Des droits sur l'eau de vie.
Des droits sur la bierre.
Droits sur le cidre & poiré.
Du droit annuel des vendans vin.
Des quarante-cinq sols de Riviere.
Des trois livres & quarante-cinq sols par charroy.
Des droits de marque & de controlle du papier.
Des droits sur le papier & parchemin timbré.
A Fontainebleau en Juin 1680. regist. en la Cour des Aydes de Roüen le 26. Fevrier 1681.

Declaration portant que les Sujets du Roy, de quelque qualité, condition, âge, & sexe qu'ils soient, faisans profession de la Religion Catholique, Apostolique & Romaine, ne pourront jamais la quitter pour passer en la Religion Pretenduë Reformée, pour quelque cause, raison, pretexte, ou consideration que ce puisse estre; & que les contrevenans seront condamnez à faire amende honorable, & au bannissement perpetuel hors du Royaume; & que tous leurs biens seront confisquez: défenses aux Ministres de ladite Religion Pretenduë Reformée, & tant à eux qu'aux Anciens des Consistoires, de les souffrir dans leurs Temples & Assemblées, à peine ausdits Ministres d'estre privez pour toûjours de faire aucune fonction de leur Ministere dans le Royaume, & d'interdiction pour jamais de l'exercice de ladite Religion, dans le lieu où un Catholique aura esté receu à faire profession de ladite Religion Pretenduë Reformée. A Fontainebleau en Juin 1680. reg. au Parlement de Paris le 25. du même mois, & en celuy de Roüen le 9. Juillet suivant.

Declaration portant revocation de toutes les Lettres de Maîtrises accordées à quelque titre & occasion que ce soit, sur lesquelles il n'y a point eu de Maîtres receus, jusqu'au jour de la datte de ladite Declaration. A Fontainebleau le 19. Juin 1680. reg. au Parlement de Paris le 22. Juillet suivant, & en celuy de Roüen le 13. Mars 1681.

Declaration portant reglement pour les differends qui sont entre le Parlement & la Chambre des Requestes du Palais de la ville de Roüen. A Fontainebleau le 6. Juillet 1680. reg. le 9. Aoust de la même année.

Declaration qui abroge l'usage étably dans le Parlement de Provence, de faire rapporter les Conseillers aprés leur resignation. A S. Germain en Laye le 12. Juillet 1680. Loüis XIV. 1680.

Declaration portant que les Archevêques & Evêques du Royaume, joüiront du droit de *Committimus*, conformément à la disposition de l'Ordonnance du mois d'Aoust 1669. A Calais le 20. Juillet 1680.

Edit portant rétablissement d'une seconde Chambre des Requêtes du Palais au Parlement de Roüen : création des Officiers dont elle doit estre composée ; & reglement pour sa Jurisdiction & autorité. A Fontainebleau en Juillet 1680. reg. 27. Aoust de la même année.

Edit en explication de l'art. 8. du titre 34. de l'Ordonnance du mois d'Avril 1667. portant que les femmes & filles ne pourront s'obliger, ny estre contraintes par corps, si elles ne sont Marchandes publiques, ou pour cause de stellionat qu'elles auroient commis procedant de leur fait ; sçavoir, lors qu'elles seront libres, & hors la puissance de leurs maris, ou que, lors qu'elles seront mariées, elles se seront reservées par leur contrat de mariage l'administration de leurs biens, ou seront separées de biens d'avec leursdits maris, sans que les femmes qui se seront obligées conjointement avec leurs maris, avec lesquels elles seront en communauté de biens, puissent estre personnellement reputées stellionataires ; mais seront solidairement sujettes au payement des dettes pour lesquelles elles se seront obligées avec leursdits maris, par saisie & vente de leurs biens propres, ou acquests & conquests : mais ne pourront estre contraintes par corps. A S. Germain en Laye en Juillet 1680. reg. au Parlement le 23. Aoust de la même année, & en la Cour des Aydes le 23. Fevrier 1686.

Declaration portant don à Monsieur Duc d'Orleans Frere unique du Roy, des droits d'échange dans les terres de son Apanage. A Versailles le 14. Octobre 1680.

Declaration portant que tous ceux qui seront pourvûs d'Offices de Judicature, ou autres ayans fonction publique & serment à justice soit du Roy, ou des Seigneurs particuliers, & des Charges de la Maison du Roy, & autres Maisons Royales, & des Princes du Sang, & autres Offices joüissans de l'exemption des Tailles employez dans les Etats, registrez en la Cour des Aydes, servans actuellement, payez de leurs gages, seront employez aux Rolles des Tailles, & de l'impost du sel, selon leurs biens & facultez, tant qu'ils demeureront pourvûs conjointement de deux Offices; nonobstant les privileges des Commensaux de la Maison du Roy

LOUIS XIV. 1680. jusques à ce qu'ils ayent fait leur option, ou qu'ils se soient démis des Offices de Judicature, ou autres ayant fonction publique & serment à justice, & qu'un autre soit pourvû & exerce en leur place, & ce nonobstant tous Privileges & Lettres de compatibilité &c. A Versailles le 23. Octobre 1680. reg. en la Cour des Aydes de Paris le 13. Novembre suivant, & en celle de Roüen le 20. Fevrier.

Declaration en consequence des Edits des mois d'Aoust 1669. & Mars 1673. portant que les privileges & hypoteques que le Roy a sur les rentes des Comptables demeureront en leur entier nonobstant les Lettres de ratification qui auroient esté cy-devant, & qui pourroient estre cy-apres prises en la grande Chancellerie par les Acquereurs sans opposition de la part du Roy; qu'à l'avenir ceux qui ont acquis, ou acquereront des rentes d'un Comptable, seront tenus d'en faire signifier le Contract d'acquisition aux Procureurs Generaux des Chambres des Comptes, dans le ressort desquelles les rentes sont situées, & de retirer leur consentement par ecrit sur l'Original du Contract, sur lequel les Lettres de ratification seront expediées dans la grande Chancellerie, & enregistrées dans les Chambres des Comptes aprés avoir esté communiquées aux Procureurs Generaux, ausquels il est deffendu de donner leur consentement, sinon en cas que les Comptables alors ou leurs autheurs ne soient point redevables au Roy, & ayent rendu & appuré & fait leurs comptes à la correction, à peine d'en repondre en leur propre & privé nom &c. & à l'égard des Acquereurs qui ont cy-devant pris des Lettres de ratification, ils joüiront du benefice de la presente Declaration en faisant enregistrer seulement tant le Contrat d'acquisition, que les Lettres de ratification dans les Chambres des Comptes & du consentement des Procureurs Generaux qu'ils ne pourront donner qu'aux conditions cy-dessus. A Versailles le 4. Novembre 1680. reg. en la Chambre des Comptes le 21. du même mois.

Declaration portant qu'un des Conseillers du Parlement de Roüen faisant profession de la R. P. R. entrera successivement dans les Chambres de la Tournelle & des Vacations dudit Parlement. A Versailles le 18. Novembre 1680. reg. le 11 Decembre suivant

Declaration portant que les Juges ordinaires iront chez ceux qui font profession de la R. P. R. qui seront malades pour sçavoir s'ils se veulent convertir, ou mourir en ladite Religion, &

en cas qu'ils desirent se faire instruire, faire venir les Ecclesiastiques, &c. A Versailles le 19. Novembre 1680. reg. au Parlement de Paris le 2. & en celuy de Roüen le 12. Decembre suivant. *V. celles des 7. Avril & 20. Iuin* 1685.

LOUIS XIV. 1680.

Declaration portant qu'à l'avenir ceux qui font profession de la R. C. A. & R. ne pourront sous quelque pretexte que ce soit contracter mariage avec ceux de la R. P. R. declarant tels mariages non valablement contractez, & les enfans qui en proviendront illegitimes & incapables de succeder aux biens meubles & immeubles de leurs peres & meres. A Versailles en Novembre 1680. reg. au Parlement de Paris le 2. & en celuy de Roüen le 11. Decembre de la même année. *V. celle du* 18. *Iuin* 1685.

Declaration en interpretation de celle du 7. Octobre 1679. portant reglement pour la restitutinon des gages depuis le decés des Officiers, & Commission à six Conseillers Maîtres des Comptes de rapporter les Registres concernant les décharges desdites restitutions. A Versailles le 27. Novembre 1680. reg. en la Chambre des Comptes le 11. Decembre suivant.

Declaration en interpretation de l'art. 4. du titre 26. de l'Ordonnance du mois d'Aoust 1670. portant qu'à l'avenir les Cours ne pourront donner aucunes défenses d'executer les decrets d'ajournement personnel, qu'aprés avoir vû les informations, lorsque lesdits decrets auront esté decernez par les Juges Ecclesiastiques, & par les Juges ordinaires Royaux, & des Seigneurs pour fausseтez, ou malversations d'Officiers dans l'exercice de leurs Charges, ou lors qu'il y aura d'autres coaccusez contre lesquels il aura esté decreté prise de corps : que les accusez qui demanderont des défenses, seront tenus d'attacher à leur Requeste la copie du decret qui leur aura esté signifié ; que tous Juges Royaux & des Seigneurs, seront tenus d'exprimer à l'avenir dans les ajournemens personnels qu'ils decerneront, le titre de l'accusation pour lequel ils decreteront, à peine contre lesdits Juges ordinaires & des Seigneurs, d'interdiction de leurs Charges ; que toutes les Requestes tendantes afin de défenses d'executer les decrets d'ajournement personnel, seront communiquées au Procureur General : & pouvoir aux Cours de refuser les défenses qui leur seront demandées, quoyque les decrets d'ajournement personnel, soient délivrez pour d'autres cas que ceux qui sont cy-dessus exprimez. A S. Germain en Laye en Decembre 1680. reg. au Parlement de Roüen le 9. & en celuy de Paris le 10. Janvier 1681.

LOUIS XIV.

1680. Declaration portant défenses à tous Officiers, Matelots, & autres gens de mer, de s'habituer, ny servir en d'autres païs que dans le Royaume, à peine des galeres à perpetuité. A S. Germain en Laye le 10. Decembre 1680. reg. au Parlement de Roüen le 23 du même mois.

Declaration portant reglement pour la Plaidoirie des Lettres Royaux incidentes aux procez pendans és Chambres des Enquêtes du Parlement de Thoulouse. A S. Germain en Laye en Decembre 1680.

Declaration portant reglement pour l'instruction des defauts & contumaces des procez criminels, en explication des titres 2. & 17. de l'Ordonnance du mois d'Aoust 1670. A S. Germain en Laye en Decembre 1680. reg. le 10. Janvier 1681.

Declaration portant confirmation des Statuts des Marchands-Merciers, Grossiers, & Joüailliers de la ville de Dreux. A S. Germain en Laye en Decembre 1680. reg. le 25. Mars 1681.

1681. Declaration, portant que lors qu'une même personne sera pourvûë de deux Cures, ou d'un Canonicat, ou Dignité, & d'une Cure, ou de deux autres Benefices incompatibles, soit qu'il y ait procez, ou qu'il les possede paisiblement; le pourvû ne joüira que des fruits du Benefice auquel il residera actuellement, & fera le service en personne; & que les fruits de l'autre Benefice, ou des deux, s'il n'a residé, & fait le service en personne en aucun, seront employez au payement du Vicaire, ou des Vicaires qui auront fait le service, aux reparations, ornemens, & profits de l'Eglise dudit Benefice, par Ordonnance de l'Evêque Diocesain, laquelle sera executée par provision, nonobstant toutes appellations simples, ou comme d'abus, & tous autres empêchemens, ausquels les Juges & Officiers n'auront aucun égard. A S. Germain en Laye le 7. Janvier 1681. reg. au grand Conseil le 20. & au Parlement de Roüen le 24. du même mois, & en celuy de Paris le 12. Fevrier suivant.

Declaration portant qu'aucuns Collateurs de Prieurez, Canonicats, Cures, Chapelles, & autres Benefices, de quelque nature qu'ils soient, situez dans les païs qui ont esté cedez au Roy par les Traitez de paix de Munster, des Pyrenées, Aix la Chapelle, & Nimegue, ne pourront dorénavant conferer lesdits Benefices, ou y nommer autres que les Sujets du Roy, à peine de saisie du temporel, &c. défenses à tous Abbez, Prieurs Conventuels, ou Superieurs des Maisons Religieuses, tant d'hommes que de filles,

situez

situez dans lesdits païs de recevoir à l'avenir des Novices, & d'admettre aucuns Religieux ou Religieuses, pour demeurer dans lesdits Monasteres, qui ne soient Sujets du Roy : même d'élire ny choisir aucuns Seculiers ou Reguliers, pour gouverner les Monasteres des filles, qui ne soient aussi Sujets du Roy, &c. A S. Germain en Laye en Janvier 1681. reg. le 12. Fevrier suivant.

Declaration portant que les accusez contre lesquels il n'y aura ny condamnation, ny conclusions à peine afflictive, seront entendus derriere le Barreau, lorsque le procez aura esté reglé à l'extraordinaire. A S. Germain en Laye le 12 Janvier 1681.

Edit en interpretation de celuy du mois de Juillet 1669. portant que dans les Cours & autres Jurisdictions, les voix des Officiers Titulaires, Honoraires, ou Veterans, qui se trouveront parens, ou alliez aux degrez cy aprés, sçavoir de pere & fils, de frere, oncle, & neveu, de beau-pere, gendre, & beau-frere, ne seront comptées que pour une, quand elles seront uniformes, à peine de nullité des Jugemens & Arrests : & que le present Edit aura lieu, tant à l'égard des Officiers qui estoient receus avant celuy du mois de Juillet 1669. que de ceux qui ont contracté des alliances depuis, ou ont esté receus en vertu des Lettres de dispense de parenté qui leur ont esté accordées. A S. Germain en Laye en Janvier 1681. reg. le 12. Fevrier suivant.

Lettres patentes adressées au Parlement de Roüen, pour l'enregistrement d'un Arrest du Conseil, portant reglement pour les droits des Notaires Gardenotes de la Province de Normandie. A S. Germain en Laye le 28. Janvier 1681. reg. le 27. Fevrier suivant.

Edit en interpretation de l'art. 2. du tit. 16. le l'Ordonnance du mois d'Aoust 1670. portant que dans les Chancelleries établies prés des Cours, les Lettres de remission seront accordées seulement pour les homicides involontaires, ou qui seront commis dans la necessité precise d'une legitime défense de la vie, sans qu'en autre cas il en puisse estre expedié, à peine de nullité, & d'en répondre par les Gardeséels desdites Chancelleries en leurs propres & privez noms: & défenses aux Cours de proceder à l'entherinement des Lettres de remission expediées esdites Chancelleries, quand ce sera pour d'autres cas que ceux exprimez cy-dessus. A S. Germain en Laye en Fevrier 1681. regist. au Parlement de Roüen le 21. du même mois.

Edit portant reglement pour les Gabelles de la Province de Bretagne, contenant 17. articles. A S. Germain en Laye en Fevrier 1681.

Loüis XIV.

1681.

Declaration en interpretation du titre 17. de l'Ordonnance du mois de May 1680. portant que les Fauxsauniers à port d'armes seront reputez attroupez, lorsqu'ils seront au nombre de dix & au dessus; & quant à ceux qui seront convaincus de faire le fauxsaunage à port d'armes en moindre nombre, qu'ils seront condamnez en neuf ans de galeres, & en cinq cens livres d'amende pour la premiere fois, & en cas de recidive, aux galeres à perpetuité. A S. Germain en Laye le 10. Mars 1681. reg. en la Cour des Aydes le 20. du même mois.

Declaration portant que les Conseillers du Parlement de Thoulouze ne pourront travailler sans estre assistez d'un President. A S. Germain en Laye le 10. Mars 1681.

Declaration pour l'execution de celle du 19. Novembre 1681. portant que le premier ou plus ancien Consul qui se trouvera sur les lieux où il n'y aura point de Juges residens, ira chez ceux de la R. P. R. qui seront malades pour recevoir leur declaration s'ils veulent se faire instruire dans la R. C. A. & R. &c. A S. Germain en Laye le 7. Avril 1681. reg. au Parlement de Roüen le 8. May suivant. *V. celle du 20. Iuin suivant.*

Declaration portant que les Juges procedans à l'execution des Lettres de Terrier accordées aux Communautez & particuliers pour entrer dans les biens & devoirs, qu'ils pretendent leur estre deus à cause de leurs Fiefs & Seigneuries, prononceront sur la demande desdites Communautez & particuliers ainsi qu'ils verront estre à faire en leurs consciences, nonobstant & sans s'arrester à ce que par lesdites Lettres les impetrans sont relevez de la prescription authorisée par la Coûtume des lieux, ce qui ne pourra nuire ny prejudicier aux vassaux, &c. A S. Cloud le 19. Avril 1681. reg. au Parlement de Roüen le 8. & en celuy de Paris le 17. May de la même année.

Edit portant création d'un Office de Greffier, Garde-meubles & des solles & étappes de l'Hôtel de Ville de Paris à l'*instar* des Greffiers des Cours de Parlement & des autres Cours & Jurisdictions: avec attribution des mêmes gages, droits, fruits, profits & emolumens dont joüissoient ceux qui avoient la Commission & exercice dudit Greffe, &c. A   en Avril 1681. *V. celuy du mois Iuillet suivant.*

Edit pour l'établissement d'un Hôpital general dans la ville de Roüen contenant 23. articles. A Versailles en May 1681. reg. au Parlement de Roüen le 23. Juin suivant.

Declaration pour l'execution de l'Ordonnance du mois de Juin 1680. contenant l'estat & les noms des villes, bourgs, & autres lieux sujets aux anciens & nouveaux cinq sols avec les augmentations: ensemble l'estat des villes, bourgs & Paroisses sujettes seulement au droit des anciens cinq sols & augmentation. A Versailles le 27. May 1681. reg. en la Cour des Aydes le 10. Juin de la même année. *V. celle du 19. Decembre 1682.*

Edit portant création de deux millions de livres de rentes sur l'Hôtel de Ville de Paris au denier vingt. A Versailles en Juin 1681. reg. au Parlement le 10. & en la Chambre des Comptes le 13. du même mois.

Declaration portant que les enfans de ceux de la R. P. R. pourront se convertir à l'âge de sept ans, & defence à ceux de ladite Religion de faire élever leurs enfans dans les païs étrangers &c. A Versailles le 17. Juin 1681. reg. au Parlement de Paris le 8. & en celuy de Roüen le 17. Juillet suivant.

Declaration portant que les Marguilliers des Paroisses où il n'y a ny Juges, ny Echevins, pourront aller chez les malades faisans profession de la R. P. R. pour l'execution de celles des 19. Novembre 1680. & 7. Avril de la presente année. A Versailles le 20. Juin 1681. reg. au Parlement de Roüen le 8. Juillet suivant.

Declaration portant confirmation des privileges des Maîtres des Postes & de l'exemption des Tailles. A Versailles le 30. Juin 1681. *V. celle du 21. Novembre 1682.*

Edit portant création des Offices de Conseiller & Procureur du Roy, en l'Hôtel de ville de Paris, d'un de Substitut dudit Procureur du Roy, d'un de Conseiller du Roy Receveur du Domaine &c. avec attribution de gages à tous lesdits Officiers, faculté de resigner leurs Offices pardevant Notaires, &c. A Versailles en Juillet 1681. reg. au Parlement le 15. & en la Cour des Aydes le 29. du même mois.

Declaration portant que les Originaux des procedures criminelles des Sieges subalternes du ressort du Parlement de Tholose, n'en pourront estre tirées qu'en cas de faux ou de prévarication. A Versailles le 15. Juillet 1681.

Ordonnance pour servir de reglement sur plusieurs droits des Fermes du Roy, & sur tous en general.

Du commerce du Tabac dans le Royaume.

Des droits de marque sur l'or & l'argent.

De la premiere moitié des octrois & deniers communs.

Loüis XIV. 1681.

Des parisis douze & six deniers sur les droits des Officiers des cuirs.

Du tiers retranché sur les cendres, soutes, & gravelées.

Des droits sur l'étain.

Des droits de sortie sur les vins transportez hors du Royaume, par les Provinces de Champagne & Picardie.

Des droits sur les toilles, bazins, futaines, canevas, &c.

Des droits d'abord & de consommation sur le poisson.

Du droit de fret.

Titre des publications, encheres, & adjudications des Fermes & enregistrement des baux.

Titre commun pour toutes les Fermes.

A Versailles en Juillet 1681. reg. en la Cour des Aydes le 21. Aoust suivant.

Lettres patentes portant mainlevée des modifications faites par l'Arrest du Parlement de Roüen du 23. Juin precedent, à l'Edit du mois de May de la presente année, pour l'établissement d'un Hôpital General dans la ville de Roüen. A Versailles le 24. Juillet 1681. reg. le 13. Aoust de la même année.

Edit portant translation de la Maîtrise particuliere des Eaux & Forests de la ville de Pamiers en celle de Foix. A le 7. Aoust 1681.

Ordonnance portant reglement general pour la marine.

LIVRE I.

Des Officiers de l'Admirauté, & de leur Jurisdiction.

Tit. 1. *de l'Admiral.*

Tit. 2. *de la competence des Iuges de l'Admirauté.*

Tit. 3. *des Lieutenans, Conseillers, Avocats, Procureurs du Roy aux Sieges de l'Admirauté.*

Tit. 4. *Du Greffier.*

Tit. 5. *Des Huissiers Audianciers Visiteurs, & autres Sergens de l'Admirauté.*

Tit. 6. *du Receveur de l'Admiral.*

Tit. 7. *des Interpretes & des Courtiers Conducteurs des Maîtres de Navires.*

Tit. 8. *Du Professeur d'Hydrographie.*

Tit. 9. *des Consuls de la Nation Françoise dans les pays étrangers.*

Tit. 10. *des congez & rapports.*

Tit. 11. *des ajournemens & delais.*

Tit. 12. *des prescriptions, & fins de non recevoir.*

Tit. 13. *des Iugemens, & de leur execution.*

Tit. 14. *de la saisie & vente des vaisseaux, & de la distribution du prix.*

Loüis XIV. 1681.

LIVRE II.

Des gens & des bâtimens de mer.

Tit. 1. *du Capitaine Maître ou Patron.*
Tit. 2. *de l'Aumônier.*
Tit. 3. *de l'Ecrivain.*
Tit. 4. *du Pilote.*
Tit. 5. *du Contremaître ou Nocher.*
Tit. 6. *du Chirurgien.*
Tit. 7. *des Matelots.*
Tit. 8. *des proprietaires de navires.*
Tit. 9. *des Charpentiers & Calfateurs.*
Tit. 10. *des Navires, & autres bâtimens de mer.*

LIVRE III.

Des Contrats maritimes.

Tit. 1. *des Charte-parties, affretemens, ou nolisemens.*
Tit. 2. *des connoissemens ou police de chargement.*
Tit. 3. *du fret & nolis.*
Tit. 4. *de l'engagement & des loyers des Matelots.*
Tit. 5. *des Contrats à grosse avanture, ou à retour de voyage.*
Tit. 6. *des assurances.*
Tit. 7. *des avaries.*
Tit. 8. *du jet, & de la contribution.*
Tit. 9. *des prises.*
Tit. 10. *des lettres de marque, ou de represailles.*
Tit. 11. *des Testamens, & de la succession de ceux qui meurent en mer.*

LIVRE IV.

De la police des Ports, Côtes, Rades, & Rivages de la Mer.

Tit. 1. *des Ports & Havres.*
Tit. 2. *du Maître de Quay.*
Tit. 3. *des Pilotes, Lamaneurs, ou Locmanes.*
Tit. 4. *du lestage, & delestage.*
Tit. 5. *des Capitaines Garde-côtes.*
Tit. 6. *des personnes sujettes au guet de la Mer.*
Tit. 7. *du Rivage de la Mer.*
Tit. 8. *des Rades.*
Tit 9. *des naufrages, bris, & eschoüemens.*
Tit. 10. *de la coupe du vares ou vraic, sar, ou goüesmont.*

Loüis XIV.

LIVRE V.

De la Pêche qui se fait en Mer.

1681. Tit. 1. *de la liberté de la Pêche.*

Tit. 2. *des diverses especes de rets ou filets.*

Tit. 3. *des parcs & pêcheries.*

Tit. 4. *des Madragues & Bordigues.*

Tit. 5. *de la pêche du Hareng.*

Tit. 6. *de la pêche des Moluës.*

Tit. 7. *des Poissons Royaux.*

Tit. 8. *des Pêcheurs.*

A Fontainebleau en Aoust 1681. regist. au Parlement le 8. Janvier 1682.

Edit portant reglement pour la Chambre des Vacations du Parlement de Dijon. A Fontainebleau en Septembre 1681.

Declaration portant défenses aux Sergens Louvetiers, & aux Sergens & Archers des Maréchaux de France, d'exploiter, s'ils n'en ont la faculté par leurs provisions. A Brisac le 19. Octobre 1681. reg. au Parlement le 21. Novembre suivant.

Declaration concernant les faussetez qui se commettent dans la Province de Gevaudan. A S. Germain en Laye le 19. Novembre 1681.

Edit en faveur des détempteurs & possesseurs des places des ramparts, fossez, & contrescarpes de la ville de Paris, pour la confirmation des ventes, alienations, & delaissemens qui sont & seront faits à perpetuité. A S. Germain en Laye en Decembre 1681. reg. au Parlement le 23. du même mois.

1682. Declaration portant que depuis le premier jour de Septembre jusqu'à Noël il residera actuellement dans les villes où les Sieges Presidiaux sont établis, le nombre de sept Juges desdits Presidiaux sans en pouvoir desemparer pour quelque cause ou occasion que ce puisse estre, sur peine de desobeissance, & afin que lesdits Officiers Presidiaux ayent le temps de vacquer à leurs affaires particulieres, ils se partageront entr'eux de semaine en semaine, ensorte qu'aprés qu'un Officier aura servy sa semaine il puisse aller chez luy sans que le service en soit retardé. A S. Germain en Laye le 13. Janvier 1682. reg. au grand Conseil le 23. du même mois.

Edit portant reglement sur l'usage de la Regale. A S. Germain en Laye en Janvier 1682. reg. le 24. du même mois.

Edit portant suppression de trente-six Offices de Receveurs, Payeurs & Controlleurs des rentes constituées sur l'Hôtel de Ville de Paris du nombre des cinquante créez par ceux des mois d'Avril 1671. & Janvier 1676. A S. Germain en Laye en Janvier 1682. reg. en la Chambre des Comptes le 3. Fevrier suivant. LOUIS XIV. 1682.

Declaration qui abroge l'usage de condamner les particuliers en l'amande pour le transport de Jurisdiction. A S. Germain en Laye le 28. Janvier 1682. reg. au Parlement de Roüen le 17. Fevrier suivant.

Declaration portant que les enfans bâtards de ceux qui font profession de la R. P. R. seront instruits dans la R. C. A. & R. A S. Germain en Laye le 31. Janvier 1682. reg. au Parlement de Roüen le 17. Fevrier & en celuy de Paris le 13. Avril de la même année.

Edit pour l'alienation de 5000000. de livres de rente sur l'Hôtel de Ville de Paris au denier vingt. A S. Germain en Laye en Fevrier 1682.

Edit portant que les Requestes Civiles qui seront prises contre des Arrests rendus en la Chambre de la Tournelle du Parlement de Thoulouze, y seront plaidées, sans que la Grand'Chambre en puisse prendre connoissance, &c. A S. Germain en Laye en Fevrier 1682.

Declaration portant que la quatriéme partie des bois dependans des Evêchez, Abbayes, Benefices, Commanderies, Communautez Ecclesiastiques, tant seculieres que regulieres & gens de main-morte, situez dans l'étenduë de six lieuës des villes principales des trois Evêchez de Metz, Toul, & Verdun, seront toûjours en nature de futaye; & s'il ne se trouvoit &c. en explication des art. 2. 3. & 4. du titre, des bois appartenans aux Ecclesiastiques, de l'Ordonnance du mois d'Aoust 1669. A S. Germain en Laye le 10. Fevrier 1682. reg. au Parlement de Metz le 11. Avril de la même année.

Lettres patentes adressées au Parlement de Roüen pour l'execution d'un Arrest du Conseil d'Etat portant reglement pour la discipline des deux Chambres des Enquestes dudit Parlement. A S. Germain en Laye le 16. Mars 1682. reg. le 23. Avril suivant.

Edit pour l'enregistrement de la Declaration faite par le Clergé du Royaume, de ses sentimens touchant la Puissance Ecclesiastique. A S. Germain en Laye. en Mars 1682. reg. au Parlement de Paris le 23. du même mois, & en celuy de Roüen le 30. Avril suivant.

Declaration pour l'execution des reglemens faits pour les Facultez de Droit Civil & Canonique de l'Université de Caen en exe-

Loüis XIV. cution de l'Edit du mois d'Avril 1679. A S. Germain en Laye le 28. Mars 1682. reg. au Parlement de Roüen le 24. Avril suivant.

1682. Declaration portant deffences aux gens de mer & de mêtier domiciliez dans le Royaume d'en sortir avec leurs familles, pour s'établir dans les païs étrangers à peine des galeres à perpetuité contre les chefs, &c. A Versailles le 18. May 1682. reg. au Parlement de Paris le 3. & en celuy de Roüen le 12. Juin de la même année.

Declaration portant que ceux qui auront esté bannis par Sentence Prevôtale, ou Jugement Presidial rendu en dernier ressort, & qui seront repris, quand même ce ne seroit que faute d'avoir gardé leur ban seulement, seront condamnez aux galeres, sans qu'il soit en la liberté des Juges de moderer cette peine, mais bien de l'arbitrer à temps ou à perpetuité selon qu'ils l'estimeront à propos, & quant à ceux qui auront esté bannis par Arrests & qui seront repris pour n'avoir aussi gardé leur ban &c. A Versailles le 31. May 1682. reg. au Parlement de Paris le 17. & en celuy de Roüen le 26. Juin suivant.

Declaration portant deffences à tous Juges d'appeller pour Assesseurs ou opinans aux Jugemens des procés aucuns Avocats faisans profession de la R. P. R. à peine d'interdiction de leurs charges, nullité des Jugemens &c. & aux Seigneurs d'établir aucuns Juges faisans profession de ladite Religion, à tous Notaires, Procureurs, Huissiers & Sergens de la même qualité de faire aucune fonction & exercice de leurs Charges. A Versailles le 15. Juin 1682. reg. au Parlement de Roüen le 21. Juillet & en celuy de Paris le 4. Aoust de la même année.

Declaration contre les vagabons & gens appellez Bohemes & Bohemiennes, & ceux qui leur donnent retraite. A Versailles le 11. Juillet 1682. registré au Parlement de Roüen le 31. du même mois & en celuy de Paris le 4. Aoust suivant.

Edit portant défences à tous les sujets du Roy de sortir du Royaume pour s'aller établir dans les païs étrangers, & que tous les Contrats de vente des immeubles de ceux de la R. P. R. faits par eux avant leur retraite, seront nuls & sujets à la confiscation portée par l'Edit du mois d'Aoust 1669. A Versailles le 14. Juillet 1682. reg. au Parlement de Roüen le 13. dudit mois & en celuy de Paris le 12 Aoust suivant.

Edit portant reglement pour la punition des Empoisonneurs, Devins, Devineresses, & autres crimes. A Versailles en Juillet 1682.

1682. reg. au Parlement de Roüen le 4. & en celuy de Paris le 31. Aoust de la même année. Loüis XIV. 1682.

Edit portant reglement pour les Capitaineries des Chasses és environs de la ville de Paris. A Versailles en Juillet 1682. reg. en la Cour des Aydes le 10. Septembre suivant.

Declaration pour l'execution de l'Edit du mois d'Avril 1679. pour le rétablissement des études du Droit Civil & Canonique, contenant 23. articles. A Versailles le 6. Aoust 1682. reg. le 31. du même mois.

Declaration portant défenses à ceux de la Religion Pretenduë Reformée de s'assembler, si ce n'est dans leurs Temples, & en presence des Ministres, &c. A Versailles le 30. Aoust 1682. reg. le 1. Decembre de la même année.

Declaration portant que le Roy par sa Declaration du 14. Juillet precedent, n'a point entendu empêcher les donations qui pourroient estre faites par les peres, meres, ayeuls, ou ayeules, en faveur de leurs enfans par contrat de mariage, pourvû que les mariages soient executez avant leur retraite hors le Royaume: comme aussi qu'il n'a pas entendu empêcher les poursuites, que les creanciers legitimes pourront faire de la vente de leurs immeubles par decret forcé, en consequence des dettes faites avant la datte de la presente Declaration. A Versailles le 7. Septembre 1682. reg. le 1. Decembre suivant.

Declaration pour l'execution de celle du 28. Mars precedent, pour le rétablissement des études du Droit Civil & Canonique dans l'Université de Caën, contenant treize articles. A Versailles le 9. Septembre 1682. reg. au Parlement de Roüen le 9. Decembre de la même année.

Declaration qui dispense, de l'execution de l'Edit du mois de Septembre 1674. portant établissement des Bureaux pour les saisies mobiliaires, les gens chargez du recouvrement des deniers du Roy. A Fontainebleau le 27. Octobre 1682.

Edit portant création de 200. Offices de Notaires, & 400. d'Huissiers & Sergens en la Province de Dauphiné. A Chambort en Octobre 1682.

Declaration pour faire joüir du privilege de l'exemption des Tailles les Lieutenans, Soûlieutenans, & Gentilshommes de la Venerie, encore qu'ils ne servent actuellement, conformément à l'art. 14. de l'Edit du 20. Mars 1673. A Fontainebleau le 4. Novembre 1682. reg. en la Cour des Aydes le 28. du même mois.

LOUIS XIV. 1682. Declaration qui ordonne que les privileges cy-devant accordez aux Maîtres des Postes, par les Declarations des 19. Janvier 1669. & 30. Juin 1681. seront partagez entre les Maîtres des Postes voisines. A Versailles le 21. Novembre 1682. reg. en la Cour des Aydes le 23. Janvier 1683.

Edit qui declare un Arrest du Parlement de Tholose du 12. Decembre 1681. qui a mis l'Hôpital de Montpellier en possession de tous les biens donnez aux Pauvres du Consistoire de ladite Ville, même de ceux qui se trouveront alienez depuis le mois de Juin 1662. commun pour toute la Province de Languedoc. A le 30. Novembre 1682.

Declaration portant peine de mort contre ceux qui voleront dans les Maisons Royales, en interpretation de celle du 15. Janvier 1677. A Versailles le 7. Decembre 1682. reg. au grand Conseil le 15. du même mois.

Declaration en faveur des Officiers de la Venerie du Roy, en explication de celle du 4. Novembre precedent. A Versailles le 11. Decembre 1682. regist. en la Cour des Aydes le 19. du même mois.

Declaration qui fixe la levée des anciens & nouveaux cinq sols dans les Hameaux & Ecarts qui sont imposez à la Taille par le même Mandement que les Paroisses sujettes ausdits droits, en execution de l'Ordonnance sur le fait des Aydes du mois de Juin 1680. & de la Declaration du 27. May 1681. A Versailles le 19. Decembre 1682. reg. en la Cour des Aydes le 2. Janvier 1683.

1683. Declaration qui revoque celle du mois de Novembre 1666. concernant les privileges des peres de famille qui ont dix ou douze enfans. A Versailles le 13. Janvier 1683. reg. en la Cour des Aydes le 23. du même mois.

Declaration portant réünion aux Hôpitaux, des biens leguez aux Pauvres de la Religion Pretenduë Reformée, & aux Consistoires, pour leur estre distribuez, &c. A Versailles le 15. Janvier 1683. reg. le 27. dudit mois

Declaration portant que les Mahometans & Idolâtres, qui voudront embrasser la Religion Chrétienne, ne pourront estre instruits que dans la Religion Catholique. A Versailles le 25. Janvier 1683. reg. le 13. Fevrier suivant.

Declaration portant que la somme de 100. livres que les demandeurs en inscription de faux, seront obligez de consigner, suivant l'art. 5. du titre 9. de l'Ordonnance du mois d'Aoust 1670. pourra estre augmentée par le Parlement, selon & ainsi qu'il estimera estre à faire par raison, depuis le 15. Juillet jusqu'à la fin du Parlement. A Versailles le 31. Janvier 1683. reg. le 19. Fevrier audit an.

Declaration portant dispense d'âge, de service, & de parenté, en faveur de ceux qui voudront estre admis aux Offices de Judicature. A Versailles le 9. Fevrier 1683. publiée au Seau le même jour.

Edit portant reglement pour la vente par decret des Offices, & la distribution du prix d'iceux, contenant 10. articles. A Versailles en Fevrier 1683. reg. le 19. Mars de la même année.

Declaration portant que les procez seront jugez quand ils seront en état de l'estre, quoyque les épices n'ayent pas esté consignées, en execution de l'art. 7. de l'Edit du mois de Mars 1673. &c. A Versailles le 26. Fevrier 1683. reg. au Parlement de Roüen le 12. Mars de la même année.

Edit portant peine d'amende honorable & de bannissement contre les Ministres qui recevront les Catholiques à professer la Religion Pretenduë Reformée. A Compiegne en Mars 1683. reg. au Parlement de Roüen le 9. Avril, & en celuy de Paris le 5. May de la même année.

Declaration portant reglement pour la reception des Officiers pourvûs d'Offices vacans aux revenus casuels, nonobstant les oppositions faites ou à faire par les veuves, enfans, heritiers, & creanciers des Officiers decedez en perte d'Offices. A Versailles le 15. Avril 1683. reg. le 21. May suivant.

Declaration concernant les dettes des Communautez. A Versailles en Avril 1683. reg. le 21. May audit an.

Declaration concernant les proprietaires des Isles & Islots, atterrissemens, accroissemens, droits de pesches, peages, passages, bacs, batteaux, ponts, moulins, & autres Edifices, & droits sur les Rivieres navigables dans l'étenduë du Royaume. A Versailles en Avril 1683. reg. le 21. May de la même année.

Declaration portant que dans les Temples de ceux de la Religion Pretenduë Reformée, il y aura un lieu marqué pour les Catholiques. A Versailles le 22. May 1683. reg. le 10. Juillet de la même année.

Declaration portant que les enfans de ceux qui auront fait abjuration, seront instruits en la Religion Catholique. A Besançon le 17. Juin 1683. reg. le 21. Juillet suivant.

Declaration portant augmentation de pouvoir aux Auditeurs du

LOÜIS XIV. 1683. Châtelet de Paris : création de plusieurs Offices au même Siege, &c. A Boucquenon le 6. Juillet 1683. reg. le 7. Septembre suivant.

Declaration portant reglement pour les Tailles. A Fontainebleau le 16. Aoust 1683. reg. en la Cour des Aydes le 27. Novembre suivant.

Edit portant reglement pour les évocations, en execution du titre 1. de l'Ordonnance du mois d'Aoust 1669. A Fontainebleau en Septembre 1683. reg. le 24. Novembre de la même année.

Edit portant création de 500000. livres d'augmentation de gages. A Versailles en Octobre 1683. registré le 24. Novembre suivant.

Edit pour le payement du droit annuel pendant 9. années. A Versailles le 30. Octobre 1683.

Edit portant défenses de saisir les bestiaux pendant six années, à compter du 1. Janvier de l'année 1684. A Versailles le 6. Novembre 1683. reg. le 24. du même mois.

Edit qui fixe l'âge des Officiers des Compagnies Souveraines; & des Presidiaux. A Versailles en Novembre 1683. reg. le 3. Decembre suivant.

Declaration portant que les articles 2. & 27. du titre 16. de l'Ordonnance du mois d'Aoust 1670. concernant les Lettres de remission, seront executez, & auront lieu seulement pour les Chancelleries estant prés les Cours, &c. A Versailles le 22. Novembre 1683. reg. le 4. Decembre de la même année.

1684. Edit portant suppression des Offices de Tresoriers Provinciaux de l'extraordinaire des guerres & des Regimens. A Versailles en Fevrier 1684. regist. en la Chambre des Comptes le 4. Mars audit an.

Declaration qui accorde aux Officiers des Greniers à sel le payement du droit annuel de leurs Offices pendant le temps de neuf années. A Versailles le 28. Mars 1684. reg. en la Chancellerie le 1. Avril suivant.

Declaration portant que les saisies sur les rentes au denier 20. demeureront sur les mêmes rentes qui seront converties au denier 18. en consequence de l'Arrest du Conseil du 18. Mars precedent. A Versailles le 18. Avril 1684.

Declaration qui accorde aux Officiers des Bureaux des Finances, le payement du droit annuel pendant neuf années. A Versailles le 20. Avril 1684. reg. és Registres de l'Audiance de la Chancellerie le 4. May de la même année.

Declaration pour l'execution de quelques reglemens pour la correction des enfans de famille, & des femmes débauchées qui seront enfermées dans l'Hôpital General. A Versailles le 20. Avril 1684. reg. le 29. du même mois. Loüis XIV. 1684.

Edit sur un Arrest du Parlement concernant la décence des habits des Officiers de cette Compagnie, & sur ceux des Officiers de son ressort, & des Ecoliers qui étudient en Droit. A Versailles en Avril 1684. reg. le 24. du même mois.

Edit portant reglement touchant la décence des habits des Officiers de la Cour des Aydes. A Versailles en Avril 1684. reg. le 19. May suivant.

Articles de la paix accordez par le Chevalier de Tourville au nom du Roy, au Bacha Dey, Divan & Milice d'Alger le 25. Avril 1684.

Edit portant création d'un million de livres de rente au denier dix-huit. A Condé en May 1684. regist. au Parlement le 15. en la Chambre des Comptes le 18. & en la Cour des Aydes le 19. du même mois.

Edit portant reglement pour les droits des Greffiers des Geoles, contenant dix articles, en explication du titre 13. de l'Ordonnance du mois d'Aoust 1670. A Versailles en Juin 1684. reg. le 17. Juillet audit an.

Declaration pour la punition de ceux de la Religion Pretenduë Reformée, qui s'assemblent ailleurs que dans les Temples, & hors la presence des Ministres, en execution de celle du 30. Aoust 1682. A Versailles le 26. Juin 1684. registrée le 1. Aoust de la même année.

Traité de Tréve entre le Roy & les Etats Generaux des Provinces unies des Païs-bas, signé le 29. Juin 1684. ratifié à Versailles le 6. Juillet suivant.

Edit portant création de douze cens mille livres de rente au denier 18. A Versailles en Juillet 1684. reg. le 1. Aoust suivant.

Declaration pour l'explication de celle du mois de Fevrier 1678. sur les procez criminels des Ecclesiastiques. A Versailles en Juillet 1684. reg. le 29. Aoust suivant.

Traité de Tréve entre la France & l'Empire. A Ratisbonne le 15. Aoust 1684.

Declaration portant défenses de nommer des Experts de la Religion Pretenduë Reformée. A Versailles le 21. Aoust 1684. reg. le 7. Septembre de la même année.

Loüis XIV. 1684. Declaration concernant les biens des Consistoire, en execution de celle du 15. Janvier 1683. A Versailles le 21. Aoust 1684. reg. le 7. Septembre audit an.

* Declaration portant que ceux de la Religion Pretenduë Reformée, ne pourront tenir Consistoire que tous les quinze jours, en presence d'un Juge Royal qui sera commis par le Roy. A Versailles le 21. Aoust 1684. reg. le 2. Decembre suivant.

Declaration portant que les Ministres de la Religion Pretenduë Reformée, ne pourront faire leurs fonctions plus de trois ans dans un même lieu. A Versailles en Aoust 1684. reg. le 7. Septembre suivant.

Edit portant suppression du nouveau Châtelet de Paris, créé par celuy du mois de Fevrier 1674. & réünion d'iceluy à l'ancien: suppression des Offices de Prevost de Paris, Lieutenant General, Civil, &c. A Versailles en Septembre 1684. regist. le 7. du même mois.

Declaration concernant la qualité des personnes qui peuvent estre admises à l'exercice de la Religion Pretenduë Reformée, dans les maisons des Seigneurs ayant haute Justice, ou des fiefs de Haubert, en explication de l'article 7. de l'Edit du mois d'Avril 1598. A Versailles le 4. Septembre 1684. registrée le 21. Novembre audit an.

Declaration concernant les bâtimens que font faire les Religieux mandians. A Versailles le 5. Septembre 1684. reg. le 7. du même mois.

Declaration portant reglement sur le gros manquant des inventaires des vins, en explication des articles 12. & 13. du titre des inventaires & recollemens du vin, de l'Ordonnance du mois de Juin 1680. A Versailles en Septembre 1684. reg. le 19. du même mois.

Ratification du Traité entre la France & l'Espagne. A Versailles le 20. Septembre 1684.

Declaration portant reglement pour les droits des Greffiers du Parlement de Paris, contenant 12. articles. A Versailles le 25. Novembre 1684. reg. le 12. Decembre suivant.

Declaration portant défense de faire exercice public de la Religion Pretenduë Reformée, dans les lieux où il y aura moins de dix familles. A Versailles le 26. Decembre 1684. regist. le 13. Janvier 1685.

Edit portant reglement general pour la reconnoissance des promesses & billets sous seings privez contenant 11. articles. A Verſailles en Decembre 1684. reg. le 22. Janvier 1685.

Declaration pour l'execution de l'article dix du Traité du commerce fait entre le Roy & les Etats Generaux des Provinces unies le 10. Aouſt 1678. A Verſailles le 9. Janvier 1685. reg. le 13. de la même année.

Declaration pour l'établiſſement d'une Compagnie ſous le titre de la Compagnie de Guinée, qui fera ſeule à l'excluſion de tous les autres, le commerce des Negres, de la poudre d'or, & de toutes autres marchandiſes qu'elle pourra traiter és côtes d'Afrique, depuis la riviere de Serre-Lyonne incluſivement, juſques au Cap de Bonne-eſperance. A Verſailles en Janvier 1685.

Edit pour la reduction des Officiers qui compoſent les Sieges des Elections & Greniers à ſel dépendans de la Ferme generale des Gabelles de France. A Verſailles en Janvier 1685.

Edit pour l'adminiſtration de la Juſtice au Châtelet de Paris. A Verſailles en Janvier 1685. regiſtré le 22. du même mois.

Declaration concernant les Affaires dont les Conſeillers de la R. P. R. pourront connoître. A Verſailles le 20. Janvier 1685. reg. le 7. Fevrier ſuivant.

Declaration concernant les condamnations d'amandes & d'aumônes. A Verſailles le 21. Janvier 1685. regiſtré le 2. Mars de la même année.

Declaration en interpretation de l'Edit du mois d'Aouſt 1669. portant reglement pour la vente des biens immeubles des Comptables. A Verſailles le 27. Janvier 1685. regiſtré en la Chambre des Comptes le 6. Fevrier & en la Cour des Aydes le 10. du même mois.

Declaration pour la contre-marque de la vaiſſelle d'or & d'argent A Verſailles le 3. Fevrier 1685. regiſtré en la Cour des Aydes le 16. du même mois.

Declaration concernant les taxes d'Office, en execution de l'article 8. de la Declaration du 16. Avril 1643. portant reglement pour les Tailles. A Verſailles le 12. Fevrier 1685. regiſtré en la Cour des Aydes le 8. Juin ſuivant.

Declaration pour la punition des Miniſtres de la R. P. R. qui ſouffrent dans les Temples des perſonnes que le Roy a deffendu d'y admettre & pour l'interdiction deſdits Temples. A Verſailles en Fevrier 1685. reg. le 26. du même mois.

Declaration concernant la Compagnie des Indes Orientales, établie par l'Edit du mois d'Aouſt 1664. A Verſailles en Fevrier 1685. reg. au Parl. le 20. Fev. & en la Cour des Aydes le 1. Mars ſuivant.

LOÜIS XIV. 1685. Lettres patentes portant ratification des articles accordez aux Genois par le sieur Colbert de Croissy le 12. Fevrier 1685. A Versailles le 3. Mars 1685.

Declaration portant que les Ecuyers ordinaires du Roy, les Controlleurs Clercs d'Office de sa Maison, les Lieutenans, Enseignes & Exempts de la Compagnie des cent-Suisses de sa garde auront rang & marcheront és assemblées qui se feront à l'avenir és villes de leur habitation & autres où ils se trouveront, immediatement aprés les Conseillers des Bailliages, Senéchaussées & Sieges Presidiaux, avant les Officiers des Elections & Greniers à sel & tous autres inferieurs en ordre ausdits Conseillers; & que les procés qui se trouveront à present intentez à cette occasion, seront reglez suivant & conformement à la presente Declaration. A Versailles le 27. Mars 1685. reg. au Grand Conseil le 13. Avril de la même année.

Edit qui supprime les Chancelleries Presidiales du Châtelet de Paris & regle plusieures choses concernant la Police de ce Siege. A Versailles en Avril 1685. reg. le 18. May audit an.

Declaration portant établissement d'une manufacture de chaux dans le terroir de Meudon. A Versailles le 8. Avril 1685. reg. en la Cour des Aydes le 26. May suivant.

Declaration concernant l'Ordre de la Police des Hateliers publics, & la punition des mandians valides & faineans. A Versailles le 13. Avril 1685. reg. le 16. du même mois.

Declaration en interpretation d'aucuns articles du Bail des Fermes Roy fait à Jean Fauconnet. A Versailles le 29. May 1685. reg. en la Cour des Aydes le 8. Juin suivant.

Declaration pour la commutation de peine de mort établie par l'Edit du mois d'Aoust 1669. contre les François qui passent dans les païs étrangers, en celle des galeres. A Versailles le dernier May 1685. le 26. Juilet suivant.

Declaration portant commutation de la peine de mort, en celle des galeres contre ceux qui s'habituent dans les païs étrangers sans permission du Roy. A Versailles le dernier May 1685. registré le 14. Aoust suivant.

Declaration concernant le droit annuel des Vendans vin, en execution de l'art. 11. du titre du droit annuel des Vendans vin de l'Ordonnance du mois de Juin 1680. A Versailles le 6. Juin 1685. reg. en la Cour des Aydes le 18. du même mois.

Declaration pour les regrats ou ventes du sel à petites mesures en execution du titre 9. de l'Ordonnance du mois de May 1680.

A Versailles

A Verſailles le 6. Juin 1685. reg. en la Cour des Aydes le 18. du même mois. Louis XIV. 1685.

Declaration pour empeſcher les mariages des ſujets du Roy en païs étrangers. A Verſailles le 16. Juin 1685. reg. le 14. Aouſt ſuiv.

Edit portant que les Offices de Notaires dans la Province de Normandie créés par celuy du mois de Juillet 1677. compris dans la Ferme generale des Domaines, & exercez par les Commis des Fermiers, en demeureront deſunis pour eſtre remplis de titulaires & perſonnes capables de les exercer. A Verſailles en Juin 1685. reg. au Parlement de Roüen le 23. Juillet ſuivant *V. celuy du mois de May* 1686.

Declaration portant que les Temples où il ſera celebré des mariages entre les Catholiques & gens de la R. P. R. & ceux dans leſquels il ſera tenu des diſcours ſeditieux, ſeront démolis. A Verſailles le 18. Juin 1685. reg. le 23. du même mois.

Declaration pour le payement des debets de Clair en execution de l'Edit du mois de Novembre 1573. A Verſailles le 8. Juillet 1685. reg. en la Cour des Aydes le 29. Novembre audit an.

Declaration portant deffences à ceux de la R. P. R. d'avoir des domeſtiques Catholiques. A Verſailles le 9. Juillet 1685. reg. le 26. du même mois.

Declaration portant deffences aux Juges, Avocats & autres d'avoir des Clercs de la R. P. R. A Verſailles le 10. Juillet 1685. reg. le 26. du même mois.

Declaration portant qu'il ne ſera plus receu d'Avocats de la R. P. R. A Verſailles le 11. Juillet 1685. reg. le 26. du même mois.

Declaration pour exclure les Juges dont les femmes font profeſſion de la R. P. R. de la connoiſſance des procés où les Eccleſiaſtiques auront intereſt. A Verſailles le 11. Juillet 1685. reg. le 14. Aouſt de la même année.

Declaration portant que les enfans dont les peres ſeront morts dans la R. P. R. & dont les meres ſeront Catholiques, ſeront élevez en la R. C. avec défences de leur donner des Tuteurs de la R. P. R. A Verſailles le 12. Juillet 1685. reg. 26. du même mois.

Declaration portant que les Miniſtres des Châteaux & Maiſons des Seigneurs, ne pourront exercer leur miniſtere plus de trois ans dans un même lieu. A Verſailles le 15. Juillet 1685. reg. le 26. du même mois.

Declaration portant que les Gardes du corps du Roy auront rang & marcheront és aſſemblées generales & particulieres qui ſe

LOUIS XIV. 1685. font, & feront doresnavant és villes & lieux de leurs demeures & autres où ils se trouveront immediatement aprés les Conseillers des Bailliages, Senéchaussées & Sieges Presidiaux auparavant les Officiers des Elections & Greniers à sel, Juges non Royaux, & tous autres inferieurs en Ordre ausdits Conseillers. A Versailles le 24. Juillet 1685. reg. au grand Conseil le 11 Aoust audit an.

Declaration portant que ceux de la R. P. R. ne pourront aller à l'exercice aux Temples hors des Bailliages où ils sont demeurans. A Versailles le 26. Juillet 1685. reg. le 14. Aoust suivant.

Edit portant attribution des mêmes qualitez & fonctions aux quatre Charges de Conservateurs des hypoteques sur les rentes & augmentations de gages dûës par le Roy qu'aux 240. Secretetes du Roy. A Versailles en Juillet 1685.

Declaration portant qu'il ne sera plus receu de Medecins de la R. P. R. A Versailles le 6. Aoust 1685. reg. le 22. du même mois.

Declaration portant qu'il ne sera point donné de Tuteurs de la R. P. R. aux enfans des peres & meres de ladite Religion. A Versailles le 14. Aoust 1685. reg. le 17. Novembre suivant.

Declaration portant que la moitié des biens de ceux de la R. P. R. qui sortiront du Royaume, seront donnez aux Denonciateurs. A Versailles le 20. Aoust 1685. reg. le 17. Novembre suivant.

Declaration portant reglement pour la nomination des Collecteurs des Tailles, nonobstant l'Edit du 20. Mars 1673. & la Declaration du 16. Aoust 1683. A Versailles le 28. Aoust 1685. reg. en la Cour des Aydes le 29. Novembre suivant.

Edit pour empécher les calomnies que les Ministres & autres personnes de la R. P. R. publient contre la R. C. A & R. A Versailles en Aoust 1685. reg. le 23. du même mois.

Edit qui supprime les Sieges des Elections particulieres & Chambres à sel établies és bourgs de la Chastre & Argenton & au lieu d'icelles établit une Election en Chef audit bourg de la Chastre. A Versailles en Aoust 1685. reg. en la Cour des Aydes le 29. Novembre suivant.

Edit qui revoque la commutation de la peine des galeres en celle du fouet portée par les articles 7 & 9. du titre 17. de l'Ordonnance du mois de May 1680. A Versailles en Aoust 1685. reg. en la Cour des Aydes le 29. Novembre suivant.

Edit portant établissement de l'Hôtel des Monnoyes en la ville de l'Isle, & reglement pour les especes qui auront cours dans les Provinces & villes conquises par le Roy au Païs bas. A Chambord en Septembre 1685. reg. en la Cour des Monnoyes le 26. du même mois. Louis XIV.

Edit portant déffences de faire aucun exercice public de la R. P. R. dans le Royaume, & révocation des Edits du mois d'Avril 1598. & Juillet 1629. A Fontainebleau en Octobre 1685. reg. en Vacations le 22. du même mois. 1685.

Provisions de l'Office de Chancelier de France vacant par le decés de Messire Michel le Tellier en faveur de Messire Loüis Boucherat Conseiller d'Etat ordinaire. A Fontainebleau le 1. Novembre 1685. presentées au Parlement le Jeudy 14. Fevrier par Maître Daniel Chardon, au grand Conseil le Jeudy 14. Mars par Maître Gilles le Maistre de Ferrieres, & le Mecredy 20. Mars 1686. à la Cour des Aydes par Maître François Joseph le Gagneurs de Tessé Avocats au Parlement.

Declaration portant que ceux de la R. P. R. qui reviendront dans le Royaume declareront leur retour aux Juges. A Fontainebleau le 12. Novembre 1685. reg. le 28. du même mois.

Declaration pour interdire les fonctions d'Avocats à ceux de la R. P. R. A Versailles le 17. Novembre 1685. reg. le 28. du même mois.

Declaration concernant la reduction des Officiers des Elections & des Greniers à sel & leur rang & fonctions. A Versailles en Novembre 1685. reg. en la Chambre des Comptes le 22. Novembre suivant & en la Cour des Aydes le 19. Janvier 1686.

Edit portant attribution aux Receveurs Generaux des Domaines de six deniers pour livre du prix des rentes, tant ordinaires, qu'extraordinaires. A Versailles le 20. Novembre 1685.

Declaration pour établir la preuve du jour du decés de ceux de la R. P. R. A Versailles le 11. Decembre 1685. reg. le 17. du même mois.

Declaration concernant le partage des Paroisses cy-devant dépendantes de l'Election particuliere de Long-uy entre celles de Chartres, Mortaigne, Verneüil & Orleans. A Versailles le 22. Decembre 1685.

Edit portant qu'incessamment les enfans de ceux qui sont encore profession de la Religion Pretenduë Reformée, depuis l'âge de cinq ans jusques à celuy de seize accomplis, seront mis entre les mains de leurs parens Catholiques, s'ils en ont, qui veulent bien s'en charger, pour estre élevez dans leurs maisons, ou ailleurs par leurs soins dans la Religion Catholique, Apostolique & 1686.

LOÜIS XIV. 1686. Romaine, & instruits dans les Exercices convenables à leur condition, & à leur sexe, &c. A Versailles en Janvier 1686. reg. le 12. du même mois.

Declaration en execution de celle du mois d'Aoust 1671. portant défenses à tous les Sujets du Roy d'aller en pelerinage à S. Jâques en Galice, Nôtre-Dame de Lorette, & autres lieux hors du Royaume, sans la permission expresse du Roy, signée par l'un des Secretaires d'Etat, sur l'approbation de l'Evêque Diocesain, à peine des galeres à perpetuité contre les hommes, & de telle peine afflictive contre les femmes, que les Juges estimeront convenables, &c. A Versailles le 7. Janvier 1686. reg. le 12. dudit mois.

Declaration portant permission aux Sujets du Roy de la Religion Pretenduë Reformée, qui se sont convertis à la Foy Catholique, de rentrer, si bon leur semble, dans la proprieté & joüissance des biens qu'ils peuvent avoir vendus ou affermez depuis six mois, & pendant qu'ils estoient engagez dans ladite Religion, en remboursant à ceux qui en auront traité avec eux, le prix de leurs acquisitions, ou ce qu'ils auront receu sur le prix des baux, & les autres frais, loyaux cousts, impenses & ameliorations, ainsi qu'il sera reglé par les Juges des lieux, pardevant lesquels ils se pourront pourvoir, pendant le temps de six mois, du jour de la publication & enregistrement des presentes; aprés lequel temps ils ne seront plus receus à y rentrer, &c. A Versailles le 10. Janvier 1686. reg. le 12. du même mois.

Declaration portant défenses à ceux qui font profession de la Religion Pretenduë Reformée, de servir sous quelque pretexte que ce soit, en qualité de domestiques ceux de la même Religion, qui ne pourront se servir de domestiques autres que Catholiques, à peine de 1000. livres d'amende pour chaque contravention, & à l'égard des domestiques des galeres pour les hommes, & du foüet & de la fleur de lys pour les femmes, &c. A Versailles le 11. Janvier 1686 reg. le 12. du même mois.

Declaration portant que les femmes des nouveaux Catholiques, qui refuseront de suivre l'exemple de leurs maris; ensemble les veuves qui persisteront dans la Religion Pretenduë Reformée, seront & demeureront déchûës du pouvoir de disposer de leurs biens, soit par testament, donation entre-vifs, alienation, ou autrement: & à l'égard de l'usufruit des biens qui pourront leur avenir, ou estre échûs par les donations à elles faites par leurs maris, soit par contrat de mariage, ou entre-vifs, des doüaires, droits de succeder en Normandie, augmens de dot, habitations, droit de partager la communauté, preciputs, & generalement tous autres avantages qui leur auront esté faits par leurs maris, ils appartiendront à leurs enfans Catholiques, suivant la disposition des Coûtumes, & à leur defaut aux Hôpitaux des villes les plus prochaines de leur habitation ordinaire, &c. A Versailles en Janvier 1686. reg. le 25. du même mois.

LOUIS XIV. 1686.

Declaration portant reglement pour les portions congruës des Curez ou Vicaires perpetuels, & les retributions de leurs Vicaires. A Versailles le 29. Janvier 1686. reg. le 11. Fevrier suivant.

Declaration pour faire établir des Curez ou Vicaires perpetuels en titre, dans les Paroisses qui sont desservies par des Piêtres amovibles. A Versailles le 29. Janvier 1686. reg. le 11. Fevrier de la même année.

Declaration qui confirme le tarif du 27. Aoust 1683. pour la levée du droit domanial de la Coûtume, sur le poisson de mer frais, sec & sallé. A Versailles le 19. Fevrier 1686. registrée le 23. Mars suivant.

Declaration portant reglement pour les Greffes des Elections & Greniers à sel, contenant 28. articles. A Versailles en Avril 1686. regist. en la Cour des Aydes le 27. du même mois.

Declaration contre ceux qui s'estant convertis, refuseront dans leurs maladies de recevoir les Sacremens de l'Eglise. A Versailles le 29. Avril 1686. reg. le 24. May de la même année.

Declaration contre ceux qui s'estant convertis, sortiront du Royaume sans la permission du Roy. A Versailles le 7. May 1686. reg. le 24. du même mois.

Lettres patentes pour l'établissement d'un Marché franc tous les Vendredis de l'année, & de quatre Foires franches par chacun an au Bourg de Maintenon, en faveur de Dame Françoise d'Aubigny, Marquise de Maintenon. A Versailles en May 1686. reg. le 14. du même mois.

Declaration en interpretation des articles 4. & 6. du titre 5. de l'Edit du mois de Mars 1673. concernant les lettres & billets de change. A Versailles le 10. May 1686. registrée le 31. du même mois.

Edit portant reglement pour les Notaires de la Province de Normandie, en interpretation de ceux des mois de Juillet 1677 & Juin 1685. A Versailles en May 1686. reg. au Parlement de Roüen le 20. dudit mois.

Loüis XIV. 1686. Edit portant création d'une Compagnie generale pour les assurances, & grosses avantures de France, en la ville de Paris, contenant 29. articles. A Versailles en May 1686. registré le 31. du même mois.

Edit pour l'établissement & fondation d'une Communauté à S. Cyr, qui doit estre composée de 36. Dames Professes, & 24. Converses, pour l'éducation de 250. Damoiselles, qui y seront receuës sur un Brevet du Roy, &c. contenant 15. articles. A Versailles en Juin 1686.

Declaration portant reglement pour l'execution de l'Edit du mois d'Octobre 1685. par lequel ceux de Nantes & de Nismes ont esté revoquez, contenant 7. articles. A Versailles le 1. Juillet 1686. reg. le 12. du même mois.

Declaration portant augmentation du prix des Loüis d'or, Pistoles d'Espagne, & Ecus d'or. A Versailles le 27. Juillet 1686. regist. en la Cour des Monnoyes le 29. du même mois.

Declaration concernant les formalitez necessaires pour les mariages des mineurs, dont les peres, meres & tuteurs faisans profession de la Religion Pretenduë Reformée, sont absens. A Versailles le 6. Aoust 1686. reg. le 21. dudit mois.

Edit portant reglement pour la Communauté des Imprimeurs & Libraires à Paris, contenant 15. titres.

Tit. 1. *des franchises, exemptions, & immunitez des Imprimeurs & Libraires à Paris.*

Tit. 2. *des Imprimeurs & Libraires en general.*

Tit. 3. *des Fondeurs de caracteres d'Imprimerie.*

Tit. 4. *des Apprentifs Imprimeurs & Libraires.*

Tit. 5. *des Compagnons Imprimeurs & Libraires.*

Tit. 6. *Receptions des Maîtres Imprimeurs & Libraires.*

Tit. 7. *des veuves des Imprimeurs & Libraires.*

Tit. 8. *des Correcteurs.*

Tit. 9. *des Colporteurs.*

Tit. 10. *des Libraires forains.*

Tit. 11. *des Syndic, Adjoints, & Maîtres de Confrairie.*

Tit. 12. *de la visite des Imprimeries & Librairies, & de celle des Livres venant de dehors ; en la Chambre Syndicale.*

Tit 13. *des Libelles diffamatoires, & autres Livres prohibez & défendus.*

Tit. 14. *des privileges, & continuation d'iceux, pour l'impression des Livres.*

Tit. 15. *des inventaires, prisées, & ventes d'Imprimerie & Librairie.* A Versailles en Aoust 1686. reg. le 21. du même mois. LOUIS XIV. 1686.

Edit portant érection des Relieurs & Doreurs de Livres à Paris en Corps & Communauté : & reglement pour la Police d'icelle, contenant 17. articles. A Versailles en Aoust 1686. reg. le 7. Septembre suivant.

Declaration portant que les Gendarmes & Chevaux Legers de la garde du Roy, auront rang, & marcheront és Assemblées qui se feront à l'avenir dans les Villes de leur habitation, immediatement aprés les Conseillers des Bailliages, Senéchaussées, & Sieges Presidiaux, avant les Officiers des Elections & Greniers à sel, & tous autres Officiers inferieurs en ordre ausdits Conseillers, sans en ce préjudicier au rang & séance dont doivent joüir les Gardes du Corps du Roy, lesquels se rencontrant avec lesdits Gendarmes & Chevaux Legers, marcheront, sçavoir les Gardes du Corps, les Gendarmes, & ensuite les Chevaux Legers. A Versailles le 1. Octobre 1686. reg. au grand Conseil le 7. Novembre de la même année.

Declaration portant que les Mandians valides seront condamnez aux galeres. A Fontainebleau le 12. Octobre 1686. registrée en la Chambre des Vacations le 16. du même mois. *V. celle du 28. Ianvier* 1687.

Traité de Neutralité entre les Rois de France & d'Angleterre, touchant les païs des deux Rois en Amerique, contenant 21. articles. A Londres dans le Palais Royal de Withal le 16. Novembre 1686.

Declaration portant reglement pour les droits qui seront levez sur l'eau de vie, contenant 13. articles, en explication du titre des droits sur l'eau de vie de l'Ordonnance du mois de Juin 1680. A Versailles en Decembre 1686. reg. en la Cour des Aydes le 31. du même mois.

Declaration portant confirmation des Privileges des Officiers domestiques & commensaux de la Maison du défunt Prince de Condé. A Versailles le 23. Janvier 1687. reg. en la Cour des Aydes le 8. Fevrier de la même année. 1687.

Declaration portant reglement pour la translation des domiciles des femmes veuves dans Paris, ou autres Villes franches A Versailles. le 24. Janvier 1687. reg. en la Cour des Aydes le 8. Fevrier suivant.

LOUIS XIV. 1687. Declaration portant reglement pour la punition des Mandians valides, en execution de celle du 12. Octobre 1686. A Versailles le 28. Janvier 1687. registrée le 14. Fevrier de la même année.

Edit portant création de treize Maîtrises particulieres des Eaux & Forests dans l'étenduë du Duché de Bar, & des trois Evêchez de Mets, Toul, & Verdun: & suppression des Gruries cy-devant établies dans ladite étenduë. A Versailles en Janvier 1687. reg. en la Chambre des Comptes de Paris le 14. & au Parlement le 19. Mars suivant.

Declaration pour l'execution de celle du 26. Avril 1672. portant défenses aux Orfévres de fabriquer, exposer, & vendre des buires, seaux, cuvettes, &c. d'argent massif, à peine de confiscation, &c. A Versailles le 10. Fevrier 1687. regist. le 21. du même mois.

Ordonnance sur le fait des cinq grosses Fermes, contenant 14. titres.

Tit. 1. *des droits de sortie & d'entrée, & des droits d'acquits de payement, & à caution, & des certificats de descente.*

Tit. 2. *de l'entrée & sortie des marchandises, des declarations de la visite, & des acquits.*

Tit. 3. *des lieux destinez pour l'entrée des drogueries, épiceries, des chevaux, & des ouvrages de fil & de soye, venant des païs étrangers, ou des Provinces reputées étrangeres.*

Tit. 4. *de la marque des toilles, & autres étoffes dans les frontieres des Provinces de l'étenduë de la Ferme.*

Tit. 5. *des marchandises qui seront sauvées du naufrage.*

Tit. 6. *des acquits à caution.*

Tit. 7. *des inventaires du transport du vin dans les quatre lieuës proche les limites de la Ferme, dans les Provinces d'Anjou, du Maine, & du bas Poitou.*

Tit. 8. *des marchandises de contrebande, & de celles dont la sortie ou l'entrée est défenduë.*

Tit. 9. *des magazins & entrepots.*

Tit. 10. *du Bureau de Paris.*

Tit. 11. *des saisies.*

Tit. 12. *de la Iurisdiction des droits de sortie & d'entrée.*

Tit. 13. *des amendes & confiscations.*

Tit. 14. *de la Police generale de la Ferme des droits de sortie & d'entrée.*

A Versailles en Fevrier 1687. regist. en la Cour des Aydes le 8. Mars suivant. LOUIS XIV.

Declaration portant reglement des droits des Greffes des Elections & Greniers à sel. A Marly en Fevrier 1687. reg. en la Cour des Aydes le 10. Avril de la même année. 1687.

ADDITIONS.

Lettres patentes portant pouvoir aux Bourgeois & Habitans de la ville de Paris, de faire payer ce qui leur est dû par prise & saisie de leurs debiteurs, & attribution de Jurisdiction pour ces saisies au Prevost de Paris. A en 1134. *V. celles du mois de Mars 1669.* 1134.

Lettres patentes portant qu'aucun Examinateur du Châtelet de Paris, ne pourra faire enqueste, information, ou examen de témoins, sans y appeller un Notaire du même Siege pour Adjoint, & confirmation de la Confrairie des Notaires. A en Fevrier 1320. *V. l'Edit du mois de Novembre 1547.* 1320.

Donation du Dauphiné faite au Roy & à la Couronne de France, par Humbert II. du nom Dauphin de Viennois. Au bois de Vincennes le 23. Avril 1343. *Duchesne hist. des Dauphins de Viennois preu. p. 68.* 1343.

Edit portant création de trois Offices de Presidens au Parlement de Paris. A en Avril 1343. *Miraumont p. 58.*

Lettres patentes portant confirmation des Privileges des Officiers des Monnoyes. A en 1365. *V. la Declaration du mois d'Aoust 1560.* 1365.

Lettres patentes concernant les 220. Sergens à cheval du Châtelet de Paris. A le 8. Juin 1369. *V. l'Edit du mois de May 1582.* 1369.

Edit portant que le Procureur du Roy, les Examinateurs, & les Clercs Civil & Criminel au Châtelet de Paris, sont exempts de payer aucune imposition, quatriéme, troiziéme, & autres Aydes, ny redevances, pour les vins, grains, & autres denrées qui croissent en leurs heritages. A le 14. Juillet 1410. *V. l'Edit du mois de Septembre 1548.* 1410.

Declaration portant confirmation de tous les Privileges des Bourgeois & Habitans de la ville de Paris, & qui leur ont esté accordez par les Lettres patentes des années 1134. Novembre 1350. 9. 1441.

Aoust 1371. 10. Septembre 1409. Octobre 1465. &c. A en Septembre 1441. *V. celle du mois de Mars 1669.*

1459. Edit portant confirmation des Privileges des Commissaires du Châtelet de Paris. A Rasilly prés Chinon le 19. Octobre 1459. *V. l'Edit du mois de Septembre 1548.*

1463. Edit portant revocation & suppression des Offices d'Examinateurs extraordinaires au Châtelet de Paris, & reduction d'iceux au nombre ancien de 16. Examinateurs. A en Mars 1463. *2. vol. des Ord. de Loüis XI. fol. 62.*

1476. Edit portant union du Vicomté de Thoüars à la Couronne de France. A le 27. Octobre 1476. *2. vol. des Ord. de Loüis XI. fol. 126.*

Edit portant union du Comté d'Auxerre à la Couronne de France. A en Janvier 1476. *2. vol. des Ord. de Loüis XI. fol. 55.*

Edit portant établissement & création du Bailliage d'Auxerre. A en Janvier 1476. *2. vol. des Ord. de Loüis XI. fol. 56.*

1477. Edit portant que ceux qui auront science ou connoissance des crimes de leze-Majesté, & qui ne les reveleront pas, seront punis des mêmes peines que ceux qui en seront coupables. A le 22. Septembre 1477. *2. vol. des Ord. de Loüis XI. fol. 162.*

Edit portant création & établissement de l'Office de Senéchal & du Siege Royal de la ville d'Arras pour le Comté d'Artois. A en Novembre 1477. *2. vol. des Ord. de Loüis XI. fol. 119.*

Declaration portant distraction du Comté de Boulogne, du ressort du Comté d'Artois; & attribution du même ressort au Parlement de Paris sans moyen. A le 18. Avril 1477. *2. vol. des Ord. de Loüis XI. fol. 142.*

1478. Lettres patentes portant exemption de l'arriere-ban en faveur des Officiers du Parlement de Paris, & des Notaires & Secretaires. A le 19. May 1478. *2. vol. des Ord. de Loüis XI. fol. 155.*

Lettres patentes portant exemption de l'arriere-ban en faveur de ceux qui composent le Corps du Parlement de Paris. A le 30. May 1478. *2. vol. des Ord. de Loüis XI. fol. 149.*

Lettres patentes portant confirmation des Privileges de la ville de la Rochelle, A en Juin 1478. *2. vol. des Ord. de Loüis XI. fol.*

Edit portant établissement & création d'un Juge, & d'un Siege Royal à Thoüars, qui serve au Siege du Senéchal de Poitou, & soit sujet à ses Assises. A le 29. Decembre 1478. *2. vol des Ord. de Loüis XI. fol. 148.*

Reglement pour la police & discipline militaire. A le 2. 1479.
Novembre 1479. *2. vol. des Ord. de François I. fol. 35.*

Edit portant création du Siege Royal de Montagu, à la charge que les appellations ressortiront au Parlement de Paris. A en Janvier 1479. *2. vol. des Ord. de Loüis XI. fol. 227.*

Lettres patentes portant concession de plusieurs Privileges à la 1481.
ville d'Arras. A en Juillet 1481. *2. vol. des Ord. de Loüis XI. fol. 303.*

Lettres patentes portant confirmation de celles du 17. Juillet 1429. par lesquelles la terre de Laval a esté érigée en Comté. A en Janvier 1481. *3. vol. des Ord. de Loüis XI. fol. 7.*

Declaration portant que le Bailliage de S. Pierre le Monstier sera
dorénavant appellé le Bailliage de Cusset. A en Aoust 1482.
1482. *3. vol. des Ord. de Loüis XI. fol. 55.*

Lettres patentes portant union du Vicomté de Chatellerant à la Couronne de France, & érection d'un Siege Royal en la ville de Chatelleraut. A en Decembre 1482. *3. vol. des Ord. de Loüis XI. fol. 151.*

Provisions de l'Office de Chancelier de France en faveur de 1483.
Messire Guillaume de Rochefort, vacant par la destitution de Messire Pierre Doriole. A le 11. May 1483. *3. vol. des Ord. de Loüis XI. fol. 307.*

Edit portant confirmation du Privilege de Noblesse en faveur des 1484.
Secretaires du Roy. A Paris en Fevrier 1484. *Filleau part. 1. tit. 5. chap. 19.*

Edit portant suppression du premier Office de Maistre des Re- 1488.
questes, qui vaquera, & reduction à l'ancien nombre de huit. A le 5. Fevrier 1488. *vol. des Ord. de Charles VIII. fol. 111.*

Lettres patentes portant confirmation des Privileges de l'Université de Paris. A en Mars 1488. *vol. des Ord. de Charles VIII. fol. 109.*

Edit portant suppression de l'Office d'Avocat extraordinaire du 1491.
Roy au Parlement de Paris, qui estoit possedé par M. Philippes Lhuillier. A le 6. Avril 1491. *vol. des Ord. de Charles VIII. fol. 120.*

Edit portant confirmation de l'attribution de Jurisdiction aux 1500.
Elûs sur le fait des Aydes & Tailles, & des Grenetiers-Controlleurs des Gabelles en tous cas civils & criminels en premiere instance, & par appel en la Cour des Aydes de Paris en toute souveraineté. A Lyon le 24. Juin 1500. *Filleau part. 3. tit. 1. ch. 6. p. 11.*

1507. Lettres patentes portant confirmation des Privileges de la ville d'Angoulesme. A Ast le 10. Juin 1507.

Lettres patentes portant confirmation d'une transaction faite entre le Roy & Gaston de Foix, & de la donation du Comté de Foix, & des Seigneuries de Nemours, Dun & Chateaulandon, pour les tenir en Pairie. A en Novembre 1507. *vol. des Ord. de Loüis XII. fol.* 207.

1510. Lettres patentes portant reglement pour les poids, mesures & aulnes du haut & bas païs d'Auvergne. Au Plessis lés Tours en Septembre 1510. *Basmaison en son Commentaire sur la Coûtume d'Auvergne.*

1511. Lettres patentes portant pouvoir & privilege aux Ouvriers & Monnoyeurs du serment de France en la ville de Paris, de ne plaider que pardevant le Prevost de Paris, excepté dans les affaires qui concernent le fait de leurs ouvrages, ou les droits de leur état, dont connoissent les Maîtres & Prevosts des Monnoyes. A en Novembre 1511. 1. *vol. des Ord. de Franç. I. fol.* 132.

1514. Lettres patentes portant pouvoir aux Duc & Duchesse d'Alençon, beau-frere & sœur du Roy, de créer des Maîtres de chacun métier dans toutes les Villes, Bourgs, &c. du Royaume. A le 16. Janvier 1514. 1. *vol. des Ord. de Franç. I. fol.* 3.

Lettres patentes portant don à Madame Loüise de Savoye mere du Roy, des Duché d'Angoulesme, Seigneurie d'Espernay, S. Maixant, Civray, &c. A le 4. Fevrier 1514. 1. *vol. des Ord. de Franç. I. fol.* 8.

Lettres patentes portant don à Madame Loüise de Savoye mere du Roy, du Duché d'Anjou, & des Comtez du Maine & de Beaufort. A le 4. Fevrier 1514. 1. *vol. des Ord. de Franç. I. fol.* 10.

Lettres patentes portant confirmation des Privileges de l'Ordre de S. Jean de Jerusalem. A en Fevrier 1514. 1. *vol. des Ord. de Franç. I. fol.* 13.

Lettres patentes portant concession de plusieurs Privileges à la ville de Coignac. A Paris en Fevrier 1514. 1. *vol. des Ord. de Franç. I. fol.* 20.

Lettres patentes portant confirmation des Privileges de la ville d'Angers. A Paris en Mars 1514. 1. *vol. des Ord. de Franç. I. fol.* 28. & 75.

Lettres patentes portant confirmation des Privileges de Ouvriers & Monnoyeurs du serment de France. A Paris en Mars

1514. 1. *vol. des Ordonnances de François I. fol.* 65.

Declaration concernant le rachat des rentes dûës sur les Maisons de la ville de la Rochelle. A en Mars 1519. 2. *vol. des Ord. de Franç. I. fol.* 329. 1519.

Lettres patentes portant confirmation de quelques Privileges des Chartreux. A en Octobre 1520. 1. *vol. des Ord. de Franç. I. fol.* 364. 1520.

Edit portant revocation des survivances des Offices. A le 8. Juillet 1521. 1. *vol. des Ord. de Franç. I. fol.* 359. 1521.

Edit portant réünion generale du Domaine du Roy. A en Juillet 1521. 1. *vol. des Ord de Franç. I. fol.* 351.

Declaration portant que les Duchez, Terres & Seigneuries données par le Roy à Mesdames sa mere & sa sœur, ne sont point comprises dans la disposition de l'Edit du mois de Juillet precedent, portant réünion generale du Domaine. A le 21. Aoust 1521. 1. *vol. des Ord. de Franç. I. fol.* 356.

Edit portant création de quarante Offices de Notaires au Châtelet de Paris. A le 4. Fevrier 1521. 1. *vol. des Ord. de Franç. I. fol.* 375.

Edit portant création de six Offices de Conseillers en la Senéchaussée, & Conservation de la ville de Poitiers. A en Mars 1521. 1. *vol. des Ord. de Franç. I. fol.* 376.

Edit portant suppression des Grands-Jours d'Angoumois. A le 2. May 1528. 2. *vol. des Ord. de Franç. I. fol.* 99. 1528.

Edit portant création de quatre Offices de Conseillers en la Senéchaussée d'Angoumois. A le 6. May 1528. 2. *vol. des Ord. de Franç. I. fol.* 100.

Lettres patentes portant mandement au Parlement de Paris pour verifier l'Edit du 2. du même mois, par lequel les Grands Jours d'Angoumois ont esté supprimez. A le 20. May 1528. 2. *vol. des Ord. de Franç. I. fol.* 101.

Edit portant suppression des Grands-Jours de Bourbonnois, Chatelleraut, & Clermont en Beauvoisis pendant la vie de Madame mere du Roy. A le dernier Juin 1528. 2. *vol. des Ord. de Franç. I. fol.* 108.

Lettres patentes portant confirmation de l'échange fait entre le Roy & Madame sa mere, des Duchez d'Auvergne & de Nemours. A le 22. Decembre 1528. 2. *vol. des Ord. de François I. fol.* 119.

Declaration portant que ceux qui seront convaincus d'avoir volé 1530.

dans les Maisons Royales, seront punis de mort. A le 11. Novembre 1530. *V. celle du 15. Janvier 1677.*

1531. Declaration en faveur de 20. Conseillers au Parlement de Paris, créez par l'Edit du dernier Janvier 1521. A en Juillet 1531.

Edit portant translation du Siege Royal de la ville de Montferrand en celle de Riom. A en Janvier 1531. *2. vol. des Ord. de Franç. I. fol. 294.*

Edit portant suppression de l'Office de Juge dans la ville du Mans, & attribution de toute la Jurisdiction au Senéchal, &c. A le 27. Fevrier 1531. *2. vol. des Ord. de Franç. I. fol. 296.*

Edit portant attribution au Senéchal de Bourbonnois, ou son Lieutenant à Moulins, de la qualité de Juge Royal, & que neanmoins le Lieutenant du Domaine du Duché, & le Procureur du Roy demeureront en leurs Offices. A en Mars 1531. *2. vol. des Ord. de Franç. I. fol. 297.*

1532. Edit portant attribution aux Officiers de Beaujollois de la connoissance des cas Royaux, & des mêmes preéminences dont joüissent les autres Officiers Royaux des Bailliages & Senéchaussées du Royaume. A en May 1532. *2. vol. des Ord. de Franç. I. fol. 324.*

Lettres patentes portant union au Comté de Poitou des Seigneuries de Civray, S. Maixant, Usson. A en Octobre 1532. *2. vol. des Ord. de Franç. I. fol. 313.*

Declaration portant ampliation de celle du mois de Mars 1519. touchant les rentes dûës sur les maisons de la ville de la Rochelle. A le 8. Janvier 1532. *2. vol. des Ord. de Franç. I. fol. 329.*

1533. Lettres patentes portant exemption du ban & arriere-ban en faveur des Bourgeois & Habitans de la ville de Paris. A le 16. Avril 1533. *2. vol. des Ord. de Franç. I. fol. 319.*

Edit portant création d'un Office d'Enquesteur dans les Bailliages & Senéchaussées d'Angoulesme, Anjou, Bourbonnois, Auvergne, Chatelleraut, Maine, Forests, la Marche, & Beaujollois. A le 7. Juin 1533. *2. vol. des Ord. de Franç. I. fol. 315.*

Edit portant création d'un Office de Payeur en chacune Compagnie de la Gendarmerie. A en Fevrier 1533. *V. celuy du mois de Septembre 1587.*

1534. Edit portant suppression des Juges des ressorts de la ville de Lyon. A en Juin 1534. *2. vol. des Ord. de Franç. I. fol. 350.*

Lettres patentes portant jussion au Parlement de Paris, pour verifier les Declarations des mois de Mars 1519. & 8. Janvier 1532. touchant

touchant les rentes dûës sur les maisons de la ville de la Rochelle. A le 6. Aoust 1534. 2. *vol. des Ord. de Franç. I. fol.* 331.

Edit portant diminution des gages des Tresoriers de France, & revocation du pouvoir qui leur estoit attribué d'ordonner de la taxe & distribution des deniers du Roy. A le dernier Decembre 1534. 2. *vol. des Ord. de Franç. I. fol.* 342.

Declaration portant revocation de l'Edit du dernier Decembre 1535.
1534. & rétablissement des droits des Tresoriers de France. A le 23. Aoust 1535. 2. *vol. des Ord. de Franç. I. fol.* 376.

Edit portant que les deniers provenans des peages seront employez aux reparations des chemins, ponts & passages. A en Septembre 1535. 2. *vol. des Ord. de Franç. I. fol.* 379.

Edit portant que les deniers provenans des confiscations, rachapts, reliefs, amendes, &c. provenans du Domaine de la Couronne, seront employez aux reparations des Villes & Places frontieres. A le 28. Septembre 1535. 2. *vol. des Ord. de Franç. I. fol.* 380.

Edit portant reglement pour les droits & la Jurisdiction de l'Admiral de France. A le 26. Fevrier 1535. 2. *vol. des Ord. de Franç. I. fol.* 393.

Edit en faveur du Garde-séel & autres Officiers de la Chancelle- 1540.
rie de Provence. A Fontainebleau le 26. Novembre 1540.

Edit portant que le Chancelier de France ne peut pourvoir à au- 1542.
cuns Offices, ny pretendre les confiscations de ceux qui fabriquent des faux-seaux. A Valence en Aoust 1542. reg. au Parlement le 7. Decembre suivant.

Edit portant création des Offices de Tresoriers & Payeurs des gens de guerre des Ordonnances, avec attribution des mêmes privileges dont joüissent les Commissaires-Controlleurs ordinaires des guerres. A en Octobre 1542. *V. l'Edit du mois de Ianvier* 1553.

Lettres patentes portant concession du droit de *Committimus* aux 1543.
Prevost des Marchands, Echevins, Greffier, & Receveur de la ville de Paris. A en Septembre 1543. *V. la Declaration du mois de Mars* 1669.

Declaration portant confirmation des Privileges, franchises, droits, & exemptions des Huissiers de la Chambre des Comptes de Paris, & de celle du Trésor. A en Mars 1543. reg. au Parlement le 9. & en la Chambre des Comptes le 23. Avril de la même année, & en la Cour des Aydes le 21. May 1584. *V. celle du mois de Fevrier* 1583.

1544. Edit portant création d'un Office de President & de deux de Conseillers aux Requestes du Palais à Paris. A S. Germain en Laye en May 1544. *Miraumont p.* 173. 4. *vol. des Ordonnances de Franç. I. fol.* 209.

Edit portant établissement d'une Chambre du Conseil au Parlement de Paris, & création de deux Offices de Presidens, & de douze de Conseillers, sçavoir quatre Clercs, & huit Laïcs, pour juger toutes les appellations verbales appointées au Conseil en la grand-Chambre. A Paris en Juin 1544.

Declaration portant que les deux Presidens au Parlement de Paris, créez par l'Edit du present mois, seront simplement appellez Presidens de la Cour, qu'ils monteront de même que les autres Presidens, & que la Chambre du Parlement sera divisée en trois Chambres, sçavoir la Chambre du Plaidoyé, la Chambre de la Tournelle, & la Chambre du Conseil, &c. A Paris le 19. Juin 1544.

1545. Edit portant suppression des deux Offices de Presidens au Parlement de Paris, créez par celuy du mois de Juin 1544. A en Juillet 1545.

1546. Declaration portant exemption en faveur du grand Audiancier de l'execution de l'Edit du 8. Juin 1532. A Paris le 14. Juin 1546. Reg. en la Chambre des Comptes le 26. du même mois. *V. celle du 2. Mars* 1570.

1547. Lettres Patentes portant concession de plusieurs privileges aux Marchands des villes d'Ausbourg, Nuremberg, &c. A en Decembre 1547. *V. l'Edit du* 14. *Aoust* 1561.

1548. Lettres patentes pour les Privileges des villes d'Ausbourg, Nuremberg, &c. A le 23. Avril 1548. *V. l'Edit du* 14. *Aoust* 1561.

Autres Lettres patentes pour les mêmes. A le 23 May 1548. *V. l'Edit du* 14. *Aoust* 1541.

Edit portant établissement d'un Bureau des Finances dans la ville d'Orleans. A en Septembre 1548. *V. celuy du mois de Septembre* 1568.

1549. Lettres patentes pour les Privileges des Marchands des villes d'Ausbourg, Nuremberg, &c. A Paris le 4. Juillet 1549. *V. celuy du* 14. *Aoust* 1561.

Edit portant confirmation des Privileges des Secretaires du Roy. A en Septembre 1549. *V. celuy du mois d'Aoust* 1669.

1551. Edit portant création de plusieurs Offices en la Chambre des

Comptes, & entr'autres de six Offices d'Huissiers, outre les dix-huit qui y estoient auparavant, pour faire le nombre de vingt-quatre. A en Fevrier 1551. reg. en la Chambre des Comptes le 17. du même mois. *V. la Declaration du mois de Fevrier 1583.*

Edit portant reglement pour l'ampliation de l'autorité & de la Jurisdiction de la Cour des Aydes de Normandie. Au Camp de Visambourg en May 1552. regist. au Parlement de Roüen le 19. au grand Conseil le 28. Juillet, & en la Cour des Aydes de Roüen le 9. Aoust de la même année. 1552.

Edit portant que le Parlement de Paris sera semestre, & qu'il sera composé de huit Presidens, huit Presidens des Enquestes, trente-six Conseillers Clercs, non compris les Presidens des Enquestes Clercs, & cent quatre Conseillers Laïcs, outre les douze Pairs de France, & vingt Maistres des Requestes ordinaires, pour servir, sçavoir quatre Presidens au Parlement, quatre aux Enquestes, & soixante & dix Conseillers la premiere demie année, & pareil nombre l'autre demie année, &c. A Compiegne en May 1554. 4. *vol. des Ord. d'Henry II. fol.* 43. 1554.

Edit portant création de quatre Offices de Presidens, & trente-sept de Conseillers au Parlement, sçavoir dix-sept Clercs, & vingt Laïcs, pour parfournir le nombre porté par le precedent Edit. A Compiegne en May 1554. 4. *vol. des Ord. d'Henry II. fol.* 63.

Declaration portant reglement pour les decrets d'heritages en la Cour des Aydes de Normandie. A Paris le 22. Novembre 1554.

Edit portant revocation de celuy du mois de Novembre 1554. par lequel ont esté créez 20. Offices de Secretaires du Roy. A en Decembre 1555. *V. celuy du mois de Decembre* 1635. 1555.

Lettres patentes pour les Privileges des Marchands des villes d'Ausbourg, Nuremberg, &c. A le 6. Avril 1556. *V. l'Edit du* 14. *Aoust* 1661. 1556.

Edit portant suppression & revocation de l'Edit du mois de May 1554 par lequel le Parlement de Paris avoit esté étably semestre, & rétablissement d'iceluy en son ancien état. A Paris en Janvier 1557. 6. *vol. des Ord. d'Henry II. fol.* 287. *V. la Declaration du* 19. *Ianvier* 1562. 1557.

Declaration en execution de l'Edit du mois de Janvier precedent, par lequel le Parlement de Paris a esté rétably en son ancien état, portant reglement pour le service des Presidens & Conseillers. A Paris le 8. Fevrier 1557. 6. *vol, des Ord. d'Henry II. fol.* 372.

Edit portant suppression des Offices de Presidens, & de ceux de

Conseillers au Parlement de Paris, jusques à ce qu'ils soient reduits à l'ancien nombre, & comme ils estoient lors de l'avenement du Roy François I. à la Couronne. A en Avril 1557. *6. vol. des Ord. d'Henry II. fol. 93.*

1559. Edit portant réünion des deux guets de la ville de Paris, & reduction du nombre des Archers à deux cens quarante hommes, sçavoir trente deux à cheval, & deux cens huit à pied. A en May 1559. *V. la Declaration du 20. Novembre 1563.*

Edit portant reglement pour les gages des Officiers du Parlement. A Chambort en Decembre 1559. *V. la Declaration du 19. Ianvier 1562.*

Declaration pour les Privileges des Marchands des villes d'Ausbourg, Nuremberg, &c. A en Mars 1559. *V. l'Edit du 14. Aoust 1561.*

1561. Declaration portant confirmation de l'Edit du mois de May 1559. & reglement pour le payement du guet de la ville de Paris. A le 25. Juillet 1561. *V. la Declaration du 20. Novembre 1563.*

Edit portant reglement pour la forme en laquelle les comptes des revenus des Hôpitaux, Maladeries, &c. doivent estre rendus. A en Aoust 1561. *V. celuy du 14. Aoust 1585.*

1563. Edit portant permission aux Ecclesiastiques de vendre leurs biens, jusques à la concurrence de la somme de cent mil écus de revenu annuel, &c. A en May 1563. *V. celuy du mois de Ianvier de la même année.*

Edit concernant les autoritez, pouvoirs, préferences, prééminences, droits, &c. du grand Arpenteur & Mesureur general des pays & contrées du Royaume; & les privileges, franchises, & exemptions, tant de luy que des autres Arpenteurs & Mesureurs Jurez sous luy. A Paris le 27. Decembre 1563. regist. au Parlement le 12. Septembre 1567. *Font. t. 2. p. 307. V. les Lettres du 30. Octobre 1566.*

1566. Lettres patentes portant relief d'adresse à la Chambre des Comptes de Paris, pour l'enregistrement de l'Edit du 27. Decembre 1563. concernant le grand Arpenteur. A Cumet le 3. Octobre 1566. reg. le 12. Septembre 1567.

1567. Declaration qui regle les droits & l'imposition qui se leve sur le bestail à pied fourché entrant en la ville & Fauxbourgs de Paris, à 25. sols pour bœuf, & trois sols pour veau & mouton, &c. A Fontainebleau le 17. Mars 1567. *V. celles des 3. Septembre suivant, & 2. Ianvier 1634.*

Declaration portant moderation de celle du 17. Mars precedent,

& qu'il ne sera levé que vingt sols sur chacun bœuf, & deux sols sur chacun veau & mouton entrant dans la Ville & Fauxbourgs de Paris. A le 3. Septembre 1567. *V. celle du 2. Ianvier* 1634.

Declaration pour l'enregistrement des Statuts des Maistres Joüeurs & Escrimeurs d'épée dans la ville de Paris. A Paris en Decembre 1567. reg. le 7. Janvier 1586. 7. *vol. des Ord. d'Henry III. fol.* 83.

Edit portant création de deux Offices de Conseillers Laïcs au Parlement de Paris. A Paris en Octobre 1568. *Miraumont p.* 34. 1568.

Edit portant création des Offices de Mesureurs de grains dans la ville de Paris, & reglement pour leurs droits. A en Janvier 1569. *V. la Declaration du mois de Iuin* 1634. 1569.

Edit portant rétablissement des Offices de Presidens, Maistres des Requestes, & Conseillers au Parlement de Paris, & autres Officiers de Judicature, nonobstant les suppressions precedentes. A en Decembre 1569. *Miraumont p.* 34.

Edit portant création d'un Office de Conseiller du Roy, Surintendant & Commissaire general des vivres des camps & armées, munitions, étapes, avitaillemens, & magazins du Royaume. A en Octobre 1573. *V. l'Edit du mois de May* 1635. 1573.

Declaration pour les droits de l'Admiral de France, &c. en execution de l'Edit du mois de Fevrier 1576. *V. celle du* 16. *May* 1583. 1576.

Edit portant établissement d'un Bureau d'Election dans la ville de Coignac: création des Offices dont il doit estre composé: & reglement pour leur Jurisdiction. A Paris en Aoust 1576. *V. celuy du mois de Mars* 1635.

Edit portant établissement d'un Bureau & Siege d'Election en chef dans la ville de Bellac: création des Officiers dont il doit estre composé, & reglement pour leur fonction. A Paris en Mars 1578. *V. celuy du mois de Mars* 1639. 1578.

Declaration pour l'établissement d'une Chambre de Justice dans le pays & Duché de Guyenne, en consequence de l'Edit de pacification, & des articles accordez dans les Conferences de Fleix & de Nerac. A Paris le 26. Novembre 1581. reg. au Parlement de Paris le 4. & en celuy de Bordeaux le 14. Decembre suivant. 5. *vol. des Ord. d'Henry III. fol.* 7. 1581.

Edit portant établissement d'un Siege d'Election dans la ville de Bar-sur-Aube: création des Officiers dont il doit estre composé, &c. A Paris en Decembre 1581. *V. la Declaration du* 12. *Septembre* 1627.

1583. Declaration portant reglement pour le jugement des contestations qui concernent la Noblesse, &c. A Paris le 8. May 1583.

1584. Lettres patentes portant confirmation des Statuts & Coûtumes de la ville de Bragerac. A Paris en Decembre 1584. *Coûtumier general t. 1. p.* 1183.

1586. Edit portant création des Offices de Vendeurs de toutes sortes de marchandises qui se portent aux Halles, Foires & Marchez des villes du Royaume. A Paris en Mars 1586. *V. celuy du mois de Mars* 1673.

1592. Lettres patentes portant confirmation des Statuts & Coûtumes de la ville de Bragerac. Au Camp devant Roüen en Avril 1592. *Coûtumier general t. 1. p.* 1183.

1597. Declaration portant confirmation du Privilege de la Fierte de S. Romain, & reglement pour les cas qui en sont exceptez. A Roüen le 25. Janvier 1597.

Edit portant reglement general sur le fait des Tailles dans la Province de Normandie, contenant 26. articles. A Roüen en Janvier 1597. reg. en la Cour des Aydes de Roüen le 19. Mars suivant.

1604. Declaration qui confirme la Cour des Aydes de Roüen dans le pouvoir de connoistre de la qualité de Noble, & de tous Privileges. A Paris le 6. Juillet 1604.

1607. Edit portant concession à perpetuité aux Administaateurs de l'Hôtel Dieu de Paris, de cinq sols faisant partie de dix qui se levent au profit dudit Hôtel-Dieu sur chacun minot de sel vendu & debité dans la Generalité de Paris, &c. A Paris en May 1607. regist. au Parlement le 19. en la Chambre des Comptes le 25. du même mois, & en la Cour des Aydes le 26. Juin suivant. *6. vol. des Ord. d'Henry IV. fol.* 11.

1610. Lettres patentes portant confirmation des Statuts & Coûtumes de la ville de Bragerac, & de celles du mois d'Avril 1592. A Paris en Septembre 1610. reg. en la Chambre des Comptes de Paris le 22. du même mois, & au Parlement de Bordeaux le 11. Janvier 1611. *Coûtumier general t. 1. p.* 1184.

1635. Lettres patentes portant pouvoir à Monsieur le Prince de Condé pour commander és pays & Duché de Lorraine. A S. Germain en Laye le 15. Avril 1635. publiées au Conseil Souverain de Nancy le 7. May suivant.

Declaration portant que les principaux Gentilshommes du Duché de Lorraine seront obligez de demeurer en France. A S. Quentin le 11. May 1635. reg. au Conseil Souverain de Nancy le 22. du même mois.

Declaration sur les attentats & entreprises contre l'Etat par ceux 1636.
du Duché de Bourgogne. A Chantilly le 7. May 1636. reg. au Parlement de Dijon le 26. du même mois.

Edit portant reglement pour le prix que le marc d'or & d'argent sera vendu par les Orfévres, Joüailliers, Affineurs, & autres. A Noisy le 20. Decembre 1636. reg. en la Cour des Monnoyes le 8. Janvier 1637.

Lettres patentes pour l'établissement de l'Hôpital des Incurables 1637.
en cette ville de Paris. A S. Germain en Laye en Avril 1638. reg. au Parlement le 6. May, en la Chambre des Comptes le 8. Juin, & en la Cour des Aydes le 12. du même mois audit an.

Declaration portant interdiction des Officiers du Bureau des Fi- 1639.
nances de la ville de Roüen. A S. Germain en Laye le 15. Decembre 1639.

Declaration portant interdiction des Officiers de la Cour des Aydes de la ville de Roüen. A S. Germain en Laye le 17. Decembre 1639.

Declaration portant établissement d'une Academie & College 1640.
Royal en la ville de Richelieu, & reglement pour ses privileges. A S. Germain en Laye en Septembre 1640. reg. au grand Conseil le 27. du même mois.

Lettres patentes portant attribution au grand Conseil de la connoissance de tous les differends qui surviendront, en execution de la Declaration du mois de Septembre precedent, portant établissement d'une Academie & College Royal dans la ville de Richelieu. A S. Germain en Laye le dernier Octobre 1640. reg. le 9. Novembre suivant.

Edit portant établissement de la subvention du vingtiéme denier de toutes les marchandises & denrées qui seront venduës. A S. Germain en Laye en Novembre 1640. reg. en la Cour des Aydes le 7. Decembre suivant.

Lettres patentes portant jussion à la Cour des Aydes de Paris, pour verifier l'Edit du mois de Novembre precedent, portant établissement de la subvention du vingtiéme denier. A S. Germain en Laye le 6. Decembre 1640. reg. le 7. du même mois.

Declaration qui regle la maniere de percevoir le droit de vingtiéme 1641.
étably par l'Edit du mois de Novembre 1640. A S. Germain en Laye le 8. Janvier 1641. reg. en la Cour des Aydes le 19. du même mois.

Lettres patentes portant jussion à la Cour des Aydes pour l'enregistrement de la Declaration du 8. Janvier precedent, touchant la subvention du vingtiéme établie par l'Edit du mois de Novembre 1640. A Chantilly le 4. Fevrier 1641. reg. le 9. du même mois.

Traité fait entre le Roy & le Duc de Lorraine, & les articles secrets. A Paris le 29. Mars 1641.

1642. Declaration portant reglement pour la levée du vingtiéme sur toutes les marchandises, en execution de celle du 8. Janvier 1641. A Narbonne le 19. Avril 1642. reg. en la Cour des Aydes le 27. May suivant.

1649. Edit qui revoque celuy du mois d'Octobre 1647. portant que le Parlement de Provence sera tenu en deux séances semestres. A S. Germain en Laye en Fevrier 1649.

Declaration portant abolition de tout ce qui s'est passé dans la ville d'Aix en Provence, depuis le Lundy gras 1648. jusqu'au 20. Janvier 1649. A S. Germain en Laye en Fevrier 1649.

1681. Declaration portant que dans le Duché de Bourgogne les creanciers legitimes des femmes qui seront obligées dans leurs Contrats, & estant opposans comme exerçans leurs droits, seront payez sur les dot, preciput, & autres avantages desdites femmes, suivant la date & ordre de leurs hypotheques, sans que les saisies & cessions des droits dotaux desdites femmes cy-devant faites, & celles qui se feront cy-aprés, tant avant que pendant les decrets, puissent acquerir aucune préference ausdits saisissans & cessionnaires au préjudice des creanciers qui se trouveront leur estre anterieurs en hypotheques; sans neanmoins qu'en consequence de la presente Declaration l'on puisse se pourvoir contre les Arrests qui auront esté cy-devant donnez au Parlement de Bourgogne avant la Declaration d'icelle. A S. Germain en Laye le 30. Decembre 1681. reg. au Parlement de Dijon le 14. Fevrier 1682.

FIN.

TABLE DES MATIERES.

A

B

C

F

Formules

H

TABLE DES MATIERES.

N

Propositions,

***

FIN.

PRIVILEGE DU ROY.

LOUIS PAR LA GRACE DE DIEU ROY DE FRANCE ET DE NAVARRE : A nos amez & feaux Conseillers les gens tenans nos Cours de Parlement, Maistres des Requestes ordinaires de nostre Hôtel, Baillifs, Senéchaux, Prevosts, Lieutenans, & tous autres nos Justiciers & Officiers qu'il appartiendra : SALUT; Le sieur GUILLAUME BLANCHARD Avocat en nostre Parlement de Paris, desirant donner au public un Livre qu'il a composé, intitulé *Table Chronologique contenant un Recueil fort exact en abregé de plusieurs Ordonnances, Edits, Declarations, & Lettres Patentes des Rois de France*, avec la datte de leur enregistrement, depuis l'année mil deux cens trente-trois jusques à present; il Nous a tres-humblement fait supplier luy vouloir accorder nos Lettres sur ce necessaires. A CES CAUSES desirant favorablement traiter l'Exposant, Nous luy avons permis & permettons par ces Presentes, de faire imprimer ledit Livre par tel Imprimeur qu'il voudra choisir, en telles marges & caracteres, & autant de fois que bon luy semblera, le faire vendre & debiter par tous les lieux de nostre obéïssance, pendant le temps de quinze années entieres & consecutives, à compter du jour que chaque Volume sera achevé d'imprimer la premiere fois en vertu desdites Presentes : pendant lequel temps faisons tres-expresses defenses à toutes personnes, de quelque qualité & condition qu'elles soient, d'imprimer, faire imprimer ledit Livre, vendre & debiter sous quelque pretexte que ce soit, sans le consentement de l'Exposant, ou de ceux qui auront droit de luy, ny d'en faire des Extraits ou Abregez, sous peine de trois mille livres d'amende, & confiscation des Exemplaires contrefaits, dépens, dommages & interests; à condition qu'il en sera mis deux Exemplaires dans nostre Bibliotheque publique, un dans celle de nostre Château du Louvre, & un dans celle de nôtre tres-cher & feal le sieur Boucherat Chancelier de France, avant que de l'exposer en vente, & de faire imprimer ledit Livre en beaux caracteres & bon papier, de faire enregistrer ces Presentes és Registres de la Communauté des Marchands Libraires de nostredite ville de Paris, & que l'impression s'en fera dans nostre Royaume, & non ailleurs, suivant nos Reglemens, à peine de nullité des Presentes; du contenu desquelles Nous vous mandons faire joüir l'Exposant, ou ceux qui auront droit de luy pleinement & paisiblement, sans souffrir qu'il leur soit donné aucun trouble ou empeschement : Voulons qu'en mettant au commencement ou à la fin de chaque Exemplaire desdits Livres un Extrait des Presentes, elles soient tenuës pour dûëment signifiées, & que foy soit ajoûtée aux copies d'icelles collationnées par un de nos amez & feaux Conseillers-Secretaires à l'original, & en cas de contravention ausdites Presentes, Nous nous en reservons la connoissance & à nostre Conseil. Mandons au premier Huissier ou Sergent sur ce requis, faire pour l'execution tous exploits, saisies, & autres Actes necessaires, sans demander autre permission, nonobſtant clameur de haro, charte Normande, & Lettres à ce contraires : CAR TEL EST NOSTRE PLAISIR. Donné à Verſailles le ſixiéme jour de Juillet l'an de grace mil ſix cens quatre-vingt-ſix, & de noſtre Regne le quarante-quatriéme. Par le Roy en ſon Conſeil, POULLAIN.

Ledit ſieur BLANCHARD a cedé ſon droit au preſent Privilege au ſieur CHARLES DE SERCY Marchand Libraire à Paris, ſuivant l'accord fait entr'eux.

Regiſtré ſur le Livre de la Communauté des Libraires & Imprimeurs de Paris le 4. Ianvier 1687. ſuivant l'Arreſt du Parlement du 8. Avril 1653. & celuy du Conſeil Privé du Roy du 27. Fevrier 1665. C. ANGOT, Syndic.

Achevé d'imprimer pour la premiere fois le 26. Avril 1687.

A PARIS,
De l'Imprimerie d'ESTIENNE CHARDON, ruë Galande, prés S. Blaiſe.